Bauwelt Fundamente 54/55

AF143147

Herausgegeben von Ulrich Conrads
unter Mitarbeit von Peter Neitzke

Beirat:
Gerd Albers
Hansmartin Bruckmann
Lucius Burckhardt
Gerhard Fehl
Herbert Hübner
Julius Posener
Thomas Sieverts

Julius Posener

Aufsätze und Vorträge
1931 – 1980

Friedr. Vieweg & Sohn   Braunschweig / Wiesbaden

CIP-Kurztitelaufnahme der Deutschen Bibliothek

Posener, Julius:
Aufsätze und Vorträge: 1931—1980 / Julius Posener. —
Braunschweig; Wiesbaden: Vieweg, 1981.
   (Bauwelt-Fundamente; 54/55)
   ISBN 3-528-08754-4

NE: Posener, Julius: [Sammlung]; GT

© Friedr. Vieweg & Sohn Verlagsgesellschaft mbH, Braunschweig 1981
Umschlagentwurf: Helmut Lortz
Satz: Friedr. Vieweg & Sohn, Braunschweig
Druck: E. Hunold, Braunschweig
Buchbinderei: W. Langelüddecke, Braunschweig

ISBN 3-528-08754-4

Inhalt

Curriculum vitae

Geb. 4.11.1904	Sohn des Malers Moritz Posener und der Musikerin Gertrud Posener, geb. Oppenheim
1923–29	Architekturstudium an der Technischen Hochschule Berlin-Charlottenburg. Lehrer Hans Poelzig
1929–30	Paris, Arbeit bei Laprade, Lurçat. Siclis, Moreux. Berichte. Verbindung zu „L'Architecture d'Aujourd'hui"
1931	Bei Erich Mendelsohn am Columbushaus
1932	Arbeitslos
1933–35	Auswanderung nach Paris. In der Redaktion von „L'Architecture d'Aujourd'hui"
1935–41	Palästina. Bei Mendelsohn in der Windmühle von Rehavia (Jerusalem), 1936 selbständig in Beyrouth, 1937–39 Redakteur von „Habinyan" in Tel Aviv. 1940 im Public Works Department der Regierung in Jerusalem
1941–46	Freiwilliger Kriegsdienst in der Britischen Armee in Ägypten, Italien, Deutschland
1947–56	London. 1948 Lehrer in der Brixton School of Building des London County Council
1956–61	Kuala Lumpur (Federation of Malaya, jetzt Malaysia). Aufbau einer Architekturschule im Rahmen des Technical College, Kuala Lumpur
1961–71	Berlin. Professor für Baugeschichte, seit 1969 für Geschichte, Theorie und Kritik der Architektur an der Hochschule für Bildende Künste (jetzt Hochschule der Künste)
Seit 1971	Als Schriftsteller und Lehrer tätig. 1972–76 Erster Vorsitzender des Deutschen Werkbunds

Verheiratet 1948 mit Elisabeth Charmian Middleton, drei Kinder. Geschieden 1966. Verheiratet 1970 mit Margarete Bendig, geb. Hartwig.

Vorwort

Indem ich mich mit der Herausgabe von Schriften beschäftige, die während eines halben Jahrhunderts entstanden sind, erkenne ich – zu spät –, daß nicht ich sie hätte herausgeben sollen. Auf mich machen sie heute einen Eindruck, in dem sich Ablehnung, bedingte Anerkennung und Erstaunen mischt. Es gibt da Aufsätze, die ich heute nur mit dem Seufzer aus der Hand legen kann: „Hätte der gute Junge das schöne Thema, mit dem er sich da beschäftigt, doch nur verstanden!" Es zuckt mir in den Fingern, den Aufsatz so zu schreiben, wie er hätte geschrieben werden sollen. Vielleicht werde ich es in einigen Fällen tun. Zu den Aufsätzen, die ich ablehne, gehören natürlich auch die, in denen falsche Tatsachen übermittelt werden. Ich ärgere mich über das vorlaute Wesen, welches Dinge glaubte zu Papier bringen zu dürfen, von denen es nicht genug wußte. Auf der entgegengesetzten Seite der Skala stehen die Aufsätze, die mein Erstaunen erregen. Es sind diejenigen, die ich zum großen Teil oder auch ganz vergessen habe, und die mir nun als etwas Fremdes entgegenkommen und als etwas – warum sollte ich es denn nicht sagen? –, dem ich eine Art Bewunderung nicht versagen kann. Der bei weitem größte Teil der Aufsätze aber fällt unter die Kategorie, die ich mit „bedingter Anerkennung" bezeichnet habe. Es gibt in ihnen gute Brocken, aber sie sind belastet mit Wiederholungen. In der Tat kommen gewisse Gedanken in vielen Aufsätzen vor, im Wortlaut beinahe identisch und illustriert mit den gleichen Beispielen und Zitaten. Das liegt zum Teil daran, daß ich gewisse Themen während dieses halben Jahrhunderts immer wieder angesprochen habe, da ich von ihnen beinahe besessen war. Es liegt allerdings auch daran, daß man mich, besonders in den letzten zehn Jahren, häufig aufgefordert hat, zu den gleichen Gegenständen etwas zu sagen; und ich möchte den sehen, der das jedesmal auf völlig neue Art tun kann.

Eben hier aber liegt meine Schwierigkeit bei der Herausgabe: da auch in diesen Essays vorher schon ausgesprochene Gedanken und die Beispiele, mit denen ich sie illustriere, jedesmal in einem anderen Zusammenhang vorkommen, finde ich es schwer, sie einmal auszulassen und ein andermal zu bringen: man kann nicht gut den Leser auf einen früheren Aufsatz zurückverweisen mit der Bemerkung: „Das Folgende bitte ich auf Seite X nachzulesen." Darum habe ich solche Stellen nur dort fortgelassen, wo sie mir in dem betreffenden Zusammenhang entbehrlich zu sein scheinen. Ich fürchte, der Leser wird einige Wiederholungen in Kauf nehmen müssen.

Ich habe während des Studiums auf der Technischen Hochschule zu Berlin-Charlottenburg angefangen, über Fragen der Architektur zu schreiben: über die notwendige Studienreform. Die Qual dieses Studiums, die Erlösung aus ihr nach dem Vorexamen durch Hans Poelzig und unsere, der Studenten Bemühungen, in der Reform aktiv zu werden, waren ein Anlaß zu schreiben. Auf den Meister Poelzig bin ich später mehrmals zurückgekommen. Nach dem Studium ging ich nach Paris; und das Neue, das ich dort sah: die Architektur Perrets, Lurçats, Le Corbusiers regte mich natürlich an, darüber etwas mitzuteilen. Damals beginnt meine Tätigkeit als Berichterstatter über Architektur.

Vorher aber, schon zu Anfang des Studiums, hatte ich ein architektonisches Erlebnis, das meinen Standpunkt nachhaltig beeinflußt hat: die Landhäuser von Hermann Muthesius und sein Buch „Das Englische Haus". Das Erlebnis hat mich so stark beeinflußt, weil ich in eben dieser Richtung bestimmbar war. Ich bin in einem großen Haus in Lichterfelde aufgewachsen. Es wurde 1909 gebaut. Der Hausbau und das Leben in dem neuen Hause war eine Erfahrung, die meine Kindheit geprägt hat. Durch sie bin ich auf den Gedanken gekommen, Architekt zu werden: ich wollte selbst solche Häuser bauen. Verglichen mit den Villen, die ich in Lichterfelde um mich sah, stellte das Haus den denkbar größten Fortschritt dar. Wir hatten selbst vorher in einer dieser düsteren und unbequemen Villen gewohnt, und nun zog ich in ein Haus ein, in dem es hell war, bequem, angenehm. Die Räume waren groß, und der Garten war regelmäßig angelegt. Statt der Schlängelwege des alten Gartens gab es hier breite Staudenrabatten und gute Obstbäume. Da dies mir der denkbar größte Fortschritt zu sein schien, konnte ich mit der neuen Architektur nach dem Kriege nichts anfangen. Der erheblich größere Fortschritt, der in den zwanziger Jahren gemacht wurde, schien mir unnötig, ja, abwegig. Viele der Aufsätze, die ich um 1930 geschrieben habe, sollten beweisen, daß die neue Architektur, das also, was man jetzt Funktionalismus nennt, nicht viel taugt. Damals konnte ich nicht wissen, daß gerade diese Aufsätze viel später, als man begann, den Funktionalismus zu kritisieren, eine gewisse Aktualität erlangen würden.

Immerhin war ich nicht blind. Es konnte mir nicht entgehen, daß in diesem Bauen neuer Art einige sehr bemerkenswerte Gebäude und Siedlungen entstanden; und als ich auf meiner Suche nach neuen Läden in Paris, über die ich in Deutschland berichten wollte, ganz zufällig einen Architekten traf, der eben eine neue Bauzeitschrift gründen wollte, „L'Architecture d'Aujourd'hui", nahm ich seine Einladung gern an, für diese Zeitschrift über das Neue zu berichten, das in Deutschland entstand. So kam es, daß ich 1933 geraden Weges in die Redaktion der „Architecture d'Aujourd'hui" auswanderte. Der Redakteur war Pierre Vago. Er war etwas jünger als ich und kam aus der Schule von Auguste Perret. Die Zusammenarbeit mit Pierre Vago, dem Perret-Schüler, und mit anderen jungen französischen Architekten bekräftigte meine Anschauung, daß die Avantgarde, dort wie hier, wohl das letzte Wort war, nicht aber die letzte Weisheit. Auch in Frankreich hielten es die Leute meiner Generation eher mit den Großvätern als mit den Vätern, eher also mit Perret, Tony Garnier, Franz Jourdain als mit Le Corbusier, Lurçat und Mallet-Stevens.

Eine Zeitschrift mag eine Doktrin vertreten, sie kann sich aber nicht damit begnügen, lediglich die Gebäude ihrer Lieblingsarchitekten zu veröffentlichen.

„L'Architecture d'Aujourd'hui" publizierte jeden Monat eine Révue des révues, einen illustrierten Bericht über die Zeitschriften des Auslandes; und ich hatte sie zu redigieren. Da konnten wir nicht vermeiden, noch wollten wir es, auf die neuesten Schöpfungen der Architektur in Frankreich und im Ausland genau einzugehen. Pierre Chareau führte mich durch sein Haus aus Glas und Stahl für den Dr. Dalsace, Le Corbusier gab in unserem Verlag die „Ville Radieuse" heraus; und ich war beauftragt, mit ihm diese Herausgabe vorzubereiten. Ich habe damals sogar Bruno Tauts Schrift über die traditionelle und die neue Architektur in Japan übersetzt und in der Zeitschrift veröffentlicht. „L'Architecture d'Aujourd'hui" widmete jedes zweite Heft einem besonderen Thema: Krankenhäuser, Schulen, sozialer Wohnungsbau, Theater, Kirchen, Architektur in den skandinavischen Ländern, Architektur im Dritten Reich. Dabei habe ich einiges gelernt, besonders, da es mir zufiel, jedesmal die historische Einleitung zu schreiben. Mein Horizont hatte sich also recht stark erweitert, als ich es mir in den Kopf setzte, diese schöne Arbeit abzubrechen und nach Palästina zu gehen, weil ich meinte, da gehöre man als Jude hin. Wahrscheinlich hat mir dieser Entschluß das Leben gerettet. Meinen Horizont hat er nur insofern erweitert, als ich in Palästina zum ersten Mal mit dem Problem des Bauens in einem anderen Klima konfrontiert wurde und auch mit der Frage der nationalen Architekturen.

Nun hatte ich mir durch meine Tätigkeit bei „L'Architecture d'Aujourd'hui" so etwas wie einen Namen gemacht, und der Kreis der progressiven Architekten in Palästina vertraute mir die Redaktion seiner Zeitschrift an. Sie hieß „Habinyan", auf deutsch „Der Bau". Zu diesem Kreise gehörten Arieh Sharon, Zeev Rechter, Dov Carmi, Lotte Cohn, Munio Neufeld. Die Lage war eine sehr andere als die in Frankreich. In Palästina hatte man zunächst versucht, eine nationale Architektur zu schaffen, daß hieß dort: eine irgendwie orientalische. Das wollte Alex Bärwald, der preußische Baurat und engagierte Zionist. Dann hatte man aus den Zeitschriften aus aller Welt gelernt, daß eine neue Architektur im Entstehen war, und die wollte man haben. Man hielt sich aber an die Äußerlichkeiten: das Schlitzfenster im Treppenhaus, das Eckfenster, das flache Dach. Erich Mendelsohn war so entsetzt, als er das sah, daß er sagte: „Und nun sollte man erst einmal zehn Jahre lang diese Dinge verbieten!" Er baute um diese Zeit eine landwirtschaftliche Schule in Palästina mit einem Ziegeldach; aus Trotz, meine ich. Die Gruppe um „Habinyan" wollte eine neue Architektur in Palästina schaffen, die Hand und Fuß hat. Sharon kam vom Bauhaus, Rechters Vorbild war Le Corbusier. Damals kam auch Alexander Klein nach Palästina und begann, am Technion in Haifa zu lehren. Gegen die mißverstandene modernistische Bauerei in Tel Aviv und Haifa aufzukommen, eine, notabene, sehr unsolide Bauerei, war ein fast verzweifeltes Unterfangen. Aber Sharons sozialer Wohnbau, Neufelds Krankenhaus „Assutah", Rechters Wohnhäuser zeigten den Weg, und ich durfte an diesen Bemühungen teilnehmen; aber wieder faßte ich einen meiner prinzipiellen Entschlüsse und schloß mich selbst aus diesem produktiven Kreis aus: ich meinte anno 41, es sei Zeit, gegen Hitler zu kämpfen und meldete mich freiwillig: fünf

Jahre Kriegsdienst; das fünfte hatte ich – wieder freiwillig – hinzugefügt; denn ich fand mich, sehr gegen meine Erwartung und auch gegen meinen Wunsch, 1945 als Britischer Offizier in Deutschland und ging nun in eine Einheit mit dem Namen Political Intelligence. Damals habe ich geschrieben – über Deutschland.

Aus den Trümmern meines Heimatlandes wuchs ja nicht nur Unkraut: eine wunderbare Hoffnung blühte aus ihnen auf, und ich wünschte, an dem teilzunehmen, was dort geschehen werde. Sobald ich konnte, ging ich, nachdem ich in Palästina aus dem Heeresdienst entlassen worden war, nach England, um eine Arbeit in Deutschland zu finden. Es war mein letzter prinzipieller Entschluß; denn während ich in London monatelang auf ein Interview wartete, lernte ich ein Mädchen kennen, und später habe ich es geheiratet. Ein Ehemann faßt aber keine prinzipiellen Entschlüsse mehr. Das Interview ergab natürlich nichts: der Mann hielt mich schlicht für verrückt. Ich ging auf eigene Faust nach Deutschland, denn ich hatte es mir ja in den Kopf gesetzt, dort etwas Nützliches zu tun: nicht als Architekt – ich wollte Schulmeister werden. Das mißlang natürlich auch. „Lehrer?", fragte man mich, „aber Sie haben ja keine Ausbildung. Und denken Sie ja nicht, die Schulbehörde werde Sie einem Nazi vorziehen, der eine Ausbildung als Lehrer hat". Ich saß also in einem Hotelzimmer in London – und heiratete. Ich hatte gerade noch 100 Pfund, und nun mußte ich mir eine Arbeit suchen.

Ich wurde wirklich Lehrer; aber in dem Fach, in dem ich eine Ausbildung hatte: Architektur. Ich lehrte an der Brixton School of Building. Und so kam ich nach einer Pause von sieben Jahren wider Willen zur Architektur zurück.

Merkwürdigerweise hatte ich als Lehrer Erfolg. Und als mir eines Tages der Prinzipal sagte: „Julius, ich bin es satt, die ganze Baugeschichte allein zu machen. Was wollen Sie lehren: Antike, Mittelalter oder Neuzeit?", erwiderte ich ohne zu zögern: „Mittelalter" und begann, Geschichte zu lernen, während ich lehrte nach dem Satz: *docendo discere*. Damals begann ich wieder zu schreiben: über mittelalterliche Themen: "Notes on the compound pier", "Westfronts", "The ribs of Durham". Ich habe diese Aufsätze nicht in die vorliegende Sammlung aufgenommen. Ich meine, sie sind zu speziell. Da ich aber einmal schrieb, begann ich als alter Baujournalist, auch wieder über aktuelle Themen zu schreiben: über die Ausstellung von 51, die Royal Festival Hall.

Acht Jahre blieb ich in der Brixton School of Building. Ich war in England, wo ich hatte leben wollen, seit ich „Das Englische Haus" fast auswendig gelernt hatte; und ich hatte eine englische Frau und englische Kinder; mit einem Wort: *I was at home*. Aber wenn es dem Esel zu gut geht, geht er aufs Eis. Und so fand ich mich eines schönen Tages mit Frau und Kindern in Kuala Lumpur, um dort im Technical College eine Architekturschule aufzubauen. In gewisser Weise setzte diese Erfahrung meine palästinensische Erfahrung fort: auch in Malaya handelte es sich um Bauen in einem anderen Klima. Darüber habe ich ein paar Aufsätze geschrieben.

Natürlich wollte ich nach diesem Ausflug wieder nach Hause gehen, nach England; aber ich kam nach Berlin: als Professor für Baugeschichte an der Hochschule für Bildende Künste: ein ungelernter Professor; denn ich hatte ja nie Kunstgeschichte studiert. Wenn man über dieses Leben ein Wort setzen wollte, ein Motto, so wäre es dies: Improvisation.

Ich halte es für notwendig, dieses kurze Lebensbild meinen Schriften voranzustellen, um einige der Themen zu erklären, von denen in ihnen die Rede ist; und noch aus einem anderen Grunde: um zu erklären, warum die meisten dieser Aufsätze nach 1961 entstanden sind; denn erst dann, in Berlin, habe ich mich wieder ernsthaft mit den Fragen der Architektur auseinandergesetzt. Das brachte meine Arbeit als Lehrer mit sich, aber mehr als diese der Erfolg meines ersten Vortrags, den ich hier in der Akademie der Künste gehalten habe: er trug mir weitere Aufträge ein.

Die Architektur hatte mich wohl doch nicht losgelassen in den Jahren, als ich ihr aus dem Wege ging. Da ich ihr aber so lange aus dem Wege gegangen bin, habe ich nun, da ich mich ihren Grundfragen gegenüber sah, an Anschauungen angeknüpft, die weit zurücklagen. Ich habe bei der Zusammenstellung meiner Schriften den Muthesius-Aufsatz wiedergelesen, den ich 1931 für die „Baugilde" geschrieben hatte, und war einigermaßen verblüfft zu finden, daß dort alles schon gesagt ist, was ich seitdem über Muthesius gesagt habe. Damals glaubte ich, von ihm gelernt zu haben, daß Architektur nicht eine der bildenden Künste ist, sondern eine Emanation der Gesellschaft, und daß sie nur dann gut ist, wenn sie die Lebensformen einer Gesellschaft widerspiegelt. Und da ich mir das nicht habe ausreden lassen, so kehrt diese anti-künstlerische Auffassung in allen späteren Aufsätzen über Muthesius wieder — und nicht nur in denen über Muthesius. Gewiß, es werden auch andere Themen in meinen Schriften angesprochen; sonst wäre diese Sammlung ja unerträglich langweilig. Ich habe mich mit aktuellen Dingen beschäftigt, auch wieder mit der Frage der Hochschulreform — und der Hochschulpolitik, sogar der Politik schlechthin, besonders nach 1968. Auch Erfahrungsbrocken aus meinem unsteten Leben tauchen auf: der Meister Poelzig, Le Corbusier, Mendelsohn, Scharoun. Es kann ja nicht ausbleiben, daß solche Einwirkungen aus einem langen Leben in den Schriften eines Menschen ihren Niederschlag finden, der sich daran gewöhnt hat, die Eindrücke, die er empfängt, schreibend zu klären. Aber die Frage, wozu man eigentlich Architektur macht, und was das eigentlich ist, Architektur, das ist das zentrale Thema.

Und nun, da es Zeit wird, die Feder aus der Hand zu legen, wandeln mich Zweifel an, ob ich in dieser Sache, um die meine Gedanken seit fünfzig Jahren kreisen, recht habe. Man hat gut reden von der Architektur als einem Abbild der Gesellschaft; aber wie sieht die Gesellschaft aus, in der wir gegenwärtig leben? Wie kann sie, die im Begriffe ist, jede Form zu verlieren, sich in ihren Gebäuden und in ihren Städten abbilden? Schon Bruno Taut hatte in der „Stadtkrone" gesagt, daß die greuliche Mietskasernenstadt seiner Zeit ein adäquates Abbild der

Gesellschaft sei, in der er lebte. Er hoffte auf eine andere Gesellschaft. Diese Hoffnung findet man auch in meinen Schriften. Darum habe ich die im engeren Sinne politischen Aufsätze nicht unterdrückt. Sie gehören, meine ich, zur Architektur. Ich habe auch die Aufsätze nicht unterdrückt, in denen der Zweifel schon anklingt, ob Bauen und Wohnen für uns, besonders für die Jungen unter uns, überhaupt noch das bedeuten, was sie uns und mehr noch unseren Vätern bedeutet haben. Dies wird das Thema sein, mit dem ich mich weiter beschäftigen werde; denn ich höre ja nicht auf zu schreiben; und wenn in fünf Jahren diese Sammlung neu aufgelegt wird, hoffe ich, ihr einen Nachtrag anfügen zu können.

Julius Posener

I. Aufsätze vom Anfang der dreißiger Jahre

Die Auswahl ist knapp. Ich habe in diesen Jahren viel geschrieben, besonders in den dreißiger Jahren für *L'Architecture d'Aujourd'hui*. Beim Lesen dieser alten Aufsätze fällt mir auf, wie wenig sich meine Anschauungen im Laufe eines langen Lebens verändert haben: der Muthesius-Aufsatz von 1931 unterscheidet sich kaum von späteren Aufsätzen über Muthesius, und die Aufsätze in der *Vossischen Zeitung* betrachten den Funktionalismus etwa so, wie ich ihn heute noch ansehe. Natürlich gab es auch damals, als der Funktionalismus in der Architektur die Avantgarde gewesen ist, eine Funktionalismus-Diskussion, und besonders haben die jungen Leute, die Leute meiner Generation, sich vom Funktionalismus abgewandt. Viele von ihnen sind dann Nazi-Architekten geworden.

1 Zur Reform des Hochschulstudiums (1931)

Offener Brief an Herrn Geheimrat Seesselberg

Sehr geehrter Herr Geheimrat!

Sie haben im letzten Heft der „Baugilde" das Wort ergriffen, um über die Reform des Hochschulstudiums zu sprechen. Sie haben damit an eine Frage gerührt, die vielleicht die brennendste und vielumstrittenste unseres Berufes ist. Sie haben an dem bestehenden Zustand ernste Kritik geübt, eine bestimmte neue Richtung des Studiums angedeutet, die Ihnen vorschwebt, und einige Arbeiten Ihrer Schüler gezeigt, welche die Resultate verdeutlichen sollen, die in dieser Richtung zu erhoffen sind. Damit haben Sie, Herr Geheimrat, eine Basis für eine Diskussion geschaffen, und dafür wissen wir Ihnen Dank.

Sie betrachten kritisch zunächst das Produkt der heutigen Ausbildung: den jungen akademischen Architekten, und zwar sprechen Sie nicht von seiner viel gerügten Unterlegenheit in allen praktischen Dingen, vielmehr interessiert Sie, der Sie als akademischer Lehrer mehr für eine allseitige Berufs*bildung* eintreten (den „Überblick von höherer Warte") als für die simple *Aus*bildung für den täglichen Gebrauch, vornehmlich die Fähigkeit des jungen Architekten, künstlerisch zu gestalten.

Aber auch da, im Gestaltenden, ist nicht alles, wie es sein sollte, und Sie stellen jene Steifheit und Gebundenheit fest, durch die sich die Architekturstudenten von Ihren anderen Schülern, den Bauingenieuren, nachteilig unterscheiden. Sie erklären diese Erscheinung damit, daß der junge Bauingenieur erzogen sei, nach dem Zweck einer Sache zu fragen und demnach zu handeln, während die Architekten durch ein umfangreiches historisches Formstudium gehemmt und belastet seien. Und Sie ziehen die Folgerung: Man verlege die historischen Studien vom Anfang an den Schluß der Ausbildung, wenn der Architekt schon hinreichend Gelegenheit gehabt hat, sich, unbeschwert von solchem Wissen, an den Aufgaben der Gegenwart zu erproben; eine Folgerung, zu der Sie sich, wie Sie sagen, selbst erst nach langer Hochschulpraxis bekannt haben.

Es muß uns außerordentlich befriedigen, daß Sie, Herr Geheimrat, heut von den Argumenten durchdrungen sind, die wir, die Studierenden nämlich, seit 1926 in ganz ähnlicher Weise geäußert haben. Ich spreche hier nicht etwa von „Prioritäten", die ich für uns in Anspruch nehme. Der Studierende ist immer mehr geneigt, vielleicht auch besser imstande, kritisch zu sehen. Um so ermutigender für uns, wenn ein akademischer Lehrer, dessen Tätigkeit nach Jahrzehnten rechnet, seine Erfahrungen in einer Formel niederlegt, die unser hastiges Urteil bestätigt.

Zweimal, im Jahre 1926 und im Jahre 1929, hat es Reformbewegungen gegeben, die *von den Schülern* ausgingen. Beide haben zu klaren Resolutionen geführt:

die von 26 zu dem einhelligen Beschluß der Fachschaft, die von 29 zu einem Programmaufsatz in der „Bauwelt". Beide haben auch ihre Resultate gehabt: Stärkung der Meisterklassen, Berufung von Tessenow, Berufung von Taut.

Es ist nicht uninteressant, der Bewegung von 26 einmal im einzelnen nachzugehen: man wird dabei die Bedingungen klar zu Gesicht bekommen, unter denen *überhaupt* an der Hochschule Reformen möglich sind. Ich glaube, Herr Geheimrat, man kann im Kritischen gar nicht konkret genug sein, man kann „Zustände" gar nicht klar genug zeichnen, um dem Außenstehenden das Gelände zu zeigen, auf dem die Schlacht der Ideale geschlagen werden soll.

Unsere „Bewegung", die sich völlig in dem „gesetzlichen" Rahmen der Fachschaft abspielt, führte sehr bald zu einer Formel, die etwa lautete: Zurücktreten der Formenlehre (vielleicht auch ihre Verlegung), Zurücktreten — oder vielmehr „Entwissenschaftlichung" der wissenschaftlichen Hilfsfächer, wie Statik und Darstellende Geometrie, an Stelle der letzteren ein Kursus „Darstellen für Architekten" (Perspektive und Farbe). Durch diese Streichungen sollte dann Zeit gewonnen werden, den konstruktiven Entwurfsübungen im Zusammenhang mit Baustoffkunde und Kalkulation den breitesten Raum in der Unterstufe zu geben.

Dies sollte in einer Art „Bauseminar der Unterstufe" geschehen (wie denn auch die Baukonstruktionsübungen des Herrn Professor Siedler im Laufe der Zeit sich zu einem solchen entwickelt haben). Ähnlich dachten wir uns Formenlehre, Aufnahmeübungen und Baugeschichte zu einem Seminar vereinigt.

Dies war ein Programm, und, um ihm noch mehr Festigkeit zu geben, wurden von einigen Übereifrigen schon Wochenpläne für die ersten Semester aufgestellt. Unsere Art vorzugehen und unsere Formulierungen selbst mögen völlig unreif gewesen sein. Aber sie bekunden eins: *einen ganz bestimmten Willen.* Wir vermuteten dieselbe Einhelligkeit auf Seiten des „Lehrkörpers", und sei es eine Einheitsfront der Ablehnung. Wir nahmen das Letztere an (weniger deshalb, weil wir an einigen Herren ziemlich deutliche Kritik geübt hatten, als vielmehr darum), weil wir sahen: Hier wird ein bestimmtes, ausgesprochen akademisches System des Architekturunterrichts seit Jahren (so lange wie wir, die Studierenden, uns irgend entsinnen können) ausgeübt. Die Professoren sind zum großen Teil unter der ungeänderten Ausübung dieses Systems ergraut. Sie werden *mit gymnasialer Strenge und Überzeugung* zu ihrer Praxis stehen.

1 Anmerkung: Ich möchte Sie zur Illustration dieses Satzes an die Neugestaltung des Zeichenunterrichts von 1926 erinnern: In unseren Erörterungen über den Zeichenunterricht führte einer von uns seinen Schulzeichenlehrer an als Beispiel eines wirklich lebendigen und fruchtbaren Unterrichts. Der Lehrer habe unter vielen anderen auch abstrakte Raum- und Körpergebilde zu Papier bringen lassen, um seine Klasse auch in dieser Richtung anzuregen. Diesen Gedanken nahm Herr Professor Wach beifällig auf. Es wurden einige Prismen, Kegel und Pyramiden aus Pappe angeschafft, die der Student in beliebiger Form zusammenstellte und abzeichnete. Damit war eine Reform im Zeichenunterricht effektiv geworden, und dies wurde sichtbar gemacht durch die Beschriftung, die die betreffenden Blätter tragen sollten: Studie in architektonischer Anatomie.

Es traf sich nicht ganz so. Unsere Resolution schuf große Erregung und vor allem große Spannung zwischen den verschiedenen Lehrstühlen. Die einzelnen Professoren erklärten, daß *sie persönlich* schon lange zu Reformen bereit gewesen seien, die erheblich weiter gingen als die, die wir jetzt in Vorschlag brächten. Sie zögerten nicht, die Linie dieser Reformen anzudeuten.[1]

Als die Spannung ihren Höhepunkt erreicht hatte, rief uns Professor Rüster zusammen, um mit uns über die bevorstehende Studienreform zu sprechen. Auch er begann seinen Vortrag damit, daß er unsere Reformen (mit Recht) viel zu geringfügig fand. Die *inhaltlichen* Kernfragen unseres Studiums seien von uns kaum gestreift worden. Als eine solche Kernfrage bezeichnete er die der Gebäudekunde. Es sei doch, über Konstruktion, Statik, Ästhetik, Historie hinaus, eigentlichste Sache des Architekten, daß er wisse, welchen Raumbedarf Lebensvorgänge erfordern, daß er lerne, zu verfolgen, welches Programm für Kirche, Schule, Fabrik, Wohnung usw. an der Tagesordnung sei, und welches die letztgültigen dafür gefundenen Anordnungen seien (nicht zu erwähnen, daß hierin auch das ganze Gebiet der behördlichen Bestimmungen für die einzelnen Gebäudearten gehört). Seit dem Ende des vorigen Jahrhunderts, also seit dem großartigen „Handbuch der Architektur" sei hierin nichts mehr geschehen. Der akademische Lehrer, der in der Praxis stehe, müsse also heut von sich aus seinen Schülern die Quellen nachweisen, in denen sie die Bildung der Standards verfolgen könnten.[2]

Wir verließen diesen Vortrag mit dem Gefühl, daß unsere Sache in den besten Händen liege, daß sich also jede weitere Aktion von uns aus erübrige. Und das war insofern unbedingt richtig, als in den Meisterklassen wirklich ziemlich eingehend Gebäudekunde im angeregten Sinne getrieben wurde. *An der gesamten Unterstufe aber*, der unsere Sorge vornehmlich galt, *samt ihrem Examen wurde nichts Wesentliches geändert.* Auch nicht, um auf unser Thema zurückzukommen, am Formenlehreunterricht. Er blieb unverändert, und zwar nicht nur in bezug auf das Wann (Anfang oder Ende des Studiums) und auf das Wieviel (Anteil der Formenlehre am Wochenplan), sondern, und das ist doch wohl das Wichtigste, auf das *Wie*.

Als Beispiel für dieses Wie liegen Ihnen, Herr Geheimrat, die Übungen in Konstruktion und Formenlehre der mittelalterlichen Baukunst am nächsten. Ich möchte aber ausdrücklich betonen, daß sie hier nur als Beispiel angeführt werden, dem der übrige Unterricht genau entspricht. Ferner möchte ich Sie bitten,

---

2 Anmerkung: Sie setzen sich gegen Ende Ihres Aufsatzes mit dieser Forderung auseinander und lehnen sie ab. Aufgabe der Akademie sei es nicht, der rapiden Umgestaltung der Bauaufgaben zu folgen, sondern an bewährten Grundrissen „allgemeine Gesetze der Gestaltung" zu studieren. Ich kann mich Ihrer Meinung hier nicht ganz anschließen und möchte zu bedenken geben, daß der Rüstersche Plan, vom praktischen Wert abgesehen, zwei erzieherische Vorteile bietet: 1. Der Studierende hat beim Entwerfen nicht das quälende Gefühl, daß seine Arbeit eine „Schularbeit" ist. 2. Er wird von vornherein auf jene beobachtende Tätigkeit hingewiesen, die später seine produktive Berufsausübung ständig zu begleiten hat, wenn er nicht vereinsamen und zurückbleiben will.

mich zu kontrollieren, wenn mir in diesen Dingen *Ihres* Unterrichtes Fehler unterlaufen sollten, und möchte dazu bemerken, daß ich den Formenlehreunterricht zur Zeit unserer Resolution, also um 1926, vorstelle.

Die Übungen nehmen die Zeit von 11—6 Uhr ein, Donnerstags und Freitags. (In Praxi. Auf dem Stundenplan steht 10—2 Uhr). Sie dauern zwei bis drei Semester, Resultat: 4—5 Bögen. Ein Pfeilerquerschnitt und Grundriß einer Kapelle, der Schnitt durch die Kapelle. Ein Fenster und einige Wasserspeier von Notre Dame nach Viollet-le-Duc. Die Konstruktionsbögen sind sämtlich in rheinischer Hochgotik. Dieses Resultat steht in keinem Verhältnis zur aufgewandten Zeit. Dabei ist die Leistung fast übermenschlich, wenn man bedenkt, daß alle diese Bögen im wesentlichen von einem Menschen gezeichnet werden. Seit mindestens einem Jahrzehnt haben Sie die gesamte Bleistiftzeichnung und einen Teil der Übertragung in Tusche fast allein geleistet, und kein Leiter einer Meisterklasse kann mit so großem Recht seine Übungsergebnisse als sein Werk bezeichnen. Freilich, die Tätigkeit des Studenten in einer solchen Übung besteht zu einem sehr großen Teil in *Anwesenheit.*[3]

Alleintätigkeit des Dozenten, Gleichförmigkeit der Vorlagen, Anwesenheit der Studenten, diese drei Dinge hängen zusammen und werden z.T. begründet mit Assistentenmangel.[4] Zum anderen sind sie die Konsequenz des alten Hochschulsystems, bei welchem der Professor der alleinige fons sapientiae ist, eines Systems, dessen Anwendbarkeit auf unseren, im Grunde nicht wissenschaftlichen, Beruf zweifelhaft erscheint.[5]

So war es um die *innere* Einrichtung eines Faches bestellt. Wie stand es nun um den Zusammenhang der Fächer unter sich? Sie regen, Herr Geheimrat, eine weit engere Zusammenarbeit der einzelnen Lehrstühle an, und man fühlt bei der Lektüre dieser Stellen Ihres Aufsatzes, wie entschieden, und sicher schon seit langer Zeit, Sie in dieser Richtung zu wirken bemüht sind. Was liegt näher, als daß alle diese Einzelwissenschaften, die, vom Standpunkt des jungen Architekten aus,

---

3 Anmerkung: Ich möchte hier noch einmal feststellen, daß ich ein Charakteristikum weitaus der meisten Hochschulübungen beschreibe. Wir sind mit Herrn Prof. Stiehl nach Straußberg gefahren und haben der Aufnahme einer Grabkapelle *beigewohnt*, die dann nachher, im Laufe eines Semesters, von uns aufgetragen wurde. Wir haben Herrn Prof. Weiß *beobachtet*, der jeden Dienstag und Mittwoch in aufreibendster Arbeit immer wieder „den" ersten, zweiten, dritten Baukonstruktionsbogen zeichnete: die Beispiele lassen sich vermehren.

4 Eine wirtschaftliche Begründung des Assistentenmangels ist dem Studierenden, der pro Semester RM. 150—180 Studiengelder ausgibt, schwer verständlich. Man kann übrigens bei ebensowenigen Assistenten und ebensovielen Schülern auch andere Resultate erreichen. Herr Professor Siedler *macht* doch seit Jahren konstruktive Entwurfsübungen und Herr Prof. Zeller *läßt* doch seit noch längerer Zeit seine Schüler Aufnahmen selbst machen.

5 Die höheren Schulen lehnen dieses System heute ab. An der Hochschule für Architekten aber ist Poelzig der einzige, der ein anderes System, den sogenannten Arbeitsunterricht, wirklich betätigt. Fast möchte ich glauben, Herr Geheimrat, daß solche Fragen der *Unterrichtsgestaltung noch* wichtiger sind als alles Programmatische.

nur Rüstzeug zu geben haben, das ihn befähigt, sein Ziel zu erreichen, *Häuser* zu bauen, − was liegt näher, als daß sie alle wirklich *das zu bauende Haus in den Mittelpunkt ihrer gemeinsamen Arbeit stellen.* (Ähnliches wird in dem kombinierten Seminar Städtebau − Bauwirtschaft versucht.) Ich deutete an, daß uns, als wir unseren „Reformplan" aufstellten, für die „Bildungs"-Fächer eine ähnliche Zusammenfassung vorschwebte. Sicher haben Sie, Herr Geheimrat, oft Ähnliches angeregt. Wenn wir in dieser Frage dennoch heute noch keinen Schritt weiter gekommen sind, so nehme ich an, daß die Schwierigkeiten *auf diesem Wege* unüberwindlich waren.

An unserer Hochschule herrscht das akademische Prinzip, d. h. die einzelnen Wissenschaften haben jede ihr abgeschlossenes Eigenleben. Der Student, der in voller Freiheit eine Vorlesung besucht oder aufgibt, wählt nach eigenem Ermessen, was ihm von den einzelnen Wissenschaften zum tüchtigen und gebildeten Architekten frommt. Freilich, hier ist ein wenig idealisiert worden, um das *Prinzip* zu zeigen: In Wahrheit reguliert das Examen, indem es *die* fünf Antikebögen, *die* vier Baukonstruktionsblätter, *die* dreizehn Statikübungen verlangt, wesentlich den Ausbildungsgang des einzelnen. Aber die *Trennung* der einzelnen Fächer ist in aller Strenge erhalten.[6]

Das Examen bringt also ein denkbar stark *schulmäßiges* Element in die Akademie: ein Element, das von den Schulen heute sogar allgemein als zu „schulmäßig" abgelehnt wird: das Nachzeichnen von Musterblättern. Andererseits bleibt das „akademische Prinzip" (wie ich es eben zu zeichnen versucht habe) in voller Kraft: Schule einerseits, Akademie andererseits, und von beidem die Schattenseite: ein solches Wesen konnte nicht weiterleben. Man mußte sich entscheiden, und zwar, trotz Ihrer Bedenken, man mußte sich für die *Schule* entscheiden. Gerade das haben die Meisterklassen getan.

Ich will jetzt nicht von dem Wert der Meisterklassen an sich sprechen. Ich wende mich an Sie, Herr Geheimrat, der besser als ich die Hindernisse kennt, die sich jeder Zusammenfassung auf der Hochschule entgegenstellen. Es gab nur einen Weg: Mittelpunkt bilden, denen schließlich die „Fächer" sich von selbst anschließen müssen: Fremdkörper in das akademische System bringen, die es allmählich umkristallisieren sollten: dieser Weg war *taktisch* der einzig mögliche.

Ich bin mit Ihnen überzeugt, Herr Geheimrat: *Die Meisterklassen sind nicht das letzte Wort einer möglichen Studienreform. Aber sie sind der erste Schritt der wirklichen.*

Ihre Wirkung war ungeheuer, war ein einziges, hoffnungsvolles „Endlich" (die zahlenmäßigen Belege sind Ihnen besser als mir bekannt), das Arbeitstempo in diesen Klassen hat sich vervielfacht, der Zusammenhang unter den Studierenden stellte sich durch die Ähnlichkeit der *Aufgaben* (nicht der „Bögen") in den Se-

6 Anmerkung: Unser „Reformputsch" hat diese Trennung, ja Feindschaft zwischen den einzelnen Lehrstühlen sehr klar zum Vorschein gebracht. Die Trennung geht so weit, daß sogar in der Studenplanaufstellung die einzelnen Fächer nicht aufeinander Rücksicht nehmen und der Student gewisse Übungen nur alternativ besuchen kann (eine Woche Mittelalter, eine Woche Handwerkskunde)

minaren sofort ein, und sehr bald wurde ein Zusammenhang zwischen dem Seminar und anderen Lehrstühlen hergestellt.[7]

Sie werden also verstehen, Herr Geheimrat, was die Meisterklassen für uns bedeuten. Und nun sagen Sie, gerade diese Meisterklassen trügen einen Teil der Schuld an dem, was in unserer Ausbildung mangelhaft ist. Sie machen den Meisterklassen Vorwürfe, und zwar zweierlei Art: Einmal beziehen sie sich auf die *Arbeit* in den Seminarien:

„An den Entwürfen wird zu lange gearbeitet. Das frische Drauflosgehen heute auf die, morgen auf jene Aufgabe wird vermißt. Es wird zuviel mit dem einzelnen Entwurf vorgenommen (statische Berechnungen, Kalkulation usw.). Durch zu starkes Betonen der Forderungen der Praxis wird der frei schaffende Geist unleidlich beengt."

Ihre Einwände, Herr Geheimrat, sind dokumentarisch höchst interessant: Sie zeigen, wie weit entfernt auch heute noch ein Lehrer vom anderen im selben Hause ist. (Zugleich, wie massiv dieses Haus gebaut ist:) Ja, stört Sie denn nicht jeden Donnerstag, oder doch jeden zweiten, das Getrappel, Stuhl- und Tischgeschiebe über Ihrem Saal, wenn *Poelzig* die *laufenden Wochenaufgaben* kritisiert? Das sind kurze Skizzieraufgaben aus möglichst verschiedenen Gebieten, auch einmal eine rein formale oder farbige, welche am Donnerstag ausgestellt und in *gegenseitiger Kritik* besprochen werden. „Mir", sagte Poelzig einmal an einem solchen Donnerstag, „ist es ja viel lieber, wenn ihr *nur* skizziert. Aber das Examen, Kinder, das Examen: Ihr *müßt* doch ‚drüben' eure drei—vier Schinken aufhängen." ...

Ihr zweiter Einwand, Herr Geheimrat, geht auf „den Meister". Der „große Mann", so argumentieren Sie, *muß* nun einmal die beiden unerfreulichen Wirkungen auf seine Schüler ausüben: einmal muß er sie bedrücken (durch den Vergleich zwischen der eigenen Leistung und der seinigen), andererseits werden Schüler, die den Beifall des „Meisters" finden, leicht zu einem unbegründeten und einseitigen Selbstgefühl emporgesteigert. Jawohl, Herr Geheimrat, ich gebe zu: Hier liegt eine Gefahr.[8] Ich glaube aber, daß unerfreuliche Erscheinungen

---

7 Anmerkung: Also eben der Zusammenhang unter den Lehrstühlen, der sich bis dahin auf keine andere Weise schaffen ließ, als in dem „engen Konklave der Meisterklassen". Es ist zu verstehen: vielen, denen die Statik ein dunkles Mysterium war, kam plötzlich Sinn und Einsehen, wenn eine eigene Arbeit, ein Entwurf, der sie interessierte, sie nachdrücklich auf diese Statik hinwies. Auf diese Weise wurde endlich in der Tat durch „das zu bauende Haus", durch den einzelnen Seminarentwurf der Zusammenhang hergestellt, den eine *Organisation* nicht erreichen konnte.

8 Anmerkung: Poelzig, der sich dieser Gefahr offenbar wohl bewußt ist, vermeidet ihre beiden Seiten zugleich, indem er sich, solange er Lehrer ist, als *Architekt* völlig ausschaltet. Ich habe erlebt, daß er das Heranziehung eines Poelzig-Baues zur Stützung eines Schülerentwurfes: „Meister, Sie haben doch selbst in Posen ..." energisch ablehnte. Da er (das wissen Sie alles nicht! Ein Lehrerzimmer her!) die Gabe besitzt, über jeden einzelnen seiner Schüler nach 14 Tagen besser Bescheid zu wissen, als dieser selbst nach Jahren, so besteht seine außersachliche Einwirkung nur darin, daß er von dieser Wissenschaft dem Schüler in geeigneter Stunde Mitteilung macht. Vielleicht tut er auch das nur, weil er uns

(wie die „Prominenten" in den Meisterklassen) mehr oder weniger bei jeder Neuerung auftreten. Man darf also wohl Kritik dieser Art noch zurückstellen und den Meisterklassen Zeit lassen, sich einzubürgern.

Sprechen wir einstweilen von der „klassischen" Meisterklasse, der von Tessenow, die so bewußt *Schule* ist wie keine andere: Ob es wirklich ein so großer Schaden war, daß hier eine Anzahl von Studenten während zweier Jahre einem Lehrer blindlings gefolgt ist, wird sich erst übersehen lassen, wenn diese Generation am Bauen ist. Einstweilen stellen wir fest: Alle Tessenow-Schüler beherrschen mühelos das Kleinhaus, die Villa, den Fest- und den Verwaltungsbau, ferner eine sehr anmutige Darstellungsmanier. Allen ist ein durchaus säuberliches, ästhetisches Können mitgegeben worden. Damit läßt sich schon etwas machen.

Sie werden die Jugend nicht auf Ihrer Seite sehen, Herr Geheimrat, wenn Sie sie zur Selbständigkeit gegen die „großen Männer" aufrufen. Ein junger Mann ist immer noch lieber an einem „Großen" zugrunde gegangen, als daß er sich dazu verstanden hätte, unter freundlicher Leitung „sich selbst zu suchen".

Ich hoffe, Herr Geheimrat, ich habe Ihre Bedenken ziemlich zerstreut. Erlauben Sie mir nun noch, auf Ihre eigenen Vorschläge einzugehen.

Wir erwarten heute von jedem, der über Studienreform spricht, daß er im Detail und mit Zahlen den bestehenden Zustand kritisiert (wie das z.B. 1929 von einer Gruppe von Studenten in der „Bauwelt" geschehen ist) und daß er über Aufbau der Unter- und Oberstufe, Examen, Pflichtfächer sowie über die innere Einrichtung des einzelnen Unterrichts ebenso detaillierte Vorschläge macht. Wir erwarten das um so mehr, wenn ein Hochschullehrer reichster Erfahrung das Wort ergreift. Sie kündigen weiter Aufsätze an.

Lassen Sie die vorhergehenden Zeilen eine Bitte an Sie sein, Herr Geheimrat: Solange der Hochschullehrer Vorschläge von fremder Seite als dilettantisch ablehnt, selbst aber über die Fragen, die seinem Urteil am nächsten unterstehen, schweigt, hat er seine Aufgabe in der Studienreform noch nicht erfüllt.

Einstweilen lassen Sie Beispiele aus Ihrem Unterricht sprechen, um die Richtung Ihrer Vorschläge gleich durch Resultate zu belegen, eine Methode, die uns aus der gesprochenen Pädagogik sehr glücklich in die Praxis des Unterrichts hinüberführt.

Allen diesen liebenswürdigen Entwürfen ist dreierlei gemeinsam: 1. die Formensprache (das überrascht ein wenig nach dem, was Sie gegen die Meisterklassen vorgebracht haben); 2. die Darstellungsart[9]; 3. die Lebensferne.

---

nach Unterstufe und Vorexamen in einem so kranken Zustand in die Hand bekommt. Aber das ist Poelzigs persönliche Lösung, und ich gebe zu, sie ist nicht gut auf Konto der Meisterklassen als Einrichtung zu setzen.

9 Anmerkung: Die Schriftleitung war auf meinen Wunsch so liebenswürdig, mir *alle* Beispiele zu zeigen, die Sie ihr zur Verfügung gestellt haben. Meine Würdigung bezieht sich also nicht nur auf die drei in Heft 24 wiedergegebenen. Ich weiß nicht, ob Sie mit der Wahl des ersten Beispiels ganz einverstanden sind. Die anderen beiden scheinen mir die Art Ihres Unterrichts, wie ich ihn seit 1925 beobachte, noch besser zu verdeutlichen.

Allen fehlt etwas, was aus statistischen Gründen bei diesen Arbeiten sehr erwünscht gewesen wäre (da sie doch einen Nachweis über den Wert einer Unterrichtsmethode bringen sollen): Anfangs- und Enddatum.

Wahrscheinlich werden Sie selbst, Herr Geheimrat, überrascht sein über die durchschnittliche Dauer dieser Skizzierübungen. Sie lehren eine bestimmte Darstellungsart, die ich, als ehemaliger Schüler, gut kenne. Ich habe später, in der „Meisterklasse", die André Lurçat auf eigene Faust in Paris leitet, eine andere Darstellungsart kennengelernt, deren angenehmes Aussehen Ihnen sicher schon bei neuen französischen Veröffentlichungen aufgefallen ist. Sie besitzt zwei Vorteile gegenüber der unsrigen:
1. Man kann nach ihr bauen.[10]
2. Sie erfordert die Hälfte der Zeit.

Wie segensreich könnte bei uns ein Skizzierunterricht sein, in dem eine leichte, gefällige und doch *anwendbare* Darstellungsart gepflegt würde!

Ich darf zum Schluß kommen:
1. Die Diskussion über Studienänderung an der Hochschule ist an dieser Stelle durch Sie eingeleitet worden. Sie ist augenblicklich in dem Stadium, in dem sie Details verlangt. Auch solche, wie: Durchschnittliche Studiendauer auf der Unterstufe, Durchschnittliche Wartezeit in den einzelnen Fächern. In den Fächern mit gemeinsamen Bögen: Wieviel Bögen (in %) werden selbständig angefertigt? Wieviel Entwürfe (in %) werden statisch berechnet? Wieviel kalkuliert?
2. Feststellung, daß vor Einführung der Meisterklassen kein Fortschritt erzielt werden konnte. Die Meisterklassen, eine ausbaufähige Form der Oberstufe. Ihre Einwirkung auf die anderen Fächer zu verfolgen: Lebenslauf der aus ihnen hervorgegangenen Schüler.
3. *Die Unterstufe und die Einrichtung der Examina noch heute ohne Reform!!* Zu erstreben: die seminaristische Zusammenfassung einzelner Fachgruppen und ein Examen, das diesem Unterricht angepaßt ist.

Daß alle diese Reformen heute nur Stückwerk sind, dessen sind sich wohl alle bewußt, die sich handelnd und ratend mit dieser Frage beschäftigen. Unsere Schwierigkeit liegt darin, daß der Begriff *Architekt* heute nicht (wie z. B. zur Zeit unserer Großväter) ein fest umgrenzter ist. Zu einer späteren Zeit werden sich die Grenzen unseres Berufes wieder zusammenziehen. Dieser Zeit wird es vorbehalten sein, für das, was uns heute leidenschaftlich bewegt, die endgültige Lösung zu bringen: Die neue Erziehung eines neuen Architekten. Ich hoffe, Herr Geheimrat, Sie werden sich mit meinen Schlußfolgerungen einverstanden erklären, und bin mit der Versicherung meiner besonderen Hochachtung

Julius Posener, Dipl.-Ing.

Die Baugilde, 13. Jahrgang 1931, Heft 1, Seite 24 ff.

10 Anmerkung: Sie unterdrückt nämlich, genau wie die Ihre, die konstruktiven Details, aber sie respektiert deren Ort und Maß.

2 Hermann Muthesius (1931)

Wenn eine Bewegung wie die, die wir in der Architektur erlebt haben, eine gewisse Festigkeit erreicht hat, wenn sie in das Stadium tritt, wo sie aus einem bekämpften und kämpfenden Revolutionär eine Großmacht wird, die kolonisieren geht, dann sucht sie gleichzeitig, sich in der Vergangenheit zu verankern. Sei sie, da sie anfing, so antihistorisch wie immer gewesen: sie findet in den Jahrhunderten vor ihr plötzlich Werke verwandter Form und vermutet hinter ihnen Personen von verwandtem Geist. Zuweilen sind solche Vorlieben, da sie jenseits der Manifeste liegen, die uns auffordern, das Werk in einer ganz bestimmten Weise zu betrachten, besonders bezeichnend: sie lassen die nie ausgesprochene tiefste Sehnsucht der Bewegung erkennen. So verehrt man heut als „modernste“ Werke des „Vorläufers“ Schinkel sein Kaufhaus, diese Utopie aus Glas, und seine Bibliothek, diesen fensterarmen Nischenbau, ebenfalls von utopischer Größe des Stiles, verwandt Poelzigschen Gedanken. Seit es entschieden ist, daß die formgewordene Utopie der modernen Bewegung die endgültige Ausprägung geben sollte, erkennt sie sich mit sicherem Instinkt in allen Formen der Vergangenheit wieder, die des gleichen Geistes sind: und von Schinkel aufwärts führt die Ahnenreihe zu Palladio, Filarete und Alberti, von ihm her über Olbrich und Van de Velde zu den heutigen Meistern. Gerade die Meister des Jugendstils sind in einem Maße wieder zu Ehren gekommen, das man in dem Zeitraum zwischen 1908 und 1919 nicht verstanden hätte.

Nur gerade von *diesem* Zeitraum spricht man heute nicht. Man blättere Kunstgeschichten der neuesten Zeit durch (etwa die Propyläengeschichte). Sie hören bei Olbrich und Behrens vor dem Kriege auf und knüpfen bei Mendelsohn und Taut nach dem Kriege an. In der Zwischenzeit war es nämlich einen Augenblick lang durchaus nicht klar, daß die Utopisten die Bewegung führen würden, und was man um 1912 „die Moderne“ nannte, berief sich auf eine ganz andere Ahnenreihe als Olbrich und Schinkel.

In den Büchern, von denen ich sprach (und das sind im Grunde alle offizielle Bücher der Bewegung) wird die Ausstellung von Darmstadt als ein Anfang bezeichnet. Die Ausstellung von Darmstadt war aber ebensosehr, oder mehr noch, ein Ende; hier tritt eine Pause in dem Teil der Bewegung ein, der auf die Suche nach der neuen Form gerichtet ist, nach dem „Zeitstil“, dessen vorletzter Niederschlag der Jugendstil gewesen war. Von Darmstadt bis Weimar ist der Idealismus (um diesen Teil der Bewegung einmal so zu nennen) von der breiten Straße abgedrängt und führt ein exklusives Dasein in der dünnen Luft einzelner Cercles (wie dem um Osthaus). Was die breite Schicht bürgerlicher Intellektueller damals interessierte, ist weniger ein Stil, als eine neue Art bürgerlichen Lebens. Man nannte das damals „Landhausbewegung“, und was diese wesentlich von den anderen Stufen der ganzen Bewegung unterscheidet, ist ihre Realisierbarkeit.

War in den Schriften der führenden Baukünstler, etwa in „Ver Sacrum", vornehmlich von den ideellen Funktionen der Baukunst (als einer bildenden Kunst) die Rede, so sprach Muthesius, der Architekt der Landhausbewegung, von durchaus irdischen und behaglichen Dingen: Von der Beziehung des Hauses zum Garten, von dessen Räumen, von der Lage der einzelnen Zimmer im Hausplan, von den Funktionen jeder einzelnen der Raumgruppen: Eßraum − Küche − Wirtschaftsflügel, Schlafraum − Ankleidezimmer − Bad, Kinderschlafraum − Turnboden − Spielraum − Bad − Garten der Kinder usw., kurz, aller der lebendigen Gruppen, die zusammen das höchst vielfältige Ganze eines großen bürgerlichen Wohnhauses unserer Zeit ausmachen. Es ist vom Komfort die Rede, und in einem Buch steht der Satz, der den größten Widerspruch gegen die idealistische Seite der Bewegung darstellt: „Das Badezimmer ist der modernste (und mithin schönste) Raum des Hauses". Und der Autor schwärmt von blanken Nickelhähnen, Glasstangen für Handtücher, dichten glatten Fliesen der Wände, nicht aber, wie wir es heute täten, wegen des *Materialreizes* dieser Dinge, nicht überhaupt in irgendeinem rein optischen (der bildenden Kunst angehörigen) Sinne, sondern mit der Freude Homers an einem vollkommenen Raum oder Gegenstand, der einer bestimmten Schicht von Menschen dient und von ihrem Leben und ihrer Art nicht zu trennen ist. Es wird also hier Architektur nicht rein graphisch oder plastisch entwickelt (worin, bei unserer besonderen, nicht einheitlichen, folglich auch nicht im einhelligen plastischen Kunstwerk mehr darzustellenden Kulturlage immer schon das Utopische verborgen liegt)[1], sondern poetisch, und zwar handelt es sich um die Poesie einer Lebensform: recht eigentlich ist also das Landhaus des Muthesius Darstellung einer vorgefundenen sozialen Lage. Wenn ich „Darstellung" sage, wo der Leser einen Ausdruck wie Werkzeug oder Gegenstand erwartet, so möchte ich damit Muthesius' Landhaus gegen alle die Dinge abgrenzen, die wir seit einiger Zeit als „Zweckform" oder „aus den Bedingungen des ökonomischen Gebrauches entwickelt" bezeichnen.

Das Landhaus ist durchaus nicht rationell, und für die Hauswirtschaft hat es auch vorher schon praktischere Lösungen gegeben. Die Wohnform, die hier verkörpert wird, war viel zu sehr Feierabendkultur, viel zu sehr Leben der Dame und der Kinder, als daß ihre Hülle von den strengen Gesetzen einer ökonomischen Ratio ihre Form hätte empfangen sollen, und viel wichtiger wurde es genommen, daß das Dienstmädchen auf seinem Weg von der Küche zur Tür, zur Wäsche, zu den Kindern, den Weg der Herrschaft nicht kreuzte, als daß etwa diese Wege der Dienstboten besonders bequem zurückzulegen waren. Man muß als Kind oder

---

1 Am klarsten wird dies illustriert, wenn man sich das Vorgehen von Muthesius' großem Gegner, Ostendorf, vergegenwärtigt: O. stellt eine Einheitlichkeit der Haltung als *Postulat* auf, die der Haltung des heutigen Menschen lange nicht mehr entspricht, und nimmt die Form, die diese Haltung ausdrücken soll, aus dem französischen Dix-Septième mit der rein künstlerischen Begründung, daß kein annähernd ebenso reifer Stil seither geschaffen worden sei (das heißt, daß er sich, *sollte* man ihm doch einen solchen Stil, gleichgültig wo, nachweisen, ohne Zögern *dieses* Stiles bedienen würde).

Halbwüchsiger in einem solchen Haus aufgewachsen sein: Geselligkeit, Garten, Musik, Tennis, basteln, Naturkunde, zeichnen, poussieren, und das alles in einer höchst artigen, ästhetisch betonten Form (bei breitgelagerten Zargenfenstern, darunter Zentralheizung mit Holzverkleidung – weiß gestrichen – in hellen, geräumigen Stuben – Linoleum, elektrisch Licht, Korbstühle, gestrichene Schränke), um zu empfinden, wie sehr das alles zusammengehörte, wie wahrhaftig die meisten Landhäuser von Muthesius sind. Die Zeit selbst empfand diese Einheitlichkeit noch stärker als wir im Zurückschauen, aber selbst wir müssen zugeben: eine solche Gemeinsamkeit (die nicht Mode war) ist seit dem Kriege nicht wieder aufgetreten. Das Leben der oberen 10.000 vor dem Kriege ist von uns schlechterdings abzulehnen. Aber es war eine Kultur; eine Treibhauskultur, überzart, ohne breite Grundlage, eine Kultur endlich, die sich selbst ein historisches Todesurteil gesprochen hat, an dem nichts zu deuten ist, aber trotzdem – sie besitzt, ebenso wie etwa das Biedermeier, alle Elemente, die die bestimmte historische Gestaltgruppe definieren, die wir Kultur nennen.

Der Exponent dieser Kultur war Muthesius. Was brachte er dazu mit?

Muthesius wird im Thüringischen als Sohn eines Maurermeisters geboren. Besucht das Gymnasium, lernt Maurer; Baugewerkschule, später auch Hochschule. Das alles ist äußerlich. Die Maurerjahre bezeichnet er später als verloren. Die Baugewerkschule gibt ihm die technische Grundlage, ermöglicht ihm eine Solidität, die bei ihm nicht quantité négligeable ist, etwas, das geschafft werden muß, um eine Grundlage für das freie Spiel der Phantasie zu haben, sondern durchaus bestimmende Eigenschaft und Reiz seiner Häuser. Über die Hochschule endlich steht sein Urteil früh fest, und hat sich nicht ändern können.[2] Wichtiger sind seine Reisen: drei Jahre Japan, sieben Jahre England.

In Japan hat er mit einer deutschen Baugesellschaft gebaut. Er erkennt diese Bauten später nicht als die seinigen an. Sie finden sich in keiner Publikation. Eigenes Bauen ist offenbar noch nicht das Wichtige am Auslandsaufenthalt dieses Architekten.

Aber in Japan lernt er eine Gesittung kennen, die letzte von dieser Höhe, die sich in unsere Tage hinübergerettet hat, und dieses *außerberufliche* Erlebnis ist entscheidend. Ein völlig außerberufliches Erlebnis, da es ihm nicht in den Sinn gekommen ist, etwa Einzelheiten der in ihrer Sphäre sehr reizvollen japanischen Wohnform nach Deutschland zu übernehmen. Nicht einmal Reiseskizzen, wie sie sonst Architekten zu machen pflegen, sind von ihm bekannt, und es ist wohl kaum anzunehmen, daß er sehr viele gemacht hat.

Nach England kommt er mit einem Auftrag des preußischen Handelsministeriums: Er soll über das englische Haus berichten.

So entsteht sein Buch „Das englische Haus", und wir haben hier den seltenen Fall vor uns, daß ein Staatsauftrag Anlaß für ein Werk geworden ist, das, wie nur

---

2 Leider hat dieses Urteil, obgleich verschiedentlich mit Heftigkeit geäußert, auch das Institut nicht ändern können, das vielmehr seine Bücher den Studenten verbot.

wenige, Epoche gemacht hat. Das Ministerium faßte diesen Auftrag ganz bewußt kulturpolitisch auf, und es durfte nach der Wahl des Mannes wohl von vornherein Resultate in der ganz bestimmten Richtung erwarten, die für die Folgezeit so wichtig geworden ist.

Kein heutiger Architekt würde ein solches Buch schreiben: Vielleicht würde man es auch heute gar nicht als „Architektenbuch" gelten lassen.

In England tritt Muthesius die letzte große *westliche* Gesittung entgegen, viel geringer im Ausmaß als die japanische, aber unendlich viel verwandter. Gar nicht Utopist, Antiutopist, ergreift Muthesius das *Naheliegende*; und das gerade, daß hier Geist von unserem Geist sich manifestiert (wir stehen nicht an, ihn mit Muthesius „nordisch" zu nennen; der Mißbrauch dieses Wortes fällt in eine viel spätere Zeit), daß hier dasselbe Erbgut vorhanden ist, daß es bereits eine feste Form angenommen hat, und daß diese Form für uns in jeder Hinsicht: *nach Nation, nach Zeitalter, nach sozialer Lage möglich* ist, das fasziniert Muthesius in England. Die Frage für ihn ist nicht: wo ist die absolut beste Wohnarchitektur zu finden, sondern: welche liegt uns am nächsten, und England ist ihm einfach eine Stufe weiter auf dem Wege, der auch der unserige sein muß.[3] Bei dieser Fragestellung „versteht sich das Architektonische, so wie das Moralische in Vischers ,Auch einer', immer von selbst." Das heißt, es ist nicht Endzweck des Bauens, ebensowenig, wie etwa das Moralische Endzweck des Lebens sein kann (es ist vielmehr eine conditio sine qua non), und damit wird der Begriff der Bau*kunst* (als einer bildenden Kunst, wie Malerei und Plastik) stark eingeschränkt.

Im Mittelpunkt des Buches steht also nicht so sehr die englische Architektur, wie das englische Leben der bürgerlichen Oberschicht, und zwar das außerberufliche Leben.[4]

Wenn Muthesius von der Art und den Bedürfnissen dieses Lebens spricht, so gebraucht er als stärkste Charakterisierung den Ausdruck comfortable, was keines-

---

3 Die Frage nach der absolut besten Wohnarchitektur stellt, wir sahen es schon, später Ostendorf. Die interessantesten Dokumente dieser Anschauung sind seine verbesserten Grundrisse Muthesischer Landhäuser in den „sechs Büchern vom Bauen". Er spricht sich dort gegen das Einzeichnen von Möbeln in den Plan aus. Dadurch würde die Frage vom eigentlich wichtigen architektonischen Aufbau eines Raumes abgelenkt. Nicht darauf komme es an, ob die Möbel mehr oder weniger behaglich angeordnet werden könnten. Ein viel wichtigeres Kriterium, ob ein Raum „gut" (das heißt im bildend künstlerischen Sinne gut) ist, sei die Frage, ob man seine Decke geschlossen symmetrisch aufteilen könne, was man eben bei dem vielgliedrigen Muthesiusraum (von dem wir noch sprechen werden) nicht kann. Nun werden aus den hakigen Gebilden Muthesius' geometrische Hohlräume von der gleichen Fläche gemacht. Die ovale Girlande umzieht, groß und einhellig, den Mittellüster. Die Kunst mit ihren „ewigen Gesetzen" ist wieder in der Wohnarchitektur in ihre Rechte eingesetzt. Und Muthesius selbst erliegt dem unvermuteten Angriff von seiten der „absoluten Werte".

4 Im Beruf hat heute der einzelne nicht mehr die Möglichkeit, seine Umwelt ganz seiner Person angemessen zu formen, und wenn man von „Wohnkultur" spricht, so ist damit, im Gegensatz zu derselben Sache in früheren Zeiten, immer eine „Feierabendkultur" gemeint.

wegs nur bedeutet: behaglich, sondern zugleich: reinlich, einfach, natürlich, gepflegt, praktisch, sorglos, reich, zart. Dieses comfortable wird oberster Weltmaßstab: Im historischen Teil des Buches wird Inigo Jones, der Propagator des Palladianismus in England, hart behandelt, als der Zerstörer englischer Manorhouse-Kultur des Mittelalters, als der Mann, der von der Theaterdekoration herkommt, und von – Italien. Wrens Größe wird kühl anerkannt: die Adams, Wedgewood, gelten, weil in ihrem Kreis zum erstenmal etwas von englischer home-Eleganz fühlbar wird; warm wird der Autor erst bei Ruskin, bei Morris, bei Philip Webb, „dem Erbauer des ersten englischen modernen Landhauses", mehr noch bei Norman Shaw, der etwas wie ein englischer Muthesius gewesen sein muß.[5]

Im Hauptteil wird dann das englische Haus, Raum für Raum, aus dem Leben der englischen Familie entwickelt. Es ist wie eine Kulturkunde, dargestellt von einem, der den Spleen hat, im *Hause* die wahrste Darstellung aller Kulturvorgänge eines Landes zu sehen, eine Betrachtungsart, die die Architektur endgültig von der bildenden Kunst löst, zugleich auch stark vom Handwerk entfernt und unter den menschlichen Geistesäußerungen am nächsten mit der epischen Poesie zusammenführt, die, wie die Architektur, den täglichen Gebrauch verherrlicht. (Während das Handwerk *im allgemeinen* oder vielmehr seiner Zwecksetzung nach ihm lediglich dient). Nach dem Gesagten ist klar, daß Muthesius von England nicht Architekturformen übernommen hat, sondern Wohnsitten. Und zwar ohne Zweifel unter dem Eindruck des überzeugenden Beispieles in zu starkem Maße: Anstatt vom deutschen Bürgertum, das, nach einer Periode der Maschinenrenaissance und einer noch mehr zerstörenden des Stilsuchens, überhaupt keine Lebensart in diesen Fragen hatte, an einem fremden Beispiel die Möglichkeit zu entwikkeln, zu einer solchen zu kommen, stellte er, in pädagogischem Übereifer, zuweilen das engliche Beispiel als den erlösenden neuen Lebenskanon dar. Die Halle und das Empfangszimmer spielen indessen im deutschen bürgerlichen Leben nicht die wichtige Rolle wie im englischen, der Feuerkamin ist vielleicht nicht in dem Maße anwendbar wie jenseits des Kanals. Das sind die „Plagiate", die die Stilschöpfer Muthesius vorgeworfen haben: er sei eben „einfach" herübergegangen und habe das englische Haus mitgebracht. Was er nicht mitgebracht hat, was sich aber an vielen anderen Häusern der Zeit findet, das sind die Anglizismen, die Koketterie mit breiten Schornsteinen an der Giebelwand, mit enggestelltem Fachwerk im Obergeschoß, gestützt von breiten Ausbauten des unteren, die flache Dachneigung, die Deckung mit großen, viereckigen Schieferplatten usw. Seine Häuser zeigen englische Gesinnung, aber sie versuchen nicht, englisch zu sprechen.

5 M. spricht davon, wie Shaw in seinen letzten Jahren zum Palladianismus zurückkommt, als von einer unbegreiflichen, aber nicht seltenen Erscheinung gerade bei sehr starken und originellen Führern auf neuen Wegen: sie gehen einige Schritte und kehren, ohne die letzten Möglichkeiten an Verfeinerung der gefundenen Methode ganz begriffen zu haben, in den Schoß der alten Lehre zurück. Zehn Jahre später wird Muthesius Ostendorf-Klassizist.

Über seinen theoretischen Arbeiten ist Muthesius über 40 Jahre alt geworden, und daß er dann zum Bauen kommt, ist fast einem Zufall zu verdanken: einer Anregung desselben Ministerialrates, der ihn nach England geschickt hatte. Seine Anfänge geschehen indessen mit einer Sicherheit, als habe er sich bis dahin nur mit Bauen beschäftigt, und diese Bauten, die die Daten 1904 und 1909 tragen, sind seine besten. Das allererste, das Haus von Seefeld, hat er in der Einfachheit und Modernität der inneren Ausstattung, in der Feinheit der Raumbeziehung, kaum wieder erreicht, und man kann es gut begreifen, wenn man durch den Zehlendorfer Ortsteil geht, der dasselbe Datum trägt, daß die Intellektuellen von Berlin in Scharen herausgefahren sind, um „den neuen Stil" zu sehen. Es ist indessen nicht seine typische Leistung.

Wenn man einen typischen Muthesius-Grundriß betrachtet, sieht man, daß die Räume nur sehr selten groß gegeneinander geöffnet sind. Jeder Raum hat in diesen Häusern seinen eigenen, sehr ausgesprochenen Charakter, der seiner Bestimmung entspricht. Gerade darin liegt die Differenzierung des hochbürgerlichen Lebens, daß es dem wohlerzogenen Menschen schließlich ebenso unmöglich wird, im Damenzimmer zu rauchen, oder im Rauchzimmer zu essen, wie es jedem unfein vorkommt, im Badezimmer Eßwaren aufzuheben. Diese Art Differenzierung ist bei den Engländern und bei Muthesius bis zu ihren letzten Möglichkeiten gegangen. In einer Formel ausgedrückt: Es gibt im Hause nicht mehr die Wohnräume, die neutral sind und zu allem dienen können, und eine Reihe von Spezialräumen, wie etwa die Küche, sondern es gibt nur noch Spezialräume (mit einziger Ausnahme der Halle, die dadurch eben die ganz besondere Bedeutung erhält, die sie von unserer „Diele" unterscheidet; „wohnen" ist eben eine so komplexe Tätigkeit, daß eine ganze Reihe von Räumen, jeder verschiedener Bestimmung, nötig sind, um wirklich alle Wohnfunktionen des wohlerzogenen Menschen zu trennen.[6]

Die Zimmer sind also voneinander getrennt, und jedes muß in sich selber Möglichkeit für alle Behaglichkeit des betreffenden Wohnvorganges geben, der seine Aufgabe ist, fast immer auch für gruppierte Geselligkeit. Darum hat jeder Raum ein oder auch mehrere Anhängsel: eine Ecke am Kamin, oder einen Erker, der wiederum als Winkel in einem Raum des Gartens eingebaut ist; die einzelnen Räume verhaken sich miteinander, verklammern sich zu einem Plan, bei dem die Gesamtstruktur und die mehr oder auch weniger geschlossene Umrißlinie nicht mehr ist als eben jenes „Architektonische, daß sich von selbst verstehen muß". Fast immer ist diese Umrißlinie von Ausbauten durchbrochen, die sich in den Garten hinein erstrecken, zuweilen durch Pergolen einen Raum des Gartens zum

---

6 In Le Corbusiers' „camping-system" sehen wir den vollkommenen Gegenpol zu dieser Auffassung. Ist das englische System aus einer immer größer werdenden Differenzierung der bürgerlichen Wohnsitten heraus entwickelt, so sehen wir für die Entstehung des camping-system keine solche *historische Entwicklung* als Begründung. Hier sollen vielmehr die Wohnsitten einer kommenden Generation antizipiert, ja, recht eigentlich *durch den Architekten geschaffen* werden. Zwei grundsätzlich verschiedene Auffassungen vom Architekten.

Hermann Muthesius, Hans Freudenberg, Berlin 1907–08, Eingangsseite (Aufnahme 1908)

Hause ziehen, das heißt, zu dem betreffenden Hausteil, der mit seinem Gartenteil eine Einheit bildet, die von dem übrigen Hause und dem übrigen Garten streng geschieden ist. Nicht der beste, aber der am meisten charakteristische Eindruck des Hauses Freudenberg in Nikolassee entsteht, wenn man vom Walde auf eine Ecke losgeht und zwei Schmalseiten des merkwürdigen Grundrisses sieht, die mit dem hochgelegenen Gartenteil verbunden sind: Roter Backstein, breitgerahmte, mit einem kleinteiligen Muster schmuckhaft herausgehobene Zargenfenster, weißes Holzwerk an Balkonen, graues Dach, Staudengarten, Rasen, eine weite Pergola: Das spielt zusammen und wird zu einem Ganzen, das, als *Umriß* mit der symmetrischen Gesamtfigur des Hauses gar nichts zu tun hat. *Als Charakter* drückt gerade diese Stelle am intensivsten das aus, was das Haus F. „sagen will". Alles Offizielle, das den symmetrischen Fronten etwa noch anhängt, ist hier abgestreift. Man meint das Haus zu belauschen, wenn man sich ihm von dieser Seite her nähert. Das Landhaus, wie es Muthesius auffaßt, wirkt also nicht durch den Hauskörper als Ganzes; nicht durch die Proportionen graphisch gut ausgewogener Fensterflächen, sondern viel stärker durch den Eindruck des bewohnten, bewohnbaren, lebendigen, der von jeder Einzelheit ausstrahlt. Man sieht: ein Eindruck, der sich weder mit den architektonischen, noch mit den rationalistischen Ausdrücken, die uns zur Verfügung stehen, ganz umschreiben

Hermann Muthesius, Hans Freudenberg, Berlin 1907–08, Seitenansicht (Aufnahme 1908)

läßt, der aber demungeachtet vorhanden ist; bewußt angestrebt wurde, und oft mit zwingender Stärke erreicht ist.

Hat Muthesius nur Theorie verwirklicht? Hat er nur englische Wohnsitten ausgedrückt und, womöglich, noch ein wenig gesteigert? Er würde dann den Namen Architekt allerdings nicht verdienen. Seine besten Werke sind aber nebenbei auch Architektur.[7] Gerade das Haus Freudenberg ist Architektur. In den Winkel eines Tales gestellt, dem es selbst sich im rechten Winkel entgegenstellt, für dessen beide Arme es in seinem ovalen Mittelraum gleichsam das Gelenk schafft, ist es aus der Landschaft entwickelt, oder vielmehr, hat es Landschaft architektonisch entwickelt, wie ganz wenige Bauten der Geschichte. Die Grundanlage wird höchst geistvoll durch einen Garten in drei Niveaus gesteigert; und derselbe Winkel zeigt sich in ganz anderer Eigenschaft von der Straße her (Ein wirkliches Kunstwerk entwickelt aus einem Thema tausend Beziehungen). Eine bekannte

7   Der größte tatsächliche Einfluß Muthesius', dem wir alle noch bei jeder Planung unterliegen, nämlich die intensive und nicht formale Beschäftigung mit dem Grundriß: Gruppierung, Wege, Orientierung usw., alles Dinge, die wir von ihm, und nur von ihm gelernt haben, ist hier absichtlich unerwähnt geblieben, da es sich ja nicht so sehr darum handelt, Muthesius' Verdienste aufzuzählen, als sein Wesen zu umschreiben. Darum ist auch von seinen liebenswürdigen Fabrik- und Geschäftshausbauten hier nicht die Rede.

optische Erscheinung wird benutzt, um die Eingangswirkung des Winkelhauses zu steigern. Von der Straße aus, wird der Winkel räumlich nicht empfunden: Eine gerade rote Front mit einem Giebel in der Mitte schließt, repräsentativ, den langen Zugangsweg ab. Beim Näherkommen scheinen die Flügel sich langsam vorzuschieben, aber erst an einem bestimmten Punkt wird die Tatsache klar, daß sie rechtwinklig zueinander stehen: Dort öffnet sich auf einmal der Weg zum quadratischen Platz, den man in der Diagonale durchschreitet. Das ganze Haus wird Eingang. Der Übergang vom Repräsentativen zum Einladenden ist nie überzeugender dargestellt worden.

Muthesius' Einfluß mußte untergehen, zusammen mit dem Lebensstil der oberen Zehntausend der Zeit vor dem Kriege, deren Exponent er war. Muthesius selbst tat viel, um seinen Einfluß seit dem Kriege zu verwischen und abzuschwächen, nach dem Ostendorfschen Angriff, der ihn tief irritierte, da er sich an den bildenden Künstler in ihm wandte und eine Freude an symmetrischer und anmutiger Form in ihm ansprach, die ihm tief im Blute lag, ohne ihn indes *ganz* überzeugen zu können, hat er sich in eine unhaltbare Zwischenstellung begeben: Er wollte das klassizistische Haus mit gemildertem Muthesiusschem Grundriß. Es ist nicht zu leugnen, daß in diese letzte Zeit einige in der Form besonders reife, anmutige Häuser fallen; besonders, wenn er sich, nach Durchgang durch die klassische Schule, auf seine frühere Form wieder besann, entstanden Häuser in einem Tessenow verwandten, höchst kultivierten Stil. Aber das ganze Unsichere, das in dieser unmöglichen „Synthese" liegt, die vielen Kleinheiten, die den Häusern dieser Art anhaften, mußten, wie die ganze, nicht mehr ganz wahre Behäbigkeit

Hermann Muthesius, Haus Freudenberg,
Berlin 1907–08, Lageplan

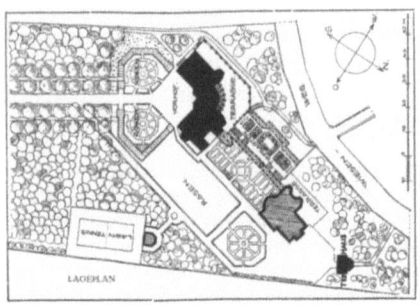

Hermann Muthesius,
Haus Freudenberg,
Berlin 1907–08,
Grundrisse ▶

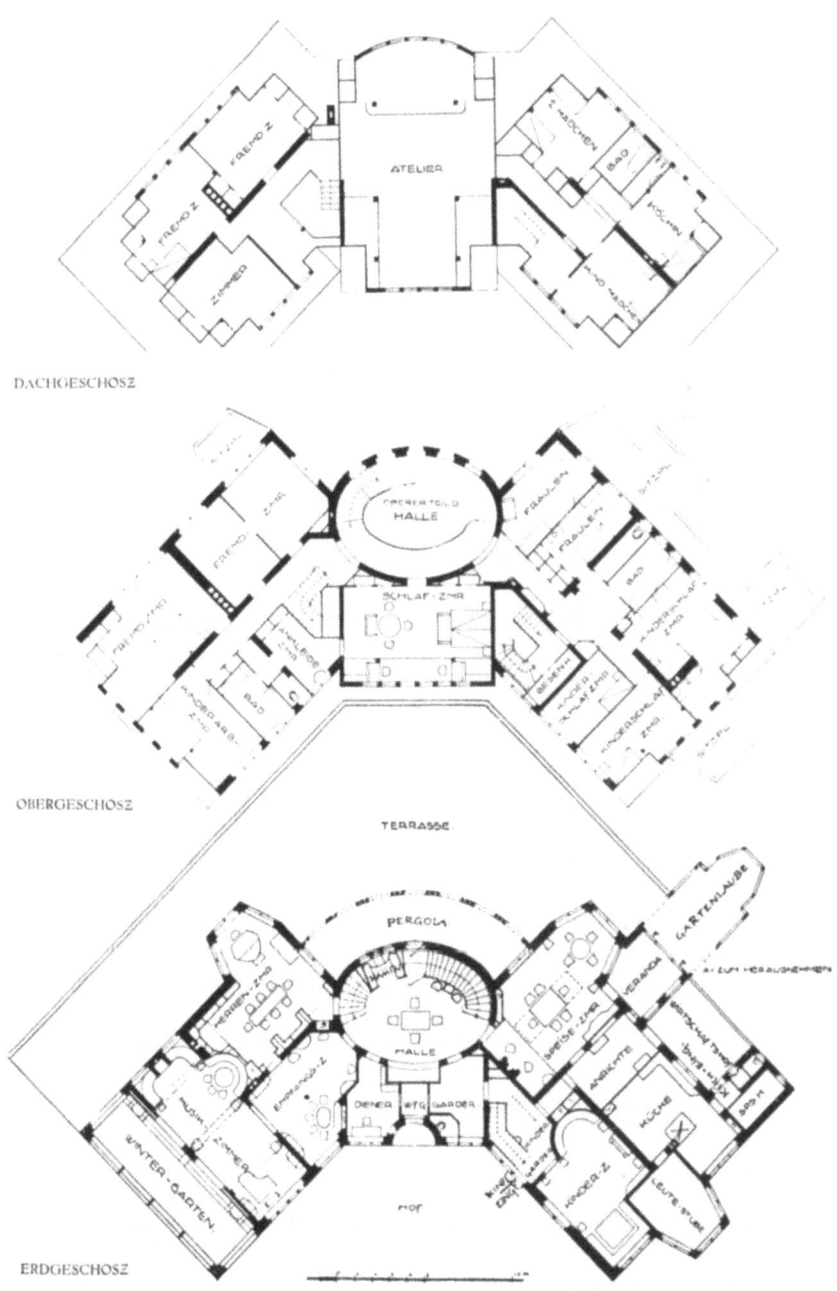

DACHGESCHOSZ

OBERGESCHOSZ

TERRASSE

ERDGESCHOSZ

einer absteigenden Oberschicht, den Nachfolgenden abstoßend sein. Es wirkt nachträglich ungemein überzeugend, daß Muthesius' Kunst gerade 1914 innerlich am Ende war. Er war viel zu sehr durchdrungen von der Lebensluft *der* Bürgerlichkeit, die in diesem Jahr ihren Todesweg antritt, als daß er, nachher, nur auf Grund seiner abstrakt künstlerischen Fähigkeiten, einen neuen Weg hätte einschlagen können. Ich meine, das hätte er nach dieser Zeitwende auch dann nicht gekonnt, wenn er statt 53 Jahren nur 33 alt gewesen wäre. *Nach* dem Jahrzehnt seiner unumschränkten Herrschaft, wie währenddem, bleibt er unlöslich mit dem Schicksal der Klasse, nein, der „Zeit" verknüpft, die er wie wenige verkörpert hat. Und gerade darin liegt eine gewisse Größe, die uns besonders stark auffällt, weil gerade sie in unserer Kunst seit mehr als hundert Jahren selten ist: Knobelsdorff hat sie besessen, Schinkel nicht, Semper nicht, und, es scheint, keiner mehr, bis auf Muthesius herab, und nach ihm niemand. Und mußten wir nicht an manchen Stellen, als wir ableiteten, was einem Baumeister dieser Art Bauen bedeutet, stutzig werden, wenn wir zur Abgrenzung *unseren* Begriff vom Bauen betrachteten. Müssen wir nicht fürchten, daß die Baukunst immer wieder der Inhaltsleere und der Einwirkung ihrer beiden Feinde, der bildenden Kunst und der Philosophie, ausgesetzt sein wird, wenn sie sich nicht wieder etwas der Geistesart nähert, die uns in Muthesius, heute schon ganz fremd, noch einmal entgegentritt, und die ich nennen möchte: bauen aus der Kultur. Episches Bauen.

Die Baugilde, 13. Jahrgang 1931, Heft 21, Seite 1639 ff.

3 Stuhl oder Sitzmaschine? Neues Wohnen (1932)

Eine Stimme aus der jungen Generation unserer Architekten

Eine Schar von Baukritikern ist seit einer Weile dabei, die Sachlichkeit zu entlarven. Sie weisen an einer ganzen Reihe von Bauwerken nach, daß es nicht die „Hörsamkeit" ist oder die „Hygiene", oder „Licht, Lust, Bewegung", oder „die Bedingungen des Verkehrs", denen sie ihre Form verdanken, sondern daß diese Ausdrücke nur Zauberformeln sind, unter deren Schutz der Architekt, der sie anwendet, mehr oder weniger bewußt seiner rein künstlerischen Formkraft die Zügel schießen läßt.

Solche Angriffe sind nützlich; sie öffnen dem Publikum die Augen für eine Demagogie, von der es sich allzulange hat einschüchtern lassen, und erziehen es dazu, die Theorien und das, was sich als ihre Verwirklichung ausgibt, reinlich zu scheiden: Aber sie treffen doch nicht eigentlich die Zweckästhetik selbst: Laßt sie entlarven, sagt bereits heute eine Reihe energischer Funktionalisten: „Je mehr Götzen zertrümmert werden, desto klarer wird das Feld für die Verwirklichung der wahren Zweckkunst, desto unbefangener und reiner können wir Neueren an unsere Arbeit gehen". Man muß also wohl einmal die Sache selber zur Diskussion stellen.

Gehen wir von dem Wort „Wohnmaschine" aus, das eine Zeitlang das Glaubensbekenntnis dieser Gruppe darstellte, und lassen wir es uns nicht verdrießen, das Wort ganz philologisch genau zu zerlegen: Eine Maschine hat eine fest umrissene Aufgabe dadurch zu bewältigen, daß sie sie in eine Summe mechanischer Bewegungsvorgänge zerlegt. Diese Summe kann ganz ungemein vielfältig sein: jeder von uns kennt solche Maschinen, die, in einem kontinuierlichen Arbeitsgang, etwa einen Baum entrinden, zerhaken, zerstäuben, kochen, walzen und ihn als Papier auf eine Spule wickeln. Eine Maschine ruft durch mechanische Eingriffe an einem Material eine ganz bestimmte Veränderung hervor. Es kann also eine Schuhputzmaschine, eine Kartoffelschälmaschine, eine Nähmaschine geben. Aber eine Wohnmaschine? Ist wohnen ein ebenso eindeutig bestimmter Begriff, wie hobeln, pflügen, fahren?

Keineswegs sagt der Zweckmann, ebenso, wie wir; aber wohnen selbst ist machina, ist nur Mittel, genau wie etwa essen und schlafen. Essen, z. B. dient dazu, den Körper fähig zu machen, seine Arbeit zu leisten. Dazu muß es bekömmlich sein, nahrhaft, und es muß, durch den Geschmack, Anreiz zur Aufnahme bieten. Ganz ebenso wohnen: wohnen muß gesund sein, ruhig, bequem, und es muß, genau wie das Essen, dem Geschmack zusagen, damit es dem Menschen ohne Unbehagen zugemutet werden kann (Alexander Klein). Sobald ich aber die Wohntätigkeit, fährt der Zweckmann fort, so in ihre einzelnen Funktionen zerlege, kann ich sie allerdings maschinell befriedigen: Ruhe kann man mechanisch herstellen. Die Industrie gibt uns da ein paar ganz ausgezeichnete Materialien in die Hand. Über Gesundheitsfragen hat man, gottlob, heute einige wissenschaftliche Klarheit, und seitdem man darüber Bescheid weiß, welche Wirkungen infrarote und ultraviolette Strahlen auf den Organismus ausüben, ist eine wissenschaftlich geleitete Baukunst allerdings imstande, diese Strahlen optimal zu dosieren. Und ist etwa die Aufgabe, die ein Stuhl zu erfüllen hat, nicht fest genug umrissen, daß man ihn getrost als Sitzmaschine ansprechen könnte? Aufgabe des Stuhles ist es, dem bequemen Sitzen zu dienen. Erreicht wird dies ganz logisch dadurch, daß man die Form des Stuhles der Körperform des sitzenden Normalmenschen möglichst genau anpaßt.

Ja, aber, fragen wir, wenn der sitzende Normalmensch nun wünscht, seine Lage zu verändern?

Sehr richtig, erwidert der Zweckmann, und darum haben wir eben jene ingenieusen Kombinationsmöbel erfunden, die in einem Handgriff aus einem Stuhl einen Liegestuhl, ein Bett, eine Couch machen. — Gewiß, gewiß, aber es gehe noch weiter: ich fürchte, der Normalmensch (wenn anders nicht nur seine Rückenlinie das Normale an ihm ist) wird es nicht einmal eine Minute lang in der gleichen Stellung aushalten. Es ist vielleicht durchaus nicht weise von ihm, aber ich fürchte, der Mensch ist gar nicht so bequem, daß er die Bemühungen, die man sich um seine optimale Sitzlage gibt, ganz würdigen könnte: er hat eine fanatische Lust daran, auch in der sogenannten Ruhe immerfort kleine Bewegungen zu machen.

Wir kommen uns immer näher, sagt der Zweckmann, und wird warm: selbstverständlich sind unsere Möbel, mit allen Verstellungsmöglichkeiten und aller Umwandelbarkeit, bis heute noch nichts als dürftige Behelfe. Aber stehen wir denn nicht eben erst am Anfang unserer Arbeit? Liegt nicht eben in dieser Tatsache der Sinn aller architektonischen Arbeit von heute? Das Ziel ist klar, es ist Ihres so gut wie unseres: der völlig gelenkige Stuhl, der sich jeder, auch noch so kleinen und unwillkürlichen Bewegung mechanisch anpaßt.

Der völlig gelenkige Stuhl, sage ich, und kratze mich nachdenklich an der Nasenwurzel ... und wenn ich nun mal den Wunsch habe, Widerstand zu spüren, wenn ich mich gegen das Feste einer Lehne stützen möchte? ...

Sie müssen uns nicht schon in unseren Zielsetzungen für beschränkt halten. Natürlich wird man diesen allgelenkigen Stuhl in jeder beliebigen Lage feststellen können.

Also gut: ich stelle ihn fest. Und dann stelle ich ihn aus Versehen falsch, und stoße mich, und dann stelle ich ihn so, wie ich es wollte; aber ich finde es auf einmal nicht ganz bequem. Und nun fange ich an, mit diesem Gummistuhl herumzuräkeln, stelle hier fest, prüfe, finde mich nicht ganz à mon aise, versuche es in einer anderen Stellung, bitte Sie um Ihren Stuhl, probiere weiter ... Ich glaube ich würde Sie nach zehn unbehaglichen Minuten verlassen, mein Lieber. —

Unser Körper ist bei all diesen Dingen: sitzen, stehen, ruhen, von einer eigenen Aktivität. Es gibt Menschen, die sich auf eine Holzstufe setzen, und in dem Augenblick ist die Holzstufe ein Sessel; und grade diese Menschen werden am ersten aus dem völlig gelenkigen Stuhl wieder aufstehen. Sitzen wird nicht vom Stuhl produziert (dann wäre er in der Tat Sitzmaschine), sondern vom menschlichen Körper, und es gibt sogar, wie gesagt, einige Menschen, die die Gabe haben, ihr Sitzen noch den unmöglichsten Möbeln aufzuprägen; selbst „praktischen". Aber hat man auch beobachtet, wie das ist, wenn ein solcher Sitzmensch sich auf ein Kombinationsmöbel setzt? Er stellt es irgendwie fest, egal wie, in ein festes Möbel kann man sich schon irgendwie einsitzen; in einen Stuhl, der alle fünf Minuten fragt, ob man auch bequem sitzt, nie. Ein solches Möbel schurigelt meine Unbefangenheit, nicht anders als ein preußischer Unteroffizier, denn ob man mir immerfort sagt: Geh grade! oder: sitz bequem, gefälligst, das ist im Grunde gar kein so großer Unterschied.

Die Bequemlichkeit ist also keine so mechanisch regelbare Sache, wie wir und unser Freund, der Gesundheitsarchitekt, zuerst glaubten. Ja, es scheint jetzt sogar, als ob wir das, was ihn stört, kaum beachten, und grade das für störend halten, was ihm wünschenswert scheint: unsere Ansprüche an den letzten Komfort der Bequemlichkeit sind weniger ausgeprägt als die seinen; aber in einer Sache verstehen wir keinen Spaß: wenn man unsere Unbefangenheit verletzt. Das wahrhaft rücksichtsvolle Möbel ist für uns nicht der Gelenkstuhl, sondern einer, der uns die eben nötige Bequemlichkeit bietet, und zwar so unauffällig, daß wir gar nicht an ihn denken, wenn wir darin sitzen.

Bequemlichkeit zum Sitzen, zum Essen, zum Ruhen: diese Bequemlichkeiten unseres nächsten Umganges sind so leicht zu befriedigen; weil nämlich wir es sind, die es uns bequem machen. Inmitten einer Welt von Komplizierungen, einer Welt, die uns dauernd zwingt, uns an unsere Werkzeuge anzupassen (jene mächtigen Werkzeuge, die eben auch etwas mehr zu bewegen haben, als zu unserem leichten Dienst erforderlich), empfinden wir eine Art Widerwillen, wenn uns diese persönlichen Leistungen eine Maschine abnehmen will: Man ist eben doch nicht froh bei dem Gedanken an einen mechanischen Suppenlöffel, trotzdem ein solches Werkzeug bestimmt nicht schwierig zu konstruieren ist und uns viel Zeit sparen würde. Bei aller strikten Zweckmäßigkeit, mit der wir unser Arbeitszeug täglich verbessern, ist unser Verkehr mit den Dingen im Hause, den einzigen, die wir vielleicht noch „unser" nennen können, archaisch einfach geblieben. Und diese Tatsache hat die Zweckarchitekten aufs tiefste irritiert: Sie scheint ihnen ein dauernder Widerspruch gegen jene Einheitlichkeit aller Verrichtungen, die sie in früheren Kulturen erkennen und für unsere wünschen (diese poetische Überlegung ist, in letzter Instanz, Beweggrund ihres Kampfes, und nicht, wie man zunächst glauben möchte, der einfach praktische Sinn des Ingenieurs). „Du", sagen sie, „Mensch dieser Zeit, du fährst im Auto ins Büro und diktierst in die Maschine. Du sagst: Schlamperei, wenn dein Radio dir einmal nicht pünktlich die Börsennachrichten aus Amsterdam bringt, und du murmelst: Mittelalter, wenn irgendwo Petroleumlicht ist anstatt elektrisches: und du erträgst es, deinen Kaffee aus den gleichen Gefäßen zu schlürfen wie beim Urgroßvater?" Und es entsteht jenes „Haus des Sportsmannes" auf der Bauausstellung, das seine Besitzer (wenn es welche fände) zwingen möchte, an Trapezen vorbei hechtlings aufs harsche Ruhelager zu turnen.

Der Zweckarchitekt hat ganz recht: Wir leben in der Tat in zwei Welten: in der der Werkzeuge und in der der Gegenstände. Die Werkzeuge spannen uns in ihren Beruf; die Gegenstände formen wir nach unserem Bedarf.

Aber vielleicht sollte man sich freuen, daß diese primitive Welt unseres nächsten Bedarfes noch nahezu unberührt fortbesteht. Vielleicht sollte man das Faßliche und Ruhige all dieser Dinge bewußt genießen und pflegen. Vielleicht liegt eben hier die Aufgabe des Architekten, ganz im Gegensatz zu der des Ingenieurs. (Der Ingenieur konstruiert Werkzeuge, die *einem* Zweck aufs beste dienen. Der Architekt formt Gegenstände. Gegenstände leisten nie *einen* Zweck so gut wie Werkzeuge. Aber das ist eben vielleicht auch gar nicht ihre Aufgabe.)

Wenn man sich nicht scheut, die Freude einmal zu analysieren, die man in einer guten menschlichen Umgebung empfindet, so wird man schnell merken, daß es nicht das Komplizierte ist, was befriedigt, nicht das Raffinierte, auch nicht das restlos Durchkonstruierte (im Gegenteil: von jedem Apparat strahlt Unruhe aus). Was man begrüßt, was einen warm werden läßt, ist vielmehr grade das Zwanglose im Umgang von Mensch und Ding, das Zutrauliche, Ruhige dieses Umganges; es ist die Sicherheit, mit der die Sachen an ihrem Platze stehen, die Klarheit, mit der sie ihren einfachen Zweck erfüllen und ausdrücken, die Würde und Heiterkeit, die ihnen eigen ist, weil sie am engsten zu uns gehören: die helle menschliche Gegenwart, die sie bestimmt.

Eine zweckmäßige Umgebung beunruhigt. Eine sinnvolle klärt und fördert.

Unbegreiflich: man hat das Gefühl für dieses Sinnvolle fast ganz verloren: Jahrzehntelang hat man darum streiten können, ob Architektur Zweckerfüllung sei oder Kunst; oder vielleicht ein Drittes, Darstellung des Menschen, für den sie geschaffen ist: eine Art expressiver Hintergrund für seine hervorstechendsten Eigenschaften (es ist gleichgültig, ob man als hervorstechendste Eigenschaft Unrast, Dynamik dekretiert, wie im Jahre 1922, oder Sport, Hygiene, wie im Jahre 1930). Natürlich: all das gehört mit hinein: Architektur ist auch Kunst. Auch die Zwecke müssen erfüllt sein. Und auch ein gutes Teil Darstellung der Menschenart, zu der sie gehört, ist in jeder guten Architektur. Aber Architektur ist eben das alles, und einiges andere noch und das alles nicht als Summe, sondern als ein Unteilbares (vor jedem Unteilbaren aber versagt die Maschine, deren Arbeiten nichts anderes ist als ein Teilen). Und indem man irgendeinen solchen Zweck der Architektur aus dem Unteilbaren herauszulösen versucht, um ihn allein auf das Titelblatt einer Bautheorie zu stellen (und es ist einzusehen, daß man auf diese Weise beliebig viele Bautheorien entwickeln kann), verfährt man mit der ganzen Sache nicht weniger unsanft als jener Funktionalist, der aus dem guten, ruhigen Ding, auf das man sich niederläßt, plötzlich ein fiebriges Gestänge macht, weil er, der Feind des Gegenständlichen, es allein auf einen unter seinen vielen Zwecken abstellt.

Vossische Zeitung, Berlin 1932

4 Innenarchitektur (1932)

Innenarchitektur hat vielleicht weniger ausschließlich mit Kunst zu tun und dafür mehr mit Psychologie, als man zunächst glauben möchte. Um einmal mit dem Negativen anzufangen: Was will ich von meiner Wohnung *nicht* haben? Ich will nicht, um es mit einem Wort zu sagen, daß sie mich in irgendeiner Weise geniert. Das klingt etwas zu selbstverständlich; und trotzdem kenne ich eigentlich noch kaum eine Wohnung, die nicht ihren Besitzer und ihre Gäste immerwährend, und recht unangenehm, genierte.

Wenn ich ein Herrenzimmer im Danziger Barock habe, so verlangt dieser schöne Raum von mir, solange ich in ihm bin, die gemessenen und gewichtigen Allüren eines nordischen Ratsherren. Das geniert mich. Und ein Salon in Spätempire geniert mich auch, denn ich bin nicht Goethe. Ganz genau so geniert mich aber auch ein Schlafzimmer in Dynamik (wenn ich auch einen recht unruhigen Schlaf habe) oder mein, ach, gestern erst gekaufter Wohnraum in sportlich. All diese Räume üben immerfort die schärfste Kontrolle auf meine Haltung aus, und *ich* bin der Beschämte, wenn mir einmal nicht so ist, wie mein Zimmer will (Und wir glaubten, wir hätten zu sagen, und die Wohnung solle uns bedienen!) Wenn ich Dienstboten habe, so werde ich sie nicht in altholländischem Kostüm servieren lassen. Auch nicht in der Badehose (obgleich das seine Reize hat; auch die Stilwohnung, antik oder modern, hat ihre Reize.) Ich werde sie auch nicht in Symmetrie am Tisch aufmarschieren lassen.

Das Aufmarschierenlassen ist offenbar eine andere heikle Sache, mit der man ebenso vorsichtig umgehen muß wie mit dem Kostüm. Man kann mit hübschen, anspruchslosen Möbeln durchaus gezwungen wohnen, wenn man zum Beispiel nach dem Einkauf der hübschen, anspruchslosen Möbel dem Innenarchitekten das Wort gibt. Der Innenarchitekt ist ein Künstler: er meint es gut, aber er macht es zu gut. Er ist der Mann des Zentimeters: Ist er Klassizist, so wird er Ihnen eine Vase in die Mitte des Frühstückstisches stellen, in die große Achse des Raumes (der Raum heißt dann „Speisezimmer"). Ist er modern, so stellt er sie exzentrisch auf die hierfür vorgesehene exzentrische Platte Ihres Büchersekretärs (es handelt sich dann um einen „Eß- und Wohn-Raum"). In jedem Fall aber stellt er sie so, daß sie richtig steht; Sie können eine solche Vase dann nicht um einen Zentimeter verschieben, ohne ernstlich das Gleichgewicht ihrer Wohnung zu gefährden. (Unterweisung an Dienstboten; Entlassungen).

Die „prästabilierte Harmonie" der künstlerisch eingerichteten Wohnung verlangt ebensoviel von mir, und ebenso Unmenschliches, wie der Empire-Salon und der dynamische Ruheraum. Ich gehe auf Zehen in meiner Wohnung. Es ist alles so schön um mich her, es ist alles so vollendet, daß ich mir überall gram bin; ich kann mich nirgends hinsetzen, ohne zu stören. Und ich dachte, die Wohnung wäre meine Abendjacke. Aufrichtig: ich hatte immer gehofft, daß ich mich in ihr gehen lassen kann. Das wäre kein geringer Dienst, den sie mir da leisten würde.

Der nervöse Hamlet nennt den Zustand restlosen körperlichen und seelischen Komforts, den Schlaf nämlich: a consummation, devoutly to be wished; und er hat nur eine Angst: daß er dabei *irgend etwas* träumen könnte. Wir sind (ohne entfernt so aristokratisch zu sein) ebenso nervös wie Hamlet, und wir haben für unsere Feierabendstunden nur den einen Wunsch: Nichts „träumen", keine Zwangsvorstellungen, keine „Umgebung", die auf sich hinweist. Wir wollen solid, treu, kurz bedient sein; das ist alles.

Vielleicht täuschen wir uns ein wenig selbst, wenn wir so viel davon sprechen, daß wir nicht mehr Staub wischen wollen, wenn wir stets vorgeben, wir gingen daran, unsere Bequemlichkeit ernsthaft, hart und kompliziert zu organisieren. Oder sagen wir zumindest: Die Dinge, die wir unter dieser Devise als unseren *neuen* Hausrat gewählt haben, lassen noch nicht viel davon erkennen, daß sie solcher Tätigkeit ihr Dasein verdanken. Aber der Stil, den diese Dinge unverkennbar zeigen: ihre Knappheit, ihr geschlossener Umriß, Großflächigkeit, gediegenes Material, ruhig zusammengestellt, blendungsfreies Licht; aber auch ihre Unsymmetrien, Freiheiten, unauffälligen Eigenheiten: das ist der Stil unserer Nervosität. Innenarchitektur ist Nervensache. Sie ist, um es noch einmal negativ auszudrücken, fast ausschließlich die Wahl der Formen und Farben, die uns am wenigsten quälen, zwingen, verwandeln: die uns die meiste Freiheit lassen.

Beste Innenarchitektur unserer Tage: Feinnervigkeit bis zu letzter Distanzierung. Aber es ist nie die Distanzierung des *ancien régime*. Tessenow ist der zartnervigste Mann, den man kennt. Und der bürgerlichste.

Vossische Zeitung, Berlin, 4.9.1932

5 Die Brüder Perret (1932)

Vor einigen Monaten hat *Paul Zucker* in der Deutsch-französischen Rundschau das Interesse der Gesellschaft auf die neue Architektur in Frankreich hingewiesen. Er hat dabei vor allem Wert darauf gelegt, die Architektur als nationale Geistesäußerung zu zeigen: Die französische Architektur hat so sehr ihre eigene Farbe, ihr eigenes Gesicht und ihre eigenen Fragestellungen, daß man ihr, ohne sich immer die Gesamthaltung des französischen Lebens, Charakters, Geistes zu vergegenwärtigen, nur schwer gerecht werden kann. Diese Haltung erscheint Zukker, ähnlich übrigens wie Sieburg, beherrscht von dem Wunsch, die großen Traditionen Frankreichs aus dem 18. und dem beginnenden 19. Jahrhundert zu erhalten: Die klassische Form; die französisch humanitäre Idee mit Paris als Hauptstadt Europas; die Stetigkeit einer ruhig fortschrittlichen Entwicklung. Sehr viele Erscheinungen, gerade in der französischen Architektur, finden ihre Erklärung in diesem Charakter des französischen Bürgertums. Aber der oberflächliche Leser des Zuckerschen Aufsatzes kommt leicht dahin, zu vergessen, daß − auch hier ist gerade die Architektur ein Beispiel −, französischer Geist eine mächtige Komponente zu dem Impuls beiträgt, der im Begriff ist, die Welt neu zu formen. Das Werk der Brüder Perret, wie es die Monographie von *Pierre Vago* (herausgegeben von der L'Architecture d'Aujourd'hui, Boulogne 1932, Oktober) zum erstenmal vollständig vor uns hinstellt, repräsentiert diesen konstruktiven französischen Geist; die Monographie gibt uns willkommenen Anlaß, das Bild, das Zucker entwirft, nach dieser Richtung auszuführen und zu ergänzen.

Die Brüder Perret stammen aus Burgund und Paris. Ihre Vorfahren mütterlicherseits sind durch Generationen Steinbruch- und Werkplatzbesitzer. Ihre Onkel sind Zimmerleute. Der Vater, ein Bauunternehmer, war Mitglied der revolutionären Kommune von 1871 und mußte nach Belgien auswandern. So sind in ihrem Ursprung bodenständige Elemente der werktätigen und zugleich revolutionären Art vereinigt, die sich im französischen Bürgertum des ausgehenden 19. Jahrhunderts oft stark ausprägt.

Auguste Perret fertigt Zeichnungen, leitet Bauten, ehe er die Schwelle der Ecole des Beaux Arts in der Rue Bonaparte betritt. Diese Akademie, in der er, durch Ehrgeiz und Fleiß, zu den Sternen gehört, bedeutet doch nur Hemmung für ihn. Die Wurzeln seiner Erziehung ruhen, in einem Maße, das uns mittelalterlich anmutet, in der väterlichen Werkstatt und in den großen Werken der französischen Theorie: Viollet-le-Duc und Auguste Choisy. ,,C'est le Viollet-le-Duc, qui est mon véritable maître'', sagt er später. ,,C'est lui, qui m'a permis de résister à l'Ecole''. Und man muß sich in der Tat hüten, die großen Werke der französischen Baudoktrin, die in einem Maße bindend sind für die konservativsten Professoren wie für die extremsten Avant-gardisten, für das es in Deutschland keine Analogie gibt: man muß sich hüten, diese ehrwürdigen Pfeiler einer Archi-

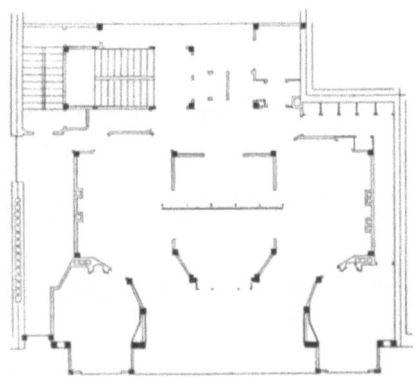

Auguste Perret, Wohnhaus Rue Franklin,
Paris 1903, Ansicht

Auguste Perret, Wohnhaus Rue Franklin,
Paris 1903, Grundriß

tekturgrammatik, oder auch den Klassizismus in Perrets eigenem Werk mit der Ecole zu verwechseln. Allenfalls sind sie das, was die Ecole sein *sollte*. Diese Tradition birgt eine Verpflichtung zur Selbstzucht in sich, die vor dem Nüchternen und Ungefälligen keineswegs zurückschreckt (während das Zeichen *unserer* Traditionalisten eben ein gewisser Komfort der Form ist, ein Genießen der klingenden, reifen Sprache vergangener Zeiten). Diese französische Tradition formt Perrets Wesen, soweit es nicht durch eine stärkere Kraft, die Konstruktion, bestimmt wird.

Wie vorsichtig muß nun aber der deutsche Leser wieder diesem Wort gegenüber sein: Wir haben, vom Gesundheitsingenieur bis zu den Symbolisten der technischen Form, alle Schattierungen von Konstruktivisten in unserer Architektur wirken sehen. Ihnen allen gemeinsam ist die Tatsache, daß die moderne Technik: eine überlegene und an Zauberei grenzende Macht, ihnen irgendwo auf ihrem Wege vom Abiturienten zum bildenden Künstler begegnet ist mit dem unausweichlichen Anspruch, sich mit ihr auseinanderzusetzen. Wieweit diese Auseinandersetzung im einzelnen Fall gelungen ist, stehe hier nicht zur Frage. Und ganz gewiß soll nicht geleugnet werden, daß es unter unseren Architekten Männer gibt, die dem Geist der Konstruktion durch ein starkes Ahnungsvermögen erstaunlich nahe kommen. Aber von wie anderem Stoff muß jede Intuition sein, die sich einem ursprünglich fremden Bereich nähert und sich in ihm schließlich mit Stil und Takt bewegt, als die selbstverständliche Betätigung eines konstruktiven Handwerks, wie es nach Ursprung, Blut und Zucht die Brüder Perret ausüben. Daß diese Zucht in einer Zeit, in der der Fonds aller architektonischen Tätigkeit von den verschiedensten Seiten her verwirrt ist, zu asketischer Selbstzucht werden mußte; daß sie, in die Defensive gedrängt eben durch die neuesten Konstruktivisten, zuweilen zur harten Doktrin, zur eigensinnigen Formel erstarren konnte, das findet so wenig seine Erklärung in dem kategorischen Charakter eines Auguste Perret, wie etwa der Abfall Wallensteins seine Erklärung findet in Wallensteins Herrschsucht.

Das Element, mit dem die Brüder Perret seit 30 Jahren konstruieren, ist der Eisenbeton. Einmal haben sie für ein Ausstellungstheater eine Dachkonstruktion aus Eisen ausgeführt. Ein anderes Mal, auch bei einem Ausstellungsbau, haben sie in Holz konstruiert. Das sind die einzigen Male, daß sie ,,ihrem'' Beton untreu geworden sind.

In diesen 30 Jahren haben sie dem Betonskelett seine gültige Gestalt gegeben: Mit einem Mietshaus haben sie begonnen. Seinen, im Geist der damaligen Zeit noch etwas unruhig geformten Räumen haben sie durch das Skelett zugleich Straffheit und Geschmeidigkeit gegeben. Sie haben dann das Theater der Champs Elysées gebaut mit seiner Fassade, die ganz Struktur ist, und mit seinem Foyer, in dem der selbe Stützenrhythmus den reinsten, klarsten Raum schuf. (Das Publikum empfand es damals 1913 als Manierisme allemand: Man schrie: Munich in Erinnerung an die berühmte Kunstausstellung, die einige Jahre vorher stattgefunden hatte). Im Kriege haben sie an kolonialen Dockbauten das dünne Schalengewölbe entwickelt, das dann in einigen Fabriksälen von schönster Leichtigkeit und Helle, und vor allem in ihrem Meisterwerk, der Kirche von Le Raincy, triumphieren sollte. In diesen Jahren nach dem Kriege rühren sie an die Grenzen der Betonkonstruktion: Sie schaffen den Aussichtsturm von Grenoble, der, bei nur 7 m Grunddurchmesser, die Höhe von fast 100 m erreicht (und neben dieser artistischen Leistung einer der leichtesten, elegantesten Bauten der Epoche ist), und den Lichthof im Kaufhaus Esders in Paris, dessen Galerien und dessen Glasdecke auf zwei schlanken Betonbögen von 20 m Spannweite ruhen, die frei im Raum stehen. Nachher, und gerade in jüngster Zeit, haben sie in dem Gebäude für die Marine und in den Entwürfen für den Völkerbundspalast und das Palais der Sowjets die strukturgebildete Fassade ihres Theaters in größtem Maßstabe wieder aufgenommen. In dem Musiksaal in der Rue Cardinet stellen sie eigensinnig die weicheren Kurven der Galerien in das ernste Viereck eines magistralen Glieder-Baues. Und zwischen diesen Hauptwerken liegen immer wieder, als ewig neue Abwandlungen des Grundtyps: Quadrat, vier innere, zwölf äußere Stützen, ihre Landhausbauten in Paris und in Afrika. Wenn man ein Heft dieser Grundrisse, Räume, Fronten durchblättert, so hat man ein Gefühl der Ruhe und Sicherheit bei der steten Wiederkehr der gesammelten Stützenrhythmen, wie es nur mittelalterliche Grundrisse auszulösen vermögen. Und zugleich entzückt darin die ganze Leichtigkeit, deren heutige Konstruktion fähig ist. „Il faut faire chanter le point d'appui", sagt Auguste Perret. Es gibt in diesen Häusern keinen Raum, in dem man nicht die Musik der Stützen verspürte.

Betrachtet man diese große und gründliche Arbeit, so erscheint Freyssinet, der geniale Konstrukteur der Brücken und Hallen, ganz als Ingenieur. Man könnte sich nicht vorstellen, daß er eine Kirche von Le Raincy oder ein Foyer des Champs Elysées bauen könnte, oder auch nur wollte. Le Corbusier aber erscheint, an diesem Werk gemessen, als ein begnadeter Künstler, der eine große Idee von den Wirkungen des neuen Werkstoffes Beton mitbringt, der seine Gesetze ahnt und mit ihnen spielt, ohne sie indessen völlig zu kennen. „C'est un bon malade, qui a eu le malheur de construire", sagt Auguste Perret einmal im Ärger über seinen alten Schüler, der sein schärfster Kritiker geworden ist. Der Ausdruck ist drastisch. Aber er kennzeichnet das Gefühl des Homme du métier gegen den Bau-*künstler*.

Ganz Form und Geist und zugleich ganz und gar Konstruktion, macht das Werk der Brüder Perret den tiefen Unterschied deutlich, der zwischen der Konstruktion und jener unbegrenzten, unkontrollierbaren modernen Technik besteht, mit der sich der Bau*künstler* auf eine oder die andere Art auseinanderzusetzen hat. Perret wirkt als *Architekt*, und ich sehe keinen unter den Lebenden, der diesen Begriff ebenso rein verkörperte.

Und eben diese Wirkung muß heute fruchtbar werden, mögen uns die Formen, in denen sie sich ausdrückt, nahe liegen oder befremden. Auch wir leugnen nicht das Allzuherbe mancher Fronten. Und wir schwören nicht mit Perret auf die altfranzösische „Porte-fenêtre en tout cas". Diese Einzelheiten treten zurück hinter dem wesentlichen dieser Erscheinung (einer ganz französischen Erscheinung übrigens, und in einem viel größeren Sinne repräsentativ für sein Land als etwa Le Corbusier).

Beendigen wir diese unvollkommene Studie mit einem Porträt des älteren der Brüder. Auguste Perret ist klein, trocken. Seine Haltung ist äußerst gerade: seine Gesten sind kategorisch. Er liebt die gedrängten Formeln, wie: L'architecture c'est ce qui fait les belles ruines, oder: une fenêtre, c'est un homme. Formeln, die in seinem Munde weit mehr sind als professorale Wortspiele: Sie erhellen stets einen der Gründe unserer Kunst. Perret trägt auf schmalen Schultern den edelsten Kopf. Trägt er seinen Strohhut, so erkennt man nur den äußerst gepflegten, grauen Bart, der das Gesicht umrahmt (Le Corbusier sagt: une barbe, entretenue comme un green), die gedrungene Nase, die nicht großen Augen, deren Blick indessen durch seinen menschlichen, klaren und autoritären Ausdruck frappiert. Lüftet er aber den chapeau de paille, so erblickt man eine Stirn und ein Haupt von so herrlicher Wölbung, daß man unwillkürlich selbst den Hut abnimmt.

Deutsch-Französische Rundschau, 1932

II. Aus den sechziger Jahren

Die Arbeit der ersten zehn Jahre in Berlin war der Hochschule gewidmet und wurde seit 1968 durch die Studentenbewegung bestimmt. Ich habe die Studentenbewegung begrüßt, sie hat mich befreit. Man wird verstehen, daß ich nicht ohne Vorbehalte nach Berlin zurückgekehrt bin und daß zwischen den Menschen der eigenen Generation und mir eine Fremdheit bestand und bestehen blieb. Mit den Studenten konnte ich mich identifizieren, sie haben mich recht eigentlich wieder eingebürgert.

Wir haben damals das Thema des Lehrstuhls verändert: anstelle einer Übersicht über die gesamte Baugeschichte behandelten wir nur noch die Geschichte der letzten zweihundert Jahre. Diese Geschichte ist in starkem Maße die Geschichte der Architekturtheorie. Wir hielten auch die Auseinandersetzung mit dem Bauen der Gegenwart für notwendig. Diese Veränderungen wurden von meinem Mitarbeiter Burkhard Bergius und mir zusammen mit den Studenten durchgesetzt. Die größeren Aufsätze der sechziger Jahre — und die der siebziger Jahre — handeln zum großen Teil von der Theorie der Architektur und der Architekturkritik. Einige bekannte Gebäude der Gegenwart werden kritisch vorgestellt.

In Berlin bin ich der eigenen Vergangenheit begegnet. Ich sah die Häuser wieder, die mich damals so stark angeregt hatten, und fand, daß man sie und ihre Umgebung, die Berliner Vororte, mit sehr geringem Respekt behandelte. Damals begann ich, über die Erhaltung des baulichen Erbes zu schreiben. Die meisten dieser Aufsätze sind im „Tagesspiegel" erschienen, und zwar nach 1970. Sie werden im letzten Teil dieser Sammlung vorgestellt.

6 Stadtbild und Geschichte (1962)

„Geschichte im Stadtbild" heißt eine kleine Ausstellung von Amateur-Photographien aus Berlin, und der Gedanke lag nahe, mein Vortrag sei als Kommentar zu dieser Photoschau gemeint.

Die kleine Ausstellung ist sehenswert: sie ist charmant, ich finde kein anderes Wort. Hier haben Liebhaber, in des Wortes echter Bedeutung, Berliner Szenen mit einem romantischen Zauber dargestellt, den das an den Berliner Alltag gewöhnte Auge kaum erwartet. Da ist das Charlottenburger Schloß in mehreren Darstellungen, da sieht man alte Straßenlaternen und gußeiserne Kanalisationsdeckel, dergleichen es gottlob in abgelegenen Straßen noch gibt; auch Häuser sieht man dort, Hausfronten und Teile von Hausfronten aus dem vorigen Jahrhundert und einige noch ältere Bauernhäuser und kleine Adelshäuser aus Spandau. Sogar barocke Portale aus nicht sehr alter Vergangenheit kann man dort sehen, mit dem Titel „Portal", nichts weiter, und man denkt: „Das ist von Fischer von Erlach"; erst beim zweiten Hinsehen sieht man, daß es der Kurfürstendamm Nr. 187 ist. Auch das Charlottenburger Schloß ist da — aber das habe ich wohl schon erwähnt. Übrigens ist auch das nicht von Fischer von Erlach.

Man verläßt die Ausstellung etwas traurig. Sie zeigt, wie arm wir sind. Nicht Berlin ist arm; aber das Berlin, in dem wir heute photographieren dürfen; denn die preußische Vergangenheit: die Linden, wohl die schönste Avenue Europas, Schlüters Zeughaus — sein Schloß ist nur mehr eine Erinnerung —, Schinkels Museum, von dem der Putz abblättert, das stockfleckig wird: sie stehen drüben, sind nicht zugänglich; und so müssen wir uns an das Charlottenburger Schloß halten, an die alten Hausfronten in der Christstraße, an die Grünplätze im Bezirk Kreuzberg. Man muß sie bewahren, ebenso wie man die Laternen und die alten Wasserpumpen bewahren muß, „Plumpen" sagt der Berliner. Man muß sie bewahren, denn wir sind arm. Der Senat will sie retten, will, wo er sanieren muß, aufs pfleglichste verfahren: eine wichtige und eine nicht einfache Aufgabe. Man kann ihm nur freudig zustimmen.

Aber da wir alle zustimmen, so könnte ich Sie unmöglich mit diesem Thema heute abend eine Stunde lang unterhalten. Man muß also wohl das Thema von Berlin loslösen und ins Allgemeine wenden. Freilich muß auch von Berlin die Rede sein: Man spricht nicht in Berlin im Jahre 1962 über das Thema „Stadtbild und Geschichte", indem man Venedig erwähnt, London und vielleicht Kuala Lumpur, über Berlin aber schweigt.

Das Thema kann sehr viel bedeuten. Es kann heißen: die Geschichte der Stadtformen; aber indem ich dies sage, nenne ich bereits etwas, was es nicht gibt; die Stadtformen sind ja nicht im Leeren entstanden, sie sind abhängig von der Gründung, der Topographie, der Wirtschaft, der Geschichte der Städte. So hätte ich denn über die gesamte Geschichte des Städtebaus zu referieren. In Mumfords

letztem Buch dauert es 75 Seiten, bis man zu dem alt-ägyptischen Kahun gelangt. Sie erwarten gewiß nicht, daß ich Ihnen die ungeheure Geschichte „von Kahun bis Scharoun", die so oft und so gut erzählt worden ist, noch einmal erzähle, und zwar in einer Stunde. Am Ende habe ich mich daran erinnert, was der Lehrer in der Schule zu sagen pflegte, wenn er ein Aufsatzthema gab: „Zunächst einmal seht euch die Worte des Themas an". Also: Stadtbild und Geschichte. Hier stutzt' ich schon; denn, wie sie stehen, hätte man diese Worte noch vor wenigen Jahrhunderten nicht verstanden, nicht als Zusammenhang und nicht einmal die Worte selbst. Freilich ist das Wort Geschichte alt; nur hat man damit, im achtzehnten Jahrhundert etwa, einen anderen Sinn verbunden, als wir es tun. Und ob man sich unter dem Wort Stadtbild Genaues hätte vorstellen können, das weiß ich nicht. In Goethes „Italienischer Reise" habe ich es vergeblich gesucht. Goethe hat die berühmteste Platzgruppe der Welt besucht, das berühmteste Stadtbild: den Markusplatz. Hören wir, was er darüber sagt:
„Dem Raum vor dem Markusplatz kann wohl nichts an die Seite gestellt werden: ich meine den großen Wasserspiegel, der diesseits von dem eigentlichen Venedig im halben Monde umfaßt wird".
Er hat also dem Platz, der uns heute so sehr interessiert, den Rücken gekehrt.
Goethe ist auch zweimal auf den Campanile gestiegen und hat beide Male in die Ferne geblickt, hinunter auf den Platz offenbar nicht. Was ihn interessiert, worauf er immer wieder in Venedig zurückkommt, ist die Gesamtsituation, die Stadt im Wasser, die ohne Mauern verteidigt wird:
„Dieses Geschlecht hat sich nicht zum Spaß auf diese Inseln geflüchtet; es war keine Willkür, welche die Folgenden trieb, sich mit ihnen zu vereinigen. Die Not lehrte sie, ihre Sicherheit in der unvorteilhaftesten Lage suchen, die ihnen nachher so vorteilhaft wird und sie klug machte, als noch die ganze nördliche Welt im Düstern gefangen lag; ihre Vermehrung, ihr Reichtum war notwendige Folge. Nun drängten sich die Wohnungen empor und empor; Sand und Sumpf werden durch Felsen ersetzt; die Häuser suchen die Luft, wie Bäume, die geschlossen stehen, sie mußten an Höhe zu gewinnen suchen, was ihnen an Breite abging. Auf jede Spanne des Bodens geizig, und gleich anfangs in enge Räume gedrängt, ließen sie zu Gassen nicht mehr Breite als nötig war, eine Hausreihe von der gegenüberliegenden zu trennen und dem Bürger notdürftige Durchgänge zu erhalten".
Und so geht es fort, mit einer Fülle genauer und klar ausgesprochener Beobachtungen, sogar über das Profil der Gassen und die Rinnen in ihnen; und ganz gewiß vermitteln diese Augen uns ein Bild. Vielmehr, nein, kein Bild: einen Begriff. Das rein Bildhafte tut er ab, indem er sagt, es sei „ohnehin schon so oft in Kupfer gestochen worden, daß die Freunde davon sich gar leicht einen anschaulichen Begriff machen können".
Die Stadt Venedig erscheint ihm als das Produkt einer Notwendigkeit und der Rahmen für ein bestimmtes Leben.
Hundert Jahre später hat ein anderer Reisender, Camillo Sitte, den Markusplatz beschrieben:

„Eine der herrlichsten Vereinigungen von drei Plätzen bildet das Herz Venedigs: der Markusplatz und die Piazetta. Der erstere ist ein Höhenplatz in bezug auf S. Marco, ein Breitenplatz in bezug auf die Prokuratien. Der zweite ein Breitenplatz in bezug auf die Front des Dogenpalastes, aber vor allem ein Tiefenplatz in bezug auf die herrliche Aussicht über den Kanal Grande nach S. Giorgio Maggiore hinüber. Noch ein dritter, kleiner Platz schließt sich seitwärts an S. Marco an. So viel Schönheit ist auf diesem einzigen Fleckchen Welt vereinigt, daß kein Maler noch je Schöneres ersonnen hat an architektonischen Hintergründen, kein Theater noch je Sinnenberückenderes gesehen hat, als es hier in Wirklichkeit zu erstehen vermochte ...

Sehen wir zu, mit welchen Mitteln diese unübertroffene Pracht erreicht ist, so zeigen sich die aufgewandten Mittel allerdings von ungewöhnlicher Art. Die Wirkung des Meeres, die Häufung prächtigster Monumentalbauten, die Fülle von plastischem Schmuck an denselben, die Farbenpracht von San Marco, der gewaltige Campanile. Das alles ist aber auch vortrefflich gestellt, und die gute Aufstellung gehört entschieden mit zum Ganzen. Zweifeln wir nicht daran, daß alle diese Kunstwerke, nach modernem System verzettelt aufgestellt, schnurgerade nach geometrischen Mittelpunkten, in ihrer Wirkung unglaublich erniedrigt werden könnten. Man denke sich S. Marco freigelegt: in der Achse des Hauptportals, inmitten eines riesigen modernen Platzes den Campanile, die Prokuratien, die Bibliothek usw. statt eng geschlossen nach dem modernen Blocksystem einzeln herumgestellt und an einem solchen sogenannten Platz dann noch eine Ringstraße von nahezu 60 Meter Breite vorbeigeführt. Man kann den Gedanken nicht ausdenken. Alles vernichtet, alles. Es gehört eben doch beides zusammen: sowohl schöne Bauten und Monumente als auch eine gute, richtige Aufstellung derselben. Die Formation des Markusplatzes und seiner Nebenplätze ist aber gut, nach allen bisher erkannten Regeln und möge besonders die seitliche Stellung des Campanile beachtet werden, der an der Scheide des großen und kleinen Platzes Wache hält. Schließlich sei noch die Wirkung gedacht, welche durch so geschickte Kombination mehrerer Plätze möglich wird infolge des Herumgehens von einem zum anderen. Die Vorbereitung des Auges ist jedesmal eine andere und somit auch der Effekt. Welcher Reichtum von Wirkung diesen Plätzen innewohnt, das kann man besonders aus den photographischen Aufnahmen des Markusplatzes und der Signoria zu Florenz erkennen. Mehr als ein Dutzend verschiedener Aufnahmen von verschiedenen Standpunkten aus gibt es, und jede zeigt ein anderes Bild, so daß man nicht glauben möchte, immer wieder eine Ansicht desselben Platzes vor sich zu haben, wenn man es nicht wüßte."

Ich gebe dieses lange Zitat in extenso, weil die Stelle klassisch ist, sie enthält alle Ausdrücke der neuen Auffassung: die Aufstellung, richtig oder falsch, und die Blicke, die sich aus der richtigen Aufstellung ergeben. Sitte hat gesehen, was Goethe nicht sah: die Stadt als Bild. Ich will hier gleich sagen, daß er nicht gesehen hat, was Goethe sah: die Stadt als Begriff, und hierauf werden wir zurückkommen. Mehr als irgendeiner hat Sitte das bildmäßige Sehen von Stadträumen

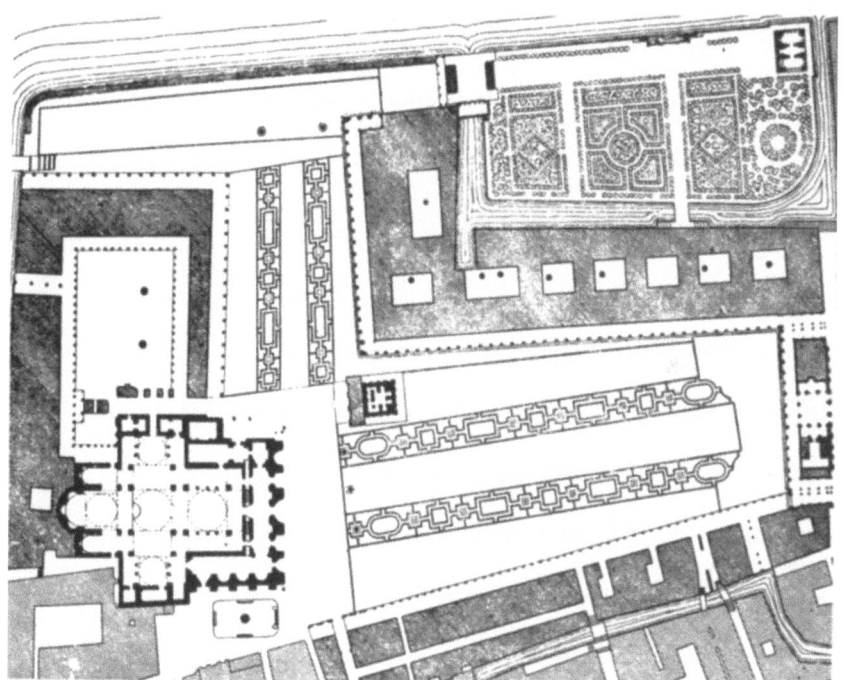

Piazza di San Marco, Venedig

für uns entdeckt. Ihm danken wir es, daß wir durch die Städte gehen, von Straße zu Platz, von Platzgruppe zu neuen Straßen, so, als durchliefen wir die Sätze einer Symphonie. Alles räumliche Erleben ist ja dem musikalischen verwandt. Hier, in den stets neu sich öffnenden, einander steigernden und endlich in der Klimax der Hauptgruppe kulminierenden Ablauf der Raumbilder einer Stadt erfahren wir einen Genuß, welcher an den symphonischen — ich sage mit Fleiß — anklingt. Sitte hat diesen modernen, ,,symphonischen" Genuß am Stadtbild nicht nur angeregt, er hat die Kunstmittel, die ihn bewirken, analysiert wie kein anderer. Selten hat das Auge einen besseren Lehrmeister besessen; und er hat seine Lehre in einem Bändchen von 180 Seiten niedergelegt.

Und nun begann man unter diesem Aspekt zu reisen, zu skizzieren, zu photographieren — und zu entwerfen. Ja, man hat ganz ernsthaft und lange Zeit so entworfen, und Poelzig pflegte seine Studenten zu warnen, doch ja nicht so, nicht mit der Kamera zu entwerfen. Ich höre ihn noch:

,,Aha", sagte er, wenn in einem Entwurf irgendwo ein Turm erschien, den es gar nicht zu geben brauchte, ,,ich sehe, hier mündet eine Straße ein, da muß ein Abschluß sein". Ich höre ihn noch, seinen unnachahmlichen Sarkasmus, denn er hatte recht. Man entwirft nicht mit der Kamera. Bei Lichte besehen, sollte man auch nicht durch eine Stadt gehen, als höre man eine Symphonie, denn so waren die Städte nicht gemeint, die Sitte uns anzuschauen gelehrt hat. Da wir von ihm sprechen, so muß gesagt sein, daß auch Sitte es nicht so gemeint hat. Er hat stets das nüchterne ,,Warum" solcher Plätze und Platzfolgen gezeigt und wohl gewußt, daß man mit der Kamera nicht entwerfen darf. Das würde auf ,,erzwungene Ungezwungenheiten" hinauslaufen, sagt er, auf ,,beabsichtigte Unabsichlichkeiten. Könnte man denn an solcher erlogenen Naivität, an einer solchen künstlichen Natürlichkeit wirkliche, ungeheuchelte Freude haben?"

Ich muß Ihnen an dieser Stelle nun noch eine dritte, die jüngste Analyse des Markusplatzes vorlegen: Mumford schreibt:

,,Im Herzen von Venedig liegt die Piazza di San Marco: ein offenes Gelände vor der byzantinischen Kirche, ursprünglich die Obstgärten von San Marco. Im Jahre 976 wurde nahe der Stelle, wo im zwölften Jahrhundert der alte Campanile gebaut wurde, eine Unterkunft für Pilger nach dem Heiligen Land errichtet. Das war der Anfang des späteren Hotelviertels. Schon im zwölften Jahrhundert gab es hier einen Platz mit Marktbuden, denn wir wissen, daß im Jahre 1172 der Platz erweitert wurde. Die Gebäude, die jetzt den Platz umgeben, sind Zeugen einer stetigen Entwicklung, beginnend mit dem Umbau der Kirche selbst: 1176. Es folgt der alte Campanile: 1180; die Anfänge des Dogenpalastes: 1300; die alte Halle der Prokuratoren: 1520. Danach kam das Gebäude, das eine Seite der Piazza schließt, Sansovinos Bibliothek, im Jahre 1536, da, wo früher die alten Backstuben waren. Aber: die letzte Baugruppe des heutigen Platzes, sie, die ihn zu einem ästhetischen Ganzen macht, indem sie das Ende gegenüber der Kathedrale schließt, erschien erst im Jahre 1805. Form und Inhalt der Piazza sind also Tätigkeiten der Stadt zu verdanken, die verschiedenen Zwecken gedient haben, so wie es die Umstände, die jeweiligen Funktionen, die Zeit erheischten. Das wuchs organisch zusammen. Kein Einzelner, und sei er ein Genie, hätte das in einigen Monaten am Reißbrett erfinden können. Allmählich drängten die politischen und gesellschaftlichen Funktionen der Piazza die ursprünglichen – Obstgarten und Markt – beiseite; und diese wurden, Schritt für Schritt, auf andere Kirchspiele der Stadt übertragen, so daß am Ende nur die Restaurants, Cafés, Läden und Hotels nahe dem Standort der alten Unterkunft für Pilger zurückgeblieben sind."

Und nun zeigt Mumford, auf welche Weise die ursprünglichen Funktionen der Stadtmitte an die Kirchspiele – oder Nachbarschaften – abgegeben werden, deren jedes von einem Kanalgürtel umgeben ist, und wie schließlich in diesem komplexen Organismus neue Funktionen den außenliegenden Inseln zugeteilt werden: Fischerei und Glasindustrie auf Murano, das Arsenal auf seiner Insel, der Strand auf dem Lido.

Also, auch Venedig wurde nicht an einem Tag erbaut; und das Bild, das uns entzückt, wurde nicht wie eine Theaterdekoration entworfen, nicht durch „richtige Aufstellung" gegebener Elemente zusammengestellt. Wurde es also überhaupt nicht geplant? Legen wir ein Ergebnis des Zufalles so aus, als sei es bewußter Planung zu verdanken? Wir tun dergleichen wohl. Wir haben uns ja auch Landschaften gegenüber daran gewöhnt, Bilder zu erkennen. Wie es dazu gekommen ist, das ist eine lange Geschichte, wenn auch nicht eine sehr lange, denn auch dies hat man nicht immer getan. Uns aber geht die Stadt an, ein Gebilde der Menschenhand, und ganz so planlos wie in der Natur mag es dort doch nicht zugegangen sein.

Die Städte, zu deren bildhafter Betrachtung Camillo Sitte uns angeregt hat, sind die Städte des Mittelalters. Deren Reiz ist nicht Sittes Entdeckung; immerhin aber geht sie nicht über sein Jahrhundert zurück. Wir haben ja gesehen, daß Goethe diesen Reiz noch nicht gekannt hat. Er hat zwar als junger Mann das Münster in Straßburg bewundert; aber von Straßburg, der Stadt, sagt er nichts. Leopold Mozart beklagt sich in einem Brief über die unvorstellbare Häßlichkeit der Stadt Ulm: Man habe sich dort nicht einmal die Mühe genommen, die Hölzer zu überputzen, aus denen die Häuser gebaut sind; und Mozart der Sohn echot von der Reise nach Paris: „Habe in Straßburg geschlafen, eine häßliche Stadt. Bin heute in Nancy, eine charmante Stadt". Die Mozarts waren keine ungebildeten Leute, und daß sie dergleichen Beobachtungen einander mitteilen, zeigt, daß sie ein Auge dafür hatten. Sie waren Menschen des achtzehnten Jahrhunderts, und dieses Jahrhundert hatte für „der Gassen quetschende Enge" und für das Geschachtel der Fachwerkhäuser in ihnen keine Zeit. Die Entdeckung des Mittelalters beginnt mit Ruinen, Landschaften; es folgen Bauwerke, Kunstwerke: die Stadt kommt zuletzt. Franz Kugler, der mehr als ein anderer unter den deutschen Romantikern dazu getan hat, die gotische Baukunst wieder zu erschließen, macht ganz nebenbei in Halberstadt diese Beobachtung:

„Die hügelige Lage von Halberstadt verbietet schon von selbst jene langweilige Regelmäßigkeit, der ich wenigstens in den Straßenanlagen neuerer Städte wenig Geschmack abgewinnen kann: die Häuser sind oft ganz malerisch und seltsam heimlich zusammen — ich möchte sagen, ineinandergebaut, und nicht selten sieht man eine der großen Kirchen als den Hintergrund des hübschen Bildes. Dieser malerische Charakter wird durch den eigentümlichen Charakter der älteren Häuser verstärkt, welche durchweg in Fachwerk gebaut sind."

Das ist ganz vage, ahnend, fast unwillkürlich, und es kommt dergleichen, soweit ich sehen kann, in dem ganzen weitschichtigen Werke Kuglers nicht noch einmal vor. Dem feinsinnigen Beobachter fällt etwas auf, das immerhin als Reisebeobachtung mitgeteilt werden darf; aber das ist noch ganz am Anfang, wird nicht weiter verfolgt, geschweige denn analysiert. Wenn das nicht die erste Beobachtung dieser Art ist, so ist sie auf jeden Fall unter den frühesten: 1834.

Von da an hat man mit wachsender Bewunderung diese Gebilde angesehen und sich gefragt, wie sie entstanden sein mögen; und man fand, daß sie gewachsen seien, „wie ein Baum wächst". Langsam schleicht sich nun in die Betrachtung historischer Städte der Gegensatz zwischen geplanten und gewachsenen Städten ein: Die antiken Städte und die der Renaissance seien geplant worden, die des Mittelalters seien frei gewachsen.

Nun, ganz so hat es sich nicht verhalten. Freilich sind die ersten Hütten, in denen die Dienstleute und Handwerker sich vorm Kloster, vor der Domburg niederließen, ungeregelte Haufen gewesen; und der erste Markt war eine große leere Fläche, aber selbst solche ersten Stadtkerne wurden reguliert, wurden geplant, dann, wenn sie endgültig wurden, wenn Markthütten und Fleischbänke durch Häuser ersetzt wurden. Später wurden die Flächen verengt, ein Platz begann sich zu formen. Am Beispiel des Markusplatzes haben wir gesehen, wie Planungen einander ablösten, ja, sogar Funktionen lösten dort einander ab, bis die Platzgruppe Wirlichkeit wurde: nicht eher als 1805.

Das geschah im Kern der Stadt, und solche Stadtkerne sind fast immer recht klein. Jede Erweiterung aber wurde geplant, von bestimmter Größe und so rechtwinklig wie möglich, mit eigenem Markt, eigener Pfarrkirche und oft auch eigenem Rathaus. Es wurden auch ganze Städte ausgelegt, in kolonialen Gebieten, und Hippodamos selbst hätte sich ihrer Rechtwinkligkeit nicht zu schämen brauchen. Wenigstens eine mittelalterliche Großstadt, Lübeck, wurde im wesentlichen in einem Stück angelegt, und wenn man diesen Plan ansieht, so meint man, es habe einer in der Luft ein rechtwinkliges Straßennetz gehalten, das sich dann beim Niedersetzen auf den flachen Hügel zwischen den Flüssen verformt hat: auf der Höhe ziehen sich die beiden Hauptstraßen hin, man tritt in die Stadt ein, wo das Handelsemporium an der Trave sich von dem älteren Teil, um den romanischen Dom, absetzt, und wo diese Eingangsstraße die Höhe erreicht, liegen Markt und Kirchhof, reinlich voneinander geschieden. Auch von den umgebenden Straßen sind diese Plätze geschieden, daß heißt die Marktbuden, die am Rande die freien Räume umgaben, sind schließlich zu Häusern geworden:

Marktplatz in Lübeck nach Heinrich Gruber, Plan

Zungen von Häusern, manche von ihnen ganz schmal. Aber sie isolieren den Platz, der nun einer wird. Das ist der Augenblick, da aus Markthaus und Tuchhalle ein Bau wird, das Rathaus in der Ecke des Platzes gegen Sankt Marien: es ist der Augenblick, da eine Stadtsituation, zur Reife gelangt, den kräftigsten Ausdruck findet.

Die Logik der ganzen Anlage ist zwingend. Sie ist es, die dem Besucher noch heute den Eindruck des zielstrebig Großen vermittelt, und zwar überall, nicht nur auf dem Marktplatz.

Selbstverständlich hatte jede mittelalterliche Planung ein Programm. Das Programm mochte sich ändern, und dann wurde neu geplant, wie in Venedig, aber es wurde immer für ein Programm geplant.

Sehr schlagend drückt nun Sitte die Not des späten neunzehnten Jahrhunderts aus, als man Stadterweiterungen ohne Programm plante: Er spricht von einem Bauherrn, der einem Architekten einen Bauplatz zeigen würde und zu ihm sagt: „Da bauen Sie mir etwas darauf um etwa hunderttausend Gulden. Sie meinen ein Zinshaus? Nein. Oder eine Villa? Nein. Etwa eine Fabrik? Nein. Das wäre ja lächerlich, ja verrückt.

Nur beim Städtebau findet man es nicht verrückt, einen Bebauungsplan ohne bestimmtes Programm machen zu wollen, und zwar folgerichtig deshalb, weil man eben keins hat."

55

Diese Programmlosigkeit erscheint in Deutschland erst um die Mitte des vorigen Jahrhunderts, in England dagegen ist sie um gute hundert Jahre älter. Damals erschienen zum ersten Male reine Wohnquartiere, und zwar in größtem Ausmaß. Denn nun gibt es eine Fülle von Professionellen: Advokaten, Ärzten, Literaten, Leuten in der Verwaltung; auch Manufacturies, Finanziers und schließlich Privatiers: den dritten Stand, mit einem Wort, den Mittelstand. Solche Leute wohnen zu Hause und arbeiten woanders. Freilich schreibt ein Literat oder ein Komponist zu Hause. Dazu bedarf es keiner besonderen Vorrichtungen im Hause, keiner Speicher, Läden, Kontore. Häuser also werden gebraucht, reine Wohnhäuser, Reihen von ihnen, hunderte, schließlich tausende. Der Bauspekulant — er mag dabei ein guter Architekt sein — baut Wohnzellen, immer die gleichen, man könnte sagen am laufenden Band, und selbstverständlich ergibt sich dabei der rechtwinklige Raster. Man mag solche Viertel dann mit Grünplätzen durchsetzen, wie es in England geschah. Das sind dann aber keine Plätze mehr, sondern gemeinsame Gärten für die Anlieger, Lungen, Erfrischungen für das Auge in der vorhandenen Monotonie. Die Monotonie wurde von Anfang an als quälend empfunden; und hier ergibt sich nun etwas Merkwürdiges: da es von Rechts wegen, vom Programm her, in solchen Wohnquartieren Stadtbilder nicht gibt, plant man welche. Man faßt die Reihenhäuser, die einen „square" umgeben, architektonisch zusammen, steigert die Mitte der Reihe durch Säulen und Tympanon, hebt ihre Ecken durch Pilaster und erhöhte Attika heraus. Dabei mag es sich dann ergeben, daß zwei Reihenhäuser unter einem Tympanon zusammengefaßt werden, wobei die Brandmauer mitten durch den römischen Tempelgiebel geht: solche Ungereimtheiten haben die spekulierenden Architekten des achtzehnten Jahrhunderts nicht gestört. Um 1760 geschah dergleichen noch auf recht bescheidene Art, wie am Bedford Square in London. Als aber nach Waterloo John Nash den ganzen Regent's Park mit Reihenhäuser umgab, entstanden künstliche Paläste von anspruchsvoller Haltung, deren wahren Inhalt man nur noch an den mauslochkleinen Eingängen ablesen kann, die unter jedem dritten Fenster im Erdgeschoß erscheinen. Früh auch ersetzt man den rechteckigen Square durch anspruchsvollere Formen, runde Zirkusse und elliptische Crescents: Paradestücke einer Architektur des künstlichen Stadtbildes; aber man darf nur hinter einen solchen Crescent gehen, und man findet dicht bei dicht die Erker, auf die nun einmal der Engländer nicht verzichten will, die er aber an der palastartigen Front nicht mehr zu zeigen wagt.

Geplante Stadtbilder: Der Royal Crescent in Bath ist schön. Nashs künstliche Paläste am Regent's Park sind schön, sie sind sogar interessant, aber man kann sich vor ihnen eines merkwürdigen Gefühls der Unbefriedigung nicht erwehren: sie sind leer. Sie haben keinen Inhalt, vielmehr, sie haben den falschen Inhalt. Bruno Tauts Crescent, das Hufeisen, ist noch nach dreißig Jahren erschreckend leer; und die Doppelkreise (ich spreche von dem ersten Entwurf) der Gropiusstadt, die Huldigung des Meisters an Bruno Taut, nun, eigentlich sind sie eine Huldigung an John Nash, der sie mitten im Regent's Park geplant hat. Sie wurden ja

John Nash, Cumberland Terrace, Regent's Park, London 1827

damals nicht verwirklicht, aber man kann sie sich gut vorstellen. Wie Gropius war Nash ein großer Architekt, und seine Kreise im Grünen wären ganz gewiß schön geworden; aber ebenso gewiß völlig leer.

Die Wohnviertel in England waren ja nur der Anfang. Mit dem Anwachsen der Bevölkerung in der Folgezeit, mit den formlosen Riesenstädten ist das Problem entsprechend größer geworden. Gut: man hat das Wohnquartier zerlegt und neu zusammengefügt; der Städtebau als Wissenschaft: Philosophie, Jurisprudenz und Medizin – freilich nicht Theologie – dafür aber Soziologie, die Grenze des Wohlbefindens, Abstand, Höhe, Aspekt, Sonnenbestrahlung, Sonnenschutz. Hier ist die Medizin, hier das System; und wie in England mit Blöcken, hat man nun Meilen des Landes mit Zeilen gestempelt: vielmehr, man wollte; denn sehr viel davon ist ja nicht Wirklichkeit geworden. Und die Lösung, die Auflockerung der Monotonie? Waren es damals Squares, Crescents und künstliche Päläste, so wurden es nun Unterbrechungen, Gegenzüge, gelegentlich auch – in Britz und Rudow – neue Crescents und Zirkusse. „Das Räumliche", wie es ein Berliner Architekt vor kurzem nannte: das Räumliche, welches man doch ja bei neuen Stadtplänen nicht sollte zu kurz kommen lassen. Aber das Räumliche in abstracto gibt es gar nicht, das bleibt leer.

Im Grunde geht es beim Städtebau nicht anders als bei den anderen Künsten: das stille Bild, sei es nun in zwei, in drei oder vier Dimensionen – mit der vierten meine ich das Durchschreiten von Raumfolgen –, es ist nicht mehr für uns. Das Monumentale ist nicht mehr für uns. Man mag das bedauern, aber man wird es nicht ändern.

Man kann es auch positiv ausdrücken. Wir wollen das Monumentale nicht mehr, wir wollen das Bild nicht mehr, weil wir das Leben wollen, und die Stadt als Struktur, die aus dem Leben stammt, die das Leben hält und fördert, die mit dem Leben wächst. Goethes Erfahrung ist wieder die unsere, nicht Sittes.

Solcherart nämlich war die mittelalterliche Stadt, und seit dem Beginn des Jahrhunderts hat man wieder angefangen, sie so zu verstehen. Schon Sitte hatte sie so verstanden. Man hat ihm Unrecht getan; er war kein malerischer Städtebauer. Das waren seine Schüler. Sobald er gesehen hatte, daß es die Programmlosigkeit war, die den Raster schuf, den Raster und, ich füge hinzu, das künstliche Stadtbild, sah er auch, daß es das Programm ja gibt, daß man nur tiefer in die voraussichtliche Entwicklung eines neuen Stadtteiles hineinzusehen habe, um es zu finden. Er hat als erster die Untersuchung vorgeschlagen, die man heute immer in solchen Fällen vornimmt; mehr: er hat verlangt, daß man zunächst nur Hauptlinien festlegen solle und im einzelnen den größtmöglichen Spielraum lasse.

Das ist der neue Städtebau: nicht Bilder, sondern neue Strukturen städtischen Lebens. Strukturen: das ist nicht Wissenschaft, nicht die Zeile an Stelle des Blockes. Strukturen: wem es besser gefällt, mag sagen Organismen. Das Wort zeigt besser, daß es sich um vollständige Gebilde handelt, nicht mehr um die Wohnstadt, so oder so; denn seit die CIAM im Londoner Kongreß von 1951 das Herz der Stadt in die Mitte der Diskussion gestellt hat, ist man ja immer mehr über das reine Wohnstadtmodell der frühen Jahre hinausgelangt, und ein Stadtmodell, wie es etwa Professor Wortmann vor nicht langer Zeit in einem Vortrag entwickelt hat, ein solches Modell ist eben wieder vollständig: eine Gestalt, wenn man will, kein Bild.

Dies sind, werden Sie sagen, alte Geschichten, ich renne offene Türen ein. Immerhin, der Gegensatz: hier Bild, Monument, dort Struktur, Organismus ist noch mit uns, und man braucht nur an Brasilia zu erinnern, um zu sehen, daß auch heute noch, in größtem Maßstab, die Stadt als Monument verwirklicht wird. Ich nannte die englischen Crescents leer. In Brasilia hat es vielleicht nicht ganz die gleichen Gründe, daß es leer wirkt, leer bis zur Verlassenheit. So wirkt das geplante Monumentale, das regungslose Bild in unserer Zeit.

Kehren wir also der Form den Rücken? Glauben wir, sie stelle sich von selbst ein, wenn wir nur die Funktion erfüllen? Keineswegs. Man muß die Form wollen. Der Funktionalismus hat unrecht gehabt. Aber die Form ist in der Stadt nur der Akzent, der gesteigerte Ausdruck, in dem das Leben der Stadt sich dem Auge darstellt wie in Lübeck, wie in Venedig.

Ich komme zum Ende und zu Berlin.

Über Berlin ist viel geschrieben worden, und zwar nicht erst seit 1961. Man hat es, zumindest seit dem Anfang des Jahrhunderts, als beides verstanden, als Problem und als Anspruch: als ein in jedem Sinne Unfertiges. Hausenstein hat es ein Refugium genannt, von den Tagen der Salzburger und der Hugenotten an. Hierzu wäre jetzt ein langes Nachwort zu schreiben.

Scheffler nennt es eine Stadt der Kolonisten, weit hinausgehalten ins Östlich-Ungestalte, und einen Mischkessel der Stämme und Rassen. Dies, meint er, erkläre seinen Mangel an Kultur, zu gleicher Zeit aber auch seine Möglichkeit, zu der modernen Stadt Europas zu werden: wo alle Traditionen fehlen, mit Ausnahme der des Vordrängens, da könne Amerika sich in Europa verwirklichen. Hegemann nennt es das steinerne Berlin, die Mietskasernenstadt.

Und Giraudoux, der Berlin zur Hegemann-Zeit besuchte, rief aus: Das ist keine Stadt, sondern ein Garten: von Lichterfelde bis Halensee Alleen, Gärten, Villen Parks und dann noch die fortschrittlichsten grünen Siedlungen, wie Siemensstadt. Man denke dabei an die greulichen Banlieue in Paris: quelle victoire! — Ich muß gestehen, daß mir das sehr wesentlich erscheint. Man blättere die Berlin-Bücher durch — es erscheinen ihrer ja im Durchschnitt zwei in jeder Woche —, sie bleiben alle an der Mitte kleben. Sie zeigen Stadtansichten. Nun, Berlin hat keinen Markusplatz und keine Concorde; aber nicht Venedig, nicht Paris, nicht einmal London hat ein Zehlendorf. Und die erste echt berlinische Planung, die kurfürstlichen Linden, war eine Baumallee. Dies Thema hat keine Stadt der Welt größer und mannigfaltiger entwickelt.

Alle vier Autoren haben recht, obwohl man heute sagen darf, daß Hegemanns steinernes Berlin einigermaßen aufgelichtet worden ist: die alte Berlin-florentinische Front mit den Vogelkäfig-Balkons ist ja nachgerade so rar geworden, daß man begonnen hat, sie unter Denkmalschutz zu stellen. Und man hat recht, denn seit Hegemann schrieb, ist hier einiges geschehen. Für einen Augenblick war Berlin die Hauptstadt des Kontinents und ist als solche nur mit knapper Not der Verbiegung ins Monumentale entgangen, die man ihr zugedacht hatte. Dann ist es so gründlich zerstört worden wie seit Karthago keine Großstadt: zerstört, zerteilt, zur Insel gemacht, zum Teil wieder aufgebaut und heute in aller Munde.

Scheffler konnte meinen, daß Berlin, die künstliche Großstadt weit draußen im Osten, das Zeug habe, die moderne Großstadt Europas zu werden. Nun aber hat sich die Situation so zugespitzt, daß Berlin die moderne Großstadt des Kontinents werden muß, oder ...

Indem ich das sage, fühle ich, daß ich übertreibe, und wenigstens bin ich vorsichtig genug gewesen, das „oder" nicht auszuführen. Man mag das nach Geschmack tun: wer das Drama liebt, wird sagen „oder untergehen", nüchterne Leute mögen Worte vorziehen, wie stagnieren, weiterwursteln, vielleicht aber auch eintrocknen. Um es auf die bescheidenste Form zu bringen: aus der Möglichkeit, von der Scheffler spricht, ist eine Aufforderung geworden, und man darf immerhin sagen, eine dringende: Berlin soll und kann die große neue Stadt des Kontinents werden.

Und wenn ich sage: die neue Stadt, so meine ich eine, die eine Form des Lebens darstellt und beherbergt, nicht, beileibe nicht, ein gebautes Großbild: ein Brasilia in der Mark.

Vortrag in der Akademie der Künste Berlin, Oktober 1962
Bauwelt, Heft 51−52/1962.

7 Über den Stil in der Architektur (1963)

Die Frage des Stils ist heute nicht mehr interessant. Sie war es noch vor fünfzig Jahren. Ich entsinne mich aus meiner eigenen Kindheit, wie die Kunstbeflissenen sich grämten, daß wir keinen Stil haben. Diese Sorge ist heute schwer noch zu verstehen. Wir drücken uns alle beim Entwerfen in bestimmten Formen aus. Man kann sagen, daß uns ein sehr weites Feld der Möglichkeiten zur Verfügung steht; aber es ist nicht unbegrenzt. Gewisse Formen sind uns verwehrt. Wer heute vor ein Haus zwei ionische Säulen stellt, kann dies allenfalls als Zitat meinen, so wie Lubetkins Karyatide in Highpoint 2 ein Zitat ist: Wir haben also wieder einen Stil, oder wir befinden uns auf dem Wege dahin: daß wir uns nicht mehr aller Formen bedienen dürfen, ist ein sicheres Zeichen. Allerdings ist es negativ. Ein Stil ist noch nicht dadurch gegeben, daß man nicht alle Formen benutzen darf, sondern dadurch, daß man gewisse Formen, einen Kanon von Formen, benutzen muß.

Im 19. Jahrhundert hat man auf einen Stil zurückgegriffen, um einen anderen zu bekämpfen. Man hat, in England besonders, geglaubt, daß der gotische Stil den Bedürfnissen des Landes und auch der Zeit besser entsprechen würde als der herrschende „Renaissance"-Stil. Gegen 1870 wurde klar, daß das ein Irrtum war. „Wir waren alle", sagte Norman Shaw, „mächtig gotisch, und wir hatten alle mächtig unrecht". In dem Augenblick aber, da man einsehen mußte, daß man keinen Stil mehr hatte, wurde das Phänomen Stil interessant. Man bemühte sich zu finden, wie es dazu kam, daß ein gewisser Kanon von Formen, der gotische oder der ionische, verbindlich wurde. Dies war selbstverständlich nicht eine rein wissenschaftliche Bemühung. Wenn man einmal wüßte, was ein Stil ist und wie ein Stil entsteht, so konnte man hoffen, die eigenen Anstrengungen in eine Richtung zu lenken, welche den neuen Stil hervorbringen würde, den man so sehr begehrte.

In diesem Sinne analysierte Viollet-le-Duc den gotischen Stil. Und er glaubte zu finden, daß dieser Stil nichts anderes gewesen sei als das Ergebnis der mittelalterlichen Bautechnik: Die Bauaufgabe war gegeben. Es war die Kathedrale. Ihr konnten die Baumeister der Zeit nicht ausweichen. Das Baumaterial, die Technik, die Organisation des Baubetriebes waren ebenfalls gegeben. Man benutzte Steine, und zwar verhältnismäßig kleine, da man die großen Marmorblöcke der Griechen nicht hatte. Man hatte auch nicht, wie die Römer, Armeen ungelernter und halbgelernter Arbeiter unter der Leitung eines technisch geschulten Stabes von Ingenieuren, sondern verhältnismäßig kleine Bauhütten mit gut ausgebildeten Steinmetzen. Wenn man einen Raum in Stein schließen wollte — und das wollte man der Feuersicherheit wegen —, so mußte man wölben. Wölbungen weiten Spannes, wie die der Römer, waren den mittelalterlichen Bauhütten nicht möglich. Um also groß zu bauen, mußte man in die Höhe gehen. Die gotischen

Meister entdeckten die Bauweise, welche das Gewölbe in der Höhe ermöglichte: die Kreuzrippen, welche leichte Kappen trugen, den steilen Ansatz zum Spitzbogen, welcher den Schub verminderte, und die Strebebögen, welche diesen Schub oberhalb der Seitenschiffe in die Strebepfeiler leiteten.

Hier sind die Elemente der gotischen Konstruktion. Sie sind zugleich die Elemente des gotischen Stils. Viollet ging so weit, jede gotische Form von konstruktiven Gegebenheiten her zu sehen, die Wimperge zum Beispiel: in diesem Giebel sah er die korrekte Form für die Belastung des Spitzbogens: Große Last am Scheitel und an den Auflagern, geringe in der Mittelzone der Bogenstücke.

Nachdem er gefunden hatte, daß in der Gotik die Form der Konstruktion genau folgt, glaubte er, daß dieses Gesetz auch für die anderen Stile gelten müsse. Auch der dorische Stil war, nach Viollet, das Ergebnis der vorgegebenen Bauaufgabe, des Tempels und der Materialien, der Bautechnik und des Baubetriebes der Epoche. Viollet zog die Folgerung, der zuliebe die Analyse unternommen worden war: Da wir, sagte er, einer Zeit des Metallbaues entgegengehen, so wird ein Baustil entstehen, der der neuen Technik angemessen ist, und zwar wird er von selbst entstehen, wenn man den Bedingungen der neuen Technik ohne formale Nebengedanken folgt: Der Ingenieur wird den neuen Stil schaffen. Man sieht sofort, welch weitgehenden Einfluß diese Theorie auf die Gedanken der Meister hatte, welche schließlich den Stil unserer Zeit geschaffen haben.

Viollet hat im *Dictionnaire Raisonné de l'Architecture* unter dem Buchstaben S Stil definiert als die Form, die entsteht, wenn Generationen von Werkleuten einen Gegenstand näher und näher an den Zustand heranführen, in dem er seinem Zwecke völlig angemessen ist. Einen solchen Gegenstand, sagt er, brauche man nur anzusehen, und man findet, daß er Stil hat. Denn Stil ist eben das, was das Auge am zweckmäßigen Gegenstand anspricht. Viollet zeigt zwei Tonkrüge: der eine ist rund, hat Henkel und Tülle an der richtigen, griffigen und strömungsrechten Stelle: er hat Stil. Der andere ist viereckig, der Griff ist unbequem (ebenfalls eckig), die Tülle wird keinen rechten Wasserstrahl erzeugen. Dieser Krug hat keinen Stil. Man ist eben nicht frei, einen Gebrauchsgegenstand so zu formen, wie es das künstlerische Ingenium gern möchte. Die Formen sind gegeben, durch Gebrauch, Material, Konstruktion. Man kann sie allenfalls noch ein wenig verbessern, das heißt, man kann den Griff noch griffiger, die Tülle noch strahlechter machen. Wenn der Gegenstand sich seiner Vollendung nähert, so sind selbst diese Möglichkeiten sehr beschränkt. Man kann dann nur noch als richtig annehmen, was Generationen vor einem zur Zweckform geläutert haben.

Viollet geht weiter und spricht von Personen, die Stil haben. Ein solcher Mensch zeige durch die Leichtigkeit seiner Haltung und das Natürliche seiner Bewegungen, daß zwischen ihm und seinem Tun — seinem Lebenszweck also — kein Gegensatz besteht. Auch Katzen, sagt er, haben Stil.

Wenn man bei der Ableitung gotischer Formen aus der Konstruktion Zweifel haben konnte, hier, beim stilvollen (weil lebensgerechten) Menschen oder Tier stellt sich beim Leser ein entschiedenes Unbehagen ein.

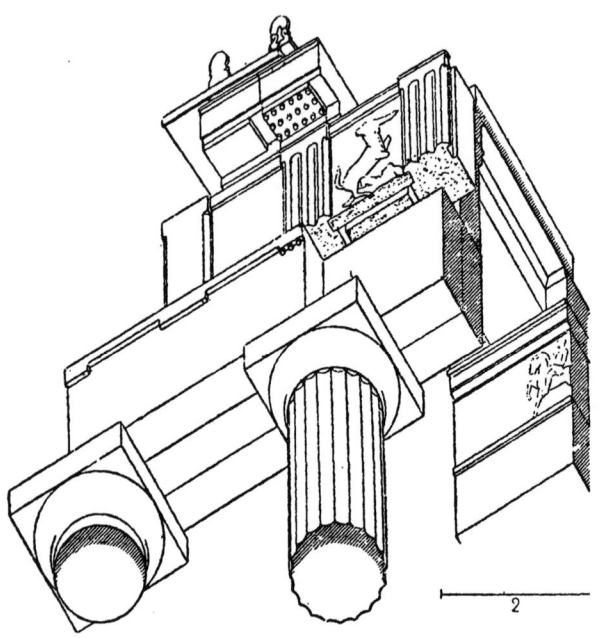

Die dorische Ordnung nach Choisy

Die dorische Ordnung nach Choisy, Prototyp aus Holz

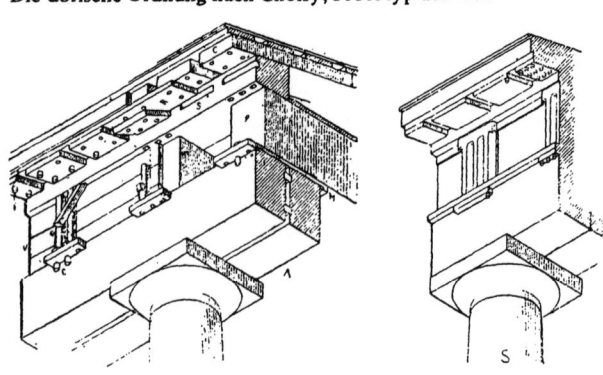

Ein Gentleman hat Stil, er wird ihm in der Public School gegeben, und man hat gesagt, die Schlacht von Waterloo sei auf den Spielfeldern von Eton gewonnen worden: das heißt, der Teamspirit, das Hintansetzen der eigenen Person, das Sportliche im besten Sinne, habe die Schlacht gewonnen. Gut: ist aber dies alles, was den Gentleman ausmacht? Ist die Erziehung von Eton lediglich die Erziehung zum Offizier? Mir scheint, daß in dem strengen Kanon des wenigen Erlaubten und des vielen Unstatthaften, welchen Eton seinen Zöglingen mitgibt, das meiste nicht von dem militärischen noch von einem anderen klar erkennbaren Lebenszweck bestimmt ist, daß hier vielmehr ein Leitbild besteht, und zwar eines, das keineswegs frei ist von abstrusen Zeugen.

So wäre am Ende Stil nicht das Zeichen dafür, daß alles in Ordnung ist, wie Viollet es will, sondern, im Gegenteil, das Zeichen von etwas Ungereimtem. Drücken wir es einstweilen so aus: Ein Stil besteht, selbst wenn Umstände eintreten, von denen man erwarten sollte, daß sie seine Formen durchgehend ändern würden.

Um dem Begriff Stil näher zu kommen, wollen wir an einem Beispiel betrachten, wie ein Stil entsteht. Das Warum bleibe einstweilen im Dunkel. Sehen wir also zu, wie der dorische Formkanon entstanden ist.

Die Tatsachen sind zu gut bekannt, als daß ich im einzelnen auf sie eingehen müßte: Die Formen einer Holzkonstruktion, bis in die Einzelheiten der archaischen Methode, Deckbretter mittels Leisten, Holzplättchen und Pflöcken an den konstruktiven Gliedern zu befestigen, werden genau auf einen Steinbau übertragen. Die Unstimmigkeiten, die sich hier ergeben, haben bereits Huebsch gestört, welcher offenbar den Viollet'schen Stilbegriff ebenfalls entwickelt hat: Wenn ein Bau so steinern ist wie der dorische Tempel, meint er, sollten seine Formen aus der besten Art des Steinschnittes stammen, nicht aber aus einer Konstruktion aus Holz. Besonders hat ihn die Ungereimtheit der Triglyphen gepeinigt, welche im fertigen dorischen System als Balkenköpfe dastehen, hinter denen die Balken verschwunden sind. Er hat also behauptet, die Triglyphen seien nicht Balkenköpfe — oder deren Abdeckung — gewesen, sondern eine Pfeilerstellung, die im Fries die große Säulenstellung unten wiederholt. Aber die Theorie war nicht zu halten. Wären die Triglyphen Steinpfeiler, so müßten sie aus einem Stück sein. Nun hat aber Choisy gezeigt, daß sie erst in der endgültigen Form des Parthenon aus einem Stein bestehen.

In älteren Tempeln laufen horizontale, zuweilen sogar vertikale Fugen durch den Triglyphen hindurch, und Choisy folgert: „Die Form war vorgegeben. Die Steinmetzen verwirklichten sie so gut sie eben konnten".[1]

---

1 Der dorische Stil bestand bereits im Holzbau. Wir kennen ja Tempel, in denen hölzerne Säulen durch steinerne ersetzt wurden (Hereion in Olympia) und auch solche, in denen Steinsäulen ein hölzernes Gebälk trugen (Athena Proneia in Delphi). In diesem Tempel sehen wir den Holzstil noch in den Steinsäulen: sie sind schlank, mit weitausladendem dünnem Echinus, und sie standen, wie es sich für Holzstützen gehört, ziemlich weit voneinander entfernt.

Man kann es also nicht leugnen: der dorische Tempel, diese steinerne Architektur katexochen, war eine Übertragung aus dem Holzbau. Um ihn steinern zu machen, wurden alle Bauglieder überdimensioniert. Man erinnere sich an Goethes Entsetzen in Paestum und den Widerhall jenes überwältigenden Eindruckes in der Helena-Beschwörung in Faust II, wo es von den Säulen heißt:

Sie dürften wohl der Felsenlast genügen,
Da zweie schon ein groß Gebäude trügen.

Die Glieder wurden überdimensioniert, der Bau wurde so steinern gemacht wie möglich; aber die Formen der Holzkonstruktion wurden, bis zu den Pflöcken (guttae) und Plättchen (mutulae), beibehalten. An einem Punkte der Entwicklung war also der Kanon da. Er wurde angewandt, und nach seinem ursprünglichen Sinne wurde nicht mehr gefragt. Ja, man kann wohl behaupten, daß diese Formen sehr bald nicht mehr verstanden wurden. Schon Aischylos hat sie offenbar nicht mehr verstanden, da die Metopen bei ihm als Fenster bezeichnet werden, was sie niemals gewesen sind.
Es scheint, daß dieses Mißverstehen des ursprünglichen Sinnes der Formen zum Wesen des Stiles gehört; oder, um es positiver auszudrücken: ein Stil ist dann entstanden, wenn der Kanon so bindend geworden ist, daß sich jede Frage nach Ursprung und Sinn seiner Formen erübrigt. Die Genesis des dorischen Stiles ist denkbar weit entfernt von der These Viollets, welche wir untersucht haben. Man geht kaum fehl, wenn man in ihr das Gegenteil zu Viollets Theorie sehen will. Ein Stil wird nicht angenommen, weil er plausibel ist; er wird geglaubt; man kann hier geradezu die Formel gebrauchen: credo quia absurdum. Als Baukonstruktion ist der dorische Stil absurd.
Eine letzte Ungereimtheit muß erwähnt werden: Wir haben gesagt, der dorische Stil sei so steinern wie nur möglich; aber auch das ist nur eine Halbwahrheit: Die Mächtigkeit, welche Goethes „an schlankere Verhältnisse gewöhnte Augen" befremdete, ist gewiß ein Attribut der Steinarchitektur. Aber der Stein als Material wird im dorischen Tempel verschwiegen. Diesem Verschweigen dienen die haarfeinen Fugen im pentelischen Marmor des Parthenon. Der Tempel sollte erscheinen wie aus einem Guß; und wo man diesen Marmor nicht hatte, in Paestum, oder in Sizilien, hat man den Bau mit einem Überzug aus Mamorstuck bedeckt. Der Travertin, der uns heute an diesen Ruinen entzückt, der eben jene Mächtigkeit für unsere Augen überzeugend zur Darstellung bringt, er wurde nicht gesehen, seine Rauheit wurde überputzt, ja, übermalt, und was übrig blieb, war ein nahtloser Bau, war reine Form.

Bisher haben wir lediglich von der Konstruktion gesprochen. Im Plan des Tempels können wir die gleiche Neigung sehen, das Zweckhafte dem Monumentalen zu opfern. In Sizilien ist die Cella im Allgemeinen eng, der schattige Umgang ist weit, die Stufen sind bequem. In der Entwicklung wird die Cella zusehends weiter, der Umgang eng und die Stufen nehmen auf menschliches Maß keine Rücksicht mehr. Oft war es nötig, vorm Eingang Gehstufen in die drei Stufen des Stylobaten einzuschieben, oder eine Rampe (Aegina). Die Stufen wurden zur Basis, welche ihr Maß vom Tempel nahm, nicht vom Menschen.

Auch im Plan und Aufbau des Tempels also wird das Zweckhafte vom Formalen, ja, Formelhaften, zurückgedrängt: unter dem Umgang des Parthenon konnte man nicht mehr im Schatten sitzen, man konnte ihn kaum mehr über die überlebensgroßen Stufen erreichen, auf denen die Säulen sich erheben: wie die Balkenköpfe werden auch diese Stufen reine Form.

Wie kommt es nun, daß dieses Konglomerat von Ungereimtheiten eine so dauernde Wirkung haben konnte, daß es uns heute noch als eine Ur- und Leitform der Architektur erscheint? Die Frage nach der Genesis eines Baustiles wäre sinnlos, gelänge es nicht, einen Sinn in dem Stil zu finden. Diese Kristallisation heterogener Elemente in eine unumstößliche und dauernde Gestalt kann nicht von ungefähr eingetreten sein. Die Menschen des dorischen Zeitalters müssen in diesen Formen ein Instrument erkannt haben, womit das auszudrücken war, was ihnen am Herzen lag.

Für den Augenblick möchte ich es im Dunkel lassen, was hier ausgedrückt werden mochte. Vielmehr möchte ich das Beispiel einer Stilbildung anführen, die uns zeitlich und seelich näherliegt: die Geburt der Symphonie.

Die Symphonie ist im 18. Jahrhundert aus der Ouvertüre entstanden, einer Suite aus einem schnellen, einem langsamen und einem schnellen Teil — oder Satz. Aus Gründen, die wohl nicht mehr zu durchschauen sind, fügten die frühen Symphoniker zwischen den langsamen und den finalen schnellen Satz die Tanzbewegung des Menuetts mit eingeschobenem Trio ein, gleichsam eine Wiederholung des Wechsels von bewegt — ruhig — bewegt der ganzen Symphonie. Diese Form benutzten nun die frühen Symphoniker, Leute wie Johann Christian Bach, zum Vehikel ihrer neuen, dramatischen Instrumentalmusik der sanglichen Themen, des jähen Wechsels von Forte und Piano, des Dynamischen, des Natürlichen, der Harmonie: der neuen Elemente also, die man der polyphonen Musik entgegensetzte, und nun kommt Haydn, nicht der Erfinder der symphonischen Form, sondern der, der sie unausweichlich macht durch die Einführung einer musikalischen Ordnung, die der polyphonen nicht nachsteht, und expressiver Möglichkeiten, welche die Erfinder der Form nicht geahnt hatten. Beethoven, Brahms, Tschaikowski, Bruckner, Mahler; die Instrumentalmusik des 19. Jahrhunderts wird in das Schema der vier Sätze gegossen. Sogar die innere Einteilung dieser Sätze bleibt: Hauptthema und Gegenthema, Durchführung, Reprise, Koda; ja, auch Einzelheiten, wie die Länge des Themas mit acht Takten. Der Konzertbesucher wußte, daß er dies zu erwarten hatte, wenn er las „Symphonie". Die Form war ebenso vorgegeben wie die Triglyphen, Guttae, Mutuli am Tempel. Beethoven, der sie mit Inhalten belastete, die auch Haydn nicht geahnt hatte, ging im Spätwerk so weit, sie zu sprengen; aber die Form erwies sich als dauerhaft, und noch Bruckner benutzt sie. In ihr erfüllt sich die romantische Bewegung, in ihr erhält die Musik eine neue Dimension und ein neues Organ.

Die leicht geschürzte Muse Johann Christians verwandelt sich also, seit der Eroica, in die Göttin des europäischen Geistes; sie trägt aber das gleiche Gewand, das gleiche Haar mit dem gleichen Knoten. Allerdings findet hier etwas statt, das man nicht ergründen kann.

Man kann es nur mit gebührendem Staunen betrachten. Es *mußte* nicht so kommen, daß die Ausdruckswelt des 19. Jahrhunderts in eben dieser Form hörbar wurde: es kam so. Bei der Formierung der vier Sätze hat sicher auch Zufall gewaltet. Seit aber Haydn sie zum Vehikel des Neuen gemacht hatte, des selbstgenügsamen Instrumentalwerkes, gab es kein Zurück: der Kristall, der aus heterogenen Elementen zusammengeschossen war, behielt Dauer. Vielleicht dauerte er eben deswegen, weil seine Elemente willkürlich zusammengefügt waren.

Beim dorischen Tempel haben wir es mit so reichen, ich meine, vielgestaltigen Entwicklungen nicht zu tun. Auch kennen wir nicht mehr alle Phasen der Entwicklung, welche vom Megaron zu der mit Bedeutung geladenen Endform von Paestum und Athen geführt hat. Es kann aber keinem Zweifel unterliegen, daß auch hier eine neue Dimension geschaffen wurde: zum erstenmale wurden Bauglieder Träger eines Geistigen.

Dieses Geistige, dieser Inhalt, wenn man will, ist das griechische Gefühl der Welt, wie es vor Plato die Tragödien zum Ausdruck bringen. Plato hat ja eine Utopie geschrieben und in dieser auch noch ausdrücklich und einmalig – in der Parabel von der Höhle – gesagt, daß alles Vergängliche nur ein Gleichnis sei. Aischylos und Sophokles, den Erbauern des Tempels von Paestum und des Parthenon, war diese Auffassung fremd. Für sie besteht nicht jene folgenschwere Trennung zwischen der echten Wirklichkeit und der unseren, die nur ein Abglanz der echten sei. Vielmehr ist die irdische Wirklichkeit bei ihnen fest, echt und rühmenswert, ebenso ist das Fatum, das über ihr waltet, rühmenswert, was immer es verhängen möge. Aischylos drückt das in der Chorstrophe aus:

Hebet den klagenden Ruf,
Doch siegreich walte das Schicksal.

Der Sinn dieser in der Übersetzung notwendig etwas fremd klingenden Zeilen wird für unsere Ohren vielleicht eindringlicher in den Eingangsversen zur Zehnten Duineser Elegie gegeben:

Daß ich dereinst, an dem Ausgang der grimmigen Einsicht,
Jubel und Ruhm aufsinge zustimmenden Engeln.
Daß von den klar geschlagenen Hämmern des Herzens
keiner versage an weichen, zweifelnden oder
reißenden Saiten. Daß mich mein strömendes Anlitz
glänzender mache.

Paestum, Poseidon-Tempel, 5. Jh. v. Chr.

Dies ist, über die Jahrtausende hinweg, eine Evokation der dorisch-tragischen Harmonie, nur daß es bei Rilke ein „daß ich dereinst" bleiben muß, während die Erbauer der Tempel diesen Akkord im Bauwerk wirklich gemacht haben. Dadurch aber hoben sie den Akkord, den Sinn, den Ausdruck des stolzen, ja, „heiteren" Tragens einer überschweren Last in eine Sphäre, die das Wort nicht erreicht: auch nicht das der Dichter, welches hier nur als Hinweis gegeben wird.

Alles am Tempel dient diesem Sinn:

Daß er freisteht und ein von allen Seiten überschaubares in sich geschlossenes Ganzes ist;

daß dieses Ganze geometrisch einfach ist;

daß der Kranz der Säulen so eng gestellt ist, daß man von einer zusammenhängenden, um vertikale Achsen aufgerollten Mauer hat sprechen können;

daß es, strenggenommen, keine Eingangsfront gibt;

daß dieses einhellige Ganze geometrisch geregelt ist: die Geometrie, welche auch im einzelnen Ort und Größe der Baulieder bestimmt, ist natürlich nicht ein Schönheitsrezept, sondern die Verknüpfung eines heiligen Bauens mit der heiligen Mathematik.

Soweit haben wir vom Ganzen des Tempels gesprochen: die Einzelheiten sind bekannt:

Verjüngung und Entasis der Säule, Einheit von Säule und Echinus, ohne den Bruch, den an dieser Stelle alle anderen Ordnungen zeigen, das „jähe Aufschießen" (Choisy) des Schaftes, ohne Basis, hart am Rande der obersten Stufe, das äußerst schwere Gebälk, dem diese Säule begegnet. Seit wir den reifen dorischen Tempel kennen, erscheint uns jede dieser Einzelheiten als denknotwendig, sogar die Triglyphen und Metopen erscheinen uns so; sie sind aber nicht mehr denknotwendig, als es Menuett und Trio in der Symphonie sind.

Endlich wird die Geometrie selbst durchbrochen durch ein System der Neigung der Säulen zurück gegen den Bau, der Kurvung der horizontalen Glieder, der Kontraktionen im Säulenrhythmus, der Neigung nach außen der Tympanonfelder: jener Unregelmäßigkeiten, die man einmal als Korrekturen optischer Täuschungen verstehen wollte, die aber in Wahrheit die letzte skulpturale „Beseelung" des Tempels ausmachen. Um diese Unregelmäßigkeiten zu bewirken, wurde ein Höchstmaß an Präzisionsarbeit im Steinschnitt geleistet.

Architektur in diesem Sinne ist vorher nicht verwirklicht worden und auch nachher wahrscheinlich nicht wieder, bis zur Kathedrale. Und es scheint, daß der Stil, also das Vorhandensein eines verbindlichen Kanons von Formen, zu diesen seltenen Ereignissen in der Architektur gehört, wenn, in einem gegebenen Moment, willkürliche Formelemente in einen Zusammenhang treten, welcher verbindlich und unauflöslich wird. Wir benutzten bereits das Wort: Kristall. Wir glaubten feststellen zu können, daß ein Element des Ungereimten durchaus diesem Vorgang der Kristallwerdung zugehörig ist, daß, so seltsam es klingen mag, etwas Absurdes die Voraussetzung dafür ist, daß Form als Träger eines Geistigen entstehe. Wir versuchten mehrmals bereits, dies zu verstehen: Elemente, fanden wir, nach deren Ursprung und praktischem Sinn nicht gefragt werden kann, sind leichter gläubig anzunehmen, als es die konstruktionsbedingten Formen wären, welche Viollet postuliert: Formen, die klar auf Zweck und vorhandene Mittel abgestellt sind. Es handelt sich beim Stil *in der Tat* um ein credo quia absurdum. Es ist hiernach nicht überraschend, daß die großen Religionen Stil besitzen. Offenbar ist Stil die notwendige Form für die Aussage des Wunderbaren. Und offenbar bewirkt die Notwendigkeit, unaussprechliche Inhalte in Form zu bringen, die Kristallbildung aus fragwürdigen Elementen, die wir als die Genese wenigstens eines Stils erkannt haben. Voßler hat im ersten Band seines großen Dante-Kommentars Bedeutendes zu diesem Thema bemerkt. Er sagt, daß das abendländische Christentum eben dann eine endgültig zu nennende Gestalt erhielt, als Elemente verschiedener Herkunft und widersprechenden Inhalts nicht mehr entwirrt werden konnten.

Wie kann man das Phänomen Stil verstehen?: ich meine verstehen, nicht erklären; denn erklären kann man es ja nicht. Es handelt sich vielleicht um einen Prozeß der Sprachbildung jenseits der Worte — da Worte unzulänglich sind —, einer Sprache der Formen also, ohne die die Inhalte, die einem Zeitalter am Herzen liegen, nicht ausgedrückt werden könnten. Solche Inhalte sind elementar und subtil zugleich. Dies ist sogar für die griechische Situation richtig, welche ihr Signum letztenendes im Tempel gefunden hat und nicht in der Tragödie, ebenso wie die romantische Bewegung das ihre in der Symphonie gefunden hat und nicht in der Literatur.

Ich komme zum Schluß auf das zurück, wovon wir ausgegangen sind: unseren eigenen Baustil. Seine Theorie ruht auf der These von Viollet-le-Duc und auf einigen anderen, nicht weniger rationalen Thesen. Aber Viollet und die anderen Propheten konnten den Stil, der sich heute zu formen beginnt, nicht vorwegnehmen. Vielleicht würden sie nicht einmal mit seiner schließlichen Prägung einverstanden sein. Viollet selbst hat Eisenarchitekturen entworfen, um seiner Prophetie eines kommenden Metallstiles gleich die vorwegnehmende Tat folgen zu lassen, und Summerson bemerkt richtig, daß das Einzige, was diesen Entwürfen fehlt, Stil ist. Der Kristallisationsprozeß findet also, selbst in unserer hellwachen Zeit, jenseits der Theorien statt. Man darf das getrost hinnehmen und den Kanon, der sich abzuzeichnen beginnt, als gültig annehmen. Die Tatsache der Stilbildung weist darauf hin, daß hier ein geistiges Anliegen sich aussprechen will, welches stark genug ist, die Theorien hinter sich zu lassen und, wie immer, Elemente von vielen Orten, widersprechende Elemente sogar, in die Stilsprache aufzunehmen. Welcher Art dieses Anliegen ist, in welcher Weise der Baustil, der sich abzeichnet, einem Bild unserer Zeit entspricht, dies zu untersuchen, ist uns verwehrt; auf jeden Fall ist es verfrüht, vielleicht wäre es gefährlich.

Unveröffentlichtes Manuskript, 1963; freie Übersetzung
aus dem Englischen: "Style in architecture", in: The
Architect's Yearbook, London 1957.

8 Stirbt die Stadt an der Stadt-Planung? (1965)

Meine Damen und Herren!
Vor einem Gremium, wie es hier versammelt ist, zu diesem Thema das Wort zu ergreifen, ist in höchstem Maße unbescheiden. Es ist in diesem Augenblick, und nicht nur in Deutschland, *das* Thema, und die Berufenen sind seit einigen Jahren darüber gebeugt und versuchen, eine Antwort zu finden. Man kann freilich sagen, daß jeder berufen sei, darüber zu sprechen, der in einer Stadt wohnt, und das werden sehr bald fast alle Leute sein. Welche Zahlen hat man da genannt? 90 % der Menschheit werden vor der Mitte des nächsten Jahrhunderts in Städten wohnen? Oder 80 % bereits im Jahre 2000? Gleichviel: Die Welt, die Menschenwelt wird zur Stadt werden. Gewisse Regionen in Europa werden es bereits heute, sind es bereits geworden. „Der Engländer", hörte ich vor zehn Jahren am Londoner Radio sagen, „gibt sich die Miene, als liebe er es, auf dem Lande zu leben, als lebe er wirklich auf dem Lande. Dabei fährt man den ganzen Weg von London bis Newcastle zwischen Häusern." Auch von Aachen bis Brüssel fährt man zwischen Häusern, man kann beinahe schon sagen: Von Unna bis Brüssel. Und in Amerika ist die Ausdehnung solcher Stadtstriche bereits unvergleichlich viel größer. Und dies ist, wie gesagt, erst der schwache Anfang der Entwicklung, die unaufhaltsam auf uns zukommt. Wir werden bald alle in Städten wohnen oder in *einer* Stadt. Und darum haben wir alle das Recht, uns Sorgen darüber zu machen, was das für Städte ... – oder was das für eine Stadt sein wird. Dies muß meine Entschuldigung dafür sein, daß ich zu Ihnen, also zu den wirklich Berufenen, darüber spreche.
Lassen Sie mich damit beginnen, daß ich die Gegenfrage stelle: Was geschieht, wenn man darauf verzichtet zu planen? Das ist vor Städtebauern eine dumme Frage; denn niemand unter Ihnen denkt daran, sich des Rechtes zu planen zu begeben oder sich der Pflicht des Planens zu entziehen. Das geht gewiß nicht an in der Situation gesteigerten Wachstums der Städte, in der wir uns befinden, eines Wachstums, das in der bereits sichtbaren Zukunft eine erschreckende Beschleunigung erfahren wird. Was geschieht, wenn man *nicht* plant, sieht man allenhalben schon heute.
Ich habe soeben von der Straße von Aachen nach Brüssel gesprochen. Im vergangenen Sommer bin ich auf dieser Straße gefahren. Diese Bandstadt besteht aus zwei- bis dreigeschossigen Backsteinhäusern, von denen jedes fünfte eine Tankstelle ist und jedes zehnte ein Café. In den übrigen wohnt man. Jane Jacobs spricht von dem heiteren Leben der amerikanischen Straße. Ich bin nie in Amerika gewesen; aber Bilder habe ich natürlich gesehen, auch Filme. Das sieht so aus wie Belgien oder noch schlimmer. Nein, man hat dort nicht gezont, man hat die Masten und Drähte nicht irgendwie geordnet, man hat keine Wohngebiete von der Industrie, den Läden, den Drugstores, den Tankstellen abgesondert. Und

das Ergebnis ist, was es sein mußte: Die Straße von Aachen nach Brüssel, only more so: *noch* öder *noch* herzloser, *noch* wirrer. Was Raymond Chandler von Bay City erzählt, klingt *nicht* heiter; und Jane Jacobs wohnt in Greenwich Village, was offenbar ganz etwas anderes ist.

Daß man planen muß, ist ein Gemeinplatz. Daß Sie die Frage stellen, ob die Stadt an der Planung sterbe, zeigt jedoch das tiefe Unbehagen, das Unglücksgefühl, welches uns alle angesichts der Art der Planung befällt, wie sie seit dem Beginn dieses Jahrhunderts betrieben wird. Was ist heute eine Stadt? Vielmehr: wie fühlt eine Stadt sich an? Oxford Circus um 5 Uhr nachmittags, wenn man inmitten eines zähflüssigen Stromes von Menschen in den Untergrundbahnhof hinabgespült wird, während die hohen roten Busse brummend in einem Haufen kleiner Autos vorwärts schwanken, vorwärts kriechen und alles eine Stunde lang ungeduldig hupt: Das ist lustig, da weiß man, daß man in der Stadt ist. Und das hat niemand geplant. Eine Stadt, sagt Siedler, funktioniert nicht, wenn der Verkehr in ihr nicht wenigstens zweimal am Tage völlig zum Stillstand kommt. Heute, so fährt er fort, planen wir für die Leere.

Wenn man jedoch heute *nicht* plant, so entsteht nicht Oxford Circus, sondern die Straße von Aachen nach Brüssel, Bay City oder die Banlieue von Paris. Das liegt an unseren Verkehrsmitteln. Die Leute wollen bereits seit 200 Jahren draußen wohnen, im Grünen, vor der Stadt, nicht in ihr. Aber um 1800 konnten sie sich noch nicht sehr weit nach draußen ausbreiten. Mit Pferd und Wagen ging das nicht. Ich sagte eben, niemand habe den Oxford Circus geplant, und ich habe es Ihren Gesichtern angesehen, daß Sie mir das nicht abgenommen haben. Natürlich hat jemand Oxford Circus geplant, John Nash hat ihn geplant als Hauptgelenk seines großen Spazierweges von Park zu Park, der Regent Street. Die war massiv und dicht bebaut für Leute zu Fuß und mit Equipage. Heute ist sie zum Bersten voll von Autos und Bussen, und Nashs Reihenhäusern sind große Kauf- und Bürohäuser geworden. In diesem Sinne durfte ich allerdings sagen, daß Regent Street und Oxford Citcus nicht geplant waren: Die Wohnvorstadt von damals ist zum Herzen der Kaufstadt geworden. Heute will man immer noch im Grünen wohnen; und heute kann man sich ausbreiten. Solange niemand plant, kann man heute an der Landstraße eine Haus vor das andere schieben· Wohnhäuser, Garagen, Cafés. Das Auto macht diese Straße möglich, dem Auto dient sie, vom Auto lebt sie: von Aachen bis Brüssel.

Dies ist unser Dilemma: Wir müssen planen, und wir sind mit der Art des Planens seit Beginn des Jahrhunderts herzlich unzufrieden. Wir fürchten, daß die Stadt daran sterben werde. Und wenn ich sage „seit dem Beginn des Jahrhunderts", so möchte ich den Rahmen für diese Plauderei so weit spannen, wie es sich gehört. Halten wir uns auch nicht mit den schlechten Beispielen auf. Oft ist das, was sie unerträglich macht, nicht so sehr die Schuld des Planers als die von Baugesellschaften, deren Namen ebenso schlecht auf der Zunge liegen wie ihre Produkte im Auge. Denken wir vielmehr an die besten Beispiele — und an die besten Absichten.

Wir haben es seit 1900 erlebt, wie die Dinge, die wir an der Stadt lieben, die für uns „Stadt" bedeuten, eines nach dem anderen außer Kurs gesetzt worden sind: Die Straße hat man als Korridorstraße abgelehnt, den Platz als Schmuckplatz, den Hof, die Promenade, die Ecken und Winkel – Paradiese für die Kinder und die Alten; das Geschiebe von Mensch und Wagen, das Gedränge vor den Schaufenstern, die Dichte, die Enge: Man hat sie alle als unpraktisch, unhygienisch, gefährlich, nervenzerrüttend abgelehnt und abgetan. Man hat die Stadt säuberlich in ihre Teile zerlegt und jeden Teil einzeln für sich wiederaufgebaut. Howard hat es auf eine Weise getan, Le Corbusier auf eine andere, Gropius, Hilberseimer, die Russen der revolutionären Frühzeit: Ein jeder hat seine Version, seine Vision an die Stelle des Bestehenden gesetzt.

Das sind Utopien, und jede Utopie ist pädagogisch gemeint. Man muß, so sagen alle Utopisten, von Plato angefangen, die Menschen zu ihrem Glück zwingen. Popper hat eine große Untersuchung der Utopie durch die Geschichte angestellt: "The open society and its enemies". Die Feinde der offenen Gesellschaft, der perikleischen Demokratie, sind die Utopisten: Plato, St. Just, Hegel, Marx; weil sie alle tabula rasa machen wollen, ohne das wirklich zu kennen, was sie wegräumen möchten. Chesterton hat es in eine Formel verdichtet: „Ich weiß nicht", läßt er jemanden sagen, „was dieses Tor soll. Ich werde es abreißen." – „Falsch", erwidert Chesterton: „Erst wenn man weiß, wozu etwas da war, darf man es abschaffen." Der tabula rasa, dem völligen Neubeginn, stellt Popper die Formel entgegen: "piecemal improvement" – kleine Verbesserungen hier und dort.

Nun entsteht eine Utopie, aber nicht einfach darum, weil ein Schulmeister meint, er könne alles besser machen. Sie entsteht auch nicht, weil jemand seine eigene Unfähigkeit, sich der Gesellschaft einzufügen, an der Gesellschaft rächen will. Utopisten sind oft solche Leute – ich möchte sagen, von Plato an. Eine gesunde Gesellschaft hat sie noch immer verlacht oder die schweren Fälle in die geschlossene Anstalt geschickt. Wenn aber ein Utopist nach dem anderen aufsteht, wenn man auf sie hört, ihnen Beifall zollt und gar darangeht, ihre Utopien zu verwirklichen, dann muß doch wohl mit der Gesellschaft, die so reagiert, etwas nicht in Ordnung sein. Heute müßte man Popper fragen: Kann man der Verwirrung, die uns umgibt, kann man den Problemen, die auf uns zukommen, mit piecemal improvement begegnen? Gelassen, stückweise, Schritt für Schritt? Sind wir nicht, belastet mit den Städten, die wir geerbt haben, und angesichts der Verstädterung der ganzen Welt, die auf uns zukommt, zu Utopie *genötigt*?

Denn die Vorwürfe, die die Utopisten der Stadt von 1900 gemacht haben, sind berechtigt. Jane Jacobs spricht davon, daß auf den Bürgersteigen der stillen Vororte im Grünen die Leute nachts sich graulen: und zwar mit Grund. Ich möchte der Zahl der vergewaltigten Frauen, der lustgemordeten Kinder in diesen grünen Oasen die Slum-Statistik entgegenhalten. Diese Untersuchung hat ja bereits Engels durchgeführt, und Cadbury hat sie in Bournville durchführen lassen: Bournville verglichen mit Birmingham. Er fand in Bournville einen Bruchteil der Sterblichkeit, erheblich gesündere Kinder; er hat die Kinder hier und dort gemessen:

Die sechsjährigen in seinem Bournville waren ein paar Zoll größer als die in Birmingham. Ihnen, meine Damen und Herren, brauche ich diese Zahlen nicht ins Gedächtnis zu rufen.

Sind sie ein Ding der Vergangenheit? Wir haben, dank der Utopisten von Engels und Cadbury an, Erhebliches erreicht; auch dank der großen Sanierung durch die Bomben übrigens. Aber in Glasgow, in Neapel, in Hongkong und vielleicht auch im Berliner Wedding sind dies immer noch sehr wirkliche Probleme. Und die Vergiftung der Luft und des Wassers durch die Städte, die Unfälle auf ihren Straßen, nicht minder wirkliche Probleme, sind seit Engels' und Cadburys Tagen erheblich ernster geworden. Der Ansturm auf die Städte endlich, der in kürzester Zeit die Menschenwelt zur Stadt machen wird, hat eben erst begonnen.

Ich sage Ihnen nichts Neues: Die Stadt von 1900 war übel. Wäre sie es nicht gewesen, so wären die Howard, Corbusier, Hilberseimer nicht zu Worte gekommen. Sie war übel; aber sie war, so sagt man uns, schön. Auch heute gibt es üble Städte, und es gibt neue Übel durch die Städte. Wo diese Übel am deutlichsten in Erscheinung treten, da ist die Stadt noch am meisten Stadt. Man könnte geradezu eine Formel prägen: Die Stadt ist in eben dem Maße für unser Gefühl erträglich, in dem sie für unser Wohlbefinden unerträglich ist. Ich weiß, daß das überspitzt ist, sehr überspitzt sogar. Man könnte mir hier einwenden, daß entgegen dem, was man erwarten sollte, die Lebenserwartung und Gesundheit in der Groß-Stadt besser ist als auf dem Lande. Der Mensch ist erstaunlich anpassungsfähig; aber es gibt Grenzen. In den Slums von Hongkong, der Luft von London − oder auch von Köln −, in den Verlusten der täglichen Verkehrsschlacht auf den Straßen sind die Grenzen erreicht und überschritten. Diejenigen unter uns, welche meine Formel annehmen, könnten sagen: „Nun, dann zum Teufel mit dem Wohlbefinden! Und übrigens ist es nicht mehr so schlimm." Das ist eine extreme Position. Man tut gut daran, nicht zu vergessen, wie extrem sie ist.

Nun war aber der Protest der Planer, der Utopisten, gegen die Stadt von 1900 keineswegs nur gegen die hygienischen Mängel dieser Stadt gerichtet. Ich möchte sagen, daß er dagegen am wenigsten gerichtet war. Es war diesen Leuten, heißen Sie nun Howard, Le Corbusier oder auch Rilke, durchaus nicht in erster Linie um die Beseitigung dieses oder jenes Übelstandes zu tun. Das hätte man allenfalls auch im Rahmen des Gegebenen leisten können, und man könnte es heute noch besser im Rahmen des Gegebenen leisten. Schon bei meinen letzten Bemerkungen, die ich ja einschränken mußte, sah ich gerunzelte Stirnen: „Ist ja alles zu leisten", wollten diese Stirnfalten sagen, „ist alles durch Rauchschlucker, Trennung der Verkehrswege und ein wenig unumgängliche Sanierung zu leisten, ohne daß man deswegen das ganze Gefüge der Stadt auseinandernehmen müßte." Ob wirklich alles zu leisten ist, wieviel überhaupt im Rahmen des Gegebenen zu leisten ist, mag eine offene Frage bleiben. Aber richtig ist, daß es den Utopisten um anderes zu tun war. Für sie war diese Stadt, der man heute ein so bedeutendes städtisches Leben nachsagt, schon lange keine Stadt mehr. Damals schrieb Richard Lethaby: „Unsere Gebildeten haben zu sehr an unsere Städte als an Arbeitsstätten gedacht, wo andere Leute arbeiten, während sie ins Ausland zur Erholung fahren können. Ein Mann ist das Kind seiner Stadt, und wenn er seine Stadt nicht lieben kann, dann ist er eine Waise". Das Berlin von 1900, Siedlers „Gemordete Stadt", hatte volle Straßen. Es hat heute mehr Einwohner als damals, und die Straßen sind leer. Es hatte auch Alleen, Bäume, Schmuckplätze, Höfe begrünt und etwas mehr Platz zwischen Hinter- und Prunkwohnungen „am Bayerischen Plätzchen mit allem Comfortchen" und Slums in der Frankfurter Allee. Es hatte Keller- und Eckläden, Stampen, Leierkastenmänner. Es hatte Putten, Atlanten und Karyatiden und Blumenkästen auf den Balkonen. Es hatte Originale, Fischweiber und Gardeleutnants, Kommerzienräte, Juden, lyrische Dichter und Siegfried Ochs. War es deshalb schon — oder besser: noch eine Stadt? Hat man eigentlich gern in Berlin gewohnt? Es hatte schon damals die größte Selbstmordquote aller Städte in der Welt. Das braucht mit dem Elend seiner armen wie seiner reichen Wohnungen nichts zu tun zu haben, noch auch mit der Öde seiner endlosen graden Straßen, Karyatiden, Putten, Blumenkästen, and all. Es braucht, wie gesagt, nicht das geringste damit zu tun zu haben, daß die Leute sich in Berlin eher umbrachten als anderswo; indes ... jedoch ... Ein Tel Aviver Witzwort will es, daß das Beste an Tel Aviv der Bus nach Jerusalem sei. Für mich als jungen Berliner schien zuweilen das Beste an Berlin der Anhalter Bahnhof zu sein: Vor dort konnte man in wirkliche Städte fahren. Aber doch: daß ich es nicht vergesse: Die Gartenvororte, von denen Siedler nicht mit einem einzigen Photo spricht; doch, sie waren etwas. Und dann die Linden und was dort nahe herum lag, das einzige bißchen echte Stadt, das in dem Meer von Mietskasernen des „Steinernen Berlin" noch übrigblieb.

Dieses steinerne Berlin hatte seinen Reiz, ganz gewiß. Es hatte ein eigenes Gesicht, mag es gleich ein häßliches Gesicht gewesen sein. Und dennoch: Diese amorphe Masse schlecht geplanter Mietshäuser, diese Kantstraße, von der mir noch neulich Heinz Rau sagte: „Das ist so öde, wissense, Posener, hier müssen schon die Felder öde gewesen sein, als man noch an keine Stadt dachte" — dieser ausgedehnte Steinbrei, wo doch auch schon ein jeder in seinem eigenen Winkel hockte, ohne sich viel um die anderen zu kümmern; der überall eines war und doch nicht eins, ein Ganzes, ein Organismus, der lebt, oder wenigstens eine Konstruktion, die arbeitet: Verdient es dieses Berlin wirklich so sehr, daß man es rückblickend, fast hätte ich gesagt: *utopisch* verkläre? Schon Camillo Sitte hat gesagt, daß die Stadt seiner Zeit keine Stadt mehr sei; denn sie habe kein Programm. Man baut irgend etwas, aber nichts Bestimmtes. Bestimmt sind nur die Straßen, der unerbittliche Blockraster. Und der muß so sein, wenn man kein Programm hat. Man habe aber ein Programm, meinte Sitte, wenn man sich nur die Mühe nehmen wolle, es zu finden. Man brauche nur die Dimensionen, die Bedürfnisse, die Topographie und alle örtlichen Bedingungen einer Stadterweiterung zu ermitteln, und man halte das Programm in Händen. Das Programm sei bestimmt, forderte Sitte, die Planung bleibe unbestimmt und nur in den großen Zügen festgelegt. Dies war seine produktive Kritik an der Stadt von 1900. Wir werden auf seine Gedanken zurückkommen.

Und dennoch hat man diese Stadt von 1900 rückblickend „utopisch" verklärt; weil sie das letzte sichtbare stadtähnliche Gebilde war, an das man sich halten konnte; weil man mit der Planung, die im Gefolge der Utopien kam, ganz und gar nicht leben kann; weil man nachgerade verzweifelt ist über diese reinliche Scheidung von wohnen, laufen, arbeiten, sich entspannen, sich amüsieren, lernen, verwalten. In jenem Berlin von 1900 gab es immerhin noch Hunderte von Winkeln, in denen das Leben sich einnisten konnte; in der auseinandergenommen, sauber „funktionell" aufgegliederten Stadt gibt es *keinen* mehr. Ich sehe mich noch in der neuen Stadt Harlow, wo ein jeder sein Häuschen mit Garten hat, oder seine Kleinwohnung im Wohntürmchen mit Blick ins Grüne, und wo ein jeder Wohnbezirk vom benachbarten durch breite Grünbänder getrennt ist — auf dem Lande! ... ich sehe mich noch mit dem Pfarrer, der bekümmert vor seiner leeren Kirche stand und sagte: „Hätte man ihnen doch wenigstens gleich ein *Kino* hingestellt!" Das ist utopisches Planen, genau: das Schwanzende der Howardschen Utopie von der Gartenstadt. —

Ich sage: das Schwanzende, denn in *der* Form, in der es hier verwirklicht wurde, hat Howard es nicht gemeint. Immerhin, auch er hat die Kneipe verbannt und statt dessen das Kunstgewerbe gefördert: das Kunstgewerbe nebst anderen Arten der Lebensreform; denn Utopie, wir haben es ja bereits gesehen, läuft auf Erziehung hinaus: Der Mensch muß lieben, was er lieben soll. Liebt er es nicht, um so schlimmer für den Menschen. An dieser Planung stirbt die Stadt, oder sie ist totgeboren wie Harlow.

Ich sagte schon vorhin, wir brauchten uns nicht mit den schlechten Beispielen aufzuhalten, also nicht mit jenen öden, trostlosen, obwohl hygienisch einwandfreien — doppelt trostlosen, weil hygienisch einwandfreien — Mietshauskomplexen, welche recht oft nicht das Ergebnis eines bewußten Städtebauens sind, sondern im Gegenteil, das Ergebnis der Nicht-Planung. Wir werden auf einen solchen Fall später zu sprechen kommen, wo eine Stadt keine Planung bereitgestellt hatte und, wie man mir versichert hat, keine bereitstellen *konnte*, wo es also nichts gibt, um den Wildwuchs, den Wucherbau und Bauwucher zu kontrollieren, als die Ausnutzungsziffer, welche im Grunde *alles* erlaubt. Wir brauchen auch nicht von dem Hautausschlag zu sprechen, der in Form kleiner Häuser, Doppelhäuser und dreigeschossigen Mietshäuser die lieblichen Täler und Hügel Süddeutschlands überzieht; denn auch er ist ein Beispiel mangelnder Planung. Näher schon geht uns die sogenannte Südtangente in Berlin an, die als öder Durchbruch, umstellt von buntfarbigen Wohnhausblöcken, offenbar ohne jede Planung hingestellt, das alte bayerische Viertel ersetzt. Was hier weichen mußte, war vielleicht, placet Siedler, auch nicht besonders befriedigend und im Grunde gar nicht mehr städtisch; strenggenommen mußte gar nichts weichen; denn es war dort nur noch sehr wenig vorhanden. Die Bomben hatten die Vorarbeit geleistet. Aber die Südtangente ist in der Tat ein Beispiel beängstigender Planung, einer Planung, die einseitig nur auf *eine* Funktion städtischen Lebens ausgerichtet ist, in diesem Fall auf den Verkehr.

Auch die Südtangente ist nicht utopisches Planen. Ich habe sie hier nur im Vorübergehen erwähnt. Nennen wir endlich die stolze Verwirklichung der Utopie, das Berliner Hansaviertel also. Man hat viel Schlechtes über das Hansaviertel gesagt, in Wort und Bild; und eine Bemerkung von Siedler faßt es alles glänzend zusammen: „Wenn einer nachts", so sagt er, „im Hansaviertel nach Hause geht, so sieht er aus, als ginge er eigentlich woanders hin". Das ist gut gesagt. Es klingt darin das Nicht-zu-Hause-Sein an, welches, so sagt man uns, das Leben der Leute im Hansaviertel so deprimierend macht. Wie könnte man sich auch in diesen irgendwie ins Grüne gestellten großen Wohntürmen oder Wohnscheiben anders fühlen als in einer Art Hotel?

Nun hat man aber die Leute gefragt, die da wohnen; und ich selbst habe auch Bekannte gefragt, die dort zu Hause sind. Und siehe da, *sie fühlen sich wohl ...* Ähnliches habe ich neulich in der neuen Stadt Vahr bei Bremen erfahren. „Diese ganze Art von Städtebau ...", fing ich an, und mein Freund Budde schnitt mir zustimmend das Wort ab: „Ja, durchaus", meinte er, „aber wissen Sie auch, daß die Leute sich hier wohlfühlen?" – „Weiß man das?" – „O ja. Man hat sich schon darum gekümmert. Man hat die Leute gefragt". Auch Budde hat Freunde in der Vahr, so wie ich welche im Hansaviertel habe; und auch seine Freunde haben ihm gesagt, sie seien sehr zufrieden, dort zu wohnen.

Sie sehen, worauf ich hinaus will. Ich habe den Verdacht, daß unsere Kritik des utopischen Planens selbst utoptisch ist, will sagen: auch wir, die Kritiker des Hansaviertels und der Vahr, auch wir fragen nicht, was die Leute *wollen*, wir überlegen uns, was sie wollen *sollten* – und was sie *auf keinen Fall wollen dürfen*. Vielleicht wissen die Leute wirklich niemals so recht, was ihnen frommt, und man muß es ihnen sagen, vielmehr man muß es ihnen *zeigen*. Kevin Lynch sagt: „Manchmal werden sogar die Grenzen der Möglichkeiten dadurch erweitert, daß man weiß, was wünschenswert ist". *Wer* weiß das? *Wie* weiß man es? Lediglich durch Umfrage, durch Beobachtung? Blicken wir in unser Herz, und geben wir zu, daß wir dort, wie immer realistisch wir uns geben mögen, einen Bodensatz von Utopie – von Erziehenwollen – entdecken. Gehen wir getrost einen Schritt weiter, sagen wir: „Und das ist gut". Ohne ein Leitbild – und *jedes* Leitbild ist irgendwie utopisch – ist kein Handeln im Städtebau möglich.

Über die Utopie der Architekten als Städtebauer ist aber noch dies zu sagen: daß sie keine *ehrliche* Utopie ist. Das klingt hart, und ich bitte, mich erklären zu dürfen:

Ebenzer Howard war kein Architekt. Er hat der Erläuterung einer neuen Form menschlichen Zusammenlebens, die er Stadtland genannt hat oder Gartenstadt, ein graphisches Schema beigegeben, einen Stadtplan also, hat aber gleich dazu bemerkt, daß dies wirklich nicht mehr sei als ein unverbindliches Schema. Letchworth sah denn auch ganz anders aus. Die *Form*, in der das Ergebnis seiner sozialreformerischen Gedanken sich darstellen würde, hat ihn nicht in erster Linie interessiert. Architekten aber sind an der Form, sie mögen es nun zugeben oder nicht, stark interessiert. Sie wollen möglichst schnell zur Form kommen. Man darf hier nicht verallgemeinern. Wir haben ja gesehen, wie echt die Probleme waren; und sie wurden selbstverständlich von einigen Architekten sehr ernsthaft aufgegriffen. Und doch muß ich den Architekten noch weiter belasten. Eben haben wir gesehen, daß es den Architekten zur Form drängt, also zur Zeile, zum Hof, zum Mäander, zu Wohnscheiben auf Schützenlinie, zu weit geschwungenen Kurven, rhythmisch mit Türmen kontrapunktiert, zum Zickzack, zum unregelmäßigen Prisma usw. Aber auch die Substanz seiner Utopie ist nicht selten formal. Vielen der Ideen, welche die Architektur und den Städtebau in den zwanziger Jahren aufgewühlt haben, liegt ein ebenso einfaches wie falsches Postulat zugrunde: Es hat diese Architekten gekränkt zu sehen, wie das menschliche Leben in zwei Teile zerfiel: in seiner Arbeit bewegt der kleine Mensch die übermenschlich große Maschinerie dieses Jahrhunderts, in seinem Heim aber bleibt er der kleine Mensch, er benutzt immer noch Tassen und Löffel, wie seine Urväter, er sitzt, liegt, ißt, schläft, liebt, rekelt sich, latscht in Filzpantinen, so wie es von eh und je der Brauch gewesen ist. Das trauliche Licht der Leselampe, die Blümchendecke, der altdeutsche Napfkuchen: sie haben diese Architekturphilosophen gestört, weil sie eine Welt vertreten, die mit der tüchtigen, kühlen Leistungswelt der Arbeit nichts gemein hat. Es war, letzten Endes, eine *Stilfrage*. Mißverstandene Geschichte hatte viel mit diesem Postulat zu tun. In vergangenen Kulturen, so hatte man gelernt, war das Leben der Menschen unter gewisse Gesetze gestellt, die ihm eine Einheit gaben, eben das, was man Stil nennt. Wohlan, sagten die Architekten: auch das gewaltige Jahrhundert, das sich vor uns öffnet, *habe Stil*: den Stil der überlebensgroßen Kräfte, die der Mensch fortwährend manipuliert. Diese formal-utopische Planung aber ist die wahrhaft gefährliche: Gefährlich ist die Geschwindigkeit, mit der man eine Formel findet, eine philosophische zuerst, dann, sofort, das, was man für ihr künstlerisches Äquivalent hält; und die Leichtherzigkeit, mit der man das Leben, das vielfältige, dumme, faule, gemütliche, alten Gewohnheiten ergebene Leben, in diese Formel zwängt und zwingt. Der Architekt darf nicht allein planen; auch dies ist mittlerweile ein Gemeinplatz geworden. Er ist beim Planen der Stadt einer unter mehreren; gewiß immer der, der im Letzten entscheidet; aber erst im Letzten.

Es gibt also eine Art Stadtplanung, an der die Stadt sterben kann. Es ist die, welche wir noch weitgehend praktizieren. Sie schafft ideale Bedingungen, daß heißt, solche, die der Planer als ideal erkannt hat. Sie will nicht wissen, wie die Menschen leben, weil sie die Menschen in sehr schlechten Lebensumständen gefunden hat. Aus diesen Umständen wollte sie sie befreien. Aber sie hat das Leben durch die Formel ersetzt; und noch das schlechte Leben ist echter als die Formel.

Diese Art der Planung hat zu einem toten Punkt geführt; und die Menschen leben besser. Es ist an der Zeit, anders zu planen. Es ist durchaus nicht an der Zeit, gar nicht zu planen und wie die Liberalen des vorigen Jahrhunderts darauf zu vertrauen, daß sich dann schon alles von selbst lebendig ordnen werde. Das führt zur Straße nach Brüssel. Ich komme auf meine dumme Frage vom Anfang, die Frage nach dem *Nicht*-Planen, noch einmal zurück, obwohl ich es Ihnen ansehe, daß Sie das überflüssig finden, weil viele unter uns das, was sie freies Wachstum nennen, mit einem Glorienschein umgeben. Man hat seit langem die mittelalterliche Stadt mißverstanden, indem man meinte, sie sei frei gewachsen, „wie ein Baum", wie Eliel Saarinen gesagt hat. Schon die Städtebauer, die auf Sitte gefolgt sind, haben sich bemüht, so zu planen, als habe man nicht geplant. Ihre Städte sollten so aussehen, als seien sie gewachsen. Man hat Sitte selbst diese Tendenz zugeschrieben; zu Unrecht; denn er hat sich ausdrücklich gegen diese „erzwungene Ungezwungenheit" verwahrt. Wir sind heute wieder in Versuchung, so zu planen, mögen die Projekte, an die ich da denke, auch ganz anders aussehen als die von Unwin oder Jansen. Das ist Städtebau des Als-ob.

Planen ist doch wohl etwas anderes. Planen, das heißt zuallererst: leben, beobachten, viel lernen und ein Herz haben. Es heißt auch: etwas vor sich sehen, einen Zusammenhang, eine Gestalt. Ohne das kann man nicht planen. Wenn das Geplante dann steht, heißt es wieder beobachten, noch mehr lernen und wieder anders sehen, damit man es das nächstemal anders machen kann; und so fort.

Dies ist kein Programm, sondern eine Haltung. Es ist die Haltung, die nach Harlow und Stevenage Cumbernauld hat entstehen lassen. In Cumbernauld hat man der Weite valet gesagt und dicht geplant. Auch diese Ballung ist künstlich; und das mag seine Gefahren haben; aber die Leute, die aus ihren früheren Irrtümern gelernt haben, sind sicherlich bereit, erneut zu lernen. Es hat niemand gesagt, daß Cumbernauld das letzte Wort sei. Es gibt kein letztes Wort. Es gibt nur dies: wieder beobachten und neu planen.

Mumford hat mit bewegten Worten beklagt, was seit einigen Jahren in London geschieht. London, „die einzige Stadt", wie Rasmussen es genannt hat, werde bald so aussehen wie irgendeine amerikanische Provinzstadt. Das brauchte nicht so zu sein, sagt Mumford. London, dieses ungeheure Konglomerat aus vielen kleinen Städten und Dörfern, brauchte nicht so über einen Kamm geschoren zu werden; denn, so fährt er fort, sechzig Prozent der Londoner arbeiten in den Stadtteilen, in denen sie leben.

Ich sehe hier einen wichtigen Ansatzpunkt; denn was für London gilt, das gilt auch für jede große Stadt. Es gibt in Berlin etwa 75 Dorfauen. Die meisten von ihnen sind nur noch als Situation erkennbar, als Straßenerweiterung etwa, als Standort einer Kirche. Einige sind noch sehr schön. Es gibt in Berlin Vorortlandschaften, die einzigartig sind. Was soll geschehen? Soll man sie alle unter Denkmalschutz stellen? Das würde wenig helfen. Diese Grundstücke müssen wieder Bauland werden, daß ist unvermeidlich. Und es gibt dort *keinen Plan*, sondern lediglich eine Ausnutzungsziffer.

Erhalten ist also nicht genug. Und ich werde Ihre Zeit nicht zum Schluß mit einem Aufruf zur Denkmalspflicht vergeuden. Es handelt sich aber um etwas ganz anderes. Es handelt sich um die Gelegenheit, erhaltend zu entwickeln: eine Gelegeneheit zu durchaus schöpferischem Städtebau. Das soziale Cachet ist ein Ding der Vergangeheit. Ganz andere Elemente werden dort eingeführt werden müssen, und der schöne Anger wird vielen zugute kommen, nachdem er früher beinahe eine private Wiese für die reichen Anlieger gewesen ist. Es handelt sich, um es in kurzen Worten zu sagen, darum, aus einer Gegebenheit eine Gelegenheit zu machen.

Jede Stadt hat unzählige Gegebenheiten. Es handelt sich überall darum, sie zu erhalten, zu entwickeln, zu steigern, ihnen einen neuen Sinn zu geben. Jeder Stadtbezirk hat sein eigenes Leben. Das ist aber oft nur potentiell vorhanden, und das 19. Jahrhundert hat sich, gestehen wir es nur, in den meisten Fällen herzlich wenig um solche Möglichkeiten gekümmert. Wir haben ja gehört, was Sitte dazu zu sagen hatte. Wenn aber Munford richtig beobachtet hat — und man kann kaum daran zweifeln —: Wenn wirklich die Stadtbezirke Heim- *und* Arbeitsstätten für die Mehrzahl ihrer Bewohner sind, dann könnte man die Neue Stadt, the New Town, *in* der alten Stadt bauen. Man könnte die Stadtteile zu Neuen Städten *umbauen*, das heißt eben zu solchen, die vollständig sind und wo die Leute nicht nur schlafen.

Beobachten — planen — beobachten. Gegebenheiten zu Gelegenheiten machen. Strukturen dort aus dem Boden herausschießen lassen, wo sie wachsen wollen. Die Teile zu vollständigen, aus sich selbst lebenden Städten machen. Das Ganze zur großen Stadt neu verbinden und durch den Gipfel der großen Stadt, durch das allen Teilen Gemeinsame krönen: Dies, meine Damen und Herren, wäre eine Art des Planens, an der die Stadt nicht sterben würde. Sie würde durch Stadtplanung zum Leben erweckt werden.

Vortrag in einem Seminar des Münchner Instituts für
Städtebau und Wohnungswesen in Holzhausen/
Ammersee, April 1965.
Stadtbauwelt, Heft 6, Juni 1965.

9 Das Tonband (1965)

„Ich arbeitete 23/24 etwa im atelier von mies", schrieb Häring (1952) an Lauterbach, „da ich noch kein eigenes büro hatte, und dabei debattierten wir mehr über die aktuellen probleme, als daß wir pläne machten, d. h. jeder machte seine eigenen sachen ... wir marschierten ja von anfang an in entgegengesetzter richtung, doch spielte im anfang ein gemeinsames noch eine große rolle: dieses gemeinsame ist ja auch nicht verlorengegangen, nur behalten die wege ihre bedeutung: sie liegen in verschiedenen gestaltreichen."*

Wenn man das liest, so bedauert man, daß kein Bandgerät im Raum gestanden hat; aber vielleicht kann man das Band rekonstruieren. Etwa so:

Mies: Ach würden Sie wohl das Fenster schließen, Hugo? Es zieht.

Häring: Natürlich zieht's. So ein Fenster erfüllt eben seine Aufgabe nicht.

Mies: Wieso denn nicht?

Häring: Ein Fenster hat drei Funktionen: Luft, Licht und Aussicht. Die sollte man trennen: Für die Luft einen Schlitz unter der Decke; für das Licht Oberlicht. Das ist das beste. Und die Aussicht sollte man da haben, wo man sie will. Und diese Aussicht-Fenster sollten nicht zu öffnen sein.

Mies: Ja, nicht zu öffnen; aber machen Sie doch dieses offene Fenster nun bitte doch zu, lieber Hugo. Mir wehen die Blätter vom Tisch.

Häring: Ach, Sie arbeiten?

Mies: Fast nichts.

Häring: Ist es so besser?

Mies: Ja, aber Ihre Funktionenteilung leuchtet mir nicht ein. Zu kompliziert; und wo bleibt die Architektur?

Häring: Nirgends. Wir wollen keine Architektur.

Mies: Nein, nein. Die Form interessiert uns nicht, da gehe ich mit Ihnen d'accord. Aber wir wollen doch Einheit. Wir wollen das Fenster abschaffen, indem wir es in der Glaswand aufgehen lassen.

Häring: Das heißt, das Fenster würde dann noch eine weitere Funktion übernehmen: den Schutz des Innenraumes. Alles in einem. Dann hört jegliche Differenzierung auf, von der das Bauen doch lebt.

Mies: Ja? Lebt es davon? Ich sollte meinen, daß es eben daran gestorben wäre. Hundert Türmchen und Erkerchen, ein Baukörper hier, einer dort. Nun ja, ich denke *auch* an Ihr Haus Römer. Das ist künstliches Mittelalter. Wir leben nicht im Mittelalter. Wir leben im Zeitalter der Industrie.

Häring: Das ist lange her.

Mies: Das Mittelalter?

Häring: Das Haus Römer. Wir wollen doch nicht persönlich werden. Ich habe ja auch nicht von Ihrem Babelsberger Schinken — Pardon, Schinkel — gesprochen.

Mies: Hm ... Machen Sie das Fenster wieder auf. Es ist stickig hier drin.

Häring: Sehen Sie? Was Babelsberg angeht, nichts für ungut; aber das ist es ja eben.

Mies: ?

Häring: Sie sehen mich groß an. Babelsberg, das Schwanzende von fünf Jahrtausenden Geometrie: von Gizeh bis Babelsberg. Und Sie sprechen vom Mittelalter. Sie machen immer noch Geometrie, wenn es auch heute eine durchsichtige Geometrie ist. Es bleiben die Koordinaten des geometrischen Systems.

Mies: Also fast nichts.

Häring: Genug, immerhin; denn Bodenplatte und Deckenplatte bestimmen in der dritten Dimension doch noch einen starren Körper. Die Deckenplatte besonders. Da stoßen Sie nicht durch.

Mies: Und wenn ich das täte, und der Bau in allen Richtungen wackelt und zakkelt, dann wären Sie zufrieden?

Häring: Es wäre ein Schritt in Richtung der Freiheit. Wenigstens hätten Sie dann ein System von Koordinaten in drei Richtungen, also ein echtes Bausystem.

Mies: Wie van Doesburg etwa. Zu anspruchsvoll. Zu aufdringlich. Nur der Bau ist zu ertragen, der leise spricht. Das habe ich gegen Ihre Sachen: sie verwirren.

Häring: Ein Wald verwirrt. Jede einzelne Pflanze verwirrt. Nur der Kristall ist auf einen Blick zu begreifen. Und der ist tot. Die ganze Druse übrigens ist auch wirr. Nur der einzelne Kristallkörper ist regelmäßig. Am besten gefallen Ihnen wahrscheinlich Salzkristalle: ein rechtwinkliges, durchsichtiges Koordinatensystem.

Mies: Vollendet.

Häring: Das Vollendete ist am Ende, es geht nichts darüber hinaus, das ist der Tod. Die reine Geometrie ist die Architektur des Todes. Verzeihen Sie den Witz: aber Ihre Salzarchitektur ist salzlos. Die Kirche: ein Cubus, das Haus: ein Cubus, die Fabrik: ein Cubus. Es wird geradezu ein Incubus, ein Alpdruck.

Mies: Hm.

Häring: Jeder Gegenstand ist, wie jedes Geschöpf, eine Wesenheit. Wie können sie dann alle die gleiche Form haben?

Mies: Wissen Sie, Hugo, Sie haben mir arg zugesetzt. Ich will den Spieß einmal umdrehen, und Sie dürfen sich nun auch nicht beklagen. Tu l'as voulu, Georges Dandin. Ihre Sachen sehen einander auch recht ähnlich. Sie sehen anders aus als meine; aber Ihre Fabrik, Ihr Stall, Ihr Wohnhaus, nun, sie tragen auch die gleiche Signatur. Da wundert unsereiner sich doch sehr, wenn er sieht, worauf es bei all dem Gerede von der Wesenheit der verschiedenen Geschöpfe und Dinge hinausläuft. Ich könnte Ihnen einen Formkanon nachweisen, der immer wieder durchdringt, handle es sich nun um ein Haus, eine Fabrik oder was immer.

Häring: (schweigt).

Mies: Mein Formkanon hat immerhin, so meine ich, etwas Verbindliches. Es ist gar nicht mein Kanon. Er ist der Kanon des industriellen Zeitalters. Man wird auf Formen dieser Art kommen müssen, und wenn es einmal so weit ist, dann wird man von Härings Marotten reden.

Häring: Die Industrie steht erst am Anfang. Rahmen, Stützen, Platten. Es hat wahrlich nicht einer industriellen Revolution bedurft, um das Bauen in diesen Strukturen festzulegen. Man wird Gebäude gießen — man tut es ja schon —, man wird sie spannen, statt sie zu stützen, man wird leichte Häute herstellen, die jede Form annehmen können ...

Mies: Klingt ein wenig nach Finsterlins Skizzen. Aber dergleichen wird man nie bauen. Wenigstens hoffe ich, daß man es nicht bauen wird.

Häring: Wenn man es können wird, so wird man es tun, ungeachtet Ihrer Hoffnungen und Ihrer Zweifel. Dann wird man von Mies' alten Kisten reden.

Mies: Und warum sollte man es tun? Nur, weil man es kann?

Häring: Nein, sondern weil erst eine grenzenlose Technik die Möglichkeiten bieten wird, wirklich die Dinge ihrem Wesen nach zu formen. Sie dürfen meine Sachen getrost angreifen. Sie dürfen, wenn Sie wollen, von meinem Formkanon sprechen. Das ist die Unzulänglichkeit alles dessen, was wir heut tun. Ich mache grobe Modelle kommender Dinge. Ich taste mich an die Dinge heran. Ich habe nie behauptet, daß ich das Haus, etwa, bewältigt hätte. Es ist noch nicht zu bewältigen. Wir haben noch nicht die Mittel dazu.

Mies: Ich ziehe es vor, im Rahmen der heutigen Mittel zu arbeiten. Ich will durchaus kein Finsterlin sein: und auch kein Mendelsohn. Wir stehen in unserer Gegenwart, und sie verlangt von uns, daß wir ihr genügen. Das ist, weiß Gott, Aufgabe genug. Was ist denn so ein Einsteinturm? Eine mühsam aufgemauerte Form zukünftiger Dinge, das heißt: von Dingen, die Mendelsohn für zukünftig hält. Vielleicht sind es aber vergangene Dinge, Panzertürme; denn es sieht jeder etwas und läßt sich davon anregen. Frei schaffen kann nur der Schöpfer — wenn er es kann.

Häring: Und was hat Finsterlin gesehen?

Mies: Wellenschaum, Irisblüten, Pflanzenstengel, Höhlen: natürlich hat er etwas gesehen: sogar Ornamente von Van de Velde und Sullivan. Finsterlin ... Da spricht er von Sensationen. Aber ein Haus soll keine Sensationen vermitteln. Es soll einen in Ruhe lassen. Sonst quält man seine Bewohner. Ich komme auf Ihre Aussichtsfenster zurück. Sie sagen, Sie geben Sie dort, wo Sie sie haben wollen. Sie mein Lieber, nicht der Bauherr.

Häring: Das ist doch nicht so. Man spricht doch mit dem Bauherrn.

Mies: Als ob der wüßte, was er will, wenn er noch nichts gesehen hat als den Bauplatz und Ihre Skizze. Und wenn er es wüßte, muß er sich von der Entscheidung eines Augenblicks binden lassen? Er sollte frei sein, die Aussicht immer wieder neu zu wählen. Aber bei Ihnen, da muß er hier hinausschauen, er muß dort sitzen ... Das ist Ihr Funktionalismus, mein lieber Hugo. Er sagt, er baue ganz genau nach jedermannes Bequemlichkeit. Aber dann muß der diese Bequemlichkeit benutzen ...

Häring: Bequemlichkeit benutzen: es klingt geradezu, als sprächen wir vom Lokus.

Mies: Jawohl, genau. *Der* Sitz muß an einer Stelle stehen. Aber alle anderen dürfen sein, wo sie wollen, und jeden Tag woanders. Und meine Glaswand ermöglicht – um noch einmal auf Ihre Aussichtsfenster zurückzukommen – jede Aussicht, und jede Stunde eine andere.

Häring: Hm. Jeder Stuhl – bis auf *den* Stuhl – soll stehen können, wo es genehm ist. Und das sagt Mies, von dessen Stühlen böse Zungen gesagt haben, sie seien am Boden angeschraubt. Sie sind durch Ihr Koordinatensystem bestimmt, und wehe, wenn ein Stuhl aus dem Winkel gerückt wird. Die ganze Komposition bräche zusammen.

Mies: Vielleicht schikanieren wir beide unsere Klienten. Und Le Corbusier, und alle die anderen auch, die mit uns in dieser Revolution stehen. Sie haben wohl recht mit den, was Sie von der Zukunft sagten, für die wir arbeiten. Wir machen Modelle für eine Zukunft. Auch ich. Und wir sind dabei beide Traditionalisten: Auch Sie. Warum sprächen Sie sonst so viel von der Gotik und vom germanischen Raum – wobei Ihnen, wie allen Romantikern hierzulande, der Fehler unterläuft, daß Sie die Gotik germanisch nennen. Das ist, gelinde gesagt, eine sehr offene Frage, da sich in ihrem Ursprungsland germanische, keltische und römische Elemente durchdringen. Aber hören Sie, Hugo: Machen Sie doch bitte das Fenster wieder zu. Ich kann nicht arbeiten.

Häring: Sie arbeiten?

Mies: Fast nichts.

Häring: (nach einer Weile): Sie haben den Funktionalismus angegriffen. Was wollen Sie an seine Stelle setzen?

Mies: Die Rücksicht.

Häring: Das müßten Sie schon ein wenig ausführen. Wir nehmen doch Rücksicht. Wir bringen den Lebensvorgang zur Anschauung. Das ist das Wesen der Gestalt.

Mies: Lebensvorgang. Welchem Lebensvorgang dient ein Kuhstall? Sie arbeiten doch gerade an einem. Sie brauchen nicht zu antworten. Ich weiß, man kann einen solchen Vorgang definieren. Man kann auch die Leistungsforderung eines Flugzeuges definieren, oder einer Lokomotive. Aber die eines Hauses? Bitte, sagen Sie mir nicht, Sie könnten eine Tabelle machen, in der alle Forderungen für ein Haus tabuliert wären. Selbst wenn sie es könnten, würden Sie sich einer Vielzahl von Forderungen gegenüber sehen, die sich auf keinen Fall in einer eindeutigen Gestalt verwirklichen. Aber Sie können keine solche Tabelle machen. Denn in Wahrheit muß ein Haus auch Imponderabilien genügen. Besonders Inponderabilien. Ihre Tabelle enthielte inkommensurable Größen, irreale Zahlen, das unendlich Große und das unendlich Kleine. Da ist gar keine Rede von der simplen Forderung, die ein Flugzeug an den Ingenieur stellt. Es handelt sich grundsätzlich um anderes. Deshalb müssen Sie unter den Forderungen wählen. Eine werden Sie in den Mittelpunkt Ihrer Betrachtung stellen, und aus ihrer Erfüllung werden Sie die Gestalt entwickeln. Das ist aber kein Funktionalismus mehr. Ein Haus ist eben keine Wohnmaschine. Hier irrt Le Corbusier.

Häring: Natürlich nicht. Es gibt allerdings bei jedem Werk der Menschenhand – und des Menschengeistes – das Element der Wahl. Nur ist die Wahl nicht willkürlich: Die Forderung, die sich uns als die wesentliche aufdrängt, die drängt durch uns nach Gestalt. Wir machen natürlich keine Tabellenmathematik. Wir arbeiten intuitiv.

Mies: Und der Bauherr muß dann mit Ihrer Intuition leben. Wahrscheinlich würder er auf ganz etwas anderes Wert gelegt haben, als auf die von Ihnen intuitiv erkannte wesentliche Forderung. Das meinte ich mit dem Ausdruck Rücksicht. Man sollte nichts forcieren. Selbst ein Bahnhof, lieber Hugo, ist keine Maschine für den Fußgängerverkehr, wobei dann alles andere zu kurz käme. Ich hätte einen erheblich neutraleren Bahnhof entworfen; aber in den könnte das Leben sich dann einnisten, solange ihm nicht geradezu etwas im Wege stände. Möglichkeiten lassen, nichts festlegen, davon spreche ich ja schon, seit wir uns über Aussichtsfenster und Glaswand unterhalten.

Häring: Wenn ich Ihnen jetzt sagen würde, Ludwig, daß Sie in Ihren Bauten mehr festlegen, als man meinen möchte, wenn man Sie so reden hört, dann würden wir uns im Kreise drehen. Davon war schon einmal die Rede. Aber eins möchte ich gern wissen. Sie wollen Ihrem Bauherrn die Möglichkeit geben, immerfort etwas zu ändern, die Aussicht zum Beispiel. Sagen Sie: ist das eigentlich so sehr rücksichtsvoll? Mein Bauherr wird sich über seine Aussichtsfenster schnell beruhigen, wahrscheinlich wird er überhaupt nicht die Aussichten vermissen, die ihm dadurch verloren gehen, daß die Fenster da sind, wo sie sind. Sie sind einmal dort, und so ist es gut. Er wird die Aussicht, der er hat, genießen und der anderen nicht nachtrauern, von der er nichts weiß. Wenn aber Ihr Bauherr weiß, daß er seine Aussicht immerfort ändern kann, so wird er bald so werden wie die Leute, die jetzt diese Radioapparate kaufen. Ein Freund von mir hat so ein Ding, und nun steht er halbe Tage vor dem Kasten und dreht den Knopf. Er hört nicht etwa Musik. Er „hat" Rom, und dann „kriegt" er Amsterdam, London, Warschau: weil er sie nämlich kriegen kann, der Arme. Man sollte wirklich nicht so viel Angst davor haben, für seinen Bauherrn etwas zu entscheiden. Entscheidungen sind gut. Sie tun eine Sache ab, und die quält uns dann nicht weiter. Was Sie Rücksicht nennen, läßt jede Frage offen, und so kommt man nie zur Ruhe.

Mies: Wissen Sie, Hugo, wir machen doch besser das Fenster wieder auf. Mit der Arbeit wird das heute früh nichts mehr, und Sie wissen ja, daß ich mir gern Zeit damit lasse und mich ganz oft lieber mit Ihnen unterhalte. Manche Leute halten mich für träge; als ob solche Unterhaltung keine Arbeit wäre. Nur kommen wir beide nicht weiter. Es gibt da immer einen toten Punkt.

Bauwelt, Heft 38–39/1965, Seiten 1076 ff.

---

* Zitiert von Heinrich Lauterbach in: Hugo Häring, Dokumente der modernen Architektur, herausgegeben von Jürgen Joedicke im Karl Kraemer Verlag, Stuttgart 1965.

10 Zu Siegfried Giedions „Raum, Zeit, Architektur" (1965)

Das Erscheinen in deutscher Sprache eines Buches, das in der englisch-sprechenden Welt schon bald nach seinem Erscheinen im Jahre 1940 als klassisch galt, ist ein Ereignis. Es hat lange gedauert, ehe das Buch eines Deutsch-Schweizers, das längst in andere Sprachen übersetzt war, endlich auch in seiner eigenen herausgebracht werden konnte. Die Studenten in Harvard und London, aber auch in Kumasi und Kuala Lumpur, haben Geschichte aus den Büchern deutschsprachiger Autoren gelernt — Pevsner, Giedion —, während die deutschen Studenten nur die Bilder ansehen konnten. Den deutschen Pevsner besitzen wir seit einigen Jahren. Endlich haben wir den deutschen Giedion.

Allerdings kennen wir aus anderen Darstellungen die Gegenstände, die Giedion als Erster vorgestellt hatte. Denn er war der Erste. Ich besitze einen „frühen Giedion" — das ist selten —, ein Buch von 1929 in deutscher Sprache: „Bauen in Frankreich, Bauen in Eisen, Bauen in Eisenbeton". Dort sah man zum ersten Male Dokumente aus der Frühzeit des Ingenieursbaues und die Werke der Architekten, die sich durch ihn in die Schranken gerufen fühlten: die Materialien für das große Kapital aus „Raum, Zeit, Architektur", das überschrieben ist „Die Entstehung neuer Möglichkeiten". Hier wurde wichtigstes Neuland für das Selbstverständnis der neuen Architektur entdeckt. Und mit Recht hieß die erste Fassung — wenn man das Buch so nennen darf — „Bauen in Frankreich". In Frankreich vor allem haben Architekten sich zu einer Auseinandersetzung mit den neuen Möglichkeiten angeregt gefühlt. In Frankreich hat Viollet-le-Duc die theoretischen Grundlagen zu einer solchen Auseinandersetzung gefunden.

Es ist merkwürdig, daß Viollet-le-Duc von Giedion nur einmal erwähnt wird, und dann im Zusammenhang mit der Erfindung des Wolkenkratzers durch Buffington. Man kann diese Auslassung von Giedions eigenem Standpunkt eigentlich nicht begreifen. Andere Auslassungen gehören zu diesem Standpunkt.

Denn Giedion ist Parteimann: „Der ideale Historiker, der außerhalb des Getriebes, au-dessus de la mêlée stehend, alle Zeiten und alle Existenz von erhöhtem Piedestal aus beobachtet, ist eine Funktion". Was ist Giedions Standpunkt? Ganz kurz, der folgende:

Die neue Architektur ist zunächst durch die Auseinandersetzung mit den neuen Möglichkeiten des Bauens angeregt worden, in Frankreich und — dies ist Giedions zweite große Entdeckung — in den USA. Es ist seine Entdeckung; denn von der Schule von Chicago hat, meines Wissens, niemand vor ihm in Europa gesprochen. Hier liegt sogar wahrscheinlich seine eigenste Forschungsarbeit; denn die Dokumente für seine Geschichtsschreibung waren in Frankreich immerhin greifbar, in Amerika hatte er sich die Antworten auf wichtigste Fragen des technischen Fortschritts selbst zusammenzusuchen, weil die an diesem Fortschritt Beteiligten darüber nicht Buch geführt haben.

Die Auseinandersetzung mit den neuen Möglichkeiten allein jedoch konnte keine neue Architektur bewirken. Eine solche kann, sagt Giedion, immer nur aus dem Einklang der Methoden in allen Tätigkeitsbereichen einer Epoche entstehen. Dazu gehören auch Traditionen. Aus diesem Grunde wird ein rascher Überblick der Renaissance und des Barock an den Anfang des Buches gestellt. Er soll das zeigen, worin sich diese unmittelbar voraufgegangenen Kulturen von einer Kultur des zwanzigsten Jahrhunderts unterscheiden müssen; zugleich aber auch das, womit sie ihr die Wege gebahnt haben: die gewellten Fassaden des Barock etwa, oder die Placierung eines großen Wohn- und Verwaltungskomplexes in engster Berührung mit der Natur — wenn man den Park von Versailles Natur nennen darf. Giedion: „Zu den konstituierenden Elementen der Architektur zum Beispiel gehören die Wellung der Wand, die Gegenüberstellung von Natur und menschlicher Behausung, der offene Grundriß."

Tradition ist auch nur eine Seite des Neuen, kaum die wichtigste. Die neue Architektur entsteht nicht dadurch, daß sie den technischen Fortschritt und gewisse Erfindungen der vorangegangenen Kulturen in sich aufnimmt. Sie entsteht in dem Augenblick, in dem das Weltbild der neuen Physik — im besonderen die Umwandlung der Dimensionen, in denen Architektur stattfindet, Raum und Zeit, in eine einzige, das Raum-Zeit-Kontinuum — in der Architektur Ausdruck findet. Dies geschah nicht unmittelbar, sondern auf dem Wege über die kubistische Malerei, ihre neue Auffassung der Fläche und ihre Bemühung um Durchdringung und Simultaneität. Der Malerei ist die Übersetzung des neuen Weltbildes in den Bereich der Kunst eher gelungen als der Architektur.

Diese indessen folgt schnell, in einem Abstand von etwa fünfzehn Jahren. Die Fläche, die Durchdringung von Innen und Außen — die Simultaneität in der Architektur — und die Einführung der Dimension — oder des Dimensionsastes — der Zeit in das Bauwerk, welches nun nicht mehr mit einem Blick zu begreifen ist: im Bauhausgebäude in Dessau sind sie erreicht (1926). Giedion vergleicht es in schlagender Bildgegenüberstellung mit Picassos Arlésienne (1911–12).

Die Fläche wird in der Architektur — und im Ingenieurbau (Maillart) — zur Scheibe. Als solche beherrschte sie sogar den raumzeitlichen Städtebau. Die Entwicklung des Städtebaus seit etwa 1760 schließt das Buch ab. Im neuen Maßstab der Stadt, wie Le Corbusiers Projekte und die Parkways Amerikas ihn verwirklichen, deutet sich wieder die Raum-Zeit-Konzeption an.

Dies ist — ganz grob, ganz kurz — die These des Buches von 1940. Man könnte sie die These der CIAM nennen, deren Sekretär und Wortführer Giedion von Anfang bis zu Ende gewesen ist. Sie war konzis — und ich muß sagen, das Bemühen, das Buch in späteren Auflagen so zu ergänzen, daß es immer auf der Höhe der Zeit bleiben sollte, hat es bereichert, ohne Zweifel: es hat aber seiner Klarheit Abbruch getan. Ich spreche nicht von interessanten — und vielleicht ein wenig abseitigen — Beiträgen, wie dem Kapitel über Sixtus den Fünften als Urbanisten; denn solche Studien fügen sich dem Buche, wie es stand, gut ein. Es ist niemals ein Buch von mathematischer Strenge gewesen; und daß es am Ende dennoch imstande ist zu sagen: Quod erat demonstrandum, ist bewundernswert und ein wenig überraschend. Denn es ist ein im besten Sinne schwatzhaftes Buch. Giedion ist viel zu angeregt und erzählt zu gern und zu gut, als daß er die Anekdote, das Porträt, die erhellende zeitgenössische Kritik unterdrücken könnte, selbst wenn den Leser zuweilen das Gelüste ankommt zu fragen: „Wovon sprechen wir denn jetzt, S. G.?" Das mag er wohl fragen; aber er wird trotzdem gebannt zuhören.

Nein, ich meine jene Ergänzungen, die die neuesten Erscheinungen berücksichtigen wollen. Dabei müssen auch neue Gedanken berücksichtigt werden, und das heißt, der Autor muß entweder sein eigenes, sehr dezidiertes System modifizieren, oder aber er muß solche Gedanken ignorieren. Das letztere geschieht, wo vom Städtebau die Rede ist. Die Trennung der Funktionen innerhalb der Stadt, auf der Giedion besteht, wird heute nicht mehr erstrebt.

Kurz, nach diesen Zumischungen wird das Buch weniger authentisch. „Bücher", sagt Giedion, „entstehen aus einem ganz bestimmten Moment heraus; es tut nicht gut, wenn man sie später revidiert." Er hat sich jedoch nicht streng an diese weise Maxime gehalten.

Space, Time and Architecture war eine sehr authentische Aussage. Es war − und ist − *nicht* das kanonische Geschichtswerk der neuen Architektur, sondern die Ableitung dieser Architektur aus den Wurzeln, die Giedion wesentlich erscheinen. Das ist, wie sich mehr und mehr herausstellt, eine enge Auswahl. Die Namen, die *nicht* − oder nur ganz nebenbei − erwähnt werden, werfen ein Licht auf das, was in Giedions System nicht paßt. Das sind Ruskin (einmal erwähnt, im Nebensatz sozusagen), Lethaby, Voysey, Muthesius, Mendelsohn − auf den nur ein Seitenhieb fällt[1]. Scharoun wird lediglich mit den Architekten aufgezählt, die am Weißenhof beteiligt waren, und Häring, den der Sekretär der CIAM natürlich gekannt hat, kommt nicht vor.

Daß heißt, die Wurzel der neuen Architektur, die in England liegt und aus deren Stamm sich Jugendstil, Werkbund und der Funktionalismus des „neuen bauens" verzweigt haben, ist für Giedion ohne Bedeutung, mehr, sie wird tunlichst geleugnet, wie zum Beispiel im Falle von Wright, von dem es ausdrücklich heißt, daß er nie englischen Einfluß erfahren habe. Besonders deutlich wird diese Abneigung, dieser Hang zum Totschweigen der anderen Wurzel, wie ich sie nennen möchte, wo von der Forderung nach Moral in der Architektur die Rede ist. Dieser Ruf, liest man, erscholl in Belgien in den neunziger Jahren, und der ihn am kräftigsten ertönen ließ, war Van de Velde. Gelegentlich seines Hausbaues in

---

1 „Männer, die später höchst ergebundene, ja, nüchterne Siedlungen bauten, überließen sich zuerst einem romantischen Mystizismus und träumten von Feenschlössern auf dem Gipfel des Monte Rosa." (soviel von Bruno Taut, ohne ihn zu nennen; und dann folgt der Satz): "Others built concrete towers as flacid as jellyfish" − so wabbelig wie Quallen −; in der deutschen Ausgabe fehlt dieser kleine Hieb − und damit jede Erwähnung Mendelsohns.

Uccle erfährt man dann von einem „Parallelfall William Morris": „Die Parallele entspringt der Tatsache, daß die Unordnung, die die Industrie in das menschliche Leben gebracht hatte, in England mehr als dreißig Jahre früher als auf dem Kontinent spürbar wurde. Gleiche Voraussetzungen führten zu gleichen Reaktionen." Es war aber nicht nur eine Parallele, es war auch ein Einfluß.

Ein Autor darf seine Akzente da setzen, wo es ihm gefällt. Giedion geht allerdings in seiner Parteilichkeit zuweilen bis nahe an die Grenze, wo Geschichtsschreibung aufhört und Propaganda beginnt. Da nun aber sein Werk mit Abstand die erste Darstellung des Werdens und des Wesens der neuen Architektur gewesen ist, so hat man es — faute d'une autre — für ein Textbuch genommen. „Viele", schrieb John Summerson, „werden der Meinung sein, daß diese Kapitel auf lange hinaus Endgültigkeit besitzen." Niemand würde sich mehr als Giedion gegen dieses Wort „endgültig" für ein Geschichtsbuch wehren. Die Gültigkeit einer Anzahl seiner eigenen Kapitel erscheint spätestens heute zweifelhaft.

Das liegt allerdings nicht so sehr daran, daß eben die Erscheinungen, die Giedion ablehnt, den Heutigen wertvoll erscheinen. Mit Recht weist Siegfried Giedion in seiner Einleitung auf die „Verwirrung und Langeweile" hin, die die gegenwärtige Situation kennzeichnen. Der Einwand, den wir glauben, gegen Giedion geltend machen zu müssen, betrifft das Prinzip seiner Geschichtsschreibung.

Es ist das Prinzip der einhelligen Deutbarkeit der Kulturen, inclusive unserer eigenen. So stellt er Renaissance und Barock unter das Zeichen der Perspektive — das Barock auch unter das des Unendlichen, was ja der Perspektive keineswegs widerspricht —, und unser Jahrhundert — wir erwähnten es bereits — unter die Raum-Zeit-Konzeption. Ähnlich ist Woelfflin verfahren, Giedions Lehrer. Aber Woelfflins „Kunstgeschichtliche Grundbegriffe" sind differenzierter, und er wendet seine Grundbegriffe mit größerer Vorsicht an.

Ein Beispiel mag zeigen, was ich beanstande: Da die Perspektive das Prinzip der Renaissance und des Barock ist, so wird der Bau von St. Peter erst durch Madernas Langhaus im Sinne der perspektivischen Jahrhunderte vollendet, und dementsprechend kann es dann von Berninis Kolonnaden heißen, daß sie „Michelangelos Gedanken wunderbar vollendeten" — obwohl es Giedion doch bekannt sein muß, daß Michelangelo andere Vorstellungen für die Umgebung von St. Peter zu Papier gebracht hatte.

Die klare Einsicht wird hier durch vorgefaßte Begriffe verstellt. Nicht anders aber verhält es sich mit der Raum-Zeit-Konzeption, die Giedion für unser Jahrhundert postuliert und die er im Bauhaus, im Entwurf für das Palais des Völkerbundes und im Sanatorium Paimio verwirklicht sieht. Ich habe die Ableitung der Raum-Zeit-Konzeption aus Minkowskis Physik und der Malerei des Kubismus nun zum dritten Male „studiert mit heißem Bemüh'n", und in der zweiten Sprache. Ich habe damit gerungen und gebe mich geschlagen, so help me Giedion: Ich kann nur ahnen, was der Meister meint, darf freilich zu meiner und anderer Entschuldigung sagen, daß er es uns nicht leicht macht: denn neben dem Kubismus führt er andere Richtungen der Malerei an, die abstrakte Kunst Mondrians etwa, welche mit Simultaneität und Durchdringung nichts zu tun haben *kann*, weil sie ja nichts Gegenständliches verwandelt.

Aber Verständnis ist in diesem Falle nicht entscheidend; denn es handelt sich bei Giedion weniger um eine Beobachtung als um ein Postulat. Da alle vergangenen Hochkulturen Identität der Methoden in jeder ihrer Wirkungen besessen haben, so muß das auch für unsere Kultur zutreffen. Allerdings: ,,In dieser Hinsicht sind unsere Einsichten mehr als begrenzt", und ,,infolgedessen gab es keine vergleichende Untersuchung der Methoden auf den verschiedenen Gebieten, welche es auch sein mögen, von der Biologie bis zur Musik." Aber Giedion fährt fort: ,,Die Annäherungsmethoden, die der schöpferischen Forschung zugrunde liegen, bilden die écriture automatique dieser Zeit. Sie öffnen den Weg zur objektiven Einsicht in ihren Geist, indem sie zeigen, wie nahe wir den Vorbedingungen jeder Kultur sind: der Identität der Methoden."

Daß heißt, die Architektur mußte mit Minkowski in gleichem Schritt und Tritt marschieren, sonst könnte sie nicht an der Einheitlichkeit der Kultur teilnehmen. Diese Art der Analyse stammt von Spengler, und von ihm stammen auch die schöpferischen Annäherungen — man könnte sie allenfalls auch mittelalterlichen Apriorismus nennen. Mir scheint, daß eben diese Methoden sich von denen recht stark unterscheiden, die etwa in der Wahrscheinlichkeitsrechnung angewandt werden, so daß man, wäre man boshaft, sagen könnte, eben Giedions Buch sei ein Beweis dafür, daß die Methoden in den verschiedenen Gebieten einer Kultur *nicht* identisch zu sein brauchen. Der vorsichtige Frankl ist übrigens dieser Meinung und spricht vom romanischen Charakter der gotischen Malerei. Dem sei wie ihm sei: ein verzweifeltes Unterfangen ist es auf jeden Fall, für die *eigene* Kultur — oder Kulturmöglichkeit (weiter geht Giedion nicht) — den Generalnenner nennen zu wollen.

Dies mußte gesagt werden — und ich konnte es nicht kürzer sagen: *Als Philosophie ist Giedions Buch nicht überzeugend.* Glücklicherweise ist es zum kleinsten Teil Philosophie. Es ist engagierte Geschichtsschreibung. Es ist ein Kompendium von Entdeckungen, Dokumenten, Interpretationen, so neu, immer noch, so anregend, das Verständnis fordernd, und so wunderbar dargestellt, daß man nicht müde wird, darin zu lesen und zu blättern. Mit voller Überzeugung komme ich auf meinen ersten Satz zurück: Das Erscheinen dieses Buches in deutscher Sprache ist ein Ereignis.

11   Barcelona — Gaudí im Auge (1966)

An Burkhard Bergius, Berlin   *Barcelona, 12. Sept. 1966*
Lieber Bergius,
Verzeihen Sie bitte Bleistift und Papier: Mit Tinte kann ich gar nicht schreiben
— nicht, daß ich es mit Bleistift *wirklich* könnte —, und Papier habe ich gerade
kein anderes. Ich fühle mich aber zu einem Zwischenbericht an Sie aufgelegt.
Einige Punkte:

1. Barcelona ist eine Großstadt französischer Schule.
Der Plan der Neustadt ist im Geiste Haussmanns; nur hatte der katalanische
Haussmann freie Hand. Dies ist die größte Neuanlage des 19. Jahrhunderts außerhalb der USA. Die Avenuen sind noch breiter als die Boulevards Haussmanns,
und alle Ecken sind abgeschrägt:

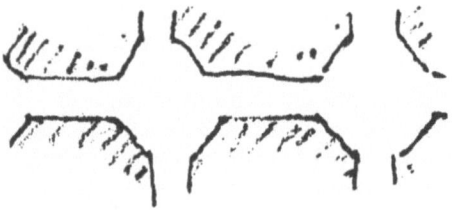

Fast alle Straßen haben Platanen. Die breiten Avenuen haben Mittelstreifen, auf
denen man schlendern kann und auf denen Kioske stehen, Blumenstände, kleine
Tierläden im Freien usw. Sie haben vier oder sogar sechs Reihen von Platanen.
Die Platanen, die weiten, geraden Straßen machen den parisischen Eindruck aus;
aber nicht sie allein; auch die Härte und Düsterheit der Häuser. Gestehen wir es:
Uns sind die schlechtesten Berliner Fronten mit ihren Balkonen und Erkern, am
alten Kurfürstendamm etwa, lieber als die schnöde Glätte des lateinischen städti-
schen Wohnblocks. Wir haben eben andere Begriffe vom Wohnen und auch von
der Straße. Lagerhäuser, Fabriken usw., wie sie die Hafengegenden solcher
Städte besetzen, dunkel, staubig und mitleidlos, können wir auch nicht goûtie-
ren, wenn wir ehrlich sind. Natürlich sind wir auf Reisen nicht ehrlich, und das
Fremde ist für den Deutschen eo ipso das Bessere.
Diese Stadt ist offenbar im Zustand des Paris von 1930 geblieben, mit seifigen
Schulbauten, neuen Wohnblöcken mit quadratischen, gerahmten Fenstern und
einer Art, Backstein so zu verwenden, daß er jeden Reizes bar ist — eben seifig.
Bis vor ganz kurzer Zeit (man sagt mir, bis vor fünf Jahren). Dann setzte mit der
Prosperity eine starke Bautätigkeit ein, besonders in den Wohngegenden im
Nordwesten, an den unteren Hängen der Hügel, die der Stadt dort nahekommen.

Dort findet man neue Blocks of flats mit erheblich zu großen Fenstern und mit tiefen Balkonen. Sie laufen meist als Veranden vor der ganzen Breite der Front und vertiefen sich hie und da zu Loggien. Es gibt auch Bauten mit hölzernen Schiebewänden als Sonnenschutz, und auch mit festen Holzlouvres. Brises-soleil aus Beton habe ich nicht gesehen. Übrigens baut man viel mit Stahlskelett. Einen Institutsbau aus Beton habe ich gesehen, dessen Front so aussieht:

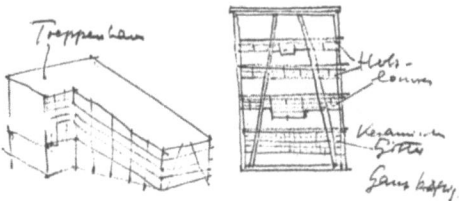

Einige wenige Bauten gibt es, deren Architekten es ihrem Katalanentum — oder der neuen Mode — schuldig zu sein glaubten, zackige Umrisse zu bauen:

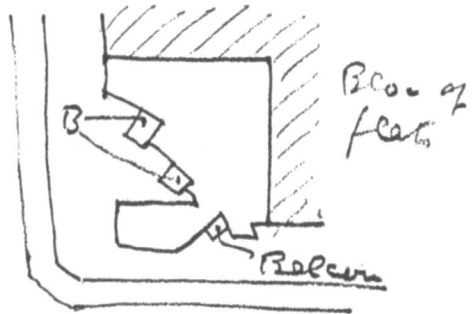

Auf einem Eckgrundstück geht das natürlich.

2. Nun hat aber Barcelona eine Altstadt, und von der hört man nicht genug. Das ganze große Barcelona — 1 800 000 Einwohner — liegt auf einer schiefen Ebene, die sich von den Hügelrändern zusehends sanfter zum Meer abdacht. Darin nun steht dicht am Meer ein Felsen, und das ist der römische Kern der Stadt, von der römischen Staffelmauer — so nenne ich dies — umgeben. Auf der Mauer stehen Häuser, oben mit offenen Galerien. Und dort liegt die Kathedrale, umgeben von Gebäuden — der Burg usw. — mit Höfen: eine der schönsten Gruppen solcher Hofräume, die es gibt, Höfe im Süden sind immer schön. Hier haben sie eine Strenge und Lieblichkeit, die bezaubert. Stilistisch steht das meist zwischen Gotik und Renaissance, und es gibt da eigenartige Kombinationen, die indessen ganz natürlich wirken. Außerordentlich schön sind die Baukörper gruppierter Bauten sehr kühn konstruiert und dabei schön aneinandergebunden. Der außer-

ordentlichste Raum ist der Hof an der Capella Real, wo Columbus empfangen wurde, als er aus der Neuen Welt zurückkam. Die Kapelle wird darin durch eine Treppe erreicht, die im Viertelkreis in den Eingangswinkel läuft:

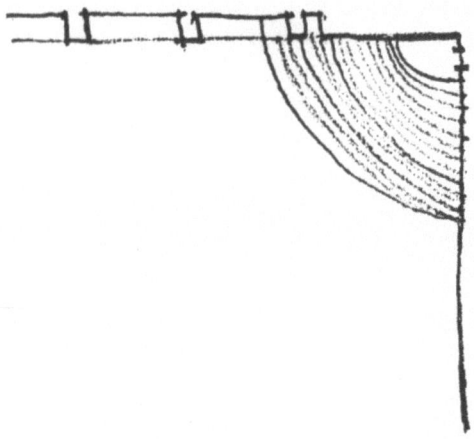

Die Capella hat gotische Rahmen aus Stein, die ein Holzdach tragen: Diese Konstruktion findet man in anderen Räumen mit einem Spann von 17 Metern wieder:

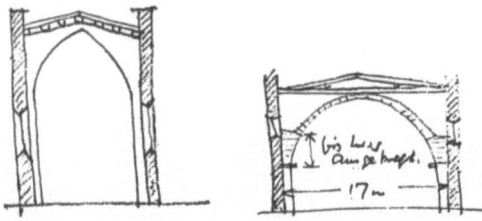

Über die Kathedrale und Sta. Maria del Mar sollten Sie aus der Baugeschichte wissen. Sta. Maria ist die vollkommenere Konstruktion. Also: weite Öffnung zwischen Haupt- und Seitenschiff, reiner Umgang, jenseits der Seitenschiffe in jedem Joch drei Kapellen.
Die schlanken Säulen sind rein octogonal. Die Konstruktion des Hochschiffes scheint frei im Raum zu stehen.
Ich sage nichts über Gaudí. Der kommt ein andermal.
Gruß, J. Posener.

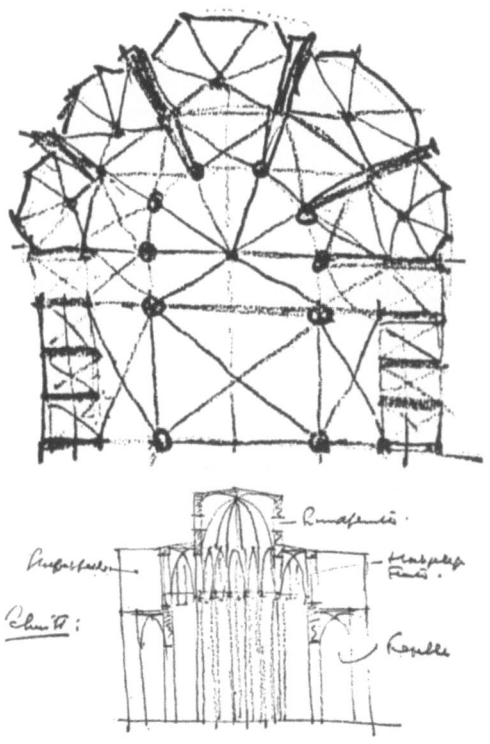

An Professor Klaus Müller-Rehm, Berlin   *Barcelona, 13. Sept. 1966*

Caro Claudio,

Über das andere alles habe ich an Bergium geschrieben: ich meine, über die neue Stadt, die ganz neue Stadt und die Altstadt. Da könntest Du es lesen, falls es Dich interessiert. Widrigenfalls brauchst es nicht zu lesen. Da ich aber nicht einseitig sein will, so wechsle ich jetzt im Bericht und schreibe über Gaudí nun *Dir*. Du kannst das ja dann Deinerseits dem Bergio zu lesen geben, sollte er das wünschen.

Ich darf sagen, daß ich Gaudí durchaus studiere, mit *heißem* Bemühen. Heiß ist bestimmt richtig. Vielleicht habe ich Pech gehabt — vielleicht auch Glück, wie man's nimmt —, daß ich seine besten Sachen zuerst gesehen habe, die Miethäuser nämlich. Sie sind wahrscheinlich nicht gut als Miethäuser; die Casa Mila ist es sicher nicht; aber sie sind so großartig geformt — *und* konstruiert — und auch geplant — die Geschosse sind ja alle verschieden —, daß das Genie des Mannes überwältigend in ihnen offenbar wird. Ein amüsantes Genie, natürlich, wirklich ein Gaudi. Bei aller Begeisterung kann man nicht umhin zu lächeln. Als nächstes sah ich dann das fragmentarische Lebenswerk, die Sagrada Familia, bei Nacht, bunt angestrahlt. Das ist wahrscheinlich ganz adäquat. Sie strahlen hier überhaupt sehr gut an: Adäquat, denn einmal hat die Transeptfront ja *auch* etwas von Pfefferkuchenhaus — wie eigentlich alle Sachen des Meisters —, mit der möglichen Ausnahme der Casa Mila; und dann ist es eben auch als Märchen gemeint, und märchenhaft erscheinen die strahlenden Spitzen der sehr schlanken Türme über dem bunten Wust von Baldachinen, geschmolzenen Wimpergen, Nischen, überbackenem Maßwerk, in Sauerkraut gepackten Trompetenengeln, Quirltempelchen, vornübergeneigten, und was noch mehr der entzückenden Scheußlichkeit dort sprießt und sproßt.

Was mich aber daran gestört hat, sind zwei Dinge: Die Gotik, mit der das anno 1882 begann, war bei seinem Tode im Jahre 26 noch nicht ganz, noch keineswegs genügend überwunden. Während man also in den Formen der Casa Mila wirklich den Einsteinturm vorweggenommen sieht, findet man im Transept der Sagrada Familia die Gotik *nicht umgeschmolzen*, sondern nur angeschmolzen, was recht eigentlich einen furchtbaren Effekt hat. Der Effekt wird nicht verbessert durch das andere, was mich stört: den kitschigen Naturalismus seiner Figuren. Der trägt zu dem Eindruck einer Jahrmarktsgotik bei, der dem Ganzen anhaftet. Man sagt sich freilich sehr bald beim Studium dieser Werke, daß Geschmack hier kein Kriterium ist. Er ist, wie bisweilen bei großer Kunst, irrelevant. Daß das Transept geschmacklos ist, stört mich also nicht eigentlich. Was mich stört, ist, daß es keine große Kunst ist: noch nicht, nur stellenweise, nur eben *beinahe*. Dieser Eindruck weicht einem ganz anderen, wenn man den einen Pfeileranfang aus hellem Granit sieht, der dort schon steht: und noch mehr wird er verdrängt durch den Anblick des Modells — vielmehr der Modelle: Es stehen sehr viele in der Krypta herum. Das muß man natürlich bauen; dabei ist das allerdings leichter gesagt als getan. Es stehen immer noch Bildhauer da unten, die aus den Skizzen und dem berühmten Gesamtmodell jede Einzelheit in Gips interpretieren. Jetzt sind sie etwa bei der zweiten Transeptfront, in der die Gotik nun wirklich erheblich stärker in Gaudí verwandelt ist als in der, welche steht. Dafür gibt es die berühmte Skizze, deren schräge Portalstützen ich hier übertreibe. Und da steht nun so ein Künstler und nimmt sich eine solche Stütze vor: Mach das mal in Gips!

Der arme Gips-Skulpteur, der heute einzelne Stücke aus der Zeichnung *interpretiert*, wird unwillkürlich Lösungen den Vorzug geben, die *ihm*, anno '66, am besten gefallen. Dagegen dürfte Gaudís Geist nichts haben; aber hier liegt eines der Probleme des Weiterbauens. Ist das Modell, wie es steht, ganz sein eigen? Das kann man ja feststellen[1]. Wenn ja, dann ist Gaudí sehr weit über seine Pfefferkuchenarchitektur im Park Güell hinausgewachsen. Denn diese Baumstütze, lieber

---

1 Anmerkung: Es ist offenbar *nicht* ganz sein eigen. Das Modell stammt aus der Zeit nach 1936. Gaudí starb 1926. Ich kenne eine Fotografie seines eigenen Modells. Es wirkt anders, weniger elegant.

Clavus, sie sind viel zu baumhaft, sie erinnern an die naturalistischen Figuren an der Kirche, an den ungebildeten Gaudí, der zwar immer ein Genie bleibt, jedoch allzuoft vergißt, wo die Kunst beginnt und wo sie noch *keineswegs* begonnen hat. Da wächst in einer der Galerien des Parkes ein echter Baum, knotig und verschraubt, durch die Stützen hindurch. Man hat das oft aufgenommen, ohne Gefühl dafür, welchen Schaden man Gaudí damit tut: Denn da sieht man, daß der liebe Gott das *erheblich* besser kann und daß Gaudís Baumstützen zusammengepappte Kuchenbäumchen sind: laß es ruhig einmal gesagt sein. Im Modell der Kirche nun sind die Baumstützen Kunst geworden: *keine* Bäume nämlich, sondern baumhafte Strukturformen, und das ist *ganz* etwas anderes.

Da hast Du, lieber Clabos, einen Zwischenbericht. Bitte, zeige ihn Bergio. Den Bericht über die Gaudíesken hier sende ich vielleicht einem Dritten.

Gruß, Dein Julius.

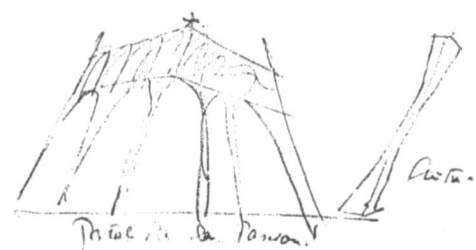

Herrn Günther Meyer c/o. H. B. K. Berlin   *Barcelona, 16. Sept. 1966*

Lieber Herr Meyer,

Ohne Ihren Stadtplan und Ihre Liste hätte ich mich hier nicht zurechtgefunden; das heißt, zurechtgefunden vielleicht schon: die Stadt ist ja so klar geplant; aber die Gaudíbauten hätte ich wohl kaum so leicht finden können. Also muß ich Ihnen danken, sehr sogar; denn mit Ihrer Hilfe konnte ich sie, einen nach dem anderen, abhaken und mich dazwischen, davor und danach auch ein wenig um die Gaudíesken kümmern. Deren ist Legion.

Die meisten von ihnen werden durch Gaudí angeregt worden sein: denn sein Einfluß war sicher groß. Diesen Teil der Gaudí-Saga hat man meines Wissens noch nicht geschrieben. Er ist nicht der am wenigsten erstaunliche. So ein Graf Güell, der immer wieder auf das Abenteuer sich einließ, Gaudí für sich bauen zu lassen; und jener andere, der Stifter der großen Kirche; und ebenso erstaunlich der Architekt, der den Bau für sich selbst nicht annimmt, sondern ihn dem jungen Gaudí zuschanzt: Die Atmosphäre schrankenlosen Reichtums und hemmungsloser Begeisterung für die neue Kunst – l'Art Nouveau –, die damals hier geherrscht haben muß, übertrifft – fast möchte man sagen – die von Florenz im Quattrocento an Intensität und Wagemut; denn der Bauherr eines Palazzo wußte wohl so ungefähr, was der Bau kosten würde, während kein Bauherr Gaudís das auch nur annähernd genau wissen konnte. Solche Bauten wuchsen in jedem Sinne in den Himmel, etwa so wie das Opernhaus in Sidney.

Auch für Gaudí gibt es dann allerdings eine Grenze, ebenso wie für Utzon; und seit 1914 hatte er keinen weltlichen Auftrag mehr. Daß er keinen haben *wollte*, um sich nur der Kirche zu widmen, ist, nach Casanelles, mit dem wir sprachen, eine Legende. Und Casanelles ist der Sekretär der „Amigos de Gaudí", also ein Gaudíaner. Freilich sagt *er*, Gaudí sei 1914 nicht mehr Mode gewesen, und auch dies kann sein. Casanelles unterscheidet zwischen dem Gaudí, der Mode war, und dem ewigen und ewig unverstandenen Gaudí, und dies ist die These seines Buches, in dem er eine neue Sicht − Nueva Vision de Gaudí − verheißt. Er nahm die Fassade des Transeptes der Sagrada Familia und deckte zunächst die Türme ab. „Dies", meinte er und zeigte auf die gotisierenden Portale, „ist Mode, wahrscheinlich vom Clerus aufgezwungen". Dann, die Türme entblößend: „Und *dies* ist Gaudí".

Ich fragte ihn, ob er den Meister gekannt habe. „Hätte ich ihn gekannt", gestand er, „so hätte ich mein Buch nicht schreiben können". Wozu ich meinerseits bemerkte, daß auch St. Paul den Meister nicht gekannt hatte: denn erst der macht eine Doktrin aus den einzelnen, lebenden, zuweilen widersprüchlichen Äußerungen eines Großen, der durch seine Person nicht mehr verwirrt ist. „Kein Schüler", bemerkte Casanelles, „hat Gaudí verstanden". So hat Paul über Peter und die Jünger gesprochen. Ja, und jetzt fällt mir's auf; er wirkt auch, wie St. Paul gewirkt haben muß; eindringlich, wortreich, insistent, ungepflegt. Man könnte nach ihm ein schönes St. Pauls Bildnis malen. Selbstverständlich enthält seine Doktrin den Anspruch, daß die Zukunft Gaudí gehört: dem wahren Gaudí nämlich, den er, Casanelles, entdeckt haben will.

Nun glaube ich aber nicht, daß Gaudí die Zukunft gehöre. Ebensowenig glaube ich daran, daß die modischen Züge seinem Werk aufgezwungen worden sind; oder daß sie weniger zum Wesen des Meisters gehören als das, was Casanelles als den echten und ewigen Gaudí sehen will. Ein Umstand erschwert es, zu einem authentischen Gaudí-Bild zu kommen: der Verlust fast aller Gaudí-Zeichnungen im Jahre '36. Ich halte mich hier wieder an Casanelles. Als ich fragte, wie Gaudí gearbeitet habe und warum man in allen Büchern, auch in seinen eigenen, stets die gleichen sechs Zeichnungen abgebildet sehe, gab er mir diese Auskunft: daß das Gros verbrannt sei. Gaudí sagte er, habe äußerst sorgfältig zeichnerisch detailliert. Er habe alles gezeichnet. Das darf man annehmen; nur wäre es mehr als interessant, es wäre von vitaler Bedeutung, über die Art seines Zeichnens wenigstens zu *wissen*. Haben die Schüler darüber nichts zu berichten gehabt? Die wenigen Zeichnungen nämlich, die man von ihm kennt, sind Skizzen. Ich habe mich das gleiche in bezug auf Le Corbusier gefragt. Von Mendelsohn weiß ich, daß er, auf jeden Fall in den Jahren, in denen er ein Bureau hatte, nur skizziert hat. Als er den Einsteinturm machte, war es vielleicht noch anders. Ich möchte das Vielleicht unterstreichen; denn da ich weiß, daß E. M. kein Fensterdetail zeichnen konnte, so muß er für dergleichen Darstellungen von Anfang an Helfer gehabt haben. Er hatte auf jeden Fall sehr *bald* Helfer, und sie konnten ihm gar nicht beschlagen genug sein. Er, der selbst kein Fensterdetail *zeichnen* konnte, bestand darauf, daß *alle* Details gezeichnet wurden, und er hat sich mit allen beschäftigt. Sein Bureau war das pedantischste, welches in den zwanziger Jahren existierte: „Und ich gehe darin heute noch viel weiter" sagte er uns im Jahre '25, als wir die Durcharbeitung eines früheren Baues bewunderten. Aber wie war das bei Le Corbusier? Und wie bei Gaudí, von dem wir − wenn wir Casanelles glauben dürfen − durch einen einzigen grausamen Akt der Geschichte aller Detailzeichnungen beraubt worden sind? Ich findet es nicht ganz leicht, das zu glauben, und für mich bleibt die Frage offen − so wie sie für uns alle offen bleibt: Wie hat dieser Künstler gearbeitet? Welches waren die Mittel, durch die er seine Vision in die Wirklichkeit übertrug? Von einem preußisch-pedantischen Baubureau, wie es das von Mendelsohn war, kann keine Rede gewesen sein. Von einem Geburtshelfer, wie Werner Weber es für Scharouns Philharmonie gewesen ist, ebensowenig. Weber und seine Leute haben von dem Bau alle 50 cm einen Schnitt gemacht. Das hat *bestimmt* niemand für die Capella Sta. Coloma getan. Wie also wurde hier gearbeitet?

Die Frage ist nicht so unwesentlich, wie es scheint, wenn man sie hört. Man kann sich denken, wie hier gearbeitet wurde. Lassen Sie mich eine Hypothese wagen: Es wurde *nicht* der Bau von vornherein in allen Einzelheiten entwickelt. Er entwickelte sich, während er wuchs; allerdings um eine völlig und von Anfang an realistische *Strukturidee*. Die ist in jedem Werke äußerst klar sichtbar, auch in solchen Arbeiten, wo man sie zunächst gar nicht erwartet, wie in dem Kloster der Theresianer. Waren Sie drin? Haben Sie den Schnitt gesehen? Le Corbusier hat ganz recht, wenn er Gaudí „Le Constructeur" nennt. Dies, die strukturelle Konzeption, unterscheidet ihn durchweg von den besten Gaudíesken.

Diese Art zu arbeiten ist ideal. Scharoun möchte so arbeiten, tut es auch bis an die Grenzen des Tragbaren: Denken Sie an seine Änderungen während des Baues! Die Grenze des Tragbaren ist jedoch ziemlich schnell erreicht. Man kann nicht mehr so arbeiten. Utzon tut es *nicht*. Der Grund, warum *sein* Bau so teuer ist, ist ein anderer, ist eine, sagen wir es nur, *falsche* Strukturkonzeption, die mit den modernsten Mitteln realisiert wird. Gaudís Konzeptionen sind niemals falsch, und sie werden alle mit unmodernen Mitteln realisiert und von einer Fülle von Details umgeben, die ganz offenbar mit dem Bau wachsen. Wie? Wie gezeichnet? Wann gezeichnet? Wie „übertragen"? − Wir wissen es offenbar nicht.

Darum wurden die Bauten so teuer, darum − teilweise − bekam Gaudí seit 1914 keinen Auftrag mehr; darum auch sind sie zeitgebunden. Man erhält von ihnen das Bild eines der genialsten Architekten aller Zeiten. Das Beispiel darf und soll uns anregen: aber eine Übersetzung in unsere Zeit, eine Hilfe bei unseren Problemen gibt es, meine ich, nicht. Vielmehr gibt es die Gefahr der falschen Übersetzung: der Übersetzung *ohne* strukturelle Konzeption. „Verlangst Du Beweise, so sieh Dich um!"
Ihr Julius Posener

Lieber Joschi, liebe Beate,

Nun bin ich in Barcelona gewesen und beinahe wieder auf dem Wege heim. Will Euch beiden also jedenfalls noch von hier aus schreiben.

Auf der einen Seite bin ich froh, nach Berlin zu kommen, wo das Haus, die Freunde und bannig viel Arbeit warten; andererseits reißt man sich nicht gern von dem innigen Licht des Südens los. Und endlich bleibt das Thema, das Thema der Reise, also Gaudí, natürlich unerledigt. Man müßte doch eine Haltung finden können, die beidem gerecht wird: der begeisterten Bewunderung, die einen immer wieder ergreift, wenn man sich vor einem Werk des seltsamen Genius befindet, und der Übelkeit, die einen ebenfalls ergreift. *Einen* auf jeden Fall: mich, aber ich meine, auch damit sei ich nicht ganz allein. Denn es ist beides wahr, was man von dieser Architektur sagen kann: große Struktur, große Skulptur, Farbreiz, Textur, Raumschöpfung – und all das auf völlig neue und persönliche Art. Aber ebenfalls: Pfefferkuchenhausarchitektur, Kitsch, Überdekoration, Romantik. Das eine ist genauso wahr wie das andere. Man darf sie auch ungebildet nennen, provinziell und stammesnationalistisch. Und es hilft nicht eigentlich, daß man sich sagt: ,,Sei doch kein Spielverderber! Der Quatsch ist, wie im Park Güell, so genial gemacht, daß man über das, was daran Quatsch ist, die Augen schließen darf." Man darf, fürchte ich, vor nichts die Augen schließen, was man sieht. Und man darf das Gefühl der Übelkeit nicht ignorieren, das das erste ist, dessen man gewahr wird, wenn man sich etwa dem Knattertürmchen, dem schlechtgefalteten, nähert, das sich einem als erster Wahrzeichenfinger entgegenhält, wenn man den Park Güell besucht: ,,Ah", sagt man unwillig, ,,da ist er wieder, Gaudí, der Jahrmarktskünstler, das Pfefferkuchenherz, der ewige Handstand. Nimm dich zusammen, Julius", sagt man sich, ,,du mußt wieder ran!" Das sind die Gefühle, Freunde. Man wird mir die Fresse einschlagen, weil ich sie namhaft mache; aber das sind sie; und vielleicht wird mancher von denen, deren Kniefall ich mit so geschmäcklerischen Worten geschmacklos störe, einen Augenblick aufstehen, diesen Unwillen auch im eigenen Herzen erkennen und wieder hinknien, indem er ärgerlich murmelt: ,,Als ob es darauf ankäme!"

Es kommt darauf an, auch darauf.

Man lebt hier in einer sonderbaren Provinz. Es ist ja nur bedingt Spanien. Vielmehr: Katalonien ist offenbar ebensowenig Spanien, wie Schottland England ist. Und der gleiche Stammesnationalismus, der in Schottland neben gälischem Revival einen Mackintosh gefördert hat, gab in Katalonien Gaudí seine Möglichkeit. Er war ja nicht allein. Da waren die Martorell, Puigh i Cadefalgh, Berenguer. Er war auch bewußt Katalane, wie diese, seine Mitstreiter. Ein Brief in seiner schönen, gar nicht kauzigen Handschrift, den ich gesehen habe, ist katalanisch geschrieben, nicht spanisch. Die Wirkung dieses, hier wie in Schottland, wie überall, jugendstilgefärbten Stammeserwachens in der Architektur ist allenthalben in Barcelona zu sehen. Diese Leute drücken sich sehr kräftig aus, sie sprechen die Sprache der Architektur sehr beschwingt, sie gebrauchen nicht die klassischen

Floskeln; sie errichten mit geschwungenen Abschlußlinien, mit keramisch beglänzten Türmchen, mit dem dünngliedrigen, hochgeschmückten Mittelerker im ersten Stock der Mietshausfront ein katalonisches Jugendstil-Reich, das man so lange mit Freude und Bewunderung ansieht – in Berlin wäre dergleichen beides: Sensation und Qualität –, so lange, bis sich der leichte Brechreiz einstellt, von dem schon bei Gaudí die Rede war: die Übersättigung; der innere Schrei: „Hört auf! Genug! Sprecht lateinisch!"

Bei Gaudí selbst ist der Brechreiz natürlich stärker, weil es sich um einen stärkeren Anlaß handelt. Einer der stärksten Eindrücke, den man erhält, wenn man hier ist und Gaudí und die Gaudíesken zusammen sieht, ist der seiner Überlegenheit. Er ist ein Wesen von anderen Dimensionen. Der bezeichnendste Unterschied ist sein strukturelles Genie. Die anderen sind Dekorateure. Das ist freilich nicht der einzige Unterschied. Auch in der Dekoration ist er der einzige, der wirklich neu ist. Und er ist der einzige echte Plastiker. In allen diesen Eigenschaften ist, so scheint mir heute, wie bei meiner Ankunft, Casa Mila sein stärkstes Werk. Sie ist in ihrer Zeit völlig neu, nimmt – man hat das ja oft bemerkt – den Einsteinturm voraus – und anderes, was es noch gar nicht gibt.

Die Frage ist, ob es dieses andere, was sich in der Casa Mila andeutet, geben wird, geben soll, geben darf?

Das ist eine spießige Frage, aber ich halte sie für erlaubt, ja, für geboten. Der BDA hat Jörn Utzon den diesjährigen Preis verliehen, weil er in seinem Opernhaus in Sydney – ich zitiere – „... über das rein Utilitäre hinausgehend die Autonomie des Ausdrucks manifestiert." Was heißt das eigentlich? – Die Formel, notabene, stammt, irre ich nicht, von Siegfried Giedion – of all people! – Aber das macht sie nicht besser. – Was heißt es also? Ein Ausdruck an sich ist nichts. „Ausdruck" heißt, daß etwas ausgedrückt wird. Sonst könnte der Architekt sagen: Ihr meint, dies wird ein Opernhaus?

Ich drücke einen Ausdruck aus:
Aus Druck drückt Ausdrucksdruck sich aus.
Beiläufig läuft's auf was hinaus:
Beiläufig wird's ein Opernhaus.

Das ist Autonomie des Ausdrucks. Man zieht die Anatomie des Eindrucks vor – oder den Eindruck der Anatomie.

Es ist aber auch von der Casa Mila wahr, daß in ihr die Kunst autonom geworden ist, und man möchte dazu sagen, was Goethe zur Villa Capra gesagt hat:: „Man kann es bewohnbar, aber nicht wöhnlich nennen." Natürlich mutet der Ausdruck wöhnlich der Erhabenheit der Rotonda gegenüber wie eine Zumutung an; und ebenso der Genialität der Casa Mila gegenüber. *Euch* indessen brauche ich nicht darauf hinzuweisen, welcher Unterschied zwischen den geschwungenen Formen dieses Hauses besteht, welche sich selbst genügen – „Was aber schön ist, selig ist es in ihm selbst" –, und auf den ersten Blick ähnlich autonomen Formen in einem Grundriß von Scharoun. Diese nämlich erheben durchaus nicht den Anspruch darauf, selig in sich selbst zu sein; vielmehr beziehen sie sich durchaus auf das Wohnliche. Und ob sie sich darauf beziehen! Letzten Endes führt kein Weg von der Casa Mila zu solchen Scharoun-Häusern. Der Weg führt vielmehr zu den gebauten Muschelschalen von André Bloc am Meeresstrande. – Womit nicht behauptet werden soll, daß mein alter Freund Bloc ein neuer Gaudí wäre.

„Nun gut", werdet Ihr sagen, „darauf läuft es hinaus." Und wir haben es ja auch kommen sehen: Es fehlt dem Guten die funktionelle Beziehung:

Wir wußten es von allem Anfang schon:
Beim Gaudí fehlt dem Julius die Funktion.
Kann er denn nie ein reines Gaudí spüren?
Muß alles auf Funktionen reduzieren?

Richtig: denn was ich hier mit einigem Aufwand feststelle, ist ein Gemeinplatz. Ich erlaube mir zwar, darauf zu bestehen, daß der Architekt ihn nicht vergesse; aber es bleibt ein Gemeinplatz.

Denn warum könnten nicht aus jenen genialen Vorwegnahmen – und Erfüllungen – auch für den bewußt gebundenen Architekten Erleuchtungen kommen, die sein Werk beschwingen? „Notwendige Impfstoffe" nennt unser Freund Müller-Rehm das Gaudísche Werk. Man darf das zugeben; man darf dabei jedoch auf die Gefahren auch solcher Impfungen hinweisen. Sie machen Fieber, und der Patient ist erst *nachher* gestärkt. Wenn man aber aus dem Fieber heraus arbeitet …?

Man muß aber *leider* auch die Anwendungsbreite der Impfung noch untersuchen; und da beginne ich bei dem Wort „Vorwegnahme"; – denn die *Erfüllung* zweifle ich nicht an; Vorwegnahme: Inwieweit hat Gaudí neue Strukturen und Formen vorweggenommen? Was die Strukturen angeht, so ist das eine seltsame Form der Vorwegnahme. Im Grunde hat er etwas ganz anderes getan als Dinge vorweggenommen. Er hat sogar durch seine Erfindungen eine Hauptthese der neuen Architektur als unhaltbar erwiesen: die These seines Orakels Viollet-le-Duc, der zufolge es Materialien und materialbezogene Techniken sind, die die Formen hervorbringen. Gaudí hat gezeigt, daß man Dächer in der Form von hyperbolischen Paraboloiden, geneigte, sich verzweigende Stützen, Pilzdecken und andere Errungenschaften der Betonkonstruktion ebensogut mit traditionellen Materialien und Techniken bauen kann. Ich gebe zu, daß dieser Art der Vorwegnahme Grenzen gesetzt sind und daß die Technik heute Möglichkeiten entwickelt hat, die jene Vorausnahmen weit überschreiten; die auch formale Möglichkeiten sichtbar machen, die Gaudís Formen überschreiten. Gestehen wir es endlich: Seine Strukturen und seine Formen, kühn, neu und erstaunlich, wie sie sind, bleiben Strukturen und Formen seiner Zeit. Ich brauche nicht besonders darauf zu bestehen, daß sie auch Strukturen und Formen seines Ortes sind. Lethaby sagt:

„Wir sind unserer eigenen Zeit verhaftet; unser persönlicher Fortschritt wird vom Fortschritt des Zeitalters bedingt; es mag einer etwas wissen und fähig sein, aber sein Wissen und seine Fähigkeit gehören der eigenen Zeit an, nicht der, die kommen wird."

So let it be with Gaudí. Denn sowie wir den Mann in den Rahmen, den zeitlichen und auch den örtlichen, stellen, in den er gehört, dürfen wir uns seines erstaunlichen Werkes rein erfreuen. Es wurde hier kein Wort gegen Gaudí gesagt; nur gegen gewisse Interpreten.

Und damit, liebe Freunde, darf ich diesen langen Schrieb abschließen — in Berlin, wie Ihr aus der Marke seht. In Barcelona wurde er nicht mehr fertig.

Gruß, Euer Julius

An Julius Posener Berlin, 25. Sept. 1966
Lieber Julius!
Einem anderen kann ich nicht mehr von Barcelona schreiben, da ich schon nicht mehr in Barcelona bin. Da ich jedoch immer noch nicht mit dem fertig bin, was ich gern über das Thema sagen möchte, so bleibt mir nichts anderes übrig, als mich an mich selbst zu wenden.

Was bleibt noch zu sagen? Das Phänomen Gaudí, das mich beinahe ausschließlich beschäftigt hat, habe ich doch endlich, im letzten Brief, in seine Grenzen verwiesen. Habe ich das wirklich getan? Natürlich nicht: „Bosheit ist kein Lebenszweck", sagt der Schneider Böck. Ich habe versucht, auf sehr dilettantische Weise Gaudí vor seinen Interpreten zu retten, vor denen besonders, die seine zeitlosen von seinen zeitgebundenen Elementen scheiden wollen, um einen Gaudíismus zu predigen, der uns zu irgendeiner Fortsetzung verpflichten soll. Dabei ist es eben problematisch genug, den Bau fortzuführen, den er uns hinterlassen hat. „Der Heilige Joseph wird die Kirche vollenden", hat er gesagt; womit angedeutet wird, daß ein *Mensch* sie nicht vollenden könnte. Wir haben diesen Ausspruch nicht annehmen wollen; um Gaudí besser zu genießen und zu begreifen, wollen wir die Kirche fertig sehen; denn wir lieben und verehren Gaudí und stehen eben deshalb dem Gaudíismus skeptisch gegenüber. Dieser Demonstration haben wir viel Zeit gewidmet; aber wir haben sie für notwendig gehalten. Wir haben aber eine Reise gemacht, bei der wir viel Gaudí gesehen und genossen haben, ihn und vieles andere. Von diesem anderen ist nur im ersten Brief andeutungsweise die Rede gewesen. Hierauf müssen wir zum Schluß zurückkommen — und zwar mit Beziehung auf Gaudí.

Wenn der gebildete Europäer auf Reisen geht, so spaltet sich sein Bewußtsein sofort in mehrere Zonen auf. Da ist einmal der Reisende, der die fremde Landschaft und die alten Städte sucht; und dazu gehört auch das Volk auf den Straßen und des Reisenden Stammeln in einer fremden Sprache und die Restaurants. Dieser Reisende ist der Tourist.

Dann ist da der Reisende, der sich an dem Flugzeug freut, mit dem er fliegt, an den Eisenbahnen in fremden Ländern, an den besonderen Autos dort, an den Chausseen; auch an den neuen Wohnblöcken und Geschäftshäusern. Auch diese nämlich gehören *nicht* zum Tourismus. Man schämt sich zwar nicht geradezu, daß man so wenig kulturvollen — oder exotischen — Gegenständen überhaupt Beachtung schenkt und sie sogar genießt; aber man *spricht* nur nicht davon. In „Briefen aus Barcelona" finden sie keinen Platz; aber sie beschäftigen uns trotzdem.

Endlich haben viele Reisende noch ihre beruflichen Interessen. Das mag die Wirtschaft von Barcelona sein oder das Theater oder die Buchläden. In meinem Fall war das berufliche Interesse Gaudí.

Da das so war, habe ich es anfangs fertiggebracht, mein Anschauen von Gaudí-Bauten und mein Anschauen der alten Höfe und Kirchen in verschiedenen Kladden zu verbuchen, bis mich die Frage einer Bekannten darauf aufmerksam machte, daß es möglicherweise zwischen den beiden einen Zusammenhang gebe. Da sie nämlich, meine Begleitung, beim Besuch der Capella Real und ihrer Umgebung meine Begeisterung bemerkte, dachte sie — nicht ich — an die Begeisterung vom Abend vorher, als wir die Casa Mila besucht hatten. Sie wollte — indiskreterweise — zwischen beiden Arten der Begeisterung eine Relation herstellen und meinte: „Nicht wahr? *Das* kann Gaudí *nicht.*"

Diese Äußerung störte mich nicht wenig, da sie eine Grenzmauer einriß, eine von denen, die der gebildete Reisende so sorgfältig zu erhalten trachtet. Da sie aber einmal gemacht war, so mußte man sich dazu verhalten.

Die erste Reaktion, eine Schutzreaktion, war die: „Reaktionäre Gans", dachte ich mir. „Natürlich bist du fürs Alte: Bei dir zu Hause habe ich auch keine Bresche, nicht die kleinste, in den ewigen Mozart schlagen können, und der Name Beatles wurde mit dem bekannten bedauernden Lächeln quittiert." Nur half das nicht viel: denn einmal war die Betreffende alles andere als eine reaktionäre Gans, vielmehr war sie eine Künstlerin, die mir am Vortage im Picasso-Museum für vieles die Augen geöffnet hatte, war mir ohne ihre Hilfe verschlossen geblieben wäre; und dann hatte sie eben die erwähnte Mauer niedergerissen. Da lag sie nun (die Mauer), und ich konnte der Frage nicht länger ausweichen, ob meine Reaktion auf Gaudí von der gleichen Art war, wie die auf die Kirche Sta. Maria del Mar. Den Vorwurf des Bildungsphilisters hatte ich nun mir selbst zu machen; denn sowie die Mauer unten war, zeigte es sich, daß meine Reaktion auf Gaudí *nicht* von der gleichen Art war wie die auf die Kirche Sta. Maria del Mar. Auch ich hatte die alte Kirche mit größerer Selbstverständlichkeit akzeptiert als die Sagrada Familia. Woran das lag? Dem neuen Gebäude gegenüber wurde meine Haltung unwillkürlich durch Relationen bestimmt, die bei dem alten nicht statthatten. Sie war, um es genauer zu sagen, vor der neuen Kirche relativiert, während sie vor der alten Kirche absolut war. Bei dieser wurden keine Fragen gestellt. Es würde aber nötig sein, dieses Vorurteil zugunsten des Alten auszuräumen und entweder auch dem Werk Gaudís gegenüberzutreten, ohne Fragen zu stellen, oder aber auch den Werken des Mittelalters kritisch gegenüberzustehen. Das letztere fällt mir, wie Du weißt, nicht schwer. Patina ist für mich kein Wert. Man hat mich über die Brüder Asam schimpfen hören, so, als gehörten sie der jüngsten Vergangenheit an, und vor Le Corbusier knien sehen, als sei er Ictinos. Auch schien mir auf eben dieser Reise ein berühmtes Werk der Gotik und eines, dem ich schon lange meine Verehrung darbringen wollte, die Kathedrale von Gerona nämlich, sehr problematisch, als ich sie sah. Ich konnte mir nicht helfen; Boffiy, der große Baumeister des 15. Jahrhunderts, hatte, so schien mir, an der alten Kathedrale eine Gewalttat begangen, einen Mord geradezu, indem er die drei bestehenden Schiffe des Ostteils unter die eine ungeheure Wölbung seines Langhauses zwang und dann noch, in dem großen Bogenfeld über den drei Schiffen, jene drei Klunker, Ordenssterne, Radfenster anbrachte. Er hatte mit großer Unempfindlichkeit gehandelt, um nicht geradezu zu sagen: geschmacklos.

Ich erinnere Dich daran, Julius, um mich ins rechte Licht zu setzen. Ich gehöre durchaus nicht zu den Leuten, die den Staub der Jahrhunderte verehren.

Im gegenwärtigen Fall nützte auch diese Erwägung wenig. Was immer ich versuchte, um Gaudí ebenso zu empfangen, wie ich die Mehrzahl der Kirchen und Höfe des mittelalterlichen Barcelonas empfing, nämlich ohne Fragen zu stellen: es half nichts. Ich stellte doch Fragen. Das Erlebnis Gaudí blieb weiter relativiert, das der Sta. Maria del Mar absolut. Gaudí, mit anderen Worten, blieb problematisch.

Und ich meine, das liegt daran, daß er problematisch *ist*. Hier zeigt sich der Vorteil der Tradition gegenüber dem Genie als Einzelgänger. Man könnte sagen, das müßte auch gelten, wenn nicht von Gaudí die Rede wäre, sondern von Michelangelo. Aber der Manierismus gehört noch der Tradition an, die er persifliert. Die manieristischen Architekten hätten unschuldig tun können, hätte einer ihnen vorgeworfen, sie spielten Schindluder mit Säulen und Gebälken. Michelangelo besonders, der seine absichtlichen Ungereimtheiten unter der Glätte einer vollendeten Ausführung und unter pedantisch durchgeformtem Detail verbarg. Michelangelo hätte einen jeden Kritiker fragen können: „Was willst du? Ich folge den Regeln der Alten." Ich weiß nicht einmal, inwieweit aus den Äußerungen der Manieristen hervorgeht, daß sie sich ihrer Manier, ihrer Persiflage der antiken Regeln bewußt waren. Michelangelo hat meines Wissens nie dergleichen geäußert. Und von einem später Manieristen, dem Engländer Hawksmoor, ist bekannt, daß er behauptet hat „nach Art der Alten" zu planen. Ich will nicht sagen, daß die Zeitgenossen solcher Architekten die Abweichungen ihrer Arbeiten vom Kanon nicht bemerkt hätten; obwohl sie schon gebildete Architekten — oder Dilettanti — gewesen sein mußten, um sie zu bemerken. Dem Vasari, der selbst ein Manierist war, erschien die Treppe in der Laurentiana sensationell: aber die *Bücher* über die Sensationen des Manierismus gehören erst unserer Zeit an. Man darf annehmen, daß die Arbeiten der manieristischen Architekten den meisten Zeitgenossen durchaus verbindlich erschienen sind.

Die Konvention bietet diesen Vorteil: Das Original, dessen Werk gegen sie verstößt, bekräftigt eben durch den Verstoß seine Beziehung zur Konvention. Seine Kühnheit wird an ihr gemessen. Und indem er — auf besondere Art oder nicht — ihre Formen benutzt, beugt sich sogar der Rebell unter die Konvention.

Von Gaudí aber kann man das nicht mehr sagen. Man könnte auf seine mudejaresken und seine gotischen Anfänge hinweisen; aber das wären bereits *zwei* Traditionen, und daß heißt: gar keine; denn der konventionelle Künstler besitzt keine Freiheit der Wahl in Dingen des Stiles. In dem Augenblick, in dem die Wahl, in gewissen Grenzen, beginnt statthaft zu werden — das ist der Anfang des 18. Jahrhunderts —, in diesem Augenblick ist die Tradition bedroht. Als Gaudí arbeitete, war sie längst außer Kraft gesetzt. Er hat sich gewisser traditioneller Formen bedient, um sich von ihnen abzustoßen. Er hat auch gewisse Anregungen aufgenommen, und zwar von sehr verschiedenen Quellen. Die Resultate solcher Anregungen erscheinen etwa in seinen mit keramischen Scherben belegten Mauern oder in der starken Farbigkeit der Mauern des Hauses Bellesguard; auch in seinen Grotten. Darüber hinaus hat er nach Vorbildern gearbeitet, die uns heute ungeeignet erscheinen. Vorbildern aus dem Reich der Natur. Hierin gehören sowohl das Eselchen und die Gänse an den Portalen des Sagrada Familia als auch die Baumstützen im Park Güell. Ich sage: die im Park Güell; denn die Baumstützen in der Sagrada Famila sind *umgewandelte* Natur; obwohl sie vielleicht auch nicht *weiter* umgewandelt sind als vom rauhen Borkenbaum zum knochenhaft geformten Stützengewächs. In allen anderen Fällen hat er seine eigenen Formen gefunden, am entschiedensten in den Turmspitzen der Sagrada Familia und in der Casa Mila. Hier gibt es allenfalls noch baum- oder knochenhafte Formen; aber diese beiden Werke sind eben darum die überzeugendsten, weil die Umwandlung der anregenden Motive hier am weitesten gegangen ist. Es scheint, daß der Künstler, der eine Konvention verläßt oder keine mehr sein eigen nennen kann, den ganzen Weg zur abstrakten eigenen Form gehen muß, um wieder zu überzeugen.

Die Anlehnungen an stilistische Vorbilder — oder an dekorative Moden —, der Rückgriff auf Naturformen — sogar wo sie natürliche *Strukturen* nachbilden —, gehen nicht weit genug, um uns, nach anfänglichem Schreck, sofort wieder zu beruhigen, wie Gaudís Turmspitzen das tun oder die wellig-flutenden Massen seiner Casa Mila: wie es Le Corbusiers Werke eigentlich stets tun, auch wo er unserem Sinn fürs Gewohnte viel zumutet.

Aus diesem Grund darf der Tourist in Burgund Ronchamp und La Tourette in sein Programm zusammen mit dem Besuch romanischer Kirchen einsetzen, ohne dabei eine Inkongruenz zu empfinden. Es ist in diesem Fall *nicht* notwendig, die neuen Bauten in eine der anderen Zonen aufzunehmen, deren Gesamtheit das gespaltene Bewußtsein des gebildeten Reisenden ausmacht. Bei Gaudí kenne ich, wie gesagt, nur zwei Werke, die sich mit der gleichen Selbstverständlichkeit neben die romanischen Kirchen Kataloniens stellen könnten.

Ich komme zu einem etwas erschütternden Resultat. Und da ich gesehen habe, wie Du, lieber Julius, vor diesen Bauten und in diesen Räumen hell begeistert warst, so muß ich Dich um Verzeihung dafür bitten, daß ich es so kühl hinschreibe. Vielleicht ist es wirklich bereits die kalte und graue Luft von Berlin,

Antoni Gaudi, Casa Milá, Barcelona 1905—10

die mir fast gegen meinen Willen zu solchen Schlußfolgerungen die Feder führt. Es ist, kurz gesagt, *die* Folgerung: daß dieser hochgeniale Architekt, dieser „Constructeur", dieser Neuschöpfer im Dekorativen fast allenthalben auf halbem Wege geblieben ist, wenn man das für uns Gültige als das Ziel sieht. Und wenn man es nicht so sieht, wenn man Gaudí als einen Künstler seiner Zeit würdigen will, so gebietet einem die Unbestechlichkeit des historischen Urteils zuzugeben, daß seine Zeit problematisch gewesen ist, ebenso problematisch, wie er selbst es war.

Daß eben in dieser Problematik der Zeit und des Mannes, daß in der Art, wie hier das Neue unbedingt gewollt wird und doch bedingt sich verwirklicht, mit Schlakken versetzt, die Zeiten reiferer und reinerer Kunst vermieden hätten: daß eben in diesen Fragwürdigkeiten der einzigartige und dauernde Reiz liegt, der uns Ärmere mit Neid immer wieder auf Gaudí, auf Mackintosh, auf den Jugendstil zurückblicken läßt, dies, mein lieber Julius, braucht uns beiden niemand zu sagen.

Gruß, ganz Dein Posener

Bauwelt, Heft 1–2/1967, Seite 26 ff.

12   Über das Lebensgefühl des Städters (1966)

Zunächst muß ich Ihnen gestehen, daß ich mich in dem Thema, das mir gestellt wurde, sehr wenig zuhause fühle. Vom Lebensgefühl des Städters kann nicht eigentlich einer sprechen, der immer in Vororten gelebt hat. Kennedy konnte sagen: „Ich bin ein Berliner". Er kam von Washington. Eine Stadt ist der anderen wert. Ich könnte allenfalls sagen: „Ich bin ein Zehlendorfer". Vor Jahren meinte ich, daß ich für den Rest meines Lebens würde sagen können: „Ich bin in Blackheath zur Ruhe gekommen;" aber ich bin ein rolling stone, was man nicht, wie es geschieht, mit Wackelstein übersetzen sollte: ein rolling stone ist einer, der keine Ruhe findet; und so bin ich dann auch in Blackheath nicht zur Ruhe gekommen. Blackheath, das sind alte, große Gärten, Landhäuser von 1880, ein uralter Park und eine Heide, die Shakespeare erwähnt. Ich habe Blackheath verlassen und bin in das Guillemard Valley gegangen, einen Gartenvorort bei Kuala Lumpur, Malaya. Kuala Lumpur ist fast ganz Gartenvorort. Und ganz vor kurzem bin ich an den Hasensprung im Grunewald gezogen. Der Hasensprung ist ein Fußweg, der zur Brücke über das Fließ zwischen zwei Seen hinunter führt: alte Bäume, ein Abhang, der Schimmer einer Wasserfläche; und ein heimatliches Haus. Böse Zungen könnten sagen: Nazi-Architektur. Dem sei nun, wie ihm wolle: Ich liebe das Haus, seine Räume und die Blicke aus den Fenstern mit jedem Tage mehr.

So habe ich mich durch das Lebens eines rolling stone, ein Emigrantenleben, in vielen Städten der Welt befunden: Berlin, Paris, Jerusalem, Beyrouth, Tel-Aviv, Haifa, London, Kuala Lumpur und wieder Berlin. Ich sollte etwas vom Leben der Stadt wissen, vom Lebensgefühl des Städters also; aber mit einer merkwürdigen Konstanz, man könnte sie beinahe Unvermeidlichkeit nennen, habe ich mich überall im Gartenvorort wiedergefunden; fast möchte man sagen: nach dem Gesetz, nach dem ich angetreten.

Aber der Gartenvorort ist nicht eigentlich die Stadt. Heute ist er sogar der schwarze Peter des Städtebaues. Nehmen Sie Mitscherlichs schönes, anregendes Büchlein von der Unwirtlichkeit unserer Städte in die Hand. Für ihn ist der Vorort das Herz der Finsternis. Immer wieder kommt er auf den Angriff gegen diese Finsternis zurück. Wenn man ihn hört, so möchte es scheinen, als seien es nicht so sehr die grausamen Mietskasernen, die die Städte unwirtlich machen; nicht einmal in erster Linie die öden, neuen Wohngebiete, obwohl sie natürlich energisch abgelehnt werden: es ist ganz besonders und immer wieder der Gartenvorort, der die hoffnungsloseste Verwirrung, die trostloseste Einsamkeit repräsentiert. Ich nehme an, Mitscherlich meint die Ansammlung von Einfamilienhäusern und -häuschen, charakterlos und aufgeblasen zugleich, die in der Bundesrepublik die Grenzen der Städte verwischen und den Ausgang aus ihnen weiter und weiter hinausschieben, ja, oft sogar das verbleibende Land zwischen Städten auffressen. In dieser Ablehnung ist man selbstverständlich mit ihm. Es scheint aber, daß dem

Kampf gegen das Einfamilienhaus draußen vor der Stadt eine Auffassung von Urbanität zugrundeliegt, die diese gleichsetzt mit Dichte, Enge und Höhe der städtischen Bebauung; und ich bin nicht sicher, ob Urbanität ausschließlich in solchen Ballungen gedeihen könne.

Ich bin in einer anderen Art von Vorort zuhause. In einem der Vororte von Berlin, von denen Giraudoux um 1930 schrieb, sie machen Berlin von Lichterfelde bis Halensee zu einem einzigen Garten: «Quelle victoire!» ruft Giraudoux erstaunt aus. Erlauben Sie mir, Ihnen von diesem Vorort ein wenig zu erzählen. Das Lebensgefühl des Bewohners dieser Gartenorte ist ohnehin das einzige, von dem ich aus eigener Erfahrung etwas sagen darf.

Meine Eltern ließen sich im Jahre 1909 ihre Villa bauen, eine Villa im Landhausstil, wie man etwas inkonsequent sagte. Unser Nachbar, der alte Major, dem wir die freie Aussicht verbauen wollten, bot meinen Eltern bei ihrem ersten Besuch des Grundstücks einen Teller Erdbeeren aus dem Erdreich an, das bald auch unsere Gartenerde sein sollte; und diese nachbarliche Geste war der Anfang einer Freundschaft, die bis zu seinem Tode andauerte. Aus den ersten Jahren unseres Wohnens dort erinnere ich mich deutlich an eine dunkle Gestalt, die auf der Straße zur Schule entlangtrottete: den Pudel meines Schulfreundes Hans, mit dem Frühstück im Maul, das Hans absichtlich vergessen hatte. Denn natürlich enthielten alle Nachbarhäuser Schulfreunde und -feinde die Menge. Mit ihnen verbrachten wir unsere Nachmittage in den Gärten und in den Kastanienalleen, wo wir mit unseren Rädern Allotria trieben; denn Pferdefuhrwerke waren rar und an Autos kaum zu denken.

Wir lebten wirklich dort. Die Stadt war fern. Dorthin mußten wir an dem jährlichen Besuchstage bei Tante Sophie, die seit undenklich langen Jahre ihre Zimmer in der Lützowstraße nicht mehr verlassen hatte. Ebenso gefürchtet wie der Tante-Sophie-Tag war der Tante-Agnes-Tag; denn diese Dame war unsere Zahnärztin; und kaum weniger schlimm der Arnold-Müller-Tag, an dem wir unsere Anzüge angemessen bekamen. Gefürchtet aber waren diese Tage ganz besonders der Stadt wegen, der hohen Häuser, wie ich das nannte. Das Grauen vor ihnen hat mich bis heute nicht ganz verlassen. Außer diesen drei Besuchen hielten wir uns ferne. Wir konnten das auch. Der Arzt kam ins Haus, einmal wurde ich sogar stehend im Kinderzimmer operiert. Anfangs kam sogar der Familienschuster ins Haus, der alte Matschke, der schon meinem Vater als jungem Mann die Schuhe angemessen hatte. Überhaupt war so ein Haus ein Betrieb. Es gab da die Köchin und mindestens ein Hausmädchen, das Kinderfräulein, die Gärtnersleute. Zur großen Wäsche kam Frau Pfeiffer, die Waschfrau, danach Frau Gerling, die Plätterin; und endlich, wenn alles ausgesondert war, die Flickschneiderin, Frau Huste.

Mit der Stadt der hohen Häuser kam ich wirklich erst zu Beginn des Studiums in Berührung; und was ich da sah und erlebte, blieb mir fremd: Geselligkeit in den Prunkwohnungen am Bayerischen Platz, Cafés, Tanzlokale, Nachtlokale.

Sogar Theater- und Konzertbesuche waren selten gewesen – und blieben es. Musik spielte meine Mutter, mein Vater las uns aus Shakespeare vor. Die Urteile solcher Eltern wogen schwer, viel zu schwer. Wir waren und blieben durch das Haus geprägt, das Haus im Garten; und als ich anfing, Architektur zu studieren, entdeckte ich nicht das erregende Neue jener Tage, also Mendelsohn, Korn, die Brüder Taut und Gropius; ich entdeckte Muthesius.

Er bestätigte ein Ideal, welches seit Kriegsende aus einer Selbstverständlichkeit zu einem goldenen Erinnerungsbild geworden war. „Wer nicht", sagte Talleyrand, „vor 1789 gelebt hat, der hat nicht die Süße des Lebens gekannt." Als ich es las, ersetzte ich sofort 1789 durch 1914.

Dieses Jahrhundert, das jetzt zu zwei Dritteln abgelaufen ist, könnte man, rückblickend, das Jahrhundert des Mannes nennen, trotz der Änderung im Status der Frau, die es gebracht hat. Es hat männliche Züge stark in den Vordergrund gestellt: Heroismus, Vision, Erfindung, Beherrschung, Organisation. Die hoffnungsvolle Jugendstunde, mit der es begann, nannte es vorschauend das Jahrhundert des Kindes. Des Schweden Larsson Buch vom Haus in der Sonne, als Blaues Buch ein Bestseller, war das häusliche Ideal. Das Jahrhundert hat die Kinder dann bald, seine Erstgeborenen, bei Langemarck geopfert. Sie kamen dahin unmittelbar aus ihren Jugendstuben in Zehlendorf – oder Hampstead. Die Stuben blieben noch lange unverändert, nachdem die Jungen gefallen waren. Sie hatten Zehlendorf verteidigt – oder Hampstead (nur die jungen Franzosen hatten Paris verteidigt; wir werden davon noch sprechen). Sie kannten nichts anderes als das Haus in der Sonne, den Stachelbeergarten, die Schule im Grünen. Und die überlebt hatten, blieben noch lange, zu lange, an diese Jugend gebunden. In meinem eigenen Falle ist die Wirkung die denkbar stärkste geblieben. Meine Kindheit in Lichterfelde und Zehlendorf hat mich nach Blackheath geführt, nach dem Vorort bei Kuala Lumpur, nach Beth-Hakerem bei Jerusalem und schließlich an den Hasensprung. Sie hat mir, wie anderen, einen Halt und eine Haltung gegeben, die man noch heute an uns als Eigenschaft erkennt.

Eine künstliche Welt, eine Welt gegen den Fortschritt, gegen den Wandel; eine Welt der indirekten Kontakte mit beidem, Stadt und Land. Nicht *dies* hatte Ebenezer Howard gemeint, als er vom Stadtland als einer Synthese zwischen Stadt und Land gesprochen hatte. Eine Welt – ich will getrost noch weiter gehen –, in der *alle* Kontakte, *alle* Fakten des Lebens indirekt geworden waren; alle bis auf die unmittelbar freundlich-menschlichen. „Escapism" sagen die Prediger einer neuen Urbanität; aber die Bitterkeit, mit der sie immer wieder auf den Angriff gegen den Gartenvorort zurückkommen, zeigt, –ich müßte mich denn sehr irren–, daß er auch für sie eine Macht darstellt. Ich bitte Sie übrigens, die Worte indirekt und künstlich im Gedächtnis zu behalten. Ich werde sie in anderem Zusammenhang noch einmal brauchen.

„Selbstverständlich", sagen die Männer, die eine neue Urbanität wollen, „selbstverständlich ist der Vorort eine Macht. Er ist der Ausdruck des Wunsches nach Geltung; und wenige unserer Wünsche sind mächtiger als dieser."

Ich habe das Haus meiner Eltern wiedergesehen. Dort wohnen jetzt fünf Parteien. Das Haus am Hasensprung bewohne ich gemeinsam mit Freunden. Wir benutzen das gleiche Badezimmer, und ich habe kein eigenes Zimmer in diesem schönen Haus. Ich kann mir also nicht wohl einbilden, ich sei in den Status meiner Kindheit zurückgekehrt.

Diese Freunde und Mitbewohner sind ausgesprochene Stadtmenschen im Sinne der neuen Urbanität. „Man muß mitten drin leben", meinten sie, „im Gewühl, über dem Asphalt." So sprachen sie gestern. Jetzt sagt der Mann, der Weg durch den Hasensprung am Morgen gebe seinem Tage Ton. Wir leben in dem Vorort, der längst nicht mehr ist, was er einmal sein sollte. Statt der einen Familie mit ihren fünf Dienstboten, für die diese Häuser gebaut wurden, leben dort jetzt fünf Parteien ohne Dienstboten. Die alte Gesindestube im Dach ist das Wohn-Schlafzimmer einer Familie geworden, das Geltungsbedürfnis kommt dabei nicht ganz auf seine Kosten. Dieses Wohnen ist nicht einmal bequem; aber der Weg durch den Hasensprung am Morgen gibt unserem Tage Ton. Der Vorort, verstümmelt, seinem ursprünglichen Sinn und Zweck entfremdet, ist immer noch eine Umgebung, welche Menschen der Stadt suchen und die sie genießen. Ich gebe zu, daß sie dort in einer *Illusion* leben. Wir werden auch auf dieses Wort zurückkommen. Sogar der Grund, der oft angegeben wird, daß man dort der Kinder wegen lebe, ist wohl nur zur Hälfte stichhaltig. Diese Entschuldigung hört man oft von Vertretern der neuen Urbanität mit Adressen im Grünen; aber Kinder, das weiß ein jeder Vater, passen sich an, sind glücklich da, wo sie sind, wie etwa das Kind Mitscherlich in dem großen Schrank im dunklen Korridor einer Münchener Wohnung. Nein, die Leute, die da sagen, sie nähmen um ihrer Kinder willen die Qualen der blühenden Forsytien und des Amselgesanges auf sich, machen sich doch wohl etwas vor. Wenn man sie in ihrer erzwungenen Umgebung besucht, so wirken sie so unglücklich nicht, wie es urbanen Menschen anstehen sollte. Sie lassen sich den Nachmittagskaffee unter dem Apfelbaum gern gefallen. Ich muß gestehen, ich habe eine boshafte Gewohnheit angenommen: Wenn Leute von Natur in einem Ton sprechen als wollten sie sagen: „Wenn ich das Wort Natur höre, entsichere ich meinen Revolver", so frage ich sie nach ihrer Adresse; und siehe da, es ist die Rüstern-Allee, das Fischtal oder Der Schwarze Grund: Das Herz der Finsternis. „Ja, ja", nicken sie beschämt, „ich bin eben nicht konsequent." Wie liebenswürdig ist diese Inkonsequenz; und welche Neigungen, halb oder gar nicht eingestandene, enthüllt sie im Herzen des Städters.

Ich sollte ja vom Lebensgefühl des Städters sprechen. Das Wort Städter, so bemerke ich, kommt eben zum ersten Male vor, und zwar im Zusammenhang mit seiner Neigung, im Grünen zu wohnen. Sie erinnern sich, daß ich davon ausgegangen bin, daß ich, als eingefleischtes Vorortgeschöpf, vom Lebensgefühl des Städters nicht sprechen könnte. Lassen Sie mich dieses Geständnis meiner Unzulänglichkeit nun immerhin einschränken, denn schließlich ist der Vorortmensch ebenfalls Städter und der Vorort ein Stadtteil; und wenn das steinerne Berlin es fertiggebracht hat, dem Wohnen im Grünen die große Fläche zu widmen, die Giraudoux bewunderte — und die Geschichte dieser Gründungen bis zurück zu Carstenn hätte er ebenfalls bewundert —: wenn Einfamilienhaus und Garten in London nahe der Stadtmitte beginnen: — wenn man Ähnliches von Detroit und sogar von Chicago sagen kann: nun, dann muß man in solchen Entwicklungen von Städten ja wohl städtische Entwicklungen sehen, sogar, wenn man sie ablehnt wie Jane Jacobs oder Alexander Mitscherlich. Auf dem Dorfe gibt es solche Häuser und Gärten ja nicht, nicht die öffentlichen und nicht einmal die privaten. Man muß anerkennen, daß sie einem Bedürfnis des städtischen Menschen entsprechen, das offenbar allgemeiner, tiefer und dauernder ist, als lediglich der Wunsch sein könnte, durch eine Adresse und einen Besitz seinen Mitmenschen und dadurch schließlich sogar sich selbst zu imponieren. Ich will die Macht dieses Wunsches nicht verkennen. Er kann Berge versetzen. Ob er auch gepflegte Gärten hervorbringen kann, wie die Gärten der ganz kleinen Leute in Bruno Tauts alter Siedlung in Britz, das weiß ich nicht.

Sie werden den Eindruck haben, daß ich gegen die neue Urbanität vom Leder ziehe; schlimmer noch: daß ich mich über sie lustig mache. Natürlich tue ich das nicht. Wenn ich mir als dem Vertreter einer aussterbenden Species — man könnte sie den homo hortensis nennen — noch einen Platz im Stadtgebiet bewahren möchte, so leugne ich damit nicht die Existenz eines homo urbanus. Der Typ, den ich repräsentiere, ist wirklich am Aussterben und man braucht ihm keine Träne nachzuweinen. Was ich zeigen wollte, ist lediglich dies: daß sein Werk eine erstaunliche Lebenskraft besitzt; daß sich noch die Urenkel auf ihre Art darin niederlassen und sich wohl dabei befinden; und daß das nicht so sein könnte, wenn nicht der Garten ein Grundgefühl des Stadtmenschen anspräche.

Ich habe zum Hinweis auf dieses Grundgefühl natürlich nur die Städte erwähnt, an denen es abzulesen ist, also eben Berlin, oder London. Die neue Urbanität gründet sich auf eine andere Art der Stadt. Nennen wir sie vorläufig einmal die lateinische. Nur der Lateiner, könnte man ja sagen, sei homo urbis, und die sogenannten Großstädte in Deutschland, England und, mit wenigen Ausnahmen, auch Nordamerika, seien im Grunde nicht mehr als aufgeblasene Vororte. Aber ich ziehe besser das Wort lateinisch sofort wieder zurück. Es sollte lediglich auf einen Unterschied hinweisen. Er sollte es dem, der für die neue Urbanität eintritt, möglich machen, zu sagen, nicht alles sei urban, was städtisch ist. Das deutsche München ist aber ebenso sehr Stadt in dem Sinne, den ich zunächst einmal lateinisch genannt habe, wie Paris, Lyon oder Mailand. Sogar die Worte mediterran oder südlich für die Stadt als Gegenbild zu dem vielleicht wirklich nur im Norden beheimateten aufgeblasenen Vorort —, sogar diese Worte werden dem

Gegensatz nicht gerecht; denn Kopenhagen kann man nicht wohl die Eigenschaft der Stadt absprechen, und der schlimmste der aufgeblasenen Vororte heißt Los Angeles. Denken wir also an reine Typen, ohne sie unter einem gemeinsamen Namen zu begreifen: an Paris, München, Mailand. Man mag diese Städte fest gefügt nennen, räumlich und öffentlich. Spricht man dann von London, so kann man wirklich die Gegensätze der genannten Adjektive benutzen, also locker, unräumlich und privat. Die Wasserfronten zum Beispiel: die der Themse in London ist weit, frei und landschaftlich. Man hat dafür das treffende Wort townscape gefunden. Die Seine in Paris, oder besser noch, der Doubs in Besançon sind — *bedeutend*. Die Figur des jungen Menschen in Balzac's Père Goriot, der von der Rive Gauche nach Paris hinüberblickt mit der Gewißheit, daß er das da droben erobern werde: diese Figur ist am Themseufer nicht zu denken. Paris aber hat sie seit der Revolution stets gekannt — und, wer weiß, vielleicht schon vorher! Vielleicht ist Mozarts Mißerfolg in Paris auch damit zu erklären, daß er *keine* solche Figur gewesen ist. Sein Gönner, der Baron Grimm jedenfalls schien dieser Meinung gewesen zu sein; aber Bonaparte war eine solche Figur. Man kann ihn den ersten der Stendhalschen und Balzacschen Helden nennen. Der Weg zur Eroberung war ihm bewußt. Er führte über den Salon — Madame Tallien —, über das Bett der großen Dame — Madame Beauharnais — und über die *Fremdheit* im Salon, den Ruf des Besonderen.

Paris will man erobern. In London will man sich niederlassen. Man erobert das Festgefügte, man läßt sich im Lockeren nieder.

Ich erwähne das Räumliche. Ist nicht aber, werden Sie fragen, Bedford Square ebenso sehr ein Raum wie die Place Vendôme? Ich glaube, man braucht die Frage nur zu stellen, um sie zu beantworten. Die sogenannte Area, der Kellergraben, über den zu jeder Haustür ein Brückchen führt, beeinträchtigt die Geschlossenheit im Square. Und sind die Wände des Square aufeinander und auf den Fußboden des Saales unter freiem Himmel abgestimmt? Der Square könnte ruhig ein paar Fronten weiter oder enger sein, ohne daß das seinen Charakter wesentlich beeinträchtigen würde; denn man kann den Gesamtraum des Square nicht übersehen, wie man die Place Vedôme übersehen kann.

Was endlich den Gegensatz öffentlich — privat angeht, bleiben wir nur gleich bei diesen beiden städtischen Räumen, um auch ihn zu beleuchten: Der Square ist durchaus nicht öffentlich. Auf den Randstraßen um den Anliegergarten, den eigentlichen Square, fühlt man sich geduldet. Auf der Place Vendôme hat man dieses Gefühl keineswegs. Ich glaube, dieser Vergleich ist aufschlußreich. Man könnte ihn auf andere Teile und schließlich auf das Ganze der beiden Dickensschen Millionenstädte ausdehnen und würde wahrscheinlich in den meisten Fällen zu ähnlichen Ergebnissen kommen; etwa, um nur noch dies zu erwähnen, daß der Londoner die nachts ausgestorbene City hinnimmt — nur *die* Londoner tun es nicht, die ein Pamphlet über die neue Urbanität gelesen haben —, während die Ville Lumière stets glänzen muß. Freilich muß man vorsichtig sein und darf die Mischung nicht unterschätzen, die zwischen zwei so eng beieinanderliegenden und aufeinander bezogenen Centren der Menschheit stattgefunden hat.

Überhaupt sind Städte viel zu lebendig, als daß man sie derart auf Flaschen ziehen und durch Gegensätze erklären könnte. Man kann dies, notabene, mit keiner lebendigen Erscheinung tun, und darum ist Spenglers großes Buch und sind alle ähnlichen Bücher so wenig befriedigend.

Lediglich dies habe ich sagen wollen: daß es *wenigstens* zwei Arten der Stadt gibt, und daß auf sie zwei Arten des städtischen Lebensgefühls sich berufen dürfen. Sie sind beide historisch. Ihre Kronzeugen, wir nannten sie London und Paris, sind beide nur noch Schatten der eindeutig geprägten Gestalt, die sie im vorigen Jahrhundert besessen haben. Und doch führen von diesen Urbildern Wege zur Aktualität: Der Londoner Typ — um ihn noch einmal so zu nennen — führt zur Nachbarschaft und darüber hinaus: In seiner extremen Form führt das Lebensgefühl, das ihm entspricht, zur Auflösung der Stadt: es enthält eine starke Dosis von Stadthaß. Der Pariser Typ führt zur neuen Urbanität: Der homo urbanus sieht sich als anonym, er sucht entscheidende Positionen — besonders übrigens dann, wenn er von Außen in die Metropole kommt, wie die Helden, die wirklichen und die Romanhelden der Pariser Saga des neunzehnten Jahrhunderts; er sucht die weitesten Anregungen und Begegnungsmöglichkeiten und vermeidet die örtlichen. Als homo publicus steht er noch heute dem privatus gegenüber, der die Nachbarschaft liebt, rus in urbe, oder auch das künstliche rus in rure, die Bankierskolonie in Kent mit dem dazugehörigen Schnellzug Waterloo-City. Man stelle sich dergleichen einmal in Paris vor! —

Es wird Ihnen aufgefallen sein, daß ich bis jetzt vom Städter als von einem gesprochen habe, der oben schwimmt. Das kann man im gewissen Sinne auch tun; denn der Städter als kleiner Mann hat wenig eigenes Selbstverständnis; auf jeden Fall kann man das von der Mehrzahl der kleinen Leute in der Stadt sagen. Man muß schon zu sehr tief unten liegenden Gruppen gehen, zu den Ganoven etwa, um ein eigenes Lebensgefühl zu finden, das Gefühl des Franz Biberkopf. Der marxistische Versuch, dem Proletariat ein Selbstverständnis zu geben, ist möglicherweise nicht nur in der westlichen Welt gescheitert. Wichtiger scheint mir das Selbstverständnis zu sein, das aus den Liedern der Beatgruppen klingt, einem Volkslied etwa wie "hard day's night"; aber wie das auf die eben heranwachsende Generation von Städtern einwirken wird, kann man wohl noch nicht übersehen. Es mag sein, daß es die Unterscheidungen wesenlos machen wird, von denen hier die Rede ist. Da man aber nur von Dingen sprechen kann, die man einigermaßen übersieht, so müssen wir zu dem altväterischen Rahmen zurückkehren, in dem diese Unterscheidungen noch Geltung haben.

Einen zweiten Hinweis kann ich mir jedoch nicht versagen, ehe wir das tun: Ich habe durchweg vom Großstädter gesprochen. Auch das hat seine Berechtigung in dem Maße nämlich, in dem Stadt und Megalopolis, Conurbation oder wie sonst man die unübersehbaren Zusammenschlüsse genannt hat, synonym werden. Ich habe jedoch zweimal in kleineren Städten gelebt und gearbeitet, und zwar in solchen, die wohl verhältnismäßig klein waren, aber Hauptstädte, und Hauptstädte im Zustand lebhafter Entwicklung. In Tel-Aviv und Kuala Lumpur. Diese Städte sind klein, aber nicht provinziell. Die wichtigen Leute kennen dort einander, es ist also jeder, der überhaupt etwas ist, am Fortschritt der Stadt beteiligt. Diese positive, aufbauende Stimmung war in beiden Städten, in denen ich das Glück hatte, zu leben und zu arbeiten, so fühlbar, daß man nicht umhin konnte, bei aller Anerkennung des Wertunterschiedes an Athen oder an Florenz zu denken: an das Athen, in dem man sagen konnte, Geschichte sei, was Alkibiades tue und leide: unser Freund Alkibiades nämlich, mit dem man so oft im Sokratischen Club getrunken und diskutiert hat. Das Gefühl der Zugehörigkeit zu einem engen, aber bedeutenden Gemeinwesen im Zustande des Aufbruches zu besseren Geschicken — those time-bettering days, wie Shakespeare das genannt hat — hat mich, lassen Sie mich das gestehen, glücklicher gemacht, als ich mich je in größeren Städten befunden habe. „Zehn Menschen", sagte Aristoteles, „sind noch keine Stadt. Und Hunderttausend sind keine Stadt mehr." Meine Damen und Herren, ich werfe diesen Hinweis hier einfach hin. Man kann kaum hoffen, daß es späteren Generationen vergönnt sein wird, in Gemeinwesen zu leben, wie ich sie eben skizziert habe. Wollte man mit Aristoteles sprechen, so müßte man hier sogar sagen: Man kann kaum hoffen, daß künftige Generationen noch in *Städten* leben werden. Die Frage ergibt sich hier immerhin, ob sie vielleicht in der *Illusion* von Städten werden leben wollen.

Lassen Sie diese Bemerkung bitte auf dem Tisch liegen. Wir werden darauf zurückkommen. Vorher müssen wir einen Blick auf den Aspekt werfen, den ich vor ein paar Minuten angedeutet habe: wir müssen vom reichen und vom armen Städter sprechen. Man denkt an den Städter als an einen, der seinen Wohnsitz frei wählt; und das stimmt für alle die, die in die Stadt *kommen*. Wer aber dort geboren ist, erbt die Wahl seiner Eltern. Schwimmt er oben, so wird er sie fast immer nachvollziehen. Was aber geschieht in den anderen Fällen? Wieviele unter den armen Städtern leben *gern* in der Stadt? Wieviele leiden unter der Stadt, und wieviele von denen, die leiden, würden gern die Stadt verlassen? Wieviele können sich einen anderen Lebensort nicht mehr vorstellen?

Rilke sagt von den Armen in der Stadt:

Sie geh'n umher, entwürdigt durch die Müh',
Sinnlosen Dingen ohne Mut zu dienen.

und weiter:

Und draußen wacht und atmet Deine Erde,
Sie aber sind und wissen es nicht mehr.

Ich habe eben statistische Fragen gestellt: Wieviele? ... Leidet man heute überhaupt noch in dieser Form an der Stadt? Verstehen Sie mich bitte nicht miß: ich sagte: „in dieser Form". Es leiden zweifellos viele an der Stadt, und nicht nur unter den Armen; aber es wollen sehr wenige die Stadt verlassen. Die Entscheidung zur Stadt ist, so scheint es, nicht rückgängig zu machen. Auch die nächste und übernächste Generation macht die Entscheidung der zugewanderten Eltern und Großeltern nicht rückgängig. Für fast jeden Städter ist es *undenkbar*, auf dem Lande zu leben. Warum ist das so? Sagen wir es mit einem Wort: Das Leben in der Stadt ist *leichter*.

Man hat immer wieder von den Anregungen gesprochen, die die Stadt ihren Bewohnern bietet: Theater, Konzerte, Museen, Bibliotheken, Ausstellungen, Nachtlokale, Sportplätze etc. Es gibt sie alle, und wir benutzen sie alle, obwohl viele von ihnen mit jedem Jahre weniger wichtig werden, da mit jedem Jahre mehr Leute sich mit dem Fernsehen und dem Kino begnügen, mit Dingen also, die man auf dem Dorfe auch schon haben kann. Man hat von städtischer Geselligkeit gesprochen. Sie tritt mit jedem Jahre mehr hinter der Unterhaltung zurück; und die Geschichte von dem Vater ist *wahr*, der seinen Sohn nach einer Abwesenheit von zehn Jahren flüchtig an der Haustür umarmt und ihn sofort vor den Schirm schleppt, wo das Stück nicht unterbrochen werden *darf*. Man spricht vom Lichterglanz der Ladenstraßen; und den genießen wir alle; ja, für viele von uns ist der Laden, also das Uraltstädtische, der Markt, immer noch und immer wieder das wichtigste Positivum der Stadt. Das gilt besonders für Frauen. Fragen wir aber nach dem tiefsten Grunde dafür, daß man die Stadt nicht verläßt, selbst wenn man an ihr leidet, so bleiben alle diese Annehmlichkeiten zurück, und es erscheint das nackte Gefühl der Angst eines jeden Städters vor der Urproduktion. Wer in dieser lebt, kann nicht entkommen. Wenigstens sieht es immer noch so aus, als könne er nicht entkommen, obwohl auch auf dem Dorfe die Leute bereits vor den Fernsehschirm entkommen können. Nur: in der Stadt kann man leichter entkommen. Wenn ich vom leichteren Leben in der Großstadt spreche, so meine ich nicht, daß Bergbau, etwa, weniger hart sei als Ackerbau; aber einmal ist der Anteil der Stadtmenschen an dieser einzigen Form städtischer Urproduktion sogar in Bergbaustädten erheblich geringer als der Anteil der Dorfbewohner an der ländlichen Urproduktion; und dann ist man ihr, sogar in Bergbaustädten, nicht derart auf Gedeih und Verderb ausgeliefert wie auf dem Lande.
Ich weiß nicht, wie lange es so ist, ob es so ist, seit es Städte gibt, ob dies am Ende der Grund ist, warum es Städte gibt: seit einer geraumen Zeit, auf jeden Fall, will der Mensch der Stadt dem unmittelbaren Leben nicht mehr ins Gesicht sehen. Mag einer, der dieses Factum, als Erster vielleicht, verstanden hat, rufen: «Retournons à la nature!» Wie wenige folgen diesem Ruf? Mag der Dichter klagen:
Sie geh'n umher, entwürdigt durch die Müh',
Sinnlosen Dingen ohne Mut zu dienen —

Dies entwürdigt zweifellos, und die Entwürdigten leiden. Aber wie viele unter ihnen haben noch den Mut, sinnvollen Dingen zu dienen?

Vorhin habe ich vom Stadthaß des Vorortmenschen gesprochen. Er hat aber den Stadthaß nicht gepachtet. Jeder Städter haßt die Stadt. Er würde sonst nicht so unentwegt auf Reisen gehen. Der Motor der Tourist Industry ist der Stadthaß. Tourismus ist Stadtflucht auf Zeit.Der Gartenvorort ist die Illusion einer Stadtflucht auf Dauer. Wirklich die Stadt verlassen will niemand, kann niemand.

Das Leben und Tun der Menschen in den Städten ist mittelbar geworden. „Ich weiß nicht", erwidert Linda auf eine Frage des „Wilden" in Huxley's Brave New World — „ich weiß nicht, was das ist. Man kriegt es aus Flaschen."

Man kriegt es aus Flaschen, es geschieht, wenn man knipst: so stehen wir zu unserer Umwelt. Wir stellen schier unbegrenzte Ansprüche an diese künstliche Welt und haben darauf verzichtet zu wissen, was sie erbaut und was sie in Gang hält. Der gebildete Städter ist dieser Unkenntnis vielleicht am meisten unterworfen, es sei denn, er wäre Ingenieur. Seine Schule spricht von Virgil und Bonaparte, aber im besten Falle nur wenig davon, wie ein Auto arbeitet. Die kaufmännischen und Büroberufe sind ihrer Natur nach mittelbar. Und sie stellen mehr und mehr das Gros der Stadtmenschen dar. Im Grunde haben nur noch Leute wie Autoschlosser und Elektriker eine Ahnung. Wie weit der Arbeiter, der an der Herstellung eines Autos mitwirkt, imstande ist, das Ganze des Herstellungsvorgangs zu übersehen, hängt wohl weitgehend von der Fabrikleitung ab. Es war aber kaum nötig, derart in die einzelnen städtischen Gruppen hineinzuleuchten. Mutatis mutandis gilt das Dictum, daß er mittelbar wirkt und lebt, für *jeden* Stadtmenschen. Er nimmt den anderen Zeiten unvorstellbaren Komfort der Stadt als selbstverständlich hin und hat es aufgegeben, das Warum und sogar das Wie der Dienste zu begreifen, die ihm lebensnotwendig geworden sind. Denken Sie bitte einen Augenblick lang an das vollendete Gegenbild, an den homerischen Menschen: Ein Kämpfer schleudert einen Speer. Er weiß dann ebenso gut wie der beschreibende Homer, welche Organe des Gegners der Speer durchdrungen hat. Er weiß aber auch, wie der Speer aus dem Stamm einer Esche gemacht worden ist, wie alt diese Esche war, und wo sie gestanden hat. Die Dienste, die seine Handlung ermöglicht haben und die Folgen der Handlumg im Materiellen sind ihm voll bewußt. Denken Sie dagegen an eine shooting sequence im Film oder im Roman. Der Film oder die Geschichte, die Ihnen bei dieser Gelegenheit etwas über die Legierung eines Geschosses mitteilt, würde Ihnen maniriert vorkommen. *Man drückt ab.* Der heutige Mensch will schlechterdings nicht wissen, was dazu notwendig war, daß er abdrücken konnte. Ihn interessiert lediglich dies: wenn ich *das* tue, so wird *jenes* geschehen. Noch die Generation meiner Eltern hat sich über die Unfähigkeit der Frauen mockiert, einen technischen Vorgang zu begreifen und über ihre Ablehnung der Geographie. Die Strukturen eines Landes interessieren nur sehr wenige Frauen, selbst wenn sie auf Reisen sind. Es genügt ihnen, daß sie sich in den richtigen Zug setzen; denn dann kommen sie unfehlbar am rechten Ort an. Im Grunde ist das die Haltung der Kinder. Auch sie wird durch Unwissen und unbegrenztes Vertrauen bestimmt. Die Frau, so meinten unsere Väter, bleibt eben in gewisser Hinsicht unmündig. Nun wird aber die Haltung des Städters mit jedem Jahre weiblicher – oder kindlicher, bestimmt durch Unwissen und unbegrenztes Vertrauen. Das heißt, der Städter wird, nein, er ist bereits *unmündig*.

Meine Damen und Herren, was ich da sage, klingt wie die Jeremiaden jener Kulturpropheten, die einen Mißstand im Gefüge unserer Gesellschaft aufdecken, sich nicht wenig darüber jecken und endlich Patentmedizinen dagegen verschreiben. Nichts, glauben Sie mir, könnte mir ferner liegen. Wenn ich dieses Wort „unmündig" ausspreche, so tue ich es so leichten Herzens, wie es einer so starken Einschränkung unserer Persönlichkeit gegenüber möglich ist. Ich will nicht eben so weit gehen zu fragen: „Na und?" Aber irgendwie muß man sich mit der Tatsache eben abfinden; man muß, meine ich, um diese unsere Unmündigkeit wissen, um alle utopischen Geschichtsspiegelungen ablehnen zu können. Sie wissen, was ich meine: Ein sehr geistvoller Kunstgelehrter hat unsere Epoche analysiert und gefunden, daß sie der Mitte verlustig gegangen sei. So weit, so richtig, aber nun postuliert er, daß sie diese Mitte, die zentrale, gesellschaftliche Bindung, religio, unbedingt wieder haben müßte; und da fordert er das Unmögliche.
Die Frage nach einer neuen Urbanität stellt sich von selbst, seit die Stadt *die* Lebensform der Menschheit zu werden sich anschickt. So wie Mitscherlich sie stellt, ist sie wesentlich die Frage: Wie lebt der Mensch in den Städten? Wie kann der Mensch in Städten leben? Aber bei vielen, die eine neue Urbanität in unseren Städten aufblühen sehen wollen, ist dieser Wunsch von historischen Leitbildern bestimmt, und vielleicht ist Mitscherlich nicht einmal eine Ausnahme. Man muß aber einmal sagen, was wir *nicht* mehr sind und nicht wieder sein werden. Civis ist man nicht mehr. Ich fürchte, daß man es nicht mehr ist, trotz meiner Erfahrungen in Tel-Aviv und Kuala Lumpur. Man ist auch nicht mehr Mann der Gilde und der Kaufherren-Demokratie. Man ist nicht mehr Eroberer der Metropole – Paris –. Auch Lebensreformer im Grünen ist man nicht mehr. Die Stadt als Ort und Gestalt einer geprägten Gesellschaft gehört der Vergangenheit an.
Damit aber wird der Unterschied zwischen dem homo urbanus und dem homo hortensis abgeschwächt. Man hat den Gartenvorort, die Nachbarschaft, die neue Stadt (New Town) analysiert und für unecht befunden. Es dürfte *keiner* der Gestalten anders gehen, die der Wunsch nach einer neuen Urbanität hervorbringen könnte; denn das Leben der Stadt *jeder* Prägung *war* bereits mittelbar; und diese Künstlichkeit hat ein vorher nicht bekanntes Maß erreicht, seit die echten städtischen Prägungen aufgehört haben, bindend zu sein und man imstande ist, die Form der Stadt bewußt zu bestimmen. – (Wenigstens kann man das innerhalb der Grenzen tun, die durch Ökonomie, Bodenrecht und Bevölkerungszuwachs gesetzt werden). – Da mithin *jede* Form der Stadt künstlich geworden ist, da man auch in der Stadt neuester Prägung Dichte, Enge und Höhe in Wahrheit nur

spielt, so stellt sich die Frage, ob das urbane Spiel nicht auch in anderen Stadt-körpern gespielt werden könnte; in solchen etwa, in denen menschliche Behausung und Natur einander eng durchflechten.

Beiden, ja, allen Formen der Stadt ist diese Schwierigkeit der Kommunikation gemeinsam. Wir haben auf diese Schwierigkeit hingewiesen, als vom Gartenvorort die Rede war. Sie ist aber nicht nur dort zu Hause. Wir wollen Mitmenschen sein, die gemeinsam empfangen, und wir wollen Mitmenschen finden, denen wir etwas geben können. Die Funktionen des Empfangens und Gebens leiden an Verstopfung. Wir sehen es an der Lage, in der die Kunst sich heute befindet. Die Kunst ist aber nur *ein* Aspekt eines erheblich allgemeineren Leidens. Der Städter ist einsam. Er ist einsam, weil er, dessen Maße sich nicht geändert haben, unvermittelt Organisationen gegenübersteht, die nicht zu erfassen sind. Ob es für ihn einen Ausgang aus der Einsamkeit nur noch gibt, wenn er als Masse einem einzelnen Spender zujubelt — nun ja, es können auch vier sein —, wie in den Beat-Veranstaltungen, das kann man nicht sagen. Man hat aber den Eindruck, daß er auch dann nicht völlig aus seiner Einsamkeit heraustritt, — denn jeder Einzelne in der Masse bleibt einsam, und die Vier dort oben bleiben es ebenso. Worauf ich hinauswill, ist dies: daß der Mensch, jeder Mensch der unmittelbaren engen und persönlichen Kommunikation bedarf; ferner, daß der Mensch in der Unübersehbarkeit der Stadt ihrer besonders stark bedarf. Ich meine, man dürfte versuchen, sie ihm zurückzugeben. Ich glaube, man kann das. Das ist *nicht* ganz das Gleiche wie die Wiederherstellung einer religiösen Mitte, die, fürchte ich, *unwiderruflich* verloren ist.

Ich komme endlich zu Schlußfolgerungen. Sie sind einfach. Der Mensch bleibt der Mensch. Die Art, wie sonst das Zeugen Mode war, erklären wir keineswegs für eitel Possen. Wir haben Kinder. Wir haben aber auch diesseits der elementaren Fakten unseres Fleisches und Blutes alle die Eigenschaften und alle die Bestrebungen in uns, von denen die historischen Städte geprägt worden sind. Civis: wir wollen es sein. In unserer Tätigkeit bewußt und kreativ: wir wollen es sein. Wir wollen Einfluß in unserem Kreise haben. Und homo hortensis möchten wir alle ebenso gern sein wie homo urbanus. Denen, die uns sagen, die Substanz habe sich durch die Künstlichkeit unserer Umwelt geändert, darf man getrost erwidern: wenig. Weniger, auf jeden Fall, als diese Leute uns und sich selbst glauben machen wollen.

Es handelt sich also darum, dem Menschen der Stadt wie im Spiel das wiederzugeben, was er im Ernst verloren hat; denn er ist unmündig und *kein* Kind. Ich möchte an einem letzten Beispiel versuchen zu zeigen, was ich meine: Denken Sie an die Wohnung des Städters. Er hat die Permanenz des Wohnens verloren. Wir leben und sterben nicht mehr im Vaterhaus. Aber wir behalten das Bedürfnis nach Permanenz. Wenn es gut geht, so erleben wir eine Kindheit im Garten, eine

Jungmännerzeit im Appartement, die Zeit der jungen Ehe, etwa bis das erste Kind zwei Jahre alt ist, in der Wohnung, die Elternjahre wieder im Hause und die alten Tage wieder im Appartement. Wenn wir einen jeden dieser Zustände, solange er dauert, als permanent empfinden dürfen – und ich habe Ihnen ja anfangs gestanden, wie oft selbst ich, ein rolling stone, soweit gewesen bin, zu wünschen: „Hier möchte ich bleiben, bis zuletzt" – wenn man es dem Wunsche nach Permanenz gestattet, die Illusion der Permanenz zu schaffen: wenn wir Wohnungen so bauen, daß uns jedesmal Dauer, Bürgertum, Tätigkeit, Nachbarschaft, Einfluß *und Natur* wie zum Spielen gegeben sind, so werden wir, die Illusionisten, auf eine Art zu spielen beginnen, daß nur ein Pedant das Spiel vom Ernst würde unterscheiden können.

Man hat dem Menschen manchen Namen gegeben: homo sapiens etwa, und homo faber, auch homo symbolicus: Cassirers Bezeichnung. Erlauben Sie mir eine zu versuchen, die der Cassirerschen benachbart ist: homo illusionista. Das ist keine neue Aussage. Schon in Ibsen's „Wildente" wird die erhaltende Kraft der Lebenslüge gezeigt. Lebenslüge, Illusion: das sind anrüchige Worte, aber sie gehören hierher. Wir leben durch die Illusion, und für die Städter heute ist die Illusion noch wichtiger geworden. Der Gartenvorort, mit dessen Beschreibung ich Sie so lange aufgehalten habe, war eine Illusion. Die neue Urbanität ist ganz gewiß nicht frei von Illusion. Vielleicht war auch die städtische Bedeutung, deren Bewußtsein wir in Kuala Lumpur genossen haben, illusorisch – in dem Sinne, auf jeden Fall, daß ihr die Dauer versagt ist. Wir sind unmündig geworden, denn wir stehen als Einzelne der überwältigend großen Organisation gegenüber, die unser Leben trägt. Es ist notwendig, Zwischenstufen wiederherzustellen, auch wenn das nur auf dem Wege über die Illusion geschehen kann. Ich sage „auf dem Wege über die Illusion"; denn ich lade Sie ja nicht ein, eine Traumwelt in Betracht zu ziehen. Wir sprechen die echten, unwandelbaren menschlichen Bedürfnisse an. Die Mündigkeit, die wir der übergroßen Organisation des Lebens gegenüber eingebüßt haben – in den ursprünglichen, den unwandelbaren, den menschlichen Aspekten wird sie uns zurückgegeben.

Vortrag in einem Seminar des Instituts für Städtebau und Wohnungswesen
München in Holzhausen/Ammersee, März 1966.
Stadtbauwelt 10, Juni 1966

13 Wie werden wir weiterleben? (1966)

Aus der Sicht des Baugeschichtlers und Bautheoretikers

Wir haben uns mit den erschreckenden Problemen der Zukunft beschäftigt. Was die Lage, in der wir uns befinden, so erregend macht, ist eben die Ambivalenz der Gefühle, mit denen wir in die unmittelbar vor uns liegende Zukunft blicken. Wann immer wir das tun, empfinden wir Angst und Begeisterung in einem: Angst vor der Dimension und der Dynamik der Aufgabe, die auf uns zukommt wie eine Lawine, die mitreißt und begräbt; Begeisterung über eben diese Lawine, die uns mitreißt und über uns selbst hinaus schleudern wird. Ihr gewachsen sein, kann nicht heißen, ihr entgegenstehen. Sie ist stärker als jede Statik. Man wird mit ihr laufen müssen, sich auf ihren Rücken schwingen und sie reiten, als sei sie ein wildes Pferd oder, sagen wir, ein Haufen wilder Pferde, um dem Bilde nicht die Macht zu nehmen. Reiten heißt zügeln; aber der Reiter ist selbst in Bewegung.

Da Sie sich bei so anstrengender Betrachtung der Zukunft an den Historiker wenden, erwarten Sie etwas wie eine Erholung. Sie werden sie, hoffe ich, erhalten. Geschichte läuft ja nur nebenher, macht keine Voraussagen, *darf* keine Voraussagen machen. Das tut die junge Wissenschaft von der Zukunft, die freilich auch behauptet, die Zukunft habe bereits begonnen. Sie hat begonnen. Der Boden unter unseren Füßen ist in Bewegung geraten, und das Momentum der Bewegung ist fühlbar. Seit wann? Darauf darf der Historiker versuchen zu antworten. Er darf die Frage präziser stellen. „Seit wann", darf er fragen, „hat man das gemerkt?" Und weiter: „Wie haben die Leute darauf reagiert?", wobei es wichtig ist, beide Seiten zu kennen: die Reaktion derer, die lediglich erschreckt waren, und die Suggestion derer, die die Tatsache der Bewegung akzeptiert haben. Die Stimme der Erschrockenen wird erheblich später hörbar als die der Vorwärtsschauenden. Das ist natürlich; denn sie reagieren auf eine Zeitspanne revolutionärer Praxis und Theorie. Sie halten sich an die Vorstellung von einer Vergangenheit, in der das Leben Sinn gehabt habe und die Gesellschaft Form. In dem Aufbruch aus diesem von ihnen als gesichert und dauernd angenommenen, vielmehr postulierten Zustande sehen sie das Wirken des Teufels. Sedlmayr analysiert den Fortschritt des Teufels von Ledoux bis Le Corbusier mit Genuß: dem Genuß des Hasses, der hellsichtig macht. Ihm ist der Teufel der Geist der Utopie. Utopie zersetzt die gegebene Form, zerstört die Mitte: Religio. Daß die Vergangenheit, von der Sedlmayr ausgeht — und diejenigen, die ähnlicher Meinung sind —, möglicherweise nie existiert hat, daß sie eine rückgewandte Utopie ist, das ist die charakteristische Schwäche dieser Position. Sind die Dinge einmal ins Rollen geraten, so können, scheint es, nur noch Utopien und Gegenutopien konzipiert werden. Die vorausschauenden Utopien nun, die neuen Horizonte, die Theorien, welche eine Richtung erkennen — oder weisen — wollen, sind die Geistesgeschichte, die neben der materiellen getreulich einherläuft. Der Historiker kann ihr seinerseits folgen, bis zu dem Augenblick des Fortgerissenwerdens, der unser Augenblick ist. Dort kann er sich nur eben auf einige Erscheinungen der Gegenwart berufen, die er für Zeichen hält, Strohhalme im Wind, wie die Engländer das nennen. Voraussagen sind das nicht. Das letzte, was ein Historiker erblicken kann, ist die eigene Zeit.

In Europa denkt man seit der Renaissance ernsthaft über Architektur nach. Vorher gab es eine Theorie des Schönen — Thomas von Aquino — und Rezepte für Architektur — Villard, Roritzer. Über Architektur nachzudenken ist geradezu ein Wesenszug der Renaissance. Das beginnt im Quattrocento mit Albertis zehn Büchern vom Bauen. Die Frage drängt sich auf, warum hat man nicht einfach auf Vitruv hingewiesen. Er war die Stimme der Antike, deren Architektur man wiederherstellen wollte. Er war der Präzeptor, und die Renaissance gibt an Autoritätsgläubigkeit dem Mittelalter nichts nach. Zweierlei verhinderte die Kanonisierung der vitruvianischen Bücher. Das erste ist die Unklarheit dieses Textes. Man mußte ihn interpretieren, um ihn überhaupt verstehen zu können. Und man weiß, wie verschieden verschiedene Architekten der neueren Zeit aus Vitruvius Angaben das antike Haus rekonstruiert haben. Zum anderen wußte man gut genug, daß man für andere Bedürfnisse, als die der Alten, bauen mußte. Man baute keine Thermen, keine Foren, keine Amphitheater — und das Theatro Olympico ist neben einem antiken nicht mehr als ein Spielzeug. Auch Tempel baute man nicht, mochte man gleich die Kirche Templum nennen. Man begab sich bei den Alten in die Schule, um dem vergleichsweise Ephemeren, was man baute, Gültigkeit zu geben. Und wenn Albertis Bücher insofern noch an die des Vitruvius erinnern, dann tun sie es, indem sie ebenfalls Kompendien der Bautechnik und des praktischen Planens sind; die Theorie der Form — sie fehlt nicht bei Alberti — wird erst in den Schriften der Späteren wichtig. Hier zeigt sich ein Paradox: Die Antike sollte Gültigkeit verleihen; aber die Entwicklung der Renaissance ist rastlos, weil die Antike in ihr nichtantiken Funktionen sich bequemen mußte. Am Ende sind es eben die Neutöner, die Manieristen, Vignola, Serlio, die die strikten Formbücher herausbringen.

Das Primat der Form aber macht die Architektur der Renaissance zur Bau*kunst* in einem Sinne, der den pragmatischen Römern zumindest weniger geläufig gewesen war. Der Gedanke, daß man von einem Bauwerk nichts wegnehmen, noch ihm etwas hinzufügen könne, ohne es als Kunstwerk in Frage zu stellen, wird zum leitenden Prinzip der Architektur erhoben. Diese Regel gilt in der Renaissance für jedes Kunstwerk, und die Architektur geht aus den Händen der Renaissancemaler — ich glaube, nur Palladio hat keine Bilder hinterlassen — als eine bildende Kunst hervor, die in sich ruhende Kunstgebilde schafft. Das hat man noch uns gelehrt; und als junger Mann wäre es mir zumindest merkwürdig vorgekommen, wenn ich Worte gehört hätte wie die von Dennis Lasdun, der uns kürzlich erzählt hat, daß es sein Prinzip sei, einem Bau niemals einen in sich vollendeten Charakter zu geben. Man müsse, im Gegenteil, stets fühlen, daß er noch wachsen will und wachsen wird. In der Renaissance wurde ein Damm gegen die Bewegung errichtet; aber die Bewegung beginnt mit der Renaissance. Der Bruch zwischen antiker Form und neuem Bedürfnis beförderte die Unruhe, die zur Bewegung wird. Der Damm erwies sich trotzdem als stark und dauernd.

Die erste der Theorien, an der man die Bewegung ablesen kann, ist die des Eklektizismus. Sie dürfen eine Erklärung dieses recht vieldeutigen Satzes verlangen. Was verstehen wir unter der Bewegung? Wir verstehen darunter eine Erweiterung des Aufgabenbereiches des Architekten. In der Renaissance ist von einer Erweiterung nicht die Rede. Im Gegenteil, im Vergleich mit der Antike ist eher von einer Verengung der Aufgabe die Rede. Wir werden sehen, daß der Eklektizismus in dem Augenblick, in dem er etwas wie eine Theorie wird – auch dann ist er nicht eben explizit, vielmehr in der allgemeinen Architekturauffassung implizit – mit einer erheblichen Erweiterung des Aufgabenkreises und der Dimension der Aufgaben zusammentrifft. Das geschieht zu Beginn des 19. Jahrhunderts – und wir sprachen eben noch von der Renaissance. Dazwischen liegen immerhin Manierismus und Barock. Wir sind aber hier mit Theorien beschäftigt. Manierismus und Barock waren Praktiken. Ihre Architekten, von Vignola angefangen, gaben sich als strikte Anhänger des antiken Kanons. Würde man nur ihre Äußerungen kennen und nicht auch ihre Werke, so könnte man meinen, es sei seit Bramante nichts Neues geschehen.

Zunächst ist der Eklektizismus nichts als die Neugier, welche das Hereinholen der fremden, antiken Formen durch die Renaissance selbst stimuliert hatte. „Zunächst", das ist zu Beginn des 18. Jahrhunderts, als Fischer von Erlach sein Geschichtswerk herausbrachte. Diese erste Geschichte der Architektur gibt neben den Werken der „Alten" – einschließlich derer der Ägypter – auch Bauten der Türken, der Perser, Inder, Chinesen, Japaner; nicht allerdings die des Mittelalters. Diese großartige Sammlung führt Fischer ein als ein Werk der Augenfreude, und „um denen Künstlern Anregungen zu geben", ein Hinweis, den er bei der eigenen Arbeit befolgt hat; denn die Karlskirche ist eine persische Kuppelmoschee mit zwei Trajanssäulen an Stelle der Minarette, erweitert durch den Retrochor der Kirche II Redentore in Venedig. Trotz dieser Zitate und der geborgten Anordnungen bleibt die Kirche barock. Die Neugier Fischers ist eben stark genug, das Exotische sich anzueignen. Fischer ist jedoch weder fähig noch willens, den Zeitstil zu zersetzen.

Das geschieht erst in der zweiten Hälfte des Jahrhunderts mit der Neuwertung der gotischen und der griechischen Architektur. Wie sehr auch das Greek Revival von den Vertretern der Renaissance, die ja römisch war, als romantisch, unverantwortlich, auflösend empfunden wurde, kann man an dem wütenden Ausfall des gestrengen William Chambers sehen, der das Griechische „die Baukunst von Affen und Wilden" nannte. Im Anfang ist aber beides, das neue Griechentum und das neue Mittelalter, noch Spiel; nicht viel mehr, als eine Bereicherung des Vokabulars durch das entschieden Fremde. Man spielte; doch ist dieses Spiel bereits Vorbereitung für den Eklektizismus der Durand und Schinkel, der vielleicht ebenfalls spielerisch war, aber, wie ich zu zeigen hoffe, Spiel in einem ernsten Zusammenhang.

Durand ist ein Schüler Boullées gewesen und lehrte an der Ecole Polytechnique, einer Gründung Bonapartes. Als Schüler Boullées ist er Erbe jener Revolution in der Architektur, die der Französischen Revolution vorangeht und zu ihr gehört. Boullée und Ledoux waren stilistisch weder Neuschöpfer, noch waren sie Wiederentdecker irgendeines vergangenen Stiles, wie die Neogriechen und die Gotiker. Sie beriefen sich auf Rom, auf Palladio, auf Blondel. Doch ist eben ihr Klassizismus aufs entschiedenste romantisch, denn *ihr* Rom ist wirklich ein antikes, nicht das urbane Rom der Renaissance. Es ist republikanisch, utopisch, pathetisch; ihre Architektur soll sprechend sein: eine Architecture parlante; sie soll Stimmungen und Ideen ausdrücken. Boullées Riesenkugel, sein Monument für Newton, mag hier als ein Beispiel für viele stehen. Unerhörte Dimensionen und die reinste Form, die Kugel, sollen Ehrfurcht vor dem Geiste der Wissenschaft erzwingen; und der Innenraum, die sternendurchbohrte Riesensphäre, soll ein Symbol für Newtons Universum sein. Mag ein solcher Bau mit Säulen geschmückt sein: sie sind nur Beiwerk. Alles Stilistische fällt von dieser Architektur der Abstraktion und der schieren Größe ab. Selbstverständlich war dergleichen nicht zu bauen. Es ist reine Vision. Und ebenso natürlich ist diese visionäre Architektur ohne unmittelbare Folgen geblieben, darin den politischen Wunschbildern von 1794 verwandt, welche aufleuchteten und verschwanden. Sie wurden durch das System Bonapartes verdrängt. In der Architektur weichen die Visionen Durands großem Lehrbuch, dem Précis.

Das Précis ist das Lehrbuch für die Architecture Civique des bürgerlichen, zentralistischen Staates, der durch Bonapartes Dazwischenkunft aus den Träumen der Ersten Republik hervorgegangen ist: eines Staates von neuen Dimensionen; und eines, der neue Arten von Gebäuden braucht: Universität, Museum, Hospital, Gefängnis, Irrenhaus, Kaserne, Viehhof, Manufaktur. Durand will sie römisch, aber das ist ein römischer Stil, dem jede Farbe genommen ist. Das Römische vertritt hier die Würde des Staates, seinen imperialen Anspruch und seinen republikanischen Ursprung. Es sichert diesen ausgedehnten baulichen Komplexen die Haltung. Aber es ist Durand um den Stil als solchen nicht zu tun. Worum es ihm geht, ist ein lückenloses System gängiger Elemente einfacher Konstruktion und klarer Form: Säle, Hallen, Treppenhäuser, Höfe, Flure, Rotunden. Sie werden zu mehreren typischen Lösungen entwickelt und dann in beschränkter Mannigfaltigkeit zusammengestellt. Auf diese Weise kann man alle Gebäude der Architecture Civique planen. Sie werden in einen quadratischen Raster gestellt, und ihre Elemente sind − dies betont Durand besonders − billig. Dabei ist das Formale sekundär. Durand exerziert die gleiche Fassade mit Säulen durch, mit Pilastern, mit Arkaden, als tragende Wand mit Sturz- und Bogenfenstern; „Combinaisions Verticales". Was Durand andeutet, den Eklektizismus nämlich, als Korrelat des Architektonischen, hat wenig später Schinkel souverän praktiziert. Bei ihm wird der Eklektizismus, den das 18. Jahrhundert spielerisch vorbereitet hat, zur Loslösung von den Stilen. Sie waren bereits bei Boullée bedeutungslos. Auf Formen kommt es nicht mehr an, sondern auf die Gesamthaltung. Ist diese wohlanständig, von einer gewissen nüchternen Größe, dann ist dem Architektonischen Genüge getan. Das Architektonische transzendiert die Form. Die Ecole des Beaux Arts, Guadet, wird es aussprechen: es gibt ewige Gesetze, welche unter dem Mantel der verschiedenen Stile immer die gleichen sind. (Die Stile werden also zum Mantel.) Noch Auguste Perret wird, in unserem Jahrhundert, auf den ewigen Gesetzen bestehen und die Lehre seinem Schüler Jeanneret weitergeben: „en affirmant les lois de toujours, on fait du moderne sans le savoir".

Die Bewegung hatte begonnen. Unter Bewegung, das sagte ich schon, verstehen wir neue Aufgaben und neue Dimensionen, die den Architekten, die die Architektur zur Stellungnahme zwingen. Bereits der spielerische Eklektizismus des 18. Jahrhunderts war ein Zeichen der Unruhe gewesen. Die Visionen der Revolutionsarchitektur waren Sturmzeichen gewesen. Sie blieben indessen Emotionen, Abstraktionen. Erst Durand hat es mit neuen Aufgaben zu tun. So geschieht es, daß Boullées überwältigende Dimension bei Durand zur physischen Ausdehnung wird und daß seine geistige Abstraktion zur abstrakt-verbindlichen Haltung zusammenschrumpft. Der Staat, der in vorher nicht erhörten Dimensionen bauen mußte, wollte bedient sein. Für die Visionäre der Revolution war Größe ein Symbol gewesen, jetzt wird Ausdehnung eine Staatsnotwendigkeit.

Und man bleibt bei den Staatsbauten nicht stehen. Auch die Architektur, die dem bürgerlichen Wohnen dient, unterwirft sich der typischen Form und der Großform. Auch sie wird eklektisch. Sie wird dazu getrieben, denn auch sie – sie erst recht, möchte man sagen – sieht sich einer Expansion ohne Beispiel gegenüber. John Nashs Straßen, Häuserreihen am Park, Villen inmitten des Parkes und Cottages in „Park Village", dem ersten Gartenvorort, sind das bürgerliche Gegenstück zu Durands Architecture Civique. Man könnte sie einen Teil davon nennen: Urbanisme Civique. Nash verfolgt das gleiche Ziel: Die Übermacht der Masse soll gebändigt werden. Tausende von Einfamilienhäusern werden durch den großen Zusammenschluß zu dem gemacht, was man Architektur nannte.

Denn dies ist das Wesen dieses Urbanisme Civique. Das bürgerliche Wohnhaus als solches interessiert den Architekten nicht. Es stört ihn. Es stört ihn, seit die Expansion des bürgerlichen Wohnens in Gang gekommen ist, also seit etwa 1750; und seitdem versucht er, schüchtern zunächst, diese vielen Häuser zu größeren Figuren zusammenzubinden. Nash schließlich faßt Meilen von Reihenhäusern zu Großformen zusammen: zu Pseudopalais oder zu Gebäuden, die anmuten wie Gerichtsgebäude, Ratshäuser usw. Dadurch *vernichtet* er sie als Bürgerhäuser. Sie werden Architektur, denn Architektur beginnt weit oberhalb dieser kleinen Behausungen für den Mittelstand. Täuschen wir uns nicht: Das Bürgerhaus als solches wird von seiten der Architektur ignoriert. Eine Antwort auf das neue Problem ist das nicht. Was der Architecture Civique recht ist, ist dem Bauen für das bürgerliche Wohnen durchaus nicht billig. Das Problem blieb, es wurde dringender; und die Kritik an der Nashschen Art, es durch die Umwandlung in „große Architektur" zu ignorieren, ließ nicht lange auf sich warten. Pugins Buch „Kontraste", in dem, zum ersten Male, Beispiel und Gegenbeispiel polemisch benutzt werden, stellt die kühle und unechte Stuckwelt Nashs dem Mittelalter gegenüber, als ein Haus noch ein Haus war, als ein jedes Gebäude sich schlicht und stolz als das gab, was es war. Es ist kein Zufall, daß der gleiche Pugin gesagt hat, es solle an einem Gebäude nichts in Erscheinung treten, was nicht für seinen Gebrauch oder seine Struktur benötigt würde. Und dies, in den 1830er Jahren gesprochen, ist die Ausgangsthesis des Funktionalismus. Hier hält die Moral ihren Einzug in die Architekturkritik. Die großzügige Unehrlichkeit John Nashs forderte das Verlangen nach Ehrlichkeit in die Schranken. Wir honorieren das noch heute. Am Anfang des vorigen Jahrhunderts, auf jeden Fall, war die Forderung nach Ehrlichkeit tief berechtigt; denn wo sollte es hinführen, wenn der immer größer werdende Bedarf an Wohnraum mit immer größeren Palaiskulissen befriedigt werden würde? Die Lawine war ins Rutschen geraten: ich meine die Lawine der neuen Aufgaben für den Architekten; denn vor der Expansion des Bürgertums seit etwa 1750 dachte der Architekt gar nicht daran, die Behausungen des Mittelstandes zu gestalten. Jetzt mußte er es, und der künstliche Städtebau, mit dem einige die Aufgabe zu lösen versuchten, erwies sich als ungenügend. Darum trat die Moral in das Denken des Architekten ein, und wir werden sehen, daß literarische, sozialpolitische, biologische: daß eine nicht mehr abreißende Reihe von Gesichtspunkten in das Denken des Architekten Eingang erhalten, die dem Renaissancearchitekten Hekuba gewesen waren. Fallacies, Irrtümer nennt der geistvolle Geoffrey Scott um 1914 diese Gedanken, die die baukünstlerischen Erwägungen verdrängen oder verfälschen: mit denen allein sollte der Architekt sich beschäftigen. Was Scott nicht sieht, ist dies: daß neue Aufgaben das Wesen der Architektur und des Architekten verändern *müssen*. Dies, meine Damen und Herren, ist recht eigentlich unser Thema.

Wenn es indessen wahr ist, daß Pugin die Ausgangsthese des Funktionalismus ausgesprochen hat, so wäre es entschieden voreilig zu meinen, daß die Theorie des Funktionalismus da einsetzt, wo Durands Lehre und Nashs Anwendung sich als unzulänglich erwiesen. Zunächst ließen die Architekten den Dingen ihren Lauf, was zur Folge hatte, daß zwar nicht mehr große Ensembles entstanden; vielmehr entstanden Straße um Straße mit kleinen Schlössern, Burgen, Ratshäuslein, gotisch oder klassisch, wie die Mode eben war. Die Architekten sahen da nicht hin. Der Städtebau interessierte sie in eben dem Augenblick nicht mehr, in dem er ihr Interesse besonders nötig gehabt hätte. Der Architekt blieb der Renaissanceidee von seiner Kunst treu — wenigstens blieben weitaus die meisten Architekten dieser Auffassung treu. Sie lehnten es ab, sich mit dem zu befassen, was in den Niederungen des bürgerlichen Wohnens vor sich ging — von der Unterbringung des vierten Standes gar nicht zu sprechen; allenfalls beschäftigten einige von ihnen sich mit dem großen Landhaus.

Damit begannen diese Architekten allerdings ein folgenschweres Experiment.

Das Objekt war sehr geeignet, sie von der Kunst im Sinne der Renaissance weg-zuführen. Sie fanden das, was Scott die architektonischen Werte nennt, auf diese lebensnahe Aufgabe nicht anwendbar. In der vitruvianischen Dreiheit Funktion, Struktur, Schönheit — ich bemühe mich vergebens, Wottons *Commodity, Firmness and Delight* zu übersetzen — nahmen sie sich der *Commodity* an, und sie meinten, daß diese schließlich eine Quelle des *Delight* sein werde. Sie laborierten lange, von 1860 an, und im stillen. Erst Lethaby in England und Muthesius in Deutschland faßten, nach 1900, in Worte, was von diesem Experiment abzulesen war, und siehe da, es war eine vollständige Theorie, die sich auf alles Bauen an-wenden ließ: Es war die Theorie des Funktionalismus. Das ist natürlich eine starke Vereinfachung dessen, was wirklich geschah. Ohne die vorhergehenden Be-mühungen von Theoretikern wie John Ruskin wäre Lethaby nicht imstande ge-wesen, seine Ideen zu formulieren. Er spricht selbst davon, Ruskins Größe er-weise sich eben darin, daß seine neuen Gedanken heute, also zu Lethabys Zeiten, bereits Gemeinplätze geworden seien. Ruskin ganz besonders war für das Eintre-ten anderer als der rein formalen Gesichtspunkte in den Gedankenkreis des Ar-chitekten verantwortlich, von dem wir eben schon gesprochen haben.

Die Theorie des Funktionalismus war, das sahen wir schon bei ihren ersten An-fängen, bei Pugin, stark mittelalterlich orientiert. Noch Hugo Häring dachte an das Mittelalter. Wer mit der Auffassung der Renaissance über Architektur und über den Architekten brechen wollte, holte sich verständlicherweise beim Mittel-alter Hilfe. Die Theorie war aber nach 1900 nicht mehr gotisch. Sie war gegen jede Stilnachahmung, da sie meinte, aus ihren eigenen gesunden Prinzipien werde ein eigener Stil hervorgehen. Die Wendung gegen die Auffassung der Renaissance war vollkommen: Die Funktionalisten sahen in der Architektur nicht mehr eine Kunst. Lethaby zog das Wort Bauen dem Wort Architektur vor; und der späte Funktionalismus Härings besteht sehr stark auf diesem Unterschied. Muthesius sagte auf der Werkbundtagung vom Juli 1914 in Köln: „Und dann ist das Wort ‚Kunst' für viele Teile unserer Arbeit überhaupt etwas zu prätentiös gewählt. ... Die Überführung aus dem Individualistischen ins Typische ist der organische Ent-wicklungsgang, der nicht nur zu einer Ausbreitung und Verallgemeinerung, son-dern vor allem auch zu einer Verinnerlichung und Verfeinerung führt. In allen großen Kulturperioden, vor allem in den Blütezeiten der Baukunst, sehen wir die-sen gleichmäßigen Strom völlig einheitlicher Leistungen dahinfließen. Es haben gewissermaßen ganze Generationen an ein und derselben Aufgabe gearbeitet, je-der einzelne Künstler hat seinen Teil zur Hebung des Gesamtresultates beigetra-gen, ähnlich wie es heute in Fabrik- und Konstruktionsbetrieben der Fall ist, in denen alles darauf hinausläuft, den fabrizierten Gegenstand (fotografischen Ap-parat, Fernrohr, Dampfschiff, Turbine) ständig zu vervollkommnen und zu ver-bessern."

Der Funktionalismus begleitet aber eine zweite, entschiedenere Wendung des Ar-chitekten zu neuen Aufgaben. Der Durandismus hatte ihn befähigt, sich den Forderungen des bürgerlichen Staates zu stellen. Sogar etwas wie einen bürgerlich-staatlichen Städtebau hatte es eine kurze Zeit lang, nach 1815, gegeben. Mit dem Funktionalismus werden Aufgaben eingelassen, die der Architekt vorher als seiner Kunst nicht würdig erachtet hätte. Wieder, und radikaler als das erstemal, ändert der Architekt sein Bild von sich selbst und von dem, was er Architektur nennen will — oder, wie gesagt: Bauen —, und ermächtigt sich dadurch, dem Schwall des Neuen sich zu stellen. Erst jetzt interessiert der Architekt sich wieder für Städtebau (der Baron Haussmann war *kein* Architekt gewesen), jetzt erst für den sozialen Wohnungsbau. Wir müssen hier eine Anmerkung machen: Mit der Theorie waren die Architekten während dieser ganzen Entwicklung stets eher fertig als mit der Änderung ihres Berufsbildes, die aus der Theorie hätte folgen müssen. Und besonders hinkte die Architektenausbildung, ich möchte sogar sagen, trotz des Bauhauses, stets nach, blieb dem Renaissanceideal vom Architekten als einem bildenden Künstler weiter verpflichtet.

Die eben zitierte Äußerung von Muthesius auf der Werkbund-Versammlung war mehr, als eine Absage an die Kunst. Einmal vertritt sie den Werkbund-Gedanken. Er nimmt sich der Form unserer gesamten Umwelt an — vom Teelöffel, wie es so schön hieß, bis zum Städtebau, womit nun wirklich ein sehr weiter Aufgabenkreis umrissen wird. Jeder der Werkbundarchitekten der zwanziger Jahre hat seinen Stuhl entworfen (viele auch ihre Stadt). Michelangelo, bei all seiner Universalität, hat das nicht getan.

Muthesius' Äußerung spricht aber auch die Technik an, und von dieser Großmacht ist in unserer Untersuchung noch nicht die Rede gewesen. Als Maschinenproduktion und als Bautechnik erweitert sie sehr stark das Gebiet, auf das die Arbeit des Architekten sich erstreckt. Diese beiden Aspekte der neuen Entwicklung, die die Architektur bedrängte und befreite, haben die Ur-Funktionalisten in England — um sie einmal so zu nennen — außer acht gelassen. Was die Maschinenproduktion angeht, so mag man ihnen das, vor dem ersten Weltkrieg, sogar nachsehen; denn sie berührte damals das Bauen nur mittelbar. Um so dringender stellte sich, seit spätestens 1850, die Frage nach den neuen strukturellen Möglichkeiten, und hier haben die Franzosen die neue Theorie geschaffen. Sullivan hatte gesagt: ,,Form follows function". Die großen Franzosen des 19. Jahrhunderts hätten sagen dürfen: ,,Die Form folgt der Struktur". Hierauf läuft Viollet-le-Ducs Theorie hinaus; und nichts anderes meinte Perret mit seinem Wort: ,,L'Architecture c'est ce qui fait les belles ruines". Aus dem Primat der Struktur folgerte bereits Viollet, daß die Architektur des folgenden — also unseren — Jahrhunderts eine Metallarchitektur sein werde. In Frankreich begann die Auseinandersetzung des Architekten mit den Werken des Ingenieurs; anders ausgedrückt: der Architekt nimmt nun auch die Werke des Ingenieurs in seinen Aufgabenkreis auf. Erst damit bietet er dem Kernproblem der Industriellen Revolution die Stirne. Die Expansion der Staatsbauten, der bürgerlichen und dann der proletarischen Umwelt waren in der *industriellen* Revolution sekundäre Erscheinungen.

Sie sehen, wie die Architektur versucht, die Erscheinungen einer sich wandelnden Umwelt eine nach der anderen in den Griff zu bekommen, wobei sich jedesmal das Wesensbild des Architekten ändert. In der Renaissance war er bildender Künstler, bei Durand Organisator, Manipulator, bei den frühen Funktionalisten biederer Handwerker, bei Hugo Häring Schöpfer einer Umweltbiologie: die Gegenstände, die uns dienen, werden zu Organen, die sich Lebensvorgängen anpassen, und erhalten daraus ihre „Leistungsform"; bei Perret wird er Ingenieur — freilich einer, der die „ewigen Gesetze" kennt; bei Le Corbusier, ähnlich, ein Ingenieur für die Lebensbedürfnisse, dessen Werk durch Maß und Zahl zur Architektur wird; andere sehen ihn als Soziologen, als Sozialarzt, als Planer von Regionen, als Erzieher: die Figur des Architekten, wie die Renaissance sie uns hinterlassen hat — wir haben gesehen: sie hat ein zähes Leben gehabt (unter uns: ich fürchte, sie ist *noch* am Leben) —, wurde durch einander folgende Theorien bis zur Unkenntlichkeit gedehnt, vielleicht, hoffen wir es, gesprengt.

Ich komme zum eingangs Gesagten zurück: Wir stehen nicht auf festem Grunde in Erwartung der Bewegung, die auf uns zukommt: länger, erheblich länger als manche unter uns denken wollen, ist der Boden unter unseren Füßen in Bewegung geraten; schon lange hat die Theorie der Architektur und die vom Architekten in den Wettlauf mit dem Wandel der Dinge eintreten müssen. In diesem Augenblick wird sie durch drei Entwicklungen bedrängt, die in Wahrheit drei Aspekte der gleichen Entwicklung sind:
— Bevölkerungsexplosion,
— Stadtwerdung der Welt
— und die Tatsache, daß es eine Lehre von den zu befriedigenden Bedürfnissen noch nicht gibt.

Dazu muß die Theorie Stellung nehmen, und sie nimmt dazu Stellung. Den gegenwärtigen Theorien ist eines gemeinsam: Sie halten den Architekten als den Planer einzelner Gebäude für eine Erscheinung, die nicht in die Zukunft paßt, die begonnen hat — um mich noch einmal der Jungkschen Metapher zu bedienen. Diese Feststellung hören Architekten nicht gerne, und selbstverständlich ist die Frage berechtigt, wer denn die einzelnen Gebäude planen sollte, die die Gemeinschaft wird haben wollen, woran sich allerdings sofort die Frage anschließt: *welche* individuell geplanten Gebäude wird die Gemeinschaft noch haben wollen? Offenbar wird es keine Einfamilienhäuser geben, wie wir sie kennen. Man kann sagen, daß sie bereits heute in dem Sinne nicht mehr vorhanden sind, in dem die Älteren unter uns sie kennen. Man darf, man muß aber weiter fragen, ob es Theater, Konzertsäle, Rathäuser, individuell geplante Schulen geben wird: ich meine, ob man sie brauchen wird. Wird man sie brauchen, so kann es durchaus geschehen, daß der Architektenberuf, wie wir ihn kennen, in zwei Berufe auseinanderbricht. Die einen werden die individuellen Gebäude planen, deren die Gemeinschaft noch bedarf, die anderen werden sich der großen und typischen Aufgaben annehmen, die die neue Umwelt stellen wird. Die Architekturschulen —

dies sei noch einmal am Rande, aber mit Nachdruck angemerkt – die Schulen erziehen nach wir vor den Architekten, der einzelne Gebäude entwirft.

Der Architekt aber, der die großen und typischen Aufgaben zu lösen versucht, wird notwendig eine sehr andere Erscheinung sein müssen. Ich meine, die entschiedenste Theorie – obwohl sie vor etwa zehn Jahren ausgesprochen wurde –, ist die von Konrad Wachsmann. Er will den Raum strukturieren, ein System von Knotenpunkten, also ein vorgefertigtes Rahmensystem errichten und in dieses die Räumlichkeiten einhängen, welche die neue Stadt braucht, welche die neue Stadt ausmachen: dabei hat Wachsmann sich intensiv mit der Ausbildung dieses Tragsystems beschäftigt, besonders der Knotenpunkte, in denen er mit Recht das A und O des räumlichen Rahmens sieht, während, durchaus in seinem Sinne arbeitend, Leute wie Yona Friedmann und Eckardt Schulze-Fielitz die Raumstadt selbst ins Auge fassen, die in diese Rahmen eingehängt werden soll. Ich nenne die Theorie deswegen entschieden, weil sie die Notwendigkeit anerkennt, die Aufgabe, die vor uns steht, radikal technisch zu sehen und anzufassen und dementsprechend den Architekten als einen Ingenieur zu betrachten. Dabei darf man wieder Wachsmann als besonders konsequent anerkennen. Nicht nur hat er sich selbst, einen Architekten, zum Ingenieur gemacht; er hat auch klar beschrieben, was diese Wandlung für die Architektur und für den Architekten bedeutet, wobei er Ausbildung und Arbeitsweise des Architekten nicht vergessen hat. Hier haben wir ein solides Geistesgebäude, mit dem wir uns auseinandersetzen dürfen. Er hat die Theorie zumindest *entworfen*, und es ist ergreifend zu sehen, wie klar er den Moment faßt, in dem sich der Funktionalismus als unzulänglich erweist; denn das wird er, wenn der Architekt nicht mehr von der Funktion des einzelnen Gebäudes oder auch der Stadt als dem gestaltgebenden Agens ausgehen kann – Leistungsform –, sondern zunächst den Rahmen entwickelt, ihn für alle Fragen der Funktion also als *vorgegeben* annehmen muß. Ergreifend nenne ich es, weil Wachsmann ein Funktionalist ist, weil er – im Gegensatz zu den Architekten, die in der Form das Wesentliche ihrer Bemühungen sehen, oder zu jenen Pseudofunktionalisten, die es eilig haben, zur Form zu kommen, und das sind in Wahrheit fast alle – von der Bescheidenheit spricht, mit der der Architekt seine Aufgabe im Dienst am Leben zu sehen habe. Und doch, bemerkt er, überflügle die Technik selbst das Postulat der Funktion, so daß ein Augenblick eintrete, in dem man nicht mehr sagen könne, daß die Funktion die Form schaffe; vielmehr schaffe die vorgegebene technische Form nun ihrerseits Funktionen. Dies scheint mir, ist für die Theorie der springende Punkt; und ich habe von den räumlichen Systemen nur deshalb gesprochen, weil sie ein besonders deutliches Modell sind. Das Primat der Technik vor der Funktion hat aber eine viel weiter gehende Bedeutung.

Mit solchen Systemen – und ebenso mit ganz andersgearteten Struktursystemen – kann man die Frage nach der Unterkunft der Massen lösen. Ob man damit auch die zweite Frage, die der Stadtwerdung der Welt, lösen kann, das weiß ich nicht. Die Raumstädte – ob es nun die eben genannten sind oder die von Kikutake – zwingen den Menschen zu seinem Glück. Wir sehen den Rahmen und finden ihn gut. Wir sehen die Raumstadt – ich denke da etwa an den Versuch von Schulze-Fielitz, die Massen über dem Ärmelkanal in einem luftigen Spinnengewebe anzusiedeln – und wir schaudern. Hier begegnen wir dem dritten Aspekt der neuen Entwicklung: Wir besitzen keine Kenntnis der Bedürfnisse, die zu befriedigen sind. Dies ist unser Dilemma. Wir können die Arbeit materialiter zweifellos leisten. Wir wissen aber nicht, wofür – über die Unterbringung hinaus – wir arbeiten. Der Funktionalismus der zwanziger Jahre machte bestimmte Annahmen über die Bedingungen der Aufgabe: Trennung der Funktionen, Durchgrünung der Städte, les joies essentielles, air, son, lumière – die letzteren schon beinahe eine Abstraktion, ein Wegweiser nach Utopia. Sie gründen sich auf eine Auffassung vom Menschen. Man schrieb ihm gewisse Bedürfnisse zu: solche Bedürfnisse seien allgemein menschlich. Vielleicht irrte man sich in den Annahmen, die man machte. Vielleicht will „der Mensch" lieber Enge als Weite, vielleicht will er Tuchfühlung, Nachbarschaft, Straßenlärm. Sei dem wie ihm wolle: die Vertreter der einen wie der anderen Auffassung gehen vom Menschen aus, als einer bekannten Größe. Diese Annahme ist unbegründet; wobei man feststellen muß, daß die Funktionalisten der zwanziger Jahre erheblich stärker von einem Wunschbild des Menschen ausgegangen sind als Leute wie Jane Jacobs heute, die die „wesentlichen Freuden" näher am Boden suchen, als Le Corbusier sie gesucht hatte.

Als ich eben sagte, die Raumstädte seien für andere Wesen konzipiert, als wir es sind, konnte ich den Einwand beinahe *hören*, daß dies, seit eh und je, der Angst- und Kampfruf der Reaktion gewesen sei. Wie aber, wenn die Reaktion dies, immerhin, richtig gesehen hätte, dies nämlich: daß auch der Funktionalismus der zwanziger Jahre für andere Wesen geplant hat, als für Sie und für mich? Utopie ist der stille Begleiter der bewegten Jahrhunderte seit der Renaissance gewesen; und zuweilen war sie gar nicht so still. Die Renaissance selbst ist Utopie – wenn auch rückgewandte Utopie; das gilt für jedes „revival", sobald es sich ernst nimmt. In den Visionen der Boullée und Ledoux meint man die Fanfare der Utopie zu hören. Die Reaktion selbst – Scott, Sedlmayr – ist utopisch. „Nun", beginnt ein Zeitgenosse des Funktionalismus gegen 1930 einen Artikel, „da es klar ist, daß der Stil des utopischen Formalismus sich durchgesetzt hat ..." Wenn man an Schulze-Fielitz' Kanalbrückenstadt denkt, kann man die Utopie mit Händen greifen: Hier wird für andere Wesen geplant. Es mag sein, daß sich der Mensch durch die bisherige Wirkung der industriellen Revolution bereits radikal verändert hat und daß er sich unter dem Impact der Entwicklung in den nächsten 25 oder 33 Jahren noch erheblich stärker verändern wird. Es kann sein. Wir wissen es nicht. Die Clip-on-Architekten wissen es ebenso wenig. Indem sie jedoch planen, *dekretieren* sie Art und Ausmaß der Veränderungen, die stattfinden – ich sage mit Fleiß – *sollen*.

Dies ist zweifellos eine zu großzügige Auslegung des von Konrad Wachsmann ausgesprochenen Gedankens, daß die technische Form Funktionen schaffen könne.

Solche Funktionen werden innerhalb des menschlich Möglichen bleiben müssen. Wir werden also über das menschlich Mögliche zu lernen haben, und zwar schnell; denn die Arbeit duldet keinen Aufschub. Wir sind gezwungen, sofort technisch-fortschrittlichst zu planen und zu bauen, ohne noch genau zu wissen, für wen. Es wird dringend notwendig, die Veränderung im Wesenskern des Menschen zu erforschen und über die zukünftige Veränderung, soweit sie wissenschaftlich einigermaßen exakt vorauszusehen ist, das Wichtigste zu erfahren. Bis diese Arbeit geleistet ist, handeln wir als Dilettanten.

Anderes bleibt uns in der Tat nicht übrig; und bis wir mehr wissen, werden wir uns mit Arbeitshypothesen über den Menschen und seine Wesensveränderungen behelfen müssen. Erlauben Sie mir, abschließend zwei extreme Annahmen zu skizzieren und miteinander zu vergleichen: Die erste ist die, daß der Mensch, über dessen aktuelle und potentielle Wandlungen wir nichts wissen, sich so verändern werde, wie die von uns vorgeschriebene technische Form es verlangt. Das ist utopisch. Die zweite ist die, ebenso extreme, daß er sich erheblich weniger verändert habe und in seinem Wesenskern erheblich weniger verändern werde, als manche annehmen. Die zweite Annahme wäre als Arbeitshypothese weniger riskant als die erste, da sie weniger einschränkend wirken würde. Man wird sich natürlich mit *keiner* Arbeitshypothese zufrieden geben, sondern ständig lernen und besonders das eben Gebaute sofort zum Gegenstand der Untersuchung machen müssen. Damit kehren wir der Utopie den Rücken.

In der Lage, in der wir uns befinden, bedarf die Theorie vom Primat der Technik als Korrelat einer Arbeitshypothese, die annimmt, daß das Menschliche wesentlich konstant sei. Schon deswegen braucht sie dieses Korrelat, weil wir nur für ein Wesen planen können, von dem wir einigermaßen klare Vorstellungen, mehr: von dem wir *Erfahrung* haben. Wir müssen die Technik schöpferisch beherrschen und den Menschen kennen. Damit sind Ziel und Arbeitsweise des Architekten angedeutet.

Wir haben von Kunst nicht gesprochen. Es gehört zum Wesen des Menschen, daß er seine Umwelt auf eine Art geordnet erfahren möchte, daß sie ihren Dienst am Menschen und die Zuordnung ihrer Teile zueinander klar erkennen läßt; nennen wir dies, mangels eines besseren Wortes, eine expressive Ordnung. Das heißt aber: eine Form. Ich spreche dieses Wort mit Zögern aus; denn um alles in der Welt möchte ich es vermeiden, daß das Konzept vom Architekten als von einem bildenden Künstler, das Renaissancekonzept, sich durch die Hintertüre hier wieder einschleicht.

Vortrag auf dem 42. Bundestag des BDA in Hannover, 1966.
Der Architekt, 1967, S. 84 ff.

14 Absolute Architektur (1966)

Der Architekt Jörn Utzon hat in diesem Jahre in Lübeck die große Plakette des BDA für ausländische Architekten erhalten. In der Akademie der Künste, Berlin, fand im September eine Utzon-Ausstellung statt. Sie sollte mit einem Colloquium über das Thema „Architekt und Bauherr" verbunden werden, an dem Jörn Utzon sich beteiligen sollte; denn er hatte kürzlich mit *seinem* Bauherrn, den Behörden der Stadt Sidney in Australien, Erfahrungen gemacht, welche offenbar zeigten, wie wenig heutzutage die Öffentlichkeit als Bauherr noch dem Ideal entspricht, welches in Zeiten der Vergangenheit etwa durch die Fürstenfamilie Schönborn verkörpert wurde oder durch die Mediceer in Florenz. Auch die vorhergegangene Ehrung durch den BDA war als eine Bestätigung der Haltung des Architekten in seinem Konflikt mit den Behörden von Sidney gemeint; denn er war ausdrücklich für die architektonische Leistung vergeben worden, welche das Opernhaus von Sidney darstellt. Die Ehrenurkunde bediente sich bei dieser Gelegenheit einer Formel, die man guttut, sich genau einzuprägen. Der Entwurf des Opernhauses, hieß es dort, manifestiere „jenseits des rein Utilitären die Autonomie des Ausdruckes". Die Formel wurde möglicherweise durch das angeregt, was Siegfried Giedion in der letzten, nun auch in deutscher Sprache vorhandenen Ausgabe seines großen Werkes „Space, Time and Architecture" („Raum, Zeit, Architektur") zu dem gleichen Bau zu sagen hat:
„Und wozu dies alles? Wozu der Aufwand an Zeit und an Kosten? – Für nichts, als für das Recht auf Ausdruck, wie ihn die Imagination forderte. Diese Unnachgiebigkeit, mit der das Recht auf Ausdruck erkämpft wurde, eröffnete ein neues Kapitel in der heutigen Architektur."
Utzon konnte leider zu dem Colloquium nicht erscheinen. Es fand darum nicht statt. Wir, die wir als Zuhörer erschienen waren, hatten immerhin die Freude, den Bau und viele andere Werke des Architekten ausgestellt zu sehen und einen Film vom Bauvorgang des Opernhauses zu genießen. Beides war in der Tat eine Freude und bestärkte wohl einen jeden von uns in der Meinung, die wir alle uns von Utzon gebildet hatten: daß er ein Künstler und ein Konstrukteur von seltenen Gaben ist. Sein magnum opus, das Opernhaus, ist einem jeden Leser dieser Zeitschrift zu bekannt, als daß ich es im einzelnen beschreiben müßte. Es ist ein Kasten, aus dessen ansteigendem Boden die Sitzstufen der beiden benachbarten Säle, Operntheater und Konzertsaal, ausgetieft sind. Die Decken der beiden Räume und die Decke eines Teils des ihnen gemeinsamen Foyers werden an den drei in den Himmel ragenden Strukturen angehängt, welche die äußere Gestalt des Bauwerks bestimmen: Kämme hat man sie genannt oder Segel. Das Opernhaus steht auf einer engen Halbinsel, die es ganz ausfüllt, im Hafen von Sidney; und diese Riesensegel erheben sich – der Film des Bauvorganges zeigte das aufs schönste – licht und leicht in die blaue Meeresluft.

Jörn Utzon, Opernhaus in Sidney, 1959–73

Es sind diese Strukturen, die dem Bau das Gepräge geben. Zweifellos waren sie es, die dem Architekten den ersten Preis im Opernhauswettbewerb des Jahres 1957 eingetragen haben. *Sie* wollte die Stadt Sidney bauen als ein zweites weithin sichtbares Wahrzeichen neben der berühmten Hafenbrücke. Sidney wollte sie bauen, sage ich, at a price, das heißt, solange die Baukosten in etwa dem entsprechen würden, was man für einen bedeutenden Theaterbau auszugeben pflegt. Die Konstruktionen, die hier vorgeschlagen wurden, waren noch nie vorher erprobt worden. Utzon, den wir einen Konstrukteur von seltenen Gaben nannten, konnte versichern, daß sie ausführbar seien, und daß seine Reduktion aller Krümmungen auf solche, die in einem Kugelmantel vorkommen, die Errichtung dieser riesigen Strukturen immerhin vereinfachen würde. Er hat die Sache irgendwie überschlagen – man kann sich nicht recht denken, wie, da ja solche Konstruktion noch nie ausgeführt worden war – und eine Kostensumme genannt. Im Laufe des Bauens hat sich dann herausgestellt, daß die Summe, die in Wirklichkeit erforderlich war, etwa achtmal so groß sein würde als die von Utzon zuerst genannte, und besonders beunruhigend war die Tatsache, daß nun eine endgültige Summe überhaupt nicht mehr genannt werden konnte. Diese Relation hat die Stadtväter von Sidney schließlich nachdenklich gemacht, und so entstand der

Konflikt zwischen ihnen und ihrem Architekten. Es gehörte, geben wir das ruhig einmal zu, einiger Mut dazu, solche Zweifel auszusprechen und es zu riskieren, daß das große Werk, auf das die Welt mit Bewunderung sah, unvollendet blieb. Denn den Stadtvätern von Sidney war selbstverständlich bekannt, daß alle Künstler, alle Gebildeten, alle Kulturmenschen überall in der Welt sie als Banausen verdammen würden. Unterschriften Prominenter in großer Zahl würden gesammelt werden — sie *sind* gesammelt worden —, die Presse der Welt würde den Stadtrat von Sidney babarisch nennen — und in Australien ist man diesem Vorwurf gegenüber besonders empfindlich; und dem Architekten, den ein kleinlicher Bauherr der Mittel berauben würde, das einzigartige Werk zu vollenden, würde allenthalben eine Anerkennung zuteil werden, die eine unüberhörbare Kritik an Sidney enthalten würde, ja, die geradezu als Pression auf Sidney verstanden sein wollte. Es ist ein Gemeinplatz, zu bemerken, daß es nichts kostet, eine Unterschrift unter einen Protest zu setzen und nicht mehr als, sagen wir einmal, 10.000,— DM als Ehrenpreis zu vergeben. Dem Prominenten, der aufgefordert wird, einen Protest zu unterschreiben, kostet es vielleicht mehr, seine Unterschrift zu verweigern. Man mag das gegen ihn halten. Es ist, wie gesagt, ein Gemeinplatz; aber ich meine, auch Gemeinplätze müssen in diesem Falle erwähnt werden. Was die Kostenüberschreitung selbst angeht, so weiß ich nicht recht, ob die Schönborns und die Mediceer sich nicht auch die fürstlichen Köpfe gekratzt hätten, wenn ihre Neumann oder Michelozzo ihnen diese Art von Rechnung präsentiert hätten. Und wenn sie es nicht taten, nun, so hatten sie eben eine andere Art, sich Ressourcen zu verschaffen als die Stadtväter einer demokratisch verwalteten Stadt. Sankt Peter hat man aus Ablaßgeldern gebaut. Die Geschichtsbücher in protestantischen Ländern sind dem Verfahren nicht sehr grün und versichern uns, die Reformation sei eine unvermeidliche Folge gewesen. Wie immer dem sei: die Behörden von Sidney müssen ein wenig genauer rechnen, da sie zu solchen Mitteln keinen Zugriff haben. Max Taut erklärte nach dem Film: „Es kostet genauso wenig wie drei Starfighter." Vielleicht kostet es sowenig wie sechs, aber das ist unerheblich, und Max Taut hat gut daran getan, an diese Relation zu erinnern. Es ist die Relation, die zwischen den Mitteln für konstruktive Zwecke und denen besteht, die für die Zerstörung ausgegeben werden. Buckminster Fuller wird nicht müde, darauf hinzuweisen: „Wir leben", sagt er, „unter einem Regime der falschen Prioritäten." Ganz richtig; leider aber leben wir unter diesem Regime; und es würde Sidney wenig nützen, es zu leugnen. Den Stadtsäckel würde es nicht füllen.

„Man muß das unbedingt bauen", fuhr Max Taut fort. „Es ist ein Bau, der alle unsere Möglichkeiten zeigt: Stahl, Beton, die größten Montagetürme, die schwersten Fertigteile, die erstaunlichste Präzision bei ihrer Versetzung." So etwa drückte er sich aus. Und weiter — mit einem sehr pfiffigen, einem „Maxischen" Lächeln: „Ja, warum *soll* einer denn nicht alpine Architektur machen? Die Theatersäle? die sind völlig konventionell: nichts Neues hier." „Ja", nahm Christian Müller die Unterhaltung auf, ich glaube mich zu erinnern, daß es Müller war, ich

bin nicht *völlig* sicher — „ja", sagte er, „die beiden Säle sollte man weglassen."
„Man sollte", sagte ein dritter Kollege — war es Müller-Rehm? —, „den Bau als
ewige Baustelle stehen lassen. Ein Kran sollte stets ein Element montieren und
ein anderer sollte an anderer Stelle eines abnehmen."
Aus diesen Unterhaltungen geht eins deutlich hervor: die Auditorien sind Neben-
sache in diesem Bau, ja, es bedarf ihrer gar nicht, der Bau kann ohne sie bestehen. Er wird restlos durch die Strukturen repräsentiert, deren Zweck es ist, die
Saaldecken von obenher zu halten. Absolute Architektur, sagt Ulrich Conrads
dazu: „die absoluteste Architektur der Welt".
Ich muß gestehen, daß dieser Ausdruck mir Schwierigkeiten bereitet. Ich würde
ihn mir, vielleicht, gefallen lassen, wenn er in Verbindung mit einem Bauwerk gebraucht würde, das man als zweckbefreite Architektur ansprechen könnte. Nehmen wir einmal an, es handle sich hier um gar kein Opernhaus. Der kathedralen-
hafte Raum, den die Strukturen bilden, sei ganz um seiner selbst willen in den
Himmel hinaufgefeuert worden — er wirkt raketenhaft —, das Ganze sei ein
Denkmal für den Geist von Sidney, oder die Freiheit — oder, wirklich, den Lieben Gott: es bliebe stehen als die luftigste aller Kathedralen. Dann könnte man
von absoluter Architektur sprechen. Das war indessen hier nicht die Absicht. Die
großen Spitzbögen sind nur eine Hilfskonstruktion, etwa den Strebebögen einer
Kathedrale vergleichbar, oder jener Betonparabel, an der Le Corbusier die Rahmen des „Palais des Soviets" aufzuhängen gedachte. Diese Erwägung stellt unausweichlich die Frage nach der Größenrelation. Bei den Strebebögen der Kathedrale stimmte diese Relation, ich meine, sie zeigte die bedeutende, die eindruck-
vollste Konstruktion dennoch als das, was sie ist: eine Hilfskonstruktion. Auch
von Le Corbusiers Parabelbogen kann man das noch sagen. In beiden Fällen ist
der Ausdruck sehr stark. „Seht", scheinen solche Strukturen uns zuzurufen:
„Wir können es: wir halten Gewölbe in schwindelnder Höhe — oder: wir halten
alle Rahmen des großen Raumes über dem Proszenium in der Luft." Ich will keinen Augenblick leugnen, daß in beiden Fällen, bei den Kathedralen und beim
„Sovietpalais", die Ausdruckskraft der Hilfskonstruktionen sehr stark betont
wurde, will sagen, daß man solche Konstruktionen deutlicher zur Erscheinung
gebracht hat, als es konstruktiv unbedingt nötig gewesen wäre. Diese Bögen
stemmen sich mit unvergeßlicher Kraft gegen das Hochschiff. In vielen Fällen
hätte ein geringerer Auswand die Arbeit auch geleistet. Le Corbusiers Parabel
steht da als ein Triumpfbogen der neuen Technik. Vielleicht hätte auch hier ein
weniger bedeutender Bogen genügt. In diesen Fällen handelt es sich um Ausdruck, und es hat noch niemand behauptet, daß Architektur auf Ausdruck verzichten solle, um wahrhaftig zu bleiben. Im Gegenteil, sie wird zur Architektur
erst dadurch, daß sie den Dienst, den ihre Glieder leisten, durch deren Form bekräftigt.
In Sidney indessen handelt es sich um etwas anderes. Die Relation zwischen den
„Segeln" und dem geringen Dienst, den sie leisten, ist so offenbar, daß der Beschauer zunächst diese großen Strukturen *als solche* nicht begreift. Sie sind etwa

dreimal so hoch wie die Theatersäle. Deren Deckenspann hätte sich erheblich leichter bewältigen lassen. In Sidney hat sich die Struktur vom Dienste, den sie leistet, abgelöst, sie hat sich verselbständigt. Sie bildet einen einzigartigen Raum, der, wenn der Bau einmal steht, dem menschlichen Auge entzogen wird: wie Heines Himmel gehört er dann den Engeln und den Spatzen: den Engeln, denen er gewidmet ist, den Spatzen, die darin nisten. Ja, man fragt sich — man hätte sich das längst fragen dürfen —, ob nicht das Windesbrausen in der Himmelsharfe dieser Bögen der kleinen menschlichen Musike drinnen in den Sälen Abbruch tun werde.

Und da spricht man von Ausdruck: von der Autonomie des Ausdrucks jenseits des Utilitären. Was aber wird hier ausgedrückt? Es drückt eine Struktur sich selber aus; und es ist, für diesen Ausdruck, nur störend, wenn man sich daran erinnert, daß diese Bögen, diese Segel, nebenbei auch noch einen Dienst leisten, daß sie die Saaldecken hochhalten. Bei den Strebebögen konnte man von Ausdruck sprechen, bei Le Corbusiers Parabel ebenfalls. Hier, fürchte ich, ist der Ausdruck „Ausdruck" fehl am Platze.

Haarspalterei? Ich glaube nicht: die Struktur, die nur sich selbsten lebt, tritt aus den Grenzen der Architektur hinaus. Das machte die Verachtung völlig deutlich, mit der wir alle nach dem Film die Theatersäle von Sidney abtaten als einen *Vorwand* für Ulrich Conrads' absolute Architektur. Man sollte das anders nennen, denn das Werk der Architektur trennt sich niemals völlig von seinem Sinn, noch trennt ein Glied der Architektur sich jemals vollständig von dem Dienst, den es leistet. Die Arbeit des Architekten besteht *nicht* darin, daß er sich über Anlässe zu seinem Bau hinwegsetzt. Er muß sich mit ihnen auseinandersetzen. Und der Bauherr ist *nicht* die Geldquelle, ohne die das Werk der hohen Kunst nun einmal nicht entstehen kann: er ist die bestimmende Kraft, ohne deren Einwirkung ein Bauwerk nicht Architektur ist, sondern Raumskulptur. Dies hat, notabene, nichts mit der Frage zu tun, ob man die Raumskulptur von Sidney zu Ende bauen sollte.

Wie sagte Giedion?:

„Diese Unnachgiebigkeit, mit der das Recht auf Ausdruck erkämpft wurde, öffnet ein neues Kapitel in der heutigen Architektur".

Daß Siegfried Giedion so spricht, ist erstaunlich. Er ist der Mann der CIAM. Das neue Kapitel, welches das Denkmal von Sidney öffnen würde, würde alles in Frage stellen, worum sich die neue Architektur seit siebenzig Jahren bemüht.

Werk und Zeit, Heft 11, 1966

15 Schinkels Eklektizismus und das Architektonische (1967)

Das Schinkelfest ist eine der schönsten Traditionen, die der Stand der Architekten besitzt: in Berlin *die* schönste. Hier kommen im März die Leute des Berufes im Gedenken des Architekten zusammen, der für diese Stadt der wichtigste gewesen ist. Es geht nicht einmal um die Frage, ob er der größte gewesen sei. Man muß alt werden, um zu finden, daß er es war. Es hat im Laufe meines Lebens in der Berliner Architektur Erscheinungen gegeben, die interessanter wirkten. Neben solchen Architekten mag Schinkel zuweilen ein wenig bleich und antiquiert gewirkt haben; aber blicken wir auf die Berliner Wirkung eines solchen Architekten, selbst eines Mendelsohn, der eine recht große Anzahl bedeutender Gebäude hier gebaut hat, oder eines Bruno Taut, der ganzen Wohnquartieren das Gesicht gab: neben dem Schinkels wirkt ihr Werk einseitig. Schinkel war universal. Er war es, weil er, als Beauftragter der Krone und privater Architekt der Mitglieder des Königshauses, alles gebaut hat: öffentliche Gebäude, Kasernen, Landschlösser und sogar was die Engländer Follies nennen: architektonische Kulissen. Er war noch in einem anderen Sinne universal: er hat in allen Formen gebaut. Eben hiervon soll ja heute noch die Rede sein. In Berlin war die Begegnung mit Schinkel, fast möchte man sagen, unvermeidlich. Sie ist es nicht mehr, für uns im Westen bestimmt nicht. Nicht nur können wir das Schinkel-Land in der Mitte Berlins nur selten sehen, nicht also die Neue Wache, das Alte Museum, das Kronprinzenpalais, die Friedrich-Werdersche Kirche. Auch Potsdam ist uns verschlossen. Es bleiben uns von Schinkels Potsdam nur die Ausläufer: Schloß Glienicke, die Bauten im Park und die Follies auf der Pfaueninsel; nicht aber Babelsberg, nicht Charlottenhof. Aber als ich ein Kind war, da war Schinkels Reich so groß, daß es wirklich unvermeidlich wurde, ihm zu begegnen; denn in den Museen, Kirchen, Schlössern, Schulen, Kasernen aus der ersten Hälfte, sogar den ersten zwei Dritteln des vorigen Jahrhunderts, war sein Einfluß unverkennbar, auch wo solche Bauten nicht von ihm selbst stammten, sondern von Zeitgenossen und Nachfolgern. Schinkel hat bereits 1841 aufgehört zu wirken. Aber dieses Jahr bedeutet keineswegs einen Bruch im Schinkelschen Werk. Das wurde durch andere Hände fortgeführt: durch Persius, durch Stueler und durch solche, deren Namen kaum mehr bekannt sind.

Ich will Ihnen ein Geständnis machen: die immerwährende Gegenwart dieses Schinkel-Reiches konnte auch bedrückend wirken. Als junger Mensch habe ich Schinkel gehaßt. Es genügte, den alten Goethe von dem trefflichen Schinkel reden zu hören, ohne dabei je des Geheimen Oberbaurates zu vergessen, um Trotzgefühle in mir aufzurufen. Nie hätte ich damals geglaubt, daß eben ich einmal eingeladen werden könnte, an dieser Stelle und zu dieser Gelegenheit zu Ihnen, meine Damen und Herren, zu sprechen. Schinkel, das war für mich eine ähnliche Erscheinung wie in der Musik Spohr oder Hummel, „treffliche Meister" auch sie, und auch sie, wie Schinkel, bedacht, den Verlust der *Tradition*, die in Deutschland mit den Seltsamkeiten des Rokoko ihr Ende findet, durch die Glätte einer *Konvention* zu ersetzen, welche alles Vergangene mit Zuckerwasser versetzt, um es neu benutzen zu können. Zuckerwässrig erschien mir in der Tat die Gotik der Friedrich-Werderschen Kirche nicht weniger als die Akanthusschnörkel am Geländer der Hundebrücke — wie sie zuerst hieß —. Nun, das mochte hingehen, und warum sollte man dergleichen, selbst als unreifer Mensch, so hassen? Es war aber um die Wirkung der anerkannten Künstler und Administratoren jener Zeit, der Jahre etwa zwischen 1820 und 1850, etwas Fatales. Sie hatten eine Formel gefunden, die zwar schwer zu definieren war; aber sie wachten ziemlich streng darüber, daß sie verbindlich blieb. Solange hier die Fronten noch klar gezogen waren, störte mich das weniger; solange, meine ich, das Klassische gegen das Romantische gestellt wurde, wie Goethe das eine Zeitlang tat, indem er vom Klassischen als vom Gesunden sprach und vom Romantischen als dem Kranken. Diese Formel war leicht zu fassen; und Goethe hätte auf den Hellenisten Schinkel als Kronzeugen für das Klassische hinweisen dürfen. Nur hätte er ihn dann auf die gleiche Art verkannt, in der er auch später zuweilen verkannt worden ist; denn Schinkel hat zwar eine Vorliebe für die Antike gehabt; aber er war ihr nicht verschrieben, er hat sie niemals als die *einzige* Möglichkeit für das eigene Jahrhundert gehalten. Bald tat auch Goethe das nicht mehr. Spätestens seit dem Divan und seit dem durch Boisserée erweckten Interesse am Kölner Dombau hat auch Goethe sein Reich erweitert. Darum handelte es sich damals einzig und allein: um eine Erweiterung des Reiches. Als um die Zeit der italienischen Reise die Antike, und ihre Wiedergeburt in Raphael, bei Goethe das Mittelalter besiegten, da hatte es sich um eine Austreibung und einen Regierungswechsel gehandelt. Die Gegenstände, an denen seine jungen Jahre sich begeistert hatten, durften fortan nicht mehr gelten. Jetzt aber, als ,,der von Hammer'' und der Freund Sulpice vor Goethes Augen Vorhänge von Provinzen menschlichen Schaffens hinwegzogen, die mit der Antike ganz und gar nichts zu tun hatten, wurde die Antike nicht etwa ausgespien, wie damals das Mittelalter ausgespien worden war. Sie mag eine Zeitlang in den Hintergrund getreten sein, das war alles. Das Reich des Gültigen wurde erweitert. Die Frage war nun, was das Kriterium der Gültigkeit war, nachdem so alle Grenzen verwischt wurden. Das Klassische ist das Gesunde, das Romantische das Kranke: das war klar. Nun aber mußten sehr allgemeine Begriffe eingesetzt werden, sehr weit hergeholte Signaturen verschafften von nun an den Eintritt ins Reich. Wie wollte man auch die Romantiker, gegen die die Fehde, wenn auch in milderer Form, immer noch geführt wurde, sich vom Halse halten, wenn man sich von den gleichen Gegenständen anregen ließ wie sie, wenn man dem Erzromantiker Boisserée seine Huld angedeihen ließ und gar mit ihm laborierte? Man mußte sich da auf einen höheren — wenn Sie wollen — Begriff vom Lebenskräftigen zurückziehen. Sie mögen ihn auch einen weniger klaren, einen vagen Begriff nennen. Denn letzten Endes kam es nun auf eine rein persönliche Zensur hinaus. ,,Wer Jude ist'', sagte Göring, ,,bestimme ich''. Der

Goethe der letzten beiden Jahrzehnte hätte auch sagen können: „Was lebenskräftig ist, bestimme ich". Die Grenzen der Zulässigkeit zum Eintritt in das Dominium Goethes sind bei aller Breite der Goetheliteratur meines Wissens noch gar nicht erforscht worden. *Welche* gotische Bauten, etwa, wurden zugelassen? Altenberg, ja, ganz gewiß, und er nennt es vollendet. Hätte er aber auch den Dom von Schwerin angenommen? Oder die spätgotischen Säle in den Burgen zu Prag und zu Meißen? Man weiß das nicht. Man weiß weder, was er gegen Ende seines Lebens gekannt hat − es muß erheblich gewesen sein − noch, was er schließlich doch nicht gelten ließ. Es weht aus den Äußerungen der letzten Jahre ein Wohlwollen uns entgegen, das kaum Grenzen zu kennen scheint, trotzdem es solche Grenzen ganz offenbar doch gab und sie sehr scharf gezogen wurden. Man mag sich an die Sprache der letzten Jahre halten, eine Amtssprache, in der von erfreulicher Tätigkeit, unschätzbaren Blättern, die Schinkel, etwa, auf einer Reise „gewonnen" habe, von einer gewissen Wohlanständigkeit die Rede ist, die zwar das Kühne und das Tiefe nicht ausschließt, es aber immer mehr eigentlich nur einem zugestehen will: Goethe. Und irre ich nicht, so waltet ein durchaus vergleichbarer Geist im Werke Schinkels.

Die stilistischen Möglichkeiten dieses Werkes werden fast unbegrenzt. Längst sind die beiden kanonischen Möglichkeiten, griechisch und gotisch, von ihrem Thron als die einzigen Möglichkeiten verdrängt: Romanische, byzantinische, ägyptische, Renaissance-Dekorationen werden verwendet, und nicht nur auf Schinkels *Theater*. Und dazu kommen die Möglichkeiten einer neuen Technik, die sich andeuten und die Schinkel nicht ausschließt: glatte Backsteinbauten, die man beinahe als zeitlos bezeichnen kann, wie den Leuchtturm von Arkona, sogar eiserne Brücken. So weit wird dieses Reich, daß die Schinkelfeste, von denen wir heute wieder eines begehen, ihren guten Sinn haben, ja, notwendig bleiben; denn immer wieder darf, soll, muß dieser Komplex, Schinkels Werk, interpretiert werden. Vor einem halben Jahr gab der BDA Mies van der Rohe seine große Plakette und es war dabei selbstverständlich von Schinkel die Rede: von Schinkel als dem Vorbild für Mies; und von Mies als einer Incarnation Schinkels. Das ist ein Gemeinplatz geworden. Mies selbst hat es nie geleugnet. Der *Weg* durch Behrens ist geschichtlich belegt. Nun aber stand vor einigen Jahren an dieser Stelle hier der verehrte Heinrich Lauterbach und hielt eine wunderbare Ansprache. Und in ihr wurde Schinkel als Legitimation für Häring aufgerufen, für Hugo Häring, den Freund und den Antipoden von Mies. So verschieden kann man offenbar dieses vielgestaltige Werk interpretieren; und das soll man auch. Dazu kommen wir immer wieder im Zeichen Schinkels zusammen. Es herrscht aber auch in diesem Werk ein Kriterium des Zulässigen, es muß ja ein solches Kriterium geben; Schinkel war nicht weniger ein liebenswürdiger und gestrenger Herr, als Goethe das gewesen ist. Und das Kriterium sieht eigentlich recht ähnlich aus: es ist, auch bei Schinkel, das Wohlanständige, das Artige, welches ebensowenig wie bei Goethe Kühnes und Tiefes ausschließt. Das Kriterium des Zulässigen ist jedoch bei Schinkel weniger persönlich bestimmt als bei Goethe: Der Architekt ist hier im Vorteil. Sein Reich ist bestimmter. Er darf so vage Begriffe, wie wohlanständig und artig, durch einen besser faßbaren ersetzen; wir wollen ihn das *Architektonische* nennen.

Der Begriff gilt recht eigentlich erst seit etwa 1800, d.h. er *gilt*, aber er wird nicht genannt. Seine Wirkung beginnt in dem Augenblick, in dem die Tradition erlischt. Erst dann wird er notwendig. Er ist das Korrelat des Eklektizismus, besser gesagt, der Eklektizismus ist *sein* Korrelat. Erlauben Sie mir, einen Augenblick vom Eklektizismus zu sprechen. Ich meine, er wird häufig mißverstanden. Und wenn ich behaupte, der Eklektizismus wäre, nach 1800, das Korrelat des Architektonischen gewesen, so schulde ich Ihnen eine Erklärung.

Schinkel war Eklektiker, aber er hat den Eklektizismus nicht erfunden. Der Eklektizismus ist älter als man gemeinhin glaubt. Kann man sagen, er gehe bis auf den Beginn der Renaissance zurück? – Ich spreche natürlich nur vom abendländischen Eklektizismus. Den altrömischen dürfen wir in diesem Zusammenhang vergessen. – Beginnt der abendländische Eklektizismus also mit der Renaissance? Das kann man nicht sagen. Die Rückwendung zu einer einzigen Form der vergangenen Baukunst ist noch kein Eklektizismus; obwohl Wurzeln einer Empfänglichkeit für das Zeitfremde bereits hier in das Erdreich gesenkt werden, einer Empfänglichkeit, welche den späteren Eklektizismus möglich macht. Aber bei Fischer von Erlach kann man vielleicht wirklich bereits vom Eklektizismus sprechen. Sie wissen ja, daß er 1721 sein großes Geschichtswerk herausgegeben hat, die erste Geschichte der Architektur, in der nicht nur von den Ägyptern, Griechen, Römern die Rede ist, sondern auch von gotischen Bauten und von solchen der Türken, der Perser, Inder, Chinesen und Japaner, soweit man sie eben kannte; und man kannte mehr, als man sich heute wohl einbilden mag. Dazu bemerkt Fischer in seiner Einführung, diese Sammlung sei zum Vergnügen da und „um denen Künstlern Anregungen zu geben". Und wenn man sein eigenes Werk ansieht, ein Hauptstück etwa wie die Wiener Karls-Kirche, so sieht man, daß er sich durchaus nach seiner eigenen Aufforderung gerichtet hat. Denn niemand möchte bei einem so gebildeten Architekten behaupten, es sei *Zufall*, daß zwei Trajanssäulen vor der Kirche stehen, noch auch, daß diese Säulen in Wahrheit Minarette sind, ich meine, an der Stelle stehen, wo in der persischen Kuppelmoschee die Minarette gestanden haben. Der Plan der Kirche entspricht durchaus einer solchen Kuppelmoschee, nur daß dem Chor ein Raumhintergrund angefügt ist, ein stummer Retrochor, ganz so wie in der Kirche Il Redentore in Venedig von Andrea Palladio; und diese Kirche war Fischer wohlbekannt. Wir haben hier ein Bündel von Zitaten und von übernommenen Figuren vor uns, wobei freilich nur die Zitate, die Trajanssäulen also und vielleicht der Retrochor, von den Zeitgenossen als Zitat erkannt – und, ich nehme an, gewürdigt wurden. Die übernommenen Figuren zu erkennen, mußte einer schon ebenso gebildet sein wie der Autor des Planes selbst. Man möchte annehmen, er habe ihr Geheimnis

J. B. Fischer von Erlach, Karlskirche Wien, 1721, Ansicht

schmunzelnd gewahrt, ähnlich den Komponisten der Zeit, welche Figuren in ihre Partituren einfügten, die zuweilen nur graphischen – oder symbolischen Wert haben, dem Ohre jedoch nicht vernehmbar sind. Denn der Stil der Kirche, ihr lebhaftes Barock, schmilzt alles Geborgte in das große barocke Werk ein, das die Karls-Kirche ist; wie denn auch das Fischersche Geschichtswerk selbst barock ist, und die Kunst der Griechen wie der Perser und aller anderen barock präsentiert. Dieser Eklektizismus ist also auch noch nicht das, was wir, mit Recht, unter dem Worte verstehen. Immerhin wird hier der sehr wesentliche Schritt zum Eklektizismus hin unternommen, daß die Produkte fremder, exotischer Architekturen ernst genommen werden. Sie bleiben keineswegs mehr, wie bis dahin, als Werke von Barbaren unbeachtet.

Solange also der Stil noch verbindlich bleibt, werden Bildungserlebnisse der Architekten in ihn eingelassen, wie die Pagoden und chinesischen Teehäuser des Rokoko deutlich zeigen. Selbst Vanbrough Castle bei Greenwich, das Haus eines exzentrischen Architekten, beinahe schon schinkelisch in seiner Treue zum mittelalterlichen Vorbild wie in seiner größeren Liebenswürdigkeit, besitzt eine Eingangstüre, welche es unverkennbar datiert. Es gehört dem Anfange des achtzehnten Jahrhunderts an! Überhaupt muß man nach England gehen, um die ersten

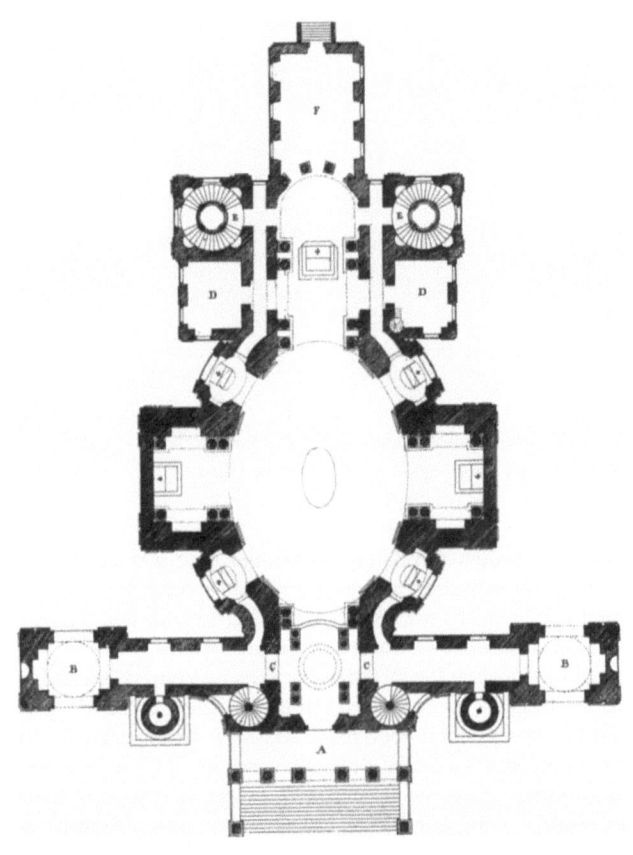

Johann Bernhard Fischer von Erlach, Karlskirche Wien, 1721, Grundriß

Regungen einer Strömung zu finden, die man nun beinahe wirklich schon als Eklektizismus bezeichnen darf: ich meine das gothic revival und nur wenig später das greek revival. Strawberry Hill in Twickenham, das gotische Landschlößchen Horace Walpoles und ebenso die griechischen Ordnungen, die in der modischen Architektur der Zeit so schnell den Aufnahmen von Stuart und Revett auf der Akropolis folgen, gehören beide noch den fünfziger Jahren des achtzehnten Jahrhunderts an. Man kannte ja bis dahin nur die römischen Ordnungen der Renaissance. Auch hier handelte es sich noch nicht um den Eklektizismus, der sich jede nur je verwirklichte Form des Bauens aneignet. Man hielt sich noch ziemlich streng ans Gotische und ans Griechische. Nach 1800 fällt diese Beschränkung. Man denke nur an den Brighton Pavilion, den Nash für den Regenten in indischem Stil gebaut hat.

In England also breitete eine gewisse Lässigkeit sich aus, eine Bereitschaft, mit jeder Form zu spielen, solange sie die Augennerven zu kitzeln versprach. Die reizenden Wirkungen, die sich mit dieser eleganten Lässigkeit erzielen ließen, waren Schinkel wohlbekannt, auf jeden Fall seit 1826, dem Jahre seiner englischen Reise. Diese liebenswürdigen Spielereien hoben sich immer noch von dem Hintergrund des Zeitstils ab: Es wäre sogar richtiger zu sagen, daß sie sich *kaum* von ihm abhoben. Mehr oder weniger waren sie ein Teil dieses Regency-Stiles. Der englische Eklektizismus war ein allmähliches Hineingleiten in einen Zustand, in dem es keine verbindliche Architektur mehr geben würde, eine langdauernde Auflösung, deren Produkte bis etwa 1840 sich noch an die Regeln der Regency hielten. Sehen sie Pugins Tudor-Kleid der Parlamentsgebäude an: sie sind noch ebenso sehr Gotik im Sinne der Regency, wie die Pagoden und chinesischen Teehäuser des achtzehnten Jahrhunderts echtes Dix-Huitieme gewesen waren. Denken Sie dagegen an seine Kirchen, an die Bauten also, in denen er sein künstlerisches und sein moralisches Wollen wirklich ausspricht. Sie sind völlig anders. Was sie von der Regency — und von Pugins eigener Regency-Gotik — unterscheidet, ist ihre kompromißlose *Häßlichkeit*. Erst sie stehen jenseits einer Tradition, die in England kein Rokoko kennt, sondern seit der Renaissance durch eine Reihe von Variationen der klassischen Baukunst bis in diesen Regency-Stil sich fortsetzt, mit dem sie endlich verlischt.

Auf dem Kontinent, besonders in Deutschland, gibt es keine Architektur, die dieser Regency entspräche. Die Rue de Rivoli könnte man allenfalls als eine französische Version bezeichnen; allenfalls, sage ich. Der deutsche Klassizismus dagegen hatte nichts Metropolitanes. Er war gleichzeitig gebundener — also weniger modern als die Regency-Architektur — und unverbindlicher. Goethes Gartenhaus erreicht die Freiheit, die in England gang und gäbe war; aber das war ein Gartenhaus. Die neue bürgerliche Form, die immer noch im Klassischen lebt, aber nur eben gerade noch, wird auf dem Festlande, und besonders in Deutschland, nur im Interieur verwirklicht, also im Biedermeier. Und es ist vielleicht kein Zufall, daß Schinkels Möbel auch denjenigen auf den ersten Blick ansprechen, der mit seiner

Architektur nicht recht etwas anzufangen weiß; einige seiner Möbel auf jeden Fall: seine leichten, sachlichen, gut konstruierten Stühle, Tische und Schränke, die Stühle ganz besonders. Sie stellen recht eigentlich Schinkels Beitrag zum Biedermeier dar.

Da auf dem Kontinent die Tradition eher abgerissen war, in Deutschland erheblich eher, so ist der Eklektizismus hier etwas anderes als in England: keineswegs ein lässig elegantes Hineintreiben in die schließliche Auflösung, vielmehr ein sehr ernstes Anliegen. Wir nannten ihn ja, ehe wir diesen Diskurs über den Eklektizismus begonnen haben, das Korrelat zum Begriff des Architektonischen. Ihm voran geht jener vielversprechende, aber ephemere Aufbruch zu einer neuen Architektur, der sich an die Namen Boullée und Ledoux knüpft, Künstler, immerhin, aus dem letzten Drittel des achtzehnten Jahrhunderts. Sie wissen, meine Damen und Herren, daß Schinkel dieser Architektur durch seinen Lehrer Gilly verpflichtet war. Der Pariser Einfluß zeigt sich deutlich in einer Jugendarbeit, dem Treppenhaus-Entwurf für Schloß Köstritz, von 1803. Er war aber auch noch in der Neuen Wache vom Jahre 1816 evident. Diese revolutionäre Architektur hat Schinkel indessen nicht lange in ihrem Bann gehalten; und es ist müßig zu spekulieren, ob das anders gewesen wäre, wenn Gilly länger am Leben geblieben wäre. Er *hat* nicht länger gelebt; und obwohl man in seinen Konstruktionsskizzen Vorwegnahmen sehen darf, war Friedrich Gilly ein Letzter, beinahe könnte man ihn einen Nachgeborenen nennen: Er war der letzte, vielleicht der größte Meister der Architektur der französischen Revolution. Worüber man allenfalls spekulieren könnte, ist die Möglichkeit, daß Friedrich Gilly selbst bei längerem Wirken sich von dieser Architektur entfernt hätte. Er wäre, man darf das wahrscheinlich nennen, ein anderer Schinkel geworden.
Denn die Architektur der Revolution war, wie die Revolution selbst, eine Fehlgeburt — will sagen: ihre mittelbaren und beständigeren Folgen waren durchaus anderer Art, von anderem *Stil*, als das Wunschbild ihrer Gestalter gewesen war, mögen sie nun Boullée und Ledoux heißen, oder auch St. Just. Der wahre Erbe und der Systematiker der Bewegung war Durand. Durand war ein Schüler von Boullée gewesen und lehrte Architektur an Napoleons Ecole Polytechnique. Der Niederschlag seiner Lehre dort in den Jahren 1802 bis 1805 ist in dem Buch enthalten: „Précis des leçons données a l'Ecole Polytechnique". Durand war damals kein Unbekannter mehr; denn bereits 1800 war das Buch erschienen, das man als den „großen Durand" kannte, sein „Recueil et parallèle des édifices en tout genre, anciens et modernes": eine Sammlung historischer und auch neuerer Beispiele für jede Art von Gebäude. Man sieht dort ägyptische, griechische und besonders römische Gebäude, aber auch solche der Renaissance, ja, auch der Gotik, wenn auch nur wenige. Sogar Moscheen und Pagoden kommen vor. Es war aber nicht, wie Fischer von Erlachs Geschichtswerk, ein Buch der leichten historischen Gelehrsamkeit, der Augenfreude und der Anregung, sondern recht eigentlich bereits ein Lehrbuch. Und eben darum ist es interessant, hier neben den anti-

ken auch gotische und islamische Architekturen versammelt zu sehen. Die „Précis" ziehen dann daraus die Konsequenzen. Bereits im „Recueil" gab es, sehr vereinzelt, Werturteile. Die Précis verfolgen deutlich das Ziel, die Architektur der Tradition durch eine zu ersetzten, die besser imstande sein sollte, den Aufgaben des neuen bürgerlichen Staates gerecht zu werden. Die erste Seite des Werkes ist bezeichnend: Dort wird das Pariser Panthéon vorgeführt, Soufflots Bau von 1757, und dazu heißt es:

„Eglise Ste. Geneviève ou Panthéon Français, tel qu'il est — Cet édifice quoiqu'assez resserré, a côuté dix-huit millions".

Daneben erblickt man Durands eigene Vorschläge für ein Pantheon, der, notabene, dem römischen Pantheon recht ähnlich sieht, mit folgendem Text:

„Le Panthéon Français, tel qu'on auroit dû le faire-n'en eut côuté que neuf et eut été vaste et magnifique". Und nun folgen Seiten, auf denen die Konstruktionen und die Planelemente einer Architecture Civique entwickelt werden. Das geschieht mit betonter Einfachheit: Die Konstruktionen sind elementar, und die Planelemente wachsen von kleinsten über größere zu größten Einheiten empor, alle in einen quadratischen Raster gepaßt und stets die gleichen, vorgegebenen Lösungen wiederholend, bis endlich das Museum, die Universität, das Krankenhaus, das Gefängnis: die Gebäude des bürgerlichen Staates in typischer Form dastehen.

Schon im „Recueil" waren Gebäude gezeigt worden, die die Antike nicht gekannt hatte. Das waren dann meist Interpretationen der Antike durch Palladio oder Vignola. Diese Meister galten; denn sie waren nicht in der schlechten Tradition befangen. „Palladios Farmhäuser", heißt es in dem Text, den Legrand, Freund und Mitstreiter, für Durand geschrieben hatte, „Palladios Farmhäuser, mit Ziegeln oder ländlichem Ried gedeckt, sind erheblich mehr wert, als die verschwenderischen Paläste Borrominis, oder Guarino Guarinis reiche und bizarre Hervorbringungen". So lehnen sich denn auch Durands typische Gebäude in den „Précis" stilistisch ans Römisch-Antike an, kleinere, leichte Gebäude, Gartenhäuser etwa, Terrassen und Freitreppen auch an die italienische Villa, deren seit dem späten Mittelalter entstandene Typen man recht wohl zeitlos nennen darf. Es wird aber ausdrücklich gezeigt, daß man neben dem Pilaster und der Säule in der Mauer auch die ungegliederte tragende Wand verwenden darf, neben dem Sturz den runden und sogar den spitzen Bogen: eine beschränkte Vielfalt der Formen. Mit ihnen wird die gleiche Aufgabe durchexerziert, durchvariiert; und so wird gezeigt, daß es auf die Form, in der Tat, nicht mehr *ankommt*.

Schinkel hat dieses Buch ohne Zweifel gekannt; und wenn er es nicht besessen hat — man könnte das wohl prüfen —, so ist es ihm ganz gewiß vor Augen gekommen. Man kann sich nicht denken, daß irgendein bedeutender Architekt der Zeit es ignorieren konnte. Ganz gewiß konnte das der Geheime Oberbaurat nicht, dessen Auftrag es war, für den preußischen Staat die architecture civique zu schaffen. Auch gibt es in Durands Buch Zeichnungen, welche aussehen wie

Studien zur Pantheon-Halle des Alten Museums, und andere, die aussehen wie Studien zu den Havelterrassen bei Schloß Glienicke. Dergleichen sollte man nicht zu ernst nehmen, denn solche Formen waren um diese Zeit in ganz Europa verbreitet; und es geht selbstverständlich nicht an zu sagen, Schinkel habe die Gedanken Durands lediglich *vollstreckt*. Zwei Dinge, besonders, unterscheiden ihn von Durand: das erste ist der kleinere Maßstab der staatlichen Architektur in Preußen; und dieser kleinere Maßstab war ein sehr großer Vorteil. Der preußische Raum war kleiner als der weltstaatliche Raum Durands, ohne doch im mindestens provinziell zu sein. Es wird ja wohl niemand leugnen, daß Schinkels Verwirklichungen auch von den Zeitgenossen, und keineswegs nur von den preußischen, als ganz auf der Höhe der Zeit stehend empfunden wurden. Er hat diese Modernität möglicherweise wirklich von Durand. Es blieb ihm aber erspart, die riesigen und öden Maschinen bauen zu müssen, von denen Durands Buch voll ist. Statt eines Riesenmuseums stellte er das Alte Museum hin, einen Museumsbau von idealen Ausmaßen. Die Verfasser der Ausschreibung für den Museumswettbewerb Berlin hätten vielleicht gut daran getan, den Maßstab dieses Baues zu studieren. Und eine ähnliche Relation Durand-Schinkel kann an Schinkels anderen Bauten abgelesen werden.

Der zweite Unterschied ist sein freierer und reicherer Eklektizismus; obwohl auch Schinkels Vorlieben offenbar dort lagen, wo Durand seine Vorbilder findet, nämlich in der Antike, wird, wir haben es ja gesehen, in den Schinkelschen Kosmos ganz erheblich mehr eingelassen als in den von Durand. Das liegt zum Teil gewiß an Schinkels Kenntnis Englands, wo man in diesen Dingen lässig war: lässig und phantasievoll. Es steht mir nicht an, auf einen dritten Unterschied hinzuweisen und zu sagen, daß Schinkel ein Genius war und Durand eine trockene Scharteke.

Trotzdem: Die trockene Scharteke war für den Genius von dem größten Wert. Denn Durands Werk rechtfertigt den Eklektizismus als ein Korrelat — und ein notwendiges — zum Begriff des Architektonischen. Wir haben eben gesehen, daß es Durand auf Einzelformen nicht ankam. Die Ecole des Beaux Arts folgte ihm bis in unser Jahrhundert hinein in dieser Anschauung. Die Stile durften einfach deshalb verwendet werden, weil sie abgetan waren, und es war nicht mehr als ein milder Klassizismus, ein zahmer Abglanz des revolutionären Klassizismus eines Boullée, der die allgemein antikische Haltung der Durandschen Architektur bestimmt. Der Eklektizismus eines Durand — und eines Schinkel — ist also nicht — wie noch das griechische und das gotische revival gewesen waren — durch die Begeisterung für eine bestimmte Form der Vergangenheit bestimmt. Die Begeisterung auch für die Antike ist mäßig. Durand nimmt sie zum Vorbild — so wenigstens läßt er durchblicken —, weil sie die einzige bekannte Architektur von imperialen Massen gewesen ist: also die einzige geschichtliche architecture civique, deren Aufgabenkreis sich mit den Aufgaben der Gegenwart Durands könnte vergleichen lassen. Der Stil als solcher rief allenfalls eine *milde* Begeisterung hervor. Der neue, der echte Eklektizismus, wie er in Durands Werk zum erstenmal in

Erscheinung tritt, beruht im Gegenteil auf der Ablösung aller historischen Stile. Sie waren zulässig, weil sie nun einem neuen Werte dienen mußten: dem Architektonischen.

Wir müssen endlich von diesem Begriff sprechen. Wir hatten auf der Schule einen Deutschlehrer, der sich zu dem schönen Satz verstieg: „Wenn wir Preußen Buddhisten wären, so hätten wir aus dem Buddhismus eine ganz ordentliche Sache gemacht". Schinkel darf seine Bauten buddhistisch sein lassen − à la riguer − auf jeden Fall aber mittelalterlich-katholisch, fürstlich-florentinisch − oder auch kühlich-schweizerisch: vorausgesetzt, *sie benehmen sich*. Es ist alles zulässig, wenn ein Schinkel es wohlanständig zur Darstellung bringt. Aber das Architektonische ist mehr als nur ein Benehmens-Kodex: Zum ersten Male erscheint nun ein bedeutendes Prinzip, an das noch Auguste Perret streng geglaubt hat: die Lehre von den „ewigen Gesetzen", welche das Architektonische ausmachen. Natürlich: wenn die gotische Kirche nach den gleichen Prinzipien geplant war wie der Renaissance-Palast, wie der ägyptische Tempel oder die römische Säulenhalle, dann kam es auf die Stilformen nicht mehr an, sie waren ein Sekundäres.

Man hat damals nicht versucht, diese ewigen Gesetze auszusprechen auf welchen alles Architektonische beruht: allenfalls deutet Durand an, daß es auf Ordnung beruht, auf dem quadratischen Raster. Guadet, der Theoretiker der Ecole des Beaux Arts hat es später getan. Howard Robertsons Buch von 1923 − so spät! − ist eine Version aus unserer eigenen Zeit. Robertson hat dann noch ein zweites Buch nach seinen „Principles of Architectural Design" geschrieben: „Principles of *Modern* Design". Das war, von seinem Standpunkt aus, nur konsequent: denn wenn alle Architekturen den gleichen, den ewigen Gesetzen folgen, so muß die neueste Architektur das ebenfalls tun, oder sie ist eben keine mehr. Und so zwingt er denn Dudok, Mendelsohn und Le Corbusier in einen Kanon, der diesen Meistern −, jawohl, auch Le Corbusier −, völlig fremd gewesen ist. Robertsons zweites Buch hat, in der Tat, geholfen, sein erstes zu entkräften. Nun konnte man wirklich und deutlich sehen, welcher Unsinn sich unter Titeln verbarg wie Komposition, Gleichgewicht, Einheit, Dominante, Variation etc. Die Zeit Durands und Schinkels war weise, daß sie auf eine Definition verzichtet hat. Das Architektonische ist zwar eo ipso ein objektiveres Kriterium, als Goethes ganz persönliche Maßstäbe das waren; aber auch Schinkel sagte, im Grunde: „Wer Jude ist, bestimme ich", will sagen das Architektonische bestimme ich: Er hätte vielleicht sogar sagen dürfen: „ich *schaffe* es".
Allerdings wäre es ihm nicht in den Sinn gekommen, das zu sagen. Es gab damals zwar keine Definition des Architektonischen, wohl aber einen klaren Konsensus darüber, was man darunter verstehen wollte. Wir haben ja gesehen, welchen Einfluß Durands Buch hatte. Und wenn Schinkels Reich unvergleichlich viel größer war als das Durands, wenn es Erinnerungen an die Architektur der französischen Revolution enthielt, die Erfahrung der eklektischen Praxis der Engländer und einen modernen Pragmatismus, dem wir seine „zeitlosen" Werke verdanken, so

wurde all das assimiliert; und es konnte nur assimiliert werden, weil das bindende Gesetz, das Architektonische, obwohl unausgesprochen, im Bewußtsein des Architekten immer wirksam war.

Heute wissen wir, daß diese Anschauung vom Architektonischen auf einem Irrtum beruhte. Wir wissen, daß es die ewigen Gesetze nicht gibt, daß es nicht wahr ist, daß Ägypter, etwa, und Gotiker nach denselben Gesetzen gearbeitet haben. Es mag, um nur dieses zu nennen, wahr sein, daß beide geometrisch komponiert haben; aber die Geometrien waren verschieden. Wir können, mit einem Wort, zeigen, daß der Berliner Maurermeister in dem Witz wirklich unrecht hatte, als er zu seinem Bauherrn sagte: „Das Haus ist im Rohbau fertig. Was fürn Stil woll's Se nu dranhaben?" – obwohl das doch beinahe schinkelisch gesprochen ist: hat doch der Meister selbst für viele seiner Bauten Entwürfe in verschiedenen Stilen gemacht. Wir sind genötigt, auf diesen Irrtum Schinkels hinzuweisen. Indem wir es tun, errinnern wir uns gleichzeitig daran, wie wichtig es war, daß Schinkel diesem Wert, dem Architektonischen, sein Lebenswerk unterstellt hat. Und welch ein Lebenswerk!

Der Wert war notwendig, und ebenso notwendig war sein Korrelat, der Eklektizismus; denn die Tradition war abgebrochen. Es gab in Deutschland nicht einmal eine Regency-Architektur, die man einen sanften bürgerlichen Ausklang der Tradition nennen könnte: es gab das in Deutschland nicht für die Baukunst, nur für die Ausstattung der Zimmer. In diesem Augenblick stellte Schinkels Werk in dem Architektonischen einen Maßstab jenseits der Tradition auf. Das konnte für einen jungen Menschen in den zwanziger Jahren unseres eigenen Jahrhunderts dann so aussehen, als habe er alle Traditionen mit Zuckerwasser versetzt. *Selbstverständlich* hat Schinkel jede Tradition gründlich mißverstanden: daß er sie mißverstand, war die Bedingung seiner Leistung. Diese Leistung aber bestand darin: durch das schiere Ausmaß seines Werkes – wir haben ja gesehen, daß es sich über seinen Tod hinaus fortsetzte – und dadurch, daß es dieser Qualität des Architektonischen *völlig* Genüge tat, gelang es ihm und den Seinen, ihm selbst aber weit mehr als irgendeinem der Mitlebenden und der Nachfolger, in einem Vakuum eine Architektur zu errichten. Es ist eine Architektur ohne Wurzel, antitraditionell und ephemer: denn da ihre Zeit ablief, brach das Chaos ein; obwohl noch in den florentinischen Hausfronten im Bezirk Kreuzberg ein Abglanz seines Architektonischen sichtbar ist. Sie war künstlich, eine Architektur für Architekten und für Gebildete. Muthesius sagt von dieser Architektur des Klassizismus: „Während sich so das Handwerk, die unentbehrliche Unterschicht aller künstlerischen Zustände, an Hunger und Verfolgung langsam zu Tode quälte, schwärmten unsere Gebildeten noch immer für ein angeblich Höheres und Reineres in der Kunst, für die letzte harmonische Einheit einer Weltkunst, die sie sich in dem Begriffe der griechischen Klassizität zurechtlegten. Sie zeichnete sich vor allem dadurch aus, daß sie wie ein Phantom in der Luft schwebte und den Boden des Lebens nicht berührte. Eben deshalb nannte man diese Zeit wohl die des Idealismus."

Das ist boshaft gesagt, und man tut gut, es aus Muthesius' eigener Zeit und von seiner eigenen Aufgabe her zu verstehen. Aber am Ende klingt die Ortsangabe „in der Luft" nicht einmal unerwartet, nachdem wir selbst eben davon gesprochen haben, daß Schinkel eine Architektur in vacuo errichtet habe. Die Luft, das Vakuum, ist der geschichtliche Ort dieser Architektur. Das Architektonische – ein neuer Begriff, der nicht genannt wurde, geschweige denn definiert: er wurde lediglich gewußt – ich möchte das Wort „gefühlt" vermeiden: es handelt sich um etwas, das stärker und klarer war als ein Gefühl: das Architektonische, unbewußt gewußt, hat es dem Werke Schinkels ermöglicht, im Leeren zu entstehen, sich im Leeren zu behaupten.

Am Ende geht uns das etwas an.

Einige unter Ihnen mögen geneigt sein, mir hier recht zu geben. Worte wie „das Architektonische" klingen gut in den Ohren der Architekten. Vergessen Sie bitte nicht, daß ich da eine Behauptung – oder doch eine Vermutung – in den Raum stelle. Sie dürfen verlangen, daß ich mich dazu erkläre. Ich habe es Ihnen nicht ganz ohne Grund zugemutet, mit mir die Genese des Begriffes zur Schinkelzeit anzusehen. Was wir gesehen haben, war dies: Das Architektonische erscheint, als die Tradition versunken war. Es ist ein Maßstab für neue Aufgaben und neue Dimensionen. Es erscheint im Gefolge einer Revolution. Es gilt in einer Architektur, die für alle da ist. Durand hatte zweifellos recht, wenn er auf den römischen Hellenismus als auf die einzige mit seiner eigenen vergleichbare Zeit zurückblickte: Ähnliche Bedingungen wie die, von denen eben die Rede war, walteten auch damals vor. Auch der römische Hellenismus hatte eine staatliche Architektur von neuen Dimensionen geschaffen, auch er löste neue Aufgaben, indem er sie sachlich löste, sie einer strengen, nicht selten schematischen Ordnung unterwarf und ihnen ein allgemein verbindliches Ansehen gab.

Es ist hier vor zwei Jahren vom Amphitheater in Verona die Rede gewesen, und Heinrich Lauterbach las uns die Eintragung in Goethes Reisetagebuch vor, wo vom Krater gesprochen wird, den der antike Architekt durch Kunst, so einfach wie möglich, bereitet habe. Das ist die eine Seite der römischen Praxis. Sie nahm sich ihrer jeweiligen Aufgabe mit allem Ernste sachlich an; sie ließ, wie in diesem Fall, einen Vorgang im Bau sozusagen gerinnen. Die andere Seite erblicken Sie, wenn Sie unten stehen und jenen Rest des äußeren Ringes betrachten: ein völlig wohlgebautes Stück römisch-hellenistischer Architektur, deren dignitas romana die umgebenden Gebäude – und es gibt bedeutende an dieser Stelle – vernichtend verkleinert. Damals sah man das Architektonische, das Verbindliche in Säule und Gebälk. Nur reine Nutzbauten blieben frei von ihnen.

Das Verbindliche der Schinkelzeit dagegen war nur noch eine Haltung. Schinkel bestand nicht auf Säule und Gebälk, obwohl er sie gern anwandte und obwohl er stets auf einer Architektur bestand, einer Erhöhung selbst der utilitären Gebäude durch die architektonischen Gliederungen irgendeiner Vergangenheit. Die überlebensgroße Würde der römischen Architektonik konnte in Schinkels bürgerlichem Weltalter nicht mehr gelten, und das starr Verbindliche einer Haltung, die Bauten jeden beliebigen Zweckes stets die gleiche Säule- und Gebälkarchitektur vorblendete, wurde, auf jeden Fall, gemildert. Schinkels Architektonik blieb jedoch ein Rahmen, der das Leben hält und erhöht; welcher ihm dient, ohne sich ihm zu unterwerfen. Schinkel hat die Unabhängigkeit der Architektur vom täglichen Leben und die Steigerung des Lebens durch die Architektur in den Figuren dargestellt, die seine Perspektiven beleben. Solche Mensche hat es nie gegeben. Sie wandeln in einer idealistischen Welt, in Schinkels Welt des Architektonischen.

Vergleichen Sie mit ihnen die klobigen Gestalten, die Le Corbusiers Perspektiven bevölkern!

Wir werden ihm, Schinkel, auf keinen Fall so weit folgen können. Wir dürfen nicht versuchen, das Leben am Rahmen unserer Architektur wie an einem Spalier emporzuzüchten. Eher halten wir es mit Le Corbusiers klobigen Gestalten, obwohl auch in ihnen ein gewisser Idealismus, will sagen ein Stück Unwirklichkeit sich andeutet.

Wenn aber die Haltung unserer Zeit, einer dritten Zeit öffentlicher Architektur, einer Architektur für Alle und einer Architektur von vorher nie gesehenen Dimensionen: wenn unsere Haltung, sage ich, die Haltung nicht mehr sein kann, die für Schinkel das Architektonische ausmachte, so ist damit nicht gesagt, daß wir auf das Architektonische an sich verzichten wollen. Ich habe soeben einen Ausdruck für Schinkels Architektur gebraucht und bitte ihn wiederholen zu dürfen: seine Architektur, sagten wir, diene dem Leben, ohne sich ihm zu unterwerfen. Das trifft aber nicht auf seine Architektur allein zu. Irre ich nicht, so tut jede Architektur das — oder sie sollte es tun. In diesem Reste von Unabhängigkeit und Eigenwert des Gebauten sehe ich den Ort des Architektonischen. Wir irren nämlich, wenn wir annehmen, ein Bau — oder irgendein Gegenstand — diene uns, und darin erschöpfe sich seine Wirklichkeit. Wir bauen ein Haus für uns selbst und passen es unseren Bedürfnissen und unseren Neigungen an. Sowie es aber steht, sowie es Wirklichkeit geworden ist, müssen wir mit ihm leben und uns ihm anbequemen. Es gehört uns nichts auf dieser Erde, ohne daß auch wir ihm gehörten. Und da dies so ist, meine Damen und Herren, da nichts, was wir für unseren Gebrauch machen, sich diesem Gebrauch — und uns — restlos unterwirft, so meine ich, es sei eben dieser Überschuß, dieser autonome Rest das Feld des Architekten.

Damit meine ich nun nicht, daß der Architekt aus diesem Reste Kunst machen dürfe: bildende Kunst. Bildende Kunst ist stets die große Verführung des Architekten gewesen. Dies ist nicht der Ort, auf die Frage einzugehen, zu welchen Zeiten, etwa, bildende Kunst die natürliche, die legitime Äußerung des Architekten gewesen sei. Ich zweifle aber daran, daß sie *heute* sein kann. Denn wir werden mit dem Bau als Kunst nicht besser fertig als mit der Kunst am Bau.

Ich meine auch nicht, daß der Architekt jenes Stück Freiheit, das ihm da bleibt, wie einen Hebel ansetzen dürfe, um damit das Gesicht des Gebäudes seinem Dienste zu entfremden, so daß es schließlich zu dem Beschauer von etwas ganz anderem spricht als von dem Dienst, den es leistet. Wir sehen ein grandioses Beispiel einer solchen Entfremdung im Bau des Opernhauses von Sidney vor uns. „Autonomie des Ausdrucks" ist das von berufener Seite genannt worden. Wo aber eine Struktur nur sich selbst ausdrückt, wo die Auguren offenbar einig darüber sind, daß es der *Theatersäle* in diesem Opernhaus gar nicht einmal bedarf, da fragt man wohl nicht ganz ohne Grund, ob das Wort Ausdruck hier überhaupt am Platze sei. Ich meine, ganz im Gegenteil, daß es eben der Dienst ist, den ein Bauwerk leistet, und die Mittel, durch die er geleistet wird, was in der Architektur Ausdruck wird: wenn Sie wollen, Kunst. Nur daß dies eine Kunst anderer Art ist als die Kunst der Formen.

Architektonisch aber ist diese Selbstdarstellung des Gebauten, wenn sie eindeutig ist und verbindlich. Denn der Architekt drückt nicht, wie etwa der Lyriker, sein eigenes Glück und Wehe aus, wenn er baut: Bauen ist gebunden, eine Tätigkeit für die Gesellschaft. Es mag Bauwerke geben, es gibt sie zweifellos, die unverkennbar vom Geiste eines Mannes geprägt sind. Sie sind dennoch nicht, im Sinne eines Gedichtes etwa, *persönliche* Aussagen. Die Forderung an den Architekten, der eigenen Person den unmittelbaren Ausdruck zu verweigern, ist wahrscheinlich die härteste, die man an ihn stellen kann. Schinkel, ein Meister, dessen Person in seinen Bauten immer erkennbar ist, ist ihr gleichwohl nachgekommen.

Das Architektonische ist das Verbindliche. Eben in diesem Sinne geht es uns an, als eine Haltung. Es hat sich, seit der Zeit des römischen Hellenismus, dem Alltäglichen alles Gebauten, seinem ganz realen Dasein genähert. Bei Schinkel sucht es noch, das Dasein zu erhöhen. Diese pädagogische Absicht hat die Architektur seither aufgegeben. Man könnte sagen, daß heute das Gegenteil gilt: die Architektur nimmt ihre Hoheit vom Alltäglichen. Sie wird episch. Im Epos erkennt das tätige Leben sich selbst als bedeutend. Die Architektur will nicht mehr das Dasein steigern; noch will sie sich ihm blindlings unterwerfen. Sie dient dem lebendigen Tage, um mich dieses goethischen Ausdruckes zu bedienen; von ihm erhält sie ihr Licht; ihm gibt sie Dienst, Deutung, Dauer.

Festvortrag auf dem 112. Schinkelfest des Architekten- und Ingenieur-Vereins zu Berlin am 13. März 1967

Einige von Ihnen erinnern sich gewiß an einen Chaplin-Film namens „Modern Times". Er war ein Dokument der Verzerrung des Menschen durch die Industrie. Es gab darin eine Szene, in der Charlie als Probierkaninchen für eine Eßmaschine benutzt wird. Natürlich läuft ihm die eingegossene Suppe die Jacke herunter, und die Mundabwischvorrichtung vermanscht seine Lippen: sehr komisch, sehr grausam. Der Fabrikherr hatte diese Maschine einführen wollen, damit seine Arbeiter mit dem Essen weniger Zeit verlieren. Ein Fabrikherr würde dergleichen nicht tun. Man kann sich indessen Leute vorstellen, denen der Gedanke an eine Eßmaschine angenehm wäre; allerdings aus einem anderen Grunde.

Seit die industrielle Revolution sich täglich fühlbar macht, seit wir zu jeder Stunde durch einen Druck auf den Knopf übermenschlich große Kräfte in unseren Dienst nehmen, erscheint es vielen als stillos, daß wir gewisse Verrichtungen immer noch so ausführen wie unsere Voreltern. Es wäre sicher nicht ein Fabrikherr, dem dieser Bruch in unserem Lebensstil Sorgen bereiten würde. Fabrikherren sind praktisch. Sie sind, zudem, in ihrer eigenen Sphäre meist konservativ. Nicht sie haben von einer Maschinenästhetik gesprochen. Nicht sie haben darauf bestanden, daß unser Leben in den rückständigen Bereichen, die immer noch vornehmlich dieses Leben ausmachen, endlich den Schritt nach vorn tun sollte, der uns als Bürger des technischen Weltalters ausweist. Es handelt sich hier nicht um eine praktische Frage, sondern um eine geistige: um die Einheitlichkeit unserer Kultur. Da man meinte, frühere Kulturen seien einheitliche gewesen, so wollte man Einheit auch für unsere Kultur erreichen: wenn es sein mußte, erzwingen. Einheitlichkeit galt als das Kriterium einer Kultur. Man konnte den gemeinsamen Nenner unserer Kultur — oder, um mit Hans Sedlmayr zu sprechen, die Mitte — an verschiedenen Orten suchen. Es brauchte nicht unbedingt der Ort der Technik zu sein, obwohl er besonders nahe lag. Siegfried Giedion zum Beispiel glaubte die Mitte unserer Kultur in Minkowskis Theorie vom raumzeitlichen Kontinuum zu finden. Das Entscheidende ist, daß auch er, daß gerade er behauptet, alle Regungen des Menschen dieses Jahrhunderts beziehen sich auf diese Mitte. „Raum, Zeit, Architektur" heißt sein berühmtes Buch. Hätte jemand mit Giedions Philosophie eine Standortbestimmung der gegenwärtigen Medizin versucht, so hätte der Titel seines Buches „Raum, Zeit und Medizin" heißen dürfen. Ich erwähne Giedion, weil in keiner anderen mir bekannten Äußerung das Postulat der Einheit so unbedingt erhoben wird. Es lag jedoch der Theorie des Bauhauses — und seiner Praxis — ebenfalls zugrunde, um nur eine der anderen Theorien und Praktiken zu nennen, die von dem gleichen Postulat ausgegangen sind.

Der Hinweis auf die Maschine wird heute durch den auf eine nahe Zukunft ersetzt, welche uns ihren Stil aufnötige. Und wenn ein Bildhauer seine hübschen Erfindungen vorstellt — Lichtsäulen in der Sahara oder einen Kerzenladen in

Wien —, so wird er es nie versäumen, uns auf die Raketen aufmerksam zu machen, in denen wir bald unseren Wochenendausflug nach Teneriffa machen werden, oder auf die unsichtbaren Möbel aus Preßluft, an denen wir uns dann unsere Zehen stoßen. Und zwar tun sie das, weil sie uns zeigen wollen, wie sehr ihre Lichtsäulen und Kerzenläden dem Stil dieser Zukunft angemessen sind.

Übrigens: Ist die Einheit vergangener Kulturen am Ende ein rückschauendes Postulat? Da man in jeder Hochkultur ein goldenes Zeitalter zu sehen liebt, und da es goldene Zeitalter nicht gibt — sie sind in die Vergangenheit projizierte Utopien —, so darf man das immerhin fragen. Man darf vielleicht zwischen verschiedenen uns bekannten Kulturen in dieser Hinsicht Unterschiede sehen; denn sicher ist eine vergangene Kultur um so einheitlicher gewesen, je primitiver sie war. Man darf die bindende Kraft der Mitte — also etwa jener Mitte, die Sedlmayr meint: der Religion im Mittelalter geringer veranschlagen, als Sedlmayr es tut. Dagegen ist es gewiß eine Tatsache, daß primitive Techniken dem Menschen wenig Wahl lassen, daß sie also die Einheit befördern. Man kann es auch umgekehrt ausdrücken: Eine Kultur ist um so weniger einheitlich, je höher ihre Mittel entwickelt sind. Die unsere, mit hoch entwickelten Mitteln, kann gar nicht einheitlich sein; und eben diese Mittel: die moderne Technik — oder, wie Giedion es will, die moderne Physik — zur Mitte, zur Einheit-gebenden Kraft zu erklären, ist doch wohl unstatthaft, da ja sie es sind, die die Einheit verhindern. Davon soll die Rede sein.

Der Film, von dem wir ausgegangen sind, zeigt nun den Widerstand des kleinen Mannes gegen das Postutalt der Einheit. Man kann ihn auf jeden Fall so verstehen: „Wo bleibt", fragt Charlie, „bei soviel modern times der Mensch?" Dieser Widerstand ist nicht etwa nur der Widerstand des kleinen Mannes. Der Bundeskanzler mag ähnlich empfinden, wir wir vor nicht langer Zeit erfahren haben. Oft nimmt dieser Widerstand groteske Formen an: die unaussprechlichen Möbel und Ornamente etwa, die man in den Vereinigten Staaten in den Musterwohnungen der allerletzten, fortschrittlichst gebauten Miethäuser sieht. Sie sollen dem Kunden zeigen, daß man auch in Marina City „menschlich" hausen könne. Man braucht nicht einmal bis Chicago zu gehen, um dergleichen zu finden: die Musterwohnung in der Unité-Berlin ist vom Senat mit ebenso inadäquaten Möbeln ausgestattet worden; nur daß sie nicht einmal den Reiz des herzhaften Wohnkitsches besitzen, den man in Marina City genießt. Der Widerstand kann auch als Ratlosigkeit in Erscheinung treten. Man kann das jeden Abend im Märkischen Viertel und in Britz-Buckow-Rudow beobachten: Die Leute wandern da herum, offenen Mundes und bewildert, doch guten Willens, tolerant, bemüht, sich da hineinzufinden.

Es ist üblich, die Formen dieses Widerstandes zu ridikulisieren und gegen seine Äußerungen an höherem und höchstem Ort Protest einzulegen. Das letztere ist notwendig. Ich möchte indessen hier vorschlagen, von den Formen einmal abzusehen und den Widerstand selbst so ernst zu nehmen, wie er es verdient. Er richtet sich, wie wir gesehen haben, gegen ein enges Verständnis, vielleicht ein Mißverständnis des Begriffes Kultur; gegen die Fiktion einer besonderen Kultur des Maschinenzeitalters oder der Zukunft. In dieser Form wird es allerdings nicht von denen gesehen, die den Widerstand in sich fühlen; weswegen es, notabene, so wenig ergiebig ist, die Kritik durch gezielte Umfragen zum Sprechen bringen zu wollen: Wir erfahren nichts über sie, wenn wir lernen, daß 95 % der Bewohner des Hansa-Viertels mit ihren Wohnungen und mit dem Hansa-Viertel zufrieden sind, und 98 % der Bewohner in Charlottenburg-Nord. Die Zahlen könnten andere sein, und wir würden ebenso wenig erfahren. Vielleicht sind die Fragen nicht entsprechend gestellt: vielleicht kann man sie heute noch nicht richtig stellen. Die Kritik, von der wir sprechen, ist nicht artikuliert, sie ist oft nicht einmal bewußt. Wenn sie sich ausspricht, so geschieht es häufig auf falsche Art, wie etwa in dem Artikel wider die „allmächtigen Bauschamanen", das sind die neuen Architekten, und gegen alle ihre Werke, welchen ein geistvoller und gebildeter Journalist, Christian Ferber, vor etwa einem Jahre in der „Welt" veröffentlicht hat. Ferber spricht von den Zeiten, in denen Bauherren noch Bauherren waren (die Kirche, die Fürsten) und die Bauleute gediegene Baumeister ohne viele Prätentionen. Er stellt die gute alte Dorfstraße gegen die böse neue Dorfkirche, welche die Straße verschandelt. Natürlich verwahrt er sich gegen den Vorwurf einer Blut-und-Boden-Romantik und nennt zu diesem Behuf auch ein paar neue Beispiele, die anzuerkennen er bereit sei (,,Hangsiedlungen in der Schweiz"). Aber die zeigt er nicht. Seine Photos zeigen – und seine Worte eben auch –, daß es auf eine kaum erneuerte Version des alten Heimatschutzes hinausläuft. Ich sage davon nur darum so viel, weil hier ein kluger und geschmackvoller Mann sich äußert, ohne an das Problem heranzukommen.

Es wird Sache des Architekten und des Architekturkritikers sein: es wird immer mehr ihre Sache werden, die unbewußten, unausgesprochenen oder falsch ausgesprochenen Gefühle der Baunutzer unserer Gebäude und Städte zu deuten; der Architekt wird sie praktizierend deuten müssen.

Wer sagt, dies sei eben das, was der Architekt heute bereits tut, macht sich, scheint mir, das Leben zu leicht. Der Architekt hat ein vorgefaßtes Bild vom Glück. Meistens ist es nicht gut fundiert; denn die Architekten wissen nicht genug von denen, für die sie planen. Ihre Erziehung befähigt sie nur schlecht dazu, sich diese Art von Wissen anzueignen; und viele wollen es gar nicht, halten es für unnötig. Sie finden ihre Formel zu schnell – es ist ein Kurzschluß –: und der Mensch muß sich dann auf diese Formel reimen, oder sie wird ihn fressen. Die Formel ist nicht mehr die gleiche wie vor vierzig Jahren – wozu ergänzend zu sagen ist, daß es auch vor vierzig Jahren mehr als *eine* Formel gegeben hat. Gar so verschieden ist die Situation nicht: Auch heute haben wir unter den Architekten die Neu-Weltler. Sie begnügen sich nur nicht mehr mit Neo-Kubismus und der Forderung, man solle industriell bauen: sie wollen das Raumgerüst. Auch heute haben wir mehr Formeln als diese eine – und einige von ihnen stammen sogar noch aus den zwanziger Jahren –: es sind die Formeln der Architekten, die menschengerecht bauen wollen. Irre ich nicht, so ist ihnen allen, heute wie damals, gemeinsam, daß sie eine gültige Formel finden wollen − oder daß sie meinen, sie gefunden zu haben −: und daß eine jede Formel zur Form drängt, in einigen Fällen sogar von der Form ausgeht: Eine Form-Formel. Es ist wahr: die Architekten sind toleranter geworden. Sie haben zu viele große Anläufe scheitern sehen. Sind sie aber auch bereit, sich damit abzufinden, daß wir in zwei Welten leben? Wissen sie, was diese Tatsache für ihre Form-Formel bedeutet?

Zwei Welten: Charlie Chaplin im Film arbeitet am Fließband. Er bedient Apparate. Er zwingt mit einem Druck auf den Knopf Kräfte in den Dienst seiner Verrichtungen, die um ein Vielfaches über Menschenkraft hinausgehen. Er tut dies nicht nur in der Fabrik. Die Sphäre der übermenschlichen Kräftebeherrschung reicht weit in sein privates Leben hinein. Eben diese Tatsache macht es so schwer, die Sphären reinlich voneinander zu scheiden. Sie sind jedoch zu scheiden. Ein Mann drückt auf den Knopf und, siehe da, es wird Licht, strahlendes Licht: die Unschlittkerze, die Petroleumlampe, das Gaslicht sind, selbst in der Erinnerung, überwunden. Dann gießt derselbe Mann sich eine Tasse Kaffee ein, rührt mit einem Löffel um, schneidet sich eine Schnitte Brot mit dem Messer, setzt sich auf den Stuhl, an den Tisch, um zu essen und zu trinken; bei alledem geht er mit Dingen um, mit denen seine Voreltern sehr lange vor der Petroleumlampe umgegangen sind. Ich spreche hier den Unterschied zwischen der Welt der Apparate und der der Gegenstände an. Beide dienen uns; die Apparate indessen tun es auf eine indirekte und mysteriöse Art: indirekt, weil zwischen dem Druck auf den Knopf und dem Angehen des Lichtes ein unsichtbarer Aufwand von erheblichen Dimensionen liegt: Kohlenförderung, Verhüttung, Turbinenhalle, Umspannstation und anderes mehr. Mysteriös ist der Dienst aus dem Grunde, daß alle diese Stationen, die einen bedienen, nicht nur unsichtbar sind: sie sind unverständlich. Wir wissen bei einer großen Anzahl der Verrichtungen, die wir vornehmen, um Dienste herbeizuzaubern: Licht, Wärme, Fernsehen, Musik nur noch, wie man es macht: push button B! Wir wissen nicht, was wir tun, wenn wir Knopf B drücken. In sehr vielen Fällen würden wir es nicht einmal verstehen; wir wissen auch nicht im Einzelnen, wie man einen Stuhl macht, oder eine Tasse, aber wir könnten es wissen! Es ist daran nichts Mysteriöses. Auch die Techniken der Herstellung haben sich nicht grundlegend geändert, Massenproduktion oder Einzelproduktion, das Rezept lautet immer noch: man nehme die oder die Menge Holz oder Ton. Die Gegenstände sind, sogar was ihre Herstellung angeht, verständlich geblieben. Die Dienste, die sie uns leisten, werden unmittelbar geleistet. Das macht unseren Umgang mit ihnen vertraulich. Die Gegenstände flößen Vertrauen ein. Natürlich kann auch eine Tasse uns in der Hand zerbrechen; aber dann wird die Ursache des Versagens uns sofort klar sein. Das Auto, das plötzlich stehenbleibt, das Licht, das ausgeht, der Fernsehapparat, der flackert: sie lassen uns aus mysteriösen Gründen im Stich. Man muß den Fachmann rufen, nicht nur, damit er den Apparat in Ordnung bringt; wir brauchen ihn bereits, damit er die richtige Diagnose stellt.

Die Gegenstände haben mit dem Teil des Menschen Umgang, der sich nicht verändert hat. Deshalb bleiben auch sie selbst, was sie von eh und je gewesen sind. Die Apparate bedienen das Veränderliche im Menschen und verändern sich selbst immerfort. Es steht uns also an zu fragen, was sich im Menschen nicht verändert hat und was sich voraussichtlich nicht verändern wird, denn ganz offenbar gibt es und wird es einen Teil unserer Person geben, der in der Welt der Gegenstände ist und bleibt, mag diese Tatsache dem Philosophen, dem utopischen Architekten (oder aus anderen Gründen Charlie Chaplins Fabrikherren) auch Unbehagen bereiten: Ein Teil unserer Person lebt in der Welt der Gegenstände und will partout von dieser Welt nicht lassen.

Daher rührt ein gutes Teil des Unbehagens, das den ,,einfachen Mann" — und er kann, wie schon angedeutet, Kiesinger heißen — vor den Schöpfungen der neuen Baukunst ankommt; wobei es eine Illusion ist, wenn man glauben wollte, dieses Unbehangen stelle sich nur bei den Schöpfungen einer gewissen Stufe der neuen Architektur ein: bei dem Stil der späten zwanziger Jahre also, zu dem, mutatis mutandis, auch der Kanzlerbungalow gehört. Das gleiche Unbehagen stellt sich bei dem gleichen kleinen Mann ein — und wieder mag er Kiesinger heißen —, wenn er das Märkische Viertel besucht, oder Britz-Buckow-Rudow (B.B.R.). Er weiß nichts davon, daß eine Generation von Architekten herangewachsen ist, die ihn als Individuum sehen will und nicht als Nummer im typischen Wohnblock. Diese Architekten haben sich ihm nicht verständlich gemacht. Sie können es nicht, da sie ihn nicht verstehen. Man hat seinerzeit den Funktionalisten den Vorwurf gemacht, daß der Mensch ihnen nur Vorwand für die Kunst gewesen sei. Man hört diesen Vorwurf jetzt selten. Man nimmt den Funktionalismus wörtlich. Das ist mehr, als er verdient. Er war ein Weg zur Kunst; auch er; aber er konnte noch zwischen den Willen zur Kunst und das Kunstwerk eine plausible Theorie stellen. Heute ist das schwerer. Wer etwa von der Individualität der Menschen, von ihrer Verschiedenheit ausgeht, und dann alle Wohnungen im Block und alle Zimmer in der Wohnung hübsch verschieden macht, der *spielt* Verschiedenheit. Er zwingt die Bewohner, sich auf eben die Art voneinander zu unterscheiden, die ihm, dem Architekten, gefällt. Der Sprung in die Kunst ist jetzt abrupter als damals. Das Ein und Aus, das Schief und Krumm der neuen Architektenkünste spricht den Bewohner nicht unmittelbarer an, als es die kalte Kiste von anno dazumal zu tun vermochte; ja, man mag befürchten, daß er sich an die kalte Kiste am Ende gewöhnen konnte, da man sie allenfalls begreifen kann, während man die neuen Künste weniger leicht begreift. Aber dies nur am Rande: es sei hier zunächst einmal unwichtig, ob die neuen Künste dem Benutzer noch fremder sind, als die des Funktionalismus es gewesen waren. Ich will lediglich sagen: auch sie sind ihm fremd. Für ihn sind auch sie ,,ungegenständlich".

Dieses Wort führt uns zu dem Gegensatz zwischen Gegenständen und Apparaten zurück, den ich angedeutet hatte. Verweilen wir noch einen Augenblick bei ihm. Von der Sprache her hat Wohnen mit Gewohnheit zu tun — übrigens auch demeurer, habiter und maison (vgl. mansuetudo). Das Gewohnte sind die Gegenstände. Sie sind aber auch, wie wir gesehen haben, das Faßbare, das einfach Dienende, das unmittelbar und ohne Mysterium zum Dienst Bereite. Darum will man sie nicht aufgeben. Ich sagte bereits, daß sie Vertrauen einflößen. Die Apparate dagegen flößen Angst ein. Man muß diese Angst bekämpfen, und man tut es; man kann es; jeder Mensch unter Vierzig wird mich auslachen, wenn ich von der Angst spreche, welche die Apparate einflößen; auch handelt es sich nicht um die Angst, daß damit etwas passieren könnte, daß die Birne platzt, daß man einen elektrischen Schlag kriegt, daß das Flugzeug abstürzt. Das Wort Angst ist wahrscheinlich ein wenig stark für das, was hier statthat: Unsicherheit ist ein besserer Ausdruck. Da man mit dem Apparat vertraut ist, nicht aber mit dem Geheimnis seiner Wirkungsweise, so stellt Unsicherheit sich ein; und die einzige Umwelt, die von dieser Unsicherheit frei ist, ist eben die der Gegenstände; der Stühle, Betten, Schüsseln, Näpfe. Sie hat kein Geheimnis, man versteht sie.

Der Mensch hat gute Gründe dafür, daß er nicht darauf verzichten will, in einer Welt zu leben, die er versteht. Das Permanente in uns geht mit dieser Welt um. Was seinem Körper am nächsten ist, versteht der Mensch noch immer: die Decke, in die er sich einwickelt, den Stuhl, auf dem er sitzt, die Geräte, mit denen er Nahrung zu sich nimmt; aber auch die Stufen, die er steigt, das Fenster, das er öffnet, den Fußboden, auf dem er steht. Auch diese versteht er noch. Man hat das Haus einen weiteren Anzug genannt. Der Ausdruck weist auf die körperliche Nähe des Hauses hin. Darum will man sein Haus begreifen, wie man seine Möbel begreift und seinen Anzug. Man will zu seinem Haus — ersetzen Sie dieses Wort, wenn Sie wollen, durch Wohnung — Vertrauen haben. Es soll gegenständlich sein.

Ich bin mir der Gefahr bewußt, die diese Art zu argumentieren mit sich bringt. Mit einem Wort bin ich sehr weit gegangen: als ich von dem Wort „Wohnen" sprach, das an das Gewohnte anklingt. Noch ein paar solcher Worte, werden Sie sagen, und man hört im Hintergrund Blut und Boden rauschen, und der Hintergrund, auf dem diese Gegenstände sich abzuzeichnen beginnen, liegt, könnten Sie sagen, bei meiner Art der Kritik nicht einmal mehr so sehr weit hinten. Ich will versuchen, mich zu erklären.

Es ist wahr, daß Wohnen und Gewohnheit etwas miteinander zu tun haben und daß es damit zusammenhängt, daß man im Hause sich mit Gegenständen umgibt und daß man das Haus — die Wohnung — selbst als Gegenstand sehen will, nicht als Apparat —, weshalb es wirklich eine Entgleisung war, als Le Corbusier von der Wohnmaschine sprach; vielmehr, es war ein Ausdruck jenes Postulates der Einheit unserer Kultur, einer Kultur der Apparate, das sich Le Corbusier zu jener Zeit zueigen gemacht hatte. Das Gewohnte ist, wörtlich, das Unveränderliche. Wir haben diesen Begriff jedoch bereits abgeschwächt, als wir vom Faßlichen der Gegenstände sprachen. Der Mensch ist offenbar fähig, auch neuen Erscheinungen Vertrauen zu schenken, wenn er sie begreifen kann. Es dauert nicht lange, zuweilen dauert es überhaupt keine Zeit, und er nimmt das eben noch Unbekannte als das Bekannte, ja, als das Gewohnte an. Damit das geschehen kann, müssen gewisse Vorstellungen angesprochen werden, die aus dem Bereich des Unwandelbaren stammen. Das heißt: es handelt sich nicht darum, dem Auge stets die gleichen bekannten Bilder vorzuführen: die Ziegeldächer also und die Fensterläden. Noch weniger kann es sich darum handeln, Angewohnheiten zu beruhigen, wie es die Einrichtung der Mietswohnungen in Marina-City tut. Selbstverständlich leben in unserer Mentalität neben den echten Gewohnheiten, die aus der Permanenz des Menschlichen stammen, auch Leit- und Wunschbilder, die man uns angewöhnt hat: das Elternhaus, aber ebenso das „Traumhaus" der Anzeigen und der populären Wohnzeitschriften; und die Wenigsten wissen, daß diese Wunsch-, Leit- und Traumbilder nicht weniger utopisch sind als Aldous Huxleys Brave New World.

Man kann aber solche Trugbilder von den echten Gewohnheiten trennen: diese bringen nämlich keine Bilder hervor, auf jeden Fall nicht a priori. Wenn Bilder erscheinen, so kommen sie erst als Folgen des Protests gegen eine als nicht adäquat empfundene Umwelt. Der Protest nimmt dann gewisse Bilder als „richtig" an: die Treppe bei uns zu Hause; aber auch den röhrenden Hirsch bei Sonnenuntergang (in drei Dimensionen), weil er zu der Treppe bei uns zu Hause „paßt". Aber ich wiederhole: a priori rufen die echten Gewohnheiten keine Bilder auf. Die Tatsache, daß man seine Suppe löffelt, ist uns viel zu hautnah, als daß sie bestimmte bildliche Vorstellungen von einer glücklichen Umwelt hervorrufen könnte. Sie tut es allenfalls in dem Augenblick, in dem man mit einer nicht-glücklichen Umwelt konfrontiert wird, in welcher man seine Suppe nicht mit Behagen löffeln könnte. Wahrscheinlich sind es Erfahrungen dieser Art, welche als Gegenbild den geblümten Suppenteller suggerieren.

Man kann die Trugbilder von den echten Gewohnheiten trennen, sage ich. Man darf also fragen, man muß fragen, wie die Permanenz von Tasse und Löffel, oder wie unsere Permanenz durch Tasse und Löffel auf größere Zusammenhänge der vom Menschen für den Menschen gemachten Umwelt einwirken mag. „Vom Sofakissen zum Städtebau" hieß der Slogan des Werkbundes. Indem wir ihn hier wieder aufnehmen, geben wir ihm einen anderen Sinn. Das Resultat unserer Untersuchungen dürfte kaum die einheitliche Welt des Maschinenzeitalters sein, von der fortschrittliche Kreise im Werkbund geträumt haben. Wir wollen vielmehr vom Löffel her, von unserer Permanenz her, Bedingungen suchen, denen auch die größeren Gegenstände, und endlich die Nicht-Gegenstände unserer Umwelt, entsprechen sollten, „Heimat schafft, wer die Welt des Bekannten erweitert". Das wichtige Wort hier ist „erweitert": wer nur Bekanntes vorzeigt – das steile Dach also, den Fensterladen –, der erweitert die Welt des Bekannten nicht. Es wird sich darum handeln müssen, unsere Umwelt so zu formen, daß man vom Bekannten auf das Neue schließen kann. Dazu müssen gewisse Bedingungen erfüllt sein. Es müßte möglich sein, diese Bedingungen zu finden.

Ich spreche hier von Bedingungen der Anschaulichkeit: denn daß die vom Menschen für den Menschen gemachte Umwelt: Habitat, Stadt-Land, Stadt-Raum, Raumstadt funktioniert, daß sie den Lebensvorgängen des städtischen Menschen entsprechen muß – um einmal nur von diesem zu reden: er wird die bei weitem häufigste Erscheinungsform des Menschen sein –, das versteht sich ebenso von selbst, wie das Moralische in Vischers Roman sich von selbst verstand. Der Architekt muß sich damit beschäftigen, er muß dieses ihm bis heute wenig bekannte Gebiet — ein Gebiet dazu, das sich in dauernder Veränderung befindet — beherrschen. Darüber kann man zwar nicht genug sagen; aber darüber ist immerhin einiges gesagt worden. Der Architekt teilt die Erfahrung, die er da machen muß, mit anderen, er geht sogar bei anderen in die Schule. In sein eigenes Gebiet tritt er da ein, wo er diese Erfahrung als einen Zusammenhang nicht nur begreift, sondern sieht. Man kann zwar mit Ausdrücken wie Form und sogar Gestalt nicht vorsichtig genug umgehen, da sich hinter ihnen sofort die Figur des Architekten als eines bildenden Künstlers aufbaut. Man muß indessen anerkennen, daß er es ist, der die Ordnung der von Menschen geschaffenen Umgebung sichtbar macht. Man hat bei diesen Dingen von einer expressiven Ordnung gesprochen. Gibt es nun, frage ich, gewisse Anordnungen, die den Bedingungen, die wir suchen sichtbar entsprechen, und gibt es solche, die es ganz offenbar nicht tun? Und wenn es so ist, gibt es Kriterien des Adäquaten? — wobei man — das wurde schon angedeutet — solche Kriterien niemals einschränkend setzen darf, nicht also so, daß sie neue Möglichkeiten ausschließen. Das klingt einigermaßen abstrakt. Kehren wir zum Handgreiflichen zurück. Es ist selbstverständlich nicht möglich, die Bedingungen zu nennen, die hier wirksam werden könnten. Immerhin kann man in die Richtung deuten, in der man sie suchen darf. Ich darf an die Stelle erinnern, wo davon die Rede war, daß nicht nur Tasse und Stuhl, körpernahe Gegenstände, faßbar sind und bleiben sollten, sondern auch Treppenstufen, Fenster: also Teile des Hauses. Die Bewegung, die man Brutalismus genannt hat, folgt zweifellos mehreren Antrieben. Sie ist schwer bestimmbar, ein Konglomerat, hat keine Doktrin; aber eines ist gewiß: sie hat sich dagegen gestellt, daß man aus unserer Architektur die Gegenstände gleichsam wegeskamotiert, indem man Mauern, Pfeiler, Säulen, aber auch Stufen, Fensterrahmen etc. auf das Minimum reduziert, welches statisch vertretbar ist; daß man, mit einem Wort, die baulichen Gegenstände als notwendige Übel auffaßt, über die man mit besseren Techniken schon noch hinwegkommen werde. Der Brutalismus feiert die Masse und das Grob-greifbare dieser Gegenstände. Nehmen Sie ein einfaches Beispiel: Die Akademie der Künste in Berlin ist ein sehr gemäßigt brutalistischer Bau. Sie finden dort die Deutlichkeit, mit der sich Treppe, Säule, Fußboden, Fenster als das geben, was sie sind, und ebenso die Neigung, Rahmen, Geländer, Stufenstärken ein wenig, manchmal entschieden, zu überdimensionieren. Die Wirkung ist beruhigend. Bleiben wir einmal beim Fenster: es gibt gewisse Häuser, auch in Berlin, in denen die ganze Außenwand eines Raumes durch eine Glasscheibe im dünnstmöglichen Rahmen ersetzt ist. Die Wirkung einer solchen durch nichts ersetzten, völlig leer und nichtig gewordenen Wand ist beunruhigend, man hat da ganz wörtlich nichts, an das man sich halten kann. In der Akademie gibt es mehrere Räume, deren Außenwand so stark mit Fenstern durchsetzt ist, daß sie als Außenwand beinahe aufgehört hat zu existieren. Aber eben nur beinahe. Die Wand ist immer noch zwischen den Fenstern vorhanden. Die Fenster selber aber, und darauf will ich hinaus, die Fenster sind ganz handgreifliche Fenster, ihre Rahmen, die feststehenden Rahmen besonders, sind entschieden überstark genommen: die Wand bleibt, obwohl sie bis nahe an die Auflösung von Fenstern durchsetzt ist, dennoch als Außenwand bestehen; und die Fenster selbst sind bauliche Gegenstände von starkem Eigenwert. Man könnte sagen: sie schämen sich keineswegs, Fenster zu sein.

Ich habe hier ein Beispiel gegeben und kein Rezept. Der Architekt hat das Recht, eine Außenwand aufzuheben, wenn eine besondere Situation das nahelegt. Es gibt Wege, wie er das tun kann: etwa durch Verbindung eines beschränkten äußeren Raumes mit einem Innenraum, durch das Herausstrecken einer Wand, die den Außenraum gleichsam hereinholt. Mies hat das in seinem frühen Werk immerfort getan. Es gibt noch andere Möglichkeiten. Eine aber gilt nicht: drei Wände und nichts. Das ergibt weder einen Innenraum, noch eine mögliche Verbindung von innen und außen. Es ist unbefriedigend, es stellt Ding und Nicht-Ding hart nebeneinander.

Es gibt also Dinge, die man nicht tun sollte, die nicht adäquat sind, von denen man zeigen kann, daß sie nicht adäquat sind. Ich halte das für einen großen Vorteil –, wobei ich noch einmal betonen möchte, wie außerordentlich vorsichtig man sein muß, ehe man ein solches ausschließendes Urteil abgibt. Die Kriterien aber, die wir eben zur Urteilsfindung benutzt haben, sind nicht die, auf denen man einmal versucht hat, eine objektive Kritik der Architektur zu errichten. Nicht also Gesichtspunkte wie Ehrlichkeit, Materialgerechtigkeit, Konstruktionsechtheit. Diese Kriterien führen deswegen nicht weit, weil sie Postulate sind, die der Moral eher als der Architektur angehören. Darum sind diese Aussprüche absolut. Es handelt sich aber hier nicht darum festzustellen, was objektiv richtig ist. Vielmehr will man wissen, was der Mensch ertragen kann, womit er sich identifizieren, wozu er Vertrauen haben darf. Es läuft, so seltsam das klingen mag, mehr auf eine Frage an die Psychologie hinaus als auf die nach dem objektiv Richtigen. Für die Architektur gibt es das objektiv Richtige nicht; aber das psychologisch Richtige, das dürfte es für sie geben.

Wenn das wahr ist, so müßte es eine Architekturkritik geben können, die nach dem Adäquaten auf weitester Ebene sucht, in der Tat wieder vom Sofakissen bis zum Städtebau. Das Beispiel, das ich gegeben habe, die Akademie, ist deutlich; es ist auch bereits alt. Die Tendenz, die ich in ihm verkörpert sehen will, ist noch erheblich älter, geht bis gegen das Jahr 1930 zurück. Le Corbusier ist in den zwanziger Jahren ganz gewiß ein Architekt der Leichtigkeit gewesen; aber in seinem eigenen Werk zeigt sich die Gegentendenz, von der wir sprechen, bereits im Pavillon Suisse. Solange wir von Gegenständen gesprochen haben – und ich will, daß ein einzelnes Gebäude noch Gegenstand sei –, ist die Sache nicht allzu schwierig. Es ist aber, mehrere Male schon, das Wort Städtebau gefallen. Einen städtischen Raum, eine städtische Struktur, kann man bei bestem Willen nicht mehr einen Gegenstand nennen. Deshalb war vorhin schon, als wir an diesen Punkt kamen, von Nicht-Gegenständen die Rede. Es fragt sich nun, ob nicht die gegenständliche Ästhetik – um sie einmal so zu nennen – auch auf diese größeren Umweltzusammenhänge anwendbar ist. Es gibt ganz offenbar sichtbar adäquate und nicht adäquate Strukturen, Räume, Formen der Stadt; und jeder Besuch in neuen Stadtgebilden bringt Erlebnisse, die diese Frage, die Frage nach dem a priori, den psychologisch adäquaten oder nicht-adäquaten städtischen Formen stellen.

Bleiben wir in Berlin. Wir alle bemühen uns mit verschiedenen Graden guten Willens, uns mit dem abzufinden, was in diesen Jahren im Norden und im Südosten der Stadt geschieht; aber während wir durch die Hochhöfe von B.B.R. schreiten: Scheiben von etwa acht Geschossen zu hofartigen Räumen zusammengestellt, tauchen Erinnerungen auf: an Roehampton etwa, an die Scharen parallel gestaffelter, weit von einander entfernter Scheiben im Park. Dort konnten wir spontan ja sagen. Hier fühlen wir ebenso spontan, daß die Antwort nur nein sein kann. Sollte Le Corbusier Recht gehabt haben? Kann man ,,städtische Räume" nicht mehr spielen, sobald man einen bestimmten Maßstab überschritten hat? Muß man das Raumspiel ganz aufgeben und zu anderen Strukturen kommen? Ich bin überzeugt, daß es so ist; und ein jeder Besuch in B.B.R. bestärkt mich in dieser Überzeugung.

Hat diese Feststellung, die einige als richtig anerkennen werden, etwas mit dem zu tun, was ich gegenständliche Ästhetik nenne? Ich glaube schon, wenn auch auf indirekte Art. Man könnte etwa den Satz aufstellen – zumindest könnte man ihn zur Diskussion stellen –, daß Menschen im allgemeinen auf gewohnte Formen in anderem Kontext, mit neuem Inhalt, negativ reagieren. Künstliche Stadträume zu großen Maßstabes und unbestimmten Inhaltes gehören zu den Dingen, die man ablehnt. Sie stimmen nicht. Sie sprechen Erinnerungen an und strafen sie gleichzeitig Lügen. Das ist ein Städtebau des ,,Als ob". Künstliche Stadtbilder, Stadtsilhouetten, werden aus dem gleichen Grunde abgelehnt. Solche künstlichen Silhouetten werden in diesem Augenblick systematisch und in recht großem Maßstab im Märkischen Viertel verwirklicht. Man fühlt sich durch den Städtebau des ,,Als ob", um es einmal hart zu sagen, in seiner Menschenwürde verletzt. Man wird zu einem Steinchen in einem Musterspiel degradiert. Lieber noch möchte man eine Nummer in einer Typenkiste sein. Da wäre man wenigstens etwas Echtes. Hier, beim Musterspiel (in ,,ihrer" Kunst, die uns nichts angeht) fühlt man sich sich selbst entfremdet und, ich will es ruhig sagen: lächerlich gemacht. Ich habe unter den Stadträumen in B.B.R. nur einen gefunden, der richtig wirkte: eine Straße. Sie ist von nach heutigen Maßstäben niedrigen, nämlich viergeschossigen Wohnhäusern gesäumt, und alles, was sich der Architekt an künstlichformaler Belebung gestattet hat, ist dies: daß die Straße an einigen Stellen gestaffelt ist. Man mag über diese Staffelung verschiedener Meinung sein, man mag einwenden, daß sich an dieser Stelle das künstliche Stadtbild manifestiert; aber die Straße an sich ist in Ordnung, und man fühlt, daß man sie gern bewohnt. Dies ist *eine* Antwort: getrost das Altgewohnte zu wiederholen. Öfter, als man denkt, ist es lebensfähig. Die andere Antwort ist die völlig neue Struktur.

Diese neue Struktur aber, darauf möchte ich noch einmal bestehen, muß faßbar sein, lesbar. Auch sie sollte sich also an etwas in uns wenden, das man im weitesten Sinne Erinnerungen nennen kann. Das sind allerdings niemals Bildererinnerungen. Man sollte also nicht, nach einiger Gewöhnung, sagen können: „Es ist schön, wie sich dies dort hinten hochballt; man könnte, ganz von weitem, an Manhattan denken. Es ist imposant." Die „Erinnerungen", welche die neuen Strukturen aufrufen sollten, sind anderer Art, sind bildlos. „Gegenüber der Welt und über ihr", wäre eine solche „Erinnerung"; oder „im engen, freundlich bestimmten Raum", „im Garten", oder, wenn Sie wollen, „mitten drin". Ein solches Erkennen und Wiedererkennen ist auf das bezogen, was Le Corbusier die wesentlichen Freuden genannt hat, womit ich nicht etwa sagen will, daß die abstrakten „air, son, lumière" die Freuden wären, auf die sich, wie Le Corbusier forderte, alles Bauen zu beziehen habe. Wir haben seitdem über die wesentlichen Freuden etwas gelernt; aber das Wort, das Wort gefällt mir, ist viel näher an dem, dem das Haus, dem die Stadt genügen soll, als das armselige Wort „Bedürfnisse". Die wenigen Beispiele mögen zeigen, daß Kriterien, wie ich sie vorschlage, gefunden werden können. Und daß sie anwendbar sind. Wenn das so ist, wenn es eine Reihe von Bedingungen gibt, die hier und heute gelten — mit „hier und heute" meine ich die europäische Zivilisation —, dann müßte es möglich sein, die Benutzer endlich ins Vertrauen zu ziehen, damit sie sich nicht mehr, wie in Marina City, Chicago, an Bildern mit röhrenden Hirschen bei Sonnenuntergang (in drei Dimensionen) zu halten haben, wenn sie sich „menschlich" bedient fühlen wollen. Da alles, was wir vorschlagen, darauf hinausgelaufen ist, daß wir den Widerstand dieser Nutzer interpretieren, so müßte es möglich, es müßte sogar leicht sein, ihnen diese Interpretation ihrer eigenen Gefühle glaubhaft zu machen. Das heißt: die Erziehungsarbeit, welche optimistisch und, im Grunde, ergebnislos vor sechzig Jahren im Werkbund begonnen worden ist, müßte ganz anders, als Baukritik, Bautheorie, Bauphilosophie, Bauaufklärung, sogar Bauschulstunde wieder aufgenommen werden. Das „wieder" ist insofern irreführend, als nicht das alte Werkbundideal wieder aufgewärmt werden soll. Es soll etwas Neues beginnen: in gewissem Sinne sogar das Gegenteil der Werkbundunternehmung: damals — und eigentlich bis heute — ging man davon aus, daß der Widerstand gegen das Neue durch Propaganda, durch Gewöhnung, durch den Erfahrungsbeweis, daß das Neue das Bessere sei, überwunden werden müsse. Die neue Erziehung gehe, ganz im Gegenteil, davon aus, daß der Widerstand echt und tief ist, daß man ihn interpretieren muß und so, langsam und gemeinsam, die Kriterien finden, welche Geltung haben.

Vortrag auf einem Symposion der Technischen Universität Berlin, 1967

17   Hans Poelzig (1969)

Hans Poelzig war Architekt, Maler und Lehrer. Man möchte hinzufügen, daß er Musiker war; denn auf Musik lief alles hinaus: Musike, wie er zu sagen pflegte. Es hat ihm sicher gefallen, daß der Raumsinn seinen Ort im Ohr hat. Musik und Raum gehörten bei Poelzig zusammen. Alle Architektur ist räumlich, auch der griechische Tempel. Doch ist Architektur niemals allein durch den Raum bestimmt. Architektur enthält Raum, Plastik, Struktur und Sinn. Sie ist Vier in Einem; und Poelzig war ein Architekt, einer wie er wird nicht mehr geboren, wohl auch nicht mehr gebraucht. Aber es gibt verschiedenen Architekturen, je nachdem, auf welchem Element der Akzent liegt: Der griechische Tempel spricht unseren plastischen Sinn an. Poelzigs Architektur ist räumlich bestimmt; und da in seinen Räumen der Zusammenhang mit der Musik stets gegenwärtig ist, so hört man seine Räume. Seine farbigen Raumskizzen besonders sprechen durch das Auge das Ohr an.

Die Theorie der Serialisten in der Musik stellt die Wiederholung eines Grundelementes in jedem Musikstück fest. Gleiches kann man von Poelzigs räumlicher Musik sagen. In seinen Zeichnungen wird das klarer als in seinen Verwirklichungen. Er hat wenig verwirklicht, gemessen an dem Volumen seiner Entwürfe und dem um ein Vielfaches größeren Volumen seiner Skizzen. Die Raumzeichnungen arbeiten fast immer mit Sequenzen von Elementen, wobei die Gesamtgestalt des Raumes − oder bei Außenskizzen des Gebäudes − offen gelassen wird. Poelzig wäre indessen kein Architekt gewesen, wäre ihm die Festlegung klar umgebener Räume und klar umrissener Massen nicht gelungen. Das Verwaltungsgebäude der IG Farben in Frankfurt ist eine klar umschriebene Masse, welche einen Raum definiert. Das Große Schauspielhaus in Berlin ist, trotz der Dominanz des Theatersaales durch die Stalaktitenkuppel, räumlich unbestimmt und mehrdeutig. Es steht den Skizzen näher als der Frankfurter Bau. Dieser Weg zur Klarsicht wird etwa zwischen 1920 und 1930 zurückgelegt.

Hans Poelzig ist in Berlin geboren und hat hier studiert. Sein Lehrer Schäfer war ein Gotiker; und Poelzigs Beziehung zum Mittelalter ist unverkennbar. Um die Jahrhundertwende kommt er als Lehrer für Stilkunde an die Kunstschule in Breslau. Das Fach Stilkunde hat er von Anfang an ausgeweitet: er richtete Werkstätten in der Schule ein; er veranstaltete an jedem Sonnabendmorgen einen Schnellentwurf. Bereits 1903 war er Direktor der Schule, die seit 1911 unter dem Namen Akademie Breslau bekannt ist. Scharoun hat später dort gelehrt. Es besteht keine direkte Beziehung. Immerhin stehen Scharouns Anfänge dadurch im Zeichen Poelzigs.

In Breslau verbindet Poelzig zum erstenmal Entwerfen und Lehren. Die Lehrwerkstätten und einzelne Künstler der Akademie arbeiten an Poelzigs Gebäuden mit. Diese Verbindung sucht er immer wieder, und wo es ihm nicht gelingt, sie herzustellen, wie in Dresden, fühlt er, daß er nicht sein Bestes gibt. In Breslau hat er viel gebaut. Die berühmtesten unter den damals entstandenen Gebäuden sind seine Industriebauten: der Wasserturm in Posen und die chemische Fabrik in Luban. Sein Beharren auf der Werkstatt, also dem Handwerk als Grundlage der Kunst, berührt sich mit Gedanken, die im Deutschen Werkbund, besonders in den frühen zwanziger Jahren, gepflegt wurden. Es weist vorwärts zum Bauhaus in Weimar; und es ist nicht ohne Interesse, daß Poelzig damals, als er Breslau verließ, den jungen Gropius zu seinem Nachfolger vorschlug.

Nach Dresden kam er im Ersten Weltkrieg als Stadtbaurat. Es war eine Zeit großer Entwürfe und weniger Verwirklichungen. Damals entstand der Wettbewerbsentwurf für das „Haus der Freundschaft" in Konstantinopel. Den Gegensatz zwischen Poelzigs Entwurf und den der elf bedeutenden Architekten, die ebenfalls teilnahmen, kann man so ausdrücken: die Arbeiten der Behrens, Fischer, Endell, Paul — sogar die des jungen Bruno Taut — sind Gebäude, wie sie vor dem Kriege geplant wurden. Poelzigs Entwurf ist aus einem Guss: eine große Treppe, deren Stufen Terrassen sind. Selbst dem vertrauten Freunde Theodor Heuss war und blieb der Bau unheimlich. Er ist ein reifes Werk der Architektur, die der Expressionismus nach dem Kriege bestenfalls *wollte*: einer Architektur, die nicht verwirklicht wurde.

Während der Jahre, die dem Kriege folgten, hat Poelzig seine größten Entwürfe gemacht, den für das Festspielhaus in Salzburg vor allem, der ihm der liebste gewesen sein muß. Er hat drei Fassungen entworfen. In der zweiten wurden die barocken Elemente des ersten Entwurfes besänftigt, in der dritten Fassung werden sie geopfert; aber das Theater wurde nicht gebaut. Zwischen dem Großen Schauspielhaus von 1919 und dem Berliner Capitol-Kino am Zoo von 1925 ist kein größerer Bau entstanden; er hat so gut wie nicht gebaut. In diesen Jahren stand Poelzig dem Wollen der Zeit am nächsten, und seine Autorität war unbestritten. Wollte man aber neue Arbeiten von Poelzig sehen, so mußte man ins Theater gehen: — er hat Dekorationen für Don Giovanni, Hamlet, die Räuber und andere Stücke entworfen; — oder ins Kino, zu dem Film „Der Golem", für den er die Golem-Stadt aufgebaut hat.

Seit Kriegsende war Poelzig in Berlin; und er blieb in Berlin, trotz der Mißerfolge der ersten Berliner Jahre. In Berlin konnte er wieder lehren: zuerst an der Hochschule für Bildende Künste, später auch an der Technischen Hochschule. Er konnte allenfalls einige Jahre leben, ohne zu bauen; aber auf das Lehren konnte er nicht verzichten. Seine eigenen Arbeiten hielt er sorgfältig aus dem Seminar heraus. Er lehrte, was man lehren kann, und hoffte, daß der Schüler mehr mitnahm. Seine Kritik beschäftigte sich fast ausschließlich mit praktischen Fragen, mit Fragen der Beziehung des Gebäudes zum Menschen. Nachahmung der eigenen Arbeit verdroß ihn: er wollte jedem die eigenen Möglichkeiten zeigen. Der Ausspruch ist bekannt, mit dem er einen allzu fertigen Studenten bedachte: „Warum machste denn det: det kannste doch." Man sollte jeder Aufgabe so gegenübertreten, als habe man nie etwas entworfen. Er selbst machte es so.

Hans Poelzig, Haus der Freundschaft, Konstantinopel, 1916

Er blieb in Berlin bis zum Ende. Er hatte Grund, das Deutschland von 1936 zu verlassen. Er hatte einen Lehrauftrag in Istanbul. Die Koffer waren gepackt; aber er konnte sich nicht losreißen. Theodor Heuss, der gleich nach Poelzigs Tode seine Biographie geschrieben hat, drückt präzise aus, was geschah: „Er nahm den Abschied sehr ernst und starb".

Poelzig ist hundert Jahre alt. Ein Jahrhundert ist kurz. Ein Jahrhundert ist lang. Wir haben eingangs gesagt, daß einer wie Poelzig nicht wieder geboren wird. Der Architekt als Künstler, gehört der Vergangenheit an. Wir meinen, Architektur, wie wir sie bisher verstehen, wird bald nicht mehr so verstanden werden können. Warum also sprechen wir von Poelzig? Nur um ein Datum festzuhalten?

Poelzig war ein Lehrer von Lehrern. Die seinen Einfluß erfahren haben, haben nie wieder eine ähnliche tiefgreifende Erfahrung gemacht. Das legitimiert uns vor den Enkelschülern Poelzigs, die unsere Schüler sind. Nur wissen sie es nicht. Sie lehnen für sich einen derart großen Einfluß ab; und die große Persönlichkeit ist ihnen Anathema: Mit Grund, wie wir wissen. Sie wollen erkennen, nicht beeinflußt werden; sie wollen Wissenschaft, nicht Persönlichkeit. Sie sind überzeugt, daß sie den Vermittler nicht brauchen. Wir, die wir Poelzigs Einfluß erfahren haben und bis in den Widerspruch hinein davon bestimmt sind: denn er hat uns befreit: wir fragen uns heute, am hundertsten Geburtstag des Meisters, ob diesen klugen Studenten nicht etwas fehlt.

Sender Freies Berlin, 1969

18 Inigo Jones und Palladio (1969)

Zu zwei Penguin-Büchern

Die Themen der beiden Bücher, die hier besprochen werden, scheinen mir wichtig zu sein, besonders natürlich das erste. Inigo Jones ist, das muß man zugeben, eine englisch-provinzielle Erscheinung. Für England allerdings war er sehr bedeutend. Er hat die wirkliche Renaissance nach England gebracht. Kein deutscher Architekt hat das Gleiche getan. Hier blieb die Renaissance zweiter Hand und provinziell, eine dekorative Mode, so wie sie es im England der Elizabeth gewesen war, also *vor* Jones. *Summersons* Buch, gelehrt, urban und mit leichter Hand geschrieben, will indes von Jones als „dem Ersten" absehen und uns den Mann als einen Baukünstler eigenen Rechtes vorstellen, was er ohne Zweifel gewesen ist.

Ist Jones lediglich eine englische, so ist Palladio eine internationale Erscheinung; und die Tatsache, daß es noch kein handliches deutsches Buch über Palladio gibt, ließe es auf jeden Fall wünschenswert erscheinen, daß ein deutscher Verlag sich bereit fände, eine Übersetzung herauszugeben; sogar, wenn das Buch schlecht geschrieben wäre. Es ist aber ausgezeichnet geschrieben.

Ackermann ist ein amerikanischer Gelehrter. Der an englische und deutsche Kunstwissenschaftler gewöhnte Leser fühlt sich von seiner Art im Anfange zuweilen fremd berührt. Hier findet man nicht die ins Einzelne gehenden Analysen palladianischer Grundrisse und Aufrisse, die in Rudolf Wittkowers berühmter Studie einen so breiten Raum einnehmen. Ackermann entrichtet diesem Opus seinen Tribut, er entlehnt die eine oder die andere Beobachtung, wo er sie für wesentlich hält; und er bleibt, wie man bald merkt, seinen eigenen Analysen nichts schuldig. Indessen kommt es ihm in diesem Büchlein auf etwas anderes an: auf zweierlei: Er möchte den Palladio zeigen, der auf uns, heute, unmittelbar wirken kann; und er möchte Palladio in den Umständen seiner eigenen Zeit zeigen: Umständen, die seine Entwicklung als Künstler beeinflußt haben. Beides folgt dem gleichen Ziel: den meist-vergötzten und meist-verteufelten Meister der Architektur aus den Verbänden herauszuwickeln, mit denen spätere Geschlechter seine Mumie umwickelt haben.

Palladio ist an dieser Mumifizierung nicht unschuldig gewesen. In seinen Quattro Libri hat er sich ebenso kanonisch dargestellt wie in unserer Zeit Le Corbusier. Wenn aber ein Meister alle seine Werke als gültig hinstellt, so ignoriert er die eigene Entwicklung. Ackermann zeigt die Entwicklung Palladios von so schmucklosen und – geben wir es zu – ungeschickten Frühwerken wie der Villa Godi Porto bis zu seinen eigensten und reichsten räumlichen Konzeptionen, der Kirche Il Redentore etwa, und dies gibt seinem Text eine Spannung, wie sie der Leser kunstgeschichtlicher Abhandlungen nicht oft genießt.

Dazu gehört das, was als Mangel an Reverenz gewissen Werken gegenüber erscheint. Der Leser ist an dergleichen bei dem erhabenen Gegenstande nicht gewöhnt. Ackermanns Feststellung, daß die Villen nicht die Lusthäuser reicher venezianischer Aristokraten sind, vielmehr Gutshäuser dieser Aristokratie, die durch intensive landwirtschaftliche Nutzung der Terra Ferma den Kollaps Venedigs um ein halbes Jahrhundert hinausgezögert habe, wirkt erfrischend. Sie setzt die billige Bauart dieser berühmten Gebäude in den rechten historisch-ökonomischen Zusammenhang und macht es plausibel, daß eben diese einfachen Häuser so viel öfter nachgeahmt wurden als die in jeder Hinsicht reicheren Kompositionen eines Giulio Romano oder eines Michelangelo.

Ackermann sieht den späteren Palladio als einen Meister des Lichtes im Raum und des lichtbestimmten, beinahe impressionistischen Reliefs der Fassade: einen echten venezianer Meister des Cinquecento also, einen Bruder des Tizian und des Veronese. Dem mag man zustimmen, oder man mag ihm nur mit Vorbehalten zustimmen: es ist ein frischer Zugang zu einer Erscheinung, von der immer noch viele meinen, sie sei verstaubt, bis sie zum erstenmal im „Redentore" stehen. Von dieser These ausgehend, untersucht Ackermann die Beziehung Palladios zur Antike und meint, er habe darin Dinge entdeckt, die nicht in ihr zu finden waren, denn „jeder Architekt findet seine eigene Antike". Besonders überzeugt hier die Ansicht, Palladio habe in den Raumfolgen der römischen Thermen eine Raumsteigerung gesehen, wie sie sich in seinen eigenen Raumgruppen, besonders wieder im „Redentore" manifestiert, während die axiale Zuordnung der Thermenräume zueinander in Wahrheit lediglich ein Ordnungsprinzip gewesen ist.

Man möchte dieses Buch gern in deutscher Sprache in den Händen der Studenten sehen. Ein Kunstgelehrter hat gesagt, es stünde besser um die Welt, wenn man in Deutschland mehr Verständnis für Palladio hätte — und etwas weniger für die Brüder Asam. So überspitzt braucht man es nicht auszudrücken. Und Ackermann selbst beruft sich unter allen Bewunderer Palladios vorzüglich auf einen Deutschen: Goethe habe ihn am besten verstanden; denn er sei ein Mann des Intellektes und der Sinnlichkeit gewesen, wie Palladio selbst. Wahrscheinlich hätte Goethe sich in dieser Beschreibung erkannt. Seither hat die Romantik dafür gesorgt, daß beide Worte einigermaßen verdächtig geworden sind; nicht nur in Deutschland, aber besonders hier. Man ersetzt sie gern durch die Worte Geist und Gefühl, die man in den bildenden Künsten schwer, eigentlich gar nicht verifizieren kann; weshalb man sich so gern barocken Stimmungen überläßt. Adorno hat kürzlich harte Worte für diesen Kult in der Musik gefunden: wo man bei jedem Cembalo-Geklimper die Augen gen Himmel verdrehe, sagt er, beraube man sich selbst der Fähigkeit, echte Qualität zu erkennen. Es wird nachgerade Zeit, daß diese Arbeit für die Architektur geleistet wird: das Herausstellen echter Qualität, die Scheidung also eines Architekten wie Neumann von den genialischen Stukkateuren, die seine Zeitgenossen gewesen sind.

Deutschland hat keinen Inigo Jones besessen. Es hat den Zugang zur italienischen Tradition erst gefunden, als sie nicht mehr, wie in der Renaissance, die europäische gewesen ist. Zur europäischen Tradition gehören, nach 1600, ganz wesentlich die Quattro Libri und der Begriff des Architektonischen, den man aus ihnen abgezogen hat. In Grenzen haben diese Bücher auch im barocken Deutschland Geltung gehabt. Fischer von Erlach beruft sich auf sie. Wenn man dieses große Erbe, das deutsche Barock, einmal nicht stimmungsmäßig begreifen will, sondern architektonisch, so braucht man sich die Hilfe des Mannes nicht zu versagen, der wie kein zweiter ein Architekt für Architekten gewesen ist: Andrea Palladio.

19 Spaziergang in B.B.R. (1969)

Die Silhouette ist erregend, der hohe, zerklüftete Zahn des Gropius-Hauses taucht bedeutend aus dem Nebel auf, nicht weit davon die bedrohliche Gruppe der hohen Gebäude, an deren Fuß das Ladenzentrum liegt. „Schön", sagt die Malerin: „schön auch, wie man hier das Wohnen verdichtet". Beim Näherkommen werden einzelne Objekte deutlich, und das erste, das uns gerade ins Blickfeld steht, ist der runde Turm, in dem die Rampe zur Hochgarage läuft. „Was für eine großartige Litfaßsäule", sagt die Malerin: „Riesige, starkfarbige Plakate sollten rund um den Turm kleben." „Aber ich bitte Dich: Sichtbeton!" sage ich tadelnd und intoniere, nach der Melodie des Jungfernkranzes:
„Schö-nah,
run-dah,
Schönarunda Sichtbetong!"
Es nützt. Wir werden ernster; und eben zur rechten Zeit; denn ehe wir das Ladenzentrum betreten, begegnet uns ein Kunstwerk: die Brunnenplastik: schlank, dreiecksgeometrisch, zerbrechlich: wie eine Nippes-Sache zwischen den hohen Wohnbauten. Seltsam übrigens: das Kunstwerk hebt sich von den Gebäuden nicht ab. Diese Häuser gehen nach innen und nach außen, vor und zurück, perlippe-perlappe, wie es in Hauffs Märchen heißt. Und die Brunnenplastik tut das Gleiche. Auch das nächste Kunstwerk tut es, dem wir begegnen, nur geht es hier nicht vor und zurück, sondern herauf und herunter:
Dreiecksfiguren verschlüsselt, verbrieft,
Ihr seid aus der Fläche ausgetieft.
Die Häuser tun es nicht nur in einer Ebene. Man blicke nach oben, in die Hochstaffelung, die Silhouette, die Dachlinie, da geht es weiter: Schräg und gerad, auf und nieder (perlippe-perlappe). Wenn Charlie Chaplin in Modern Times aus der Fabrik kommt, zucken seine Hände immer noch im Rhythmus des Zangenschlages der acht Stunden am Fließband. Werden die Bewohner der B.B.R.-Stadt das Zucken kriegen, wenn sie eine Weile hier sind? Werden die Kinder als Hüpferlinge herumhüpfen zwischen der schlanken Brunnenplastik − Dreieck ein − Dreieck aus − und der liegenden Bodenbrunnenplastik − Dreieck hoch − Dreieck tief? Werden sie vielleicht, in reiferen Jahren, lernen, daß der ewige Wechsel so monoton ist wie der monotonste Raster und daß Kunst, wenn sie in solcher Umgebung etwas bedeuten will, eben *nicht* an dem allgemeinen Veitstanz teilnehmen darf? „Hier paßt nichts her", sage ich, „als ein einfacher Klotz". „Und warum nicht ein Karussel?" will die Malerin wissen. Wir treten ins Ladenzentrum ein. Hierauf hatte ich mich gefreut; denn diese Straße, die, nach oben durch die Garagengeschosse verengt, auf einen großmächtigen Wohnturm zuläuft, ist erregend. „Stadt", sagt die Ladenstraße. „Stadt", gebe ich weiter. „Murklig", bemerkt die Malerin. „Murklig?"

„Murklig: Mein Gott, hier werden mehrere zehntausend Menschen leben. Die hätten ein KaDeWe gebraucht."

Ich blicke nach oben. Was bergen diese metallischen Geschosse? Richtig: hier sieht man es: da erscheint hinter dem langen Schlitz ein Kühler. Diese Geschosse bergen das Blech. Gut. Praktisch. Geschickt. Pfiffig; aber wie viel lebendiger wären noch zwei Geschosse Läden über den paar dunklen Läden im Erdgeschoß gewesen. Mehr wurden nicht gebraucht? Aber zehn Minuten (zu Fuß) von hier steht ein anderes, größeres Ladenzentrum. Warum konnte man die beiden nicht zusammentun und für den „Eckgebrauch" — obwohl es keine Ecken gibt — wirklich die vielbeschriene Kneipe geben und daneben einmal den Bäcker, ein andermal den Zeitungsmann? Dieses Ladenzentrum steht in keinem Verhältnis zu den hohen Wohngebäuden. Ja, wenn die hohen Häuser auf irgendeiner Ebene Läden *enthielten* ...: man hat ja zu diesem Thema viel überlegt und sogar ein wenig probiert. Mußte man in der neuesten Verwirklichung die älteste Formel aufwärmen, eine Formel, an die bestimmt keiner der Architekten mehr glaubt, die hier geplant haben? Meinte man, es macht wirklich einen Unterschied, daß man dem Ding ein städtisches Gepräge gegeben hat?

Hier ist die Stadt „ein Anblick, aber ach, ein Anblick nur."

Genießen wir den Anblick der Stadt von oben: Wir fahren ins dreiundzwanzigste Geschoß des hohen Wohngebäudes am Ende der Ladenstraße und klötern dann noch bis ins siebenundzwanzigste hoch, weil der Fahrstuhl nicht weiter geht. Da oben liegt, das sieht von unten vielversprechend aus, ein polygonales Café. Das Caféchen ist eine kleine Enttäuschung. Ich meine, das kleine Caféchen ist eine große Enttäuschung. Hier hätte eine Wucht von einem Café hingehört; eins mit Fahrstuhl. (Merkwürdig, wie die Städtebauer sich die Gelegenheiten entgehen lassen. Man bemerkt das Gleiche bei den Brücken diesseits und jenseits des Zentrums im Märkischen Viertel). Denn man kann von hier ein Gutteil der B.B.R.-Stadt überblicken: Schön gelegen: die offenen Felder grenzen gleich an. Die Stadt endet abrupt, wo die Felder beginnen. Die Unterschiede zwischen hoch und niedrig, zwischen Wohnung und Einfamilienhaus spielen sich innerhalb der Stadt ab. Von hier oben kann man es gut erkennen: Gestaffelte Hochbauten umgeben mauerhaft gestaffelte Bungalows mit gestaffelten Gärtchen; drei Staffeln von vier Geschossen Höhe, schön blau gefärbt, liegen gleich unter uns, am Boden eines enger gestaffelten Hofraumes ? perlippe-perlappe — bis zum in sich gestaffelten Hochzahn, der hier und dort als Abschluß des gestaffelten Stadtbildes in Erscheinung tritt. Von der Staffelung sprachen wir ja bereits; da sie aber immer wieder ins Gesichtsfeld tritt, so muß man öfter als einmal davon sprechen, etwa so wie Rilke den Karussel-Effekt in dem Gedicht aus dem Luxembourg-Garten durch das wiederkehrende „und ab und zu ein weißer Elefant" beschwört.

Von hier oben bemerkt man jedoch auch anderes. Man bemerkt, wie die großen Gebäude, wo immer es geht, wurmhaft um die Ecke kriechen. Das geschieht wegen der weichen Anschlüsse. Man bemerkt auch, daß sie so zueinander stehen, daß man in keinem Falle sagen kann: hier ist ein geschlossener Hof, oder: hier stehen Zeilen; oder meinetwegen Mäander, wie Le Corbusier sie zuweilen geplant hat. Es gibt nur Beinahe-Höfe, Fast-Zeilen und Nahezu-Mäander hier. Denn Höfe, Zeilen und Mäander sind Systeme, hier aber wird die vollkommene Systemlosigkeit erstrebt — und erreicht: Man ist versucht zu sagen: die Systemlosigkeit als System; denn leg Dich, wie du willst: solange du eine Formel durchexerzierst, ist das Ergebnis ein System. Das gilt von jeder Formel. Hier hat man den Rasterbau vermeiden wollen, die Langeweile und das System; und man hat die Langeweile ohne Raster geschaffen, und die Systemlosigkeit als System.

Damit aber hat es eine peinliche Bewandtnis; denn den Anblick, der sich hier bietet, versteht man nicht. Was man hier sieht, kann man nicht enträtseln. Man darf die Form — oder Uniform —, die hier entsteht, den Künstlern zuschieben, die wohl wissen mußten, was sie wollten und meinten; denn wir, die Bewohner, und wir, die Besucher, wir wissen es *nicht*.

Wir wissen es nicht. Wir laufen in einer sinnlosen Umwelt herum. Man hat sie uns zudiktiert. Man, das sind die Künstler; und man nimmt mit Recht an, daß sie das Beste gewollt haben. Man kann das bestätigt finden: denn die Wohnungen sind oft gut. Laßt ihnen also die Boulette, meinen die Bewohner, laßt ihnen die Kunstmarotte. Sie sagen nicht ja zu dieser Umwelt. Sie zucken — perlippe-perlappe — die Achseln. Und nun überlege man sich, was hier für Kinder aufwachsen werden. Die Erwachsenen haben gut die Achseln zucken. Das können sie sich selbst gegenüber tun und untereinander. Aber die Kinder wollen wissen: Warum? Und man kann ihnen nichts antworten. „Warum, Papa?" „Sei still, Fritzchen!" Und wenn Fritzchen älter wird: „Frag nicht mich, frag die Architekten: die können Antwort geben."

Die Architekten geben Antwort. Wir wissen schon einiges von dem, was sie sagen. Wir wissen, was sie *nicht* wollten. Als Positive nennen sie: das Belebte, das Interessante, anregende Form. Wie sind sie auf eben diese „anregenden" Formen gekommen? Einmal wirklich aus Widerwillen gegen die tödliche Langeweile unzähliger Wohnsiedlungen, wie sie heute noch entstehen, am Falkenhagener Feld zum Beispiel. Die positive Anregung kommt, irre ich nicht, aus dem Reiseskizzenbuch: „Seht die mittelalterliche Stadt, wie da alles schön malerisch durcheinanderging". Sollte es wirklich durcheinandergegangen sein, so ist das ein gewordenes Durcheinander und als solches zu begreifen. Planen kann man dergleichen nicht; ich meine, man *sollte* dergleichen nicht planen. Aber es ging nicht durcheinander. Die mittelalterliche Stadt ist nicht so, wie man gemeinhin glaubt, gewachsen: sie wurde geplant. Und es gab in ihr das typische Element: Stadthaus: sogar die einigermaßen typische Anordnung der großen Gebäude, die die Stadt gekrönt haben. Nein, auf das Mittelalter können sich unsere Planer malerischer Stadtanordnungen nicht berufen, auf Santorin auch nicht und nicht auf die Bergstädte der Toscana. Sie alle sind Großformen aus typischen Elementen. Hier aber wird einfach gekünstelt, verunklärt, das Verständnis verhindert. Wer aber das Unverständliche baut, mag große Plastik verwirklichen: Bewohnbares schafft er nicht.

Auf die Gefahr hin, niedergeschrien zu werden — und zwar von meinen besten Freunden: Wir brauchen eine Rasterarchitektur im Großen und Ganzen: denn wir haben es mit typischen Elementen zu tun, darunter vielen gleichen Elementen, die miteinander ein ablesbares System bilden sollen; und da bietet eine Rasterarchitektur sich an. Sie ist, das betone ich ausdrücklich, nicht die einzige Antwort. Burkhard Bergius hat jüngst einige städtische Gebäude entworfen, die durch ein Konstruktionssystem von großen Cylindern bestimmt werden. Innerhalb dieser deutlich erkennbaren Großkonstruktion durfte jedes Geschoß tun und lassen, was es wollte oder mußte. Hier war zunächst eine konstruktive Großform gesetzt, als ein Wesentliches, das man verstehen kann. Aber auch der Raster ist nicht in jedem Fall abzulehnen. Wie ich auf die B.B.R.-Stadt niederblickte, fiel mir Lafayette Park ein, die Wohnsiedlung im Herzen von Detroit, die Hilberseimer und Mies van der Rohe in einem Park angelegt haben. Vielleicht kann man hinter Spiegelglasscheiben nicht hausen, die vom Boden bis zur Decke reichen. Aber das ist eine andere Frage. Langweilig ist diese Siedlung nicht, noch ist ihr Plan unmenschlich. Dabei ist das reine Rasterarchitektur. Besonders wird man sagen müssen, daß sie klar geplant ist, die Beziehung der niedrigen zu den hohen Gebäuden und ihre Lage im Grünen sind durchsichtig. Und dies, meine ich (während ich auf das künstliche Wirrsal der B.B.R.-Stadt herunterblicke), ist beruhigend, ist, in der Tat, menschlich.

Unordnung ist aller Raster Anfang. Angst habe ich vor der Reaktion, die sich schon anbahnt. Ich bin nicht etwa besonders früh aufgestanden. Wir werden nicht lange auf zwei Meilen lange Front zu warten haben, ohne jeden Wechsel. Erlauben Sie mir, schon heute zu sagen, daß auch das keine Antwort sein wird. Es wird wieder eine auferlegte Umwelt sein, nur diesmal mit umgekehrtem Vorzeichen. Architekten sollten sich vielleicht mehr Zeit nehmen, ehe sie ihre Lösungen präsentieren. Von Bau zu Bau, von Stadt zu Stadt, sollten sie zu kleinen Änderungen fortschreiten. Bislang taumelt man von einer Übertreibung in die andere.

Wir sind noch immer auf dem Dach in B.B.R.; aber nun steigen wir in die viergeschossige Straße hinab, von der man so viel gehört hat. Als Kinder hatten wir einen Vers: „Dieser Weg ist kein Weg, wer es aber dennoch tut, hat sich die Folgen selbst zuzuschreiben und ich erkläre ihn für einen solchen." Nun: diese Straße ist keine Straße: keine im Sinne der Jane Jacobs, kein Durchgang also, an dem sich alle Arten von Leuten und Tätigkeiten finden, die alle einander dort, im Durchgang begegnen. Nicht einmal die Eckkneipe findet man hier; braucht man auch nicht, da die Kneipe schon um die Ecke liegt, am Ende des Ladenzentrums. War aber jemals von grünen Witwen die Rede: nun, grüner können sie nicht sein, *obwohl* das Ladenzentrum nebenan ist: denn die Straße, so hübsch sie ist mit ihrer leichten Staffelung (wie denn nicht?), sie ist ohne Leben. Immerhin, die Kneipe *liegt* nebenan.

Dorthin lenken wir zuguterletzt die müden Schritte (man ermüdet schnell in der B.B.R.-Stadt) und treten ein. Der erste Eindruck ist: Behaglichkeit: ein großer

Raum, noch größer wirkend durch die Decke, die unterhalb der Geschoßdecke eingezogen ist. „Eingezogen" ist wohl nicht der richtige Ausdruck, weil man dabei an eine abgehängte Decke denkt. Diese hier steht auf vielen Holzstützen und besteht selbst aus Holzbalken, mögen die nun wirklich auf diesen Fachwerkständern liegen oder von der Decke abgehängt sein. Denn, ja, die Kneipe heißt Zum Munteren Jäger, oder so ähnlich. Und starkfarbige Jagdszenen ziehen sich an den Wänden hin. Dazwischen stehen Spruchfelder in schöner gotischer Zierschrift, wo vom Reiten und Jagen (und Bier in den Magen), von Hatz und von Pirsch (das gibt mir ein'n Dirscht) die Rede ist. „Aber sicher haben sie hier Beatles-Platten in der Musik-Maschine", tröstet mich die Malerin. Vergebliche Hoffnung: Heintje haben sie, deutsche Märsche und süße Schnulzen.

Und das, Freunde, dieses Lokal, die Jagdverse und Heintje: das ist die Antwort, unentrinnbar wie das Amen in der Kirche, auf das Wohnen in den sinnlosen Wohnblöcken der B.B.R.-Stadt. In diese Kneipe retten sich die hier Verdammten, hier sitzen sie lange und zögern, wieder hinauszugehen in die von fremder Hand, von Künstlerhand auferlegte Umwelt.

Sender Freies Berlin, Juli 1969

Erich Mendelsohn, Skizze 1914

Erich Mendelsohn, Skizze 1917

Zwischen 1918 und 1924 war Erich Mendelsohn die sichtbarste Gestalt unter den neuen Architekten; auf jeden Fall in Deutschland. Es gab die Holländer, und es gab Wright. Le Corbusier machte eben seine ersten Versuche. In Deutschland war Bruno Taut ein architektonisches Kuriosum: der Magdeburger Stadtbaurat, der die Häuser anpinseln ließ; der Verfasser seltsamer Traktätchen wie die *Stadtkrone* und die *Alpine Architektur.* Es gab Mies van der Rohes Glasturmmodelle – aber keine Bauten von ihm seit dem Vorkrieg. Das kann man im großen und ganzen auch von Gropius sagen. Neben Mendelsohn nannte man vor allem Arthur Korn; dann Alfred Gellhorn, Harry Rosenthal. Wollte man von Scharoun sprechen, oder von Finsterlin und den anderen Meistern der „Gläsernen Kette", die Taut um sich vereinigt hatte – auch Gropius und die Brüder Luckhardt gehörten dazu –, so mußte man schon gut orientiert sein. Mendelsohn war unbestreitbar der große Mann der Epoche: die stärkste Kraft einer revolutionären Architektur. Er hatte 1919 bei Cassirer seine Skizzen aus dem Unterstand in Rußland unter dem Namen „Architektur in Eisen und Eisenbeton" ausgestellt und dafür die kleinen Skizzen, dynamische Vignetten am Rande von Briefen an Luise Mendelsohn, mit schwarzer Tusche zu großen Tafeln umgearbeitet. Diese Vision einer neuen Architektur überzeugte, weil sie möglich erschien. Mendelsohn baute den Einsteinturm: eine Skizze in voller Größe; und da stand das Neue sichtbar und betastbar auf dem Telegrafenberg bei Potsdam vor den Augen der erstaunten Zeitgenossen. Damals kam Oskar Beyer zu ihm als ein erster begeisterter Interpret. Er ist es bis zu seinem Tode im Jahre 1964 geblieben und hat die gegenwärtige Ausstellung angeregt. Er hatte die Ausstellung bei Cassirer gesehen und an Mendelsohn geschrieben. Eine lebenslange Freundschaft war das Resultat. Auf den Einsteinturm folgten die Fabrik in Luckenwalde und das Mossehaus; um die gleiche Zeit die Doppelhäuser am Karolinger Platz, die Mendelsohn mit Möbeln versah – wie schon den Einsteinturm –, die Villa an der Heerstraße, das Seidenhaus Weichmann in Gleiwitz: Dokumente einer neuen Architektur. Wir saßen als Studenten an unseren Zeichenbrettern, und ein Kommilitone kam herein: „Habt ihr das Mossehaus gesehen? Lauft sofort hin: Das ist die Revolution."
Versuchen wir als Historiker, uns über die Gründe dieser außerordentlichen Wirkung Rechenschaft zu geben: Mendelsohns Anfänge stehen im Zeichen jenes feierlichen Nach-Jugendstils, wie er in der Wagnerschule herrschte, in den letzten Werken von Olbrich, in Messels Lichthof für das Warenhaus Wertheim. Auch die Themen seiner Skizzen lassen an Stefan George denken: Festraum, Tempel, die Totenstadt. Solche Gebäude sind streng aufgebaut, ein Baukörper steht hart und getrennt neben dem anderen: kahle kubische Massen. Das Ornament, das Mendelsohn in diesen Entwürfen nicht verschmäht, ist dem Innenraum vorbehalten.

Man hat gesagt, daß Mendelsohn vom Jugendstil hergekommen sei. Man kann allenfalls sagen, er sei zum Jugendstil gekommen: genauer, zu einigen unter seinen Meistern. Zur Zeit seiner ersten Monumentalskizzen entstanden bei Olbrich und sogar bei Joseph Hoffmann Skizzen, die erheblich ‚Mendelsohnscher' wirken als seine eigenen Arbeiten. War er 1914 in Köln auf der Werkbundausstellung gewesen? Bestimmt hat er jeden wichtigen Bau der Ausstellung schon 1914 aus Abbildungen gekannt. Gropius' Bürohaus und Van de Veldes Theater werden in einem programmatischen Vortrag 1919 einer eingehenden Kritik unterzogen; und zwar geht diese Kritik davon aus, in welchem Maße die Neuerungen, die auf der berühmten Ausstellung erschienen, bereits auf dem Wege zu der Architektur waren, die ihm als die Baukunst von morgen erschien. Von Gropius' Ausstellungsbau heißt es: „Bei dem Industriebau der Werkbund-Ausstellung verhält sich der Raumkörper völlig passiv, drückt trotz aller formalen Neuerungen mit bewegungsloser Schwere auf sein Fundament." Von Van de Veldes Theater jedoch wird gesagt' „Bei dem Theater derselben Ausstellung endlich gerät die gebaute Masse vollends in Aktivität und Spannungsbewegtheit, wird zum Kräftespiel der sich neigenden, steigenden und überragenden Trakte." Es ist gewiß kein Zufall, daß das Theater fast das einzige Bild ist, das bei einem zweiten Vortrag, in Amsterdam 1923, wieder erscheint. Dem Jugendstil als solchem steht der Vortrag von 1919 mehr als kritisch gegenüber, und Olbrichs Werk, obwohl bewundert, wird als ein verfrühter Versuch dargestellt: „Kein Wunder also, daß der Rausch künstlerischer Jugend, wie es das Beispiel des Schwebebahnhofs zeigt, zum Hausseeobjekt der Industrie herabsinkt. Modetollheit greift zu und zieht schnell das Neue in den Kot. Was groß und struktiv begann, endet so in wenigen Jahren in der entarteten Ornamentik des Jugendstils." Offenbar erscheint das Werkbundtheater ihm damals nicht als Jugendstil. Van de Veldes Werk — als über dem Jugendstil stehend gesehen — gibt einen entscheidenden Anstoß.

Hier handelt es sich indes nicht um Nachahmung. In seinen Vorträgen geht Mendelsohn davon aus, daß neue Materialien: Eisen und Eisenbeton (Eisenbeton besonders) die neue Architektur formen werden. Und wenn ihm van de Veldes Thater in Aktivität und Spannungsbewegtheit gelöst erscheint, so befindet es sich für ihn auf dem Wege zu einer Betonarchitektur, ohne bereits Betonarchitektur zu sein. Der Beton ist für Mendelsohn das monolithische Baumaterial: Das unterscheidet Mendelsohn von der französischen Schule. Bei Perret und sogar bei dessen Schüler Le Corbusier wird der Beton fast durchaus als Betonskelett in die Architektur eingeführt. Bei Mendelsohn ist der ganze Bau, seine Raumschale, aus Beton; und es werden dem Material fließend plastische Eigenschaften und die Möglichkeit zugeschrieben, den klassischen Gegensatz von Stütze und Last zu überbrücken. Es besaß diese Eigenschaften zweifellos, wenn auch ihrer vollkommenen Darstellung am Bau noch Schwierigkeiten entgegenstanden; und wenn van de Veldes Theaterbau formale Hinweise zeigt, so ist doch Mendelsohns Ausgangspunkt neu: Er will, daß die Form vom Material und der Konstruktion bedingt sei. Von 1914 an verwandeln sich die denkmalhaft starren Massen des Frühwerkes. Sie kommen in Fluß. Kanten runden sich. Baukörper vereinigen sich miteinander, einer geht aus dem anderen hervor, und die gleiche Kontur umzieht sie alle. Dadurch entsteht eine Abbreviatur des Ausdrucks; aus einem vielteiligen Satz wird sozusagen eine einzige Formel. Der Bau liegt dem Boden auf und schwebt zugleich; denn eben seine bodennahen Teile sind von Scharen weiter, meist parabolisch überwölbter Öffnungen durchsetzt, die ihn vom Boden abzuheben scheinen. Dergleichen hatte es bei Olbrich nicht gegeben und auch nicht in dem Werkbundtheater des Meisters van de Velde, das in dem Jahre entstanden war, als die Umwandlung der Skizzen begann. Ich sage „des Meisters van de Velde"; denn Mendelsohn bekannte noch 1935, in Palästina, daß er van de Velde in Briefen nie anders anrede als „Verehrter Meister". Eine Verbeugung bedeutet bei Mendelsohn viel; er hielt es mit Goethes Dictum; „nur die Lumpe sind bescheiden".

So wird in Mendelsohns Werk das Erbe des Jugendstils weitergeführt, indem es neu gedeutet und neu gestaltet wird. Durch seine Anschauung von der stilbildenden Kraft neuer Materialien und Techniken befindet sich Mendelsohn jedoch in einer älteren Tradition: Er folgt der Theorie Viollet-le-Ducs. Die Logik dieser Theorie erschien mehreren Generationen von Bauenden als zwingend. Für Mendelsohn ist sie die sichere Grundlage für eine Vision der kommenden Welt: „Wie also alle Meisterwerke urwüchsiger Baukunst in ihrer frühen Form eindeutig von der Klarheit ihres konstruktiven Prinzips bestimmt werden, so sind aus Konstruktion und Material doch die Symbole jener Weltbilder emporgewachsen, durch die die Entwicklung der Menschengeschichte eindeutig festgelegt ist." Also auch der kommenden Geschichte, denn: „Ihm (dem neuen Architekten) bedeutet Material nicht zweckliche Enge, Fluch des Gebundenseins, Lähmung der Phantasie. Material ist ihm nur Mittel zur Freiheit, zur Herrschaft über den Zweck."

Der neue Architekt aber ist er selbst, Mendelsohn; denn der Vortrag wurde anläßlich der Ausstellung bei Cassirer gehalten, und der Gegenstand, auf den die eben zitierte Bemerkung sich bezieht, ist sein Entwurf einer optischen Fabrik (1917).

Die Logik seiner Argumentation ist zwingend. Vom Zweck und von der Konstruktion ausgehend, läßt die Architektur den Zweck unter sich, transzendiert die Konstruktion, dringt zur neuen Form vor – wie zu allen großen Zeiten der Geschichte, sagt Mendelsohn. Und diese neue Form zeigt er bereits in den Skizzen, verwirklicht er bereits im Einsteinturm. So erstaunlich schnell ist dieses Ergebnis entstanden, so sicher scheint es im Primat der Konstruktion gegründet, so geschichtlich echt muten, trotz ihrer Fremdheit, Formen an, die im Werkbundtheater und bei Olbrich zumindest angedeutet worden waren, daß die Wirkung Mendelsohns auf seine Zeitgenossen gesichert ist: Mendelsohn will Ergebnisse einer geschichtlichen Wende zeigen. Der Vortrag, aus dem wir zitiert haben, weist dem Vortragenden selbst den ersten Platz in dieser welthistorischen Entwicklung an. Mag man das unbescheiden finden – nur die Lumpe sind bescheiden —, so wird man doch zugeben müssen, daß er als Kritiker der zeitgenössischen Bemühungen vor und neben den eigenen nicht ungerecht gewesen ist. Da erscheinen Bruno Tauts Phantasien als zu gedanklich, noch nicht voll geformt, Poelzigs geschwungene Massen des Dresdner Stadthauses als noch von außen her (durch barocke Erinnerungen, würden wir sagen) bestimmt, Gropius' Werkbundbau von 1914 in sich zwiespältig, Olbrichs Werk als verfrüht: „Die ersten Bemühungen, die ersten schöpferischen Erregungen um die Wende unseres Jahrhunderts erfahren ein tragisches Schicksal. Olbrichs große Begabung trifft hart auf eine zerfallende Welt."

Behalten wir diese Worte im Ohr: Wir werden uns ihrer zu erinnern haben.

Denn der Bau des Einsteinturms zeigt Mendelsohns eigenes Frühwerk als eine Vorwegnahme. Er besaß das neue Material, das, wie er sagt, Olbrich noch nicht besessen hatte; aber er antizipierte Möglichkeiten, die dieses Material bautechnisch noch nicht leisten konnte. Erlauben Sie mir durch eine Erzählung klar zu machen, wie das gemeint ist: Wir waren anno 25 Studenten, hatten einen „Arbeitskreis der Neuen Form" gegründet — so nannte sich dergleichen damals — und luden uns bei allen Architekten ein, die damals eine Rolle spielten. Die Art, wie wir das taten, mag manchen sehr gegenwärtig berühren: An Mendelsohn zum Beispiel schrieben wir, wir hätten uns konstituiert und verlangten von ihm (verlangten, wohlgemerkt), daß er uns über seine Arbeit berichte. Er antwortete sofort, gab uns ein Datum und fügte hinzu: „Besonders hat die Form Ihres Briefes mich gefreut." Natürlich empfing er uns im Zeichenkittel. Er besaß die Kunst, sich zu spielen. Dabei meinte er, was er spielte, ernst. Der Herpich-Bau war eben fertig geworden; die große Textilfabrik für Leningrad: dreimal Luckenwalde, umgeben von Werkräumen und Büros, komplettiert durch den abgerundeten Baukörper der Kraftstation — einer Vorstufe zum Universum-Kino —, lag auf den Zeichentischen. Er erklärte uns diese neuen Arbeiten gute zwei Stunden lang, sprechend, zeigend, erklärend, sich mockierend über die, die solche Bemühungen verketzerten. Endlich versammelte er uns um einen Zeichentisch und forderte uns auf, Fragen zu stellen. Die erste Frage war die: „Was halten Sie für Ihren bis jetzt bedeutendsten Bau?" „Luckenwalde", erwiderte er, ohne einen Augenblick zu zögern. Und da er unsere Enttäuschung bemerkte: „Was haben Sie denn erwartet?" „Den Einsteinturm, natürlich", sagte einer. Und Mendelsohn: „Liebes Kind, nie wieder! Da haben wir ja Schiffbauer herbeirufen müssen, um die Schalung zu machen. Und doch", setzte er nach einem Augenblick des Nachdenkens fort, „und doch ist es gut, daß dieser Bau steht."

Mir scheint diese Antwort Licht auf die Bemerkung zu werfen, die ich eben gemacht habe: daß Mendelsohn Möglichkeiten konzipierte, die der Eisenbeton bautechnisch damals noch nicht besaß. Eero Saarinen hat in Idlewild ein Gebäude verwirklicht, das auch technisch der Verwirklichung einer Mendelsohn-Skizze gleichkommt. Man kann es heute. Man geometrisiert die windschiefen Flächen, man arbeitet mit Metallschalungen. Mendelsohn schuf seine Beton-Plastik Ein-

Erich Mendelsohn, Einsteinturm, Potsdam 1919–24

steinturm ohne jeden Kompromiß, und er verlangte, daß das spröde Holz der Schalungen diesen Formen folgen sollte. In der Tat gelang es nicht, und man baute den Turmteil mit einem Backsteinkern.[1] „Was kümmert mich", fragte Beethoven einmal, „Ihre Fiedel, wenn ich mit meinem Schöpfer rede?" (Denn schließlich: „es ist gut, daß dieser Bau steht.")

So dachten damals die Architekten der Avantgarde. Sie zeichneten Modelle einer neuen Welt. Sie bauten Vorwegnahmen dieser neuen Welt. Neue Welt war Mendelsohns Lieblingswort. Vers une architecture, nennt Le Corbusier sein Buch. Er deutet dadurch an, daß das im Buch Gezeigte die kommende Architektur lediglich andeutet − oder eben vorwegnimmt. In seinen frühen Villen konnte man nicht wohnen. Sie waren schlecht gebaut, so schlecht, daß der Bewunderer der Schriften unweigerlich einen Schreck bekam, wenn er diese Häuser zum ersten Mal sah. Mies baute damals gar nicht, sondern machte nur Modelle. Auch sie waren Vorwegnahmen. Der Einsteinturm war die Vorwegnahme von Möglichkeiten, die die Betonkonstruktion damals noch nicht besaß. Er steht als ein Erstes und ein Letztes: als das Dokument der „Skizzen aus dem Unterstand" (der in Wirklichkeit eine hölzerne Baracke war) und als der Abschied von ihnen. Das Wort Dokument gebraucht Bruno Zevi in der Einleitung zum Ausstellungskatalog: Il documento supremo dell' espressionismo architettonico: das höchste Dokument des Expressionismus in der Architektur. Ein Dokument ist nicht die Sache selbst. Die Sache gab es nicht. Aber die Skizzen wollen die Sache andeuten.

In ihnen geht Mendelsohn weiter als irgendeiner seiner bauenden Zeitgenossen; aber − und hierin sehen wir einen entschiedenen Vorteil − nicht so weit wie die utopischen Zeichner, nicht so weit wie Finsterlin: nicht also bis zum Märchenspiel, als welches Finsterlin selbst seine Versuche bezeichnet. Die Skizzen bleiben baumeisterlich; freilich von einer Baumeisterlichkeit, welche die zeitgegebenen Möglichkeiten hinter sich läßt. Da aber der Baumeister diesen Möglichkeiten sich anbequemen muß − und Mendelsohn wollte unbedingt bauen −, so war nun das Höchst-erreichbare Luckenwalde; expressiv, adäquat, doch den Realitäten entsprechend, die damals der freien Architektur Zügel anlegten, scharfkantig, kristallin. Dieser Bau zeigt auch zum ersten Mal das expressionistische Ornament als Verstärkung der expressiven Gesamtform. Das Mossehaus wird dann mehr Gebrauch davon machen und steht recht eigentlich an der Wende von einer Architektur der expressiven Form zum expressionistischen Hinweis.

Das ist keine Kritik, allerdings ein Bedauern. Für Finsterlin gab es die Schwierigkeit nicht, der Mendelsohn sich gegenübersieht, sowie er zu bauen beginnt. Finsterlin war kein Baumeister. Bruno Taut, der ein Baumeister war, sprach damals von der Wasserscheide zwischen dem Reich der utopischen Skizzen und dem sehr anders gearteten Bereich der Verwirklichungen. Mendelsohn wollte von dieser

---

1 Louise Mendelsohn schreibt dieses Mißlingen Schwierigkeiten der Nachkriegszeit zu. Cf. L'Architecture, Sept. 1963.

Wasserscheide nichts wissen. Er war Visionär und Baumeister. Er wollte Visionär bleiben und konnte als Baumeister lange Zeit der Ausdruckshilfen nicht entraten, die man später als Mendelsohn-Masche verstand. Ich meine damit jene horizontalen Gesimse aus Bronze, die halbrunden Treppentürme, die den horizontalen Anlauf der Fensterbänder aufnehmen: alle die Züge seiner Warenhausarchitektur, die man nachahmen konnte, weil sie wirklich, zwischen 1925 und 1929, zu einer Mendelsohn-Manier zu erstarren im Begriff waren. An Mendelsohn wiederholte sich, so schien es in jenen Jahren, Olbrichs Schicksal, wie er es in dem Vortrag von 1919 gesehen hatte: die Möglichkeiten, die das Frühwerk andeutet, werden zur Plakatarchitektur, zur dynamischen Dekoration vermindert.

Das ist hart ausgedrückt; aber das Element des Nachahmbaren, der Manier — ich nannte es bereits schnodderig: eine Masche — ist so unübersehbar in Menselsohns Werk, daß es Schönfärberei wäre, davon nicht zu sprechen. Als Mendelsohn nach Palästina kam, begrüßten ihn dort so viele „Ecklösungen" und möchtegern-dynamische Treppenhäuser: der ganze Abfall aus seiner eigenen Formelwerkstatt, daß er sagte, man solle zunächst einmal zehn Jahre lang dergleichen nicht entwerfen. Die Begegnung mit der Nachahmung kränkte ihn, eben weil die Nachahmung möglich war. Um dieser Manierismen willen hat man ihn nach 1933 gründlicher vergessen als irgendeinen anderen Meister vergleichbaren Formates aus den zwanziger Jahren. Heute darf man sagen, daß man sich über Mendelsohn getäuscht hat. Man weiß das immerhin seit geraumer Zeit: seit, kurz nach seinem Tode, Rayner Banham die Wiederentdeckung begann, indem er, offenbar zu seiner eigenen Verwunderung, fand, daß Mendelsohn in Wahrheit kein „vulgarian" gewesen sei, sondern ein „non-conformist". Man hat sich getäuscht, weil unter der Oberfläche von Plakatarchitektur Mendelsohns Arbeit in jenen Jahren sich zäh darum bemühte, die konstruktive Vision der Kriegsjahre mit den Bedingungen der Wirklichkeit zu versöhnen. Diesem Bemühen verdanken wir die durchaus nicht rein dekorative, die konstruktive Erfindung des Treppenhauses im Warenhause Schocken in Stuttgart. Hier wird die Kritik an Gropius' Glastreppenhäusern von 1914, die jener schon mehrmals zitierte Vortrag von 1919 enthält, produktiv. Damals sagte Mendelsohn: „So wird aus dem konstruktiv sicher einheitlich gedachten gläsernen Turm nur eine übergestülpte Glasglocke über das Gereckte der Betonspindel, über das sich Schwingende, Schraubende der Eisenbetonstufen." Auch im Treppenturm in Stuttgart war der Glasmantel konstruktiv beinahe unabhängig von der darin stehenden Treppe — sie ist nur an den Podesten durch dünne Stege mit ihm verbunden; aber die Einheitlichkeit der Bewegung, die er in Gropius' Werkbundbau vermißt, ist hier realisiert. Die halbrunde Glastreppe in Bexhill (1934) ist eine Entwicklung des gleichen Themas. Hier tritt als drittes konstruktiv beinahe unabhängiges Element der äußere Umgang in zwei Geschossen hinzu. Das Thema wird reicher, gelassener, aber mit der Einheitlichkeit vorgetragen, die am Stuttgarter Turm überzeugte. Als zweites Beispiel für die Erfindungen, die er in den mittleren zwanziger Jahren für eine Architektur des konstruktiven Ausdruckes gemacht hat, sei der Innenraum des Universum-

Kinos angeführt. Hier handelt es sich allerdings um eine Scheinkonstruktion; denn der Rang und die Leuchtdecke scheinen aus dem Proszeniumsrahmen ausgekragt, wobei die Orgelgehäuse zu Seiten des Rahmens als Pfeiler gedeutet werden können, die, obwohl selbst schwebend, die Auskragung des Brüstungsringes und der Deckenstruktur optisch stützen. Daß der Architekt eine solche Kragfigur beabsichtigt hat, wird dadurch mehr als wahrscheinlich, daß die Außenwände des Raumes, die in Wirklichkeit Rang und Decke tragen, durch den hellen Anstrich als Raumabschluß entwertet sind. Ich gebe zu, daß der Innenraum weniger „richtig" ist als der Treppenturm, da im Kinosaal eine Konstruktion suggeriert wird, die der Wirklichkeit nicht entspricht. Das stände an der Grenze der Plakatarchitektur, wäre es nicht eine räumliche Vorwegnahme: Mendelsohn zeigt etwas, was, meinte er, möglich sein werde, obwohl es zur Zeit des Baues noch nicht möglich war.

Immerhin zeigt ein solcher Raum die Problematik, in der sich Mendelsohns Architektur befand, seitdem der Versuch, eine Architektur in Beton als einem fließenden, monolithischen Material zu verwirklichen, gescheitert war. Man kann seine Situation damals an den gleichzeitigen Skizzen ablesen. Sie streiften die letzten Hemmungen ab. Die wirklich wilden Skizzen, in denen Gebäude nach oben überkippen oder wie Brände lodern, gehören erst den Jahren um 1923 an. Sie sind der Trost des Künstlers; gleichzeitig sein Zugeständnis, daß für den, der baut, dergleichen nicht zu erreichen war.

Erich Mendelsohn, Universum Kino, Berlin 1926–28, Innenraum

1923 ist die Wende. Mit dem Ende der Inflation kam — so prosaisch ist dieser Zusammenhang — das Ende des Expressionismus. Es kam die Neue Sachlichkeit. Spätestens 1925 ist dieser Umschwung vollendet. Max Taut führt seinen gemäßigten Expressionismus in die leicht expressionistisch gefärbte Objektivität seines Buchdruckerhauses hinüber; und Adolf Behne, bis vor kurzem noch ein Sänger des Expressionismus, nimmt Max Tauts Werk zum Anlaß seiner Formulierungen zum Thema Sachlichkeit. Bruno Taut überschreitet die Wasserscheide und beginnt, in großem Maßstabe zu bauen. 1925 ist das Jahr, in dem Martin Wagner der Berliner Stadtbaurat wird. 1926 entsteht das Bauhaus in Dessau; 1927 die Weißenhofsiedlung — an der Mendelsohn nicht mitwirkt. Seine Gedanken, gestern noch als geschichtlicher Auftrag empfunden, erscheinen nun denjenigen Zeitgenossen, die sich der neuesten Wendung anschließen, kurios und abwegig. Es handelt sich um einen echten „Umbruch", obwohl man ihn weniger beachtet hat als die historischen Umbrüche von 1918, 1933 und 1945. Aber Mendelsohn will nichts aufgeben. In jenem wichtigen Brief über Holland aus dem Jahre 1923 sieht er in dem eigenen Werk die Synthese zwischen den Dynamikern von Amsterdam und den Funktionalisten von Rotterdam: „Eine Vereinigung beider Begriffe ist denkbar", schreibt er, „aber in Holland nicht erkennbar ... Geht Amsterdam einen Schritt weiter in die Ratio, will Rotterdam nicht ganz das Blut töten, so sind sie vereinigt. Sonst konstruiert sich Rotterdam in den kühlen Tod, dynamisiert sich Amsterdam in den Verbrennungszauber ... Die funktionelle Dynamik ist das Postulat."

Erich Mendelsohn, Kaufhaus Schocken, Chemnitz 1928

Erst nach 1928 gelingt die Synthese, die der Brief verspricht, und nun bedarf es nicht mehr des expressionistischen Ornamentes, nicht der Plakatarchitektur, nicht einmal der Bewegungstreppenhäuser. Auf den ersten Blick glaubt man, Architektur der Neuen Sachlichkeit zu sehen. In Wirklichkeit entsteht eine bewegte Architektur, die sich in schwebendem Gleichgewicht befindet, erst jetzt, da die Ausdrucksmittel bescheiden geworden sind. Man denke an die drei letzten großen Arbeiten in Deutschland: das Kaufhaus Schocken in Chemnitz, das Columbushaus und Mendelsohns eigenes Haus am Rupenhorm. Schon an den Skizzen zu diesen Häusern ist der Wille zur Konzentration ablesbar. In den ersten Skizzen für das Kaufhaus in Chemnitz werden Massen gegeneinandergesetzt, und aus ihrer Mitte wird eine breite Dominante nach oben geworfen. In einer anderen Skizze wird das Motiv der großen Buchstaben noch einmal aufgenommen, das beim Stuttgarter Kaufhaus so erfolgreich gewesen war. Nichts von alledem bleibt in dem gespannten Bogen der Front übrig, die schließlich gebaut wurde. Die Dynamik ist ins Innere zurückgenommen, erscheint außen nur im Schweben der Brüstungs- und Fensterbänder weit vor den Stützen, auf deren Gegenwart die Kragarme hinweisen: man sieht sie durch die Fensterbänder, besonders nachts.
Erst jetzt also wird das Versprechen des Holland-Briefes eingelöst; und es zeigt sich, daß der Weg von den Skizzen zu Schocken-Chemnitz konsequent gewesen war; denn Wert und Wesen der Werke von 1930 liegt, ebenso wie in den frühen Skizzen, im Ereignis der dynamischen Struktur. Dies unterscheidet diese Werke trotz stilistischer Ähnlichkeit von der Architektur der Neuen Sachlichkeit — oder, wenn Sie sie so nennen wollen, des Funktionalismus: Mendelsohns Gebäude sind in der Ruhe bewegt und besitzen eine Spannung, die eben darum wesentlich wird, weil sie sich urban vorträgt. Dieser Unterschied ist prinzipiell. Er schloß Mendelsohn aus der herrschenden Schule aus.

In dem Augenblick also, in dem Mendelsohn Deutschland verließ, befand er sich auf der Höhe seiner Leistung. Die frühen Skizzen waren auch für ihn damals Vergangenheit; aber der Gedanke, der ihnen zugrunde liegt, wurde gerade verwirklicht. Am Einsteinturm hatte er sich totgelaufen: la diritta via era smarrita — um mit Dante zu sprechen. In dem Augenblick, in dem die Arbeit in Deutschland unterbrochen wird, sind ihre Möglichkeiten keineswegs erschöpft. Aber Mendelsohn arbeitete damals allein in dieser Richtung. Man kann nicht sagen, daß seine Arbeiten nicht bewundert wurden. Aber es blieb bei einem Achtungserfolg. Die Entwicklung hatte eine andere Richtung genommen. Das Problem der Konstruktion trat für einige Zeit zurück. Bei Mies und bei Le Corbusier ist die Konstruktion durchsichtig und im wesentlichen spannungsfrei. Die Inhalte, die die Villa Savoye und das Haus Tugendhat so bedeutend erscheinen ließen, waren anderer Art. Es ist müßig, darüber zu spekulieren, wie Mendelsohns Architektur sich entwickelt haben würde, wäre er nach den USA ausgewandert, wie Mies und Gropius. Er ging nach Palästina.

Nicht sofort. Er versuchte, sich in England zu etablieren. Der Gedanke einer mittelmeerischen Akademie an der südfranzösischen Küste wurde eine zeitlang gemeinsam mit Wijdeveld verfolgt. Palästina spielte ebenfalls, ich meine vom Augenblick der Auswanderung an, eine Rolle in Mendelsohns Überlegungen. Er glaubte, hier wie dort neue Horizonte vor sich zu haben. Er war jedoch aus seiner Bahn geschleudert. Vielleicht kann man an den in England entstandenen Bauten einigermaßen klar sehen, wie er in den USA damals gebaut haben würde. Wir haben die glasumgebene Haupttreppe im De la Warr Pavilion, Bexhill, bereits erwähnt, und zwar im Zusammenhang mit dem gläsernen Treppenturm im Stuttgarter Kaufhaus Schocken. In der Tat gehört sie in diesen Zusammenhang, ignoriert also die bedeutenden Resultate, die zwischen Schocken Stuttgart und Bexhill liegen. Das Treppenhaus hätte in Deutschland entstehen können, und zwar vor dem Kaufhause Schocken in Chemnitz.

In Palästina kamen Forderungen des Klimas und der Landschaft auf ihn zu, zu denen seine Architektur sich zu verhalten hatte. Sogar solche Dinge hatte er zu berücksichtigen, wie die Vorschrift, daß in Jerusalem auch ein Betonbau mit Werkstein verkleidet werden mußte. Er warf sich mit einer Mischung aus Enthusiasmus und Trotz in diese Entwurfstätigkeit für ungewohnte Bedingungen: Enthusiasmus, weil er in ihnen nichts sehen wollte als eine neue Möglichkeit, eine Bereicherung seines Werkes; Trotz gegen die Mendelsohn-Nachahmer in Palästina: er, Mendelsohn, meinte vom Lande mehr zu verstehen als sie. In der Tat gibt es wenige Gebäude in Jerusalem, die ihre Werksteinverkleidung überzeugender zur Schau stellen als die Villa und die Bibliothek für Schocken und die Anglo-Palestine-Bank. Mendelsohn zwingt seinen Bauten fast nie Formen auf, die vom Beton her zu verstehen sind, Eckfenster oder horizontale Fensterbänder. Seine Werksteinflächen werden von stehenden Fenstern eher belebt als unterbrochen. Das Detail an Treppen, Fenstern, Türen ist, wie immer bei Mendelsohn untadelig. Dennoch sind die dynamisch gestaffelten Massen seiner Baukörper, die von klassizistischen Öffnungen durchsetzt sind − denn darauf läuft es schließlich hinaus −, hybrid. Einzig die Anglo-Palestine-Bank in Jerusalem ist so überzeugend im Konzept, daß man gewisse Einzelheiten kaum bemerkt, die an den hybriden Charakter dieser Architektur erinnern.

Wir versuchen hier eine Analyse des Werkes; und dafür ist Mendelsohns Zionismus ebenso wenig relevant wie seine Schwierigkeiten mit den Architekten des Landes. Diese Schwierigkeiten haben dazu beigetragen, daß er schließlich fortging. Der Zweite Weltkrieg war bereits ausgebrochen. Er hat sich schwer losgerissen, aber er meinte, er müsse da hingehen, wohin seine Arbeit ihn führe. Sie führte ihn in die USA. Vielleicht hoffte er, dort die große Wirkung wiederzufinden, die er in Deutschland genossen hatte und die er in Palästina vermißte. War dies seine Hoffnung, so wurde sie enttäuscht. Während Mies in Chicago saß und Gropius in Harvard: beide an sichtbarer Stelle lehrend und bauend, wurde Mendelsohn so etwas wie der Baumeister der jüdischen Gemeinde. Er baute für sie ein großes Krankenhaus in San Fracisco und eine Anzahl von Synagogen und Gemeindezentren überall im Lande.[1]

Ich habe diese Arbeiten nicht gesehen, während ich vieles von dem kenne, was er in Deutschland gebaut hat, und alles in Palästina. Luise Mendelsohn hat mich zurechtgewiesen, als ich eine Kritik wagte: Man müsse diese Bauten eben gesehen haben, wenn man über sie etwas sagen wolle. Ohne Zweifel. Noch mehr hat es mich betroffen, als neulich, bei der Eröffnung der Ausstellung in Stuttgart, ein junger Architekt mir sagte: „Die Synagoge in St. Louis hat die Qualität des Treppenhauses in Stuttgart: Lichtführung, Raumform, sogar die Einzelheiten wirken zusammen und machen aus dem Innenraum einen der schönsten Räume, die ich kenne." Ein solches Urteil, nach den Plänen, Schnitten und Photos unerwartet, wie es ist, vertieft noch das Mysterium, von dem diese Bauten umgeben sind. Während sie für den Blick aus der Ferne zu viele Reminiszenzen enthalten — selbst der Innenraum von St. Louis wird in einer Variationsskizze zum Universum-Kino bereits angedeutet —, bedeuteten sie für Mendelsohn offenbar beides: eine Rückkehr zu den eigenen Anfängen und ein Sprungbrett in eine Zukunft, die sich dann nicht verwirklicht hat:

„Daß Wrights letzte Dinge", schrieb er 1947 aus San Francisco, „sich mit meinen ersten Entwürfen berühren — ich sage das in aller Demut —, ist eine Herausforderung, der ich in den nächsten zwanzig Jahren gezwungen sein werde, gerecht zu werden. Ein neues Stadium hat begonnen." Mendelsohn hatte einen untrüglichen Instinkt für Zeitströmungen. Man darf das sagen, obwohl wir soeben von der Verwirrung gesprochen haben, die die dreißiger Jahre in seinem Selbstverständnis angerichtet haben. Es war eine Verwirrung weltgeschichtlichen Ursprungs, und ich kenne kaum einen Künstler der Zeit, dessen Werk damals nicht getrübt wurde. Über die Phase, die 1947 begonnen hatte, war sein Gefühl richtig: damals begann die Abkehr vom Funktionalismus, eine Reaktion, in der wir noch stehen. Zwanzig Jahre, von 1947 gerechnet, bringen uns etwa zum heutigen Tage. Hoffte er damals, das zu verwirklichen, was die technischen Möglichkeiten von 1920 verweigert hatten? Es ist denkbar. Damit wäre er in der Tat an die eigenen Ursprünge zurückgekehrt: er wollte, könnte man sagen, den Einsteinturm nun wirklich bauen — womit ich natürlich nicht die einmalige und vergangene Form des Einsteinturmes meine. Aber er wurde noch einmal unterbrochen, und nun für immer.

Mendelsohns Stellung in der Geschichte der neuen Architektur beginnt sich zu präzisieren: Er führt Anregungen, die er von van de Velde erhielt, in die neue Konstruktion Eisenbeton und in das harte Klima der Industrie hinüber. Die Skizzen, die diese neue Welt des Bauens darstellen, sind präziser, geformter, beherrschter als die Skizzen des Expressionismus. In ihnen wird Struktur zum Ereignis. Sie wird es noch einmal gegen Ende seines Werkes in Deutschland. Damals erreicht

---

1 Er baute ein Einfamilienhaus, und er hatte zwei Fabrikaufträge, die über diesen Kundenkreis hinausgingen. Die Fabriken wurden erst nach seinem Tode gebaut.

er ein Gleichgewicht, von dem die Skizzen noch nichts wissen. Die Skizzen konnten nicht Wirklichkeit werden; die späten Arbeiten in Deutschland waren die eines Einzelgängers. Und er wurde durch die politischen Ereignisse unterbrochen. Was er aus der Wiederbegegnung mit den eigenen Anfängen entwickelt hätte, hätte uns wahrscheinlich weiter geführt. Aber das ist Spekulation.

Vortrag an der Technischen Universität Hannover, Herbst 1969

Erich Mendelsohn, Hutfabrik Steinberg, Hermann e. C., Luckenwalde, 1921–23

21   Le Corbusier (1969)

Im Jahre 1917, also mitten im Kriege, erhielt Jeanneret einen größeren Auftrag in Frankfurt. Er ging auf das Paßbüro in La-Chaux-de-Fonds für ein Visum. Als der Beamte ihn fragte; „Für welches Land?" sagte er „Paris", „Und für wie lange?" − „Schreiben Sie: für immer."
Damals war Jeanneret nicht ganz dreißig Jahre alt. Er hatte gelernt, Uhrendeckel zu gravieren, hatte die Kunstgewerbeschule in La-Chaux-de-Fonds besucht. Sein Lehrer, L'Eplattenier, hatte ihm „ein wunderbares Buch" gegeben. Es war das Ornamentbuch des Engländers Owen Jones, aus der Mitte des 19. Jahrhunderts. Jones hatte, vor William Morris, versucht, das Ornament aus dem Naturstudium abzuleiten. Der junge Jeanneret zeichnete Tannenzapfen, Bäume, Molche: die Studien, die er sorgfältig aufbewahrt und immer wieder veröffentlicht hat. Er wollte Graphiker werden. Aber L'Eplattenier sagte: «Tu feras de l'architecture». Er hatte an der Schule gelernt. Er hatte seine Orientreise gemacht, in der er, wie Bonaparte einmal gewollt hatte, Europa von hinten packte: Türkei − Griechenland − Italien. Als er Italien erreichte, war er bereits für Italien verdorben. Er hatte Sinans Suleimaniye skizziert und die Landschaft der Akropolis. In Rom gab es für ihn danach nur noch Santa Maria in Cosmedin und die Absiden von Sankt Peter. Er hatte die Geschichte für sich entdeckt − und die Architektur: den Geist der Maße, der Zahlen: Ordnung als poetische Qualität. Präzision als etwas Geistiges: als etwas allen Zeiten, vorzüglich der Gegenwart Gehöriges. Perret hatte ihm den Vorrang der Konstruktion eröffnet. Er war auch in Deutschland gewesen bei Peter Behrens. 1907 war der Deutsche Werkbund gegründet worden. 1909 hatte Behrens seine Fabrikbauten für die AEG begonnen. (1911 baute ein anderer Mitarbeiter von Behrens, Walter Gropius, die Fagus-Fabrik in Alfeld). Jeanneret schrieb einen Aufsatz über Behrens und seine Fabriken, den Werkbund, das Erwachen der Architektur in Deutschland. Er hat ihn nie veröffentlicht; auf jeden Fall erscheint er nicht in den von Boesiger herausgegebenen Bänden des Oeuvre. Denn im Jahre 1917, bereits auf dem Wege nach Frankfurt, entschied sich Jeanneret plötzlich, instinktiv, unwillkürlich für Paris. Die deutsche Erfahrung war nicht auszulöschen. Durch sie wird das Studium, das wir angedeutet haben, durch sie werden die Erfahrungen: Owen Jones, Sinan, Ictinos, Michelangelo aktualisiert. Sogar die Erfahrung Perret wird durch die Erfahrung Deutschland aktualisiert. Sie bestätigt die Möglichkeit einer neuen Architektur. Sie will in Deutschland Wirklichkeit werden; aber in dem Augenblick der Entscheidung entdeckt Jeanneret, daß die ganze Geschichte, die ganze Tradition, in diese neue Architektur einströmen muß. Er entscheidet sich für Paris.
Er hatte auch bereits gebaut: ein Schweizerhaus, dem Jugendstil verpflichtet, in La-Chaux-de-Fonds (Villa Fallet, 1906−07); ein Haus für die Eltern ebendort (1912), das unverkennbar den Einfluß von Behrens bekundet und wahrscheinlich

(im Fensterband des Obergeschosses) den von Wright. Sicher hat der Grundriß seines ersten bekannten Hauses, der Villa Schwob aus der gleichen Zeit, mit Wright zu tun. Er hat dessen Werk gekannt, er gibt sogar die Quelle an. Dieses Haus weist auf eine Krise hin. Sie wird besonders durch den Vergleich mit dem Hause für die Eltern deutlich: einem angenehmen Bau in der damals als fortschrittlich empfundenen Manier. Die Skizze des Hauses Schwob dagegen zeigt Einflüsse von sehr verschiedenen Seiten: Manierismus Palladianischer Provenienz, Perret, auch Deutsches — und Anglo-amerikanisches: diese Einflüsse liegen damals eng beieinander. Die Anregungen — und die eigenen neuen Regungen — stehen unversöhnt nebeneinander: kein weniger harmonisches Haus von ihm ist mir bekannt. Es ist noch eine deutsche Studie, aber es ist es auch nicht mehr. Offenbar führt dieser Weg nicht weiter. Jeanneret versucht einen anderen. Er geht auf das Primat der Konstruktion zurück, also auf Perret; aber die Studie «Dom ino» (1914) geht bereits über Perret hinaus, da sie die Funktion des Skeletts — Tragen — von der der Außenmauer — Schutz — und der der Trennwände — Teilung — trennt. In dieser Studie wird ein Prinzip dargestellt, auf das nicht nur er selbst, auf das besonders auch Mies van der Rohe zurückkommen wird; und das gegen 1930 eine Lehrmeinung der Avantgarde wird: die Trennung der Funktionen; aber die Umkleidung des Beton-Skeletts, wie er sie in einigen Variationsskizzen darstellt, bringt die Trennung der stützenden von der umhüllenden Funktion nicht überzeugend zum Ausdruck, ist immer noch „deutsch". *Le Corbusier* beginnt erst mit der Studie für den Haustyp «Citrohan» in Paris, 1920. Damals beginnt wirklich Le Corbusier; bis dahin war er Charles Edouard Jeanneret gewesen. Wir fanden es aber nötig, auf die Entwicklung dieses Jeanneret einigermaßen genau einzugehen, weil in ihr die Tendenzen mehrerer Kulturen zum Austrag kommen: die Geschichte ist seine eigene Erfahrung, wenngleich man sagen darf, daß die „ewigen Gesetze", die er zu entdecken glaubt, ein französischer Zugang zur Geschichte sind. Das Primat der Konstruktion ist gewiß, in jenen Jahren der Austragung einer neuen Architektur, Frankreichs Beitrag. Wir brauchen nur die Namen Viollet-le-Duc, Choisy und Auguste Perret zu nennen. Die beiden letztgenannten haben Le Corbusier stark beeinflußt. Der Funktionalismus, also die Lehre vom Primat der Zwecke, ist englisch. Man kann sagen, Le Corbusier habe ihn auf dem Wege über Deutschland kennengelernt. Der bedeutendste deutsche Beitrag aber war die Organisation der neuen Form im Werkbund, der Versuch einer Geschmackserziehung, das Selbstbewußtsein und die Breite der deutschen Bewegung. Vergessen wir nicht, daß er auch Österreich gekannt hat: er wäre 1908 beinahe Mitarbeiter Joseph Hoffmanns geworden. Man darf sagen, daß der junge Jeanneret empfangend, aber auch schon kritisch, auch schon selbst sich versuchend, den ganzen Kreis der Architektur in ihrem kritischen Augenblick ausgeschritten habe. Es hat damals gewiß andere gebildete Architekten dieser Generation gegeben. Es sollte mich nicht wundern, wenn Gropius belesener gewesen sein sollte als Le Corbusier. Auch handelt es sich bei diesem nicht um Bildung im deutschen Sinne. Es handelt sich um eine ihm, Le Cor-

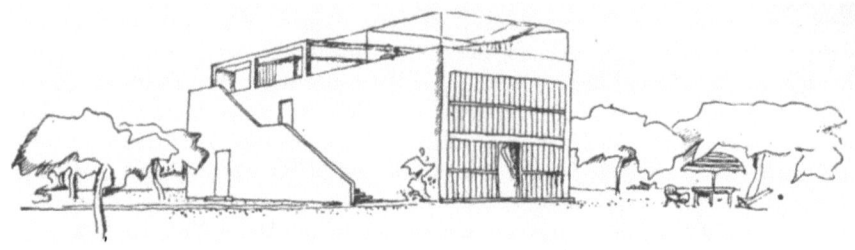

Le Corbusier, Maison Citrohan, 1920

busier, eigene Kraft, Eindrücke so zu empfangen, daß das Wesentliche, das was ihm wesentlich ist, ohne Reflexion, im Empfangen selbst, offenbar wird. Er ist nicht unvorbereitet: «Ce voyage d'Orient, loin des filandreuses architectures du Nord — répond à un appel persistant du soleil, des grandes lignes des mers bleues et des grandes parois blanches des temples». Er wird gleichwohl überwältigt: «Les impressions — je le confesse —, furent énormes, inattendues. Lentement elles me saisissent ...». Diese Fähigkeit bleibt ihm bis zuletzt. Und wenn er schließlich sagt, mit siebzig Jahren handle es sich nicht darum, jung zu bleiben, sondern jung zu werden, so darf er das sagen. Die Fähigkeit zu empfangen, so zwar, daß man das Empfangene sofort transzendiert: empfangend vorwegzunehmen: diese Fähigkeit ist bis ans Ende das Signum seiner Produktivität.

Le Corbusier, Name und Begriff, beginnt in Paris, 1920. Paris hatte eine neue Erfahrung beigetragen: die Malerei. Sein Anschluß an Ozenfants Purismus zeigt die gleiche Sicherheit des Instinktes für das, was er braucht, wie die Erfahrungen, die Jeanneret gesucht und gemacht hatte; und der Vergleich zweier etwa gleichzeitig entstandener Bilder der beiden zeigt, daß er auch diese Erfahrung sofort überschreitet. Die Malerei aber ist für ihn eine katalytische Disziplin. Erst sie befähigt Le Corbusier, eine Architektur zu finden. Wir beabsichtigen nicht, diese Wirkung zu analysieren. Vergleicht man die Skizzen für die erste Variante «Citrohan» mit irgendeiner der Arbeiten Jeannerets, so bedarf es kaum der Worte. So viel, immerhin, sei gesagt: Die Citrohan-Skizze zeigt einen Baukörper, der einer unerbittlichen Form-Disziplin unterworfen ist. Es wäre gleichwohl falsch, von einem Formalismus zu sprechen. Im Gegenteil: Verglichen mit dem Grundriß der Villa

Schwob sind die Wohnwerte evident geworden und die Konstruktion entschieden. Le Corbusiers Elemente: der zweigeschossige Raum und die freie Beziehung dieses Hauptraumes zu den anderen Teilen der Wohnung; die kubische Form und das flache Dach mit Dachgarten; Fenster von Wand zu Wand; die *eine* Schräge und – innen – die *eine* Spindel als freie Elemente in dem streng rechtwinklig geordneten Raum- und Körper-Zusammenhang; die großen Flächen – grandes parois blanches – und dagegen die Andeutung des Skeletts (auf dem Dach): sie sind alle bereits in dieser Skizze gegenwärtig.

Das Projekt ist datiert 1920. Um die Anfänge Le Corbusiers würdigen zu können, tut man gut, sich umzusehen: 1920 ist die Zeit der phantastischen Skizzen in Deutschland; auch einiger dynamischer und expressionistischer Verwirklichungen. Es ist in Holland die Zeit der Stijl-Bewegung. Um es mit einem Wort zu sagen: Es ist die Zeit einer erregten – in einigen Fällen auch einer stark formalistischen Kunst. Die Architektur nimmt aktiv, zuweilen führend, an den Manifestationen der bildenden Kunst teil. Selbst die systematischen Studien verschiedener Konstruktionen, die Mies van der Rohe in diesen Jahren unternimmt, sind zum Teil expressionistisch, zum Teil im Sinne des Stijl formalisiert – wenn der Ausdruck gestattet ist. Ich sehe als einzige Ausnahme sein Projekt für ein Bürohaus in Eisenbeton.

Dieser Überblick über Gedanken und Projekte der fortgeschrittensten unter den Architekten von 1920, der Generationsgenossen Le Corbusiers, mußte ins Gedächtnis gerufen werden. Man hat sich daran gewöhnt, Le Corbusier zusammen mit Mies van der Rohe und Gropius als Großmeister der Architektur von 1930 anzusehen; und das sind sie. Daß Le Corbusier bereits 1920 sich auf dem geraden Wege zu der Form befand, die um 1930 für die neue Architektur allgemein wurde, während seine Zeitgenossen sich damals auf ganz anderen Wegen befanden, wird zuweilen übersehen. Das gilt auch für Gropius, der in den frühen zwanziger Jahren expressionistische Denkmäler und Häuser verwirklichte. Es gilt sogar, wie wir gesehen haben, für Mies. Nun legen wir wenig Wert auf Prioritäten; und obwohl Le Corbusiers Pavillon de l'Esprit Nouveau von 1925 nachweislich einen sehr großen Einfluß ausgeübt hat, verzichten wir darauf, von Nachahmung zu sprechen. Das Bauhaus in Dessau ist schon deswegen keine Nachahmung des Pavillon de l'Esprit Nouveau, weil es immer noch der Architektur der Stijl-Gruppe verpflichtet ist. Das gilt in noch stärkerem Maße für Mies van der Rohes Barcelona-Pavillon. Die Formel Stijl hat in der Architektur von 1930 einen Formalismus bewirkt, der auch den Zeitgenossen nicht verborgen blieb. Le Corbusiers Synthese der Einflüsse, die wir angedeutet haben, bewirkt durch die Malerei, ist, gestatten Sie den Ausdruck, echter, dem Geist der Architektur näher. Es ist Le Corbusier gelungen, die Formel zu vermeiden, das Rezept. Er fand es darum leichter als seine Zeitgenossen, weiter zu schreiten, als die Formel von 1930 sich als einseitig erwies.

Wir müssen noch eines Aspektes seines Frühwerkes gedenken: der Stadt. Als ihm 1922 für den Salon d'Automne der Auftrag für einen Brunnen gegeben wurde, antwortete er: «Bien, je vous ferai une fontaine, et derrièrre celle-ci je placerai une ville pour trois millions d'habitants». Die Prinzipien, nach denen diese Stadt entworfen wurde – und die in dem Plan Voisin und in vielen seiner späteren Stadtpläne wiederkehren –, sind bekannt. Er hat sie ad nauseam propagiert: die Bürotürme und Wohnscheiben; die Pilotis, auf denen sie stehen, so daß der grüne Teppich unter den Gebäuden hindurchläuft, 100 % du sol pour les piétons; die Hierarchie der Straßen von der Autobahn zum Weg; die Trennung der städtischen Funktionen, die dann 1933 in der Charte d'Athènes endgültig niedergelegt wird. Man kennt sie – und man hat sie in den sechziger Jahren kritisiert. Ich werde dieses Konzept nicht verteidigen; immerhin darf man an jenes Diagramm erinnern, in dem Le Corbusier die Weiträumigkeit seiner Stadt-Mäander mit der Enge bestehender Städte vergleicht. Wir erwähnen seine frühe Beschäftigung mit dem Phänomen der Großstadt, weil Le Corbusier mit dieser Beschäftigung im Jahre 1922 wirklich unter den Architekten allein steht. Sant'Elia hatte bereits vor 1914 Teilprobleme der Großstadt, das Verkehrsproblem insbesondere, futuristisch übersteigert dargestellt. Die anderen Architekten, die sich überhaupt mit dem Thema Städtebau beschäftigt haben, tun es gegen die Großstadt: selbst Toni Garniers Cité Industrielle ist eine Gartenstadt, wenn er auch in ihr der Industrie größeres Gewicht einräumt, als Ebenezer Howard das getan hatte. Sie ist eine Gartenstadt in dem Sinne, daß sie klein ist – sie hat etwa die gleiche Einwohnerzahl wie Howards Ideal-Diagramm, nämlich etwas über 30 000, sie ist limitiert; sie ist durchgrünt und von Grün umgeben. Das sind Howardsche Prinzipien, mag Toni Garnier sich dessen bewußt gewesen sein oder nicht. Die Gartenstadt-Idee hatte einen unmittelbaren und internationalen Erfolg: die Gartenstadtidee oder was man dafür hielt. Le Corbusier selbst spricht von seinen Wohneinheiten als «cités jardins verticales» – eine Bemerkung, die es Jane Jacobs gestattet hat, ihn für ebenso stadtfeindlich zu halten wie Howard. Feindlich war er wirklich der Großstadt als einem ungeordneten, erstickenden, sich selbst ad absurdum führenden Wachstum. Aber er war für die Großstadt als solche: er, und nur er, hat versucht, sie zu planen – Sant'Elia hatte sie visuell „besungen".

Wir haben die Komponenten aufgezählt, die sein Werk um 1922 ausmachen. Er sah sie als Einheit. Er legt um diese Zeit seine Lehre nieder in dem Buch mit dem bezeichnenden Titel «Vers une Architecture» (1923). Es ist genauer zu sagen: in diesem Buch und in dem wenige Jahre später folgenden «Urbanisme» (1925). Von den städtebaulichen Prinzipien haben wir eben gesprochen. Die Prinzipien des Bauens gehen ebenfalls aus den gemachten Erfahrungen und Versuchen hervor. Sie sind: Überwindung der tragenden Wand; Trennung der Funktionen des Stützens, des Schutzes, der Teilung; die Pilotis, das lange Fenster, der Dachgarten. Ein neuer Typ, eine neue Tradition soll geschaffen werden. Das Gebäude soll seinen Zwecken dienen („ein Haus ist eine Wohnmaschine"). Aber Zweckerfüllung ist noch nicht Architektur. „Architektur ist das präzise, weise, großartige Spiel der Körper unterm Sonnenlicht": gemeint sind die regelmäßigen Körper: Architektur ist Geometrie. Das ist sein Programm. Sein eigenes Tun versucht, das

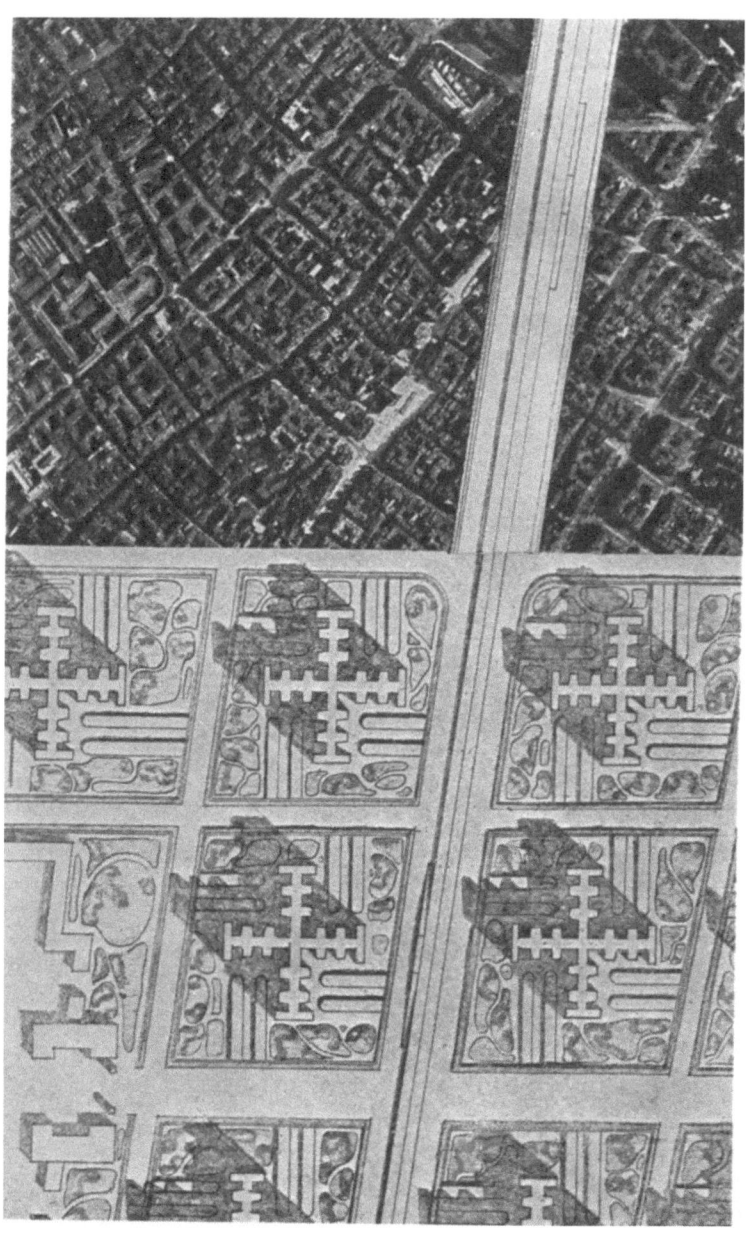

Le Corbusier, Stadtdiagramm „Plan Voisin", Paris 1925

Programm nicht so sehr zu erfüllen als zu kommentieren und zu bereichern. Dies ist selbstverständlich ein "understatement", das angesichts dieses Werkes komisch anmutet; denn was ich hier beliebe, mit „kommentieren und bereichern" zu bezeichnen, ist das erregendste Werk, das dieses Jahrhundert produziert hat. Auch zeigt sich sofort, daß das Werk sich nicht damit begnügt zu kommentieren und zu bereichern: es schreitet, zuweilen recht rücksichtslos, über die Thesen hinweg: die Jaoul-Häuser haben keine flachen Dächer, der Gerichtshof in Chandigarh hat keine Pilotis, noch hat das Palais des Gouverneurs daselbst durchgehende Fenster. Ähnliche „Abweichungen" zeigen die urbanistischen Projekte. Man darf gleichwohl sagen, daß die 1923 und 1925 (zum Teil auch früher) ausgesprochenen Grundsätze für eine neue Architektur und einen neuen Städtebau ein Regulativ darstellen, das im großen und ganzen gültig bleibt. In dieser Form wäre die Beziehung zwischen den Prinzipien und dem Werk in etwa richtig ausgedrückt. Da es jedoch unmöglich ist, die plastischen und die räumlichen Entdeckungen Le Corbusiers in einigen allgemeinen Sätzen zu umschreiben – man müßte vielmehr jedes einzelne Werk analysieren –, so beschränke ich mich für diesen kurzen Vortrag darauf, einige Bilder zu zeigen.

Das Wort „erregend", das wir eben gebraucht haben, ist ein Klischee, und „plastische und räumliche Entdeckungen" sind Abstrakta. Warum Le Corbusiers Entdeckungen erregen, kann die Sprache nicht mitteilen. „Handschrift" ist ein hindeutendes Wort. Ohne dieses höchst persönliche Signum würden seine Entdeckungen weniger erregen. Das Persönliche ist in jeder Äußerung Le Corbusiers aufs stärkste fühlbar; unter Äußerungen muß man alles verstehen: Architekturen, Bilder, Texte. Er spricht gern von Harmonie; und er erreicht sie in jedem Falle; aber die Elemente seiner Harmonie sind: das Unerwartete, das Aggressive, – das – im landläufigen Sinne – Häßliche: darum unerwartet. Wir sind hier weit entfernt von der unpersönlichen Eleganz eines Mies. Die Spannung zwischen dem Befremdenden der Einzelformen und der Gesamtharmonie: eben sie bewirkt die Erregung, die den Beschauer vor jeder Arbeit Le Corbusiers ergreift. Bei den extremen Wandlungen seines Idioms ist es, mehr noch als gewisse immer wiederkehrende Elemente, von denen noch die Rede sein wird, die Handschrift, die die Einheit des Werkes herstellt. Dieses Persönliche entspricht der Auffassung Le Corbusiers vom Künstler, der aus dem eigenen Ingenium die für die Gesellschaft gültigen Lösungen findet. Wir werden auf diese Auffassung und auf die Beschränkung, die sie der Gültigkeit seines Werkes in unseren Tagen auferlegt, zurückkommen müssen. Gleichwohl ist Le Corbusiers Handschrift das Signum der Zeit, welche die Harmonie nur ohne Süße erträgt: das Persönliche schlägt ins Universale um.

Le Corbusier besteht darauf, daß alle seine Gedanken dem gegenwärtigen, nicht einem zukünftigen Stande der Technik entsprechen; allerdings entsprechen sie nicht, muß man hinzufügen, dem Zustande, in dem sich die Gesellschaft befand. Er wollte das nicht wissen. Er meinte, wenn er seine Pläne den Autoritäten anbiete, wenn er die Vernünftigkeit dieser Pläne evident mache, wenn er sie als das anbiete, wofür er sie hielt, nämlich für den einzig gangbaren Ausweg aus dem Elend der Städte und der falschen, der unangemessenen Form der vom Menschen für den Menschen geschaffenen Umwelt, so dürfte ihrer Verwirklichung durch die Autoritäten nichts im Wege stehen. Vielleicht hat er die frühen Erfolge des Deutschen Werkbundes zu hoch veranschlagt. Hätte es in dem Deutschland der späten zwanziger Jahre allenfalls Teilerfolge für Le Corbusier geben können, in Frankreich konnte es keine geben. In Frankreich stand er allein. Daran hat die Sympathie eines Ministers, wie Anatole de Monzie, nichts zu ändern vermocht. Wie völlig allein er stand, wird ihm selbst schmerzhaft evident, als die „Pompiers", die Reaktionäre, vertreten durch den als Architekt unfähigen Lemaresquier, seine Niederlage im Wettbewerb für den Völkerbundpalast 1927 als einen nationalen Triumpf feiern, davongetragen über den Boche Le Corbusier. Die Geschichte ist bekannt: Le Corbusier hatte den ersten Preis erhalten. Er wurde ihm jedoch entzogen, da er Lichtpausen eingereicht hatte, nicht die Originalzeichnungen. Er hat diesen Mißerfolg nie verwunden. Aber sein ganzes Wirken ist, bis nach dem Zweiten Weltkriege, eine Kette von Mißerfolgen. Alle großen Pläne, besonders natürlich alle urbanistischen Vorschläge, werden abgelehnt. Um die Dimension dieser Ablehnung an einem Beispiel anzudeuten: Für die internationale Ausstellung von 1937 schlug er vor, einen Sektor der ehemaligen Befestigung von Paris so zu bebauen, wie es getan werden sollte und konnte, und nicht so, wie es in er Tat geschah. Das wurde abgelehnt. Bescheidener, schlug er die Errichtung einer Wohneinheit vor. Auch das wurde abgelehnt. Was er schließlich verwirklichen durfte, war ein Zelt, in dem er einige Resultate – Möbel in Gemeinschaftsarbeit mit Charlotte Perriand, Photos ausgeführter Villen – und seine urbanistischen Pläne propagandistisch zeigen durfte.

Propagandistisch: er wird auf den Weg der Propaganda gedrängt. Es ist allerdings wahr, daß er ihn bereits in den Veröffentlichungen des Exprit Nouveau beschritten hatte. Le Corbusier war einer der großen Propagandisten des Jahrhunderts, ebenso wie er einer der großen Vereinfacher dieses Jahrhunderts gewesen ist. Sie spitzen bei diesen Ausdrücken die Ohren: jawohl, der große Propagandist und der Vereinfacher ist eine Erscheinung der Generation Le Corbusiers. Am sichtbarsten verkörpert Hitler diesen Typ. Er ist, wie Le Corbusier, Autodidakt. Der Autodidakt – Vereinfacher – befindet sich von vornherein und immer wieder im Gegensatz zum Fachmann. Er verachtet den Fachmann; und der Fachmann verachtet ihn: beides mit Grund; denn wenn der Fachmann keine Vision hat und nicht einmal Einsicht, so fehlt dem Autodidakten die Möglichkeit, seine Gedanken zu verwirklichen. Als ich Le Corbusiers frühe Villen in Auteuil sah – vorher hatte ich mit Bewunderung seine Bücher gelesen –, rief ich: „Das ist kein Architekt! Wer so schlecht baut, hat uns nichts zu sagen." Das ist eine fundamentale Schwäche; und da wir schon einige Male Le Corbusier mit seinen Zeitgenossen verglichen haben: Gropius ist Propagandist wie er; aber er war – lachen Sie nicht! – Dipl.-Ing., kam aus einer Baumeisterfamilie und konnte bauen. Neben der Schwäche Le Corbusiers, daß er nicht bauen konnte, stehen die anderen Schwächen des Vereinfachers: daß er von den Vorgängen der Geschäftsführung, der Verwaltung, der Politik nichts verstand. Man hat großen Vereinfachern vorgeworfen, daß sie vereinfachen, weil sie nicht wissen, wie komplex die Vorgänge sind, mit denen sie sich beschäftigen. Le Corbusier, dem man die Verwirklichung immer wieder verweigert, wird auf die Propaganda zurückgeworfen; und es darf nicht wunder nehmen, daß seine Propaganda zusehends von den eigenen Rückschlägen lebt. In „Vers une Architecture" hatte er gezeigt, was zu tun sei. Er hatte das Bestehende angegriffen, aber noch als einer, der das Kommende vorweist: man würde es dann schon ad notam nehmen. In den späteren Büchern: «Une Maison — un Palais»' «L'Art Décoratif d'Aujourd'hui», «Almanach de L'Architecture Moderne» klagt er an: er habe das Rechte vorgewiesen, und man habe es verworfen. Monsieur Umbdenstock, der Bürgermeister von Algier, die Veranstalter der Ausstellung der dekorativen Künste von 1925, die Preisrichter von Genf sind die schwarzen Gestalten in diesen Abrechnungen. Wäre ihm nicht die Produktivität geblieben und hätte er nicht immer wieder einige Auftraggeber gefunden, er wäre zum Querulanten geworden.

Er fand Auftraggeber; unter ihnen sogar solche Körperschaften wie die Heilsarmee — ebenso wie er später die Kirche fand: sie hat ihn, beinahe gegen seinen Willen, „gezwungen", die Kapelle von Ronchamp zu bauen (und er war nicht gläubig). Die meisten seiner Auftraggeber aber waren Spinner, wie jener Stein, der die Villa in Garches in Auftrag gab, oder Snobs, wie Madame Savoye, die die Villa in Poissy nie bewohnt hat. Ich habe ihn selbst über seine Auftraggeber seufzen gehört: «Je n'ai jamais bâti pour des jeunes», sagte er nach einem gemeinsamen Besuch in Garches, in das ein neuer Bauherr, nach Steins Tode, viel schlimmere Möbel gestellt hatte als Stein — und die Steinschen Möbel hatten Le Corbusier verhindert, die bewohnten Innenräume jemals aufnehmen zu lassen. «Je n'ai jamais bâti pour des jeunes»: will sagen, für Menschen, die wissen, worum es geht. Seine Auftraggeber wußten es wohl in keinem Falle. Er brauchte ihre Aufträge, weniger um zu leben: er zahlte seinen Mitarbeitern nichts und hatte vor Schulden keine Angst; aber er mußte produzieren.

Betrachten wir die Villen der späten zwanziger Jahre als einen Produktionsvorgang. Er hat sie möglicherweise selbst so betrachtet, als er jenes Blatt der vier Arten der Komposition zusammenstellte. Es beginnt mit dem Doppelhaus Jeanneret-Roche in Auteuil: genre plutôt facile, pittoresque: aber man kann es zur Architektur machen: par classement et hiérarchie. Plutôt facile, pittoresque: man ist versucht zu sagen: noch englisch; und das meinte er wohl. Denn diesem Versuch in malerischer Gruppierung stehen die drei anderen, die Blockbauten, gegenüber. Sie sind Garches, welches hier als einfacher Kubus erscheint und très difficile genannt wird. Dann Stuttgart (das Zweifamilienhaus): Eine Anwendung von Dom ino. Endlich die Villa Savoye, die die folgende Notiz erhält: très généreux: on affirme, à l'extérieur, une volonté architecturale; on suffit, à l'intérieur, à tous les besoins fonctionnels: contiguités, circulation etc.

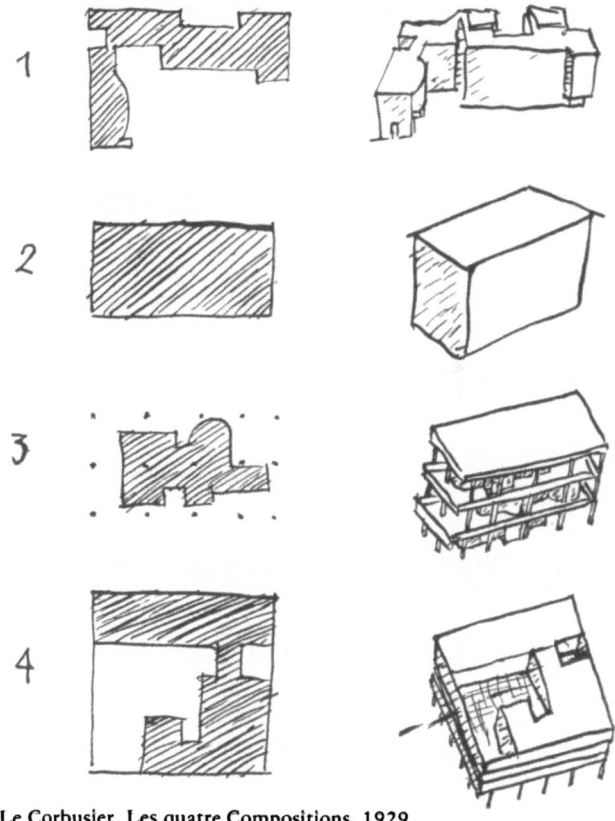

Le Corbusier, Les quatre Compositions, 1929

Man sieht einen Vorgang fortschreitender Disziplinierung. Man wird dieses Vorganges noch deutlicher gewahr, wenn man die ersten Skizzen für Poissy und besonders die für Garches betrachtet: Garches, das in den quatres compositions als reiner Block gezeigt wird, beginnt malerisch, wie die Häuser Jeanneret-Roche. Es stellt offenbar den Wendepunkt dar.

Diese Beobachtungen sind das, was ich aus dem Blatt herauslese. Le Corbusier bietet es als vier Möglichkeiten an, nicht als eine Entwicklung. Er verschweigt allenthalben in seiner Selbstdarstellung Vorgänge, Krisen, Sprünge in der Entwicklung. Diese zu finden, überläßt er dem Historiker. Ich habe den Verdacht, daß er es ihm ungern überläßt, da seine Selbstdarstellung solche Vorgänge nicht zur Kenntnis nimmt. Für ihn bleibt sein ganzes Werk, von der Villa Schwob ab, gültig. Wir haben von der empfangenden Eigenschaft seiner Produktivität gesprochen: sie habe ihn befähigt, „jung zu werden". Das eigene Werk dient ebenso

Le Corbusier, Villa Savoye, Poissy 1928–30, Ansicht

ständig als Anregung, wie fremde Eindrücke es tun. Es entsteht ein Kanon von Themen. Sie werden in den verschiedenen Tonarten gespielt, die die Perioden seines Werkes bestimmen. Solche Themen sind die Gegenüberstellung von Rampe und Treppe. Wir finden sie in der Villa Savoye, wir begegnen ihr nach langen Jahren wieder in Ahmedabad und endlich in einem der letzten vollendeten Werke, dem Carpenter Center in Harvard. Die Villa Savoye erscheint, in ein völlig anderes Idiom übertragen, als Oberteil des Hauses des Gouverneurs in Chandigarh. Man könnte mehr Beispiele anführen. Solche Übertragungen eigener früher Themen in einen neuen Kontext begegnen häufig bei Mozart, an dessen Produktivität – auch in der stets wachen Empfänglichkeit – die Produktivität Le Corbusiers erinnert. Das ständige Wirken dieser empfangenden, umformenden, das Werk verjüngenden Kräfte in allen seinen Unternehmungen – und wir schließen nicht nur Malerei und Skulptur ein, sondern auch, sogar besonders, sein sprachliches Werk: diese Produktivität bewahrte ihn davor, ein Querulant zu werden, einer, der sich – man verzeihe das Paradox – im Gefühl des ihm zugefügten Unrechtes sonnt – obwohl dieses Gefühl Le Corbusier nicht fremd ist.

Es kann ihm nicht fremd sein. Man darf es als ein Ingredienz seiner Lage der Welt gegenüber annehmen; ebenso wie seine stets wache Neugier, seine ständige Be-

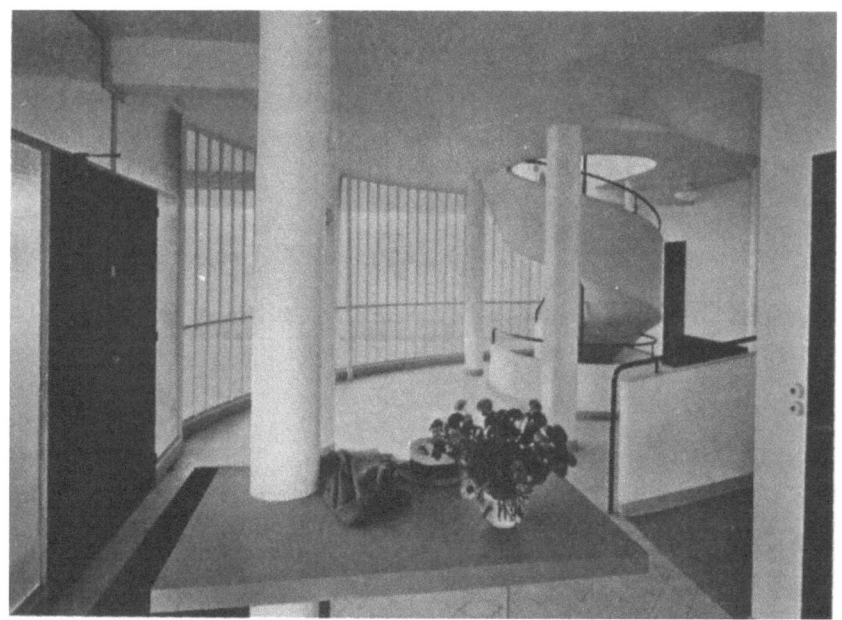

Le Corbusier, Villa Savoye, Poissy 1928–30, Eingangshalle

schäftigung mit dem Phänomen Le Corbusier. Man darf diese Beschäftigung nicht mit Eitelkeit verwechseln. Er nennt diesen Le Corbusier l'homme – notre homme: einen, der arbeitet, der etwas macht, beharrt: persévérance ist eines seiner liebsten Worte. Von jener Unterhaltung mit zwei Schülern, Freunden, im Sommer seines Todes, sagte er: «Je me souviens leur avoir dit à tous deux que la ligne de conduite du petit Charles-Edouard Jeanneret à l'époque du voyage d'Orient était la même que celle du père Corbu. Tout est question de persévérance, de travail, de courage». Er sieht sich als einen, der für die Welt arbeitet; und die Welt stößt die Arbeit zurück; immer wieder. Er arbeitet weiter, produktiv, also im Frieden mit sich selbst.
So sieht er seine Lage der Welt gegenüber. Betrachten wir einen Augenblick den Standpunkt der Welt ihm gegenüber: eine nicht ganz unberechtigte Kritik. Sein Urbanismus ist dilettantisch. Le Corbusier hat sehr große Wohndichte mit Weiträumigkeit vereinigen wollen und vergessen, daß seine ville verte nicht grün gewesen wäre: die Autos, von denen er unablässig spricht: wo sind sie? Er spricht von den wesentlichen Freuden, die man dem Menschen gewähren müsse, und nennt sie: air, son, lumière. Das klingt gut; aber mir ist nie klar geworden, was der Ton in dieser Dreiheit der Freuden zu suchen hat. Er hat die enge, erstickende, schlecht funktionierende Großstadt, die er vorfand, durch die weit gebaute Stadt

Le Corbusier, Ahmedabad Millowners' Association Building, 1952–56

ersetzen wollen, in der die Funktionen: wohnen, arbeiten, sich erholen und sich bewegen voneinander getrennt sind. Man hat sich einige Mühe gegeben darzulegen, daß das keine Stadt mehr sein würde.

Müssen wir also dem Fachmann recht geben? Der Fachmann verewigt das Chaos, da er den Wald vor Bäumen nicht sieht. Wir brauchen die schöpferische Vision. Adolf Behne hat der Neuen Sachlichkeit, als sie in Deutschland den Expressionismus ablöste, die Definition gegeben: „Sachlichkeit ist die Phantasie, die mit Exaktheiten arbeitet". Mir scheint, diese Definition gewinne neue Aktualität. Die wesentlichen Freuden zu fordern, die dem Großstädter verweigert werden, war richtig; aber man muß sie kennen. Es genügt nicht, sie poetisch zu umschreiben. Die Enge durch die Weite zu ersetzen, war richtig; aber man muß über den Organismus Stadt mehr wissen, als Le Corbusier gewußt hat.

In Le Corbusier erblicken wir den letzten großen Einzelnen, der glaubte, als Künstler den Schlüssel der Zukunft in Händen zu halten. Wenn ich sage, als Künstler, so muß man dieses Wort einerseits so weit fassen, so weit über den bis dahin gängigen Begriff vom Künstler hinaus, wie Le Corbusier, aber durchaus nicht nur er, diesen Begriff gefaßt hat. Man darf andererseits nicht die Tatsache aus dem Auge verlieren, daß Le Corbusiers Wirkung, wenn auch nicht seine Theorie, eine künstlerische − im herkömmlichen Sinne − gewesen ist. Durch seine Definition der Architektur als Harmonie, als Poesie, hat er sogar, mehr als Gropius, Mies oder Häring, den Vorrang der Form betont. Wir haben auch gesehen, daß er unter den dem Neuen zugewandten Architekten derjenige gewesen ist, der im Neuen die europäische Tradition fortzusetzen meinte. Wenn er seine Zeit − und damit schließlich auch uns, die Enkel − gleichwohl an den Begriff der Veränderung gewöhnt hat, so muß man sagen: er war der Einzige nicht; er meinte auch nicht, der Einzige zu sein. Die Gründung der Congrès Internationaux de l'Architecture Moderne (CIAM), an der er entscheidend mitgewirkt hat, zeigt, daß er sich als Mitglied einer Gruppe fühlte. Nicht darin liegt sein persönlicher Beitrag, daß er die Veränderung plausibel gemacht hat − gegen Widerstände, von deren Art und Stärke wir uns nur noch schwer einen Begriff machen, zumal in Frankreich, diesem besonders konservativen Lande −: er hat das Neue in einer echteren, reineren, reicheren Form sichtbar gemacht als irgendeiner seiner Zeitgenossen: Seine Vorwegnahme überzeugte. Man kann sagen, er habe den stärksten Impuls gegeben, den ein Einzelner in diesem Jahrhundert zu geben vermochte. Er hat gleichwohl nur wenig bewirkt. Seine Werke sind den Meisterwerken der Architektur zuzurechnen; aber dies ist, so kurz nach seinem Tode, bereits ein historischer Aspekt. Seine Geistesart ist bewundernswert; sie ist auch, als schöpferischer Zugang zu den Problemen der Umwelt, beispielhaft: wir bedürfen dieser Geistesart; aber wir werden bescheidener sein müssen, und gründlicher.
Wir werden die Bedingungen, innerhalb deren wir wirken, genauer studieren müssen, um sie erkennend zu verändern. Damit ist gemeint, daß wir studieren müssen, was ist, was sein könnte und was sein sollte: die drei Stufen stehen im Zu-

sammenhang. Wir wissen, daß kein Einzelner imstande sein wird, dieses Studium zu unternehmen, sei er gleich ein Le Corbusier. Auch kein Team wird dazu imstande sein, auch nicht ein interdisziplinäres Team; wir werden die Mitwirkung aller derer stimulieren müssen, die von der Planung betroffen sind. Die Veränderungen, denen auch unsere Arbeit dient, werden ungleich tiefer gehen als die, an die Le Corbusiers Generation gedacht hat. Le Corbusier hat seine Arbeit allein unternommen; oder sagen wir, als Einzelner; zugleich mit anderen Einzelnen, die gelegentlich in den CIAM diskutierten, auch gewisse Ergebnisse präzisierten. Sie haben die Probleme des Planens für eine bessere Gesellschaft anvisiert; oder sollte man einschränkend sagen: die Probleme eines besseren Planens für die bestehende Gesellschaft: die Grenze ist nicht ganz leicht zu ziehen, da so entscheidend neue Planungen, wie Le Corbusier sie vorgeschlagen hat, Änderungen auch in der Gesellschaft beinhalten. Nur: die Richtung und die Art solcher Änderungen wurden nicht präzisiert, wurden, muß man befürchten, von ihm nicht einmal richtig eingeschätzt.

Vor kurzem sagte mir ein bedeutender Planer: ,,Immer wieder wird es Große geben, Fürsten, die dem Volk eine herrliche Stadt hinzaubern". Le Corbusiers Haltung ist ein wenig fürstlich, vielmehr: er suchte den Mächtigen, der sein Konzept verwirklichen wollte. Diese Haltung ist ein Anachronismus. Sie war das bereits zur Zeit Le Corbusiers — ich meine, zu der Zeit, als Le Corbusier begann: sein Mißerfolg ist in dieser Haltung begründet. Das wissen wir heute. Heute packen uns die Probleme an der Gurgel. Le Corbusier war einer der wenigen, die von Anfang an ihre Dringlichkeit gefühlt haben. 1908 schreibt er an L'Eplattenier: «Aujourd'hui c'est fini des petits rêves enfantins d'une réussite semblable à celle d'une ou deux écoles d'Allemagne — Vienne — Darmstadt ... Tout ce petit succès est prématuré, la ruine est proche. On ne bâtit pas sur le sable». Nur: die Probleme waren noch nicht die unseren. Er mußte die Probleme seiner Zeit aufgreifen. Le Corbusiers Werk und sein Scheitern haben uns den Blick auf die eigenen Probleme freigegeben. Wir verdanken dieser Arbeit mehr, als wir in dem Augenblick geneigt sind zuzugeben, da wir ihre Grenzen erkennen. Angesichts seines Werkes aber kann man sich einer schmerzlichen Regung nicht entziehen, wenn man bedenkt, daß nie wieder *Einer* ein solches Werk produzieren wird.

Vortrag in der Kunsthalle Bielefeld, 1969

III. Aus den siebziger Jahren

Die Aufsätze der siebziger Jahre unterscheiden sich von denen der vorhergehenden zehn Jahre besonders dadurch, daß in ihnen die Beziehung der Architektur und des Städtebaus zum Leben der Gesellschaft und zur Gesellschaftsordnung erheblich stärker betont wird. Sie behandeln Architektur als ein Politikum. Das gilt besonders für die Aufsätze, welche sich mit der Geschichte und den Zielen des Deutschen Werkbundes beschäftigen. Von 1972 bis 1976 war ich der Vorsitzende des Werkbundes, ich hatte mich also mit der Politik des Werkbundes zu beschäftigen. Es hat in diesen Jahren im Werkbund heftige Auseinandersetzungen gegeben, und ich kann nicht sagen, daß ich an ihnen unschuldig gewesen bin. Ich bedaure das nicht: der Werkbund ist niemals neutral gewesen. Ein Niederschlag dieser Auseinandersetzungen ist der Aufsatz in der FAZ „Wie politisch darf der Deutsche Werkbund sein?"

Neben diesen Aufsätzen mit gesellschaftspolitischer Tendenz stehen spezielle Studien; über einige der bedeutenden Architekten und Planer des Jahrhunderts, über die Veränderung des Raumbegriffes im neunzehnten Jahrhundert, über Vorortgründungen, über einzelne Gebäude — Staatsbibliothek, Congresszentrum Berlin — und auch solche über ganz allgemeine Fragen.

Daneben laufen die Aufsätze über die Erhaltung und Entwicklung der baulichen Substanz weiter, und in den letzten dieser Aufsätze wird der Zweifel laut, ob unsere Auffassung von dem, was zu erhalten ist und wie es zu erhalten ist, nicht einer Überprüfung bedarf.

22   Stoßseufzer über das Häuserbauen (1970)

Ein Architekt zieht in einen Neubau ein

„Dann hätte ich an Ihrer Stelle die Wohnung nicht gemietet, Herr Professor", sagte der Architekt (dessen Firma an der Vermietung der von ihm gebauten Wohnungen ein finanzielles Interesse hat).

Ich hatte ihn auf die Ausführung der Wohnung hingewiesen; hatte die Scheuerleisten erwähnt, die Plastik-Lappen sind, leicht an die Wand geklebt. Über ihnen kann man die Tapete nicht glatt aufziehen, weil sie nicht mehr obere Fläche haben, als ihre Dicke von drei Millimetern. Ich hatte auch von den „guten" Scheuerleisten gesprochen, die nur im Wohnzimmer angebracht werden. Die sind aus Holz, allerdings: zwei und einen halben Zentimeter hoch; und an den Ecken nicht etwa auf Gehrung aneinandergeschnitten. Behüte! Die Ecke ist so: Die eine Scheuerleiste hört auf, die andere fängt an. Dazwischen bleibt eine kleine Staubhöhle.

Da wir von Staubhöhlen sprachen: Die Wände sind so krumm, daß sie an Stellen über der „Scheuerleiste" einen halben Zentimeter zurückweichen. Daß überdies die Böden so krumm sind wie die Wände, sieht das nackte Auge. Der nasse Fleck an der Wohnzimmerdecke, den ich schon bei Vertragsabschluß vor sechs Wochen bemängelte („Wird gemacht, Herr Professor!"), ist auch noch da; und wir ziehen in einer Woche ein. Ebenso die Risse an der Fensterwand: Risse, so lang wie die Wand. Ich spreche natürlich nicht von einem Block des sozialen Wohnungsbaus; da könnte man ganz so schlecht nicht arbeiten. Der Bau, von dem ich spreche, enthält Luxuswohnungen und steht an einer der schönsten Stellen Berlins. Der Fleck an der Decke und die Rissen an der Wand werden nicht beseitigt werden. Es wird überhaupt kein Fehler beseitigt werden. Bei wem könnte ich mich beklagen? Bei dem Architekten-Hausbesitzer? Das wird ihn nicht sehr stören ... Er liefert beinahe, was die Bauaufsicht verlangt; und die begnügt sich mit einem Minimum. Ist etwas bei der Abnahme noch nicht (diesem Minimum entsprechend) in Ordnung, so wird versprochen, daß es in Ordnung kommt. Wie genau nachgeprüft wird, ob die Versprechen eingelöst werden, weiß ich nicht: der feuchte Fleck ist noch an der Decke. „Die Wohnung ist abgenommen worden", sagt der Bauführer, als ich beim zweiten Besucht anfing, etwas von der Qualität der hier vorwaltenden Bauausführung zu merken. Das gleiche wird mir wohl auch die Bauaufsicht erwidern, wenn ich mich über etwas beschwere. Vielleicht werden sie auch, wie der Architekt, sagen: „Dann hätte ich an Ihrer Stelle die Wohnung nicht gemietet (Herr Professor)." Bei sich werden sie denken: der Professor ist von Hause aus Architekt. Warum hat der alte Narr die schundige Arbeit nicht gleich gesehen?

Die Wahrheit zu gestehen: Ich habe nicht genau hingesehen; und weit entfernt davon, mich deswegen zu entschuldigen, finde ich das in Ordnung. Ich stamme aus einer Zeit, als sich reelle Bedienung – um einen kaufmännischen Ausdruck eben jener Zeit zu gebrauchen – bei Architekten von selbst verstand. Der Architekt, dem der Bauherr oder der Benutzer Kunstfehler nachweisen konnte, Nachlässigkeit oder gar schäbige, billigste Ausführung, damit der Profit größer werde: dieser Architekt hätte sich unmöglich gemacht. Im Prinzip gab es ihn allerdings nicht. Die Satzung des BDA, des Royal Institute sowie einer jeden anderen Berufsvertretung der Architekten schließen einen Profit an Gebäuden, die der Architekt gebaut hat, aus. Seine Arbeit soll durch das Honorar abgegolten werden. Die Berufsvertretung sieht darauf, daß die Honorare auskömmlich sind. Mit einem Wort: Man nimmt einen Architekten, damit man sicher sein kann, baulich reell bedient zu werden.

„Wie fühlen sich Ihre Kunden in Ihren Häusern?" fragte ich einen Diplom-Ingenieur – also gelernten Architekten –, der sich allerdings nicht Architekt nennt, sondern „Bauträger für Kaufeigenheime". „Nun", erwiderte der ehrliche Mann, „nach einem Jahr zeigen sich natürlich hie und da Risse; und da beklagen sie sich." (Ich beklagte mich eher, da sich die Risse bereits bei Fertigstellung des Hauses zeigen).

Nein, ich lehne es ab, einem Kollegen auf die Finger zu sehen! Ich nehme an, daß sie sauber sind. Ich schäme mich nicht, daß ich beim ersten Rundgang nicht entdeckt habe, was ich beim zweiten und dritten sah. Der Kollege sollte sich schämen! Er wirft die Berufsethik in den Eimer. Er läßt – risch-tisch-tisch, schnell und billig, seinen Bau hinstellen, schnieke aufgemacht: eine Kundenfalle.

Dieses Haus steht in einer Villengegend, und man kann nicht ohne Neid auf die Fenster, Dächer, Backsteinmauern dieser Villen blicken. Viele von ihnen stammen aus der Zeit um 1910. Damals baute man handwerklich, und zwar sehr gut. Tischlermeister, Maurermeister, Malermeister (und Gesellen) waren stolz auf ihre Arbeit; und sie hatten Grund dazu. Die Architekten waren stolz auf sie und auf die eigene, handwerklich sauber durchdachte Arbeit. Das sind, notabene, die Villen, die jetzt abgerissen werden, um durch das ersetzt zu werden, was wir beschrieben haben. „Komm mir nur nicht", höre ich einen Architekten sagen – und es mag ein ganz junger sein: ein APO-Architekt! – „Komm mir nur nicht mit dem Handwerk! Schon vor fünfundvierzig Jahren hat Le Corbusier gefordert: ‚Bringt die Industrie auf die Baustelle!' "

Genau das brauchen wir: die Industrie auf der Baustelle. Wir brauchen für den Rohbau wie für den Ausbau industriell hergestellte Teile, die so paßgerecht sind, so unerbittlich sauber und solide hergestellt, daß sie mehr Vertrauen einflößen als das Handwerk von anno dunnemal. Wir brauchen sie – aber wir haben sie nicht. Wir haben ein paar gute Fenster, sanitäre Gegenstände, Türzargen: Damit hört es, für die übliche Bauausführung, beinahe schon auf. Treppen aus Metall oder Beton, die einfach eingehängt werden, benutzt man normaliter nicht. Die übliche Baustelle wird nach wie vor handwerklich betrieben. Aber das Handwerk ist nicht unbedingt mehr gut. Wer einem Neubau zusieht, wie da die Mauern zusammengepappt werden: hier aus Blöcken mit drei Zentimetern – auch mehr –

Verstrich, wo sie nicht zusammenpassen, dort aus ein paar Schichten Ziegelsteinen — aber was brauche ich das zu beschreiben? — wer dem üblichen Neubau zusieht, ohne daß ihn dabei physische Übelkeit ankommt, der hat für die Würde der Arbeit wenig Sinn. Es kommt anscheinend nicht mehr darauf an, wie eine Mauer gemauert wird, solange sie nur eben steht. Sie wird ja überputzt, und dann sieht sie schnieke aus (auf den ersten Blick: der zweite nimmt wahr, daß sie krumm ist).

Wir brauchen auf der Baustelle die Industrie! Wir brauchen den Architekten, der an allem Interesse hat, nur nicht am spekulativen Profit, und wir bekommen mit jedem Jahre mehr Profitarchitekten. Wir, die Bewohner — Konsumenten wäre ein passenderes Wort — wollen vertrauen dürfen, daß wir reell bedient werden. Wo es um die Wohnung geht, ist das eine Lebensfrage.

Der Tagesspiegel, 4.1.1970

23 Architektur oder Konstruktion (1971)

Der Gedanke, daß die Form des Bauwerkes von der Konstruktion mitbestimmt wird, ist so alt wie das Nachdenken über Architektur. Vitruvius stellt unter den 3 Bedingungen — in Wottons englischer Formel "firmness, commodity, delight", also Konstruktion, Funktion, Schönheit — die Konstruktion an die erste Stelle; aber er stellt nicht zwischen den drei Bedingungen einen Zusammenhang her. Das zu tun, hat man erst seit dem 18. Jahrhundert versucht.
Und zwar gibt es wirklich drei Theorien der Architektur:
Die erste sagt: Architektur ist eine Bildende Kunst; darum ist die Funktion lediglich der Anlaß, die Konstruktion das Mittel, das schöne Bauwerk zu verwirklichen. Diese Theorie ist bis in unser Jahrhundert hinein wirksam geblieben.
Die zweite Theorie leitet die Form des Bauwerkes von der Funktion ab: Sullivans "Form follows function". Hugo Häring ist der konsequenteste Vertreter dieser Theorie. Sie hat aber eine lange Geschichte, die darum schwer zu schreiben ist, weil ihre Protagonisten nur selten deutlich genug zwischen dem Gebrauchswert eines Gebäudes und seiner Konstruktion unterschieden haben. Wenn Horatio Greenough, den man den Vater des Funktionalismus genannt hat, die Fregatte als Beispiel für ein Bauwerk anführt, das seine Form gänzlich der Einwirkung der Bedingungen verdankt, denen es zu genügen habe, so ist es in erster Linie die Konstruktion, die diesen Bedingungen entsprechen muß. Streng genommen, dürfte man nur die Theorie Hugo Härings Funktionalismus nennen, welche alle Formen des Gebäudes den Lebensvorgängen zuschreibt, die in ihm stattfinden, und von der Konstruktion verlangt, daß sie imstande sei, diesen Bedingungen restlos zu genügen.
Die dritte Theorie, die man ungenau ebenfalls funktionalistisch genannt hat, sollte eigentlich Konstruktivismus heißen. Sie gibt der Konstruktion das Primat. Man könnte sie, frei nach Sullivan, so ausdrücken: "Form follows construction". Sie erscheint in dem Augenblick, in welchem neue Techniken und neue Materialien der Konstruktionen auftreten. Wenn Laugier die Architektur als eine Baum-Struktur, also als Skelett begreift, so nimmt er ein bedeutendes Thema des Konstruktivismus vorweg, welches bis zu Perret und Mies van der Rohe wirksam bleibt; und wenn Goethe gerade die Gotik, der er im Straßburger Münster begegnete, im Gegensatz zu Laugiers Theorie als Mauer sehen will: als geschlossene Baumasse, so reagiert er im Sinne der herkömmlichen Architektur gegen die Auflösung des Architekturbegriffes, die er zu Recht in Laugiers Theorie wirksam sieht. Sein Angriff bestätigt die Bedeutung Laugiers als eines Theoretikers des Konstruktivismus. Er leitet die lange Auseinandersetzung zwischen Konstruktion und Architektur ein.
In dem Augenblick, als die ersten großen Konstruktionen verwirklicht werden: die eisernen Brücken in England und Frankreich, erscheinen jene Vorwegnahmen

riesiger Gebäude, die die Blätter Etienne Boullées zeigen. Der Schnitt seines Newton-Cenotaph zeigt eine Kugelschale, deren Dicke nach oben abnimmt. Boullées Skizze ist eine Forderung an die Konstrukteure. In ihr drückt sich das unbegrenzte Vertrauen in die Möglichkeiten der Konstruktion aus, welche bereits ungeahnt große Dimensionen zu überbrücken imstande war. Sie will, daß die Architektur der Konstruktion folge, aber auch, daß die Konstruktion sich der Architektur anbequeme. Boullée ist kein Konstruktivist, vielmehr ein Architekt, der begriffen hat, daß die Konstruktion eine Architektur großer Dimensionen möglich machen werde.

Friedrich Gilly zieht andere Folgerungen: da die Konstruktion, also die Wissenschaft, neue Arten des Bauens möglich macht, so verlangt Gilly, daß der Architekt wissenschaftlich denke und arbeite. Jede Art des Bauens soll seine Domäne werden. Das Berufsbild des Architekten wird stark erweitert. Es ist wahr, daß die Meister der Renaissance Gilly auf diesem Wege vorangegangen sind; aber Gillys Betonung der Wissenschaft entspricht der Revolution der Wissenschaft und der Technik, deren Zeitgenosse er gewesen ist. Was Gilly nur andeutet, führt Rondelet in seinen Konstruktionsblättern im einzelnen aus.

Die Entwicklung bis hierher — also bis zum Anfang des 19. Jahrhunderts — kann man das Präludium des Konstruktivismus nennen. Mit dem Architekten Schinkel und dem Theoretiker Bötticher treten wir in die große Auseinandersetzung zwischen Architektur und Konstruktion ein.

Die Konstruktion hatte sich selbständig gemacht; der Ingenieur hatte sich vom Architekten getrennt. Die Konstruktion war für den Architekten zum Problem geworden. Schinkel versuchte, wenigstens innerhalb der konventionellen Bauweise der Konstruktion ihr Recht einzuräumen. Daß er nicht immer, nicht einmal häufig imstande gewesen ist, in seiner Praxis seinen Grundsätzen zu folgen, liegt an dem Zwang, dem er unterworfen war, billig zu bauen. Durfte er nicht in Stein bauen, so zog er Steinfugen in den Putz seiner Backsteingebäude: er deutet die Konstruktion, die er gern verwirklicht hätte, in dem minderen Material an. Das Humboldt-Schlößchen in Tegel ist ein solcher pseudokonstruktiver Bau. Die Bauakademie dagegen ist eine echte Konstruktion. Der ganze Bau ist aus den Gewölben über quadratischen Feldern und den Backsteinpfeilern entwickelt, die diese Gewölbe abstützen. Schinkels Fragment eines Lehrbuches, besonders die Seiten über fehlerhafte Konstruktionen, zeigen seine Bemühung um die Konstruktion als eine Determinante der Architektur.

Den neuen Konstruktionen stand Schinkel gelassen gegenüber: er wandte sie an, wo er sie brauchen konnte. Er hat eiserne Treppen in fürstliche Palais gebaut, eiserne Emporen in Kirchen, wahrscheinlich hat er auch eiserne Kuppeln entwickelt. Es gibt von ihm auch den Entwurf für eine eiserne Brücke. Aber Schinkel machte aus solchen Praktiken keine Theorie. Daß man konstruktiv, sichtbar konstruktiv bauen sollte, war seine Theorie, und wir haben gesehen, wie schwer es ihm gemacht wurde, ihr zu entsprechen.

Der Theoretiker war Bötticher. Bötticher versuchte zu zeigen, wie es die Griechen mit der Konstruktion gehalten haben, da er hoffte, die Architekten seiner Zeit könnten sich dann mit gutem Gewissen auf dieses erhabene Präzedenz berufen. Er erkannte die Konstruktion als das Primäre an, unterschied jedoch zwischen der „Kernform", der Konstruktion selbst und der Form im eigentlichen Sinne, also Entasis, Kanneluren, Profile, Ornamente. Von diesen meinte er, sie hätten die Konstruktion zur Kunst transzendiert. Das war recht eigentlich die Theorie, die Schinkels Praxis bekräftigte. Nun ist aber gerade Bötticher der erste gewesen, der sich mit dem Eisen als Konstruktionsmaterial theoretisch auseinandergesetzt hat. Er tat es in dem Vortrag zum Schinkelfest (!) 1846 (13. März). Die Architektur, sagte er, habe die beiden statischen Bedingungen Druck und Schub erschöpfend dargestellt: den Druck in der Stützen- und Balkenkonstruktion (also dem griechischen Tempel), den Schub im Gewölbe (also der gotischen Kathedrale). Es blieb die dritte Bedingung: der Zug, und das gegebene Material für diese statische Beanspruchung sei das Eisen. Dem Eisen gehöre die Zukunft der Architektur.

Das Datum 1846 ist bezeichnend: vor der Jahrhundertmitte gab es große Leistungen der Ingenieure, auf die einige Architekten mit Bewunderung reagierten (Schinkels Begeisterung über die Hängebrücke Menai Straits); es gab innerhalb der Architektur eine Aufwertung der Konstruktion, und man nahm das Eisen an, wo man es eben brauchen konnte. Jetzt, in den vierziger und fünfziger Jahren, setzt sich die Architektur mit dem neuen Baumaterial ernsthaft auseinander. Bötticher stellte indessen nur die Forderung auf, daß die Architektur mit Eisen arbeiten müsse. Labrouste war der erste, der zeigte, *wie* das geschehen könne. Dabei hat er offenbar zwischen Innenraum und Außenraum unterschieden: nur in den Innenräumen wurde das Eisen gezeigt; ferner hat er zwischen öffentlichen Räumen und Arbeitsräumen in seinen Bibliotheken unterschieden: nur in den Büchermagazinen erscheinen die eisernen Treppen und Galerien, welche die Architekturhistoriker seit Giedion so gern abbilden: sie sollen zeigen, wie weit Labrouste in der Anwendung rein technischer Konstruktionsformen bereits gegangen sei. In den Lesesälen aber hat Labrouste die eiserne Konstruktion Architekturformen unterworfen, die aus dem Steinbau stammen und die er offenbar für die einzig legitimen Bauformen hielt. Wo das nicht anging, wie in den halbkreisförmigen Dachbindern in der Bibliotheque Ste. Geneviève, wurden diese wenigstens ornamental behandelt und dadurch dem Zusammenhang der Architektur eingegliedert. Schon daß sie halbrund sind, während das vom Raum her unsichtbare Dach selbst die gängigen Formen des Eisenfachwerks hat, zeigt das Bestreben des Architekten, das Eisen, sozusagen, lateinisch reden zu lassen. Trotzdem hat sein Verfahren selbst so fortschrittliche Kritiker wie Gottfried Semper schokkiert. Eisen, sagte Semper, besäße keine Masse. Architektur verlange Masse. Diejenige Eisenkonstruktion dagegen sei die beste, die die Masse auf ein Minimum reduziere: die ideale Eisenkonstruktion sei körperlos. Labrouste, dessen Außenbau der Bibliotheque Ste. Geneviève Semper bewunderte, hätte, sagte er, seine Dachbinder vollwandig ausbilden sollen, um jenen überleichten Eindruck zu vermeiden. Es ist bekannt, daß Anatole de Baudot noch der Galerie des Machines von 1889 gegenüber die gleiche Kritik aussprach; und nicht er allein, sondern auch Vierendel, der Ingenieur. Die Bedenken des Architekten gegen die Unkörperlichkeit der Eisenkonstruktion werden sogar noch von Gropius im Jahre 1912 geäußert. Es gehe nicht an, meint er, einen schweren Holzbalken von zwei leichten Eisensäulen tragen zu lassen: sie trügen ihn zwar; aber das Auge könne ihnen das nicht glauben. Die statisch richtige Konstruktion sei noch nicht die architektonisch richtige. Diese habe einem statischen Gefühl zu entsprechen, das zeitlos sei.

Wie lange dieser Einwand sich gehalten hat, ist darum bemerkenswert, weil bereits 1862 Wilhelm Lotze in seiner ,,Ästhetik" versichert hatte, daß es ein solches permanentes statisches Gefühl nicht geben könne. Es wandle sich mit den Konstruktionen, die man benutzt. Es gleiche sich notwendig jeder neuen Konstruktion an, also auch der Metallkonstruktion (auf welche Lotzes Bemerkungen sich beziehen). Diese lange Auseinandersetzung zeigt jedoch, wie unheimlich den Architekten die Möglichkeit einer Metallarchitektur bis tief in unser Jahrhundert hinein geblieben ist. Man wollte sie partout als Architekt anwenden, das heißt aber, als einer, dessen Gefühl für das konstruktiv Richtige, weil ,,Wahrscheinliche", an den konventionellen Konstruktionen geschult war. Die Beispiele für dieses Verhalten des Architekten sind Legion: Anatole de Baudots berühmte Betonkirche in Montmartre ist im Grunde neo-gotisch, wie bereits Viollet-le-Ducs Entwurf zu einem Auditorium in Eisenkonstruktion neo-gotisch gewesen war (trotz der schrägen Stützen, die die Galerien tragen); und noch Peter Behrens zeigt zwar in der berühmten Turbinenfabrik von 1909 das Fußgelenk seiner Dreigelenkbogen, aber das klassische Gebälk, welches er in der Seitenfront andeutet und durch den klassischen Giebel der Schauseite bekräftigt, verleugnet den Dreigelenkbogen; man könnte sagen, daß er das Fußgelenk widerrufe. Das Gebälk selbst, der Dachüberstand, ist übrigens eine Attrappe. José Imbert, ein Schüler Auguste Perrets, hat darum in einem Nachwort zu meinem Behrens-Aufsatz in L'Architecture d'aujourd'hiu (1931) Behrens als einen Dekorateur bezeichnet (was ich damals nicht verstand ...). Auf der anderen Seite verstand Imbert vielleicht nicht genügend die Schwierigkeit der Architekten dem Eisen, dem körperlosen Baumaterial, gegenüber. Es war eine echte Schwierigkeit. Es genügte nicht, das Eisen hier und da in den architektonischen Zusammenhang einzuführen, solange dieser Zusammenhang als das verstanden wurde, was er von jeher gewesen war. Die Architekten begriffen sehr wohl, daß das Metall — genauer die Verbindung Metall und Glas — den traditionellen Begriff der Architektur vernichten würde, wenn man es so anwenden würde, wie der Ingenieur das schon lange tat, nämlich richtig: der Natur des Eisens entsprechend.

Am meisten kamen der Natur des Eisens die Meister des Art Nouveau entgegen, besonders Horta. Er stellt seinen Mangel an Masse, seine Leichtigkeit, seine Fähigkeit, große Spannungen mit dünnen Stäben zu überbrücken, konsequent zur Schau. Aber er wollte das Eisen formen. Er formte es zwar in eben diesem Sinne, also seiner Natur gemäß; aber er begriff es als Naturform, als schlanken Knochen oder als Pflanzenstengel: durch diese Analogie wollte er es dem statischen Gefühl, dessen Permanenz offenbar auch er anerkannte, annehmbar machen. In der Maison du Peuple in Brüssel ging er so weit, wie je ein Architekt vor Mies van der Rohe gegangen ist: hier erscheinen die Glieder des Stahlfachwerks als genietete Doppel-T-Profile. Aber das ist, auch im Art Nouveau, eine Ausnahme. Und selbst hier, in der Maison du Peuple, verzichtet Horta nicht ganz darauf, das Eisen „organisch" zu formen.

Daß die Konstruktion die gestaltende Kraft im Bauen sei, versuchten die Neo-Gotiker zu begründen: Willis und besonders Viollet-le-Duc. Viollet hat versucht, alle Formen der Gotik aus der Konstruktion abzuleiten. (Daß Pol Abraham 1936 nachgewiesen hat, daß er sich geirrt hat, sei beiläufig erwähnt). Da Viollet-le-Duc diese Abhängigkeit der Form von der Konstruktion in der Gotik entdeckt zu haben glaubte, wollte er sie in den anderen Stilen ebenfalls wahrnehmen. Sie ist für ihn das Kriterium des echten Stiles. Aus diesem Grunde sei der dorische Stil echt, der der Renaissance dagegen nicht, ebensowenig wie der römische, von dem er abgeleitet ist: diese seien nicht eigentlich Stile, sondern Arten der Dekoration. Da es also stets die verfügbaren Materialien, der Stand der Technik und die gesellschaftliche Organisation des Bauens gewesen seien, die die Architekturformen hervorgebracht haben, so muß, nach Viollet, ein neues Material und eine neue Technik — und die mit ihnen zusammenhängende neue Organisation des Baubetriebes — einen neuen Stil hervorbringen. Viollet-le-Duc kommt auf dem Wege der Historie zu dem gleichen Resultat, welches Bötticher auf dem Wege der Statik gefunden hatte: dem Eisen gehöre die Zukunft. Er geht aber insofern über Bötticher hinaus, als er von der neuen Technik einen neuen Stil erwartet, welcher wieder, wie die Gotik, bis in jede einzelne Form von der Konstruktion bestimmt sein würde. Viollet-le-Duc ist der Begründer des Konstruktivismus.

Auguste Choisy hat diesen Gedanken dann in der ganzen Geschichte der Architektur nachzuweisen versucht. Das ist, zu Beginn unseres Jahrhunderts, eine der Hauptthesen einer neuen Architektur.

Dies ist Frankreichs Beitrag zu einer neuen Architektur. Frankreich gehört auch die Erfindung und Entwicklung des zweiten neuen Materials, des Stahlbetons. Die Auseinandersetzung der Architektur mit diesem Material nimmt erheblich weniger Zeit in Anspruch als die mit dem Eisen. Das hat zwei Gründe: 1. sie findet in einer Zeit statt, in der die Architekten auf neue technische Entwicklungen vorbereitet sind: die Auseinandersetzung mit dem Eisen war bereits ein halbes Jahrhundert im Gange. 2. Der Stahlbeton hat erheblich mehr Körper als das Eisen. Die Architektur konnte dieses Material also leichter assimilieren.

Der Großmeister des Stahlbetons ist Auguste Perret. Er ist auch der große Theoretiker des Konstruktivismus. In der Theorie wie in der Praxis vollzieht Perret die Doktrin Viollet-le-Ducs und Choisys: die Konstruktion bestimmt die Formen seiner Architektur bis in jede Einzelheit. Seine Epigramme, wie das berühmte Wort: «L'architecture, c'est ce qui fait les belles ruines» sprechen diese Doktrin mit der Präzision aus, die nur dem Gleichnis eignet. Perret war ein Meister des erleuchtenden Gleichnisses. In jener Unterhaltung über das breite und das hohe Fenster, von der Le Corbusier erzählt, ist Perret eben darum überlegen, weil er der pseudo-wissenschaftlichen Feststellung Le Corbusiers: «l'oeil regarde horizontalement» das Gleichnis entgegenstellt: «Une fenêtre, c'est un homme».

Perret ist nicht nur der Verwirklicher der Gedanken Viollets; er verdankt auch der Ecole des Beaux Arts Einsichten, die ihn befähigen, die neue Konstruktion der Architektur zu assimilieren; wir sprechen von der Lehre von den ewigen Gesetzen der Architektur. Die Ecole ist nicht die einzige Quelle dieser Doktrin. Diese hat eine Geschichte. Unausgesprochen steht sie bereits hinter dem Eklektizismus eines Schinkel; denn da alle vergangenen Stilformen für den Eklektiker nur Gewänder sind, so muß die Architektur an sich, die Architektur in abstracto, der Generalnenner sein, auf den sie sich alle zurückführen lassen; aber erst die Ecole, Guadet, hat diese Doktrin ausgesprochen; und Auguste Perret hat sich stets zu ihr bekannt. Da er ein Konstruktivist ist, so gibt er ihr einen besonderen Sinn: alle großen Architekturen sind große Konstruktionen gewesen; und die Gesetze der Konstruktion gelten für alle Architekturen. Diesen Sinn haben seine Äußerungen, daß man das Neue dadurch tue, daß man so baue, wie man immer gebaut hat, das heißt, daß man logisch konstruiere. In diesem Sinne also sind die ewigen Gesetze die Gesetze der Konstruktion, die zwar verschiedene Gestalten hervorgebracht haben, je nachdem, ob man mit Holz, mit Stein, mit Ziegelstein gebaut hat, die aber dem Bauenden zu allen Zeiten die gleiche Haltung dem Werk gegenüber aufgenötigt haben. So gesehen sind die ewigen Gesetze also nicht mehr als der knappste Ausdruck der Doktrin Viollets. Perret hat indessen die ewigen Gesetze auch in dem Sinne anerkannt, daß sie Gesetze des Maßes, der Reinheit, der Eindeutigkeit des Gebauten seien. Die beiden Aspekte sind bei ihm aufeinander bezogen, und der Versuch, sie in seiner Doktrin oder in seinem Werk voneinander zu trennen, wäre unangemessen. Daß aber Auguste Perret als Architekt denkt und baut, als Architekt im hergebrachten Sinne, wird schon daran deutlich, welche Betonkonstruktionen er für Wohngebäude oder öffentliche Gebäude *nicht* zuläßt. Diese sind für ihn die Domäne der Architektur. In seinen Fabrikbauten, Sportbauten, den Docks von Casablanca oder im Großraum für die Firma Esders wird die Betonkonstruktion nach Art des Ingenieurs angewandt. Hier macht Perret von der Schale Gebrauch, hier wird die Konstruktion ohne Kommentar gezeigt. Für Gebäude, die der Domäne der Architektur angehören, hat Perret eine Darstellung der Konstruktion entwickelt – die Front der Garage in der Rue Ponthieu ist wahrscheinlich das früheste Beispiel –, in welchem zwischen Hauptrahmen und sekundären Rahmen, zwischen vertikalen und horizontalen Gliedern und, selbstverständlich, zwischen aktiven und füllenden Wandteilen deutlich unterschieden wird.

Diese Artikulation der Bauglieder entspricht den Gewohnheiten klassischer Architektur; und in späteren Werken, wie dem Garde-Meuble National, sind durch die Einführung von Säule und Gebälk, ja, von Kapitäl und Entasis (galbe), Hinweise gegeben, die nicht mehr zu übersehen sind. Man vergleiche mit dieser Methode den bewußten Verzicht auf jede Differenzierung in einem konstruktiv dem Perretschen verwandten Gebäude, der Casa del Fascio in Como von Terragni: ein Entwurf, dem Perret ohne Zweifel alle nur denkbaren Fehler der Konstruktion und der Ästhetik — er trennte das eine ja nicht vom anderen — nachgewiesen hätte. Indem aber Perret der Konstruktion gegenüber als Architekt handelt, steht auch er noch in der Tradition, die Labrouste begründet hatte. Man darf sie getrost die französische Tradition des Konstruktivismus nennen. Die Betonkonstruktion wird in Perrets Händen ein architektonisch im Sinne der klassischen Tradition artikulierter Pfeiler- und Balkenbau, den hauptsächlich seine Leichtigkeit und seine weiten Spannungen von der traditionellen Architektur unterscheiden. Da das System völlig einleuchtend war, da es für den Betonskelettbau wirklich die Auseinandersetzung zwischen Architekt und Ingenieur in einem großartigen Kompromiß versöhnte, so machte es Schule; und der Architekten sind in den dreißiger Jahren nicht wenige, die „Perret machen". (Wozu die Strenge des Meisters beitrug, der, ähnlich wie später Mies van der Rohe, seine Schüler auf sein System verpflichtete.)

Indem wir aber den Perretschen Kompromiß definieren, wollen wir auf die Strömungen hinweisen, die außerhalb dieser Formel geblieben sind. Sie sind konstruktivistisch, denn auch sie gehen vom Primat der Konstruktion aus, das Viollets These gewesen war. Aber sie lehnen die Permanenz des Begriffes Architektur ab, wie Perret sie verstand. Die Architektur, meinten sie, sollte ja eben durch die Konstruktion von Grund auf verändert werden.

Die russischen Konstruktivisten — und der Schweizer Hannes Meyer, der ihnen nahesteht — wollen diesen Wandel dadurch herbeiführen, daß sie die nackte Konstruktion zur Schau stellen, man darf ruhig sagen, sie haben einen Konstruktions-Fetischismus entwickelt: der Gittermast, zum Beispiel, auf dem Dach des Gebäudes wird geradezu zu einem Leitmotiv dieser Projekte: über Projekte sind sie ja kaum hinausgekommen. Meyers Entwurf für das Völkerbundpalais ist ein bedeutender Versuch, diese Tendenz zu verwirklichen.

Erich Mendelsohn ging davon aus, daß das neue Baumaterial Stahlbeton den Unterschied zwischen Stütze und Last aufzuheben vermöge, und ebenso den damit zusammenhängenden Gegensatz zwischen aktiven und füllenden Teilen am Bau; der Bau sollte monolithisch sein, *nicht* artikuliert, und seine Erscheinungsform sei nicht das Skelett, noch irgendeine architektonisch gegliederte Bauform, sondern die frei-plastisch geformte Oberflächenstruktur. Mendelsohn zog Folgerungen aus dem Art Nouveau, dem er sich verpflichtet wußte, und bezog sich im besonderen auf den Bau eines dreidimensionalen — also nicht mehr linearen — Art Nouveau: van de Veldes Theater auf der Werkbundausstellung in Köln 1914. Das fließende monolithische Material Beton, sagte er, müsse das in größtem Maßstabe möglich machen, was van de Velde in Köln angedeutet habe. Mendelsohns Vorwegnahmen waren nicht baubar (der Turmkörper des Einsteinturmes ist nicht aus Beton gebaut, sondern aus Backstein); sie sind gleichwohl *echte* Vorwegnahmen: man kann, seit etwa 1950, Mendelsohn-Skizzen bauen (im Flughafen Idlewild bei New York ist Eero Saarinen das gelungen). Ihre Bedeutung liegt darin, daß sie das gesamte statische und ästhetische Konzept der Architektur in Frage stellen, das bis dahin gegolten hatte (und über Mendelsohns Zeit hinaus in Geltung blieb). Das hatten die russischen Konstruktivisten nur gelegentlich getan; und die Blätter der deutschen Expressionisten (Taut, Luckhardt, Scharoun, Finsterlin) erreichen nur ganz selten die Konsequenz der Mendelsohnschen Visionen: auch Finsterlin nicht, da er in einem Material denkt, welches es noch nicht gab, welches er auch nicht spezifiziert, während Mendelsohns Skizzen auf Möglichkeiten des Stahlbetons hinweisen wollen.

Mendelsohn wollte also nicht die neue Konstruktion mit dem permanenten Konzept „Architektur" versöhnen, was Labrouste versucht hatte, was Perret gelungen war. Er wollte eben dieses Konzept der Architektur durch die neue Konstruktion überwinden. Er steht damit durchaus in der Tradition Viollets: Viollet hatte von einem neuen Stil gesprochen. Die Möglichkeiten, die Mendelsohn — man darf sagen zu Recht — dem Stahlbeton zuschreibt, machen diese Konstruktionsart zu einer Technik von noch viel stärker umgestaltender Wirkung als den Eisenbau, den Labrouste kannte, oder den Beton-Skelettbau, den Perret aus dem Bereich der möglichen Betonkonstruktionen als allein architektonisch vertretbar herauslöste.

Diese Möglichkeiten, die Mendelsohn (als Dilettant) lediglich andeuten kann, werden von den großen Ingenieuren erwiesen; (wobei sich freilich zeigt, daß deren Bauwerke durchaus nicht die Mendelsohnschen Visionen indizieren: wir müssen darauf bestehen, daß diese Studie nicht die Werke von Architekten kritisieren will: sie versucht, auf ihre Position der Konstruktion gegenüber hinzuweisen). Die großen Konstrukteure — Freyssinet, Maillart, Nervi, Torroja — sind für diese Betrachtung deshalb wichtig, weil auch sie Konstruktivisten sind. Sie begreifen das Werk der Konstruktion als Architektur, was die Ingenieure eiserner Brücken im 19. Jahrhundert *nicht* getan haben. Die lange Bemühung der Architekten und Bau-Theoretiker, zwischen der Kunst des Ingenieurs und der dès Architekten zu vermitteln, ist an dem Bewußtsein der großen Ingenieure dieses Jahrhunderts nicht spurlos vorübergegangen. In Nervis Werk besonders sieht man eine Hinwendung zur Architektur, die zuweilen so weit geht, daß es nicht mehr die wirtschaftlichste und statisch konsequenteste Konstruktion ist, was bei seinen Entwürfen den Ausschlag gibt, sondern die Raumwirkung. Nervi ist Konstrukteur, aber auch Konstruktivist; und seine Forderung: «costruire correttamente» will sagen: konstruiere richtig, und die richtige Form wird sich dann einstellen, oder: form follows construction.

Wir müssen endlich einiger Architekten gedenken, die gelernt haben, als Konstrukteure zu denken; und da dürfen wir eine kuriose Erscheinung nicht vergessen: Antoni Gaudí, der seinen Viollet-le-Duc gut gekannt hat und sich besonders auf die Stelle bezieht, in der Viollet davon spricht, daß es sich für die neue Architektur darum handeln müsse, die Gotik auf ihrem eigenen Wege dadurch zu überbieten, daß sie neue Mittel einsetzen könne (das Eisen); und der dann, kurioserweise, die Gotik wirklich auf ihrem eigenen Wege durch neue Konstruktionen überboten hat; aber mit konventionellen, handwerklichen Techniken. Gaudís Werk stellt recht eigentlich die These auf den Kopf, daß es die neuen Techniken sind, die die neuen Konstruktionen — und mithin die neuen Formen — schaffen. Dies nur am Rande. Die Gruppe der Architekten-Ingenieure, die uns kurz beschäftigen soll, führt über unser Thema im engeren Sinne hinaus. Bei Wachsmann und Frei Otto wird der Satz: "Form follows function" umgedreht: Wachsmann sagt geradezu, die Konstruktion mache Funktionen möglich. Der Architekt-Ingenieur Otto errichtet konstruktive Netze, in die zweckbezogene Strukturen sich einfügen können.

Wir haben in dieser kurzen Übersicht mehrere Philosophien des Konstruktivismus unterscheiden können: mindestens drei:
den Versuch, durch das Primat der Konstruktion einerseits, durch „ewige Gesetze" der Gestaltung andererseits Architektur und Konstruktion wieder zu vereinigen: also die Doktrin Auguste Perrets. Die großen Konstrukteure nähern sich der Architektur auf einer Linie, die, besonders bei Nervi, von der Theorie Perrets mitbestimmt wird und den Geltungsbereich dieser Theorie sehr stark erweitert;
den Gedanken, daß die neue Technik das formale Konzept aller bisherigen Architekturen außer Kurs setzt, da sie alle auf konventionelle Techniken und auf eine konventionelle Statik aufgebaut waren. Das ist die Theorie Mendelsohns;
die Forderung, die Konstruktion solle Zweck-unspezifische Raumtragwerke errichten, in die sich zweckbestimmte Strukturen einnisten können. Das ist die Forderung Wachsmanns.

Ging Mendelsohns Theorie über die Architektur hinaus, wie wir sie aus der Geschichte kennen, so läßt Wachsmanns Forderung nach kontinuierlichen Raumnetzen als Strukturträger den Begriff der Architektur überhaupt hinter sich. Wir streifen hier die Frage: bedeutet das Ende des einzelnen Gebäudes als „Werk" das Ende der Architektur? Bejaht man diese Frage, so bleibt Auguste Perrets Theorie allerdings die klassische Theorie des Konstruktivismus *als einer Tendenz der Architektur*; denn Mendelsohns Visionen weisen auf eine Architektur hin, die nie verwirklicht worden ist — wenn man von wenigen gebauten Skizzen, wie Idlewild, absieht —, und schwerlich je verwirklicht werden wird: die Tendenz, das einzelne Gebäude in einem größeren Zusammenhange aufgehen zu lassen, spricht dagegen. In dem Maße, in dem diese Tendenz sich durchsetzt, wird allerdings auch Auguste Perrets Konstruktivismus historisch werden.
Das gleiche gilt in verstärktem Maße von dem Werk und der Theorie der anderen Architekten, die dem Konstruktivismus verpflichtet waren und in deren Arbeit besondere Aspekte dieser Doktrin in Erscheinung treten. Ihrer sind sehr viele, da es wohl keinen bedeutenden Architekten seit 1890 gegeben hat, der sich nicht mit der Frage der Konstruktion als Formgeber auseinandergesetzt hätte. Garniers

und Le Coeurs bedeutende Vorwegnahmen im Betonbau sind hier zu erwähnen, Berlages bedächtig-handwerklicher Stilismus und sein erfolgreiches Bemühen darum, wahrheitsgemäß zu konstruieren — es ist bekannt, daß Mies Berlage seinem Lehrer Behrens entgegenhielt, da er gegen Behrens unechtes Konstruieren Bedenken hatte —, Wright, den man einen gelegentlichen Konstruktivisten nennen könnte: er ist es in der Fabrik für Johnson in Racine, er ist es nicht, was immer er selbst darüber sagen mag, in den frühen Villen; Poelzig, der den neuen Konstruktionen mit einer gewissen Vorsicht gegenübersteht — die sich übrigens zusehends verstärkt: als Manifestation des Konstruktivismus ist sein Wasserturm in Posen (1919) sein fortschrittlichstes Werk; Gotiker durch seinen Lehrer Schäfer — also indirekt durch Viollet — ist er bereit, eine Ähnlichkeit zwischen dem konstruktiven Rhythmus der Gotik und der neuen Ingenieur-Architektur zu erkennen. Er unterscheidet zwischen Konstruktion und Form. Bei all seiner Zurückhaltung, seiner Bindung an das Mittelalter — später das Barock — und seiner wachsenden Abneigung gegen die Technik ist es ihm in seinen frühen Fabrikbauten besser als Behrens gelungen, zwischen Konstruktion und Form einen Zusammenhang herzustellen. Le Corbusiers Konstruktivismus ist bestimmt von Perret, wie immer verschieden die Resultate sein mögen. Die Trennung der stützenden von der schützenden und der raumteilenden Funktion ist eine legitime Entwicklung der Perretschen Methode — wobei es nicht entscheidend ins Gewicht fällt, ob Perret selbst dieser Meinung gewesen ist. Obwohl also Le Corbusier durch die Auflösung der Außenwand, die noch bei Perret, wie in allen frühen Architekturen, die Trinität der Funktionen zusammenfaßt, das Konzept der Architektur sehr stark erweitert, denkt er nicht daran, es aufzugeben: in noch stärkerem Maße als Perret beruft er sich auf die ewigen Gesetze der Gestaltung: «tracés régulateurs, modulor». Es hat Architekten gegeben, deren Arbeiten verschiedenen Tendenzen innerhalb des Konstruktivismus entsprechen: Eero Saarinen ist in Idlewild ein Nachfolger Mendelsohns, in dem um einige Jahre jüngeren Gebäude des Dulles-Flughafens (Washington) arbeitet er als ein Ingenieur-Architekt.

Am Übergang zu einer Architektur zusammenhängender Systeme — wenn man das eine Architektur nennen darf — stehen diejenigen Konstruktivisten, die den industriell hergestellten Bauteil rein, also ohne „Kosmetik", verwenden. Die Gestalt Mies van der Rohes nimmt eine Übergangsstellung ein: einerseits verfolgt sein Konstruktivismus die Tendenz, reine Konstruktionen zu erstellen, die funktional neutral sein dürfen. Das ist ein Schritt in der Richtung auf zusammenhängende zweckneutrale Systeme. Auf der anderen Seite ist er der Mann des genau proportionierten einzelnen Gebäudes und der ebenso genau bedachten Beziehung von Baumassen zueinander. Ebenso wenig eindeutig ist seine Darstellung des industriell hergestellten Bauteils: die kostspielige Behandlung der Schweißnähte an geschweißten Doppel-T-Trägern (Farnsworth Haus), die Verjüngung von Stahlstützen (Nationalgalerie Berlin etc.) führen ein handwerkliches Element in die industrielle Herstellung ein. Verglichen mit der sachlichen Art, in der Hannes

Meyer und die russischen Konstruktivisten Stahl-Tragwerke so gezeigt haben, wie sie sind; verglichen mit der Härte, mit der Mendelsohn dem Auge neue Formen zugemutet hat, wirkt diese handwerklich geformte und abgeschliffene Bauweise Mies van der Rohes wie ein Schritt zurück zur Architektur. Seine Stellung in der Geschichte ist der Perrets ähnlicher, als man zunächst glauben sollte.

Zuletzt müssen wir die Tendenz erwähnen, die die Industrie auf die Baustelle ruft. Sie folgt letztenendes der Doktrin des Konstruktivismus. Le Corbusier hat diese Forderung erhoben, Gropius und Mies nicht minder: sie ist Gemeingut der Generation von 1885. Diese Generation hat gleichwohl nur bedingt an ihrer Verwirklichung gearbeitet. Die Entwicklung industriell hergestellter Fertigteile kann, so wie der Architekt noch ausgebildet wird, vom Architekten kaum geleistet werden. Immerhin haben Architekten der auf Le Corbusier folgenden Generation an einigen Entwicklungen in dieser Richtung teilgehabt. Man darf hier Marcel Lods nennen, besonders aber die englischen Schularchitekten des Jahrzehntes nach dem Kriege, in erster Linie Aslin. Trotz der „Baukästen", die seither in kommunistischen Ländern entwickelt wurden, ist das Fertigteilsystem der englischen Schulbauten wahrscheinlich bis heute das erfolgreichste Experiment in dieser Richtung geblieben.

In den Theorien Wachsmanns und der „Raumstadt"-Architekten ebenso wie in der konsequenten Anwendung des industriellen Fertigteilbaues führt der Konstruktivismus über die Grenzen der Architektur hinaus, wie wir sie bisher verstanden haben. Die Verwirklichung der Groß-Struktur aus industriell hergestellten Teilen stehe, so meinen viele, unmittelbar bevor. Der Konstruktivismus ist, glauben wir, unter den Doktrinen des Jahrhunderts diejenige gewesen, die mit der größten Klarheit diese Entwicklung vorbereitet hat.

L'Architecture d'Aujourd'hui, 1971

24   Das bauliche Erbe (1971)

Vor kurzem hat der Tagesspiegel über das neue Amt für Denkmalpflege berichtet, welches beim Senator für Bau- und Wohnungswesen eingerichtet werden soll. Der Senator hatte die Akademie der Künste (Abteilung Baukunst) um Vorschläge gebeten und ist nun bereit, unseren Vorschlägen gemäß zu verfahren. Das Amt soll Befugnis, Mittel, Personal erhalten, die es befähigen, der Vernichtung der städtischen Substanz Einhalt zu gebieten. Es kann nicht rasch genug tätig werden; denn inzwischen macht die Vernichtung reißende Fortschritte.

In diesem Augenblick befinden sich in Zehlendorf drei Häuser des Architekten Hermann Muthesius in Gefahr: sein eigenes Haus an der Potsdamer Chaussee, das Haus Bernadottestraße 57 in Dahlem und das Haus Cramer in der Pacelliallee, ebenfalls in Dahlem.

Das Haus Muthesius verkommt langsam. Es befindet sich in einem so kläglichen Zustande, daß es ganz so aussieht, als werde es nun bald sterben. 1964 wurde es von einer Kommanditgesellschaft erworben, ein Teil wurde abgerissen – die „Abrißnarbe" ist sehr sichtbar –, es wurde unterteilt, der Obstgarten, Pergola-umgeben, wurde entpergolat und dient als Parkplatz, und als wäre das noch nicht genug, hat man zwischen das Haus und die Chaussee eine sechsgeschossige Wohnscheibe gestellt, über deren „Architektur" man besser nicht spricht.

Das Haus Bernadottestraße 57 wurde soeben von der „Neuen Heimat" erworben. Sie will es abreißen. Es handelt sich um ein besonders interessantes Haus aus Muthesius' Frühzeit. Das Haus in der Pacelliallee ist Lesern des Tagesspiegels bekannt. Das Bezirksamt Zehlendorf hatte es erworben, um es abzureißen, und beseitigte „als ersten Schritt" die Werksteingiebel. Man war einigermaßen verlegen, als der Tagesspiegel damals Lärm schlug, und es wurde mir zugesichert, daß man die Giebel wieder aufbauen wollte. Darauf warten wir nun, das Haus und ich; aber wir werden es wohl beide nicht erleben.

Denn dies ist die Taktik der Zehlendorfer Baubehörde: jedes Haus, gegen das ein Abrißantrag eingeht oder das man selbst beseitigen möchte, wird zunächst krank geschrieben und dann so lange vernachlässigt, bis es wirklich krank ist. Muthesius' Häuser sind allerdings zäh. Sie sind urgesund. Der Mann war kein Stümper. Seine Dachböden sind innen verschalt, seine Mauern sind solide und trocken, jede Einzelheit ist gediegen geplant und ausgeführt.

Fügt man zu den bedrohten Häusern solche, die in den letzten Jahren verschwunden sind, so ermißt man erst das Ausmaß der Zerstörung: das Haus Stern in Nikolassee hat einem Laden- und Wohnungsbau Platz machen müssen, über dessen Plan, Gestalt und Ausführung man nichts empfinden kann als Kummer. Das Eindringen dieser massiven, gebauten Grafik beeinträchtigt ihre Nachbarn, zwei schöne Muthesius-Häuser, recht empfindlich. (Es beeinträchtigt die ganze Gegend: eine der wenigen vollauf geglückten baulichen Ensembles in Berlin). Anno

64 verschwand das Haus Gaffron am Schlachtensee, um 08/15-Wohnzeilen Platz zu machen. Das Haus Schweitzer am Kleinen Wannsee ist bis auf die Gartenpforte verschwunden. Einige Häuser von Muthesius stehen noch. Man fragt sich nur: wie lange?

Wer war Muthesius? Warum sind seine Häuser erhaltenswert? Muthesius kam 1903 von England zurück, wo er sieben Jahre lang der Kaiserlichen Botschaft als Bau-Attaché beigegeben war. Er brachte das Buch „Das Englische Haus" mit, und es machte Epoche. Er hatte im englischen Haus eine Tendenz der Zeit entdeckt: dem Gebrauch entsprechend zu planen, das also, was man dann, in den zwanziger Jahren, Funktionalismus genannt hat. Die Villa der Gründerjahre machte dem Landhaus Platz; die Repräsentation der „Familie als Kunstwerk". Hierüber mag lächeln, wer will. Immerhin sagte mir ein Student der „Roten Zelle X", der die Häuser kennt: „Diese Schweine (sprich Bürger) wußten zu leben. Sie hatten Kultur". Ähnliche Äußerungen kann man von dieser Seite oft hören. Leute der „Roten Zellen" wollen durchaus nicht, daß diese Zeugen verschwinden. Das Bezirksamt Zehlendorf ist weniger sentimental; aber die Roten haben es (wie immer) leichter: sie haben nicht das Abriß- und Verschandelungsgeschäft wahrzunehmen.

Muthesius' Häuser gehören zum baulichen Erbe Berlins. Keine andere Stadt besitzt solche Häuser. Sie sind menschlich, und man kann sie für viele Zwecke verwenden (für kinderreiche Familien etwa: in den großen Häusern könnten zwei solcher Familien bequem miteinander leben). Sie haben den Namen Zehlendorf in Architekturschulen in London, Melbourne und anderswo bekannt gemacht: man studiert sie dort. Zehlendorf weiß das nicht und kümmert sich nicht um die Häuser. Zehlendorf verdonnert sie zum Abbruch und sieht ruhig zu, wie sie — durch was?! — ersetzt werden. Es handelt sich natürlich nicht nur um Muthesius' Häuser: Max Liebermanns Haus am Großen Wannsee 46, das Haus Springer, das gegenüber liegt (von Alfred Messel, von dem Berlin kaum mehr ein Werk besitzt): sie alle kommen dran, werden beseitigt, verstümmelt, bös umgeben: es gibt der Martern viele. Nicht davon heute! Nur dies, an die Adresse der Zehlendorfer Stadtväter: videant aediles, ne quid detrimenti res publica capiat!

Der Tagesspiegel, Nr. 7735, 1971

Bemerkung: Aufsätze wie dieser haben immerhin dazu beigetragen, die in ihnen erwähnten Häuser zu erhalten: Das Haus Muthesius in Nikolassee wurde wiederhergestellt, auch der Garten, und wird gegenwärtig von mehreren Familien bewohnt; ebenso das Haus in der Bernadottestraße.

Das Haus Cramer wurde ebenfalls wiederhergestellt, und zwar durch das Bezirksamt Zehlendorf, und dient der amerikanischen Stanford-University als Berliner „Campus", das heißt: als Studentenwohnheim.
J. P., 1980

25 Die Burgen von Lichterfelde – Gustav Lilienthals Beitrag zur Berliner Architektur der Jahrhundertwende (1971)

Den Namen Lilienthal kennt die Welt: der erste Mensch, der den Sprung in die Luft gewagt hat und gelandet ist. Die Reihe grauer Burgen, einige mit Graben und Zugbrücke, in der Lichterfelder Paulinenstraße kennt man in Lichtenfelde. Ihr Erbauer hieß Lilienthal: Gustav Lilienthal war der Bruder des ersten Fliegers. Das ist für aufmerksame Leser des Tagesspiegels nichts Neues, seit Frau Halle-Lilienthal ihres Vaters, des Architekten, gelegentlich seines hundert und zwanzigsten Geburtstages 1969 (am 9. Oktober) gedacht hat. Sie teilte mit, daß die Brüder die aerodynamischen Studien gemeinsam betrieben haben, die zum Bau des Gleitflugzeuges geführt haben. Sie haben auch an anderen Unternehmungen gemeinsam gearbeitet: sie erfanden den Steinbaukasten – alle Älteren unter uns haben mit ihm gespielt – und einen Konstruktions-Baukasten, mit dem man Häuser aus Fertigteilen zusammenschrauben konnte.

Gustav hat Otto bis 1933 überlebt, hat also noch mit lebhaftem Interesse von der Gleitfliegerei nach dem ersten Kriege Kenntnis genommen; aber sein großes Interesse nach 1900 galt einem ganz anderen Gedanken: er war der Gründer der genossenschaftlichen Siedlung Neue Scholle in Waidmannslust und arbeitete, mit Franz Oppenheimer, an der Verwirklichung der genossenschaftlichen Landwirtschaftssiedlung Eden bei Oranienburg: ein Projektemacher also und praktischer Utopist, wie sein älterer Zeitgenosse Ebenezer Howard. Steht man aber vor den Burgen und denkt an die Fliegerei, den Anker-Steinbaukasten, die genossenschaftliche Siedlung, so ist des Staunens kein Ende; denn die Fliegerei erscheint nun als „Luftschloß"; und die Schlösser auf der Erde, die Ritterburgen – unter anderem – als technische Experimente: sie hatten, um 1890, Luftheizung. Was vollends die genossenschaftliche Siedlung angeht, so weiß man ja, daß Lewis Mumford, der amerikanische Theoretiker des Städtebaues, sie mit der Fliegerei im Zusammenhang gesehen hat: das Jahr 1903 habe die beiden großen Erfindungen des Jahrhunderts gezeitigt: das Motorflugzeug und die Gartenstadt. Das Flugzeug der Brüder Wright und die Gartenstadt Letchworth erwiesen sich als effektiver als das Gleitflugzeug und die Neue Scholle; besonders das Flugzeug; aber ganz gewiß war bei den wirksameren Erfindungen der romantisch-fortschrittliche Geist am Werk, der die Brüder Lilienthal beseelte.

Betritt man nun eine der Burgen, so erlebt man weitere Überraschungen. Sie sind Lichterfeldisch, gewiß: Lichterfelde ist heute noch voll von kauzigen Häusern aller Art: Burgen, Miniatur-Palazzi, Schweizerhäuschen, Backsteinschlössern, in deren hohen, ein wenig düsteren Räumen alte Obersten, Staatssekretäre, Privatgelehrte ihr Wesen trieben, Erinnerungen pflegten: Sammlungen, Memoiren. Sie

Berlin-Lichterfelde, Paulinenstraße um 1890

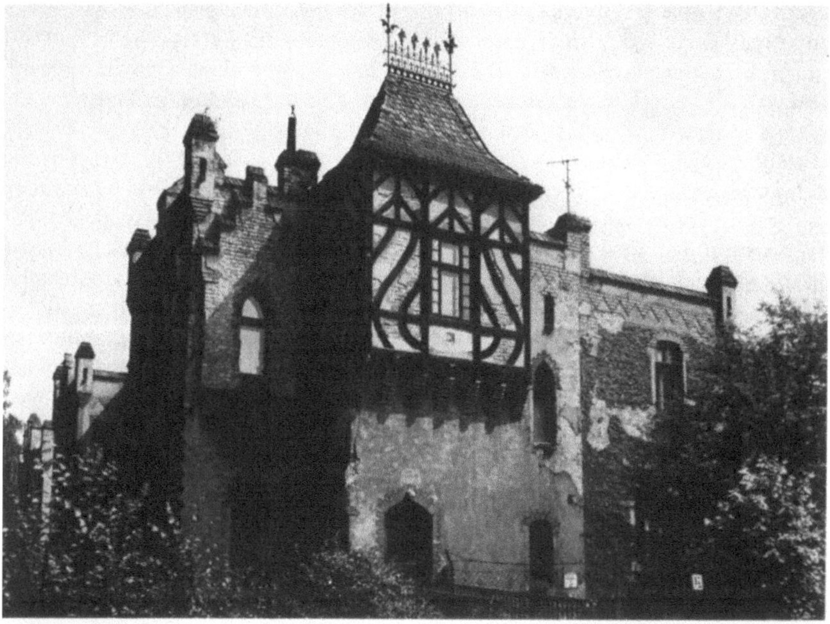

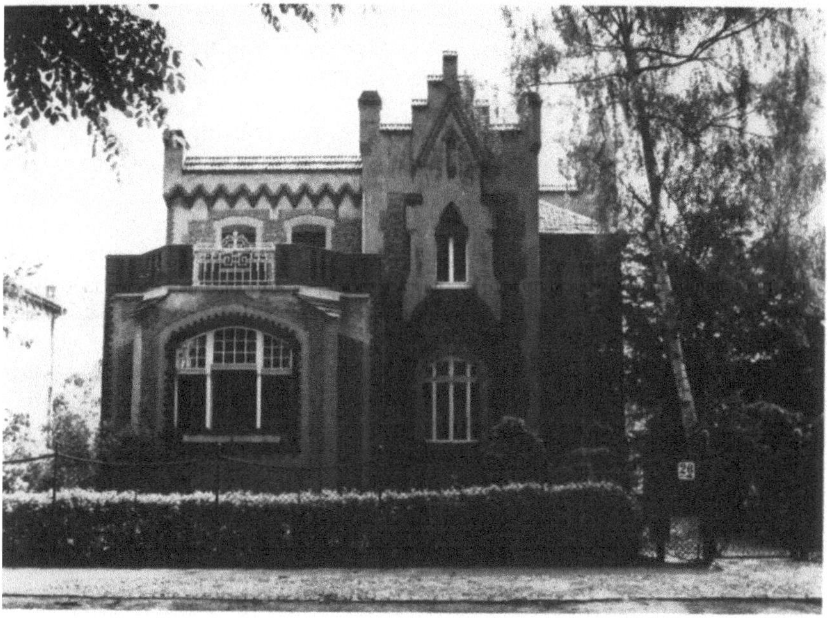

sind vollgestopft mit allerhand Hausrat, mit Stichen und Ölgemälden; das Standbild eines Reitpferdes steht unter einem Glassturz; ein Kürassierhelm liegt auf einem Biedermeier-„Vertico". Die Häuser haben sogar einen Geruch, den der Kenner als Lichterfeldisch erinnert; aber wenn man das Haus in der Marthastraße betritt, in dem Professor Roloff wohnt, so vergißt man im Nu das Lokalkolorit, obwohl es nicht weniger Lichterfeldisch ist als andere Häuser der Gegend; alle Räume dieser Burg sind um ein Treppenhaus gruppiert, und zwar betritt man auf jedem Treppenabsatz eine Raumgruppe. Die Spindel der Treppe ist der Baumstamm, von dem allenthalben Äste ausgehen, oder die Kletterstange, an der die Räume sich bis zur Bodenkammer emporhangeln. Sie stehen alle miteinander in Beziehung, da sie sich alle auf diesen steilen Verteilerschacht beziehen, die solide, gut geformte Treppe, in der jede Stufe, jede Biegung des braunen, polierten Handlaufes so genau gearbeitet ist, als sei die Treppe ein großes Möbelstück. Fast widerwillig entdeckt man, daß der Architekt der Ritterburgen ein Meister war. Nun überrascht es nicht mehr, daß die Räume gut entworfen sind. Sie sind etwas niedriger als damals üblich und wirken darum geräumig und zugleich anheimelnd. Sie besitzen die gängigen Erker und Wohnecken und unterscheiden sich eigentlich nur durch das von anderen Villenräumen der Zeit, was man innen von den gotischen Fenstern sieht; und das ist gar nicht viel, da die Spitzbogen innen durch Segmentbogen ausgeglichen sind.

Was die Zimmer bemerkenswert macht, ist ihre bauliche Ausstattung: Holzdecken, Türen, Beschläge: Einzelheiten, die in allen Burgen wiederkehren. Die Türen sind eine Freude. Alle Füllungen gehen nur ganz ungefähr auf mittelalterliches Vorbild zurück, sind vielmehr so einfach und solide durchgebildet wie die besten Stücke, die Webb für das Haus seines Freundes William Morris gemacht hat: hier wie dort war das Mittelalter nur die Grundlage für den Fortschritt, den man im Echten, Gediegenen, Faßbaren sehen wollte. Lilienthals Türen sind eher besser als die von Webb. Nun aber schmückt er diese noble Tür mit einem Türgriff, der ganz Ornament ist, ganz altdeutsche Maske: er ist nicht einmal griffig. Er würde einen bei dieser Kritik groß angesehen haben; denn er sah da keinen Gegensatz. Aerodynamik und Ritterburgen, gotische Türklinken und Luftheizung, Steinbaukasten und Genossenschaft: ganz sicher hat es für die Brüder Lilienthal zwischen so verschiedenen Dingen keinen Bruch gegeben. Wir analysierten Gegensätze in ein Werk hinein, das von ihnen nichts wußte. Stehen wir aber in Gustav Lilienthals Burg, mit Flugmodellen, Grafiken, dem ausgestopften Albatros der Australien-Reise (tagelang hatte er, im Heck stehend, den Segelflug des großen Vogels beobachtet), mit altdeutschen Beschlägen, mit Spitzbogen und Zinnen, so wandelt uns eine Ahnung jenes rück- und vorwärts-schauenden Optimismus der Jahrhundertwende an: eines Geistes, vertrackt, aber nicht so fern der Wirklichkeit, wie es den Anschein hat: Große Vorwegnahmen, bedeutende Verwirklichungen waren ihm beschieden.

Der Tagesspiegel, 13.6.1971

26 Im Stil eines Stiles (1971)

Zum neuen Wohnen

In Berlin gibt es ein kleines Möbelgeschäft mit zwei Schaufenstern. Über dem einen steht „Stilmöbel", über dem anderen „Wohnmöbel". Die „Wohnmöbel" sind das, was man moderne Möbel nennt. Offenbar ist der Besitzer der Meinung, daß man in Stilmöbeln nicht gut wohnen könnte.
Nun haben mehrere große Einrichtungsfirmen die Formel entwickelt: stilvoll *und* modern. In einer Schrankwand im Stil etwa der Renaissance haben sie jene Aussparungen gelassen, in denen man einzelne Schmuckstücke aufstellt: einen Krug, eine Plastik, ein paar Bücher: ganz so wie man es in einer „Leiter"-Schrankwand tut. Nun hat man beides: man wohnt stilvoll und modern. Man wird einwenden, daß das nicht ginge − oder nicht gehen sollte: es mache die Absurdität der Stilmöbel evident („im Stil eines Stiles", nannte es Lethaby). Man kann ebensogut sagen, daß gewisse Wohngewohnheiten, wie das Aufstellen von Schmuckstücken in der Schrankwand, ebenfalls einem Stil angehören, der ebenso ernst − oder wenig ernst − zu nehmen sei wie die hier vorgestellte Renaissance. Darum sei gegen eine Verbindung von beiden eigentlich wenig einzuwenden.
Die Ensembles der Innenarchitektur und der Firmen sind alle „im Stil eines Stiles". Es macht wenig Unterschied, ob der Stil Chippendale ist oder „modern" − oder beides in einem: die „Leiter"-Schrankwand, in deren Mitte Platz gelassen ist für die alte Landkarte, das Holzfäßchen, das Spinnrad, macht den Besitzer zum Bürger beider Welten: er ist ein Mann der Organisation, der Leistung, des Fortschrittes; er ist aber auch beschaulich, sogar altväterisch. Er schätzt die Bildungsgüter. Er ist ein Mensch unserer Zeit, aber seine Wurzeln reichen ins christliche Abendland. Er hat Beatle-Platten und Heintje-Platten (übrigens auch die Kleine Nachtmusik). Sein Nachbar − jedem seinen Geschmack − hat sich ganz modern eingerichtet. Anstelle des Spinnrades steht bei ihm die Nachbildung eines Kopfes aus Benin, anstelle der alten Landkarte ein Druck nach Picasso. Der Nachbar zur Rechten wohnt stilecht in Chippendale: er hat eine Tanzgruppe aus Meißen und einen Druck nach Watteau, Beatle- und Heintje-Platten haben alle drei (auch die Kleine Nachtmusik). Im Grunde leben alle drei in der gleichen Einrichtung − und fühlen sich in ihr gleich wenig glücklich. Sie leben im Stil eines Stiles. „Der moderne Stil", sagt wieder Lethaby, „ist auch eine Art Kunstgeschichte". Das sagte er zur Zeit des ersten Weltkrieges. Viel scheint sich nicht geändert zu haben. Die Gegenstände in den Boutiquen und modischen Möbelläden sind Nippes. Man könnte sie getarnte Gartenzwerge nennen. Die echten Gartenzwerge waren wenigstens echte Gartenzwerge. Sie stellten den unzulänglichen Versuch dar, aus dem Zwange des Geschmacks herauszutreten. John Betjeman, einer der stärksten Befürworter eines "Victorian Revival" in England −

wir würden es nennen: Neo-Gründerzeit –, fand für eingerichtete Wohnungen die Bezeichnung "ghastly good taste" (Schauerlich guter Geschmack). Eine derbe Geschmacklosigkeit wirkt in einer solchen Umgebung befreiend.

Einige Firmen haben begriffen, daß die Leute Gartenzwerge wollen, und sie geben ihnen ähnliches. Gartenzwerge sind nicht mehr Mode. So geben die Firmen ihren Kunden das Fäßchen, den kupfernen Topf und das Spinnrad. Aber die ganz feinen Firmen, die lassen sich dazu nicht herbei. Sie geben ihren Kunden schon, was sie wollen; aber im Rahmen des guten Geschmacks. Vor mir liegt das letzte Heft einer weltbekannten Porzellan-Manufaktur mit dem Titel „Porträt einer Idee". Es zeigt Tassen, Bestecke, Gläser, Kerzenhalter, Vasen (auch einige Möbel) im letzten Geschmack: die Tassen sind geblümt, die Kannen haben goldene Deckel, die Vasen sind aus knubbeligem farbigem Glas, Lampenschirme sind stark rot oder blau gefärbt. Die Idee, die hier porträtiert wird, läßt sich mit den Worten umschreiben: „Ihr dürft wieder haben, was ihr zu lieben glaubt; ihr sollt sogar; und was wir anbieten, dürft ihr mit gutem Gewissen anschaffen: es ist alles ästhetisch einwandfrei". Viele dieser Gegenstände sind in der Tat „formschön" (man ist versucht zu sagen: das ist ja das Schlimme ...). Einige tragen große Namen (Gropius!). Wer diese Sachen kauft, hat sich in die Lage des „armen reichen Mannes" begeben, einer Figur des österreichischen Architekten und Publizisten Adolf Loos (um 1905): sein reicher Mann hatte sich so vollkommen mit Kunst umgeben, daß er sich nicht einmal mehr einen Vogelbauer in die Stube hängen konnte: „Sie sind", sagt ihm sein Architekt, „komplett". Die Künstler, die für die besagte Firma arbeiten, sind nicht mehr so naiv-feierlich, wie die Raumschöpfer der Sezession waren, gegen die Loos vom Leder zog. In dem einzigen Raum, der abgebildet ist, herrscht Freiheit: er ist unordentlich, aber beileibe nicht zwanglos; denn jeder Gegenstand, der da herumsteht-liegt-hängt, ist streng im letzten Stil. Da gibt es kein Entkommen. In dem Raum steht ein Ledersessel (ich schätze, er kostet 1200 DM). Man möchte sich in den Ledersessel setzen (er sieht bequem aus; vielleicht ist er es) und alle Kunst beiseite fegen, die einen umgibt. Das wäre der erste Schritt. Den Sessel könnte man behalten, und dann könnte man anfangen zu wohnen, will sagen, sich mit Gegenständen zu umgeben, zu denen man Vertrauen haben darf. Man hat zu einem Gegenstand Vertrauen, wenn man ihn so wenig bemerkt, daß man ihn nicht missen möchte: man würde seiner erst gewahr werden, wenn er eines Tages nicht mehr da ist.

Daß solche Wohngegenstände ihren Dient gut verrichten, versteht sich am Rande; vielmehr, es sollte sich am Rande verstehen: weitaus die meisten Gegenstände, die man zu kaufen kriegt: Gabeln, Tassen, Stühle, versehen ihren Dienst schlecht. Sie sind einfach und unpraktisch (allerdings „formschön"). Zu einem Gegenstand, der wirklich tut, was man mit Recht von ihm erwarten darf, kann man schon Vertrauen haben. Tut er es auf eine Art, die den geleisteten Dienst bekräftigt, ohne ihn zu affichieren, so bleibt eigentlich nichts zu wünschen übrig. Mit einem solchen Gegenstand kann man umgehen.

Diese Dinge sollten billig sein, und man sollte sie überall kaufen können. Heute ist weder das eine der Fall noch das andere. Einen billigen Stuhl, etwa, den man wirklich gebrauchen kann, sucht man vergebens. Die schönen Stühle der besten Firmen sind selten bequem und stets teuer. Folgende Adjektive geben Forderungen an, die man an Wohngegenstände stellen darf: billig, handlich, verläßlich, gediegen, angemessen, unauffällig. Der Deutsche Werkbund hat Forderungen dieser Art seit seiner Gründung im Jahre 1907 gestellt. Es ist ihm gleichwohl nicht gelungen, sie durchzusetzen. Warum ihm das noch nicht gelungen ist, mag Gegenstand einer anderen Unterhaltung sein.

Der Tagesspiegel, 16.5.1971

In einem Kolloquium über die Architektur und den Städtebau der Zeit Wilhelms des Zweiten hält einer einen Vortrag über den genossenschaftlichen Wohnbau der Zeit. Er beginnt mit den Vorläufern, Owen, Fourier, Huber, und liest aus Engels vor, daß die genossenschaftlichen Bestrebungen solcher Leute wie Huber im Grunde eine besonders gefährliche, weil verschleierte Form der Ausbeutung gewesen seien. Er fährt fort, indem er zeigt, daß nur fünf Prozent des Wohnbauvolumens von Genossenschaften gebaut wurden, daß die meisten dieser Vereine für Beamte oder ähnliche Leute mit gesichertem Einkommen gearbeitet haben und daß die Arbeiter wegen ihrer schlechten wirtschaftlichen Lage an diesen Bemühungen nicht teilnehmen konnten. Er schließt seinen Vortrag mit dem Hinweis auf die Baugesellschaften nach dem Ersten Weltkrieg: die Gagfah und die Gehag. „Das ist's", sagt er, und faltet sein Manuskript zusammen.

Ein Teilnehmer möchte wissen, wie die genossenschaftlichen Häuser ausgesehen haben, was sie für Grundrisse gehabt haben, welche Entwicklungen innerhalb des genossenschaftlichen Wohnungsbaues zu jener Zeit stattgefunden haben. Warum er das wissen wolle, fragt der Vorsitzende, ob er denn meine, daß man aus diesen Einzelheiten irgendwelche nützlichen Folgerungen für das Bauen im Sozialismus ziehen könne. Da jene Häuser nichts anderes gewesen seien als Instrumente zur Isolierung, Verbürgerlichung und Ausbeutung, so könne ihre Kenntnis keinen Nutzen bringen.

Sehen wir einmal von dem Widerspruch ab, der darin liegt, daß die genossenschaftlichen Wohnbauten als Instrumente zur Klassenentfremdung und Ausbeutung der Arbeiter gekennzeichnet werden, während gleichzeitig gesagt wird, daß sie den Arbeitern gar nicht zugute gekommen seien. Man könnte diesen Widerspruch allenfalls eine Abkürzung nennen. Es werden darin die Absichtserklärungen Hubers, die Industriesiedlung (Krupp) und das Bauen der Genossenschaften miteinander vermengt: man darf aber zugeben, daß die Tendenz aller dieser Bemühungen gegenrevolutionär gewesen ist. Die Frage, die sich aufdrängt, ist eine andere: Man muß fragen, ob die Bemühungen einer nicht fernen Vergangenheit, die Wohnungsnot zu lindern, uns wirklich so wenig angehen, daß die bare Feststellung, es habe sich dabei um eine Form der Ausbeutung gehandelt, ihnen gerecht wird. Zugegeben, daß diese Bemühungen einer verhältnismäßig privilegierten Gruppe zugute kamen und von ihr getragen wurden; zugegeben ferner, daß sie nicht mehr herstellen konnten als winzige Inseln besseren Wohnens in einer schockierenden Gesamtsituation, so bleibt immer noch die Frage offen, ob man nicht sogar aus solchen ganz vereinzelten Erfolgen etwas lernen könne.

Zunächst darf man feststellen, daß diese Inseln, so klein sie waren, Beachtung gefunden haben. Der Vortragende erwähnte, daß die Baugesellschaften nach dem ersten Kriege ein erheblich größeres Bauvolumen realisieren konnten. Die Planer dieser Baugesellschaften aber haben die genossenschaftlichen Wohnungsbauten der Zeit vor dem Kriege genau angesehen. Diese Wohnungsgruppen entsprachen neuen Gedanken im Städtebau, welche die Mietskaserne durch die Randbebauung ersetzen wollten. Die Verwirklichungen eines Architekten wie Paul Mebes, seit 1906 der Architekt des Beamten-Wohnungsvereins, sind den Gedanken solcher Stadtplaner wie Hermann Jansen nahe verwandt. Sie sind die ersten Verwirklichungen von Plangedanken, welche darauf gerichtet sind, die üble Form des Wohnbaues in den Berliner Arbeiterquartieren wenigstens nicht in die Zukunft hinein fortzusetzen.

Diese Bestrebungen haben eine zweifache Motivation: Einmal wollen sie in der Tat der Befriedung dienen: der Milderung, wie man damals sagte — der Verschleierung, wie man heute sagt —, der sozialen Spannungen. Auf der anderen Seite meinten es die einer Reform zugewandten Planer wirklich ernst mit der Absicht, das Wohnelend zu lindern. Daß sie sich getäuscht haben, indem sie annahmen, tiefgreifende Reformen innerhalb des kapitalistischen Herrschaftssystems durchsetzen zu können, ist eine legitime Schlußfolgerung; aber eben eine Schlußfolgerung. Von der Schlußfolgerung auszugehen, das quod erat demonstrandum an den Anfang der Demonstration zu setzen, ist leichtfertig.

Man weiß auch in der Geschichte nie genau, nie im einzelnen, was man finden wird. Man muß jede Untersuchung durchführen. Es könnte sich zum Beispiel herausstellen, daß mehr Spielraum für die Reform bestanden hat, als man anzunehmen geneigt war. Engels spricht als Politiker: Alles was nach Proudhonismus und nach utopischem Sozialismus roch, mußte er aufs schärfste ablehnen. Da wir heute, dank Engels, das Ungenügen dieser Theorien und Versuche nicht mehr in Frage stellen, dürfen wir es uns gestatten, die Versuche selbst (und die Theorien, die ihnen zugrunde liegen) mit größerem Wohlwollen anzusehen. Es ist bekannt, daß Marx Robert Owens Schriften und seine Versuche hoch geschätzt hat. Er hat sie geschätzt, weil er sie, als Historiker, im Kontext der historischen Bedingungen sah. Er hat sie darüber hinaus geschätzt, weil er sich der Erkenntnis nicht verschlossen hat, daß ein jeder Reformversuch einen Eigenwert hat; denn er läßt erkennen, wie weit die Reform innerhalb eines gegebenen Herrschaftssystems gehen kann; er verändert das Bewußtsein, wobei man in der Bewußtseinsveränderung immer eine die faktische Veränderung fördernde und eine die Veränderung hemmende Komponente erkennen kann: Die hemmende Komponente ist die Zufriedenheit mit dem Erreichten: sie legt den Gedanken nahe, daß noch mehr, daß schließlich alles innerhalb des bestehenden Herrschaftssystems erreicht werden könne.

Die fördernde Komponente ist die Kritik, aus der heraus jede Verbesserung entsteht, und welche in der Verbesserung nicht aufgehoben wird: Sie bleibt bestehen als Vergleich mit der Umwelt. Sie wird ferner stimuliert durch die Enge der aus der Umwelt herausgelösten Zone eines besseren Lebens. Die Reformer haben sich ja in keinem Falle mit dem Erreichten begnügt. Sie haben es als ein Beispiel angesehen, als einen Anfang. Die Hoffnung, daß man auf die gleiche Weise eine Gesamtlösung würde erreichen können, hat sich in jedem Falle als ein Irrtum erwiesen. Das mag um 1900 nicht deutlich gewesen sein; und darum bestand damals noch die Gefahr, daß man den Anfang, den ein geglückter Versuch darstellt, zu hoch bewertete. Selbst dann jedoch bleibt die Kritik in der Form des Zweifels, der aktiven Beobachtung weiterer Entwicklungen erhalten. Noch wichtiger ist es, daß erst der Versuch, die Not zu lindern, die Not selbst in ihrer ganzen Schwere ins Bewußtsein rückt. Endlich — damit kommen wir zum Ausgangspunkt dieses Exkurses zurück — erweitert jeder geglückte Reformversuch in der Tat den Spielraum der Veränderung, welcher in jedem Herrschaftssystem gegeben ist.

Alle diese Wirkungen: Bewußtseinsbildung, Kritik, Erweiterung des Spielraums, sind miteinander verbunden. Es sei nicht verschwiegen, daß auch die Gefahr, sich mit dem Erreichten zu begnügen, mit jedem gelungenen Reformversuch verbunden ist: die Hoffnung, man könne alles schließlich auf friedlichem Wege erreichen, welche in dem Titel von Ebenezer Howard's Buch "Tomorrow: a peaceful path to real reform" angesprochen wird. Diese Hoffnung ist immer in solchen Zeiten stark, in denen eine Besserung der wirtschaftlichen, sogar der gesellschaftlichen Not sichtbar wird. Die Zeit Wilhelms des Zweiten war, besonders in Deutschland (aber nicht nur dort), eine solche Epoche. Die wirtschaftlichen Verbesserungen, die Anfänge einer sozialen Gesetzgebung, das kleinbürgerliche Bewußtsein der bessergestellten Schichten der Arbeiterschaft gaben zu solchen Hoffnungen Anlaß. Sie werden in den Schriften des liberalen Publizisten Friedrich Naumann ausgesprochen: Es ging voran, es schien immer weiter voranzugehen. Wir haben erlebt, daß das eine Illusion gewesen ist. Die Bewußtseinsbildung bleibt dennoch unverloren.

Sogar in den Anfangsstadien der Revolution waltet die Hoffnung, die Veränderung möge sich auf friedlichem Wege bewerkstelligen lassen: Man meint auf dem besten Wege zu sein, sie auf friedlichem Wege zu bewerkstelligen: Robespierre in der Constituante (1791): „Ich bezeuge, daß niemals eine große Revolution so wenig Blut gekostet hat". Es ist die Zeit seiner Reden, welche die Abschaffung der Todesstrafe verlangen und die Verleihung des vollen Bürgerrechtes an Farbige, Schauspieler und Juden. Man glaubte, durch den kurzen Rekurs auf die Gewalt das Instrument zu einer gesetzlichen Abschaffung aller bestehenden Privilegien und Benachteiligungen in die Hand bekommen zu haben. Einige meinten sogar, die Gewalt sei die Folge einer vermeidbaren Unnachgiebigkeit des Hofes gewesen: Schlechte Ratgeber eines wohlmeinenden Königs hätten sie notwendig gemacht. Es scheint nicht unwahrscheinlich, daß Robespierre zu diesen Leuten gehörte. Daß der Widerstand der Reaktion in der Revolution immer eintrifft, daß er sozusagen ein Naturgesetz der Revolution ist, haben diese Leute erst dann gelernt, als man ihn mit dem besten Willen nicht mehr übersehen konnte.

Der Vorgang zeigt, daß die Morphologie der Revolution nicht der apokalyptischen Theorie folgt, dem, was die jüdische Sekte der Chassidim „das Bedrängen des Endes" nannte; daß die Revolution vielmehr durch eine tiefgreifende Bewußtseinsänderung und durch Reformen eingeleitet wird. Das „Bedrängen des Endes" bedeutet, daß man die Not immer mehr verstärken müsse, um das Ende, die apokalyptische Explosion, herbeizuführen. In Wirklichkeit ist die Explosion eine Stufe in einem lange vorher angelaufenen Vorgang der Bewußtseinsbildung und der Reform. In Frankreich sprach man lange vor 1789 von der Revolution. Man nannte die Kunst eines David revolutionär. Mirabeau spricht in seinen Briefen aus den mittleren achtziger Jahren von der Revolution als von einer Selbstverständlichkeit, fast schon als von einer vollzogenen Tatsache.

Dieser Exkurs in die politische Geschichte gehört zum Thema. Zugegeben selbst, daß die Bewußtseinsveränderung und die Reformen der Zeit Wilhelms des Zweiten zunächst systemstützend gewesen sind: Auch sie, sogar sie stellen eine Etappe auf dem Wege der Veränderung dar. Als solche sind sie wert, genau angeschaut zu werden. Sie sind es aber auch um ihrer selbst willen wert. Endlich lohnt ihr Studium eben darum, weil sie unmittelbar systemstützend gewesen sind: das bürgerliche Ideal, welches (wie erwähnt) nicht unerhebliche Schichten der Arbeiterschaft selbst beeinflußt hat, und die Auswirkung dieses Ideals auf die Wohnform, die man (idealiter) für alle zu erreichen trachtete, verdienen unsere volle Aufmerksamkeit. Man muß diese Reformen vor dem Hintergrunde der Mietskaserne sehen, einer Wohnform, deren Tage nach der Ansicht breiter Schichten des Bürgertums gezählt waren: sie waren gezählt: die Mietskaserne wurde nach 1918 nicht mehr gebaut: eine neue Bauordnung hat sie verhindert. Wenn das eine Folge der sogenannten Revolution von 1918 gewesen ist, so konnte sie das nur darum sein, weil die Abschaffung der Mietskaserne durch die Schriften und Projekte der Städtebauer der Wilhelminischen Zeit, durch die Verwirklichungen der Baugenossenschaften und durch die Gartenstadtbewegung in der Theorie und — wenn auch in erheblich geringerem Maße — in der Praxis bereits vollzogen war.

Werk und Zeit, Nr. 21, 1972

Nichts in Howards Herkunft und in seiner Ausbildung konnte als Grundlage für die epochale Leistung dienen, die er als sozialer Planer vollbracht hat. Er brach auch nicht aus der Berufsbahn aus, die er in jungen Jahren mehr aus Zufall gewählt hatte: sein Leben lang arbeitete er als Parlamentsstenograph und Gerichtsreporter; daneben beschäftigte er sich mit mechanischen Erfindungen, die ihm freilich nichts eingebracht haben. Gleichwohl gab er diese Interessen nicht auf: „Starrköpfigkeit", sagt Sir Frederic Osborn, sein enger Mitarbeiter und Fortführer seines Werks, „ist charakteristisch für Howard". Und: „... man hatte selten den Eindruck, daß in diesem Manne eine geistige Kraft lebendig war."[1]

Das stimmt mit den Beobachtungen Bernard Shaws überein, der Howards Arbeit bewunderte. Shaw nannte ihn einen "elderly nobody", den jede solide Verwaltung oder Geschäftsleitung als einen Projektmacher abgetan hätte, wie es deren viele gibt. Wirklich scheiterten alle Projekte Howards bis auf eines: das größte; denn es handelte sich um nicht weniger als einen „friedlichen Weg zu echter Reform" − a peaceful path to real reform. Das war der Untertitel seines 1898 erschienenen Buchs To-Morrow.

Der Titel To-Morrow umschreibt die Dimension seines Anspruchs. Als das Buch 1902 neu herauskam, erhielt es den einschränkenden Titel Garden Cities of To-morrow. Die Einschränkung entspricht dem praktischen Sinn des Verfassers: Er wollte keine Utopien schreiben wie Edward Bellamys Looking Back (Rückblick aus dem Jahre Zweitausend), eine Vision, die Howard stark beeindruckt hat − er wollte die Gartenstadt verwirklichen[2]. Man sollte sich jedoch an den ursprüng-

---

1 Howard, Gartenstädte von Morgen, deutsch, Bauwelt Fundamente, Frankfurt a.M./Berlin 1968, S. 175 (Osborn Vorwort). Sir Frederic James Osborn, geb. 1885 in London, lebt in Welwyn Garden City. Er hat an der Planung dieser Gartenstadt (seit 1920) teilgenommen, wie schon an der von Letchworth (seit 1903); 1918 forderte er die Gründung von hundert Neuen Städten (New Towns after the War). Er war die treibende Kraft bei den Bemühungen, die schließlich, nach dem Zweiten Weltkrieg, zur Gründung der ersten fünfzehn Neuen Städte geführt haben (The New Towns − the Answer to Megalopolis, London 1963; gemeinsam mit Alfred Whittick).

2 Edward Bellamy (1850−1898 Chicopee Falls, Mass.), amerikanischer Schriftsteller, dessen Sozialutopie Looking Backward 2000−1887 (erstmals Boston 1888, Fortsetzung Equality 1897) eine streng reglementierte Gesellschaft beschreibt, in der Eigentum und Geld abgeschafft sind und jedem die Lebensgüter entsprechend seinem Bedarf zugeteilt werden. Der englische Dichter und Gestalter William Morris (vgl. van de Velde IX, Anm. 4) schrieb daraufhin die Erwiderung News from Nowhere (London 1890). Howard, der den Gedanken einer vom Kapitalismus befreiten Gesellschaft bejahte, wurde noch vor 1893 durch Bellamy zum Schreiben angeregt; Schwierigkeiten der Produktion und der Veröffentlichung haben dann das Erscheinen seines Buches Tomorrow bis 1898 verzögert. Da die von Howard geplante Gesellschaft ein freiwilliger Zusammenschluß ist, und sein Entwurf keine Utopie, wird freilich Bellamy in Tomorrow nicht erwähnt.

lichen Titel erinnern, denn das Wort „Gartenstadt" ist, ich fürchte von Anfang an, so stark mißverstanden worden und hat so sehr dazu beigetragen, die Bedeutung der Howardschen Leistung in den Augen von Zeitgenossen und Nachlebenden zu verkleinern, daß es immer wieder notwendig ist, die ganze Breite seines Konzepts vor Augen zu führen.

Howards These ist kurz die: Ausgehend von der Beobachtung, daß die Großstadt im 19. Jahrhundert das Land leer zu saugen begann, und daß sich dieser Prozeß potenziert, je mehr die großen Städte wachsen, stellt Howard fest, daß diese einseitige Bevölkerungsbewegung für beide Seiten von Nachteil ist, für die Stadt wie für das Land – die Städte werden ungesunde, in ihrem Wachstum nicht mehr zu kontrollierende Ballungen; die Dörfer veröden. Howard will Stadt und Land wieder zusammenführen, es geht ihm darum, einen „Stadt-Land-Magneten" zu schaffen. „Und", so erläutert er, „ich hoffe den Leser zu überzeugen, daß das ausführbar ist – hier und jetzt, und zwar auf völlig gesunden ethischen und wirtschaftlichen Grundlagen."[3]

Den Gedanken des Magneten stellt er an den Anfang seiner Ausführungen. Er sieht drei: Stadt, Land und „Stadt-Land" (wie er es nennt, also noch nicht „Gartenstadt"). Neben die Magneten Stadt und Land schreibt Howard links die negativen, rechts die positiven Seiten der jeweiligen Umwelt. Für die Stadt verzeichnet er links „Abschluß von der Natur", rechts „Geselliges Leben"; für das Land links „keine Geselligkeit", rechts „Natur". Der dritte Magnet nun, also Stadt-Land, erhält als erste Eintragung links „Natur" und rechts „Geselligkeit" – er vereinigt also die Vorteile der beiden anderen, ohne ihre Nachteile zu kennen: beide Spalten sind positiv. In der Mitte wird „das Volk" gezeigt: „Wohin", steht darunter, „werden die Leute gehen?"

In diesem Diagramm befindet sich das Volk in der beneidenswerten Lage des Paris, nein, in einer noch beneidenswerteren, denn dem Paris wurden drei positive Angebote gemacht. Hier aber ist die Attraktion eindeutig erkennbar: Es gibt ein Angebot, das nur positive Seiten hat. Das Volk, ein neuer Paris, steht vor Attraktionen, unter denen es frei wählen kann. Das ist der utopische Ausgangspunkt der Howardschen Lehre – er hat einiges mit den Schwierigkeiten zu tun, die ihrer Durchsetzung im Wege standen, und auch mit den Rückschlägen, denen sie begegnet ist. Das Modell der Land-Stadt dagegen, das Howard dann entwickelt, entspricht bereits so sehr der Wirklichkeit, daß selbst der Kritiker der "Times" 1898 einräumt: „Alle Einzelheiten der Verwaltungs- und Steuerfragen etc. sind ganz ausgezeichnet durchgearbeitet. Die einzige Schwierigkeit ist nun die Erbauung der Stadt. Aber dergleichen ist ja für Utopisten eine Kleinigkeit."[4] Die Zweifel blieben. 1900 schrieb der Novellist D. Ch. Murray: „Ich fürchte, daß keiner von uns Lebenden alt genug wird, um diese Gartenstadt entstehen zu sehen."

---

3 Howard, Gartenstädte von Morgen, S. 58; das Diagramm der drei Magneten ebenda S. 57.
4 H. E. v. Berlepsch-Valendas, Die Gartenstadtbewegung in England, München und Berlin 1912, S. 129.

Aber schon 1903 wurde Letchworth, die erste der Howardschen Städte, gegründet.

Howards Modell beruht auf einer Umgehung des Problems der Bodenreform. Seine Beschreibung beginnt mit den Worten: „Man stelle sich ein Gelände von einem Flächeninhalt von etwa 2400 ha vor, das bisher lediglich landwirtschaftlichen Zwecken gedient hat und im freien Grundstücksverkehr mit einem Aufwand von 2000 DM pro ha, also im ganzen für 4800000 DM erworben worden ist."[5] Es handelt sich also um einen Akt besonders großzügiger und vorausschauender Spekulation — Howard tritt nicht aus dem kapitalistischen System heraus. Hat aber einmal die gemeinnützige Gesellschaft, die die Stadt gründen will, dieses Gelände billig erworben, so wird sie es in der Hand behalten und bei der Verpachtung von Baustellen so verfahren, daß jede Steigerung des Bodenwerts der Gesamtheit zugute kommt.

Howard hatte sich eingehend mit dem Problem der Bodenreform beschäftigt; es war ihm in seinem Zirkel reformfreudiger Sektierer nähergebracht worden, und er fand es in den Schriften der großen Theoretiker Marshall, George und Spence[6]. Selbstverständlich war auch er der Meinung, daß das Land nicht Objekt des Profitstrebens sein darf. Da er jedoch keine Heilslehre schreiben will, sondern seine Doktrin praktisch belegen, ein Modell bauen, wie er es nennt, entschließt er sich, zugunsten der Allgemeinheit für sein Modell zu spekulieren, das Land billig zu erwerben und die Wertsteigerung der Stadt gutzuschreiben, also keinem einzelnen Bürger. Daß es ihm innerhalb von fünf Jahren gelungen ist, eine gemeinnützige Gesellschaft zu bilden, welche die Böden von Letchworth erwarb, spricht für den Realismus seines Vorschlags. Man hat gegen die genossenschaftliche „Insel", die Howard innerhalb des kapitalistischen Systems verwirklicht hat, zwei Einwände erhoben: erstens bliebe sie isoliert und ihr inselhafter Charakter müsse sich mit der Zeit verstärken; zweitens trüge sie eben durch ihren Erfolg innerhalb des kapitalistischen Systems zu dessen Konsolidierung bei. Man hat die Devise a peaceful path to real reform in diesem Sinn interpretiert, und zweifellos

---

5 Howard a.a.O., S. 57 (allerdings schreibe ich statt „der Leser" „man").

6 Alfred Marshall (1842 London — 1924 Cambridge), englischer Wirtschaftstheoretiker, seit 1891 Mitglied der Royal Commission on Labour, schrieb gemeinsam mit seiner Frau das sozialethisch orientierte Werk The Economics of Industry (London 1879); vgl. auch Ricardo VII und Keynes X. — Henry George (1839 Philadelphia — 1897 New York), amerikanischer Wirtschaftstheoretiker, vertrat in Progress and Poverty (1879) die Forderung der Bodenreform. Howard hält es für falsch „Schuld und Strafe für die beklagenswerten gegenwärtigen gesellschaftlichen Zustände einer einzigen Klasse aufzubürden". (A.a.O., S. 136 f.). Thomas Spence (1750 Newcastle — 1814 London), veröffentlichte 1775 seine Studie The Rights of Man; er entwickelte als erster den Gedanken, die Grundrenten nach Enteignung der Grundherren der Allgemeinheit zukommen zu lassen, „um die Armen und Beschäftigungslosen der Gemeinde zu erhalten und zu untersützen; um die ... Beamten zu besolden; um Häuser, Brücken und andere Bauten zu errichten ...". Howard hat sich diesen Gedanken angeschlossen, lehnt aber die Enteignung ab: „In diesem Buche dagegen wird der Vorschlag gemacht, das erforderliche Land anzukaufen, auf dem das System in kleinem Maßstabe durchgeführt wird ..." (a.a.O., S. 124, 125).

hat man recht, wenn man Howard antirevolutionär nennt. Er setzt sich mit dem Sozialismus – nicht dem von Marx, sondern dem der Fabian Society – summarisch auseinander, indem er einmal gegen den Zwang Bedenken anmeldet, der eine allgemeine Umwälzung und die Einrichtung theoretisch „richtiger" gesellschaftlicher Zustände begleiten müsse (und zwar, wie Howard meint, auf die Dauer); zum anderen wendet er gegen den Gedanken der Neuverteilung des Eigentums ein, daß wenig damit gewonnen sei, überalterte Produktionsmittel in die Hand zu bekommen; und jedes Produktionsmittel sei überaltert, sobald es angefangen habe zu produzieren. Der wahre Sozialismus werde also nicht durch die Verteilung vorhandener Güter bewirkt, sondern durch die Erzeugung neuer, die der Allgemeinheit gehören würden.

Was nun den Inselcharakter der Land-Stadt betrifft, muß gesagt werden: Howard war sich dieser Schwierigkeit bewußt und bemerkt ausdrücklich, daß seine Gründungen nichts sein sollten als eben Modelle. In einem bestimmten Stadium könne die Entwicklung nicht länger der privaten Initiative überlassen bleiben, der Staat müsse sich dann der Land-Stadt annehmen. Darum bildet sich innerhalb der 1899 gegründeten Garden City Association – seit 1904 bereits Garden City and Town Planning Association; späterhin Town and Country Planning Association – die Gruppe der New Towns Men, bestehend aus Howard selbst, Osborn, Purdom and Taylor, die 1918 von der Regierung die Gründung von hundert neuen Städten nach dem Howardschen Modell verlangten[7]. Osborn, um dies vorwegzunehmen, hat das Werk der Überführung der Howardschen Bestrebungen in die Hand der Öffentlichkeit bis zum heutigen Tag betrieben; er blieb ein aktiver Kämpfer für den Gedanken der Neuen Städte, den er in der Gesetzgebung (1944), in der Propaganda ("Town and Country Review") und bei den örtlichen Behörden zu befestigen half. Sein Buch Green-Belt Cities, das 1946 erschien, wurde neben Howards To-Morrow das klassische Dokument der Bewegung.

Der billig erworbene Boden, der im Besitz der Stadt bleibt, ist also die Voraussetzung für Howards Modell. Für das Modell selbst gab die Garden City and Town Plannung Association 1919 folgende Definition, an deren Formulierung Howard beteiligt war: "A Garden City is a town designed for healthy living and industry; of a size that makes possible a full measure of social life, but not larger; surrounded by a rural belt; the whole of the land being in public ownership or held in trust for the community."[8] Es ist vorzuziehen, diese Definition auf englisch zu lesen, da gewisse Termini im Deutschen doppeldeutig werden. Eine Übersetzung sei trotzdem versucht: „Eine Gartenstadt ist eine Stadt, die für gesundes Leben und Arbeit geplant ist; groß genug, um ein volles gesellschaftliches Leben zu ermöglichen, aber nicht größer; umgeben von einem Gürtel offenen (landwirtschaftlich genutzten) Landes; der Grund und Boden des gesamten Stadtgebietes befindet sich in öffentlicher Hand oder wird von einer Gesellschaft für die Gesamtheit der Einwohner verwaltet".

7 Vgl. F. J. Osborn, New Towns after the War, London 1918.
8 E. Howard, a.a.O., S. 179 (Orborns Vorwort).

Betrachten wir die Teile dieser Definition:

"A Garden City is a town designed for health living and industry." Zunächst muß man darauf hinweisen, daß es sich um a town handelt, eine Stadt. Von dem Mißverständnis und dem Mißbrauch des Wortes garden city war bereits andeutungsweise die Rede. Raymond Unwin selbst, der Städtebauer, der sich den Gedanken Howards zu eigen gemacht hatte, als er den Plan der ersten Gartenstadt, Letchworth, entwarf, ist auch für den Plan des Hampstead Garden Suburb verantwortlich[9]. Er nannte es suburb, Vorort; andere aber nannten ihren Gartenvorort getrost Garden City. Man hat darauf hingewiesen, daß der Ausdruck ursprünglich eine Stadt bezeichnen sollte, die von Gartenland umgeben war, also eine green-belt-city, nicht eine Stadt mit kleinen Häusern und Gärten; in diesem Sinne hat Osborn seine eigene Darstellung ausdrücklich green-belt-city genannt. Die Verwechslung mit dem Gartenvorort hat der Gartenstadt in letzter Zeit den Vorwurf eingetragen, sie sei mitschuldig am „Städtebrei" und der Zersiedelung der Landschaft. Niemand hat diese Erscheinungen beredter beklagt als Frederic Osborn (vgl. hierzu seine Bemerkung zur Standortfrage, S. 152, zweiter Absatz). Die Gartenstadt sollte das Wachstum der Großstadt eindämmen. Sie sollte die städtische Ansiedlung an bestimmten Orten konzentrieren, und diese Orte sollten sich nicht beliebig ausdehnen dürfen.

Es ist wichtig, an dieser Stelle zu bemerken, daß eine garden city nicht zu dicht an einer großen Stadt gelegen sein darf. Sie sollte nicht Schlafstadt sein; es sollten ja dem Land neue Kräfte zugeführt werden. Gartenstädte durften aber Satellitenstädte sein: In einem kleinen Land wie England, wo die großen Zentren einander so nahe sind, wäre das kaum anders möglich. Howards Plandiagramm ist durchaus städtisch konzipiert; in seiner Regelmäßigkeit erinnert es an die Idealstädte der Renaissance, oder an Ledoux' Chaux und Buckinghams Victoria[10]. Dieses Projekt, auf jeden Fall, hat Howard gut gekannt.

---

9 Sir Raymond Unwin (1863 Oxford — 1940 London), Architekt und Städtebauer (Town Plannung in Practice: deutsch: Grundlagen des Städtebaus, 1912) plante 1904 gemeinsam mit Barry Parker die erste Gartenstadt. 1912 veröffentlichte er im „RIBA Journal" die Studie Nothing gained by Overcrowding.

10 Idealstädte nennt man Städte, die von einem Planer so entworfen sind, daß sie seinen Vorstellungen von einer vorbildlichen Stadt entsprechen. Die Meister der Renaissance stellten den Zufällen und Unregelmäßigkeiten mittelalterlicher Städte ihre geometrischen Planungen entgegen: Quadrate, Kreise, Vielecke. Der französische Architekt Claude-Nicolas Ledoux (1736 Dormans — 1806 Paris) verwirklichte 1776 teilweise seinen Entwurf der Salinenstadt Chaux bei Besancon mit ovalem Grundplan und radial von der Ortsmitte (der Saline) ausstrahlenden Alleen. Auch die sozialen Stadtplaner des 19. Jahrhunderts in England, Robert Owen, James Silk Buckingham und Pemberton, entwarfen ihre Städte streng geometrisch und mit radialen Straßen. Howards Diagramm von 1898 gehört ebenfalls zu dieser Gruppe, nur beeilt er sich, hinzuzufügen: "Diagram only. Plan cannot be drawn until site selected". Während jedoch das Augenmerk der Renaissance-Meister auf die einzelne Stadt gerichtet war, wollen die modernen sozialen Planer dem hemmungslosen Wachstum der Industriestadt durch ein Netz kleiner Industrieorte entgegenwirken, das das ganze Land bedecken soll; dies ist auch Howards Ausgangspunkt.

Zur Garden City sollte in jedem Fall Industrie gehören; Howard wollte sie in dem Außenkreis zwischen der Wohnstadt und dem Grüngürtel ansetzen. Offenbar ist aber der Flächenanteil, den Howard der Industrie zugesteht, noch zu gering; auch scheint es sich wesentlich um Kleinindustrie zu handeln: um Möbelfabriken, Fahrradwerkstätten und dergleichen.

Bliebe noch einiges zu der Formulierung healthy living zu sagen. Howard versteht darunter ein Leben nahe der Natur, ein Leben im Grünen, in guter Luft. Annehmlichkeiten, die man in der Großstadt auch zu seiner Zeit schon lange nicht mehr genoß. Er meinte dabei ein Leben im eigenen Haus, eine Wohnform, die in England damals noch ganz allgemein war; tenements (Wohnkasernen für die Armen) waren auch in der Stadt selten, blocks of flats (Mietshäuser) gab es noch nicht, und es lag ihm ganz gewiß daran, daß ein jeder seinen Garten haben sollte. Schon der Industrielle George Cadbury hatte in den siebziger Jahren den Arbeitern in seiner Arbeiterstadt Bournville Gärten gegeben, die wesentlich als Hilfswirtschaft gedacht waren[11].

Howards Begriff healthy living verdankt dem Cadburyschen Experiment der Fabrik auf dem Lande und der Arbeiterstadt nahe bei der Fabrik sicher einiges. In Bournville wurden, vielleicht zum ersten Mal, statistische Erhebungen über Kindersterblichkeit, Körpergröße und Gewicht der Kinder bestimmten Alters durchgeführt und mit den entsprechenden Daten der Stadt Bradford verglichen. Es stellte sich heraus, daß healthy living offenbar das Leben auf dem Lande war, im Haus mit Garten. Nicht zufällig fanden die Kongresse der Garden City Association in Port Sunlight (Lever, Seifenfabrik- und Arbeiterstadt) und in Bournville statt. Besonders das Treffen in Bournville führte der Association Mitglieder zu. Und als kurz darauf Letchworth geplant wurde, sah es dem Bournville von damals ähnlicher als dem Plandiagramm von Howard.

Es ist jedoch falsch zu meinen, ein Charakteristikum der Gartenstadt sei die offene Bebauung. Der Faktor „Wohndichte" wird in Howards Schriften nicht erwähnt, ist jedoch kein Kriterium der Gartenstadt. Daß Raymond Unwin sich mit dieser Frage beschäftigt hat ("Nothing gained by overcrowding", 1912); und daß Unwin der Mann war, der Letchworth geplant hat, hat zu diesem Mißverständnis

Robert Owen (1771–1858 Newton, Nordwales), Fabrikbesitzer und Sozialreformer, gründete für seine Arbeiter das Musterdorf New Lanark in Schottland und richtete 1817 an die Britische Regierung einen Bericht, in dem er die Gründung von Arbeiterorten (Villages of Unity and Mutual Cooperation) für jeweils etwa 1000 Einwohner empfahl, die in gewissem Sinn das Prinzip der Kommune vorwegnahmen. James Silk Buckingham (1786–1855) war von 1832–37 Mitglied des englischen Parlaments; er veröffentlichte 1849 das Buch National Evils and Practical Remedies, das den Plan der Stadt "Victoria" enthält.

11 George Cadbury (1839–1922 Birmingham), der Gründer der Schokoladenfabrik Cadbury in Birmingham, verlegte 1879 die Fabrik aufs Land und gründete die Arbeitersiedlung Bournville. 1902 überschrieb er den größten Teil seines Vermögens — mit Ausnahme der Fabrik selbst — dem Bournville Estate.

beigetragen, zumal in England und auf dem Kontinent die Mehrzahl der Menschen das Leben im Einfamilienhaus vorzieht. Auch Howard zog es ganz gewiß vor.

"... of a size that makes possible a full measure of social life, but not larger" – das Prinzip der Entwicklungsgrenze ist wichtig. Für Howard lag sie bei etwa 30000 Einwohnern. Er fühlte jedoch, daß in so kleinen Gemeinden das gesellschaftliche Leben und die öffentlichen Einrichtungen relativ beschränkt sein würden. Also sah er Stadtgruppen vor, die aus sechs solchen Städten bestehen und einem größeren Zentrum mit etwa 50000 Einwohnern zugeordnet sein sollten. In einer solchen Stadtregion von 250000 Einwohnern sei, so meinte er, ein reiches städtisches Leben möglich. Unter den Planern der Neuen Städte haben sich zwar verschiedenartige Vorstellungen über die ideale Größe der Stadt gebildet, das Prinzip der oberen Grenze jedoch wird nicht angetastet: Sie soll verhindern, daß auch die Gartenstadt – oder Neue Stadt – zum Nucleus einer städtischen Krebsgeschwulst wird.

"... surrounded by a rural belt". Ich übersetze rural belt mit „offenes, landwirtschaftlich genutztes Land". Die Landwirtschaft soll wie die Industrie integraler Bestandteil der Stadt sein. Howard will in der inneren Stadt 30000 Menschen ansiedeln, im landwirtschaftlichen Gürtel weitere 2000, und im landwirtschaftlichen Gürtel der zentralen Stadt in der Städtegruppe 8000 Menschen. 32000 mal 6 plus 58000 ergibt Howards Idealgröße von 250000 für die Stadtregion.

Soweit die Definition von 1919. Ihr ist ein wichtiges Prinzip hinzuzufügen: die genossenschaftliche Freiwilligkeit. In die Definition von 1919 wurde es nicht aufgenommen, weil diese an die Behörden gerichtet war; sie gehört augenscheinlich zur Aktion für die Gründung von einhundert Neuen Städten, und es ist leicht einzusehen, daß die öffentliche Hand dieser Bedingung gegenüber neutral sein muß. In seinem Buch dagegen legt Howard großen Wert darauf.

Die Stadt Victoria des Sozialreformers James Silks Buckingham wurde bereits erwähnt. Howard erkennt an, daß sie in wesentlichen Zügen seine eigene Stadt vorwegnimmt, fährt aber fort: „Während ... die Bewohner der Gartenstadt in weitestem Maße das Recht freier Vereinigung genießen und die verschiedensten Formen privater und genossenschaftlicher Unternehmungen betreiben, werden die Bewohner von Buckinghams Stadt durch die Fesseln einer eisernen Organisation zusammengeschmiedet, die sie nur sprengen können, wenn sie sich ganz von der Gemeinschaft trennen oder diese in verschiedene Abteilungen auflösen."[12]

Buckingham hatte in seiner Stadt verschiedene Klassen der Bevölkerung in verschiedenen Quartieren angesiedelt und das ganze Gemeinwesen utopisch streng zusammengefaßt. Howard, ein Liberaler und Genossenschaftler, besteht immer wieder auf den „verschiedensten Formen privater und genossenschaftlicher Unternehmung", die den Bewohnern der Gartenstadt offenstehen sollten. Das Prinzip der freien Wahl ist sein Credo. Er verzichtet zum Beispiel darauf, daß die

12 Howard, Gartenstädte von Morgen, S. 128.

Stadt selbst die Häuser baut; jeder soll sich nach seinem eigenen Geschmack und Behagen ansiedeln. In Letchworth bestand denn auch diese Freiheit. Die 1920 erfolgte zweite Gründung, Welwyn, wurde von dem Architekten Louis de Soissons nicht nur geplant, sondern auch gebaut — eine Uniformität, die dem ursprünglichen Konzept nicht entspricht.[13]

Die Auseinandersetzung mit Buckingham erfolgt in Howards Buch in dem Kapitel „Die Gartenstadt: eine einzigartige Verschmelzung früherer Projekte", wo er auch jene Quellen erwähnt, denen er sich am meisten verpflichtet fühlt: die Vorschläge von E. G. Wakefield und Professor Alfred Marshall für eine organisierte Ansiedlungsbewegung der Bevölkerung (wir würden das „innere Kolonisation" nennen); ferner das System eines Bodenrechts, wie es zuerst Thomas Spence vorgeschlagen hat und wie es später, allerdings mit wesentlichen Abänderungen, von Herbert Spencer vertreten worden ist; und schließlich die Musterstadt von James Silk Buckingham.[14]

Bellamys Buch fehlt in dieser Aufzählung. Sie berücksichtigt übrigens nur diejenigen Quellen, mit denen Howard sich unmittelbar auseinandergesetzt hat. Sein Projekt hat jedoch eine Geschichte, die mindestens auf Robert Owen zurückgeht, also auf den Anfang des Jahrhunderts: Owen, Buckingham und Pemberton haben dies mit Howard gemeinsam, daß sie die große Stadt durch ein Netz von kleinen Gemeinden ersetzen wollen, welches ganz England überziehen soll.[15] Dieses Konzept erscheint in konsequentester Form in Owens Bericht von 1817 an die Regierung. Waren diese Theorien ohne praktische Folgen, so bereiteten die Paternalisten, also Industrielle wie Titus Salt in den fünfziger Jahren und besonders George Cadbury, der Schokoladenfabrikant, seit 1879 praktisch das Auftreten Howards vor.[16] Auch kann man nicht sagen, daß sie ihre Gründungen lediglich als begrenzte Unternehmungen zugunsten der eigenen Arbeiter aufgefaßt haben. Erstens waren diese Gründungen durchaus auch anderen als den eigenen Arbeitern zugänglich; um 1910 arbeitete nur die Hälfte der Bewohner von Bournville bei Cadbury. Und dann faßten diese paternalistischen Fabrikherren ihre Orte als Beiträge zur Lösung des Umweltproblems für die arbeitenden Schichten auf; die-

13 Der Plan für Welwyn von Louis de Soissons (vgl. S. 148) sieht in der Ortsmitte einen breiten, von Bäumen umsäumten Grünstreifen vor, umgeben von Wohnstraßen und Wohnhöfen. Die Häuser ebenfalls von Architekten entworfen, sind meist aus rotem Backstein gebaut.

14 Edward Gibbon Wakefield (London 1796—1862 Wellington, Neuseeland), englischer Kolonisator, wurde 1839 Leiter der New Sealand Company und 1854 Mitglied des Parlaments von Neuseeland. Er schrieb gegen den Großgrundbesitz in den Kolonien und befürwortete eine planmäßige Ansiedlung und koloniale Selbstverwaltung. — Zum Bodenrecht: Howards Bemerkungen beziehen sich auf das Werk The Study of Sociology (London 1873) des englischen Philosophen Herbert Spencer.

15 Vgl. Anm. 10.

16 Als „Paternalisten" bezeichnet man Fabrikherren, die sich bemühen, ihren Arbeitern bessere Lebensbedingungen zu schaffen. Durch die Reformen ihrer Betriebe wollten die Paternalisten beispielgebend wirken und einen Beitrag zur sozialen Reform liefern.

ser Gedanke stand auch hinter den Messungen und Statistiken in Bournville, von denen oben die Rede war. Dennoch blieben solche Gründungen Einzelleistungen, freilich von beispielhafter Wirkung — man braucht nur an die Arbeitersiedlungen von Krupp auf der Margaretenhöhe bei Essen zu denken. Die Paternalisten verwirklichten, aber sie schufen kein gültiges Modell. Die Theoretiker wollten ein Modell schaffen, aber sie brachten es nicht zur Verwirklichung. (Auch Robert Owen nicht: seine Arbeiterstadt New Lanark war die Gründung eines Paternalisten. Owen war beides: fortschrittlicher Fabrikant und Sozialtheoretiker; aber von der einen Tätigkeit führt auch bei ihm kein Weg zur anderen.)

Ebenezer Howard wäre dem eigenen Wirken historisch gerechter geworden, wenn er es als eine einzigartige Verschmelzung der vorangegangenen Theoretiker und der Verwirklichungen der Paternalisten bezeichnet hätte: Er entwickelte ein theoretisches Konzept, das der Wirklichkeit seiner Tage so eng angepaßt war, daß er zwei Modelle realisieren konnte, Letchworth und Welwyn. Selbstverständlich wollte er dabei nicht stehenbleiben. Der Sinn von Modellen ist, daß sie den Weg in die Zukunft weisen sollen. Dreien unter den New Towns Men schien das erste erfolgreiche Modell, Letchworth, ausreichend, um sich an die Öffentlichkeit und die Regierung zu wenden. Der vierte, nämlich Howard selbst, meinte, die Zeit dafür sei noch nicht gekommen, und begann zunächst, ein zweites Modell zu verwirklichen, Welwyn.

Man muß zugeben, daß er diesen bedeutenden Schritt hinter dem Rücken seiner drei Kollegen einleitete. Als Osborn von einer seiner Propagandareisen zurückkehrte, holte Howard ihn vom Bahnhof ab und teilte ihm mit, daß er das Land für Welwyn gekauft habe. „Ich war", erinnert Osborn, „sprachlos vor Bewunderung, Staunen und Wut."[17] Ob dieser Schritt wirklich die nachteiligen Folgen für die Bemühung um die Gründung von hundert Neuen Städten durch die Regierung gehabt hat, die Osborn ihm zuschreibt, ist eine Frage, die man wohl nie entscheiden kann. Die Häuser, die in den Neuen Städten hätten gebaut werden sollen, entstanden statt dessen am Rande der Großstädte: vier Millionen Häuser in den Jahren zwischen den Kriegen. Osborn schreibt: „Zwischen den Kriegen dachte man beim sozialen Wohnhausbau lediglich an die Zahl der zu bauenden Häuser, und die politischen Parteien überboten einander mit Versprechen, wie viele Häuser pro Jahr sie bauen wollten. Die Town and Country Planning Association konnte den Behörden nicht klarmachen, daß der Standort, wo die Häuser gebaut wurden, ebenso wichtig war. Dabei haben wir uns, weiß Gott, Mühe gegeben. Darum hat die Wohnbautätigkeit jener Jahre den Zustand der Städte verschlechtert, anstatt ihn zu verbessern: die Wohndichte stieg, die Arbeitswege wurden länger, immer mehr Arbeitsplätze lagen in der City, der Verkehr wuchs planlos und verstopfte die Straßen etc. Erst zwischen 1940 und 1943 gelang es uns, den Behörden die Bedeutung der Dezentralisation begreiflich zu machen."[18]

17 J. Osborn, New Towns after the War (Vorwort zur Ausgabe von 1942, S. 9).
18 Aus einem Brief von Sir Frederic Osborn an den Verfasser vom Herbst 1969; er bezieht sich auf den vorliegenden Beitrag (s. auch Anm. 24).

Erst nach dem Zweiten Weltkrieg entstanden die Neuen Städte, erst jetzt also trug die geduldige Arbeit der Anknüpfung an die Gedanken Howards und ihrer vorsichtigen Anpassung an die vierziger Jahre, an der Osborn so wesentlich beteiligt ist, ihre Früchte. Howard selbst hatte sich die Wirkung seiner Entdeckung und seiner Modelle anders vorgestellt. Das letzte Kapitel seines Buches heißt „Die Zukunft Londons". In ihm beschäftigt sich Howard mit der Frage, was aus London werden würde, wenn unter dem Einfluß zahlreicher erfolgreicher Städtegruppen die Abwanderung aus London so stark sein würde, daß die Bodenpreise fielen. Er meint, auch London müsse sich zu einem Umbau, zu einer Auflockerung entschließen und eine Region von Städtegruppen werden. „So viel ist allerdings gewiß", schreibt er, „daß das gegenwärtige Gebiet des London County Council (im Interesse von Schönheit und Gesundheit und auch — was allerdings das Wichtigste sein sollte — einer raschen Produktion neuer Reichtümer) nicht mehr als ein Fünftel seiner gegenwärtigen Bevölkerung enthalten dürfte ..."[19] Diese Forderung — oder Voraussage — steht freilich in groteskem Gegensatz zu der Entwicklung, die seit 1900 wirklich stattgefunden hat.

Howards Erwartungen wurden nicht erfüllt. Die Großstadt ist weiter gewachsen. Der Ausgleich zwischen Stadt und Land hat nicht stattgefunden. In anderen Worten: die Probleme, die Howard glaubte, gelöst zu haben, sind noch mit uns. Es darf aber gesagt werden, daß der von Howard gegebene Anstoß so viel bewirkt hat, wie selten in der Geschichte Gedanke und Aktion eines einzelnen. Die Neuen Städte sind kritisiert worden; aber sie sind eine Wirklichkeit, und zwar nicht nur in ihrem Ursprungsland England. Die neueste, 1970 erschienene Ausgabe von Osborns und Whitticks Buch „The New Towns" gibt auf S. 141—48 eine eindrucksvolle Liste solcher Gründungen aus vielen Ländern. Man darf hinzufügen, daß bereits bald nach 1900 Gartenstadtbewegungen in vielen Ländern entstanden; die wichtigsten wahrscheinlich in Frankreich (Benoit-Lévy) und in Deutschland (Berlepsch-Valendas, Kampffmeyer).

Wenn wir dennoch von einem Mißerfolg der Bewegung im Sinne Howards sprechen müssen, so ist es notwendig, nach den Gründen dieses Mißerfolgs zu suchen. Jane Jacobs sieht in ihrer Studie The Death and Life of Great American Cities eine der Schwächen des Howardschen Konzepts in der Beschränkung, die die Garden City der persönlichen Initiative auferlegt: „Sein [Howards] Ziel waren kleine autarke Städte, wirklich sehr hübsche Städte, wenn man artig war und keine eigenen Pläne hatte, und es einem nicht darauf ankam, sein Leben mit anderen zu verbringen, die ebenfalls keine eigenen Pläne hatten."[20] Diese Kritik würde Howard erstaunt haben. Wir sahen ja, wie er in der Auseinandersetzung mit Buckingham eben die Freiheit jedes einzelnen Bürgers der Gartenstadt hervorhob.

19 E. Howard, a.a.O., S. 156.
20 Jane Jacobs, The Death and Life of Great American Cities, New York 1961; hier leicht gekürzt nach der deutschen Ausgabe zitiert (Bauwelt Fundamente Nr. 4, Frankfurt a. M./ Berlin 1963, S. 20).

Und doch muß man zugeben, daß nicht nur die sozialistische Utopie, sondern auch die genossenschaftliche Wirklichkeit dem Unternehmungsgeist des einzelnen Grenzen setzt. In Jane Jacobs' Kritik hören wir die Stimme des Liberalismus, jenes Liberalismus, der die Städte geschaffen hat, in denen Howard — um noch einmal Jane Jacobs zu zitieren — „mit einigem Grund das nicht mochte, was er da roch und sah und hörte."[21] Die Freiheit, deren Beschränkung in der genossenschaftlichen Stadt Jane Jacobs beklagt, ist die Freiheit des Kapitalismus. Wir halten diese Freiheit für so fragwürdig, daß wir auch die Kritik an der Genossenschaft von dieser Seite nicht ohne Frage hinnehmen können.

Übrigens muß noch erwähnt werden, daß Jane Jacobs Howards Konzept nicht für erfolglos hält; im Gegenteil, sie beklagt sich über den überwältigenden Erfolg, der ihm, besonders in Amerika, beschieden gewesen sei. Da sie jedoch den Antipoden, Le Corbusier, selbst für einen Nachfolger Howards nimmt (immerhin hat Le Corbusier von der «Cité Jardin Verticale» gesprochen), so darf man einräumen, daß ihre Kritik nicht allein dem Howardschen Konzept gilt. Was Jane Jacobs an Howards, an Le Corbusiers, Mumfords, an Geddes', kurz, an eines jeden Reformers Gedanken vermißt, ist das Städtische — das Urbane, um das Modewort der sechziger Jahre zu gebrauchen. Sie weist darauf hin, daß man ein städtisches Gefüge nicht auseinandernehmen und durch künstliche Städte — sei es die Ville Radieuse, sei es die Garden City — ersetzen kann. Sie bedenkt nicht, daß das reine laissez faire schon seit geraumer Zeit keine echten städtischen Gebilde mehr zu erzeugen imstande ist: Greenwich Village und die slum genannten Idylle innerhalb großer amerikanischer Städte, die sie beschreibt, sind kleinstädtische Einsprengsel innerhalb der gesichtslosen Monsterstadt. Und ob es möglich ist, die Bedingungen, die sie an solchen klein-urbanen Einsprengseln lobt, künstlich zu erzeugen, müßte noch gezeigt werden.

Die Kritik vom Urbanen her ist futil, da dieser Begriff selbst futil ist: Es gibt ihn nicht in abstracto. Wenn irgend etwas, so ist die Stadt gesellschaftsbezogen. Zugegeben sei, daß Howards Verwirklichungen weniger städtisch sind als sein Diagramm. Der Stadtkern in Letchworth ist schwach geplant und noch schwächer ausgeführt; und wenn es dort Industrie gibt, so tritt sie nicht in Erscheinung. Daß Letchworth wie ein Gartenvorort wirkt, und daß man es, je dichter die Außenbezirke von London an Letchworth herankamen, immer mehr mit einem Gartenvorort, einer Schlafstadt verwechselt hat, ist schließlich kein Zufall.

Hier setzt die zweite Kritik an der Gartenstadt ein: daß sie ein kleinbürgerliches Ideal verwirklicht, daß Arbeiter der rechten Art dort nicht hinziehen; daß ein Ort wie Letchworth nur eine bestimmte Art von Leuten anzieht — vielleicht wirklich Leute, die sich, wie Jane Jacobs zu verstehen gibt, mit einem zahmen Lebensglück begnügen.

Aber: Auch diese Kritik trifft nicht Howards Prinzip. Sie trifft die Form, in der sein Modell verwirklicht wurde. Und nur weil er diese Form bejaht hat, trifft sie

21 Jane Jacobs, a. a. O., S. 19.
22 Jane Jacobs, a. a. O., S. 23 f.

allerdings auch ihn. Erinnern wir uns an Richard Lethabys Wort: „Wir sind unserer eigenen Zeit verhaftet; unser persönlicher Fortschritt wird vom Fortschritt des Zeitalters bedingt: es mag einer etwas wissen und fähig sein, aber sein Wissen und seine Fähigkeit gehören der eigenen Zeit an, nicht der, die kommen wird".[23] Der Druck der ungesunden Großstadt und die Entvölkerung des Landes waren das Problem. Das Problem besteht noch in aller Schärfe. Aber das Elend der Großstadt drängt sich dem Blick (und der Nase: Jane Jacobs') weniger auf; es ist, in der Tat, in vielen Städten wesentlich gemildert. Immerhin gibt es noch die Gorbals in Glasgow, es gibt noch Hongkong und Kalkutta, um nur diese zu nennen. In Howards Tagen stand das Problem unmittelbar vor den Augen eines jeden, der es nicht vorzog, wegzusehen. Und die Lösung: Grün, das eigene Haus, der Garten, drängte sich in eben der Form auf, in der sie in Letchworth verwirklicht wurde. Heute ist das Problem verschleiert. Es ist deswegen nicht weniger wirklich. Man ist geneigt, das Land zu vergessen. Der Begriff des Urbanen hat *nicht* klärend gewirkt. Dabei sollte es schon lange klar sein, daß die Riesenstadt, „Megalopolis" (Mumford), sich aufteilt, polyzentrisch wird. Jane Jacobs' Buch schildert anschaulich die Bildung kleiner, fast autonomer Zentren innerhalb der Megalopolis. Kommunikationen wie Radio und Fernsehen befördern diese Aufspaltung. Es mag auf den ersten Blick nicht so aussehen; aber ein System kleinerer, im Land verstreuter Zentren gewinnt Aktualität. Das eben ist Howards These. Die Form, in der sie in Letchworth in Erscheinung tritt, ist ephemer.
Zwei Fragen bleiben zum Schluß: Ist der Howardsche Ansatz richtig? Und: Ist die Aktion vertretbar, die Inseln innerhalb einer unzulänglichen Gesellschaftsordnung schafft — in der Hoffnung, die Gesellschaft werde sich von dem Modell zu reformistischer Aktion bewegen lassen? Beide Fragen hängen zusammen.
Zur ersten: Der Ansatz, daß „das Volk", wie weiland ein Paris, unter mehreren ihm angebotenen Attraktionen frei zu wählen imstande und willens sei, scheint zum mindesten problematisch. Entweder das; oder Howard hat die Attraktion der großen Stadt unterschätzt; oder, endlich, er hat die Vernunft der Wählenden überschätzt, die den ungemilderten Gegensatz Stadt-Land vor sich sahen: Stadt: das Leben — Land: die Öde. Konnten sie überhaupt ihre Wahl so treffen, daß sie den Zustand voraussetzten, den Howard erst bewirken wollte: Verminderung der Stadt und Belebung des Landes? Nein. Sie hatten als Pioniere in die Gartenstadt zu gehen; und Pioniere waren die Purdoms, die Parkers, die Osborns, die hinzogen.[24]

23 Zitiert nach J. Posener, Anfänge des Funktionalismus (Bauwelt Fundamente Nr. 11) Frankfurt/Berlin, S. 30.
24 Sir Frederic Osborn (vgl. Anm. 1) schreibt dem Verfasser zum vorliegenden Beitrag, den er vor der Drucklegung einsehen konnte: „Wie können Sie sagen, Letchworth sei schwach geplant, und man merke nicht, daß es dort Industrie gibt? Letchworth ist ein sehr bedeutendes und erfolgreiches Industriezentrum in Nord-Hertfordshire. Es bildet zusammen mit Hitchin, Stevenage und Baldock eine Städtegruppe mit nahezu 150000 Einwohnern. 90 % der berufstätigen Bevölkerung arbeiten dort, und nur etwa 3 oder 4 % pen-

Zur zweiten Frage: Marx sagte, es könne keinen peaceful path to real reform geben; die Änderung könne nur durch den Umsturz geschehen. Trotzdem hat Marx reformierende Fabrikherren in Amerika, von denen er wußte, erheblich positiver beurteilt, als viele seiner Nachfolger heute zu tun geneigt sind. Hier scheiden sich allerdings die Geister, und man kann kaum hoffen, den anderen zu überzeugen. Wer meint, der peaceful path sei eine Illusion, ja, schlimmer noch, ein Trick zur Befriedigung derer, die ansonsten kämpfen würden, der wird nicht den Wert eines Modells anerkennen, einer Insel innerhalb eines falschen Systems, welche die Antwort auf ein dringendes Problem vorwegnimmt und eine Möglichkeit gesellschaftlichen Lebens als Wirklichkeit zeigt.

deln nach London; in Welwyn Garden City 6,5 % (Vgl. Ray Thomas, London's New Towns, PEP 1969). Letchworth war zuerst allerdings eine recht besondere Siedlung, und es gab dort eine kleine Minderheit aktiver Idealisten, die ganz verschiedenen Gruppierungen angehörten. Jetzt ist Letchworth ein Ort wie jeder andere. Welwyn Garden City war von vornherein gesellschaftlich ausgeglichen. Heute leben dort etwa dieselben Klassen, Berufsgruppen und Einkommensgruppen wie in London und in Großbritannien im allgemeinen. Allerdings gibt es hier weniger Millionäre und weniger ganz Arme, auch weniger Landarbeiter. Das liegt zum Teil daran, daß seine Industrie modern und fortschrittlich ist. Sie beschäftigt wenige ungelernte Arbeiter, oder sie bildet ihre Arbeiter zu Facharbeitern aus. Die Atmosphäre dort ist durchaus nicht kleinstädtisch. Welwyn hat Kultur und es hat auch viel Do-it-yourself- oder Amateur-Kultur. Ein Weltbürger wie F. J. O. kann dort sehr gut leben, viel besser als in der Londoner Innenstadt, oder in einem Vorort, wo man lediglich wohnt. Es stimmt natürlich, daß Howards Ideen nur in kleinem Maßstab verwirklicht worden sind (eine Million anstelle der geplanten Tausende von Millionen). Aber das ist in den meisten Ländern nur ein Anfang. (Lesen Sie das bemerkenswerte Buch The New City (Praeger 1969) veröffentlicht von Urban American Ins.). Ich kann Ihren Bemerkungen über Marx nicht ganz folgen. Im Kommunistischen Manifest sieht er und Engels in der Großstadt eine der schlimmen Folgen des Kapitalismus, und er nahm an, daß nach der Revolution die Industrie wieder aufs Land gehen werde; dann würde es zwischen Stadt und Land keinen Unterschied mehr geben. Nur lehnte er alle Besserung durch Reform ab, da sie der Revolution Kräfte entziehen würde. Da war Howard doch wohl der bessere Prophet und als Revolutionär der größere Praktiker. In einem Punkt hat Howard sich geirrt: Seine Hoffnung, daß man freiwillig dem von ihm aufgestellten Beispiel folgen werde, hat sich nicht erfüllt; hierin haben Purdom und ich klarer gesehen. Aber Howard hat gewußt, daß die Regierung schließlich eingreifen muß. Sie mußte die Standorte finden und die Böden erwerben. Sonst würden die Neuen Städte zu nahe bei bestehenden Großstädten entstanden sein. Wir haben diese Frage eingehend mit Hunderten fortschrittlich gesonnener Amerikaner diskutiert, die uns in diesem Jahr hier besucht haben; sie sehen diese Notwendigkeit jetzt ein, und diese Tendenz gewinnt Boden". Osborn weist mich ferner auf Entwicklungen hin, die die Folge des Howardschen Experiments gewesen sind: 30 Korporationen zur Gründung Neuer Städte wurden zwischen 1946 und 1969 mit 700 Millionen Pfund durch die Regierung finanziert. Die Gesamtbevölkerung der Neuen Städte ist bereits größer als eine Million. 400000 Menschen arbeiten dort in 1000 Fabriken. 250000 Häuser wurden für 650000 Leute gebaut. Die ersten fünfzehn Gründungen zeigen bereits Überschüsse und haben ihre Hypothekenschuld gezahlt (die Hypotheken wurden für sechzig Jahre gegeben). Städtegruppen mit bis zu 250000 Einwohnern beginnen sich zu entwickeln. Die Bevölkerung von Greater London geht zurück, und das Greater London Council erwartet in Zukunft ein erheblich größeres Absinken der Bevölkerung.

Noch einmal: Howards Erwartung, daß sein „richtiges" Modell die Gesellschaft zu Reformen großen Maßstabs veranlassen werde, hat sich nicht erfüllt. Aber eben im Hinblick auf die notwendige gesellschaftliche Wandlung ist Howards Initiative bedeutend. Der Kaufmannssohn aus der Londoner City, der Parlamentsstenograph und Projektemacher, hat das Problem Stadt-Land angegriffen: ein Problem, das uns betrifft. Er hat eine Lösung vorgestellt. Er hat sein Modell zweimal verwirklicht.

Bibliographie

Werkausgaben:
Garden Cities of Tomorrow, London 1902 (neu hrsg. von F. J. Osborn, eingeleitet von L. Mumford, London 1946). Deutsch: Gartenstädte von morgen, hrsg. von J. Posener (Bauwelt Fundamente Nr. 21), Berlin/Frankfurt a. M./Wien 1968.

Biographisches:
F. J. Osborn, Ebenzer Howard, in: "Town Plannung Review" 1950.
D. Macfadyan, Sir Ebenzer Howard and the Town Plannung Movement, Manchester University Press 1933.

Gartenstadt, Städteplanung:
L. Mumford, The City in History, New York 1961.
F. J. Osborn, New Towns after the War, London 1942[2].
F. J. Osborn, Green Belt Cities, London 1969[2].
F. J. Osborn, The New Towns, mit Arnold Whittick, Vorwort von Lewis Mumford, London 1963.
R. Rosner, Neue Städte in England, München 1962.
R. Unwin, Grundlagen des Städtebaus, Berlin 1910.
R. Unwin, Nothing Gained by Overcrowding, London 1912.
R. Unwin, Town Plannung in Theory and Practice, London 1920.

In: „Die Großen der Weltgeschichte", München 1972

29   Absolute Architektur (1973)

Kritische Betrachtung der Berliner Nationalgalerie

Mit Gebäuden muß man leben, um sie beurteilen zu können. Damit soll nicht gesagt sein, daß man nicht kritisch zu ihnen Stellung nehmen dürfte, wenn sie eben gebaut wurden. Im Gegenteil: wir haben gelernt, daß die Kritik an jedem wichtigen Bauvorhaben sich dreimal äußern muß: bei der Planung, nach der Fertigstellung und nach, sagen wir, fünf Jahren. Bei der Planung sollte sie sich sogar permanent äußern: sie sollte die Planung begleiten: die Programmierung und die Versuche, die zur Lösung des Programms unternommen werden.

Das ist bei dem Gebäude, welches wir heute noch einmal ansehen wollen, unterblieben. Es wäre von großem Interesse, wenn die damaligen Vorgänge im nachhinein transparent gemacht werden könnten; denn es stellt sich heraus, daß bereits das Programm selbst zu Bedenken Anlaß gibt. Wir wollen an dieser Stelle nicht fragen, ob das ganze Kulturzentrum eine Fehlplanung gewesen sei. Nehmen wir einstweilen diesen Zusammenhang als gegeben an und beschränken uns darauf, das Programm des Gebäudes selbst kritisch anzusehen: es koppelt die permanente Ausstellung, das Museum, mit temporären Ausstellungen zusammen. Das läßt sich vertreten, wenn dem Museum das größere Gewicht gegeben wird: die Sonderschau als Anhang zum Museum. Es ließe sich auch dann vertreten, wenn beides, Museum und Ausstellung, eine Einheit bilden würden: ein aktives Museum. Ein solches Museum wurde in Berlin nicht beabsichtigt. Man wollte hier nicht mehr als eine neue Unterbringung für die im Schloß Charlottenburg ausgestellten Bilder aus dem neunzehnten und zwanzigsten Jahrhundert schaffen und Raum für eine Vergrößerung dieser Sammlung, und, davon unabhängig, ein Ausstellungslokal. Die Ausstellung ist hier weder Anhang noch integrierter Teil des Museums; sie steht mit ihm in keinem Zusammenhang; aber ihr Lokal ist der bei weitem auffälligste Teil des Gebäudes. Das Museum nimmt zwar eine ungleich größere Fläche ein als die Ausstellung; aber diese dominiert, da das Museum in den Keller verwiesen wurde. Der Ausstellungspavillon ist das eigentliche Gebäude: ihn allein sieht der Ankommende; das Museum ist der Sockel des Pavillons.

Wer das Museum besuchen will, muß zunächst den Ausstellungspavillon betreten. Erinnern wir uns daran, daß das gleiche Gebäude vom Meister schon einmal geplant wurde: als Büro für die Rumfirma Bacardi in Santiago de Cuba; und daß in diesem Projekt der Sockel wirklich nur Sockel sein sollte: er sollte nichts enthalten. In Berlin enthält er die Hauptsache und bleibt gleichwohl Sockel. Es wurde damals vorgeschlagen, in die weite Terrasse, die den Pavillon trägt und umgibt, Oberlichte für das Museum einzubauen. Der Meister hat sich das verbeten: er wollte die weite Terrasse nicht beeinträchtigen lassen. Das ist architektonisch

Ludwig Mies van der Rohe, Neue Nationalgalerie, Berlin 1965–68, Ansicht

konsequent gedacht: kein Zweifel, der Pavillon bedarf dieser Weite. Optisch ist sogar der Statuenhof in den Unterbau eingeschlossen. Er ist aus der Terrasse ausgehöhlt, und von außen sieht man ihn nicht. Der Freiraum zwischen dem Pavillon und der niedrigen Mauer, die den Statuenhof begrenzt, ist immer noch weit genug: weit genug im Sinne der architektonischen Wirkung; aber was geschieht auf dieser Terrasse? Man sieht dort bestenfalls kleine Gruppen von Menschen. Sie gehen umher, um Abstand vom Pavillon zu gewinnen oder in den Statuenhof hinabzublicken. Als Freiraum hat die Terrasse keinen Sinn. Sie ist ein verlorener Raum. Man wünscht tausend Menschen dort zu sehen; aber was sollten die dort? Mir ist aus der ganzen Baugeschichte kein Gebäude bekannt, welches räumlich einen so großen, einen so leeren Anspruch stellt: das Parthenon ist ungleich bescheidener gewesen: vor seiner Westfront lagen mehrere abgeschlossene Tempelbezirke. Man mußte, von den Propyläen kommend, nördlich an dem Tempel vorbeigehen, um den Freiraum vor der Ostfront zu erreichen; und der war kein leerer Freiraum: er enthielt den Altar; dort versammelte sich das Volk. Der Eingang in den Tempel war nur wenigen gestattet. Bei der Galerie dient der weite umgebende Freiraum lediglich der Erhöhung und Befreiung des Pavillons. Architektur wird hier zur Abstraktion. Hätte der Pavillon eine erhöhte Bedeutung, wäre er Tempel, Versammlungsstätte, sogar Denkmal, so möchte dieser Aufwand al-

Ludwig Mies van der Rohe, Neue Nationalgalerie, Berlin 1965–68, Innenraum oben

lenfalls gerechtfertigt erscheinen; aber der Pavillon ist nichts dergleichen; er *wirkt* bedeutend; was immer er enthält: der Blick ins Innere bewirkt eine Antiklimax.

Wir haben noch nicht von der Qualität des Gebäudes gesprochen. Mies' Vermächtnis an Berlin ist des Meisters würdig. Der Gedanke des ungeheuren Raumes, welcher durch seinen Glasmantel gleichzeitig spiegelnd abgeschlossen und transparent gemacht ist, wurde vollständig realisiert. Die Kritik, welche gleichwohl auch am Pavillon geübt werden muß, werden wir später vorbringen. Im Augenblick beschäftigt uns der Sinn des Gebäudes und seine Darstellung durch den Architekten. Treten wir also ein: die breite Freitreppe, die schöne Weite der Terrasse zwischen ihr und dem Eingang, läßt Offenheit erwarten; aber der Eingang erfolgt durch zwei enge Drehtüren. Eine funktionale Notwendigkeit für diese jähe Beschränkung vermag ich nicht zu erkennen; denn die Drehtüren dienen nicht der Kontrolle: die Sperrkette der Ausstellung befindet sich in weitem Abstand hinter den Türen.

Dem Eintretenden bietet sich der riesige, freie Raum. Man fühlt sich versucht, in ihn einzudringen, auch wenn man eigentlich vorhatte, lediglich das Museum zu besuchen. Dieser Effekt mag beabsichtigt worden sein: der Eintretende soll in die Ausstellung gelockt werden, etwa wie ein geschickt angeordneter Ladeneingang den Kunden ins Innere des Landes locken soll. Indem wir das aussprechen, weisen wir bereits auf die Inkongruenz der Anordnung hin: es ist legitim, den Kunden mit allen Mitteln der Kunst in den Laden zu locken; es ist zweifellos weniger legitim, Leute, die Caspar David Friedrichs Bilder sehen wollen, mit sanfter Gewalt dazu zu zwingen, vorher eine Ausstellung von Pop-Kunst zu sehen. Wer die Ausstellung partout nicht sehen will, fühlt sich in der riesigen Halle nur für einen Augenblick geduldet. Er kann es dabei nicht vermeiden, in die Ausstellung hineinzusehen. Was immer sie zeigt: kleine Bilder, große Objekte oder eine Kombination von beiden: sie setzen sich dem zwingend großen Raum gegenüber nicht durch, und doch beeinträchtigen sie ihn. Der Raum könnte nur wenige, recht große Objekte ‚vertragen‘: etwa zwanzig (maximum) Sportflugzeuge, die von der Decke hängen würden. Das entspräche kaum dem Begriff „Kunstausstellung“.[1] Die Halle ist also ihrem Inhalt nicht angemessen — und der Inhalt nicht ihr.

So viel sieht der für den Augenblick geduldete Museumsbesucher. Er kann es nicht vermeiden, und darum konnten auch wir es nicht vermeiden, schon jetzt davon zu sprechen. Er bemerkt noch mehr: die merkwürdigen Verzerrungen, mit denen das große, gefächerte Dach sich dem Aufblickenden darstellt.[2] Mit dem Gefühl, geduldet zu sein, bedrängt den Museumsbesucher bereits die Ahnung der Inkongruenz dieser Halle: Widerspruch zwischen dem Raum und seinem Inhalt; und daß der Raum als Raum nicht faßbar ist.

Der Museumsbesucher gibt Mantel und Tasche an der Garderobe ab, die hier den Raum verstellt, und findet die Treppe in den Keller. Es gibt deren zwei, der Symmetrie wegen: der Verkehr zwischen dem Pavillon und dem Museum ist niemals so stark, daß die Verdoppelung der Treppe sachlich begründet wäre. Ob sie künstlerisch zu begründen ist, scheint sehr die Frage. Die großen, symmetrisch angeordneten Treppen des Barock hatten zeremoniale Bedeutung: sie stellen einen jener Umwege, musikalischen Vorhalte auf dem Wege dar, der zum Sitz der Macht führt: sie erweisen sich als Bühne für die Zeremonie des Aufstieges, wenn der Strom der Ankommenden sich auf ihnen teilt, um oben sich wieder zu vereinigen. Sie entsprechen also dem Sinn des barocken Schlosses und nehmen an der Darstellung dieses Sinnes teil.

Nichts dergleichen geschieht hier, zwischen Pavillon und Museum: dem Eintretenden wird die Symmetrie der Treppen nicht sichtbar; und dem, der das Museum verläßt und wieder hochsteigt, erscheint sie überflüssig: sie bewirkt jene Verlegenheit, die jede unnötige Wahl begleitet. Die Symmetrie der Treppen ist

---

1 Ausstellungen von Staffeleibildern finden dort wohl kaum mehr statt; wenigstens hat der Direktor, Professor Haftmann, es mehrmals vorgezogen, einen Teil des Museums auszuräumen, um (z. B. Whistlers) Gemälde zu zeigen.

2 Der Meister hatte eine an den Dachträgern aufgehängte Decke geplant. Ob dadurch die Verzerrung aufgehoben worden wäre, kann man nicht mit Gewißheit sagen, da die Dachkonstruktion außerhalb des Raumes, unter dem Dachüberstand von 7,20 m Tiefe sichtbar geblieben wäre: die gewaltige Konstruktion ist optisch für einen, der im Raum steht, nicht zu erfassen. Dieser Effekt mag beabsichtigt worden sein.

also womöglich noch abstrakter als die große Terrasse, von deren sinnfreiem Charakter wir gesprochen haben: konnte man dort den Abstand des Gebäudes von der banalen Umwelt als künstlerisch richtig – im abstrakten Sinne – werten, so vermag ich für die Zwiefalt der Treppe gar keine Begründung zu finden: hier handelt es sich um eine reine Grundriß-Symmetrie. Es ist aber wohl noch niemand die Treppe – eine der beiden – hinabgestiegen, ohne zu wünschen, daß *eine* Treppe, aber eine bequeme, diesen Zugang vermitteln sollte; denn die Treppen sind zu steil. Sie hatten sich in den Raster des Grundplanes einzufügen – wieder aus abstrakt-formalen Gründen –, und das hat sie als Treppen entwertet. Es sei gestattet, auf eine Einzelheit dieser Treppen hinzuweisen, welche die Unbequemlichkeit, man möchte sagen mit Fleiß, zur Darstellung bringt: die Handläufe. Sie sind aus Stahl und haben quadratischen Querschnitt. Wer unbedacht genug ist, sich auf den Handlauf zu stützen, macht eine unangenehme Erfahrung: er hat ein Gefühl, als ob er sich in die Handfläche schneide. Dieses Detail summiert sozusagen den ganzen Bau: allenthalben wird die Bequemlichkeit für den Benutzer den Erwägungen der stilistischen Konsistenz geopfert.

Welchen Stiles Konsistenz ist das? Das Werk Mies van der Rohes ist, mit sehr wenigen Ausnahmen, die ganz am Beginn seiner Arbeit liegen (gläserne Bürotürme, Büro-Hochaus am Bahnhof Friedrichstraße, beide von 1924), der holländischen ‚Stijl'-Bewegung verpflichtet. Die Männer des ‚Stijl' haben ein Ornament erarbeitet, in welchem rechteckige Flächen und Linien, die miteinander rechte Winkel bilden, sich in einem dynamischen Gleichgewicht befinden. Piet Mondrian hat diese Kunst zur Vollendung geführt. Den Architekten der zwanziger Jahre, welche sich vom Ornament befreien wollten, bot sich die ‚Stijl'-Formel als ein Mittel an, den baulichen Zusammenhang lediglich aus der Anordnung der Massen und Flächen zu gewinnen. Daß dabei der ganze Bau zum Ornament wurde, hat sie nicht gestört. (Was anderes ist der Barcelona-Pavillon als eine Mondrian-Komposition in drei Dimensionen?) Mies van der Rohe ist nicht der einzige Architekt gewesen, der die ‚Stijl'-Formel aufgegriffen hat: Gropius, Neutra, selbst Mendelsohn haben sich ihrer bedient. Mies hat sie in seinem amerikanischen Werk insofern überwunden, als dort nicht mehr, wie in Barcelona, der Baukörper durch sie bestimmt wird: die Körper seiner amerikanischen Bauten sind fast ohne Ausnahme rechtwinklige Prismen, deren Glashaut durch das Stahlskelett strukturiert wird. Dem ‚Stijl' verpflichtet bleibt die Art, wie er solche Prismen einander zuordnet (Campus des I.I.T. in Chicago), und die innere Aufteilung der Räume, zu der auch die unverrückbare Anordnung der Möbel gehört. Betrachtet man den Grundriß des Pavillons in Berlin, so wird man das ‚Stijl'-Ornament unschwer erkennen. ‚Stijl' verlangt aber, daß jede Einzelheit des Gebäudes aus rechtwinkligen Prismen besteht: daher der prismatische Handlauf, dessen Berührung Unbehagen bereitet.

Der Abstieg in den Keller ist aber auch an sich unangenehm. Er ist inadäquat. Nach dem gewaltigen Eindruck des oberen Raumes wird das niedrige und dunkle Museum beim Eintritt entwertet. Man kann beobachten, daß die Herabsteigenden nach oben sehen: zurück zur Decke des Pavillons, als wollten sie sagen: wir tauchen nur für einige Zeit in diese Bilderkatakombe unter; wir kommen wieder. Lassen wir es uns nicht verdrießen, den ganzen Vorgang des Zugangs zum Museum hier zu wiederholen: breite, sanfte Freitreppe und schöner Blick auf den Pavillon, Barriere der Drehtür, Einblick und Aufblick: grandios, doch verwirrend: ein verbotenes Paradies, das man sich vornimmt, später zu erforschen, dessen kleinliche Einbauten (Garderoben) die Laune immerhin beschatten – Abstieg (unbequemer und durch die Verdoppelung der Treppe verwirrender Abstieg) ins Niedere und Dunkle: ein weniger konsistenter Zugang zu einem Museum ist schwer vorzustellen. Hier drängt sich die Betrachtung auf, daß dieser große Architekt den Vorgang des Zugangs zu einem Bauwerk sehr selten befriedigend gestaltet hat. Man braucht nur an das Haus Tugendhat in Brno zu denken: der Zugang zu den Gesellschaftsräumen ist dem zur Nationalgalerie darum vergleichbar, weil auch in Brno der Weg nach unten führt. Der Besucher steht vor dem niedrigen Schlafzimmergeschoß des Hauses. Er entdeckt den Eingang – ein Mauseloch –, indem er sich nach links wendet, hinter dem halbrunden Glasmantel des Treppenhauses. Eingetreten wendet er sich sofort zurück und steigt die Wendeltreppe hinab ins Dunkle, wobei er sich noch einmal um 180 Grad dreht. Unten kommt er ,irgendwo' an: Die Organisation der Gesellschaftsräume wird ihm erst nach einigen weiteren Schritten evident. Adolf Loos hat gesagt, der Eintritt in ein Haus müsse so beschaffen sein, daß ein böswilliger Besucher seine Feindschaft mit seinem Hut in der Garderobe zurückläßt. Das ist beim Hause Tugendhat nicht so. Man denke daran, wieviel überzeugender – im Sinne von Adolf Loos – ein weit weniger berühmter Architekt, Hermann Muthesius, seine Zugänge gestaltet hat: im Hause Freudenberg etwa oder im Hause Cramer: man wird nicht umhin können, hier ein Manko der miesischen Architektur zu erkennen. Nach dem bisher Gesagten kann man sich allerdings kaum darüber wundern: diese Architektur behandelt den Benutzer mit souveräner Verachtung. Kehren wir nach diesem Exkurs zur Nationalgalerie zurück. Wir haben den Eintretenden im Halbdunkel des Empfangsraums stehen lassen. Er gewöhnt sich an das (im Vergleich zum Pavillon) spärliche Licht und erkennt Bilder. Das wird ihm dadurch erleichtert, daß hier wenige große und sehr effektvolle Gemälde ausgestellt sind. An dieser Stelle entspricht das Museum in etwa dem Gedanken, welchen der Meister in einigen Skizzen wiedergegeben hat, die ebenfalls im Vorraum ausgestellt sind: man erblickt weite und streng strukturierte Räume, in welchen große und bezeichnende Kunstwerke – Guernica, eine Plastik von Lehmbruck – Knotenpunkte des räumlichen Gefüges bilden. Sie sind gute zehn Meter voneinander entfernt aufgestellt. Ihre Wirkung im Raum und mit dem Raum ist außerordentlich: Vorbild ist offenbar jene Figur von Lehmbruck gewesen, welche in dem halb überdeckten Teich des Barcelona-Pavillons stehend die einzige organische Form in diesem Gebäude gewesen ist. Man könnte die Skizzen zur Nationalgalerie überschreiben: architectura cum figuris. Hier stellt der Meister den Gedanken dar, von welchem der Entwurf ausgegangen ist: die Raumstruktur und die wenigen Kunstwerke, welche in ihr aufgestellt sind, bedingen einander. Hätte die Stadt Berlin es sich leisten können, ein solches Kunstwerk: ein Epitom der Kunst unseres Jahrhunderts zu errichten, so wäre ein bedeutsames Gebäude entstanden: ein Gebäude, welches, wie damals der Auftraggeber des Barcelona-Pavillons dem Architekten mitgeteilt hat, selbst das Objekt der Ausstellung sein sollte. Das konnte die Stadt nicht. Wahrscheinlich hat man die Skizzen des Meisters nicht verstehen dürfen; denn daß man sie verstanden hat, möchte ich nicht bezweifeln. Gleichviel: Mies hat den Auftrag erhalten, ein Museum zu bauen; und er hat diesen Auftrag angenommen. Das Ergebnis ist ein Kompromiß.

Mies' Skizzen zeigen den Teil des Hauses, welcher durch eine ununterbrochene Glaswand mit dem Statuenhof kommuniziert. Der Raum ist dort durch Wandschirme gegliedert, oder, wie im Falle des Gemäldes Guernica, durch die Fläche des Bildes selbst. Der ganze, tiefe Raum des Museums war auf diese Weise nicht zu strukturieren, da nur die Raumteile unmittelbar am Statuenhof genügend Licht durch die große Glaswand empfangen hätten. Der Teil des Museums, der unter dem Pavillon liegt, wurde auf konventionelle Art in Säle und Galerien aufgeteilt. Geschlossene Räume widersprechen aber dem Grundsatz der miesischen Architektur. Es ist wahr: er hat oft geschlossene Räume bauen müssen: alle seine Hochhäuser in den USA, Apartmenthäuser und Bürohäuser, enthalten geschlossene Räume. Indem er sie alle hinter der kontinuierlichen Glaswand angeordnet hat, welche immer die Außenhaut seiner Gebäude ist, hat er dem Prinzip seiner Architektur etwa entsprochen. Die großen Säle und Galerien der Nationalgalerie aber sind Binnenräume. Für dieses seiner Kunst fremde Thema hat Mies nicht eigentlich mehr zu leisten vermocht, als ein anderer geleistet hätte: die Säle und Galerien des Museums sind ohne Distinktion. Wer Mies' Raumkunst erfahren will, kann diese Erfahrung im Pavillon gewinnen. In den Räumen des Museums gewinnt er sie nicht.

Die Unterteilung des Ausstellungsraumes durch feste Wände macht das Lichtproblem vollends evident. Es gibt im Museum drei Arten von Licht: das künstliche Licht des Vorraumes, des Saales für Zeichnungen und des Hauptraumes, in dem Werke von Munch und Beckmann ausgestellt sind; das weiße Licht der Galerien, welche unmittelbar an den Statuenhof angrenzen; und das Zwielicht in den Galerien, die zwischen beiden liegen. Der ganze Raumteil zwischen den geschlossenen Sälen und dem Statuenhof ist durch Wandschirme gegliedert. Der ursprüngliche Grundriß — er wurde mit einigen leichten Veränderungen ausgeführt — wirkt auf den ersten Blick überzeugend: man erkennt unschwer das Mies-Mondrian-Ornament. Man erkennt das freie Spiel der Wandschirme und der Stützen, obwohl die beiden Hauptstützen: Substrukturen der Pfeiler, welche das Dach des Pavillons tragen, unsichtbar bleiben: sie sind eingekastelt. Den Skizzen des Meisters entspricht dieser Teil der Räume jedoch nicht: Mies hat zu viele Wandschirme anordnen müssen, um Wände für die Bilder des Museums zu schaffen. Das Licht vom Statuenhof dringt nur schwach in die rückwärtigen Galerien ein; und die Übergänge wirken peinlich. Es ist, um nur ein Beispiel zu nennen, nicht mög-

Ludwig Mies van der Rohe, Neue Nationalgalerie, Berlin 1965–68, Innenraum unten

lich, das Menzelsche Balconzimmer zu genießen: es hängt am Ende einer Wand eben da, wo das weiße Licht vom Statuenhof in das Halbdunkel der Zwischengalerie eindringt.

Das Licht vom Statuenhof ist in der Tat weiß, was damit zusammenhängt, daß es zum Teil von dem mit Steinplatten belegten Boden des Hofes und von seiner hellen Abschlußmauer reflektiert wird. Dieses Licht zerfrißt die dort hängenden Gemälde: man kann es nicht anders ausdrücken. Besonders trifft das für die Bilder zu, welche an der Rückwand der Räume hängen: sie sind diesem weißen Licht frontal ausgesetzt. Hier hängen einige der zartesten, farbig subtilsten Gemälde der Galerie. Menzel ist auch hier das Opfer: es ist schlechterdings unmöglich, diese Bilder zu sehen. Noch schlimmer steht es um eines der beiden Bilder von Constable, die dort hängen: ich habe jeden Abstand und jeden Winkel versucht; Man kann dieses wunderbare Bild nicht erkennen. Die Wände, welche der Glaswand zum Statuenhof gegenüberliegen, sind zur Ausstellung von Bildern ungeeignet. Nur Wände, welche zum Licht senkrecht stehen, genügen allenfalls ihrer Aufgabe. Das Verdikt ist, kühl und schlicht: dieses Museum ist schlecht geplant. Man braucht nicht einmal an das Brücke-Museum zu denken, um dieses Urteil bestätigt zu finden: die gleichen Gemälde kamen im Schloß Charlottenburg ungleich besser zur Geltung. Das ist in der Tat ein lamentables Ergebnis:

Berlin hat Millionen ausgegeben, und seine Bilder sind weniger gut zu sehen als vorher in Charlottenburg.

Wäre es nur das Lichtproblem ...: aber diese langen Galerien: fünfzig Meter Wand mit Bildern sind die älteste und schlechteste Form der Museumsarchitektur. Beim Eintritt in eine von ihnen schöpft man tief Atem, zieht den Gürtel straff und begibt sich an die Arbeit: die hoffnungslose Arbeit, die dreißig Gemälde, die vor einem aufgereiht sind, zu ,schaffen'. Das ist das Ergebnis des Kompromisses, der darin besteht, daß man aus der architectura cum figuris doch noch ein Museum hat machen wollen.

Nach diesem deprimierenden Ausflug in den Keller kehren wir (über die zu steile Treppe) in den Pavillon zurück. Wir zahlen jetzt den Obulus und dringen in sein Inneres ein. Im Raum fallen besonders die beiden mit grünem Marmor verkleideten „Pfeiler" auf; wenigstens wirken sie auf den ersten Blick wie Pfeiler. Sieht man näher hin, so bemerkt man, daß sie das Dach nicht tragen: die Marmorverkleidung hört unter dem Untergurt der Dachträger auf, und darüber werden dunkelgraue, formlose Massen sichtbar. Diese wären durch die vom Architekten geplante untergehängte Decke verborgen worden. In diesem Falle jedoch hätten die beiden grünen „Pfeiler" noch mehr den Eindruck gemacht, als trügen sie. In Wahrheit sind das Rohrschächte. Es ist entscheidend wichtig, daß der Beschauer diese beiden großen Gegenstände nicht als Pfeiler versteht; denn der ganze „Witz" des Pavillons ist eben der freie Spann: das Dach, 65 mal 65 Meter, wird lediglich von acht Stahlstützen getragen, welche zudem weit außerhalb des Glasmantels stehen, der den Raum umhüllt. Diese technische Sensation ad oculos zu demonstrieren, mußte dem Architekten wichtig sein. Wer den Bau hat entstehen sehen, erinnert sich, daß das Dach auf der Baustelle zusammengeschweißt wurde. Es streckte damals alle acht Beine von sich, und sie wurden hereingeholt, während das Dach hydraulisch emporgehievt wurde, bis sie am Abend senkrecht standen. „Und als das große Dach sich lautlos hob", sagte Mies beim Richtfest, „da habe ich gestaunt". Das Staunen sollte im fertigen Bau dem Beschauer erhalten bleiben.

Diese Konstruktion hat in Mies' Werk eine lange Geschichte. Sie geht zurück auf das quadratische Einfamilienhaus von 15 mal 15 Metern Fläche von 1950/51. Beim ersten Entwurf wurde das Dach des Hauses an parallel angeordneten Rahmen aufgehängt, ähnlich wie das Dach der Crown Hall im Illinois Institute of Technology in Chicago. Dann bemerkte Mies, daß einem quadratischen Grundriß eine Anordnung überkreuz der Stützen besser entspreche. Sie stehen jedesmal in der Mitte der Quadratseite und tragen ein gefächertes Dach aus zusammengeschweißten Stahlträgern. Beim Pavillon der Nationalgalerie wie bereits beim Verwaltungsgebäude (Entwurf) für Bacardi in Santiago de Cuba, erheblich größeren Quadraten, wurden an jede Seite zwei Stützen gestellt. Es wäre bei diesen großen Dächern logisch gewesen, das Dach mit einem Doppelkreuz von Rahmen zu konstruieren: ein doppelt kreuzweis verschnürtes Paket. Das wäre statisch richtiger, weil ökonomischer gewesen; denn in den Trägern, welche die acht Stützen miteinander verbinden, treten, besonders an den Auflagern, erheblich größere Spannungen auf als in den sekundären Gliedern des Daches.

Eine Rückkehr zur Rahmenkonstruktion jedoch widerstrebte Mies: nicht umsonst wollte er im zweiten Projekt für das Haus von 15 mal 15 Metern Grundfläche die Befreiung vom Rahmenbau vollzogen haben: er sah das Dach als eine gefächerte Platte. Die Statik bietet für ein Dach als in sich stabile Platte die Möglichkeit des sogenannten räumlichen Tragwerkes an: einer Konstruktion aus dünnen Stahlstäben (meistens Rundstäben), welche im Dreiecksverband angeordnet sind. Diese Lösung hat Mies für die noch erheblich größere Convention Hall vorgesehen, welche für Chicago entworfen wurde. Dort ist auch die Wand im Dreiecksverband ausgebildet. Das ist der nächste Schritt in der konstruktiven Architektur Mies van der Rohes. (Es ist bemerkenswert, daß er bereits kurz nach dem Entwurf für das Haus von 15 mal 15 Metern Fläche, 1954/55, gewagt wurde.) Der Berliner Bau gehört der Reihe an, welche von dem Haus von 15 mal 15 Metern Fläche ausgeht. Für ein Quadrat von 65 mal 65 Metern ist jedoch das gefächerte Stahlträgerdach nicht nur darum kostspielig, weil die sekundären Glieder die Höhe der Hauptträger haben, sondern weil das riesige Gefach ebenso wie das des kleinen Hauses von 1951 aus einzelnen Stücken zusammengeschweißt werden mußte. Im Verhältnis zur Größe des Daches sind die Stücke erheblich kürzer als damals beim Haus von 15 mal 15 Metern; und es sind ihrer viel mehr. Das ist keine effektive Konstruktion, keine, welche die Möglichkeit des modernen Stahlbaues voll ausnutzt.

Mies hätte also auf seine Stahlstützen eine leichte Stabkonstruktion setzen können: ein räumliches Tragwerk. Das hätte jedoch seiner künstlerischen Absicht nicht entsprochen. Er wollte eine moderne Konstruktion, den Stahlträgerbau, so darstellen, daß sie die Qualität des Monumentalen gewann. „Baukunst" sagt er, „wurzelt mit ihren einfachen Gestaltungen noch ganz im Zweckhaften, reicht aber hinaus durch alle Wertstufen bis in den höchsten Bereich geistigen Seins, in die Sphäre der reinen Kunst."[3] Da er dem Stahlträgerbau monumentale Qualität geben wollte, ging er aber auch in dieser Konstruktion nicht so weit im Ausdruck der statischen Logik, wie er bereits in der vorigen Entwicklungsreihe, der Reihe der Rahmenbauten mit untergehängtem Dach (Crown Hall), gegangen war: seinem Bestreben, monumental zu bauen, genügte diese ingenieurmäßige Konstruktion nicht mehr. Darum nahm er die statische Inkonsistenz in Kauf, welche das gefächerte, aus Trägerstücken zusammengeschweißte Dach darstellt.

Das eben erwähnte Studienprogramm — es bezieht sich auf seine eigene Lehre am I.I.T. in Chicago — ist für Mies' Auffassung bezeichnend. Auf die erste Stufe der Lehre: wissenschaftliche Grundlagen, Übungen des Auges und der Hand folgt als zweite Stufe das Studium der Materialien und der ihnen entsprechenden Konstruktionen; dann erst das der Inhalte (Funktionen) und anschließend das der

3 ‚Leitgedanken zur Erziehung in der Baukunst', angeführt in: Werner Blaser, Mies van der Rohe. Studiopaperback, Verlag für Architektur Artemis, Zürich 1972, S. 50.

Fragen des Städtebaues. „Zuletzt und als Synthese der ganzen Lehre erfolgt eine Einführung in die künstlerischen Grundlagen des Bauens, in das Wesen des Künstlerischen, die Art und Anwendung seiner Mittel und seine Verwirklichung im Bauwerk." Dabei „soll erforscht werden, worin unsere Epoche mit den früheren übereinstimmt und worin sie sich in materieller und geistiger Hinsicht unterscheidet." Das Studium der Geschichte soll der Bekräftigung dieser Unterschiede dienen, da jede Architektur „an eine bestimmte nicht wiederholbare historische Situation gebunden" ist. Gleichzeitig soll es dazu dienen, „in ihrer [der Bauten der Vergangenheit] Größe und Bedeutung einen architektonischen Maßstab zu gewinnen". Drei Dinge scheinen mir an diesem Studiengang bemerkenswert:

1. Das Primat der Konstruktion.
2. Das Bauwerk als Verwirklichung „des Künstlerischen", welches als eine übergeordnete Qualität begriffen wird. (Hierzu gehört auch, daß an den großen Bauwerken der Vergangenheit ein architektonischer Maßstab gewonnen werden soll).
3. Die Einsicht in die unwiederholbare historische Situation, welcher die vergangenen Architekturen wie die gegenwärtige entsprechen, und die aus dieser Einsicht abgeleitete Verpflichtung ‚zu eigenen schöpferischen Leistungen'.

Wie weit Mies in der Umwandlung des Stahlträgerbaues in ein Werk der reinen Kunst gegangen ist, wird besonders an den sich verjüngenden Stützen der Nationalgalerie deutlich. In einem Interview mit der „Bauwelt" hat er berichtet, daß er Hugo Häring, dem Meister des „organhaften Bauens", zugerufen habe: „Der Stahlträger kommt doch auch nicht gebogen aus der Walze!" Er hat sich Häring gegenüber auf die fabrikmäßige Herstellung der Elemente des Stahlbaues berufen. Eben damals aber war die Nationalgalerie bereits im Bau. Man hätte ihm, beinahe mit seinen eigenen Worten, zurufen können: „Der Stahlträger kommt doch auch nicht an einem Ende dünner als am anderen aus der Walze!" Eine Inkonsistenz dieser Art nimmt sich der Künstler nicht übel; und wir sollten sie ihm nicht übelnehmen; denn selbstverständlich überzeugt die Verjüngung der Stützen: ohne sie wäre ein technisches Bauwerk entstanden.

An dieser Stelle müssen wir der Baugeschichte Erwähnung tun. Die Verjüngung ist in der Antike der adäquate Ausdruck des Tragens gewesen. In seinem Streben nach Monumentalität verleugnet Mies das Erbe der Baugeschichte nicht, obwohl er sie auf seine Weise interpretiert; denn während sich im dorischen Tempel das ausladende Kapitäl am Kopf der Säule der Last des Balkens entgegenstemmt und der Verjüngung durch jähe Verbreiterung antwortet: die Last wird in den engen Säulenhals hinabgezwungen, die Säule stemmt sich vom Boden her zu diesem engen Hals empor, führt Mies durch das Kugelkapitäl an eben dieser dramatischen Stelle des Austrages zwischen Last und Kraft ein Element des Schwebens ein: die Lastübertragung wird in dem geballten Kapitäl für einen Augenblick aufgehoben. Das ist dem neuen Material Stahl gerecht. Nur in der Stütze selbst wird die antike Idee bekräftigt. Mies ist nicht der einzige Architekt gewesen, der schließlich zu einer Affirmation des Erbes mit den Mitteln des zeitgenössischen Ingenieurbaues gelangt ist. Auguste Perret, mit dem vieles ihn verbindet, hat Ähnliches im Stahlbetonbau versucht. Er ist sogar weiter gegangen als Mies und hat das einigermaßen haarsträubende Experiment durchgeführt, die Entasis (Schwellung: la galbe) der antiken Säule in Beton auszuführen: das Experiment nennen wir einigermaßen haarsträubend, weil die Einschalung des Stahlbetons sich ihm widersetzt. Perret hat sich ebensowenig gescheut wie Mies, zugunsten der monumentalen Wirkung den Bedingungen des modernen Materials entgegenzuarbeiten und damit recht eigentlich das moderne Material zu verleugnen. So weit geht der Künstler in dem Bestreben, die moderne Technik monumental zu gebrauchen. Der Bau der Nationalgalerie ist ohne den Gedanken an diese Rücksicht nicht zu begreifen.

So wird auch die Marmorverkleidung der Rohrschächte begreiflich: ein Bündel von Rohren, vielleicht in verschiedenen Farben angestrichen, wie man sie bisweilen in modernen Bauten sieht, wäre in diesem Bau allerdings fehl am Platze gewesen. Eben darum aber ist das jähe Aufhören der Verkleidung oben, unter dem Dach inkonsistent. Wir haben bereits erwähnt, daß die geplante Decke unter den Dachträgern diese Inkonsistenz verdeckt haben würde, daß aber dann der Eindruck noch verstärkt worden wäre, daß diese Schächte tragen. Der Widerspruch war nicht zu lösen.

Daß die Schächte so stark sein müssen, daß sie schon durch ihre Masse den Eindruck tragender Bauglieder machen, liegt wieder an den Bedingungen, die der Architekt sich selbst auferlegt hat: die großen Fensterflächen bedürfen einer Klimatisierung von bedeutender Effektivität, um nicht zu beschlagen. Wer in die technischen Räume des Baues hineinsieht, bemerkt mit Erstaunen die gewaltigen Rohrwindungen der Warmluftanlage. Dem Museumsbesucher freilich bleiben sie unsichtbar. In dem scharf geschnittenen, zartgliedrigen Bau wirken diese unförmigen Gedärme äußerst fremd; aber sie sind seine Bedingung, so wie Schmutz, Schweiß und Leiden der industriellen Arbeit die Bedingungen unserer leichten und elegante Zivilisation sind. (Man denkt an Hofmannsthals „Manche freilich müssen drunten sterben". „Manche" ist ein bezeichnender Euphemismus.) In der Massigkeit der Pfeiler wird diese Bedingung beinahe sichtbar: ich sage „beinahe", weil eben das Mißverständnis, daß man sie für Pfeiler hält, ihre Gegenwart letzten Endes doch verbirgt (und weil die Marmorverkleidung sie ‚zivilisiert').

Wir stehen hier vor dem bemerkenswerten Versuch, die Technik des Bauens, welche unserem Jahrhundert angehört, unverhüllt zur Darstellung zu bringen und sie gleichwohl für die Architektur zu erobern. Auch dieser Versuch hat bereits eine lange Geschichte. Der Schinkel-Vortrag vom 13. März 1846 von Bötticher ist, irre ich nicht, ihr Beginn: Bötticher begründet als Theoretiker eine Verpflichtung der Architektur, nach der Erschöpfung der architektonischen Möglichkeiten, welche die Darstellung der beiden statischen Bedingungen des Druckes und des Schubes geboten habe, sich nunmehr einem Baumaterial zuzuwenden, welches Zugspannungen zu übertragen geeignet sei, nämlich dem Eisen. Henri Labrouste hat in seinen beiden Bibliotheksbauten in Paris die ersten praktischen Demonstrationen der Möglichkeit unternommen, den Baustoff Eisen für die Architektur zu gewinnen — und Gottfried Semper hat ihm widersprochen und behauptet, es gebe diese Möglichkeit nicht: der Baustoff entbehre der Masse, und Masse sei eine Vorbedingung der Architektur.

Dieser Streit geht von den vierziger Jahren des vorigen Jahrhunderts bis zum Ersten Weltkrieg weiter, und Lotze (der Philosoph), Streiter (ein Theoretiker, der gegen Lotze, also gegen die Anwendung des Eisens gesprochen hat), Ruskin (der eine ähnliche Position einnimmt), Gurlitt, Muthesius (beide Befürworter einer Eisen- oder Stahlästhetik), endlich Walter Gropius (gegen den Metallbau!) sind auf beiden Seiten die Protagonisten. Viollet-le-Duc hat die Notwendigkeit für die Architektur, sich mit dem neuen Baustoff auseinanderzusetzen, am genauesten begründet und hat selbst einige Versuche (Entwürfe) in dieser Richtung unternommen. Da — so seine These — Architektur zu allen Zeiten ihre Formen aus der genauen Beachtung der konstruktiven Bedingungen empfangen habe, und da die Konstruktion stets die dem jeweils verfügbaren Baumaterial inhärenten Möglichkeiten ausnutzt, so werde dem Metallbau die Zukunft der Architektur gehören.

Sein Einfluß auf die Theorie und die Praxis unseres Jahrhunderts kann nicht hoch genug eingeschätzt werden: ihm ist es zu danken, daß Mies van der Rohe sich einen Gotiker genannt hat. Das wird viele wundern: man ist gewohnt, Mies' Architektur in die Linie Schinkel-Behrens zu setzen: die Linie eines konstruktiven Klassizismus. Da aber Viollet die Gotik als den konstruktiven Stil katexochen aufgefaßt hat, da alles, was er über die Bedingung anderer Stile gesagt hat, von den Entdeckungen ausgeht, welche er beim Studium der französischen Gotik gemacht hat, so haben die, welche nach ihm kamen, seine Gleichsetzung von Gotik und Konstruktion übernommen. Auch Mies hat das getan. Auguste Perret hat Viollets These auf den Stahlbetonbau angewandt. Sein Werk entspricht einer weniger abstrakten, weniger modernen Stufe dieser Entwicklung: nur in seinen technischen Bauten, wie der Verkaufshalle für die Firma Esders, wird die Konstruktion rein zur Darstellung gebracht. In seinen Theatern, Museen, Wohngebäuden folgt Perret der Tradition bewußter und enger als Mies. Das mag daran liegen, daß er der Generation vor Mies angehört. Es mag etwas mit dem Unterschied zwischen dem Material Beton und dem Material Stahl zu tun haben: der Beton sieht dem Stein (und dem Holz) ähnlicher als der Stahl. Die Stahlsträhnen, welche im Beton die Zugspannungen aufnehmen, werden nicht sichtbar; und der Beton wird nicht in der Fabrik hergestellt, sondern auf der Baustelle. Es mag auch mit dem Unterschied zwischen Frankreich und Deutschland zu tun haben: mit der stärkeren Bindung an die Überlieferung dort und der Fähigkeit, unbeschwert von überkommenen Werten ins Neue aufzubrechen, hier: einer Fähigkeit, notabene, die auf eine mindere, eine bereits stärker verfälschte Tradition hinweist, möglicherweise sogar hierdurch bedingt wird. Gerade Mies aber bricht nicht ins völlig Neue auf, ins Voraussetzungslose: moderner als Perret folgt er gleichwohl den selben Tendenzen.

Gerade weil er moderner ist und in einem Material arbeitet, welches seine industrielle Herstellung zur Schau stellt, werden die Widersprüche in seinem Werk deutlicher sichtbar als in dem von Perret: er geht so weit, die Stahlkonstruktion an einem bestimmten Punkt ihrer Entwicklung zu arretieren, und sogar dann noch ist er genötigt, sie zu verfälschen. Die Aufgabe, den Stahlbau für die Architektur zu erobern, verlangt dieses Opfer. (Er verlangte es bereits im Werk von Labrouste). Dürfen wir daraus folgern, daß die Aufgabe falsch gestellt ist, daß die Entwicklung des Stahlbaues keinen Kompromiß mit der Architektur, wie sie uns überkommen ist, gestattet? Die Frage stellen heißt sie beantworten.

Die Widersprüche, welche wir in diesem bewunderswerten Bauwerk aufgedeckt haben, sind alle, scheint mir, auf einen Grundwiderspruch bezogen: wir haben gefunden, daß das Gebäude in keinem Punkte seiner Funktion genügt: die Funktion wurde allenthalben der Form, also der Architektur (im überkommenen Sinne) geopfert. Wir haben eben gesehen, daß auch die Konstruktion sich der Architektur bequemen muß. Mies selbst hat sich zu diesem Einwand geäußert, den er erwarten durfte: es sei abwegig, einen Bauplan genau auf die Funktion zu beziehen, der das Gebäude dienen solle, da Funktionen sich ändern. Ein Gebäude müsse imstande sein, mehr als einer Funktion zu dienen. Das ist ein Standpunkt, der von Leuten einer viel jüngeren Generation vertreten wird (von Lucius Burckhardt etwa); und man darf sagen, daß Mies als der einzige seiner Generation den Funktionalismus überwunden hat. Das meinte Wassili Luckhardt, als er dem Bau eine „großartige Neutralität" attestierte. Der Funktionalismus, wie man ihn von Greenough (1852) bis Häring (1925) formuliert hat, war in der Tat eine falsche Doktrin. Greenough hat ein Haus mit einer Fregatte verglichen: wie der Druck von Wind und Wellen die Schiffsform bestimme, so sollten, meinte er, die Bedingungen der Funktion die Gestalt eines Gebäudes eindeutig festlegen. Der Vergleich ist jedoch abwegig, da ein Gebäude in den allerseltensten Fällen ähnlich zwingenden Anforderungen zu genügen hat wie ein Schiff. Mies hat recht, wenn er darauf hinweist, daß ein Bau vielen Funktionen müsse dienen können. Ich fürchte aber, der Nachweis ist uns gelungen, daß die Nationalgalerie *keiner* Funktion dienen kann, und dieses Urteil betrifft nicht lediglich diesen Bau: es gilt für Mies' Architektur im allgemeinen. Mies' Werk gehört der Architektur an: einer hohen Kunst.

Der Funktionalismus hatte unrecht. Aber: Die Funktion und die Konstruktion sind Bedingungen des Fortschritts, die Architektur gehört der Vergangenheit. Funktion und Konstruktion kämpfen gegen die Architektur, sie werden sie ohne Zweifel in nicht allzu langer Zeit überwinden; und der Architekt − wenn er sich dann noch so nennen will − wird sich mit anderem beschäftigen müssen als mit der Architektur. (Darum sollte er sich in der Tat nicht länger Architekt nennen). Damit gehört aber auch das einzelne, in sich abgeschlossene und künstlerisch abgewogene Gebäude, das Kunstwerk, dem man nichts hinzufügen und von dem man nichts wegnehmen darf, ohne seinen Wert als Kunstwerk in Frage zu stellen, wie die Theoretiker der Renaissance das ausgedrückt haben, der Vergangenheit. Die Nationalgalerie ist im Ganzen und in jeder Einzelheit ein in sich abgeschlossenes und abgewogenes Gebäude: ein Kunstwerk im Sinne der Renaissance. Dem

Willen zur Form entsprechen alle Unstimmigkeiten, denen wir auf unserem Wege um das Gebäude und durch das Gebäude begegnet sind. Ihm dient die Höhe des Pavillons ebenso wie die Niedrigkeit des Sockels (welcher ein Museum enthält); ihm dienen die Widersprüche in der Darstellung der Konstruktion; ihm dienen die Widersprüche in der Darstellung der Konstruktion; ihm dienen unmenschliche Einzelheiten, wie die Handläufe der Treppen, denn ein handgerechter Handlauf wäre innerhalb des miesischen Formkanons allerdings unmöglich gewesen. Ihm dient aber auch ein Hauptwiderspruch des Gebäudes: die durch feste Umfassungswände definierten Säle des Museums. Hier geht der Architekt so weit, der äußeren Form die innere zu opfern: die konventionellen Räume des Museums widersprechen dem miesischen Konzept offener, ineinanderfließender Räume, wie sie im Barcelona-Pavillon und im Hause Tugendhat verwirklicht wurden.

Diese formalen Widersprüche weisen auf einen inhaltlichen Widerspruch hin. Man hat gesagt, das Museum an und für sich sei ein Anachronismus. Man braucht dieser Behauptung nicht zuzustimmen, um dennoch anzuerkennen, daß der Museumsbegriff, der dem Berliner Bau zugrunde liegt, ein Anachronismus ist. Die meisten Museen, die wir kennen, entsprechen noch diesem Begriff. Sie gehören zur bürgerlichen Gesellschaft. Die treffendste Darstellung des Widerstandes, welchen das bürgerliche Museum dem Verständnis von Proletariern innerhalb der bürgerlichen Gesellschaft entgegensetzt, hat Emile Zola in dem Museumsbesuch der Hochzeitsgesellschaft aus der Rue de la Goutte d'Or in L'Assommoir gegeben. Die gleiche Gesellschaft würde ebenso hilflos in den Galerien Mies van der Rohes umherirren. Daß jedoch eine öffentlich zugängliche Sammlung von Bildern und Skupturen in der Gesellschaft von heute, in der das Bildungsbürgertum stark reduziert ist, oder in einer sozialistischen Gesellschaft von morgen keinen Sinn mehr haben sollte, wird dadurch nicht bewiesen, und ich meine, es ist nicht zu beweisen. Nur müßte eine solche Sammlung aktiviert werden, funktionalisiert, dem Experiment geöffnet. Ansätze dazu sind vorhanden. Ein solcher Museumsbau würde allerdings dem von Mies van der Rohe in Berlin errichteten in keiner Weise ähnlich sehen. Er wäre nicht streng, monumental, bedeutend.

Wir haben die Frage vorher bereits angedeutet, was dieser Bau bedeutet: dort wo wir den ihn umgebenden Freiraum mit dem verglichen haben, welcher das Parthenon umgibt. Es ist Zeit, diesen Gedanken weiter zu verfolgen. Wir haben ihn seinerzeit abgebrochen, indem wir feststellten, daß der Inhalt der großen Halle dem Anspruch nicht genügt, den die weiten Terrassen stellen; daß diese emporhebende und isolierende Plattform gleichwohl ‚künstlerisch richtig' ist. Wir dürfen jetzt weitergehen und feststellen — in gewisser Weise haben wir es bereits getan —, daß auch die Höhe dieser Halle und ihre strenge Eleganz ihrem Inhalt nicht entsprechen. Da aber ein in sich so konsistenter Bau nicht ohne jeden Sinn sein kann, da er bestimmt etwas zum Ausdruck bringt, so ist zu fragen, was er zum Ausdruck bringt. Die einzig mögliche Antwort ist die: die Macht und die Herrlichkeit der Stadt Berlin. Darum hat Berlin diesen berühmten Architekten beauftragt, und darum hat es ihn im Grunde machen lassen, was er wollte, wobei es lediglich zu bedauern ist, daß es dabei auch ein Museum und eine Ausstellungshalle haben wollte. Wie dem ganzen Kulturzentrum an dieser Stelle, hart an der Mauer, liegt dem Museumsbau ein politischer Gedanke zugrunde: er ist ein demonstrativer Bau. Diese Tatsache allein würde genügen, die Übersteigerungen eines Teiles zu erklären (welcher funktional der am wenigsten bedeutende Teil des Gebäudes ist) und seine splendid isolation auf dem Sockel (der ein Museum enthält).

Man hat dem Bau faschistischen Charakter attestiert. Ich möchte dieses Wort vermeiden. Es ist wahr: der Bau spricht die Sprache der Autorität; man muß aber nach dem Wesen der Autorität fragen, die er vertritt. Die Macht und die Herrlichkeit des Faschismus war auf jeden Fall evident. Die Mächte, welche sie ermöglicht haben, hielten sich im Hintergrund; bisweilen haben sie sich sogar geduckt. Welche Macht und Herrlichkeit aber, welche Autorität vertritt der Museumsbau? Die Autorität der Demokratie? Die Majestät der Freiheit? Aber die Demokratie stellt sich hundert Schritte weiter, im Bau der Philharmonie, nicht autoritär dar; die Macht des Reichtums? Den Stolz der Stadt? Gestehen wir es: die Demonstration des Kalten Krieges an dieser Stelle, hart an der Mauer, ist gezwungen und letzten Endes hohl: drückte die Architektur des Faschismus eine falsche Autorität aus, so verkörpert der Museumsbau keine irgendwie begreifliche Autorität — und eine falsche Position. Berlin besitzt nicht die Macht und die Herrlichkeit, welche es in diesem Bau, hart an der Mauer, affektiert. Die große Terrasse und der ‚heilige‘ Pavillon — böse Zungen haben ihn das Smarthenon genannt, und er ist doch, um es einmal hart zu sagen, eine Krambude —: sie sind der Ausdruck einer frommen Lüge, gelinder gesagt, einer Illusion. Dies ist ein spezieller Widerspruch: er entspricht der widersprüchlichen Position von West-Berlin. Den Widerspruch, welcher der Architektur selbst inhärent ist, berührt er am Rande.

Die Schlußfolgerung aus unserer kritischen Betrachtung der Nationalgalerie ist diese: sie ist ein letztes Wort, bereits ein Anachronismus. Das wird sie morgen noch sichtbarer sein. Sie wäre ein Gedicht in einer toten Sprache, spräche sie nicht die Sprache des Stahlbaues. Daß der Bau in dieser bedeutenden Hinsicht fortschrittlich ist: daß er den Endpunkt einer Entwicklung in Mies' Bemühen darstellt, die Stahlkonstruktion der Architektur zu erobern; und daß ihm der Nachweis gelungen ist: daß der Bau beinahe die Eigenschaften verkörpert, welche Auguste Choisy in einer magistralen Formel dem Parthenon attestiert hat: absolue justesse et austère élégance: das macht ihn memorabel.

Neue Rundschau I, 1973

30 Wie bin ich der Architekten müde! (1974)

Zum Jahresbeginn bescherte uns die Bauwelt über der Unterschrift von Kurt Ackermann, Max Bächer, Walter Belz, Alexander von Branca, Hans Busso von Busse, Harald Deilmann, Walter M. Förderer, Rolf Gutbrod, Hans Kammerer, Horst Linde, Carlfried Mutschler und Roland Ostertag „ein Manifest wider das Bauen ohne Gestalt". Es ist wirklich eine Neujahrsresolution: die Manifestanten ermahnen sich und uns, im neuen Jahre unsere üblen Gewohnheiten endlich an den Nagel zu hängen:
„Deshalb fordern wir ..."

Die Namen der Unterzeichneten fordern unseren Respekt: es sind alles gute Architekten: sie haben sich als solche bewiesen. Wenn eine Gruppe von so großer Qualität für die Architektur Forderungen stellt, so sollen wir sie beachten.
Nun hat Peter M. Bode, der gute Kritiker, in der Süddeutschen Zeitung dem Manifest eine Notiz vorangestellt und wohl auch Auswahl und Unterschriften der hinzugefügten Bilder selbst besorgt, dem viel getretenen Märkischen Viertel noch einen Tritt gebend. Hier wird man allerdings stutzig; denn das M. V., bedenkt man's recht, ist eine Veranstaltung, die unter ihren Autoren ebenso gute Namen aufzuweisen hat: Düttmann, Müller, Ungers, Leo, Lee, Gagès, Pfankuch, Giesel, Schudnagies: der Kritiker darf es nicht wagen, zwischen den beiderseits vertretenen Qualitäten eine Wertung vorzunehmen. Und doch haben die einen das Märkische Viertel „auf dem Gewissen", während die anderen das Glück hatten, nicht zur Mitwirkung an diesen „noch unmenschlicheren Ergebnissen" (Bildunterschrift) aufgefordert worden zu sein. Hätten sie die Einladung abgelehnt? Hätten sie, mitwirkend, sichtbar bessere, menschlichere Ergebnisse erzielt als zum Beispiel Lee? Beides darf man bezweifeln. Und die Autoren des M. V. stehen noch heute zu ihrem Werk: Erst vor kurzen veranstaltete das Dritte Programm des SFB ein Hearing; und es war eine Freude zu sehen, wie Düttmann und Müller sich gegen die Kritik zur Wehr setzten. Hätte Mutschler − um nur einen der Manifestanten herauszugreifen − nicht das gleiche getan, wenn er einer der Autoren gewesen wäre? Sicher doch und zwar mit Recht: als Autor des Manifests fordert er „von der Stadtplanung, räumliche Konzeptionen zu entwickeln, die Architektur wieder möglich machen".
Eben das war Programm des Märkischen Viertels: es war ein künstlerisches Programm: eine schnell, bildhaft, „ganzheitlich" bestimmte Konzeption großer städtischer Raumbildungen. Das M. V. gehört nicht zum „Stangenstädtebau", nicht zum schematischen Zeilenbau, es gehört überhaupt nicht zu jenen „zweckrationalen" Planungen, über die gerade die Architekten des M. V. die Schale ihres Zornes ausgeschüttet haben. Nicht von ungefähr hat Goethe die letzten Verse des Faust posthum auf die Kunst des Märkischen Viertels bezogen. Er schrieb:

„Alles Gestaltete
Ist nur Vergängnis.
Das bald Veraltete,
Hier wird's Gefängnis.
Das Architektische,
Hier tritt es ab.
Das Ewig-Hektische
Zieht uns herab.

Das ist, sollte ich meinen, deutlich.
Er hätte ja auch sagen können:

Alles Banalische
Ist nur Verzeichnis.
Das Rationalische
Nie wird's Ereignis.
Das Zweck-Erleckliche
Hier ist's ein Grab.
Das Nüchtern-Schreckliche
Zieht uns herab.

Aber er hat sich für die ersten Verse entschieden. Und er wußte warum.
Nun könnte einer sagen, daß die Architekten des M. V. im Grunde für ihre Sün-
den nichts können. Sie waren als Planer nicht frei. Sie unterlagen den Zwängen
einer lediglich auf den Profit ausgerichteten Produktion; und daß sie innerhalb
des engen Spielraumes, den ihnen diese Zwänge gelassen haben, wenigstens
Kunst produziert haben, eben das unterscheidet das M. V. zu seinem Vorteil von
den nacktnüchternen Planungen, wie wir sie in Berlin beim Falkenhagener Feld
erlebt haben. In der Tat: das sagen die Autoren des Märkischen Viertels; und zu
Recht; denn während man im Märkischen Viertel immerhin ein künstliches
Stadtbild genießen darf, genießt man im Falkenhagener Feld gar nichts. Auf dieses würden sich wirklich die zweiten, nicht-authentischen Goethe-Verse bezie-
hen:
Das Nüchtern-Schreckliche
Zieht uns herab.
Wenn es sich aber so verhält, so ist es, fürchte ich, mit einem Vorsatz für das neue
Jahr nicht getan: die Zwänge einer lediglich auf den Profit gerichteten Produk-
tion werden von diesen guten Vorsätzen nicht berührt werden; diese werden viel-
mehr zu den anderen guten Vorsätzen treten, die den Weg zur Hölle pflastern,
oder, um es zeitgemäß auszudrücken, die Stadtautobahn zur Hölle asphaltieren.
„Die Architektur", sagte Bruno Taut, „ist Träger, Ausdruck, Prüfstein für jede
Zeit." (Die Stadtkrone 1919). Das heißt, verstehen wir es recht, Gestaltung ist
nicht etwas, was man auf jeden Gegenstand beliebig anwenden kann: die Frage

ist, was gestaltet wird. Architektur nennen die Manifestanten „bleibende Gestaltung des öffentlichen Raumes. Straße, Platz, Stadtraum sind gemeinsamer Besitz, dessen Wert von der Gestaltqualität der Bauwerke abhängt." Straße — Platz — Stadtraum: was für Gebilde erscheinen da vor dem inneren Auge? Die Maria-Theresien-Straße in Innsbruck, die Place Vendôme, die Concorde. Ich bin ganz sicher, daß solche oder ähnliche Vorstellungen denen vorgeschwebt haben, die diese Worte schrieben. Aber die Straße, durch die man mit dem Auto fährt, mag aussehen wie die Maria-Theresien-Straße: sie ist es nicht mehr. Straße — Platz — Stadtraum: spürt man nicht in diesen Ausdrücken die Nostalgiewelle, von der das Manifest so verachtend spricht? „Alte Rollen, abgespielte Rollen", sagte Bonaparte. Er meinte die geschichtlichen Diktaturen: Cäsar, Cromwell; aber die Worte passen nicht weniger auf die geschichtlichen Stadträume. Wir werden andere Stadtformen haben müssen. Vielleicht werden es Räume, vielleicht. Aber von den Räumen dürfen wir nicht ausgehen. Ist denn das Mittelalter, das im nostalgischen Bewußtsein der Städteplaner immer noch geistert, von den Räumen ausgegangen? Mitnichten: Wir haben ja unsere Baugeschichte gelernt. Wir wissen, daß in Straßburg, in Lübeck, in Venedig große leere Flächen für den Marktbetrieb beiseitegestellt wurden. Sie wurden enger und enger. Aus hölzernen Marktbuden wurden Bürgerhäuser. Schließlich erschien das Rathaus, die Tuchhalle, das Kornhaus, und ganz zuletzt war der Platz da, den wir verehren. Man könnte den Satz, den wir eben zitiert haben, umkehren: Nicht „Stadträume" schaffen das städtische Leben, sondern das städtische Leben schafft sich Räume. Wir werden also darauf achten müssen, wie die Leute leben und wie sie leben wollen. Wir werden es nicht für unter unserer Würde erachten dürfen, diese Bedürfnisse so zu befriedigen, daß sie funktionieren; denn die Städte und die Stadtteile, die man heute plant und baut, funktionieren schlecht. Die Künstler unterstellen immer wieder, daß sie „zweckrational" geplant werden. Gewiß, ganz ohne Sinn und Verstand werden sie nicht geplant: sie dienen schon jemandem, nur nicht den Benutzern. Werden sie ihnen dienen, wenn die Künstler sie gestaltet haben? Hängt wirklich ihr Wert von der Gestaltqualität der Bauwerke ab? Wie sagte doch Nietzsche: „Die Architekten lügen so viel. Wie bin ich der Architekten müde!"
Wie? er hat „Dichter" gesagt? Richtig, richtig, mein Gedächtnis! Aber kommt es denn nicht auf dasselbe hinaus?

Bauwelt, Heft 7/1974, Leserbrief

31 Wie politisch darf der Deutsche Werkbund sein? (1974)

Der Deutsche Werkbund ist unter besonderen Bedingungen entstanden: In den ersten Jahren dieses Jahrhunderts ist es einigen bedeutenden Industriellen bewußt geworden, daß deutsche Produkte auf dem Weltmarkt nur durch ihre Qualität Erfolg haben können. Zur Qualität gehörte die gute Form. Ein solcher Unternehmer war Emil Rathenau, der Gründer der AEG.

Zur gleichen Zeit hatte eine Gruppe von Künstlern Kritik an dem Schwall historischer Ornamente geübt, die sogar an einfachen Gebrauchsgegenständen zu finden waren. Auch der Versuch des Jugendstils, neue Ornamente zu erfinden, erschien ihnen abwegig. Sie wollten die elementare Form: klar, einfach, eindeutig. Ein solcher Künstler war Peter Behrens, den Emil Rathenau zum Gestalter aller Produkte und aller Gebäude der AEG berief. Künstler, die zur reinen, zur angemessenen Form zurückkehren wollten; Industrielle, die den wirtschaftlichen Wert der Form erkannten: so wurde der Deutsche Werkbund im Jahre 1907 gegründet.

Er war nicht ein Künstlerbund, sondern eine Vereinigung von Künstlern, Industriellen, Kaufleuten, Publizisten und Pädagogen, kurz: von Kunst, Industrie, Handel und Propaganda; denn diese Form der Aussagen entsprach den Anschauungen der Zeit.

Im Grunde war der Werkbund politisch bedingt: Er stand im Dienste des wirtschaftlichen Imperialismus oder, um es netter zu sagen: des deutschen Gedankens in der Welt (Titel eines viel gelesenen Buches von Paul Rohrbach), denn der Imperialismus im Deutschland Wilhelm des Zweiten wollte für die Wirtschaft und für die Kultur Eroberungen machen. Der Deutsche Werkbund repräsentierte den kulturellen Flügel, wobei man nicht verschweigen darf, daß die Werkbundleute selbst ständig auf die wirtschaftlichen Vorteile hingewiesen haben, welche der Export deutscher Qualität und deutscher Form mit sich bringen werde.

Die Tätigkeit des Werkbundes hat sich aber bereits damals nicht auf die Verbesserung der Qualität der Gebrauchsgegenstände beschränkt: Man verstand, daß Stadt und Wohnung, daß besonders die Wohn- und Arbeitsstätten der Werktätigen aufs engste mit der Qualität des Produktes zusammenhingen. „Vom Sofakissen zum Städtebau": Mit dieser Formel umschrieb man im Werkbund das Feld seiner Tätigkeit. Man ließ auch die Fragen der visuellen Erziehung und der Handwerkerausbildung nicht beiseite.

War der Werkbund zwischen 1907 und 1914 ein Faktor im politischen Leben Deutschlands, so gilt das gleiche mutatis mutandis für seine Tätigkeit seither. Nachdem er sich unmittelbar nach dem Kriege dem Handwerk wieder zugewandt hatte, manche meinten damals, die deutsche Industrie habe ihre Weltgeltung eingebüßt, erneuerte der Werkbund Mitte der zwanziger Jahre das Bündnis mit der Industrie: Aus den Werkstätten für handwerkliche Kunst, als welche das Bauhaus

1919 in Weimar gegründet worden war, wurden nun, in Dessau (1926), Laboratorien für die Entwicklung von Modellen für die Massenherstellung.

Diese Art der Werkbundtätigkeit wurde sehr ernst genommen, handelte es sich doch um nichts Geringeres als die Schöpfung und Bewährung der neuen Industrieform: der Form, die man für den gültigen Ausdruck des Jahrhunderts hielt. Aber auch damals hat der Werkbund sich nicht auf das "industrial design" beschränkt: Es entstanden die Weißenhofsiedlung des Werkbundes in Stuttgart, die Werkbund-Siedlungen in Breslau und Wien; und man darf ruhig auch die Berliner Großsiedlungen im Zusammenhang mit dem Werkbund erwähnen, da ihre Planer ihm angehörten.

1934 wurde der Werkbund aufgelöst. Als er nach dem Kriege wieder gegründet wurde, zeigte sich sofort, daß er wieder zu den großen Fragen Stellung nehmen müsse. Gewiß: Es bestand und es besteht heute noch im Bunde die Neigung, wieder die Bauhausjahre zum Ausgangspunkt zu nehmen; aber als Walter Rossow „Die große Landzerstörung" auf die Tagesordnung setzte, gab er damit dem Werkbund das umfassende Thema. Man begann sogar innerhalb des Bundes über den „Tassenwerkbund" zu witzeln: Design war nur noch ein Teilgebiet und wurde zusehends zum Randgebiet im Werkbund. Man besann sich — wieder — auf das politische Thema; denn was ist die große Landzerstörung anderes als die (vom Staat geförderte) Anarchie des Eigennutzes? Wenn man das Freiheit nannte oder gar Demokratie, so bemerkte der Werkbund dagegen, daß diese Freiheit mit Demokratie nichts zu tun habe, da ja das Wesen der Demokratie gerade das Gegenteil ist: das Bewußtsein der Verantwortung eines jeden für die Allgemeinheit. In diesem Sinne ist der Aufsatz des Werkbund-Vorsitzenden in den sechziger Jahren zu verstehen: Adolf Arndts „Die Demokratie als Bauherr".

Ist der Werkbund damit über seine Aufgaben hinausgegangen? Man hat es behauptet. Und diese Kritik hat sich verstärkt, seit die große Landzerstörung durch die Vernichtung der alten Städte und der berühmten Vororte von Berlin und Hamburg „ergänzt" wurde und endlich durch die Vergiftung der Luft und des Wassers. Doch hat bereits Karl Scheffler, der sich selbst einen Konservativen nannte, darauf hingewiesen, daß die ästhetische Kritik nicht einmal der Form gerecht werde, da diese stets gesellschaftlich bedingt sei („Die Architektur der Großstadt", 1913). Der Werkbund ist nicht von seinem Wege abgewichen, um politisch zu werden: Die Politik berührt sein Arbeitsbereich, wie weit oder wie eng auch immer man es abstecken mag. Ob man über die Errichtung hochgebauter Trabantenstädte spricht, in denen bereits Hochhauspsychosen sich entwickeln; ob man über die Hunderte von Millionen spricht, welche die großen Städte für Prestigebauten (gegebenenfalls auch Skandalbauten) und Verkehrsbauten ausgeben, und daneben die „Summen" hält, welche die gleichen Großstädte für die Erhaltung und Entwicklung ihres baulichen Erbes „bereitstellen" — man kann diese Worte wirklich nur in Anführungszeichen schreiben —, oder endlich, ob man über eine Landzerstörung spricht, welche längst einem massiven Angriff auf die Lebensgrundlagen gleichkommt — immer berührt man dabei den Zustand einer Gesellschaft, die unter anderem, wie wieder Walter Rossow sagt, immer noch in dem Kinderglauben lebt, die Ressourcen dieser kleinen Welt seien unerschöpflich.

Alle diese Themen aber sind Werkbund-Themen: den Tassenwerkbund hat es nie gegeben, und es kann ihn niemals geben; ebensowenig wie es jemals den unpolitischen Werkbund gegeben hat oder geben kann. Nun aber wirft man dem Werkbund vor, er sei zu politisch geworden, weil er sich, das ist wahr, stärker als in seinen vorigen politischen Umständen kritisch, sagen wir ruhig: oppositionell, äußern muß. Arianna Giachi sagte (siehe FAZ vom 22. Februar), der Werkbund werde von links unterwandert. Wenn wir aber eine Gesellschaft, die glaubt − oder glauben will −, daß die Bäume der Produktion in den Himmel wachsen und daß jeder Unsinn, sogar wenn er schädlich ist, produziert werden darf, nein, soll, solange er Abnehmer findet: wenn wir diese Gesellschaft darauf hinweisen wollen, daß die schrankenlose Freiheit für Wenige in absehbarer Zeit dahin führen muß, daß wir kein Wasser mehr zum Trinken haben werden und keine Luft zum Atmen, wie anders können wir das tun, als indem wir von einer Societas sprechen, in der für alle und mit allen geplant wird und in der es allerdings gewisse Grenzen der Freiheit der Wenigen geben muß, damit alle zu dem Ihrigen kommen. Will man dieses Bewußtsein sozialistisch nennen, so habe ich dagegen nichts einzuwenden.

Darum spricht man im Deutschen Werkbund heute von dem notwendigen Verzicht auf die unbegrenzte Freiheit der Handelnden; und wir sind ganz gewiß die einzigen nicht, die auf dieser Einschränkung als auf einer Bedingung für den Fortbestand der Menschheit bestehen.

Der Werkbund hat 1907 auf die Praktiken einer Industrie reagiert, welche für den Verschleiß produziert hat. Er hat sich mit einer Gruppe von Industriellen verbündet, welche die Qualität wollte. Er hat eine Möglichkeit vor Augen gesehen, erzieherisch auf weitere Kreise einzuwirken. Das ist der Sinn seiner Gründung.

An der Haltung des Werkbundes hat sich nichts geändert. Aber das Problem der Produktion ist sichtbarer, es ist viel allgemeiner geworden; und man hat im Werkbund gesehen, daß tiefgreifende Änderungen im Bewußtsein − und einige unter uns meinen allerdings auch in der Struktur − der Gesellschaft nicht länger zu vermeiden sind.

Frankfurter Allgemeine Zeitung, 4.9.1974

32 Wettbewerb „Bundestag und Bundesrat" (1974)

Brief an Gottfried Böhm

(…) Wenigstens habe ich die Worte über Öffentlichkeit, Heiterkeit etc. gelesen, die da aus berufenem Munde in der „Bauwelt" wiedergegeben werden. Es erinnert ein wenig an die ad nauseam wiederholte Verkündung gelegentlich der Olympiade in München, daß sie nicht starr sein solle, wie die von 1936 in Berlin, nicht militärisch, machtbezogen, autoritär. So ähnlich, scheint mir, will man nun auch das Parlament zugänglich machen. Und das lese ich in den Tagen, in denen ich mich mit seiner grausamen Unzugänglichkeit herumzuschlagen habe!

Sie wissen vielleicht, daß der Deutsche Werkbund im Sterben liegt — *wir werden ihn retten!* — und daß das, woran er krankt, das fehlende Budget ist. Das Innenministerium hatte uns seit Jahren eine Unterstützung von DM 30.000,– per annum gewährt. Wir stehen — Inflation etc. — seit einiger Zeit in Verhandlungen mit diesem Ministerium wegen einer wahrnehmbaren Anhebung dieser Subvention. Wir wollten den Minister sprechen. Herr Genscher, damals Inhaber des Amtes, hat bereitwillig geantwortet — nur ist es zu dem Gespräch niemals gekommen. Einmal hatten wir eine Unterhaltung mit Herren aus dem Ministerium. Sie haben verlangt, daß der Deutsche Werkbund ihnen nachweise, daß er sich mit Kultur (der ganzen Kultur und nichts als Kultur) beschäftige. Sonst könnte unsere Aktivität aus dem Kasten Innenministerium nicht unterstützt werden und wir müßten uns von Fall zu Fall an das Ministerium für Planung, an das für Erziehung etc. wenden. Wir haben uns auf dieses Argument eingelassen, haben uns auf die Hosen gesetzt, drei Mann stark, und ein großes Exposé verfaßt. Es ist nicht einmal schlecht. Vor zwei Monaten bekamen wir das Zeugnis, daß der Nachweis dem Deutschen Werkbund leider nicht gelungen sei. Darum werde ihm nun, anstatt einer Aufstockung, die ganze Unterstützung aufgekündigt, und zwar zum Jahresende. Bis dahin werde sie uns, schrieb dieser Secretarius, „unter Zurückstellung von Bedenken" noch gewährt.

Als Vorsitzender tat ich das, was wohl jeder Vorsitzende getan hätte. Ich wandte mich erneut an den Minister selbst — Herrn Maihofer. Das geschah vor sechs Wochen. Der Minister — oder seine Kanzlei — haben nicht geruht, den Empfang eines Schreibens vom Deutschen Werkbund zu bestätigen. Stattdessen haben busibodies im Werkbund, die gleichzeitig in einem Ministerium sitzen, Fäden aufgenommen und erfahren, daß der Deutsche Werkbund offenbar unfähig sei, ein Gespräch mit einem Ministerium zu führen und daß ein wesentliches Hindernis dabei der Stolz des Herrn Posener sei. Zugänglichkeit!

Ich möchte Ihnen ein Beispiel aus England erzählen. Es hat mich ermutigt, mich für den Werkbund an den Minister selbst zu wenden: Anno achtundvierzig saß ich in London und versuchte ohne Erfolg, eine Stelle als Lehrer (Schulmeister)

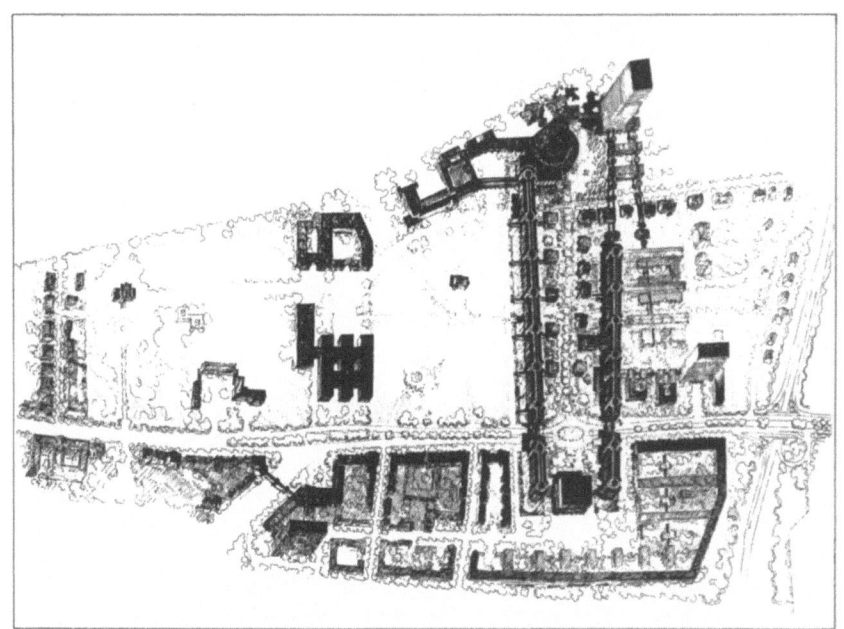

Gottfried Böhm, Wettbewerb Bundestag und Bundesrat, Bonn 1974

zu finden. Nach vier Wochen vergeblicher Versuche wandte ich mich an den Minister (Gordon Walker), erzählte ihm die Geschichte und machte meinem erstaunten Unwillen Luft. Der Brief war viel weniger vorsichtig gehalten als mein Brief vom 28.8.1974 an den Minister in Bonn. Ich erhielt sofort Antwort: der Minister habe meinen Fall der National Union of Teachers empfohlen. Die National Union of Teachers hat mir daraufhin zugesichert, sie werde mich wie ein Mitglied behandeln. Das half.

In einer Demokratie sollte ein solcher Vorgang normal sein. Es sollte ein jeder (vom Werkbund nicht zu reden!) Gelegenheit haben, an die innerste Türe zu pochen, und sie sollte aufgetan werden. Hier ist sie verrammelt. Und es wurde mir von jenem busibody mehrmals versichert, daß es ein Fehler gewesen sei, mich namens des Werkbundes an den Minister zu wenden: Ich solle ihn doch ja nicht wiederholen. Im Fernsehen geben sich die Herren aufgeschlossen. In Wahrheit sind sie und sind alle ihre Türen dem Bürger zugeschlossen, und Verbänden auch; es sei denn, es handle sich um den Deutschen Heimatbund (500.000 Mitglieder). Diesem habe man ebenfalls die Subvention streichen wollen, aber dann haben sich (wie die Quellen meines busibody sich vernehmen lassen) Abgeordnete

beim Auswärtigen Amt und beim Innenministerium „für den Bund stark gemacht", und dann ging es auf einmal. Denn (wie uns ebenfalls mitgeteilt wird) der Heimatbund sei ein Politikum (glaub's gern), der Werkbund nicht (Gottlob!). Seit etwa zwei Jahren „bringt der Werkbund nichts mehr" (wem???).
Ich höre und sehe auch die süßlichen Gemeinplätze jeden Abend in der Tagesschau, die diese Herren ausschwitzen. Ein geschlossener Verein, der sich aufgeschlossen gibt. Jaspers hat in einem bedeutenden Büchlein: „Wohin treibt die Bundesrepublik?" vor etwa zehn Jahren darauf hingewiesen, daß unser Parlament ein aus sich selbst rollendes Rad, ein Selbstzweck geworden ist. Jede Erfahrung mit diesem Parlament bestätigt Jaspers' Hinweis.
Was hat das mit Ihrem Entwurf zu tun? Viel. Zunächst: Warum baut sich die Spitze eines Staates, dem finanziell das Messer an der Kehle steht (denn warum sonst sollte er kleine Einsparungen machen müssen, wie die 30.000 Pipen für den Werkbund?), warum baut sich diese Spitze einen heiteren Palast? Das Bundeshaus ist ja nicht eben alt. Sollen sie sich doch behelfen! Sollen sie doch ihren Riesenapparat von Gemeinplätzern, von Ressortdenkern, von Hierarchiekrämern ein wenig einschränken. Die Convention Nationale hat sich mit einem Raum in den Tuilerien begnügt, den der Architekt Gisors für ihren Gebrauch zurechtgemacht hatte (allerdings auf geniale Art). Und die Convention hat in drei Jahren ein Gesetzgebungswerk produziert, welches Epoche gemacht hat. Man darf also annehmen, daß es in Bonn nicht die praktischen Nöte sind, nicht Arbeitsnöte, welche den neuen Bau veranlassen, sondern der Wunsch, sich ein Image zu geben. Dieses Image soll, wie gesagt, heiter sein, leicht, umgrünt, zugänglich(!!) – wie die selige Olympiade: Wir Deutschen sind nicht mehr so, soll dieses Image sagen. Wir sind „nett zueinander" und zu allen anderen auch: siehe Kürzung der Mittel für die Entwicklungshilfe! Aber wir sind das alles auf grandiose Art. Wilhelm der Zweite (und jener Andere) leben noch. Wir werden euch einen Parlamentskomplex hinstellen, welcher neben den erwähnten Eigenschaften auch eine andere zur Schau stellt: Effizienz: ein so gewaltiger Komplex muß effizient sein. Denn man sieht ja, daß alles, wirklich alles vorgesehen ist. Alles, und noch ein wenig mehr. Das Mehr ist eben die erwähnte Nettigkeit, Freiheit, Begehbarkeit, welche das neue Haus der Parlamente atmet.
Lieber Herr Böhm: Ihr Entwurf ist da keine Ausnahme. Im Gegenteil: er legt auf diese Darstellung den größten Wert. Darum ist er ja so schön. Seit Sie die beiden Achsen energisch in eine Magistrale zusammengeführt haben, geben Sie beides: die atemberaubende Imposanz dieser Magistrale und ihre große Liebenswürdigkeit: jene Tempel der freien glasgedeckten, baumbestandenen Begegnung zwischen Abgeordneten und ihren (privilegierten) Gästen: privilegiert; denn der Deutsche Werkbund gehört nicht dazu, er „bringt nichts". – Da werden sie in den aus dem Busch-Baum-und-Gras-Teppich ausgesparten Kojen für Unterhaltung ganz intim und mitten im Trubel der Verkehrsknotenpunkte sitzen und frei plaudern. Eine wunderschöne Idee. Und glauben Sie, Herr Böhm, daß diese geschäftigen Deutschen, die mit ihren Aktentaschen von Ausschuß zu Plenum,

von kleinem Sitzungssaal zu größerem zu größtem eilen mit gesenktem Kopf und dem Gesichtsausdruck der Feuerwehrleute — aber sie sehen nie, wo es wirklich brennt (diesmal meine ich nicht den Werkbund): glauben Sie, daß diese kleinkarierten Juristen, Unternehmer, Gewerkschaftsboße oder schlicht Schönredner: glauben Sie, daß die von Ihrem schönen, freien Angebot Gebrauch machen werden? Wenn ich mir für diesen Haufen ein adäquates Haus vorstellen möchte, dann sähe das ich will nicht sagen wie aus.

Wenn jemals eine Architektur eine Erziehung für ihre Benutzer anbietet und ermöglicht, dann ist es Ihre Architektur, Herr Böhm. Glauben Sie mir: Ich liebe und bewundere Ihr Projekt. Aber wenn ich sage „ermöglicht", dann stutze ich schon. Denn ich glaube, ehrlich, nicht, daß Architektur jemanden erziehen kann. Und diese hartgesottenen Kleinkarierten, diese ständig im nächsten Wahlkampf Begriffenen, die könnte auch die Missa Solemnis nicht erziehen.

Das ist es, was ich Ihnen, schlecht instruiert, als Zwischenbericht zu Ihrem Projekt sagen wollte: es ist schön, es ist sehr neuartig, es vereint die Imposanz, welche der Vertretung der Nation angemessen ist, mit dem Geiste, von dem sie beseelt sein sollte. Aber sie ist von diesem Geiste nicht beseelt. Es kann passieren, daß man Ihre großen und heiteren Kreuzungspavillons als Hindernis empfinden wird: „Ach Gott, da muß man wieder rumlaufen, und die Sitzung fängt schon an!" Wie sagte Proudhon?: «O vanité de la politique — et des politiciens!» Sie sind sicher ganz anderer Meinung, was dieses Parlament angeht. Sonst hätten Sie sich mit der Aufgabe nicht beschäftigt. Sie sind sicher viel reifer, viel abgeklärter als ich. Sie geben dieser Institution eine Chance, weil sie das Beste ist, was wir haben, weil wir sie brauchen, weil wir nichts Besseres haben, weil man sie veredeln kann, indem man ihr von sich selbst ein edles Image hinstellt und sie mit diesem Image als mit einer Aufforderung ständig umgibt. Ich meine dagegen, daß das Parlament sich allerdings selbst erziehen könnte, wenn es sich entschlösse, nicht im Überfluß zu leben, auch nicht im räumlichen Überfluß, wenn es aus der Notbaracke, die es bisher bewohnt hat, eine Tugend machen würde in einem Lande und in einer Welt, die leidet. Vielleicht werden sie sogar zugänglicher werden, die Herren Abgeordneten und Minister (von den Bürokraten zu schweigen), wenn sie dicht beieinander hocken müssen. Das Problem des Ortes der Begegnung ist, notabene, noch nicht gelöst. Ich könnte mir immerhin denken, daß man einer Lösung näher kommt, wenn man nicht sehr viel anbietet, sondern sehr wenig. Immer wieder denke ich an jene winzigen Pubs in London und in der englischen Provinz, die so eng sind, daß drei Leute in der Public Bar bereits ein Haufen sind. Da kann man es gar nicht vermeiden, miteinander ins Gespräch zu kommen. Aber das ist, mit Fontane zu sprechen, ein weites Feld, oder ist es am Ende — siehe die Pubs — ein ganz enges Feld?

Mit herzlichen Grüßen — und der Bitte um Entschuldigung — Ihr J. P.

Unveröffentlicht

33 Das architektonische Prinzip der Reihung im Zeitalter zwischen Historismus und Funktionalismus (1975)

Es gibt zwei Arten der Reihung: eine Reihe gleichartiger Elemente, welche sich auf eine Kulmination bezieht; und zwar kann diese Kulmination in der Symmetrieachse liegen, sie kann aber auch „dynamisch" am Ende der Reihe stehen; und es gibt eine Reihung ohne Kulmination: die Reihung selbst als architektonisches Prinzip. Die eine ist hierarchisch, die andere gleichheitlich. Als historisches Beispiel für die erste Art der Reihung kann man das barocke Schloß anführen, oder auch den Raum der gotischen Kirche, wobei wieder ein Unterschied festzustellen ist: Die Reihe im barocken Schloß ist komponiert, also festgelegt, wogegen ein gotischer Kirchenraum eine beliebige Anzahl von Jochen der Kulmination, dem Ostende, vorlegen kann. Die gotische Kirche ist übrigens ein Beispiel für die „dynamische" Reihung, ebenso viele Fassaden von Erich Mendelsohn: Ich denke an Kaufhäuser wie Schocken in Stuttgart und Petersdorf in Breslau. Historische Beispiele für die andere Art der Reihung, die „reine" Reihe, sind die Höfe der Kartäuserklöster. Sie können sich auf die Kirche als eine Dominante beziehen, sie brauchen das aber nicht zu tun: In den meisten Fällen tun sie es nicht.

Reihung als architektonisches Prinzip hat also zur Voraussetzung die bewußte Planung. Sie hat ferner zur Voraussetzung eine gewisse Dimension: Sie ist ein Mittel, die Dimension zu gliedern.

Reihung im Städtebau finden wir darum nur in der geplanten Stadt. Eine Straße mit Giebelhäusern in einer mittelalterlichen Stadt möchte ich nicht als Reihung bezeichnen: sie ist nicht als solche geplant.

Die Aneinanderreihung von Häusern des gleichen Typus ist keine Komposition. Die mittelalterliche Stadt wurde zwar geplant, das wissen wir heute, sie wurde jedoch nicht komponiert. Um 1900 wußte man nicht, daß die Städte des Mittelalters geplant wurden, oder man wollte es nicht wissen. Damals hatte Sitte die mittelalterliche Stadt als Kunstwerk entdeckt, und seine Nachfolger erfanden den Mythos vom natürlichen Wachstum dieser Kunstwerke — was an sich schon ein Widerspruch ist. Die Städte seien damals gewachsen, sagte Eliel Saarinen, wie ein Baum wächst: in Wachstumsringen. Das war eines jener schöpferischen Mißverständnisse, welche seit eh und je die Kunst beeinflußt haben: Saarinen trug seine Theorie in der Absicht vor, die Stadt vom Raster zu befreien. Und da sind wir nun beim Thema dieses Vortrages:

Sie haben mich eingeladen, über die Reihung als Prinzip der architektonischen Komposition in der Zeit zu sprechen, welche zwischen dem Historismus und dem Funktionalismus lag, also in den drei Jahrzehnten zwischen 1895 und 1925. Ich möchte meinen Versuch auf Deutschland beschränken. Das Thema ist auch mit dieser Einschränkung recht groß. Selbstverständlich müssen wir dabei gewisser Einwirkungen von außen gedenken.

Die Zeit nun, von der ich sprechen will, zeigt eine Tendenz zur Abwendung vom geometrisch Festgelegten sowohl in der Architektur als auch im Städtebau. Jedenfalls ist diese Tendenz für das erste Jahrzehnt der Epoche bezeichnend. Ich schlage vor, vom einzelnen Haus auszugehen und später auf die Stadt zurückzukommen; denn das Haus diente sozusagen als Versuchsobjekt für die Veränderung. Sie macht sich dort zuerst durch die Einführung des Malerischen als Prinzip der Planung geltend. Sie hat eine lange Geschichte, geht, in der Tat, bis in die Zeit um 1800 zurück – und in England noch weiter –. Bei Schinkel ist das Prinzip der malerischen Planung voll entwickelt. Ich meine, es geht bei ihm auf englische Anregungen zurück. Betrachtet man gewisse Häuser von John Nash – aber es gibt, wie gesagt, frühere Beispiele –, so findet man eine extrem malerische, extrem romantische Architektur. Sie beruft sich auf mittelalterliche Gebäude; aber sie ist nicht an den gotischen Stil gebunden. Für Nash – und für Schinkel – war weder der Stil bindend, noch das Prinzip des Malerischen selbst: Beide haben auch streng komponiert.

Bindend war vielmehr für Schinkel – nicht so sehr für Nash – der Gedanke, daß das einzelne Gebäude einen Wert erhielt, den es vordem nicht besessen hatte. Vordem hatte ein Gebäude eine öffentliche Rolle zu spielen: Kirche, Schloß, Rathaus, um im Gefüge der Stadt eine besondere Stellung einnehmen zu können. Jetzt, bei Schinkel, wird jedes Haus aufgewertet. Daß diese größere Freiheit des einzelnen Hauses mit dem Prinzip des Malerisches etwas zu tun hat, ist evident. Und ebenso ist es evident, daß dieses Prinzip der geplanten Stadt, ja, jedem städtischen Zusammenhang feindlich gegenübersteht. Schinkel hat sich hierüber in aller Klarheit ausgesprochen. Er forderte,
„daß jede Konstruktion in sich rein sei, vollständig und in sich abgeschlossen. Ist sie mit einer anderen von einer anderen Natur verbunden, so sei diese gleichfalls in sich abgeschlossen und finde nur den bequemsten Ort, Lage, Winkel, sich der anderen anzuschließen. Dies jedoch immer so, daß der Anblick sogleich jede von der anderen unterscheiden kann und jede in ihrem ursprünglichen Charakter vollkommen herausstellt, aber auch jede in ihrer inneren Vollendung, wohin auch die artistische gehört, vollkommen befriedige.“

Wahrt das Haus dergestalt seine Individualität, so ist ein geplanter städtischer Zusammenhang nur noch als *Stadtlandschaft* denkbar; und Schinkels eigene Planungen, etwa seine Skizzen zur Museumsinsel, sind landschaftlicher Städtebau. Vom barocken Zusammenhang ist in ihnen nichts übrig geblieben; und Schinkel hat jeden Versuch, einen solchen Zusammenhang künstlich herzustellen, also einen hierarchischen Städtebau zu schaffen, welcher keine echten Zentren besaß, entschieden abgelehnt. Die Stadt Bath, in welcher dieser Versuch unternommen wurde, nannte er langweilig. Man kann einen Mann wie Hegemann, der sich um die Wiederherstellung des barocken Zusammenhanges im Städtebau bemühte, gut verstehen, wenn er von Schinkels Städtebau als von einer romantischen Verwilderung gesprochen hat. Man kann es allerdings auch anders ausdrücken:

Karl Friedrich Schinkel, Museumsinsel Berlin, Skizze

Man kann diesen Städtebau bürgerlich nennen, da er das hierarchische Prinzip nicht anerkennt und dem einzelnen Hause die Unabhängigkeit zugesteht: Es ordnet sich allenfalls in einen stadt-landschaftlichen Zusammenhang ein. Es sind damals Versuche unternommen worden, die große Stadt wenigstens an ihren Grenzen landschaftlich zu planen. Das Ganze der Stadt, der bestehenden wie der entstehenden, landschaftlich zu durchdringen, ist dem 19. Jahrhundert vielleicht zweimal gelungen: in Wien und in Paris – *wenn* es ihm gelungen ist. Denn die großen Stadterweiterungen des 19. Jahrhunderts wurden schematisch geplant: Schubfächer, sozusagen, zur Aufnahme einer rasch wachsenden Bevölkerung. Die hierarchisch geplante Stadt des Barock wurde also vom Kleinen wie vom Großen her suspendiert: vom Hause, welches unabhängig aus dem Planzusammenhang heraustritt, und vom Gesamtplan, der schematisch wird. Der abstrakte Stadtplan für die Masse der Bevölkerung erscheint als ein Korrelat zur Unabhängigkeit des bürgerlichen Hauses.

Man kann aber nicht das bürgerliche Haus aus dem strengen Zusammenhange der geformten Stadt lösen, man kann es nicht frei-malerisch planen, ohne daß das dem Hause selbst einen neuen Sinn gibt: Es ist nur ein Schritt von der malerischen zur funktionalen Freiheit, zur Planung, wie man sagte, von innen nach außen. Dieser Schritt wird in England um 1870 getan. Er kommt einer Wendung gegen die Architektur als hohe Kunst gleich. Richard Lethaby hat sie um 1900 proklamiert. Hermann Muthesius, der Schüler der Engländer, schrieb über sein großes Buch „Das englische Haus" als Motto Bacons Wort: "Houses are built to live in, not to look at".

Hatte man aber einmal begonnen, das Haus als einen Funktionszusammenhang zu begreifen, so konnte man sich auch mit dem abstrakten Stadtplan nicht länger zufriedengeben. Als erster wandte sich Camillo Sitte gegen den städtischen Raster, weil er *inhaltlos* sei. Er hat sich aber auch gegen den Versuch einer malerischen Stadtplanung verwahrt, er nannte sie eine verlogene Naivität, was indessen nicht verhindern konnte, daß nun, um 1900, die Epoche der malerisch-mittelalterlichen Stadtplanung begann, in der Tat etwas Künstliches: denn nun entstanden jene Marktplätze, auf denen nicht Markt gehalten wurde, jene Straßenabschlüsse, denen keine andere Bedeutung zukommt als eben die, daß sie das Bild der Straße abschließen, jene nur ästhetisch motivierten Vor- und Zurücksetzungen der Häuser an der Straße, die ihrerseits ohne Not gekrümmt wurde, mit einem Worte das, was Hans Poelzig nannte: ,,mit der Camera planen". Sitte hatte den Raster abgelehnt, weil er inhaltlos sei. Die malerisch-mittelalterlichen Städteplaner planten für die falschen Inhalte. Insofern stehen sie in der Tradition von Bath. Der Städtebau, der Bilder schaffen will, plant immer am Inhalt vorbei, gleichviel, ob diese Bilder barocke Vorbilder nachahmen oder mittelalterliche. Die Planer dieser Richtung meinten, bürgerlich zu planen; aber es gab keine Vorbilder für eine bürgerliche Planung in diesem Jahrhundert. Schon die Dimension der Vorbilder war nicht die Dimension der modernen Großstadt. Darum versuchten die Planer von 1910 — Wettbewerb für Großberlin —, die Großstadt in eine Anzahl geplanter Kleinstädte aufzulösen. Das sogenannte Rheinische Viertel am Rüdesheimer Platz in Friedenau ist so eine kleine Stadt in der großen Stadt. Darum auch legte man in unmittelbarer Nähe der Großstadt Gartenstädte an, wie Hellerau bei Dresden und Staaken bei Berlin.

Für unser Thema aber ergibt sich nun für die ersten Jahre des Jahrhunderts folgende Situation: Das Einzelhaus wird funktional-frei geplant, das moderne Mietshaus — Gessner — ahmt ihm nach und plant pseudofunktional: in Wahrheit ist das immer noch die malerische Planung. Der Städtebau der Sitte-Nachfolge verfährt im Grunde ganz ähnlich: Auch er plant malerisch, weil er mit der Dimension und mit den Inhalten der Großstadt, man mag sagen, nicht fertig wird. Es ist aber wohl richtiger zu sagen, daß man sich damit nicht beschäftigen will, weil man diese Dimensionen und diese Inhalte ablehnt. Gemeinsam aber ist den Hausplanern und den Städteplanern, daß sie zwar auf ihre Art komponieren, daß sie aber die Architektur als hohe Kunst ablehnen und darum von den Methoden, welche, sagen wir, die Ecole des Beaux Arts aus der Architektur seit der Renaissance abgezogen hat, wenig wissen wollen. Sie widersprechen ihrem Begriff der bürgerlichen Freiheit (sie sind fürstlich), sie widersprechen aber auch schon damals ihren völkischen Begriffen: Sie sind italienisch und französisch.

Hier aber muß man fragen: Was war, um 1900 bereits, eine Gartenstadt oder Siedlung? Doch ein Aneinanderreihen, eine Komposition, wenn Sie wollen, einzelner Häuser des gleichen Typus; auf jeden Fall von Häusern, deren Gesamtheit in eine geringe Zahl von Typen, sagen wir einmal vier, geteilt werden konnte. Diese Tatsache versuchten die Städtebauer, der Zeit tunlichst zu verschleiern: und es boten sich dafür verschiedene Methoden an. Bereits Norman Shaw hatte in Bedford Park, 1872, die wenigen von ihm entworfenen Haustypen so gemischt, daß man sie als solche nicht erkannte. Riemerschmid ist in Hellerau weiter gegangen, er hat an seiner geschwungenen Straße die Typenhäuser bis zur Verfremdung variiert; er ist also der Reihung, die doch dem Aneinanderreihen gleicher Haustypen entsprochen hätte, so gut es eben ging aus dem Wege gegangen. Bemerkenswert ist die Art, wie Bruno Taut sich in Falkenberg mit dem Typenhaus und der ihm entsprechenden Reihe auseinandergesetzt hat. Am Akazienhof gibt es immerhin Haustypen, und man kann sie als solche erkennen. In diesem Maße gibt es dort also eine Reihung. Aber sie wird allenthalben gestört, Typen werden mit anderen gemischt, der auf den ersten Blick barock wirkende Platzraum wird durch subtile Verschiebungen seiner Axialität, seines Komponiertseins beraubt. Taut versucht hier das beinahe Unmögliche: und es gelingt. Anstelle einer strengen Ordnung kommt es zu einem freien Beieinanderstehen von Häusern.

Nicht alle Städteplaner der Zeit haben die Reihung, die sich doch anbot, unbedingt zu vermeiden gesucht. Schmitthenner benutzt sie in der Gartenstadt Staaken; aber auch er versucht, ihre Wirkung tunlichst zu mildern, sei es durch die Krümmung der Straße, sei es dadurch, daß er die Reihung von Giebeln, zum Beispiel, nur an einem kurzen Straßenstück zur Erscheinung bringt, sei es endlich dadurch, daß er an einer Straße zwei Haustypen miteinander alternieren läßt, so zwar, daß auch auf beiden Straßenseiten jeweils die Gegentypen einander gegenüberstehen. Hier entsteht − beinahe − ein Rhythmus. Er wird eben angedeutet, wird eigentlich erst bei genauerem Hinsehen evident. Wir sehen aber in dieser Verlegenheit, die der Planer der mittelalterlich geprägten „gewachsenen" Stadt der Reihung gegenüber empfindet, daß das, was ihn geniert, die moderne Dimension ist. Die Dimension ist in den geplanten Kleinstädten der Zeit um 1910 nicht unmittelbar sichtbar; denn die Orte selbst sind ja klein. Sie wird vielmehr im Arbeitsprozeß evident; denn die echte Kleinstadt, die gewachsene, wenn man will, arbeitete zwar mit typischen Häusern, nicht aber mit Haustypen, also mit *gleichen* Häusern. Insofern war sie wirklich gewachsen: Haus reihte sich an Haus, sie wurden nicht alle zugleich, nach einem festgelegten Plan und als gleiche Elemente gebaut.

Wir haben eingangs festgestellt, daß die Reihung als architektonisches Prinzip an zwei Bedingungen gebunden ist: Komposition − also bewußte Planung − und Dimension. Beide drängen sich nun in die Träume von einer freien Raumbildung ein, in denen die Städtebauer nach Sitte sich gefielen. Beiden versuchten sie, Widerstand zu leisten. Wir haben gesehen, wie sie mit dem Typ verfuhren. Sie versuchten, ihn durch das Simulacrum einer gewachsenen Stadt, durch Mischung, Verschiebung, Unterbrechung unerkennbar zu machen. Im Jargon der Gegenwart würde man das den Versuch einer Verschleierung nennen. Wir haben auch gesehen, daß sie die Dimension dadurch unschädlich zu machen suchten, daß sie Teile der Stadt so behandelten, als seien sie in sich geschlossene Kleinstädte.

Auf die Dauer aber konnte man im 20. Jahrhundert den beiden Bedingungen Dimension und Planung nicht aus dem Wege gehen. Am wenigsten geneigt, ihnen überhaupt aus dem Wege zu gehen, mußte ein Planer großer öffentlicher Gebäudekomplexe sein, ein Mann wie Ludwig Hoffmann. Für Hoffmann waren die beiden Bedingungen nicht Hindernisse, sie waren vielmehr die Grundlagen

Bruno Taut, Gartenstadt Falkenberg, Akazienhof, Grünau 1913—14

seiner Kunst. Hoffmann war noch, wie Schinkel, Eklektiker; er war es durchaus im Sinne Schinkels, da auch er meinte, je nachdem die Aufgabe es nahezulegen schien, sich eines jeden unter den historischen Stilen bedienen zu dürfen. Wie aber Schinkel eine besondere Vorliebe für das Hellenische hatte, so fallen einem bei der Nennung des Namens Hoffmann zunächst barocke Bauten ein. Einem Architekten, der große bauliche Komplexe für die Obrigkeit zu planen hatte, mußte das Barock naheliegen, da es ähnliche Aufgaben zu bewältigen hatte. Es erscheint darum plausibel, daß der größte dieser Komplexe, das Virchow-Krankenhaus, in den Formen des Barock entworfen wurde. Aber einen Plan wie das Virchow-Krankenhaus kennt das Barock nicht. Das Barock hatte Räume und Raumfolgen geschaffen, welche im Zentrum der Macht kulminierten. Ein solcher Raum ist allenfalls der Eingangshof des Virchow-Krankenhauses. Aber der Plan des Krankenhauses selbst ist ein *Systemplan*, der Abschluß der großen Allee, zu deren Seiten die Krankenpavillons aufgereiht sind, ist *als Abschluß* ohne große Bedeutung. Er soll auch keine große Bedeutung haben, denn schließlich ist er — Pathologie und Kapelle — der Bereich des Todes, an welchen man die Patienten nicht gern erinnern will. Es genügt, daß ein Abschluß überhaupt da ist. Auch für eine Querachse ist gesorgt. Aber auch sie hat in diesem Fall keine andere Funktion als die, die Reihe der Pavillons an einer Stelle — es ist nicht die Mitte — zu unterbrechen. Die Querachse ist nämlich im Grunde das, was die französische Theorie eine *fausse axe* nennt, keine räumliche Achse, sondern eine Auffädelung von Gebäuden an einer Mittellinie. Alles, was von der Querachse an der Allee zwischen den Pavillons in Erscheinung tritt, ist eine platzartige Erweiterung und der Brunnen, der das Achsenkreuz markiert. Eine Systemarchitektur also, gemildert, um es einmal so auszudrücken, durch einen axial-räumlichen Zusammenhang.

Die Systemarchitektur aber tritt in dem Augenblick in der Geschichte auf, in dem der bürgerliche Zentralstaat auftritt, der Staat Napoleons. Vergleichen wir Durands Krankenhausplan von 1805 mit dem Plan des Virchow-Krankenhauses, so erkennen wir, wo die Ursprünge der Hoffmannschen Planungen zu suchen sind. Gleichzeitig erkennen wir aber auch, daß Durands Plan, wie alle seine Pläne, ein Abstraktum ist, das System an sich, während Hoffmanns Krankenhaus ein räumliches Kunstwerk ist. Auch bei Durand nimmt man die Reihung als architektonisches Prinzip wahr. Sie bleibt aber faktisch mehr als künstlerisch. Bei Hoffmann ist sie gleichzeitig die faktische und die künstlerische Grundlage der Planung.

Hoffmann ist in der Tat der Vorläufer einer Wendung zur Kunst, welche sich in der Architektur etwa seit 1905 vollzieht. Wir haben aber bereits gesehen, daß sich diese Wendung bei Hoffmann darum anbahnt, weil die Architektur der großen Dimension nicht mehr ausweichen kann, noch ihren Elementen, welche nicht mehr individuell sein können, sondern typisch werden mußten, seien sie nun gleiche Gebäude in einem städtischen Zusammenhang, seien sie gleiche Joche in einem Warenhause oder in einer Fabrik. Die Rückkehr zur Kunst wird also begünstigt durch das Anerkennen der Dimension, des Systems, der typischen

Elemente: Die Reihung als architektonisches Prinzip, so lange verpönt, nun drängt sie sich auf.

Und in diesem Augenblick, das wird uns nicht wundern, tritt die klassische Architektur wieder in ihre Rechte. Hatte die Vereinzelung des Gebäudes etwas mit der Neogotik zu tun, obwohl sie, wie wir gesehen haben, nicht an gotische Form gebunden blieb, so findet die große Organisation zusehends in der klassischen Architektur ihr Vehikel, in der Architektur, welche die Engländer Renaissance nennen, eine Bezeichnung, welche die eigentliche Renaissance in Italien, das Barock und den europäischen Klassizismus in sich begreift. Die Rückwendung zur europäischen Architektur des 16. bis 18. Jahrhunderts wird nach Hoffmann in Behrens' Abkehr vom Jugendstil deutlich (seit 1903): in seinem Versuch, auf der Grundlage der klassischen Architektur etwas wie eine elementare Architektur zu erfinden. Es folgt, 1908, Paul Mebes' Buch ,,Um 1800''. Ostendorf predigt mit noch größerer Entschiedenheit die Rückkehr zur Ordnung; und in England widerlegt Geoffrey Scott (1914) Punkt für Punkt die außerkünstlerischen Kriterien, welche durch Leute wie Lethaby, den frühen Theoretiker des Funktionalismus, in der Architektur eingeführt worden waren. Er nennt sie fallacies: Illusionen, Irrtümer. Er spricht von einer romantic fallacy, einer biological fallacy, einer mechanical fallacy und erkennt nur die Kunst als Richtschnur für den Architekten an: ,,Es gibt eine Schönheit der Kunst'', sagt Scott, ,,und eine Schönheit der Natur. Eine Struktur, bei deren Errichtung man die Grundlagen des Entwerfens nicht besonders ernst genommen hat, wird dadurch noch nicht zu einem Naturprodukt; wahrscheinlich wird sie dadurch lediglich liederliche Kunst. Nur dann, wenn die Kräfte der Kunst ermattet sind, wenn ihr Ziel einmal erreicht ist, erscheint die Natur aufs neue als ein Ideal. Es ist das letzte Zeichen der Künstlichkeit einer Zivilisation, wenn die Natur an die Stelle der Kunst tritt (...) So kam es, daß durch den romantischen Geschmack alles Künstliche verspottet wurde; aber Kunst, was immer sonst sie sein mag, muß künstlich sein; sie wurde einfach deswegen verspottet, weil sie nicht natürlich war; aber durch keine Kasuistik der Welt kann Kunst jemals natürlich werden.''

In ähnlichem Sinne spricht Ostendorf über den Prozeß des Entwerfens:

,,Er (der Architekt) wird dann weiter darangehen, unter dem Walten der gefaßten Idee für die äußere Erscheinung des Hauses den Grundriß im einzelnen auszuarbeiten, wobei nun auch die Aufrisse innerhalb der im allgemeinen schon feststehenden Gestalt eine immer bestimmtere Form annehmen.''

Ostendorf wendet sich mit aller Entschiedenheit gegen Schinkel:

,,In der Tat hat er nicht mehr'', sagt Ostendorf, ,,wie das seit den Tagen der Renaissance doch zum Gesetz allen Entwerfens und Bauens geworden war, nach räumlichen Vorstellungen seine Pläne aufgestellt, sondern nach körperlichen, wie es in der mittelalterlichen Kunst geschah, oder gar sie erzeichnet, wie es seither üblich geworden ist. Er hat deshalb auch für den modernen Städtebau, auf welchem Gebiet ohne räumliche Vorstellungen schlechterdings nichts Künstlerisches einstehen kann, nichts zu leisten vermocht.''

Nach Ostendorf empfängt das einzelne Gebäude seine Gestalt von seiner Beziehung zum Raum der Straße und zum Raum des Gartens, es gilt also nicht mehr als Körper, sondern als ein Element der Raumbildung. Das ist die Absage an den lange verfolgten Versuch, das Haus als einen Körper zu verselbständigen. Es wird wieder untergeordnet. Sogar Künstler wie August Endell haben an dieser Tendenz teilgenommen, siehe seinen Aufsatz im Jahrbuch des Deutschen Werkbundes für 1914 ,,Die Straße als künstlerisches Gebilde". Er sagt dort:

,,Andererseits ist es zu überlegen, ob es nicht möglich wäre, durch die Bauordnung absichtlich bestimmte künstlerische Wirkungen hervorzurufen. So wäre es denkbar, Vorbauten und Aufbauten allgemein zu verbieten, und nur im einzelnen Fall, falls besonders glückliche Wirkungen sich dadurch erreichen ließen, zuzulassen."

Karl Scheffler spricht davon, wie gut die städtischen Mietshäuser aussehen, wenn sie im Rohbau dastehen als rhythmisch sich wiederholende gleichartige Elemente der Straße. Rhythmus wird das Schlüsselwort der neuen Lehre. Wir finden es bei Behrens:

,,Das Musikalische, das Rhythmische ist das wesentliche Element der künstlerischen Gestaltung."

Wir finden es im Jahre 1912 sogar bei Muthesius, und zwar im Zusammenhange mit dem Begriff der Reihung:

,,Die Baukunst entsteht aus ihren primitivsten Anfängen zu unzweifelhaft rythmischen Gebilden, bei denen die reguläre Grundform, die Symmetrie und *die rhythmische Reihung der Glieder* von Anfang an vorhanden sind."

Auch Gropius spricht damals vom Rhythmus, besonders aber von der Reihung:

,,Die neue Zeit fordert ihren eigenen Sinn. Exakt geprägte Form, jeder Zutat bar, klare Kontraste, Ordnung der Glieder, *Reihung gleicher Teile* (...)."

Rhythmus und Reihung sind in der Tat eng miteinander verbunden.

Was war geschehen? Erlauben Sie mir den Hinweis auf die gesellschaftlich-ökonomische Stimmigkeit der Theorie (und der Praxis) im einen und im anderen Falle: Die Verselbständigung der Hauskörper entsprach, sagten wir, Schinkels bürgerlichen Gedanken. Dieses bürgerliche Bewußtsein aber war überall in Europa, auch in Preußen, durch die politische, die französische Revolution geschaffen worden. Auch in Preußen machte das Bürgertum sich damals bereit, in die industrielle Revolution einzutreten. Schinkel hatte sie in England erfahren. Er stand also am Anfang der industriellen Entwicklung, am Anfang des Kapitalismus, des *laissez-faire*, der Konkurrenz Aller gegen Alle, der liberalen Theorie, welche wollte, daß aus diesem allgemeinen Gegeneinander auf Grund einer Art von Naturgesetz am Ende doch ein Gleichgewicht entstehen werde. Wenn Sie sich an das Zitat aus seinen Schriften erinnern, das wir gelesen haben, so wird Ihnen nicht entgehen, wie nahe seine Forderung, daß jedes Gebäude in sich abgeschlossen sei, dieser Theorie entspricht. Diese Lehre gehörte nach 1900 der Vergangenheit an. Das Jahrzehnt, welches dem Kriege vorausging, ist vielmehr die Zeit der großen Zusammenschlüsse, der Trusts. Die Theorie der Trusts aber, wie sie von Friedrich Naumann ausgesprochen wurde und nach ihm von Walter Rathenau – und mit unmittelbarem Bezug auf die Kunst des Städtebaues von Karl Scheffler –: diese Theorie weiß nichts mehr von einem aus dem Kampf ums Dasein hervorgegangenen natürlichen Gleichgewicht. Nach ihr ist vielmehr das Gleichgewicht die bewußte Schöpfung der Macht. Dem entspricht die Einordnung des Einzelnen in den großen Zusammenhang.

Je mächtiger ein Unternehmen werde, sagten diese Schriftsteller, um so mehr werde es sich seiner Verantwortung bewußt. Nicht der Marxismus, der Monopolkapitalismus sei der Garant des sozialen Forschritts. Verantwortungsbewußte Macht, große Dimension, Ordnung und Forschritt: das sind die Bedingungen, unter denen die Rückkehr zur Kunst sich vollzieht. Die Rolle, die der Kunst dabei zugewiesen wurde, ist die der Harmonisierung; wenn man will, kann man es auch Verschleierung nennen. Wir haben davon gesprochen, daß bei Hoffmann das System gemildert wurde, es wurde verklärt. Dies ist die Rolle der Kunst im Zeitalter des Monopolkapitalismus (im Zeitalter Wilhelms des Zweiten): wie denn Paul Göhre in seinem Buche „Das Warenhaus" von der großen Verkaufsmaschine Wertheim sagt, man merke ihr die Absicht nicht mehr an, daß sie zum Kauf verführen wolle, vielmehr lade sie das Publikum ein, das Haus zu betreten, wie man eine Ausstellung betritt, und es sei dort „alles in Kunst getaucht".

Neben dem Kaufhaus ist der wichtigste Einzelbau, den die Kunst in diesem Sinne zu verklären hatte, die Fabrik. Über die Eroberung der Fabrik für die Architektur ist viel geschrieben worden. Wir brauchen dem nur wenig hinzuzufügen. Die großen Gestalten waren hier Behrens und Poelzig. Daß bereits vor Behrens und Poelzig erfolgreiche Versuche gemacht wurden, den Fabrikbau der Kunst zu gewinnen, können wir wieder mit einer Arbeit Hoffmanns belegen; und eben sie betrifft unser Thema, die Reihung als Formprinzip. Im Gaswerk Tegel wird die doppelte Reihe: Treppenhäuser und Schornsteine gestaltet, und zwar als Reihe an sich, also ohne Kulmination. Das ist eine sehr sachliche Darstellung des bestimmenden Tatbestandes; denn selbstverständlich ist im Fabrikbau der bestimmende Tatbestand die Reihung. Sie ist der bestimmende Tatbestand im Industriebau – und in der Industriegesellschaft: in der Fabrik, im Warenhaus, in der Wohnsiedlung; und zwar handelt es sich hier durchaus um die zweite Art der Reihung, um auf den Anfang dieser Betrachtung zurückzukommen: die Reihung ohne Kulmination. So ein Fabrikbau könnte beliebig weitergehen, er ist nicht abgeschlossen; und das Gleiche kann man vom Warenhaus sagen, um nur diese beiden neuen Bautypen herauszugreifen. Aber das Zeitalter Wilhelms des Zweiten war nicht gewillt, diesen Tatbestand zuzugeben, es *wollte* die Kulmination, den Bezug der im Prinzip endlosen Reihe auf ein Endgültiges, auf ein Zentrum.

Eben diese Beziehung herzustellen, war die Aufgabe der Kunst. Will hier jemand bemerken, daß diese Rolle der Kunst ebenso legitim, ich meine ebenso nah den tatsächlichen Herrschaftsbedingungen der Zeit gewesen sei, wie das in der Kunst des Barock der Fall gewesen ist, so möchte ich daran erinnern, daß im Barock das Zentrum, die Kulmination der Reihung, die Macht nicht nur darstellte: sie *war* der Sitz der Macht. Aber der Direktor ist in der Fabrik nicht anwesend. Eine Verschönerung der Reihung durch Kulmination könnte seine Anwesenheit nur symbolisch darstellen. Und eben das soll sie tun. Die oft beschriebenen und oft kritisierten Ansätze zur Monumentalisierung in Behrens' Turbinenfabrik haben ohne Zweifel diesem Zweck gedient: Ich meine das „Gebälk" an der Seitenfront, welches der Konstruktion des Dreigelenkbogens nicht entspricht, die eben dadurch bewirkte Erinnerung an Säulen, während die aufgehenden Teile der Rahmen, denen diese Säulen-„Funktion" unterstellt wird, auf sichtbaren Rollen stehen; ich meine das gebrochene Tympanon des Giebels — eine andere klassische Assoziation —, welche wieder den wahren statischen Verhältnissen in diesem Giebel *nicht* entspricht. Der ganze Giebel zumal, welcher der Reihung der Hallenbinder vorgesetzt ist, ein Ding für sich, wie man deutlich dem Photo aus der Bauzeit erkennen kann, ist eine künstliche Kulmination. Behrens hat hier alles ihm Mögliche getan, um aus der Reihung ein Ding aus einem Guß zu machen, ein Kunstwerk im Sinne der Renaissance, ein Werk also, dem man nichts hinzufügen und von dem man nichts wegnehmen kann, ohne seinen Wert als Kunstwerk in Frage zu stellen.

Eine andere der AEG-Fabriken bringt Behrens' Haltung der Reihung gegenüber vielleicht noch deutlicher zum Ausdruck: die Front der Kleinmotorenfabrik an der Voltastraße. Hier hat Behrens nicht nur die Reihung gelegentlich durch breite Pfeiler unterbrochen und dadurch rhythmisiert, dieses Pfeilersystem macht zudem die Front symmetrisch, obwohl die Symmetrie an der langen Straßenfront nicht zu erkennen ist — man kann sie nur vom Aufriß ablesen —. Zudem fällt die Symmetrieachse auf einen der Pfeiler, was gegen die Regeln der klassischen Komposition verstößt. So weit ging Behrens, so weit ging die Architektur im Zeitalter Wilhelms des Zweiten, um die reine Reihung, die Reihung an sich, zu vermeiden und aus der Gesamtfront auch hier ein wohl komponiertes Kunstwerk zu machen.

Wir wollen uns das vergegenwärtigen: die Fabrik als Kunstwerk, als große Architektur. Man nannte entsprechend die Turbinenfabrik eine Kathedrale der Arbeit; einen Bau, den der Arbeiter selbst mit Stolz betrachten könne, in dessen Innerem er nicht nur eine Luftigkeit und Helle genieße, welche damals in der Tat sensationell gewirkt haben muß, der vielmehr auch sein Schönheitsgefühl ansprechen sollte. Endlich sollte der Bau aber auch nach außen die Macht und Würde des Unternehmens vertreten und der Werbung dienen. Also: Der Arbeiter völlig integriert, dankbar und stolz auf die Firma; das Unternehmen völlig vindiziert in dem Bewußtsein seiner Größe und Verantwortung; und dazu noch plakatiert durch die Werbewirkung der *schönen* Fabrik. All das ist damals viel zu oft und viel zu offen ausgesprochen worden, als daß es hier noch der Zitate bedürfte: der ganze Deutsche Werkbund hallte davon wider. Nur *eine* zeitgenössische Äußerung wollen wir uns nicht versagen anzuhören, weil sie von Gropius stammt, und zwar aus dem Jahre 1911, dem Jahre, in dem Gropius in seinem eigenen Werk die Monumentalität, die er bei Behrens lobt, überwunden hat. Das macht seine Worte doppelt bemerkenswert. Gropius schreibt:

„Probleme wirtschaftlicher und ethischer Natur harren ihrer Lösung. Die soziale Frage ist der eigentliche ethische Zentralpunkt unserer Tage geworden, das große Problem für die Allgemeinheit, dem sich auch die Kunst zuwenden muß, denn das Wort einer neuen Religiosität, die alle erfassen und einer neuen Kunst zur Richtschnur werden könnte, ist noch nicht ausgesprochen. Die Kunst braucht aber Glauben an große gemeinsame Ideen, damit Großes zustande kommt. Um einen tiefen Eindruck von einem Bauwerk zu empfinden, muß man an die Idee glauben, die es erstehen ließ.

Heute haben wir Anzeichen, daß der großen technischen und wissenschaftlichen Epoche eine Zeit der Verinnerlichung folgen wird, der Zivilisation eine Kultur. (…) Der Arbeit müssen Paläste errichtet werden, die dem Fabrikarbeiter, dem Sklaven der modernen Industriearbeit, nicht nur Licht, Luft und Reinlichkeit geben, sondern ihn noch etwas spüren lassen von der Würde der gemeinsamen großen Idee, die das Ganze treibt. Erst dann kann der einzelne Persönliches dem unpersönlichen Gedanken unterordnen, ohne die Freude am Mitschaffen großer gemeinsamer Werte zu verlieren, die früher dem Machtbereich des Individuums unerreichbar waren. Dieses Bewußtsein, im einzelnen Arbeiter geweckt, könnte vielleicht eine soziale Katastrophe, die bei der Gärung des heutigen Wirtschaftslebens ja täglich droht, vermeiden. Weitsichtige Organisatoren haben es längst erkannt, daß mit der Zufriedenheit des einzelnen Arbeiters aber auch der Arbeitsgeist wächst und folglich die Leistungsfähigkeit des Betriebes. Der subtil rechnende Herr der Fabrik wird sich alle Mittel zunutze machen, die die ertötende Eintönigkeit der Fabrikarbeit beleben und den Zwang der Arbeit mildern könnten. Das heißt, er wird nicht nur für Licht, Luft und Sauberkeit sorgen, sondern in der Gestaltung seiner Arbeitsgebäude und Räume auch auf das ursprüngliche Schönheitsempfinden, das auch der ungebildete Arbeiter besitzt, gebührend Rücksicht nehmen."

Der künstlerischen Mittel, die ihm hierfür zur Verfügung stehen, haben wir bereits gedacht. Es sind:

„Ordnen der Glieder, Reihung gleicher Teile", ferner „Einheit in Form und Farbe" als „Grundlagen zur Rhythmik des modernen baukünstlerischen Schaffens".

Das war, ich bitte um Entschuldigung, ein etwas langer Text; aber wir mußten ihn schon hören, denn er enthält unverfälscht das Credo der Zeit bis hin zum Schönheitsempfinden auch des ungebildeten Arbeiters und zum sozialen Gedanken als einem vorläufigen Ersatz für einen neuen Glauben, von der ganzen Veranstaltung als eines subtilen Mittels zur Leistungssteigerung nicht zu sprechen. Und dies schrieb Gropius mit der einen Hand, während er mit der anderen die Turbinenfabrik des Meisters Behrens, auf die er sich an einer anderen Stelle dieses Textes ausdrücklich, ihre Monumentalität lobend, bezieht, antithetisch überwandt. Denn die Fagusfabrik ist ja, wie wir wissen und an jeder Einzelheit ablesen können, antithetisch auf die Turbinenfabrik bezogen, so zwar, daß was dort senkrecht steht, in Alfeld geneigt ist, und was dort geneigt ist, in Alfeld senkrecht steht. Die Beziehung zur Turbinenfabrik ist auch aus dem einzigen schwachen Punkt dieses schönen Entwurfes abzulesen, der Eingangsfront, welche wie eine Karikatur des berühmten Pylonengiebels wirkt: der eine Pylon dort zeigt sogar die Riefen und die Abrundung (am Eingang) der beiden Pylonen in Moabit. Die entscheidende Antithese aber ist die: Gropius hat im Faguswerk das wilhelminische Pathos überwunden, der Bau ist *nicht* mehr künstlich als ein Ding aus einem Guß geplant, er ist eine reine Reihe geworden, und der Bau könnte ein paar mehr Joche haben, oder ein paar weniger, ohne daß dies seinem künstlerischen Wert im geringsten Abbruch tun würde.

Man hat gesagt, daß an dieser Stelle das Design die Architektur abgelöst habe. Denn bei Behrens ist die Reihung noch dem Gesamtumriß unterworfen, in die Architektur sozusagen hineingezwungen; bei Gropius erscheint sie zum erstenmal frei. Man könnte sagen, daß alles, worauf es bei einem solchen Bau ankommt, die Vollendung des einzelnen Elementes ist — also Design —, und daß die Gesamtfigur, also die Architektur, unwesentlich geworden ist. Design nimmt die Reihung nicht mehr als ein Kompositionsmittel der Architektur, sondern die Reihe als das Ding selbst, mit dem es sich zu beschäftigen hat, als die Gegebenheit der neuen Bautypen und Stadtbautypen.

Ähnliches hat erst viel später, in den zwanziger Jahren, Hilberseimer in seinen Stadtbauentwürfen demonstriert. Zwischen Gropius' Vorwegnahme aber und den Entwürfen und Gebäuden der Richtung, die damals die Neue Sachlichkeit genannt wurde und später — auch jetzt noch — Funktionalismus (obwohl der Name nicht recht paßt): zwischen diesen beiden liegen Jahre, in denen sich die Architektur anderen Zielen zugewandt hat: die Jahre des architektonischen Expressionismus.

Auf den ersten Blick sieht es so aus, als spiele die Reihung als Kompositionsmittel in den Entwürfen der Expressionisten keine Rolle. Sie spielt kaum eine Rolle in den Entwürfen der Gläsernen Kette; denn in diesen wird dem einzelnen Gebäude seine Bedeutung zurückgegeben. Der Expressionismus in der Architektur äußert sich ja als Protest: Protest gegen das System der großen Organisation, welches tötet, Protest gegen den „in Kunst getauchten" Kapitalismus der Warenhäuser: „Grabstein- und Friedhof-Fassaden vor viergeschossigen Kram- und Trödelbuden", wie Bruno Taut das nannte; der Expressionismus wollte die „Wiederkehr der Kunst", wie Adolf Behne sein Buch von 1920 nannte, er wollte Spontaneität, Kunst *aus* dem Volke (nicht *Kunst dem Volke!*) er wollte sogar eine neue Symbiose von Kunst und Handwerk.

Man darf nicht glauben, daß diese Antithese nur durch die Erlebnisse des Krieges, der Niederlage und der abortiven Revolution von 1918/19 bewirkt worden sei. Die Stelle in Gropius' Text von 1911, wo er davon sprich, daß dem Zeitalter der Technik und der Wissenschaft ein Zeitalter der Verinnerlichung folgen werde, ist ein deutlicher Hinweis auf die Gedanken von 1918; und wie alles in diesem Text, so ist auch dieser Hinweis keineswegs besonders originell. Man würde der Zeit Wilhelms des Zweiten nicht gerecht werden, wenn man das Element der Kulturkritik und die Hoffnung auf eine neue, auf einen neuen Glauben gegründete Kultur in ihr übersehen wollte. Die Antithese wächst, während die These noch die Gestalt der Dinge bestimmt. Und in unserem Falle besteht zudem zwischen These und Antithese ein besonderes Verhältnis. Denn die Antithese kann nie und nirgends die These völlig entkräften, solange die Bedingungen, auf denen die These sich aufgebaut hatte, gültig bleiben; und daß die deutsche Industrie 1918 vernichtet worden sei, und zwar für immer, das war eine Illusion. Sie war nicht vernichtet. Mit ihr blieb die große Dimension als Schicksal; und das Handwerk (*und* die neue Kunst!) war der großen Dimension nicht gewachsen. Diejenigen expressionistischen Entwürfe aber, welche die Industrie — und die große Dimension — anerkennen und zum Thema haben, erkennen auch die Reihung als Mittel der Komposition an. Das gilt besonders für Mendelsohns Industriebauskizzen aus dem Kriege.

Aber der Expressionismus war eine Episode, welche mit der Stabilisierung der Mark ein Ende nimmt. Und nun vollzieht sich die Rückkehr zur großen Dimension; diesmal in den Großsiedlungen in Frankfurt und Berlin. Und sofort erscheint die Reihung als wesentliches Mittel der städtebaulichen Komposition. Das Bild der „Roten Mauer" in Britz von Bruno Taut spricht für sich.

War aber, müssen wir fragen, diese zweite industriekapitalistische Epoche von der ersten, der wilhelminischen, grundsätzlich verschieden? Eine Revolution hatte 1918 *nicht* stattgefunden. Man sagt nichts Unrichtiges aus, wenn man feststellt, daß die wilhelminische Reform, wie sie sich etwa in dem von uns gelesenen Text von Gropius aus dem Jahre 1911 ausspricht, in der Weimarer Republik weiter vorwärts getrieben wurde, allerdings auf einer neuen Ebene, der der SPD und darum mit ungleich größerer Energie und in größerem Maßstab. Einige Gedanken, die unter dem Kaiser besonders hoffnungsvoll erschienen, wurden aufgegeben: Die Gartenstadt wich der Großsiedlung am Rande der Stadt, einem zusehends mehr städtischen Gebilde. Am Ende der Großsiedlung, welche in Britz noch Züge der Gartenstadt trägt, stehen die Siedlung von städtischen Dimensionen und ihr Kompositionsmittel, die Reihung, nun in ihrer extremen Form als Zeilenbau. Selbst Häring, der echte Funktionalist, der Vertreter des organischen Bauens, hat Zeilen gebaut.

Aber hier spreche ich bereits von der Zeit des Funktionalismus. Mein Thema sollte vor dieser Zeit enden. Erlauben Sie mir nur noch, zum Schluß, eine kurze Zusammenfassung:

Die Zeit zwischen Historismus und Funktionalismus — man kann sie die Zeit Wilhelms des Zweiten nennen, denn die kurze Unterbrechung der Entwicklung durch den Expressionismus ist eine Episode geblieben — begann noch im Zeichen des Liberalismus, der Auflösung des städtischen Zusammenhanges zugunsten des einzelnen Hauses. Die Reihung spielte in diesem ersten Jahrzehnt darum nur eine geringe Rolle, weil sie ein Mittel der architektonischen Komposition ist; und die architektonische Komposition als solche wurde gerade von fortschrittlichen Architekten abgelehnt. Daß es auch in diesem Jahrzehnt tätige Architekten gegeben hat, und zwar bedeutende Architekten, die sie praktiziert haben (Messel), habe ich in meinem Vortrage nicht erwähnt, und es ist auch ein schwieriges Thema. Da ich Messel nenne: Er hat immer komponiert; aber auch er hat gerade in diesem Jahrzehnt *frei* komponiert: siehe seine Landhäuser, aber auch seine Wohnhöfe für den Berliner Spar- und Bauverein. Damals waren es im wesentlichen große Baukomplexe für den Staat oder die Stadt, in Berlin etwa die Krankenhäuser Ludwig Hoffmanns, welche die Reihung betonen: Systemplanung, gemildert durch die Kunst. Seit etwa 1905 bewirken die großen Zusammenschlüsse des imperialistischen Monopolkapitalismus eine Wendung zur Kunst; und da es allenthalben gleiche Elemente gewesen sind, die sich zu der großen Dimension zusammenschließen, so wird die Reihung ein wichtiges, wenn nicht das wichtigste Prinzip der Komposition.

Man versucht aber, die Reihung auf eine Kulmination zu beziehen, ein Verfahren, welches der Rolle der Kunst im Monopolkapitalismus entspricht. Der einzige Walter Gropius hat in der Fagusfabrik die Reihe rein dargestellt. Sein Bau ist eine Vorwegnahme. Er bedeutet den Ausgang aus dem Zeitalter der Architektur, welche dem Wesen der gestellten Aufgabe nicht mehr entsprach, und den Beginn der Epoche des Design.

Seit damals sind wir der Reihung, wie sie sich in extremer Form im Zeilenbau darstellt, müde geworden. Wir bemühen uns aufs neue, sie zu unterbrechen, zu verfälschen, zu verfremden, ihr mit allen Mitteln der Kunst aus dem Wege zu gehen. Wir haben aber gesehen, wie künstlich in der Vergangenheit, in der heute abend behandelten Epoche, ähnliche Versuche gewesen sind. Ich möchte mir deshalb erlauben, den Vortrag mit einer Warnung zu schließen. Die Architektur kann den ihr gestellten Aufgaben nicht aus dem Wege gehen. Ist es der Zusammenschluß gleicher Elemente, welche die Bedingungen der Zeit vom Planer und vom Architekten verlangen, so wird sie sich mit der reinen Darstellung dieses Tatbestandes beschäftigen müssen, selbst wenn sie dabei aufhört, im alten Sinne Architektur zu sein, und eine Stellung zwischen Design und Städtebau beziehen muß. Auch die Architektur kann dem Schicksal nicht entfliehen.

Vortrag auf dem Symposium
,,Das architektonische Prinzip der Reihung'',
Universität Dortmund, 12.6.1975

34 Rom wurde nicht an einem Tage erbaut (1975)

Wir kommen zusammen, wie viele vor uns und noch einige nach uns in diesem Jahre des Europäischen Erbes 1975, um zu überlegen, wie man dem Verlust der Substanz in der Stadt begegnen könnte; der Stadt, in welcher die meisten von uns wohnen und welche doch ihren überkommenen Charakter seit einiger Zeit geändert hat; die heute als Stadt im alten Sinne nicht mehr zu begreifen ist, wie man an der Stadt sehen kann, in der wir zusammengekommen sind: in West-Berlin; es wurde durch einen Gewaltakt von ihrem Wachstumskern abgerissen und nennt sich gleichwohl eine Stadt, hat sogar – nolens volens – städtisches Leben entwickelt. Man fühlt sich versucht, für eine solche Agglomeration einen neuen Namen zu finden; denn der Name Stadt paßt nicht recht zu einem Organismus, den man teilen kann wie eine Amöbe, und er paßt auch nicht auf solche Zusammenschlüsse, wie das Ruhrgebiet oder das Conurbation genannte Gebiet in England oder die endlose Häuserzeile in Belgien oder die riesige Agglomeration an der Ostküste der Vereinigten Staaten. In Amerika gibt es sogar Gebilde, die wuchern wie Krebsgeschwüre, Los Angeles zum Beispiel. Ein wenig gleichen alle neuen Städte solchen Geschwüren; aber West-Berlin – um bei dieser Agglomeration zu bleiben, da sie uns heute umgibt –, West-Berlin besitzt zwar nicht mehr seinen ursprünglichen Wachstumskern, jedoch hier und dort Stücke verhältnismäßig alter historischer Substanz und allenthalben Gebiete neuer Prägung, die aber für uns bereits historisch geworden sind.

Was 1945 auseinandergerissen wurde, war über weite Strecken hin ein Trümmerfeld. Die Zerstörung war hier, wie in anderen Großstädten, gründlich. Als aber der Schutt weggeräumt wurde, bemerkte man, daß immerhin noch einiges übriggeblieben war. Man ging hoffnungsvoll an den Wiederaufbau; aber man hatte das falsche Wort gewählt. Man hätte besser getan, von einem Neubau zu sprechen; denn die Zerstörung, gründlich wie sie war, bot eine Chance. Gegenwärtig zeigt die Akademie der Künste eine Ausstellung unter dem Namen „Als der Krieg zu Ende war", in der man sehen kann, wie einige diese Chance nutzen wollten. Diese Vorschläge konnten nicht ausgeführt werden, weil zwar die Substanz weitgehend beseitigt war, nicht aber die Besitzverhältnisse. Die Chance wurde also nicht genutzt; und heute muß man feststellen, daß der Aufbau mehr zerstört hat als die Bomben; und zwar wächst das Momentum der Zerstörung nach Art der geometrischen Reihe, es wächst, gerade in diesem Jahre des Denkmalschutzes, zu einem Wirbel der Vernichtung, so daß einige bereits die Achseln zucken und den Widerstand aufgeben, weil er hoffnungslos geworden sei. Ohnehin müssen wir uns die Frage gefallen lassen, worin denn schließlich der Wert dieser alten Klamotten bestehe und was sie für das gegenwärtige Leben noch bedeuten können. Als vor einigen Jahren die Verkehrsplaner des Senators für Bau- und Wohnungswesen den Plan verwirklichen wollten, die Platzfolge in der Luisenstadt auszulöschen, welche sich an die Namen Lenné und Schinkel knüpft, um sie durch eine großzügig bemessene Autobahn zu ersetzen, bemerkte dazu der Justitiar des Senators: „Natürlich haben wir die Leute vom Denkmalschutz nicht gefragt: Die Stadt will leben"; womit er einen Gegensatz feststellte zwischen der Gestalt der alten Stadt und dem Leben der gegenwärtigen. Wie die gegenwärtige Stadt mit ihrem baulichen Erbe lebt, was das Erbe für das gegenwärtige Leben der Stadt bedeutet, dies vielmehr ist die Frage, mit der wir uns beschäftigen wollen.

Man nennt dieses Jahr 1975 kurz das Jahr des Denkmalschutzes. Wir alle empfinden dieses Wort als peinlich und inadäquat. Es ist peinlich, weil es aus einem Bildungsbegriff stammt, der obsolet geworden ist. Man errichtet keine Denkmale mehr, weil man weiß, daß auch die vergangenen nicht mehr angeschaut werden. Auch die Baudenkmäler schaut man nicht mehr an. Sie stehen fremd inmitten eines städtischen Lebens, das sich um sie nicht mehr kümmert. Natürlich würde man den Kölner Dom vermissen, wenn auch er eines schönen Tages durch ein Horten-Kaufhaus ersetzt würde. Er ist immerhin ein so großer Klotz, eine so bestimmende Landmarke, daß er uns fehlen würde. Vielleicht gilt dies wirklich auch von den Denkmälern kleineren Maßstabes, vom Holstentor in Lübeck etwa; aber ich möchte es bezweifeln: es steht da ziemlich im Wege; und das verschlafene Lübeck, die Stadt, in der man offenbar so wenig leben konnte, daß ihre großen Söhne sie verlassen haben, ist heute eine lebhafte Stadt mit Kaufhäusern, Großgaragen und einem geradezu beängstigenden Verkehr. Hier hat man die Baudenkmäler isoliert und ihrer Wirkung durch die Vereinzelung Abbruch getan. Aber was soll's? In dem Lübeck, das wir gekannt haben, in dieser noch in sich geschlossenen Großstadt des Mittelalters, die eine Kleinstadt geworden war, fühlte man sich wie in einem einzigen großen Baudenkmal: Wohin man blickte, sah man die Größe der Vergangenheit; aber man sehe sich die Stadt heute an!

Da wir aber von der in sich geschlossenen Altstadt sprechen, so bringt mich das auf das andere, was wir an dem Worte Denkmalschutz auszusetzen haben. Der Schutz ist inadäquat, solange er lediglich das Baudenkmal und seine unmittelbare Umgebung betrifft. Er müßte — nicht nur in Lübeck — sehr viel weiter reichen und den ganzen Zusammenhang der Straßen und Plätze betreffen. Man müßte, um die Baudenkmäler zu schützen, Städte konservieren. Aber das sind nicht selten Städte, in denen die Leute nicht mehr leben wollen; anders ausgedrückt, man müßte die Veränderung verhindern, die einzig bewirken kann, daß dort noch Leute leben wollen. Man müßte etwa die Stadt den alten Menschen und einigen Snobs überlassen und außerhalb ihrer Mauern eine neue Stadt bauen mit dem Komfort, dem Verkehr, den Kaufhäusern und Versicherungspalästen, auch mit den anschließenden modernen Wohnvierteln, welche man attraktiv nennt. Hat man damit die alte Stadt erhalten? Man hat sie konserviert, eingeweckt. Wir sollten sie aber aufwecken.

Man spricht vom Wert des Geschichtlichen. Die Zeugen der Geschichte stehen für das Zuständliche vergangener Zeiten. Aber Geschichte ist Veränderung. Indem man das Erbe konserviert, hält man den Lauf der Geschichte an einem bestimmten Punkt an, und eine zum Stillstand gebrachte Geschichte ist keine Geschichte mehr. Das Geschichtliche kann nur dann anregend auf die Gegenwärtigen wirken, wenn die Geschichte weitergeht. Das Vergangene ist das Fremde, und das Fremde kann nur dadurch zum Eigenen werden, daß die Vergangenheit durch die Gegenwart in die Zukunft weiter wirkt; sonst bleibt es, mit Hoffmannsthal zu sprechen, „unheimlich stumm und fremd". Unheimlich, auch bedrückend, da es unsere Schultern mit einem Anspruch belastet, dem sie nicht gewachsen sind und dem man sich nur dadurch entziehen kann, daß man nicht mehr hinsieht. Hat nicht jeder Tourist in einer der berühmten alten Städte die Blicke der Einheimischen bemerkt, die zu sagen scheinen: „Nun, *Du* magst Dir das ansehen, *Dir* bedeutet es offenbar etwas; aber von uns, die wir mit alledem leben müssen, von uns kannst Du nicht verlangen, daß wir da noch hinsehen."

So denken die Leute, die dort heimisch sind, von ihrer Heimat. Man beginnt ja wieder von der Heimat zu sprechen als dem Wurzelboden, dem Prägenden; es sind Untersuchungen angestellt worden, die zeigen sollten, daß Heimat für uns gesund ist, sie ist offenbar ein Elixier, das die Krankheiten abwehrt, welche die Entwurzelung mit sich bringt. Man hat das finden wollen, und man hat es gefunden. Das klingt, als wollte ich die Ergebnisse solcher Untersuchungen anzweifeln, so, als hätten die Gelehrten gemogelt. Nein, ich wage nicht, sie anzuzweifeln, ich sage nur, daß man gefunden hat, was man finden wollte, ich sage ferner, daß es für die gegenwärtige Lage bezeichnend ist, daß man solche Untersuchungen anstellt und daß man überhaupt wieder von Heimat spricht. Heimat ist die Umwelt, die nicht *wir* geschaffen haben, die Umwelt, die die vertrauten Personen, die sie für sich geschaffen — oder angenommen — haben, uns als die eigene, die unsere vorstellen; denn die Gegenstände werden für uns durch Personen der Unheimlichkeit entkleidet, die für den neuen Erdenbürger jedem Gegenstande anhaftet. Das festzustellen ist darum wichtig, weil der Begriff Heimat von den Personen nicht zu trennen ist, die sie uns nahegebracht haben, weil wir also in der Heimat nicht eine bestimmte Ansammlung von Gegenständen als die unseren anerkennen, sondern eine bestimmte Gesellschaft. Heimat ist aber auch die Umwelt, die wir nur dann dauernd als die eigene anerkennen, wenn wir sie verändern dürfen, Heimat ist die Umwelt, von der wir uns abheben. Bleibt das geschichtliche Continuum bewahrt, so können wir uns von ihr abheben und gleichwohl dort wohnen bleiben; und in diesem Falle mag der Akt des Abstoßens, der für uns ebenso notwendig ist wie der Zustand der Verwurzelung — man könnte auch dies allenfalls sozialmedizinisch untersuchen — in diesem Falle mag der Akt des Widerstandes recht behutsam vor sich gehen, mag das sein, was wir Entwicklung nennen. Goethes Wort von der geprägten Form drängt sich auf, die lebend sich entwickelt. Daß aber eine solche Entwicklung stattfindet, dazu besteht gegenwärtig wenig Hoffnung. Denn es liegt nicht an uns, ob wir den Lauf der Geschichte an einem bestimmten Punkte anhalten wollen oder nicht. Er ist bereits zum Stillstand gekommen.

Bei den Städten, welche sich von mittelalterlichen Ursprüngen durch das 17. und

18. Jahrhundert ins 19. Jahrhundert hinein entwickelt haben — wir denken immer noch an Lübeck —, liegt der Punkt, an dem der Lauf der Geschichte zum Stehen kam, lange vor 1945. Er liegt irgendwann im letzten Drittel des vorigen Jahrhunderts. Zerstörung und Aufbau haben den Bruch lediglich evident gemacht. Denn die Viertel der Gründerjahre und die Gebäude, welche sie in die Stadt selbst hineingebaut haben, haben Patina angenommen, wirken heute aus diesem Grunde, aber auch aus anderen Gründen, auf die wir noch kommen werden, würdig und Vertrauen erweckend. Was heute gebaut wird, *kann* keine Patina ansetzen, zeigt sich für alle Zeiten nackt und unvermittelt als das, was es ist, als das nämlich, was für niemanden gebaut wurde: als Bauen für die Verwertung, für die Abschreibung, für die Investition. Es ist natürlich nicht möglich, daß das mit dieser Absicht Gebaute denen, die darin leben, jemals Heimat werden könnte, der Begriff geht verloren, wird fremd, wird selbst historisch. Eben darum beginnt man ja, sich seiner zu erinnern. Wir nehmen das als Symptom: als ein Symptom dafür, daß der Stillstand der Geschichte jetzt bewußt geworden ist. Er liegt aber, das möchte ich wiederholen, weiter zurück als man meint. Er liegt in der Zeit, in der man begann, für die Hypothekenbank zu bauen, wie das die Bauunternehmer der Gründerjahre getan haben, wie wir es mutatis mutandis ebenfalls tun. Das Bauen seit 1945 macht lediglich eine Realität *allen* sichtbar, die vorher von *einigen* erkannt wurde, von den Gründern des Deutschen Werkbundes, zum Beispiel. Allerdings: es besiegelt diese Realität; den Gründern des Deutschen Werkbundes war ein größerer Optimismus noch eben erlaubt. Denken wir also noch einmal an die alte Stadt, an Lübeck, so befinden wir uns da zwei Phänomenen gegenüber, die miteinander wenig zu tun haben: der alten Stadt, die ihre Bürger für sich selbst gebaut haben, und dem, was seit den Gründerjahren um sie herum — und zuweilen auch in sie hineingebaut wurde; und das wurde für niemanden gebaut: die Verwertung ist keine Person.

Doch lassen wir Lübeck auf sich beruhen. Wir sind in Berlin zusammengekommen, und nicht die kleine Stadt ist heute unser Thema, sondern die Großstadt. Die Kleinstadt war für uns lediglich ein Anlaß, uns an gewisse Begriffe heranzutasten, welche in den Diskussionen dieses Jahres 1975 eine Rolle spielen, das Geschichtliche, Heimat und der Einfluß, den sie auf das gegenwärtige Leben haben — oder haben könnten — oder haben sollten. Beschäftigen wir uns endlich mit Berlin. Von der kleinen Stadt — auch von der mittelalterlichen Großstadt, die zur Kleinstadt geworden ist — haben wir gesagt, ihre bauliche Geschichte sei an einem bestimmten Punkt zum Stillstand gekommen; und im großen und ganzen stimmt das, obwohl ich hier nachträglich gestehen will, daß ich in diesem Teil unserer Unterhaltung ein wenig vereinfacht habe, um das Problem, mit dem wir es da zu tun haben, in seiner ganzen Schwere zu zeigen. Bei einer Großstadt wie Berlin liegen die Dinge ein wenig anders; denn einmal hat Berlin schon seit langer Zeit nicht mehr einen so streng geschlossenen und geprägten Stadtkern besessen wie Lübeck; es ist, die Straße Unter den Linden und die an ihr und in ihrer nächsten Nähe befindlichen Palais, Theater und Kirchen ausgenommen, seit Jahrhunderten eine etwas nüchterne, gerasterte, auf stetiges Wachstum hin angelegte Stadt gewesen. Karl Scheffler hat es aus diesem Grunde eine Kolonialstadt genannt, und zwar gebrauchte er den Ausdruck in Analogie mit den Städten Nordamerikas. Wenn ich vorhin sagte, die Geschichte sei in den Städten, in denen vordem Bürger Häuser für sich selbst gebaut haben, in dem Augenblick zum Stillstand gekommen, in dem Spekulanten begannen, Massenquartiere zu bauen, so trifft auch das auf Berlin nicht recht zu; denn hier wurden bereits die Häuser der Friedrichstadt, deren Bau der Soldatenkönig befahl, als Wohnquartiere gebaut, und zwar nach der Schablone. Es hat darum in Berlin Übergänge gegeben zwischen dem Bauen der Einquartierungskasernen Friedrich Wilhelms und dem der Mietskasernen der Gründerzeit. Hier, in der Großstadt, der preußischen Großstadt in Sonderheit, hat also das Geschichtliche eine andere Bedeutung als in Lübeck. Es kommt hinzu, daß hier die Bürger eigentlich erst dann angefangen haben, für sich selbst zu bauen, als sie in der Kleinstadt im wesentlichen damit aufgehört haben. Das geschah in den frühen Vororten zu beiden Seiten des Tiergartens, es geschah seit 1865 in den rasch einander folgenden Vorortgründungen weit draußen im Grünen, man kann sogar sagen, daß es in einigen recht individuell entworfenen Miethäusern in den guten Wohngegenden geschah, etwa in Friedenau. Die Gründerjahre und die, welche ihnen bis zum ersten Weltkrieg gefolgt sind, haben ja beileibe nicht nur Mietskasernen gebaut.

Und dann hat sich das Wachstum der Großstadt grundsätzlich anders vollzogen als das der kleinen Stadt. Indem sie wuchs, nahm die Stadt Berlin die in ihrer Umgebung liegenden Städte und Dörfer in sich auf, wobei man von den Städten immerhin sagen kann, daß sie sich nur im Magnetfeld der großen Stadt zu bedeutenden Nebenstädten haben entwickeln können, daß man also ihr Wachstum von dem Berlins nicht trennen kann. Die Dörfer aber wurden verschlungen, nicht allerdings ohne sichtbare Spuren zurückzulassen. Bis in die dreißiger Jahre hinein blieben einige dieser Dörfer sogar von der Stadt getrennt, zu der sie administrativ seit 1920 gehörten. Zwischen Zehlendorf und den benachbarten Vororten Lichterfelde und Dahlem lagen Felder. Zehlendorf stand sozusagen als das Dorf am Horizont der beiden Vororte. Dabei entwickelte sich seine Dorfaue zu einer Kleinstadtstraße mit sehr individuell geplanten viergeschossigen Miethäusern. Andere Dörfer erhielten ihren Anger mit Kirche und Teich, manche auch mit dem Herrenhaus, wie wieder Zehlendorf, aber auch Mariendorf und Lichterfelde.

Die Großstadt reagierte auch viel prompter, schärfer — und produktiver — auf das hier so viel gewaltigere Übel des Mietskasernenbaus. Bereits 1870 erschien in der Deutschen Bauzeitung Ernst Bruchs Kritik an dem eben veröffentlichten Hobrecht-Plan einer Mietskasernenstadt, eine sehr harte Kritik, die zu lesen noch heute lohnt. Es folgten noch in den mittleren siebziger Jahren die städtebaulichen Gedanken von Baumeister und von „Arminius" — so nannte sich die Gräfin von Dohna-Poninski —, welche damals bereits die dezentralisierte Stadt Mumfords vorschlugen: die Innenstadt getrennt von Satellitenstädten. Baumeister nannte das ein Planetensystem. In diesem Sinne sind auch die zeitgenössischen Vorortgründungen Carstenns zu verstehen, wenigstens wollte er sie so verstanden wissen: als Entlastung der Mietskasernenstadt und als selbständige Orte, mit der Großstadt durch die Schnellbahn verbunden. Eine andere Reaktion gegen die Mietskaserne war die Tätigkeit der Bauvereine, welche seit 1890 gegründet wurden und für die Messel seine bemerkenswerten Wohnhöfe gebaut hat. Nach 1900 begann dann der Beamten-Wohnungsverein, in recht großem Maßstabe zu arbeiten, und fast zur gleichen Zeit entstand, was man damals ein wenig unscharf Gartenstädte nannte, obwohl sie in Wahrheit stadtnahe Ansiedlungen waren: die Gartenstadt Zehlendorf, die Gartenstadt Staaken. Aus solchen Anfängen entwickelte sich dann nach dem ersten Weltkriege die GEHAG, die Wohnungsgesellschaft des Gewerkschaftsbundes, an deren schon quantiativ bedeutende Leistung in den zwanziger Jahren ich Sie nicht zu erinnern brauche. Lieber sollte ich, da ich schon zu weit vorgeprellt bin, zurückkehren und Stadtteile besonderer Prägung aus dem zweiten Drittel des 19. Jahrhunderts erwähnen, wie die Luisenstadt, den Ort einer ausgedehnten Kleinindustrie in den Hinterhöfen, bemerkenswert durch die Platzfolge, die die Verkehrsplaner zerstören wollten, oder den Mini-Vorort, welchen der Bauunternehmer Kielgan am Nollendorfplatz verwirklichte.

Auch die Stadt selbst hat auf die Mietskaserne reagiert, indem sie in unmittelbarer Nähe einiger der schlimmsten Viertel ausgedehnte Parke, Avenuen und Promenaden anlegte. Der Wedding ist dafür ein Beispiel. Im Wedding steht auch die erste Fabrik am Park, die Bauten der AEG am Humboldthain, nicht zufällig eine Vorwegnahme von Le Corbusiers *usine verte*; denn Le Corbusier hat Behrens' Fabriken gut gekannt.

Ferner hat Berlin bereits vor 1914 recht ausgedehnte städtische Wohnsiedlungen am Rande der Stadt geplant, denken Sie an Hermann Jansens bedeutenden Plan für die Bebauung des Tempelhofer Feldes, welche in den zwanziger Jahren weniger bedeutend durch Bräuning verwirklicht wurde, und an die Caeciliengärten am Bahnhof Friedenau, geplant 1912 und nach dem Plan verwirklicht 1925.

Ich habe vieles ausgelassen, vielmehr, ich habe nur sehr weniges erwähnt. Der Sinn aber solcher Erwähnungen, solcher Erinnerungen, kann nur der sein: darauf hinzuweisen, daß das Geschichtliche in der Großstadt etwas anderes ist als in Lübeck. Es kommt in der Großstadt nicht in erster Linie darauf an, wie bedeutend die Substanz aus der weiteren Vergangenheit ist, die wir historisch nennen. Wichtiger ist die Auseinandersetzung, welche die Großstadt mit den Problemen ihres Wachstums ständig zu führen hat; und wir dürfen sagen, daß es wenige Großstädte gibt, in denen diese Auseinandersetzung so produktiv geführt worden ist wie in Berlin. Das Resultat aber dieser ständigen Wachstumsbeschwerden, Ansätze, Reaktionen ist die Mannigfaltigkeit. Mannigfaltigkeit ist das Geschichtliche der Großstadt. Rom wurde nicht an einem Tage erbaut. Eben darum konnte es die Ewige Stadt werden. Jeder Städter ist in eine Umgebung hineingeboren, welche das Ergebnis vieler Entscheidungen ist, die vor ihm gefällt wurden. Geschah das lange vor seiner Lebenszeit und sind seither weitere Entscheidungen nicht gefallen, wie das im Kern so mancher Kleinstadt der Fall ist, so versteinert die Stadt und wird denen, die in ihr leben, zur Last. Aber in der Großstadt sind bis nahe an unsere Tage immer wieder Entscheidungen gefällt worden, und eben dies mag uns die Hoffnung geben, daß wir selbst berufen sein mögen, Entscheidungen zu fällen und die Mannigfaltigkeit der großen Stadt durch das Bild der eigenen Epoche zu bereichern.

Welche Chancen haben wir, das zu tun? Wir hören den Ruf: Rettet die Quartiere der Großstadt, sie sind in Gefahr, die Mannigfaltigkeit ist in Gefahr; wir stimmen in diesen Ruf ein, denn die Mannigfaltigkeit *ist* in Gefahr, eingeebnet zu werden. Wir haben schon vorhin, als von der Kleinstadt die Rede war, darauf hingewiesen, daß diese Gefahr nicht so neu ist, wie es scheint. Schließlich hat bereits Werner Hegemann seinen Protest gegen das steinerne Berlin angemeldet, gegen die Mietskasernenstadt; und wenn er in erster Linie auf die soziale Barbarei der Mietskasernenstadt hinweisen wollte, so spielt doch auch in seinem Buch die Sorge um die plurale Struktur der Stadt eine Rolle. Wir sind heute geneigt, die Mietskasernenstadt in der Erinnerung zu verklären, was uns in West-Berlin schon aus dem Grunde nicht schwer fällt, weil wir gar nicht mehr so sehr viel von dieser Stadt besitzen. Wer sich aber an Berlin erinnert, wie es vor 1945 gewesen ist, dem ist die Erinnerung ein Albtraum. Wir sagten vorhin, daß sogar die Mietskaserne Patina angenommen habe und daß sie darum uns Jetzigen wieder Vertrauen einflöße. Sie tut das aber auch darum, weil ihre Erbauer sich immerhin noch verpflichtet fühlten, die Fassaden der Jammerhöhlen, die man für die baute, die dort wohnen *mußten*, mit den Pilastern der italienischen Renaissance zu schmücken, daß man sie damit auf eine Tradition bezog, daß man sie als Gebäude im geschichtlichen Sinne kenntlich machte. Das tat man, um dem Elend, das sich in den Hinterhöfen breit machte, eine würdige Maske vorzubinden, man tat es auch, da die Absicht bestand, die Bevölkerungsklassen zu mischen, man wollte keine reinen Arbeiterquartiere herstellen. Die Äußerung von James Hobrecht über die Dame aus dem Parterre, die der kranken Arbeiterfrau eine stärkende Suppe in den vierten Stock heraufbringen würde, ist ja bekannt. Der reichen Dame im Parterre aber konnte man keine Lochfassade zumuten, wie sie in den Slums von London, Gateshead und Glasgow vorherrscht, welche reine Arbeiterviertel sind. So entstand Hegemanns steinernes Berlin, die Mietskasernenstadt, noch im Gewande der Renaissance, dem gleichen Gewande, nur ein wenig reicher und kräftiger profiliert, in das schon die Fassaden der Häuser in den Stadtteilen aus dem zweiten Drittel des Jahrhunderts gekleidet waren. Immerhin blieben diese so viel vornehmeren Stadtteile in der Mietskasernenstadt erhalten, so wie auch Stadtteile ganz anderer Art. Und es entstanden, wie wir gesehen haben, neben der Mietskasernenstadt neue Strukturen. Der Generalangriff auf die Mannigfaltigkeit findet seit 1950 statt und, wie wir eingangs gesagt haben, mit zunehmendem Momentum. Der letzte Schritt auf dem Wege der Einebnung ist die Heraufzonung der GFZ auch in Vororten wie Lichterfelde, welche eines der Themen der Ausstellung des Werkbundes Berlin ist. Die Folge mag dann auch in Berlin das Ende der Geschichtlichkeit sein. Wenn wir also vorhin — mit gebotener Vorsicht, übrigens — die Hoffnung aussprachen, daß wir selbst der Mannigfaltigkeit der Stadt das Bild unserer Epoche hinzufügen dürften, so war das ein wenig vorschnell.

Das Geschichtliche ist das Erbe, welche die Veränderung nicht nur zuläßt, sondern stimuliert. Tut es das nicht, so hat das schöne Wort von der Vergangenheit als einer Dimension der Zukunft keinen Sinn. Mag die Gestalt gewisser Stadtquartiere so weit wie irgend möglich erhalten bleiben — und das wollen wir alle —, mag die Psychologie und sogar die Medizin nachweisen, daß das Wohnen in der Adalbertstraße in Kreuzberg für die Seele und sogar für den Leib gesünder ist als das Wohnen im Märkischen Viertel — und wir nehmen diesen Nachweis sehr ernst —: wenn das Geschichtliche nicht mehr die Kraft besitzt, durch Veränderung weiter zu wirken, so konservieren wir Hüllen. Dies ist unser Problem — ich fürchte, es ist unser Dilemma —, mit ihm beschäftigen sich Planer und Architekten seit geraumer Zeit, denn sie sehen die Welle der Einebnung auf die Stadt zukommen. Die Frage, auf die sie eine Antwort suchen, ist die: Für was und für wen wollen wir erhalten? und: Wie können wir die bedrohten Stadtquartiere erhaltend entwickeln, oder entwickelnd erhalten, so daß das Geschichtliche über die Gegenwart hinweg in die Zukunft hinein wirkt? Über die Notwendigkeit der Erhaltung selbst sind wir alle einer Meinung. Über die Frage, für was und besonders für wen wir erhalten, sind die Meinungen recht verschieden. Und über die Ziele der Erhaltung durch Entwicklung — oder der Entwicklung durch Erhaltung — gehen die Meinungen noch weiter auseinander.
Einige gehen so weit zu sagen, Erhaltung, wie wir sie gegenwärtig betreiben, habe keinen Sinn, es wäre besser, die Reste abzureißen und neu zu bauen, so zwar, daß die Bedürfnisse der Bewohner in den bedrohten Quartieren berücksichtigt werden. Sie weisen darauf hin, daß man Fassaden und Straßenprofile nicht erhalten kann, wenn man nicht gleichzeitig das dichte Gefüge der Höfe erhält, schon aus dem Grunde, weil man das Quartier sonst für eine andere Klasse der Bevölkerung erhalten würde, nicht für seine gegenwärtigen Bewohner. Sie machen darauf aufmerksam, daß Straßen zwischen entkernten Blöcken erheblich leerer sein würden als die gegenwärtigen Straßen. Sie sagen, daß die Rettung des Stucks und der Anstrich der Fassaden mit Farben, wie wir sie gern sehen, so etwas ist, als wolle man Leichen schminken, da man das Leben im Quartier bis zur Unkenntlichkeit verändert habe. Das Leben aber könne man nur dadurch erhalten, daß man Wohnungen baut, deren Mieten angemessen sind. Man muß diesen Vorschlag ernst nehmen, aber er befremdet uns; denn er geht ja der Aufgabe aus dem Wege, die wir uns gestellt haben, zu entwickeln *und* zu erhalten, er beraubt die Stadt einer geprägten Umwelt und, was das Schlimmste ist, er gibt sie gerade der Einebnung preis, die wir vermeiden wollten. Wir müssen den Vorschlag trotzdem ernst nehmen, denn er würde es denen, die jetzt, sagen wir einmal, in Kreuzberg wohnen, gestatten, wieder dort zu wohnen, während Vorschläge, welche für jede

Wohnung einen Wageneinstellplatz vorsehen, wie der Plan einer Gruppe von fünf Architekten für Kreuzberg Süd, und sogar solche, die für jede zweite Wohnung einen Wageneinstellplatz vorsehen, wie der Plan von Groetzebach und Plessow für die Umgebung des Hauses, in dem wir tagen, die gegenwärtigen Bewohner in die Wüste schicken. Als bei einer Besichtigung des Planes für Kreuzberg Süd einer von uns diese Kritik äußerte, erhielt er die bezeichnende Antwort: „Ja, *gönnen* Sie den Leuten denn ihre Wagen nicht?" Den Leuten ... Das würden ganz andere Leute sein.

Darum plädiert eine andere Gruppe von Planern dafür, mit den Fassaden und dem Profil der Straßen auch das Milieu von Kreuzberg — bleiben wir bei diesem Beispiel — zu erhalten. Aber wir haben eben gesehen, daß man durch den Bau neuer Luxuswohnungen, wie in Kreuzberg Süd, daß man aber auch durch Entkernung und Ergänzung, wie Groetzebach sie vorschlägt, das Milieu nicht erhält. Ich kann mir nicht helfen, ich finde, daß die Milieutheorie ein Alibi für die gegenwärtig gängige Praxis der Sanierung ist. Will man das Milieu in Kreuzberg erhalten, so dürfte man nicht so verfahren, wie die fünf Architekten in Kreuzberg Süd verfahren, man dürfte aber auch nicht entkernen. Meines Wissens hat nur Hämer sich mit praktikablen Lösungen für das Problem beschäftigt, wie man die Gestalt erhalten kann *und* das Milieu, das heißt, angemessene Mieten. Und Hämer hat diese Demonstration am Beispiel einzelner Häuser gegeben. Auf die Frage, auf welche Weise man das, was man beim besten Willen *nicht* mehr erhalten kann, durch Neubauten ergänzt, welche *nicht* den Charakter des ganzen Quartiers, also das Milieu, verändern, hat er bislang keine Antwort gegeben. Übrigens muß ich gestehen, daß ich dieses Wort Milieu nicht liebe, ich ziehe es vor zu verlangen, daß man für die armen Leute baut, die gegenwärtig in einem bestimmten Quartier leben. Das Milieu der Armut wird sich dann wohl von selbst erhalten. Aber ich möchte hier die Frage stellen, ob man ein Milieu überhaupt erhalten kann und ob man es erhalten sollte. Hört man das Wort, so denkt man natürlich an Heinrich Zille. Ich meine aber, daß Zille, indem er das Milieu des Elends als liebenswert dargestellt hat, damit nicht hat sagen wollen, daß das Elend liebenswert sei. Liebenswert und bewundernswert sind die Tapferkeit und der Humor, mit dem Berliner Proletarier das Elend getragen haben, das man ihnen zugemutet hat. Weniger liebenswert — und auch das meinte Zille, wenn ich ihn nicht völlig mißverstehe —, weniger liebenswert ist die Ergebung, mit der sie es als sozusagen Gott-gegeben hingenommen haben. Es war nicht Gott-gegeben. Wir wissen, wer es gegeben hat. Aber ich frage, ob man ein Milieu überhaupt erhalten kann, und ich möchte die Frage hinzufügen, ob man es erhalten soll. Auf die erste Frage gibt wieder Kreuzberg die Antwort, Kreuzberg, welches in gewissen Teilen gegenwärtig von Türken bewohnt wird, Leuten also, für die diese Häuser ganz gewiß nicht gebaut wurden. Man kann es nicht verhindern, und ich meine, man soll es nicht verhindern, daß sich in den alten Gebäuden neue Milieus einnisten. Aber selbst ohne Türken hätte — und hat — sich das Milieu in Kreuzberg verändert. Auch dies ist ein Aspekt der Veränderung, von der wir sagten, daß eben sie das Geschichtliche ist. Permanent ist nicht das Milieu, permanent sind die Gebäude, in denen ein Milieu sich einnistet und in denen es durch ein anderes Milieu ersetzt wird.

Die Permanenz des Gebauten aber, die Permanenz der Gestalt, erkennen wir als einen Lebenswert an, vorausgesetzt immer, daß sie der Entwicklung nicht im Wege steht; wobei ich unter Entwicklung *nicht*, ich wiederhole: *nicht* die Einebnung verstanden wissen will, welche gegenwärtig die Mannigfaltigkeit der Stadt auszulöschen droht. Um die Permanenz des Gebauten zu rechtfertigen, die Erhaltung also, ist in jüngster Zeit noch eine Theorie zutage getreten, die wir erwähnen wollen. Diese Theorie behauptet, daß die Gestalt der Stadt denen Besitz geworden sei, welche die Stadt bewohnen, im besonderen gelte das für die Gestalt eines bestimmten Stadtquartiers; und diesen Besitz, sagt die Lehre, müsse man den Bewohnern erhalten. Mit dem Wort Besitz sollte man vorsichtig umgehen. Die Leute, denen man das Quartier, das sie kennen, als Besitz sozusagen übermacht, könnten fragen, ob das der einzige Besitz sei, den man ihnen zubilligen möchte. Auch das Argument vom Besitz her macht mich darum nicht ganz glücklich.

Wenn wir uns aber bemühen, die Permanenz der Gestalt zu erhalten, und für ihre Verteidigung viel größere Anstrengungen und viel größere Mittel verlangen als die, welche die Stadt Berlin bisher dafür zur Verfügung gestellt hat; und wenn wir gleichzeitig die Argumente nicht anerkennen können, welche gegenwärtig mit besonderem Nachdruck für diese Permanenz der Gestalt, für die Erhaltung der Mannigfaltigkeit der Großstadt ins Feld geführt werden, was bleibt uns dann als Rechtfertigung für unsere Forderung? Ehe ich versuche, auf diese Frage einzugehen, sei es gestattet, die Schwierigkeit, in der wir uns befinden, noch deutlicher und, ich fürchte, noch brutaler sichtbar zu machen. Als wir von der kleinen Stadt gesprochen haben, haben wir gesagt, daß es nicht an uns liege zu bestimmen, ob wir den Lauf der Geschichte an einem bestimmten Punkte anhalten wollen, indem wir das bis zu diesem Punkte Gebaute konservieren: die Geschichte in vielen dieser alten Städte sei bereits zum Stillstand gekommen. Mit diesem traurigen Ergebnis — und ich bitte Sie, sich zu erinnern, daß ich es als bewußt pessimistisch bezeichnet habe, als leicht überzeichnet in seiner Hoffnungslosigkeit —, mit diesem Ergebnis haben wir uns von der kleinen Stadt abgewandt und in der Betrachtung der Großstadt Ermutigung gesucht, in der Betrachtung Berlins im besonderen; und die Feststellung, daß das Geschichtliche hier in der großen Stadt etwas recht anderes ist als in der Kleinstadt, daß die Veränderung, also die Entwicklung bis dicht an unsere Tage heranreicht, hat uns hoffen lassen, daß das Geschichtliche sich durch unsere Gegenwart in die Zukunft hinein fortsetzen werde. Wir haben aber mehrmals in diesen Überlegungen Zweifel geäußert, ob das heute noch in dem Maße der Fall sei, in dem es immerhin noch in den zwanziger Jahren der Fall zu sein schien. Wie, wenn durch den Einschnitt, den Zerstörung und Aufbau markieren, die Continuität unterbrochen worden sein sollte? Und daran muß ich sogleich die zweite Frage knüpfen: Wie, wenn dieser Einschnitt nicht mehr wäre als ein Zeichen, die Bekräftigung eines Vorganges, der sich unaufhaltsam seit längerer Zeit vollzieht und den man bezeichnen könnte, indem man sagt, daß auch in der Großstadt, wenn auch in viel jüngerer Zeit und, wir dürfen vielleicht hoffen, weniger definitiv, der geschichtliche Prozeß in der Gesellschaft gehemmt ist. Wie, wenn die Hüllen, an deren Erhaltung uns so viel liegt, in Wahrheit bereits leere Hüllen sind, daß die Gestalt der verschiedenen Stadtquartiere zwar immer noch eine schöne Mannigfaltigkeit zeigt, das Leben jedoch, das sich in ihnen abspielt, mit jedem Jahre gleichförmiger wird? Wir werden in diesem Falle nur wenig Hoffnung haben, daß wir entwickelnd werden erhalten können. Da wir aber dieses Gespann, Entwicklung und Erhaltung, für eine lebensvolle Erhaltung für unerläßlich halten, werden wir nicht Fremdkörper in die alte Substanz einbringen und sie Entwicklung nennen, und das Alte lediglich konservieren? Ich wage es nicht, auf diese Frage eine Antwort zu geben; und doch bin ich nicht der Meinung derer, die sagen, daß man in diesem Falle lieber die leer gewordenen Hüllen entfernen und neu bauen sollte. Wir können uns dazu aus zwei Gründen nicht entschließen: Der erste ist der, daß wir das, was wir abreißen, nicht ersetzen können. Wir können es nicht. Das liegt nicht daran, daß es unseren Architekten an Begabung und an Können fehlt. Man findet in jeder Bauzeitschrift gute Gebäude und Entwürfe, man findet gute Gebäude unserer Zeit auch in der Stadt; man denke an das Max-Planck-Institut für Bildungsforschung von Fehling und Gogel! Aber das sind einzelne Gebäude und Gebäude für besondere Zwecke. Kommt es zum Wohnungsbau, so sieht es anders aus. Die besonderen Gebäude sind nicht für die Verwertung gebaut worden; die Wohnungsbauten sind es. Wir müssen also das Vergangene erhalten, selbst das Zweitklassige, weil wir nicht einmal das Zweitklassige ersetzen können; und weil wir zwar aus dem Erbe nicht die Anregung ziehen können, die nur die Gewißheit produktiver Weiterentwicklung geben kann, weil es uns aber dennoch, sagen wir einmal, auf einem niedrigeren Niveau, notwendig ist, weil wir uns der einbrechenden Einebnung gegenüber an nichts anderes halten können als an die Vielgestalt der Stadt; in Berlin zum Beispiel an jene berlinische Polarität zwischen der dicht bebauten Miethausstadt und dem großen Gebiet des Bauens im Grünen. Man stelle sich vor, wie trostlos es sein wird, wenn auch diese Polarität zugleich mit der Vielgestalt der Stadtquartiere, der Ortskerne, der Siedlungen dem gewichen ist, was wir heute an Wohnungsbauten zu bauen imstande sind. Von dieser Polarität und ihrer Bedrohung durch geplante Angleichung handelt ja die Ausstellung des Berliner Werkbundes.

Der zweite Grund ist ein wenig positiver. Wir befinden uns dem Erbe gegenüber in der Lage von Betreuenden: Wir haben es weiterzugeben. Keiner von uns findet sich damit ab, daß die Lage, in der die Gesellschaft sich gegenwärtig befindet, endgültig ist. Dürfen wir nicht hoffen, daß wir einer Zeit entgegengehen, in der man *nicht* mehr für die Verwertung bauen wird, oder um des Bauens willen, von dem man heute, wie Wallenstein vom Kriege, sagen muß, daß das Bauen das

Bauen ernährt: dürften wir nicht hoffen, daß einmal das Volk für seine eigenen Bedürfnisse und Wünsche bauen wird, so brauchten wir nicht über die Erhaltung des Erbes zu sprechen, wir brauchten aber auch über andere Werkbundthemen nicht mehr zu sprechen: Wir könnten die Dinge einfach geschehen lassen, weil sie eben geschehen, wie sie geschehen, und weil niemand das ändern kann. So denken wir nicht. Erinnern wir uns an jenes Gedicht von Goethe, das mit den Worten endet: „Wir heißen euch hoffen". Den Menschen einer kommenden Zeit wollen wir das Erbe, die Vielgestalt der Stadt, möglichst intakt übergeben; denn ihnen wird das Geschichtliche in beidem Sinne, als Zeuge von Zuständen und Bestrebungen und als Zeuge der Veränderung, wieder ein zur eigenen Produktion anregender Wert sein.

Inzwischen aber verfällt das Erbe in unseren Händen. Wir müssen ständig ergänzen, mag es sich nun um den Ersatz einzelner Häuser handeln oder um die Ergänzung ganzer Straßenzüge. Dieser Aufgabe, die wir ohne rechten Mut in Angriff nehmen, müssen wir uns gleichwohl immer wieder stellen. Wir werden innerhalb des Alten bauen müssen, ohne es zu entwerten. Zwei Versuche haben wir erwähnt, beide in Kreuzberg; und wenn wir sie kritisieren, so wollen wir gleichwohl anerkennen, daß es sich um Versuche handelt, die in bester Absicht eingeleitet und nach langer Überlegung präsentiert worden sind. Der eine ist die Kahlschlagsanierung, die man für Kreuzberg Süd geplant hat, der Abriß eines ganzen Stadtquartiers aus dem 19. Jahrhundert, des Stadtquartiers zudem, welches die erwähnte Platzfolge enthält, und sein Ersatz durch Wohnungsbauten für eine andere Gesellschaftsschicht und eine Stadtlandschaft völlig anderer Art. Wir meinen, diese Art, im Alten neu zu bauen, sei abzulehnen; und diese Meinung setzt sich seit einigen Jahren bis in die Verwaltung hinein durch. Man empfiehlt also neuerdings etwas, das man angepaßtes Bauen nennt; und ein Beispiel dieses angepaßten Bauens ist der andere Versuch, das nämlich, was um dieses Haus herum geschehen soll, in dem wir uns befinden: Die Entkernung der Baublöcke und die Erhaltung des Straßenprofils durch ergänzende Neubauten. Man meint, wenn man das tue, so verbessere man den Wohnwert des Quartiers und die Straßen würden ungefähr so aussehen wie zuvor. Wir haben schon davon gesprochen, daß der durch Entkernung verbesserte Wohnwert nicht den gegenwärtigen Bewohnern von Kreuzberg zugute kommen werde. Und die Straßen werden nicht einmal auf den ersten Blick so aussehen wie zuvor, da auf die bestehenden vier Geschosse bei gleicher Traufhöhe fünf kommen werden: Der Soziale Wohnungsbau der Gegenwart ist nun einmal in dieser Hinsicht weniger großzügig als der unsoziale von vordem. Man wird den Eindruck haben, daß in die Häuser, welche die alten Häuser ergänzen, Pygmäen einziehen werden. Ich weiß natürlich nicht, wie man auf bessere Art angepaßt bauen kann, angepaßt, das heißt: an die *Gestalt* des Bestehenden. Dieses angepaßte Bauen geht mit der Substanz erheblich behutsamer um als die Kahlschlagsanierung; aber ich meine, es ist nicht mehr als ein Palliativ.

Gewiß: wir *müssen* unser Bauen an die in einem Quartier bestehenden Bedingungen anpassen: an die *Bedingungen, nicht* an die Formen. Wir müssen innerhalb der Straßen, die für arme Leute gebaut worden sind, die auf jeden Fall gegenwärtig von armen Leuten bewohnt werden, für die armen Leute neue Häuser bauen, und zwar auf unsere Art. Und wir werden versuchen müssen, eine Beziehung zum Bestehenden herzustellen. Ich meine, daß kann nur durch Kontrast geschehen. Daß wir das nicht werden leisten können, indem wir einfach drauflos bauen, etwa moderne Siedlungshäuser in den Kern der Stadt stellen, versteht sich. *Allerdings* werden wir die Grammatik städtischen Bauens lernen müssen, *allerdings* werden wir bedenken müssen, wo wir bauen. Dies zu tun, liegt innerhalb unserer Möglichkeiten; ich könnte, in der Tat, auf Baustellen hinweisen, wo man das immerhin schon versucht.

Wir können für Versuche dieser Art mit einem gewissen Beifall rechnen. Das gute Gewissen des Justitiars Förster, der sagte: ,,Natürlich haben wir die Leute vom Denkmalschutz nicht gefragt, die Stadt will leben": dieses gute Gewissen besteht nicht mehr. Das Jahr des Denkmalschutzes, wie man es allgemein nennt, so wenig wir alle uns davon versprechen — und doch machen wir mit, müssen wir mitmachen —, dieses Jahr ist ein Indiz. Man ist in den vergangenen zehn Jahren aufmerksam geworden, man beobachtet jeden Eingriff in die Substanz mit Mißtrauen und wacher Kritik. Als ich vor einigen Wochen im ,,Tagesspiegel" mit entsprechendem Kommentar die Anzeige einer Berliner Immobilienfirma bekannt gemacht habe, welche das Grundstück, auf dem Mendelsohns Universum-Kino steht, zum Verkauf anbot mit der Bemerkung: ,,Auf dem Grundstück steht ein abrißreifes Althaus", war die Reaktion sehr stark: Anfrage des Vorsitzenden der SPD-Fraktion im Abgeordnetenhaus, Angebot des Kreuzberger Pfarrers Duntze, eine Bürgerinitiative ins Leben zu rufen, Interview im Fernsehen mit dem Senatsbaudirektor, unserem Mitglied Hans Müller, Protestbriefe, die mich auffordern, mich an die Architekten und Kunstbeflissenen der Welt zu wenden, Vorschlag einer gemeinsamen Aktion der Akademie der Künste, des BDA und des Werkbundes. Man will die Einebnung nicht mehr hinnehmen, man beginnt, sehr genau aufzupassen. An dieser Änderung des Klimas, das dürfen wir sagen, ist der Werkbund nicht unbeteiligt. Was kann der Werkbund weiter tun? Er kann untersuchen, zu Ergebnissen kommen, die Ergebnisse veröffentlichen, Forderungen stellen. Das tut der Werkbund, das zu tun ist seine Aufgabe, es ist von Anfang an seine Tradition. Und wir sprechen nicht ohne Erfahrung, wenn wir sagen, daß die Stimme des Werkbundes gehört wird. Ich schließe, indem ich uns alle auffordere, uns dieser dringenden Aufgabe weiterhin entschlossen anzunehmen.

Vortrag auf der Tagung des Deutschen Werkbundes Berlin
im Künstlerhaus ,,Bethanien" 1975

35 Vorortgründungen (1975)

Wer Berlin in den ersten drei Jahrzehnten dieses Jahrhunderds gekannt hat, erinnert sich einer bipolaren Stadt: innerhalb der modernen Stadtmauer, welche die Ringbahn darstellt, lag das, was Hegemann das steinerne Berlin genannt hat: das Berlin der Mietskaserne: er sagte: die größte Mietskasernenstadt der Welt! Außerhalb der Ringbahn lag ein völlig anderes Berlin: zunächst der Gürtel der Schrebergärten, durchsetzt übrigens von Fabrikgeländen an bestimmten bevorzugten Standorten dieses inneren Ringes, die sich im Nordwesten, im Norden, Osten und Süden befanden: im Westen und Südwesten gab es nur an vereinzelten Stellen und viel weiter draußen Industrie: bei Spandau, bei Teltow, bei Potsdam (Nowawes). Dort, im Westen und Südwesten, um den Grunewald herum, gab es nicht einmal viel vom Schrebergartenring: vielmehr schloß sich hier unmittelbar an die Stadt der Mietskasernen ein weites Gartengebiet an; und wenn Hegemann Berlin die größte Mietskasernenstadt der Welt genannt hat, so hätte er es ebensogut die größte Villenstadt der Welt nennen dürfen; denn nicht nur erstreckten sich die Südwestvororte bis nach Potsdam; es gab einen zweiten bedeutenden Zipfel nach Südosten, von Karlshorst bis zu den Dahmeseen; und es gab einzelne Kolonien wie Frohnau im Norden: auch sie bedeckten erhebliche Flächen außerhalb der Stadt. Wir nannten die Stadt bipolar, und sie war es, mit geringen Einschränkungen durchaus: die Einschränkungen beziehen sich auf die Villen am Südrande des Tiergartens und auf die vereinzelten Gruppen von Mietshäusern in den alten und neuen Ortskernen der Vororte. Sie waren nicht bedeutend genug, den Eindruck der schroffen Teilung des bebauten Gebietes in die Zone der hohen geschlossenen und die der niedrigen offenen Bebauung zu modifizieren. Wir müssen das oben gegebene Bild nur insofern verbessern, als die Ringbahn als Stadtmauer der Mietskasernenstadt zwar auf weite Strecken wirklich diese Grenze bildete. Die Stadt besaß aber damals bereits einige große Protuberanzen an den Ausfallstraßen. Mit diesen Korrekturen stimmt das Bild; und es ist berlinisch; weder Paris, noch London, noch die anderen deutschen Großstädte sind so entschieden bipolar strukturiert; und wenn man diese Form in den anderen deutschen Großstädten wiederfindet, in Hamburg besonders, so hatte Hegemann gleichwohl recht: Berlin *war* die größte Mietskasernenstadt – und mithin die größte Stadt der Vororte; in beidem ging sie den anderen deutschen Städten voran, und sie blieb die bedeutendste: sie wurde nicht überflügelt.

Auf die Bedingungen, welche seit den Tagen Schinkels dem Bau der Mietskaserne in Berlin Vorschub gleistet haben, können wir hier nicht eingehen. Um 1860 war sie die vorherrschende Form des Wohnbaues in Berlin. Der Plan, den James Hobrecht für eine Erweiterung der Residenzstadt zur Großstadt festgelegt hatte, bezog sich auf diese Form der Bebauung und sicherte ihr das Monopol: In Hobrechts großen Baublöcken siedelten sich die Mietskasernen mit ihren drei oder vier Hinterhöfen an. Bereits 1870 hat Ernst Bruch den Plan eben darum kritisiert, weil er dieser barbarischen Wohnform Vorschub leistete. Die Vorortentwicklung, von der ich Ihnen heute abend etwas erzählen will, ist das Korrelat zur Mietskasernenstadt. Sie ist gekennzeichnet durch Ortsgründungen weit draußen vor der Stadt. Wie in anderen Städten – Hamburg, Frankfurt – entwickelte sich auch in Berlin das Wohnen in Einfamilienhäusern zunächst am Stadtrand – also etwa am Südrand und am Westrand des Tiergartens – und an einigen der Ausfallstraßen, besonders natürlich im Westen und Südwesten. Solche Siedlungen sind immer in Gefahr, von der Stadt eingeholt zu werdne, besonders an den großen Straßen, wo das Einfamilienhaus unweigerlich dem Mietshaus weichen muß. Villen halten sich dann allenfalls in abgelegenen „Taschen" zwischen den großen Verkehrswegen, werden aber auch dort mit der Zeit absorbiert. Anders verhält es sich mit jenen Gründungen, die wir erwähnten, den Kolonien, wie man sie nannte, die weit außerhalb der Stadt angelegt wurden: ihre Gründer konnten hoffen, daß ihnen ein erheblich längeres, in ihrer Sicht ein unbeschränkt langes Eigenleben als Villenkolonie beschieden sein würde, vorausgesetzt, sie wurden abseits der Hauptstraßen angelegt oder wenn an der Straße, dann so weit vom Stadtrand entfernt, daß nach menschlicher Voraussicht die große Straße dort draußen ländlich-vorörtlich bleiben würde. Die Berliner Vorortgründer haben eine erstaunlich gute Voraussicht bewiesen; daß selbst sie in den sechziger Jahren des vorigen Jahrhunderts mit der gegenwärtigen Ausbreitung der Stadt nicht gerechnet haben, kann man ihnen nicht gut zum Vorwurf machen. Betrachtet man die Topographie der Berliner Gründungen der sechziger Jahre, so findet man Westend (gegründet von Quistorp 1866) nördlich der großen Döberitzer Heerstraße an einem Wege nach Spandau und an der Straße dorthin (Reichsstraße und Spandauer Damm), weit im Westen von Charlottenburg – und Charlottenburg war damals in keiner Weise Berlin. Friedenau lag am Anfang des Weges, der von der Potsdamer Straße nach Norden, an Wilmersdorf vorbei zum Zoo führte: der heutigen Bundesallee; auch die Kolonie Wilmersdorf lag zu beiden Seiten dieses Weges, ziemlich weit nördlich des Dorfes Wilmersdorf; Nikolsburger- und Prager Platz, Meierottostraße und Spichernstraße gehörten zu dieser Kolonie. Lichterfelde, entstanden durch den Zusammenschluß der Gemeinden Lichterfelde und Giesensdorf, lag an einem anderen Wege, der Chausseestraße, der von der Potsdamer Chaussee entlang der Beeke (und ihrer Sümpfe und kleinen Seen) dorthin führte; Halensee und die spätere Gründung Grunewald lagen am Reitwege, der von Charlottenburg zum Jagdschloß am Grunewaldsee führte: diese Gründungen lagen also „abseits"; erst Carstenn, ihr Gründer, hat die Landwege zu Straßen ausgebaut. Alle diese Kolonien haben sich bis heute erhalten mit Ausnahme von Wilmersdorf und Friedenau: der Steglitz-Wilmersdorfer Landweg wurde als Kaiserstraße (Kaiserallee – Bundesallee) zur Ausfallstraße vom neuen Westen, am Zoo, nach Potsdam und besonders zu den späteren Kolonien, heute im Bezirk Zehlendorf gelegen, die sich im Norden der Potsdamer Chaussee entwickelt hatten.

Selbst in Friedenau haben sich noch an einigen Straßen die Häuser der Carstenn-schen Gründung erhalten; es muß bemerkt werden, daß die Kaiserallee bis an den Bahnhof Zoo heran vor dem Ersten Weltkriege eine reine Wohnstraße geblieben ist; und daß Friedenau, wenn auch in anderer Form als Carstenn gewollt hatte, eine Art Wohnkolonie geblieben ist: noch heute eine grüne Oase der Stille im Norden des betriebsamen Steglitz. In den alten Straßen nahe dem Bahnhof stehen noch große Bäume, von denen viele sicher schon vor 1900 gestanden haben. Um den Rüdesheimer Platz herum ist ein grünes Wohnviertel anderer Art entstanden: anstelle der großen Bäume gibt es dort grüne Böschungen vor den Miethäusern. Friedenau ist auch heute grün. Stille ist freilich ein relativer Begriff. Friedenau ist verhältnismäßig frei von starkem Autoverkehr. Daß die Flugschneise nach Westen gerade über Friedenau führen würde, konnte Carstenn nicht voraussehen.

Der Name Carstenn ist mit der Berliner Vorortentwicklung aufs engste verknüpft. Carstenn war ein Berliner Financier, der zuerst in Hamburg gewirkt hat, und seine erste Vorortgründung ist der Ort Marienthal in Wandsbek gewesen: genauer bei Wandsbek; denn erst 1866 gingen die bis dahin im Fiskaleigentum befindlichen öffentlichen Straßen und Plätze ... in das Gemeindeeigentum über. Marienthal entstand auf dem Gelände des Gutes Schloß Wandsbek, welches sein Besitzer Ernst von Schimmelmann 1857 ,,an den Gütermakler J. A. W. Carstenn aus Berlin" verkaufte. Es fiel, wie es hieß, der Parzellierung anheim. ,,Dieser Spekulation wurde auch das Schloß geopfert" und der ,,rücksichtslose Spekulant" schreckte nicht davor zurück, ,,umfangreiche Baumfällungen vorzunehmen". Das Gehölz wurde allerdings 1860 von der Wandsbeker Gemeinde zurückgekauft. Den nächsten Konflikt zwischen dem rücksichtslosen Spekulanten und der Stadt brachte der Bau der Eisenbahn Hamburg-Lübeck. Carstenn wollte den Bahnhof in nächster Nähe seiner Kolonie Marienthal haben. ,,Die Wandsbeker waren recht verärgert", bemerkt der Wandsbeker Chronist, den wir hier zu Worte kommen lassen: ,,Was würde nun aus ihrem einst so idyllischen Ort werden? Mitten durch das grüne Herz schnitt die eintönig nüchterne Stahllinie der Eisenbahnschienen. Durch den ,Nachtigallenhain', einst der Lieblingsplatz Matthias Claudius', ratterten die Eisenbahnzüge, vor deren Lärm die Sänger verstummen mußten." Aber trotz weiterer ,,Hindernisse und Schwierigkeiten" wurde am 1. August 1865 die Hamburg-Lübecker Eisenbahn dem Verkehr übergeben und zwar, wie gesagt, auf der von Carstenn gewünschten Linie. Bereits der Kauf war von den Wandsbeker Bürgern ,,mit ängstlicher Besorgnis verfolgt" worden; denn ,,es bestand alsbald kein Zweifel mehr über die von den Käufern des Gutes verfolgten Absichten: sie wollten parzellieren ... Der Gedanke der Parzellierung war ... durchaus unpopulär. Diesen Standpunkt wird der Naturfreund auch allezeit als berechtigt anerkennen. Indes wird man bei Beurteilung des vorliegenden Falles nicht außer acht lassen dürfen, daß Wandsbek in unmittelbarer Nähe einer sich mächtig ausdehnenden Großstadt gelegen ist, sowie, daß mit deren Wachsen auch die Umgebung wächst und die raumbedürftige Menschheit von dem Landmann den Boden zu ihren Wohnplätzen gebieterisch fordert. Erstreckte sich also die Nutzbarmachung des Grund und Bodens zu Bauzwecken vorzugsweise nur auf die bisher dem Landwirtschaftsbetriebe dienenden Flächen und wurde bei einer nicht wohl zu umgehenden Hineinziehung anderer Anlagen in geringerem Umfange nur mit sorgsamen Blick nicht nur auf die Gegenwart, sondern auch in die Zukunft und mit pietätvoller Schonung des Altehrwürdigen und Geheiligten vorgegangen, so konnten Ort und Bewohner, welche Letzteren dadurch Arbeit und Verdienst erhielten, nur gewinnen.

Zum Glück für unsere Stadt bestand derzeit für das ‚adeliche Gut Wandsbek privaten Antheils', wie das jetzige Marienthal amtlich bezeichnet wurde, noch die Beschränkung, daß daselbst weder Fabriken errichtet, noch bürgerliche Gewerbe betrieben werden durften".

Und so dauerte es nicht lange, bis die Stadt Wandsbek recht zufrieden war, die Kolonie eingemeinden zu dürfen:

„Die Eingemeindung Marienthals war sowohl in wohn- und siedlungspolitischer als auch in steuerlicher Beziehung für Wandsbek von großem Nutzen. Der Gutsbesitzer von Carstenn hatte dieses Gebiet zur landhausmäßigen Bebauung aufgeteilt und die Ansiedlung steuerkräftiger Bevölkerung, insbesondere aus dem benachbarten Hamburg, zuwege gebracht. Marienthal hat seine Eigenschaft als Villenort, vor allem unter dem Einfluß der … obrigkeitlichen Bestimmungen, bis auf heute bewahrt und bildet ein vorbildliches Wohngebiet, dessen Pflege und weitere Ausdehnung stets in der Politik der Verwaltung gelegen hat und weiterhin liegen muß. Es ist der Sitz des steuerkräftigsten Teils der Bewohnerschaft Wandsbeks und somit als Stütze des kommunalen Finanzwirtschaft anzusehen."

Das war die Grundlage jener Spekulation in Hamburg: das Herziehen steuerkräftiger Bürger in die Gärten vor der großen Stadt; das brachte ihr Erfolg; und diesem wirtschaftlichen Erfolge konnten am Ende die Naturschützer und Denkmalschützer jener Zeit ebensowenig widerstehen, wie die entsprechenden Leute das heute können — wobei man die geschichtliche Ironie bemerken darf, daß die Heutigen die *Carstennschen* Schöpfungen gegen die rücksichtslosen Spekulanten der Gegenwart zu erhalten sich bemühen. Über seine *Berliner* Gründungen hat Carstenn im Jahre 1892 einen bemerkenswerten Bericht gegeben, aus dem wir Auszüge vortragen. Dieser Schrift zufolge ist es nicht die Spekulation auf den Reichtum der prospektiven Villenbesitzer gewesen, was Carstenns Unternehmungen bei Berlin veranlaßt hat; vielmehr wollte er die Mietskasernenstadt entlasten, die, wie er sagte, unerträglich geworden war: „Diese für Gesundheit und Sittlichkeit gleich sehr gefährlichen Zustände mahnen dringend zu schleuniger Abhilfe. Schon für den vorstehend konstatierten Überschuß über eine rationale Durchschnittszahl der Bevölkerung ist eine Erweiterung von Berlin erforderlich, sie wird aber zur zwingenden Notwendigkeit durch die von Jahr zu Jahr sich steigernde Zunahme der Einwohnerzahl … Diese Zunahme hat aber von 1885 zu 1890 rund 114.000 Personen betragen, und so wird die Annahme nicht so weit gegriffen sein, daß Berlin einschließlich der dann mit in Frage kommenden jetzigen Vororte in 15 Jahren eine Einwohnerzahl von mehr als 3 Millionen ausweisen wird. Es ist deshalb dringend geboten, für diese Zunahme von 1.500.000 Menschen, welche eine Verdoppelung der gegenwärtigen Einwohnerzahl bedeutet, schon jetzt mit aller Energie eine räumliche Erweiterung von Berlin anzubahnen, die dem berechtigen Anspruch auf Licht und Luft, den Ansprüchen der Gesundheitspflege Rechnung trägt und der Würde der Reichs-Hauptstadt der zivilisiertesten Nation der Welt entspricht."

Selbstverständlich sah Carstenn nicht in den wenigen Kolonien, die er gegründet hatte, die von ihm geforderte Stadterweiterung. Er gibt vielmehr seiner Schrift einen Plan der Ausdehnung Berlins bei, in dem die geplante Stadterweiterung die bestehende Stadt allerdings an Fläche erheblich übertrifft. Auf diesem Plan sendet Berlin eine Vorortzunge nach Südwesten aus, welche, den Grunewald umgreifend — Carstenn wollte ihn als eine Art größeren Tiergarten innerhalb des bebauten Gebietes erhalten —, bis Potsdam reicht. Eine zweite Zunge streckt sich nach Südosten in der Gegend Köpenick-Grünau aus. Im Nordwesten an der Jungfernheide, also auf dem Gebiete der heutigen Siemenssiedlungen, ist ein weiteres Vorortgebiet geplant, welches bis Tegel reichen sollte; lediglich der Norden und der Süden werden ausgespart, weil sie landschaftlicher Schönheit ermangeln und überdies durch die dort liegenden Rieselfelder als Wohngebiet unerfreulich seien. Dieser Plan begleitet Carstenns Schrift von 1892, eine Streit- und Rechtfertigungsschrift, wie wir noch sehen werden; und man könnte meinen, daß der Plan ebenso wie die Bemerkungen über seine soziale Notwendigkeit als eine Entlastung der ständig und schnell wachsenden Mietskasernenstadt den Standpunkt Carstenns wiedergibt, nachdem er sich von den Geschäften zurückgezogen hatte, nicht den des Gründers von Villenkolonien. Mit welchem Rechte man das annehmen darf, ist nicht leicht zu beurteilen. Auf zwei Umstände möchte ich allerdings hinweisen, die dafür sprechen, daß Carstenns Gedanken von 1892 zumindest als die logische Fortsetzung seiner Gedanken von 1868 bezeichnet werden dürfen. In diesem Jahre 1868 — dies ist mein erster Punkt — empfing Carstenn den König, Wilhelm den Ersten, in seiner neugegründeten Kolonie Lichterfelde und richtete an ihn folgende Worte: „Majestät, nach den Errungenschaften des Jahres 1866 ist Berlin zur ersten Stadt des Kontinents berufen, und was seine räumliche Ausdehnung anbelangt, so muß Berlin und Potsdam *eine* Stadt werden, verbunden durch den Grunewald als Park." Die Ansprache zeigt immerhin, daß er die größte Vorortzunge seines Planes von 1892 bereits im Jahre 1868 geplant hatte; und nichts hindert uns anzunehmen, daß ein Mann, der in einer Richtung damals bereits in so großen Dimensionen gedacht hat, es auch in anderen Richtungen getan haben möchte. Der zweite Punkt, den ich erwähnen will, ist der Zuschnitt der Parzellen in Friedenau und auch in Teilen von Lichterfelde. Die Friedenauer Häuser sind klein und haben kleine Gärten: man kann das in den Straßen, die von Carstenns Gründung noch übrig sind, leicht nachprüfen, aber auch in Lichterfelde gab es und gibt es noch Häuser recht bescheidener

Größe in entsprechenden Grundstücken, wie etwa die Lilienthal-Burgen in der Paulinenstraße, es gibt Doppelhäuser, es gibt sogar Reihenhäuser, welche außerordentlich englisch wirken; und von England als einem Vorbild ist denn auch in der Schrift von 1892 die Rede. Er schreibt, er habe „an Ort und Stelle die Entwicklung dieser damals einzigen Weltstadt (studiert), welche in ihren neuen Teilen rationell angelegt war … Die innere Stadt, das alte London, ist nämlich ringsum von Fideikommißgütern des hohen englischen Adels eingeschlossen, die gesetzlich nicht veräußert und auch nur zeitlich auf höchstens 99 Jahre verpachtet werden dürfen. Hierdurch ist die räumliche Entwicklung Londons zum Besten seiner Einwohner bestimmt worden, denn dieses Pachtverhältnis, welches einerseits die Gefahr in sich birgt, nach Ablauf der Pachtzeit die Häuser vielleicht abbrechen zu müssen, und andererseits den Vorteil bietet, den Bauplatz nicht ängstlich mit vierstöckigen Häusern ausnützen zu müssen, ließ in den neuen Stadtteilen Londons vorwiegend villenartige Anlagen entstehen." Diese englischen Studien liegen zwischen der Gründung von Marienthal und den Berliner Gründungen; es ist keineswegs unmöglich, daß London seine Gedanken modifiziert hat. Da sein Vorbild trotz dem, was er villenartige Anlagen nennt, schließlich das ganz normale englische Einfamilienhaus gewesen ist, wie man es als freistehendes, als Doppel-, besonders aber als Reihenhaus in jeder der damals „neueren" Straßen von London findet, so kann man sich leicht vorstellen, daß eben dieser Gedanke, daß breite Schichten eines Volkes im eigenen Hause wohnen, ihn angezogen hat, und daß er nach seiner Rückkehr nach Berlin versucht hat, diesen Gedanken mit dem spekulativen zu verbinden, wohlhabende Leute in großen Villen anzusiedeln. Sieht man den Plan von Lichterfelde genau an, so wird man in der Tat eben dies finden: eine Mischung recht kleiner, mittelgroßer und einiger recht großer Parzellen. Einige der *sehr* großen Parzellen waren offenbar dazu bestimmt, en bloc an Gesellschaften abgegeben zu werden, welche sie ihrerseits aufteilten.

Lichterfelde ist niemals eine Kolonie gewesen wie etwa Wannsee mit seinen riesigen Seegrundstücken. Carstenn schreibt (1892): „Ich hielt mich in Preisen, welche es jedem einigermaßen vermögenden Manne möglich machten, in meinen Kolonien sich anzusiedeln, denn der von mir geforderte Höchstbetrag betrug nur 75 Mark für die Quadratruthe, so daß sich ein genügend umfangreiches Villen-Grundstück von 60 Quadratruthen (1/3 Morgen = 850 qm) auf 4.500 Mark und der ganze Morgen auf 13.500 Mark stellte." Die Quadratruthe enthält etwa 14 qm, das heißt der Preis für den Quadratmeter betrug unter 5 Mark. Das kann man zwar nicht mit heutigen Mark vergleichen, aber es war auch für damalige Verhältnisse billig. Carstenn führt fort: „Ich hatte aber auch die Preise der Bauunternehmer und Handwerker angemessen nivelliert, hatte für Errichtung einer Eisenbahnstation, von Post und Telegraph und für bequeme Eisenbahn-Verbindung mit Berlin gesorgt, hatte Arzt und Apotheker an den Ort gezogen und die Errichtung höherer Knaben- und Mädchenschulen veranlaßt, kurz, man konnte sich in meiner Villen-Kolonie ein gesundes eigenes Heim für ein Kapital gründen, dessen Zinsen bei weitem nicht an die Mieten der Großstadt mit ungesunder schlechter Luft heranreichten, man brauchte dabei das großstädtische Leben nicht zu entbehren, fand andererseits aber auch am Orte selbst alles, was man für das Leben bedarf ... Dadurch aber, daß mich das Vorgehen der Bauverwaltung des Kriegsministeriums für die Verfolgung dieses Planes und Zieles involvent machte, fiel das Publikum Spekulanten in die Hände und mußte für die Quadratruthe bis zu 500 Mark und für den Morgen bis zu 90.000 Mark bezahlen, oder kam in Wohnplätze, welche für den Villenbau entweder gar nicht oder nur ungenügend vorbereitet waren."

Ich habe auch das bittere Ende wiedergegeben, denn es weist auf den Unterschied zwischen den Gründungen Carstenns und denen der rein spekulativen Terraingesellschaften hin, welche dann auf eben dem Gebiet entstanden sind, welches Carstenns Plan vorgesehen hatte. Er selbst erwähnt noch einen weiteren Grund dafür, warum in dem von ihm geplanten Ring um den Grunewald die Böden billiger sein durften als die auf dem freien Markte angebotenen: diese Böden gehörten dem Fiskus; und der Fiskus, meinte Carstenn, hätte sie zu nichtspekulativen Preisen abgeben können.

Aber der Fiskus verkaufte nicht an Carstenn; und seine Beziehung zum Fiskus, zum Militärfiskus (Kriegsminister Roon) im besonderen: die Kadettenanstalt in Lichterfelde und die immerwährenden und immer höheren Forderungen, die der Militärfiskus für die Kadettenanstalt an Carstenn stellte, haben ihn schließlich ruiniert. Das gibt er 1892 an, und er versucht es zu belegen. Ich sehe keinen Grund, warum man ihm nicht glauben sollte. Wir haben immerhin Theodor Fontanes Zeugnis dafür. Er schrieb am 9. Dezember 1887 an seinen Sohn Theodor über Carstenns Prozeß mit dem Kriegsministerium:

„(...) Hast Du denn die Prozeßverhandlungen zwischen dem Kriegsministerium und Carstenn-Lichterfelde gelesen? Höchst interessant. Der preußische Staat kann keinen größeren Bewunderer haben als mich (daß er mir sympathisch wäre, kann ich nicht sagen), aber mitunter kriegt diese Bewunderung doch einen Knacks, und angesichts dieses Prozesses erscheint mir dies ganze Staatswesen grotesk, karikiert und, was das schlimmste ist, nicht mal ehrlich, sicherlich nicht anständig. Und es sind denn auch in der Tat die staatlichen ‚Korrektheiten‘, die uns in der ganzen Welt so verhaßt gemacht haben, und wahrhaftig nicht mit Unrecht. Es gibt nicht zwei Sorten von Anständigkeit, und was ein anständiger Mensch nicht darf, das darf auch ein anständiger Staat nicht. Verstößt der Staat gegen diesen einfachen Satz, so gibt er nur ein schlechtes Beispiel."

Carstenn starb 1896 in der maison de santé in Schöneberg, einer Nervenheilanstalt. Kurt Pomplun schreibt: „In der ‚Mäsong‘ vollendete sich aber auch manches tragische Schicksal; sie war das Sterbehaus des sozialdemokratischen Parlamentariers Hasenclever, des hochgelehrten und sprachbewanderten Professors Georg Büchmann, Autors der ‚Geflügelten Worte‘, des Komponisten des ‚Weserliedes‘, Gustav Pressel, und des ‚Napoleons der Terrainspekulanten‘, Wilhelm von Carstenn-Lichterfelde."

Julius Faucher, der bedeutendste Bodenreformer und Kritiker der Großstadt der Gründerzeit, schrieb über den „Napoleon der Terrainspekulanten" bereits 1868, dem Jahre, in dem Carstenn den König in Lichterfelde empfing: „Das Verdienst, zuerst in Deutschland eine Villenbauunternehmung im großen und ganzen, und zwar mit verdientem Erfolg für sich selbst durchgeführt zu haben, gebührt bekanntlich Herrn Carstenn, der die Villastadt in Wandsbek bei Hamburg angelegt hat." Daß ist ein wichtiges Urteil über seine Anfänge. Ergänzen wir es durch ein Urteil aus der hohen Zeit der Gründungen, 1876, einer Zeit, in welcher auch die spätere, von Carstenn wegführende Entwicklung bereits sichtbar war. Der „Eisenbahnkönig" Strousberg schreibt:

„Die Ausschreitung über die Grenzen des Berliner Weichbildes hinaus, das Außercultursetzen von zahllosen Feldern, meilenweit um Berlin, der Umstand, daß man jetzt, da, wo Kartoffeln gepflanzt werden sollten, junge Bäume als Begrenzungen zukünftiger Straßen sehen kann, Terrains, die zehn Millionen Einwohner nicht occupiren könnten − Gesellschaften und Privaten gehörend − und wobei viele Tausende ihr Vermögen verloren haben − dieses Kunststück verdanken wir Herrn v. Carstenn, und hier hat sich die Tugend belohnt, denn der Adel und Millionen sind sein Lohn, außerdem ist er populär geworden ... er hat als kluger Geschäftsmann gehandelt, hat die Courage gehabt, hier ein neues Feld in Angriff zu nehmen, mit eignen Mitteln, großer Energie und Ausdauer das Möglichste aus dem Vorhandenen gemacht und reichlich dabei geerntet, er verstand sein Publicum, darum gönnt es ihm seinen Verdienst; er wußte in der Hergabe des Terrains für die Cadetten-Anstalt die Wurst nach der Speckseite zu werfen, ist dafür geadelt und hat dadurch seine Baustellen zu höheren Preisen verkaufen können ... Allerdings sind die Nachahmer meistens Pfuscher und Schwindler und haben nicht den Verstand, die Mittel und die Ehrlichkeit des Herrn v. Carstenn mit in das Geschäft gebracht, aber er hat den Weg gezeigt, Sandschollen Meilen weit von Berlin in Bauterrains zu verwandeln, er hat den Handel mit solchen Baustellen eingeführt. Sandschollen waren im Überfluß vorhanden. Die Zeit war günstig, und Andere setzten das Geschäft in einem Maße fort, welches kaum berechenbaren Schaden und Verlust verursacht hat."

Das scheint ein faires Urteil zu sein; und es wirkt besonders darum glaubwürdig, weil es von einem Manne ähnlicher Art ausgesprochen wurde, wie Carstenn einer war: einem Spekulanten und Geschäftsmann, der in seinen Geschäften jedoch dem Gedanken an den Nutzen für die Gesamtheit einen gewissen Platz einräumte: einem Typ, der unter den *großen* Unternehmern der Zeit nicht ganz selten gewesen ist. Carstenn im besonderen hat wohl keiner Ehrlichkeit und öffentlichen Sinn abgesprochen. Eine Weile ritt er auf der Welle der Spekulation, die schließlich ihn mitriß und ganz am Ende herunterzog: eben das, daß er eine Weile wenigstens in seinen eigenen Gründungen der hemmungslosen Profitgier Widerstand zu leisten imstande war, wird aus Strousbergs Bericht deutlich. Wir beschäftigen uns aber mit dem Mann, weil er der Spekulation die Richtung gewiesen hat, weil er dem steinernen Berlin das andere, das grüne entgegensetzte, und zwar bewußt:

ein Beginnen, dessen Tragweite für Berlin man schwer überschätzen kann. Beide Teile haben immer wieder aufeinander eingewirkt, und die besondere, bipolare Struktur Berlins hat die städtebaulichen Tendenzen der Zeit um 1910 — das ist das Jahr des großen Berlin-Wettbewerbes — mitbestimmt. Ihre Wirkung ist entfernt auch in der Siedlungspolitik im Berlin der zwanziger Jahre zu bemerken. Auch die Landhaus-Ideologie hat sich an dem Gegensatz zwischen dem steinernen und dem grünen Berlin entwickelt. Die Sache selbst aber: dieses ganz außergewöhnlich große Areal von Gärten und Alleen zwischen den Gärten ist etwas gewesen, womit Berlin sich in seiner Entwicklung seit 1870 hat auseinandersetzen müssen, und es muß das noch heute.

Für den Charakter dieser Vororte ist die Stelle aus Carstenns Schrift bezeichnend, die wir angeführt haben und wo er von den Bahnhöfen, den Schulen, den Berufen spricht, die er nach Lichterfelde gezogen habe, um es von der großen Stadt unabhängig zu machen. Er hätte auch von dem ersten Ladenzentrum in Berlin sprechen können, dem „Bazar" am Bahnhof Lichterfelde-Ost, welchem in den letzten Jahren des Jahrhunderts das schöne Ladenzentrum am Bahnhof Lichterfelde-West gefolgt ist, welches gegenwärtig vom Landeskonservator restauriert wird. Er hätte sogar davon sprechen können, daß 1881 die erste elektrische Straßenbahn Berlins in Lichterfelde gebaut wurde; denn er hat ganz recht gehabt: diese Gründungen, besonders Lichterfelde, entwickelten ein Eigenleben, von dem man sich heute im Vorortgebiet einer Großstadt schlecht noch eine Vorstellung machen kann. Um nur ein Beispiel zu nennen: die berühmten Dirigenten und Virtuosen Berlins konzertierten alle auch in Lichterfelde, weil die musikalischen Bürger von Lichterfelde auf die Konzerte in der Aula des Realgymnasiums abonniert waren und nicht auf die in der Philharmonie. Das Eigenleben hatte seine Gefahren, barg in sich den Hang zum Kleinstädtischen und Provinziellen; auch den zum Rückschritt, welchem in Lichterfelde die Kadettenanstalt Vorschub leistete: es lebten dort sehr viele Offiziere und höhere Staatsbeamte des Kaisertums.

Die Form dieser Vororte betont ihre Eigenständigkeit als Kolonie. Sehr deutlich wird das noch heute in Westend, dessen annähernd quadratischer Rasterplan mit einem großen Platz in der Mitte — er war allerdings dreimal so groß geplant, wie er heute ist — es stark von seiner vorstädtischen Umgebung abhebt. Dort sind übrigens die Straßenbäume am Rand der Gartenzäune gepflanzt, nicht, wie in den späteren Kolonie, zwischen Bürgersteig und Fahrdamm. Daß die Baumwölbung Bürgersteig und Fahrdamm überspannt, trägt zu der Besonderheit von Westend bei. Übrigens gibt es dort keine Dorfaue, an die sich die Kolonie hätte anschließen können: sie ist ganz künstlich; man möchte sagen, mit Stolz künstlich; aber auch in den Kolonien, in denen es Dorfauen gab, bestehen die Neugründungen auf ihrer Unabhängigkeit. Sie kehren der Dorfaue sozusagen den Rücken. Das ist deutlich in Lichterfelde, aber auch in Wilmersdorf: Carstenn ist dort die Gegenüberstellung des Prager und des Nikolsburger Platzes zu beiden Seiten der

Kaiserallee. Die Dorfaue — Wilhelmsaue — liegt vom Vorort weit entfernt. Symmetrische Figuren aber, wie die Symmetrie der beiden Schmuckplätze in Wilmersdorf in Bezug auf die Kaiserallee, sind für die Gründungen Carstenns typisch. Man kann an ihnen die Lage dieser alten Kolonien im heutigen Straßenplan ausfindig machen: in Friedenau ist es die ovale und radiale Anlage der Straßen um den Friedrich-Wilhelm-Platz, die erst jüngst durch einen neuen Verkehrszug gestört wurde, in Lichterfelde ähnliche Konfigurationen in Lichterfelde-Ost jenseits der Anhalter-Bahn. Sieht man die Karte an, so kann man solche Konfigurationen unschwer im Gebiet beider Ortsteile entdecken.

Wichtiger aber als der figürliche Städtebau der Carstennschen Gründungen ist für uns der Charakter ihrer Straßen und Gärten. Lichterfelde unterlag der Bauordnung für das Bauen auf dem platten Lande von 1872, welche sehr tiefe Baufluchten, 15, sogar 17 Meter vorschrieb. Diese Bauordnung kam Carstenns Absichten sehr gelegen. Geht man durch die Straßen im eigentlichen, Carstennschen Lichterfelde, so fällt deren Weiträumigkeit auf. Die Straße selbst war breit genug. Durch die tiefen Vorgärten aber wurde visuell ihre Breite verdreifacht. Hinter dem Hause blieb meist nicht mehr übrig als ein kleiner Gartenhof, in dem Hühnerställe und Geräteschuppen standen. Der eigentliche Garten war der Vorgarten, also dieser parkartig weiträumige Straßenraum. Über ihn hinweg grüßten die Häuser einander, kleine Häuser meist im Charakter der Berliner Schule, also späte Beispiele der Schule Schinkels. Das waren nicht *Villen* im Sinne der großbürgerlichen Villa der Jahrhundertwende, noch weniger waren es Landhäuser, wie die Zeit nach 1905 sie in anderen Vororten baute: In Lichterfelde gibt es deren sehr wenige. Das Raumprogramm des alten Lichterfelder Hauses war recht eigentlich das der Stadtwohnung. Man kann sagen, das waren Stadtwohnungen in zwei Etagen im Grünen, im Park gelegen. Stellenweise gab es sogar geschlossene Bebauung: Miethäuser bis zu drei Geschossen, nicht allerdings im eigentlichen Lichterfelde, also in den Straßen nahe dem Bahnhof Lichterfelde-Ost: Wilhelmstraße, Jungfernstieg, Bahnhofstraße, Mittelstraße. Reihenhäuser gab es dort allerdings. Wir haben sie ja bereits erwähnt. Diese weiträumigen Straßen, verbunden mit sehr großen, runden Schmuckplätzen mit alten Bäumen, machen recht eigentlich den Charakter des alten Lichterfelde aus. Dazu kamen Parks und endlich der kleine Urwald an der Beeke — den Teltowkanal gab es ja noch nicht — mit seinen Pfaden, Uferwegen, Teichen.

Übrigens wurde die Bauflucht von 15 Metern nicht überall eingehalten. Man ging stellenweise bis auf 10 Meter an die Straße heran; die Reihenhäuser in der Mittelstraße stehen ziemlich dicht an der Straße, und hier ist, wie in England, der Hintergarten der eigentliche Garten. Der ganze Ort war also alles andere als eintönig: Der Straßenraum erweiterte und verengte sich. Die Bahnhofstraße war eng in der Nähe des Bahnhofs und wurde weit im eigentlichen Wohngebiet. Ich brauche kaum zu erwähnen, daß das spekulative Bauen der Gegenwart diese Differenzierungen zerstört und die kleinen Einzelhäuser zusehends durch geschlossene Bebauung ersetzt. Lichterfelde besitzt zwar dort einen gewissen Schutz, wo die von

Carstenn festgelegte Bedingung noch gilt, daß keiner sein Haus abreißen darf, ohne daß das Einverständnis der Anwohner des ganzen Blockes eingeholt wird. Wie effektiv dieser Schutz ist, kann ich nicht beurteilen. Das Haus Bahnhofstraße 13 wurde im vorigen Jahre abgerissen − und wird durch geschlossene Bebauung 10 Meter von der Straße ersetzt −, und ich brauche Ihnen nicht zu sagen, daß durch diesen Eingriff der Charakter einer der letzten noch einigermaßen Carstennschen Straßen entscheidend gestört worden ist − um es milde auszudrükken.

Bezeichnend war in diesem Falle die Auskunft, welche das Stadtplanungsamt erteilt hat:

„Baustufe II/3 nach Baunutzungsplan beinhaltet automatisch die Pflicht, geschlossen bauen zu sollen."

Und:

„Hinsichtlich der Erhaltung des Charakters der Bahnhofstraße wurde − soweit die gesetzlichen Möglichkeiten dazu vorlagen − alles Denkbare getan."

Aber:

„Neben den gesetzlichen Anforderungen muß es erlaubt sein, städtebauliche Zielvorstellungen − auch unter Berücksichtigung von baugeschichtlichen und stadtpflegerischen Gesichtspunkten − zur Grundlage von Gemeindevorstellungen zu machen."

Endlich:

„Stadtplanung könnte auch sein: wesentliche Veränderung zum Nutzen der Bevölkerung beitragen zu wollen."

Das letzte Argument aber war, daß das kleine Haus nicht unter Denkmalschutz stand, daß es auch in Professor Poseners übrigens rechtlich völlig unverbindlicher Liste nicht enthalten ist und daß es sich nicht in der Nähe eines Baudenkmals befindet.

Natürlich stand das Häuschen nicht unter Denkmalschutz, und ebenso natürlich war es in unseren Listen nicht enthalten. Hier ist nicht das Haus das Baudenkmal, sondern der bauliche Zusammenhang, den darzustellen ich mich eben bemüht habe. *Dieser* ist das historische Erbe; und ehe man sich entschließt, durch seine, wie hieß es doch? „wesentliche Veränderung zum Nutzen der Bevölkerung beitragen zu wollen", sollte man den Landeskonservator konsultieren, die dort Lebenden und, ich meine, auch solche, die zwar dort nicht wohnen, denen aber der Charakter der Stadt in allen ihren Teilen am Herzen liegt. In welchem Maße das in diesem Falle geschehen ist, entzieht sich meiner Kenntnis. Ich weiß, daß der Landeskonservator sich eingeschaltet hat, daß gewisse Dienststellen im Bezirk nicht glücklich über den Abriß gewesen sind, endlich, daß ein Bewohner der Bahnhofstraße, der Architekt Horst Hackel, eine kleine Bürgerinitiative ins Leben gerufen hat. Wenn ich also hier eine Amtsstelle zitiert habe − und in ihrer authentischen Sprache −, so habe ich nicht beabsichtigt, diese Amtsstelle zu kritisieren. Sie hat „soweit die gesetzlichen Möglichkeiten dazu vorlagen", vielleicht nicht „alles Denkbare" getan, denn wer könnte das je von seinem Tun behaupten? wohl aber das amtlich Angemessene. Die *gesetzlichen Grundlagen* gilt es zu schaffen – und das öffentliche Bewußtsein auf diese Frage hinzuweisen. Zu beidem könnte ein Gremium, bestehend aus Persönlichkeiten des öffentlichen Lebens, etwas beitragen, welches den Landeskonservator unterstützt, seine Bemühungen dem Publikum näherbringt und ihn gegebenenfalls auch berät.

Werfen wir nach diesem Exkurs in die Gegenwart noch einen raschen Blick auf das, was aus Lichterfelde *nach* Carstenn geworden ist. Denn natürlich hat es sich verändert, wenn man auch sagen darf, daß der Kern der Gründung sich durch das Zeitalter der Kriege und Umwälzungen hindurch erstaunlich rein erhalten hat. Aber Lichterfelde als Ganzes hat sich verändert. Um 1900 besaß der Ort – Ost und West zusammen – bereits 80.000 Einwohner, und es gab in ihm gute und weniger gute Wohngegenden, besonders seit an der Chausseestraße – Hindenburgdamm – Mietskasernen gebaut wurden. Die Bewohner dieser Straße waren für uns keine echten Lichterfelder. Dort wohnten die „Straßenjungen", die auf die Gemeindeschule gingen oder bestenfalls auf die in der Nähe gelegene Oberrealschule, während die jeunesse dorée in eines der beiden Gymnasien geschickt wurde, oder ins Lyceum. Eine recht gute Wohngegend, aber neuer, mit größeren Häusern und zu nahe an den Zehlendorfer Feldern gelegen, entwickelte sich seit etwa 1895 in Lichterfelde West, nahe der Kadettenanstalt an der Karlstraße, Bellevuestraße, Ringstraße. Auch sie wurde bald lichterfeldisch: ein unter riesigen Bäumen ruhendes Gartenland.

Will man sich von den Gärten in diesem Vorort eine Vorstellung machen, so denkt man immer zuerst an die vielen alten Bäume, die es dort gab. Schon von Marienthal, der Kolonie im Park des Schlosses Wandsbek, wurde – widerstrebend – gerühmt, daß ihr Gründer viele schöne Parkbäume in den Gärten habe stehen lassen. In Lichterfelde wurden zweifellos Bäume erhalten und Bäume gepflanzt, und der Ort wurde von Jahr zu Jahr dunkler. Die Gärten waren alle landschaftlich angelegt, die großen wie die kleinen, das heißt, sie hatten geschwungene Wege. In den Vorgärten der kleineren Grundstücke standen Glaskugeln, Gartenzwerge und Rehe aus Gips, es gab Gartenlauben und einige Pergolen aus gebogenen Eisenrohren, die schöne Pflanzengewölbe darstellten; in einigen großen Gärten gab es im hinteren, von der Straße abgewandten Bereich gelegentlich Treibhäuser, Häuser für den Gartenbetrieb, sogar Remisen und Stallungen. Die letzteren waren selten.

Von den Häusern aus der Zeit der Gründung sind nicht mehr sehr viele übrig: Gegen Ende des Jahrhunderts wurden sie zusehends durch Fachwerkhäuser oder durch solche Lichterfelder Sonderbarkeiten ergänzt, wie die Burgen in der Paulinenstraße, von denen schon die Rede war. Ihr Architekt ist Gustav Lilienthal. Gustav nahm an seines Bruders aerodynamischen Experimenten teil, gemeinsam erfanden die Brüder eine sehr moderne Form der Luftheizung – sie wurde in die Burgen eingebaut! –, den Anker-Steinbaukasten und eine Art Mecano-Baukasten. Gustav hat sich dann nach Ottos Tod aktiv als Sozialreformer im Gefolge Franz Oppenheimers (eines anderen Lichterfelders) betätigt und ist die führende Gestalt bei der Gründung der genossenschaftlichen Siedlung Freie Scholle in Waidmannslust. Ich weiß nicht, ob man es begründen kann, wenn man diese Mischung von Romantik, Kauzigkeit, Erfindungsgabe, Mut und Fortschrittsglauben lichterfeldisch nennt; als alter Lichterfelder bin ich geneigt, es zu tun. Und das scheint nicht unvernünftig, wenn man sich diese künstliche Kleinstadt am Rande der Großstadt, aber fast unberührt von ihren Problemen wie von ihren Stimulantiis, ins Gedächtnis zurückruft. Dazu gehört selbstverständlich eine trotz der erwähnten Abstufungen im großen und ganzen homogene, bürgerliche Einwohnerschaft, begleitet von den von ihr abhängigen Existenzen der Dienstmädchen, Gärtnersleute, kleinen Ladenbesitzer, Schuhmacher, Sattler, Schneider, besonders für Uniformen, etc. Obwohl unser „Portier", seines Zeichens Tischler, jeden Morgen in aller Herrgottsfrühe in die Frankfurter Allee zur Arbeit fuhr, wußten wir Kinder reicher Leute nichts von Arbeitern; vielleicht weil er in aller Herrgottsfrühe wegfuhr; und obwohl am Schönower Stichkanal, in dem wir unsere Molche fingen, eine Spinnerei stand und bald auch die optische Fabrik von Görz, wußten wir eigentlich nicht, was eine Fabrik war. Wir führten ein beschränktes und geschütztes Leben, das Leben von Gymnasiasten. Und da uns alles Notwendige ins Haus geliefert wurde, da sogar die Waschfrau, die Plätterin, die Näherin, ja, der Schuhmacher ins Haus kamen, so brauchten wir nicht in die Stadt zu fahren, und wir fuhren nicht in die Stadt.

Ob Carstenn die Selbständigkeit seiner Kolonie und ihren Abschluß von der Stadt, von der sie doch abhing, in dieser strengen Form beabsichtigt hat, wer kann das sagen? Es ist nicht unwahrscheinlich. Auf jeden Fall: So hat sie sich entwickelt. Sie erreichte eine Individualität, die weiterwirkte und Generationen in einem Lichterfeldertum erhielt, das ihrer Zeit bereits nicht mehr entsprach. Ihr Unwissen der wirklichen gesellschaftlichen Verhältnisse wurde durch einen gewissen Hang zum Idealen ausgeglichen: Jugendbewegung, Landhausideologie, später allerdings auch anderes, fanden in Lichterfelde einen günstigen Boden. Es ist wohl kaum gerechtfertigt, Carstenn, den Gründer, für alle Tugenden und Mängel Lichterfeldes, für seine frische Luft wie seinen Mief, verantwortlich zu machen: immerhin: er war der Gründer.

Vortrag in der Akademie der Künste
Berlin, am 19.11.1975

36 Kunstwerke (1975)

Erstes Kapitel eines geplanten Buches

In seinem Hauptwerk „Das Prinzip Hoffnung" beschäftigt Ernst Bloch sich auch mit der Frage, warum die Werke der Kunst — und die der Philosophie und der Wissenschaft — vergangener Zeiten uns noch betreffen, obwohl sie Hervorbringungen von Gesellschaftsordnungen sind, die er als solche keineswegs bejahen kann. Bloch sagt dazu: „(...) die großen Werke sind nicht mangelhaft wie zur Zeit ihres ersten Tages und auch nicht herrlich wie am ersten Tag: sie streifen vielmehr ihren Mangel wie ihre erste Herrlichkeit ab, indem sie einer späteren, ja, einer intendierbar letzten Zukunft fähig sind. (...) nämlich als vorausweisende Aufgabe und als Lösung, die aus der Zukunft, nicht aus der Vergangenheit entgegenkommt und selber noch voll Zukunft spricht, anspricht, weiterruft." Und weiter: „Vielmehr lassen sich diese Blüten von ihrem ersten gesellschaftlich-historischen Boden wegheben, indem sie selber, ihrer Essenz nach, an ihn nicht gebunden sind. Die Akropolis gehört zwar zur Sklavenhaltergesellschaft, das Straßburger Münster zur Feudalgesellschaft, dennoch sind sie mit dieser ihrer Basis bekanntlich nicht vergangen und führen, anders als die Basis, nichts Beklagenswertes mit sich."

Bloch beruft sich zur Bestätigung dieser Auffassung auf die bekannte Stelle aus der Einleitung zur „Kritik der politischen Ökonomie" von Karl Marx, wo dieser die gleiche Frage zu beantworten sucht und von der Kunst der Griechen als einer Äußerung aus der Kindheit der Menschen spricht: „Normale Kinder" sagt er dort, „waren die Griechen. Der Reiz ihrer Kunst steht für uns nicht im Widerspruch zu der unentwickelten Gesellschaftsstufe, worauf sie wuchs. Ist vielmehr ihr Resultat und hängt unzertrennlich damit zusammen, daß die unreifen gesellschaftlichen Bedingungen, unter denen sie entstand und alleine entstehen konnte, nie wiederkehren können."

Das ist, eindeutig und emphatisch, das Gegenteil der Blochschen These, daß die Werke der Kunst sich von ihrem ersten gesellschaftlich-historischen Boden wegheben lassen, da sie ihrer Essenz nach an ihn nicht gebunden seien.

Marx begründet seine These materialistisch: „Ist die Anschauung der Natur und der gesellschaftlichen Verhältnisse", fragt er, „die der griechischen Phantasie und daher der griechischen (Mythologie) zugrunde liegt, möglich mit Selfaktors und Eisenbahnen und Lokomotiven und elektrischen Telegraphen? Wo bleibt Vulkan gegen Roberts et Co., Jupiter gegen den Blitzableiter und Hermes gegen den Crédit mobilier? Alle Mythologie überwindet und beherrscht und gestaltet die Naturkräfte in der Einbildung: verschwindet also mit der wirklichen Herrschaft über dieselben. (...) Aber die Schwierigkeit liegt nicht darin, zu verstehen, daß griechische Kunst und Epos an gewisse gesellschaftliche Entwicklungsformen geknüpft sind. Die Schwierigkeit ist, daß sie für uns noch Kunstgenuß gewähren und in gewisser Beziehung als Norm und unerreichbare Muster gelten."

Das könnten sie in der Tat nicht, wenn sie restlos in dem Ausdruck der Bedingungen des Zeitalters aufgingen, dem sie ihre Entstehung verdanken: Für die materialistische Auffassung, welche Marx hier so überzeugend darlegt, waren sie in diesem Falle verurteilt, mit dieser ihrer Basis in die Vergangenheit zurückzusinken. Marx sieht also das Problem ebenso klar wie Bloch und gibt seinerseits eine Antwort. Er nennt ja die Griechen „normale Kinder" und sagt: „Ein Mann kann nicht wieder zum Kinde werden, oder er wird kindisch. Aber freut ihn die Naivität des Kindes nicht, und muß er nicht selbst wieder auf einer höheren Stufe streben, seine Wahrheit zu reproduzieren?"

Diese Aufforderung steht im Gegensatz zu allem anderen, was Marx an dieser Stelle sagt. Gehört nämlich die Wahrheit des „Kindes" ganz dessen Lebensumständen an, so wäre der Versuch, sie auf einer höheren Stufe zu reproduzieren, illusorisch. Kann der Versuch gelingen, so deutet dieses Gelingen darauf hin, daß die Wahrheit des Kindes *nicht* vollkommen dem kindlichen Zustand angehört, daß auf jeden Fall ein Teil dieser Wahrheit den kindlichen Zustand transzendiert, mithin reproduzierbar bleibt. Im ersten Falle verläuft die Schnittlinie des Widerspruches zwischen dem Bestreben, die kindliche Wahrheit auf einer höheren Stufe zu reproduzieren, und allem anderen, was Marx hier sagt; im zweiten Falle aber liegt sie jenseits der kindlichen Wahrheit und löst diese – mitsamt dem Streben, sie auf einer höheren Stufe zu reproduzieren – von allem anderen ab, was Marx an dieser Stelle sagt.

In diesem Falle gibt es in der Tat eine Brücke von der Marxschen zu der Blochschen Erklärung; denn es muß dann die kindliche Wahrheit über den kindlichen Zustand hinaus gültig sein, zumindest muß sie Elemente enthalten, die über den kindlichen Zustand hinaus gültig sind. Marx würde zwar, verstehen wir ihn recht, nicht so weit gehen zuzugeben, daß die kindliche Wahrheit, daß also Kunstwerke vergangener Epochen, von ihrem ersten gesellschaftlich-historischen Boden *abgehoben* werden könnten, da sie essentiell gar nicht zu ihm gehören. Das ist, gestehen wir es, eine seltsame Art materialistischen Denkens, und wir meinen, Marx hätte sie ablehnen müssen. Immerhin aber gibt auch er implizit die Möglichkeit eines Überschreitens zu, die ja recht eigentlich das Prinzip Hoffnung ausmacht. Marx fühlt sich offenbar darum zu dem aufgezeigten Widerspruch gedrängt, weil ohne dieses Überschreiten, ohne dieses noch unerfüllte Element, welches die Künstler weniger rückständiger Gesellschaftsordnungen auf ihrer eigenen, höheren Stufe zu reproduzieren streben müßten, auch für ihn die Wirkung von Werken der Vergangenheit auf spätere Zeiten, auf uns selbst, nicht zu erklären wäre. Wäre der Impakt solcher Werke vollständig dadurch erklärt, daß sie uns endgültig verloren sind, so wäre er in Marxens Sinne *nicht* erklärt und nicht erklärbar.

Der Nicht-Marxist kennt dieses Dilemma nicht. Für ihn ist es nicht von Belang, daß die Gesellschaft, die ein großes Kunstwerk hervorgebracht hat, nicht auf soziale Gerechtigkeit gegründet war, daß sie Sklaven besaß, oder Leibeigene. Hier wird die Größe des Widerspruches in Marxens Skizze deutlich; denn der Nicht-Marxist, eigentlich nur er, darf sich damit zufrieden geben, daß der Reiz eines Werkes vergangener Zeiten das Resultat der unentwickelten Gesellschaftsstufe ist, auf der es wuchs: verlorener und nicht wiederzugewinnender Techniken und Fertigkeiten, des in sich geschlossenen Weltbildes, das ihnen entspricht und das darum uns nicht mehr vergönnt ist. Nur der Nicht-Marxist darf diese Worte Marxens unterschreiben, ohne befürchten zu müssen, daß Werke der Vergangenheit uns *darum* nicht mehr betreffen mögen, weil sie einer Gesellschaftsordnung entstammen, welche die Unterdrückung praktizierte; denn für ihn dürfen solche Gesellschaftsordnungen selbst als „Norm und unerreichbare Muster gelten", weil sie Form besaßen. Immerhin: das Wort „unerreichbar" drückt Hoffnungslosigkeit aus, man mag sich, Marxist oder Nicht-Marxist, mit diesem „Unerreichbar" nicht abfinden, man fragt, *warum* die Norm damals erreicht werden konnte, man fragt, mit einem Wort, nach dem Wesen der Kultur. Man fragt danach, weil man in der eigenen Gegenwart einen Mangel an Kultur empfindet und wahrnimmt; und diese Empfindung und Wahrnehmung genügt, um den Wunsch zu entfachen, das gegenwärtig Unerreichbare, Kultur, wieder zu besitzen.

Dieser Wunsch, dieses Bestreben, ist gut fünfhundert Jahre alt: Die Renaissance in Italien ist seine früheste Manifestation. In der antikischen Gebärde jener zweiten Renaissance, der französischen Revolution, wird er erneut evident; in einer seiner frühesten Schriften – Die Heilige Familie, 1844 – nennt Marx es ein Mißverständnis, daß Männer der französischen Revolution die Republiken der Antike zu ihrem Vorbild erkoren haben: Sie haben, sagt er, die antike Sklavenhaltergesellschaft mit der modernen bürgerlichen Gesellschaft verwechselt, die zu schaffen sie im Begriffe standen. Man könne, fährt er fort, dieses Mißverständnis historisch begründen, aber diese Schrift sei der Ort nicht, es zu tun. Meines Wissens hat er es auch später nicht getan – leider: Denn seine Erklärung hätte uns gewiß geholfen, das Phänomen richtig einzuschätzen. Es dürfte ihm aber nicht entgangen sein, daß dabei auch ein ästhetisches Moment im Spiele war; *wir* wollen es ein der Kultur zugewandtes Wollen nennen.

In neuer Form tritt dieses Wollen in William Morris' Utopie zutage. Morris, der sich einen Sozialisten nannte, der Marx bewunderte, aber, wie er selbst zugab, die ökonomische Seite seines Werkes nicht verstanden hat, Morris malte das Bild einer sozialistischen Gesellschaft, welche zur handwerklichen Produktion zurückgekehrt war. Denn sein ganzes Bemühen ging von der Erkenntnis aus, daß seine Gegenwart keine Kunst besaß, wobei er allerdings den Begriff Kunst sehr weit faßte: Kunst bedeutete ihm jede sinnvolle Arbeit, jede Arbeit, welche den ganzen Menschen in Anspruch nimmt: nicht nur seinen Kopf, nicht nur seine Hände, sondern beides, Kopf und Hand: die handwerkliche Arbeit also. In ihr allein könne der Mensch sich verwirklichen, meinte Morris. Die kapitalistische Fabrikarbeit, sagte er, habe diese Arbeit zerstört, sie habe die Kunst im weitesten wie im engen Sinne unmöglich gemacht.

Morris gebrauchte nicht den Ausdruck Kultur, so wenig wie die Männer der französischen Revolution ihn gebraucht hatten. Sie gebrauchten ihn nicht, weil sie eine *neue* Gesellschaft wollten; aber bei beiden enthält die neue Gesellschaft gleichzeitig Züge einer vergangenen Gesellschaft: bei den Revolutionsmännern die der Antike, bei Morris die des Mittelalters. Die Kulturkritik der Revolution hatte sozusagen einen blinden Fleck: Man klammerte die Sklaven aus dem schönen Bilde aus; vielleicht weil man sich letzten Endes mit der Befreiung *des Bürgertums* begnügen wollte. Die Kulturkritik, welche Morris betrieb, war bereits technisch reaktionär. Beides war Kulturkritik, obwohl weder die Revolutionäre von 1789, noch Morris ihre Gedanken mit diesem Ausdruck bezeichnet haben. Morris' Gedanken waren schon entschieden kulturkritisch bestimmt. Erst am Ausgang des Jahrhunderts aber begann man, eine Form der Gesellschaftskritik Kulturkritik zu *nennen*. Und diese Gesellschaftskritik wollte *nicht* mehr die neue Gesellschaft, sie war, wie sie selbst sagte, auf revolutionäre Art konservativ. Bei Spengler ist Kultur das Resultat einer hierarchisch gegliederten Gesellschaft, einer Ordnung, in der man keineswegs von der Freiheit und gar der Gleichheit aller gefaselt habe, denn diese seien *kulturfeindlich*: einer Ordnung vielmehr, in der jeder seinen Platz hatte und kannte, die Oberen wie die Unteren und – dies wird zumindest impliziert – seinen Platz auch *an*erkannte.

Dieser Standpunkt also, der Standpunkt der bürgerlichen Kulturkritik, kannte Marxens Dilemma nicht. Kultur – und ihre Werke – waren ihm keineswegs das Signum einer Gesellschaft der Freien und Gleichen, sie konnten, im Gegenteil, nur in einer Gesellschaft von geprägter Unfreiheit und Ungleichheit entstehen. Betreffen also, sagt die Kulturkritik, die Werke einer solchen Gesellschaft uns, so eben deshalb, weil in ihnen die Gestalt einer streng gegliederten Gesellschaft sichtbar wird. Auch in diesem Betreffen ist ein utopisches Element zu erkennen: Es ist der Schmerz über den Verlust der gegliederten Gesellschaft und der unabweisbare Wunsch, eine solche Gesellschaft wiederzugewinnen.

Für die Vertreter dieser Anschauung hört die Kunst an einer bestimmten Stelle der Geschichte auf: Große Kunst entsteht nicht mehr, sie ist ein Ding der Vergangenheit. Der Punkt in dieser Geschichte aber, an dem große Kunst unmöglich wird, ist der Beginn der Fabrikarbeit. Man könnte hier eine Verwandtschaft zwischen der Kulturkritik und der marxistischen Kritik der Gesellschaft des Kapitalismus entdecken. Wenn sie besteht, so ist sie jedenfalls auf die Diagnose beschränkt, denn beide Seiten haben aus ihr die entgegengesetzten Folgerungen gezogen: Den Marxisten war es nicht ursächlich um die Kultur zu tun, sondern um die Veränderung der Gesellschaft, auch den anderen war die Kultur Teil eines umfassenderen Anliegens: aber sie wollten die Erhaltung, besser gesagt, die Wiederherstellung der Struktur der Gesellschaft. Darum hat sich die entschiedene Kulturkritik (seit Nietzsche) auch niemals mit solchen Palliativen begnügt wie der allmählichen Wiederherstellung des guten Geschmackes, wie der Deutsche

Werkbund sie zur Zeit des beginnenden Monopolkapitalismus erstrebt hat. Dieser Reformismus hatte seine guten wirtschaftlichen Gründe: die Verbesserung (man nannte es im Werkbund Veredelung) gewisser Teile der deutschen Produktion. Die entschiedene Kulturkritik aber ist stets weiter gegangen. Guter Geschmack war ihr nicht Kultur (womit sie recht hatte), einige sahen in ihm das Gegenteil von Kultur. Die Männer der entschiedenen Kulturkritik — etwa im Kreise um Stefan George — wollten nicht Reform, sondern Veränderung, allerdings Rückveränderung, Wiederherstellung von Bindungen durch das Gewinnen neuer Bindungen. Alte oder neue Bindungen: das kommt im Effekt, wenn auch nicht im Bewußtsein, auf das gleiche hinaus. Wir erwähnten bereits den Ausdruck revolutionär-konservativ. Nicht von ungefähr heißt die Programmschrift des George-Kreises, welche Friedrich Wolters verfaßt hat, „Herrschaft und Dienst". Diese Auffassung lehnte den Kapitalismus ab, nicht aber, weil er den Menschen unterdrückte, sondern weil er ihn aus allen historischen Bindungen entlassen habe. Mit noch größerer Vehemenz lehnte sie den Materialismus ab als das böse Erbe und die Vollendung des Kapitalismus. Die auf den dialektischen Materialismus gegründete revolutionäre Utopie des Marxismus war ihr der Abgrund der Flachheit, da sie den Verfall aller Bindungen vollende, ihn fort- und festschreibe. Der Weg dieser Kulturkritik führt vielmehr mit einer gewissen Logik bis zu dem verzweifelten Versuch weiter, den Ständestaat wieder aufzurichten, und zwar von heute auf morgen, par ordre de Moufti, in träumerischer Verkennen der Tatsache, daß man doch nur eines haben kann, die kapitalistische Ordnung *oder* den Ständestaat. Will man diese Unvereinbaren vereinen, so läuft das darauf hinaus, daß man den Kapitalismus „abschafft", ohne ihn abzuschaffen, und den Ständestaat als aufgerichtet nimmt, obwohl er lediglich eine Kulisse ist. Die Kulturkritik ist indessen nicht mit dem Fascismus untergegangen (vorausgesetzt, der Fascismus sei untergegangen), wie denn noch Hans Sedlmayrs Buch „Der Verlust der Mitte" ein sehr reines Produkt dieser Auffassung ist. Dies ist der Weg der rückwärtsgewandten Utopie, welche die Werke der Vergangenheit verehrt, weil sie der Vergangenheit angehören, und welche wünscht und wünschen muß, gesellschaftliche Bindungen wiederzugewinnen, aus denen neue Werke hervorgehen mögen. Dies ist, wie wir sagten, eine Folgerung, die man aus dem Teil der Marxschen Feststellung ziehen kann, in dem er sagt, daß der Reiz der griechischen Kunst das Resultat der unentwickelten Gesellschaftsstufe sei und unzertrennlich damit zusammenhänge, daß die unreifen gesellschaftlichen Bedingungen, unter denen sie entstand *und allein entstehen konnte*, nie wiederkehren können. Marx sagt zwar deutlich genug, daß diese Bedingungen nie wiederkehren können; wir verstehen aber, wie schwer es ist, sich mit diesem endgültigen Verlust abzufinden: Wenn die Werke der Vergangenheit nicht eine Verheißung enthalten, so sind sie uns verloren. Sie sinken in den Schoß der Vergangenheit zurück und betreffen uns nicht mehr. Sie betreffen uns aber: Diese Wahrnehmung hat sich allen dreien aufgedrängt: den Männern der Kulturkritik, Marx und Bloch. Die Männer der Kulturkritik haben daraus die Folgerung gezogen, daß sie uns betreffen, weil die gebundene Gesellschaft, auf deren Boden sie gewachsen sind, für uns ein Wunsch- und Leitbild ist, welches uns auffordert, neue Bindungen zu suchen; Bloch hat erklärt, daß Werke einer intendierbar letzten Zukunft fähig seien, nämlich als vorausweisende Lösung und als Aufgabe, die aus der Zukunft, nicht aus der Vergangenheit entgegenkommt und selber noch voll Zukunft spricht, anspricht, weiterruft. Marxens widersprüchliche Feststellung, daß diese Werke zwar einer unwiederbringlichen Vergangenheit angehören und daß ihr Reiz unzertrennlich hiermit zusammenhängt, daß aber die Menschen gleichwohl streben müssen, ihre Wahrheit auf einer höheren Stufe zu reproduzieren, stellt das Dilemma, in dem wir uns der noch gegenwärtigen und ohne Zweifel auch zukünftigen Wirkung dieser Werke gegenüber befinden, rein dar.

Wir haben aber gesehen, daß es eine Brücke gibt, die diesen Widerspruch zumindest abschwächt, vielleicht in der Tat überwindet. Wir fanden sie in der Fähigkeit der großen Werke, den gesellschaftlichen Boden, der sie trägt, zu überschreiten. Es gibt demnach Wahrheiten, es gibt Zeichen, Figuren, welche den Boden der gesellschaftlichen Zustände, auf dem sie wuchsen, auf dem allein sie wachsen konnten, gleichwohl hinter — oder unter — sich lassen. Wäre es *nicht* so, bliebe die fortzeugende Kraft gewisser Mythen und Archetypen unverständlich, von der auch Bloch spricht. „Amphitryon 38" nannte Giraudoux 1930 sein Amphitryon-Stück: Er hatte herausgefunden, daß es vorher bereits 37 Amphitryen gegeben hatte. Es gibt eine Anzahl von Don Juan- und Faust-Stücken und Romanen; und rechnet man den namensgleichen Werken die hinzu, welche den Namen der ursprünglichen Sagenfigur nicht nennen, Hamlet etwa, welcher mit einigem Grund Orest heißen könnte, so sind dieser fortzeugenden Mythen und Archetypen noch mehr. Hier begegnen wir in der Tat dem von Marx geforderten Bestreben, die Wahrheit einer vergangenen Zeit auf einer höheren Stufe zu reproduzieren; und hier hat Bloch eine Erklärung bereit: Er sagt, diese Mythen und Archetypen seien „mit einem unaufgearbeiteten nichtmythischen Überschuß (...) übrig geblieben". Dieser Überschuß sei das noch nicht aufgearbeitete Zukünftige, das utopische Element, welches den Zeichen aus einer längst vergangenen Zeit eigen sei und sie an die Zukunft *jeder* Folgezeit binde, an die Zukunft schlechthin nämlich, die endgültige Zukunft. Diesen Überschuß aber besäßen in besonderem Maße die Werke der Kunst, welche solcherart als Werke erscheinen, die von Anfang an auf dem Wege zu der endgültigen Zukunft waren und noch immer auf diesem Wege sind. Hierdurch will Bloch die Wirkung der Werke einer vergangenen Zeit auf Menschen späterer Zeiten, auf uns selbst erklären.

Beide Philosophen sagen also, das heißt, Bloch behauptet und Marx räumt implizit ein, daß die Werke der Kunst den Grund, auf dem sie wachsen, überschreiten können, und das meinen auch wir. Die Frage ist: *wie weit* können sie ihn überschreiten? Wenn wir unsere Betrachtung auf die Architektur beschränken, welche am sichtbarsten die Züge der Gesellschaft an der Stirne trägt, so dürfen wir sagen, daß auch sie die Umstände der Gesellschaft, zu der sie gehört, transzendiert. Sie tut das *allerdings*.

Man kann sagen, daß die Form eines Gebäudes durch drei Bedingungen bestimmt wird: einmal durch die Arbeitsbedingungen: Material, Arsenal der Werkzeuge und, aus beiden resultierend, die Konstruktion. Zum anderen wird sie durch den Gebrauch bestimmt, den man von dem Gebäude machen will; endlich durch die Tendenzen der herrschenden Klasse, welche das Gebäude – wir sprechen hier lediglich von Architektur im engeren Sinne, nicht von jeder Art von Gebäude, nicht also von Bauernhäusern, Hütten, Schuppen – als Mittel und als Zeichen ihrer Herrschaft errichtet. Es ist wahr, daß der Baumeister an den Bedingunen der Konstruktion und an denen des Gebrauches – zu denen auch Klima und Topographie gehören – nichts, oder jeweils nur sehr wenig zu ändern vermag; das gilt nicht im gleichen Maße für die Einwirkung der herrschenden Klasse, die zwar ebenfalls an diese Bedingungen gebunden ist, die aber, was die Form angeht, verhältnismäßig frei schalten kann: *verhältnismäßig* frei: Wenn es wahr ist, was die materialistische Theorie der Architektur behauptet hat (Viollet-le-Duc, Choisy), daß die Konstruktion die Form der Bauwerke im einzelnen bestimme, dann wäre die Freiheit der herrschenden Klasse auch im Formalen stark eingeschränkt. Es ist aber nur partiell wahr, es betrifft auf keinen Fall die Einzelformen: Die Baumeister aller Zeiten konnten so weit gehen – und sind oft so weit geggangen –, daß sie Formen, die aus einer fremden Überlieferung stammten, der in ihrer eigenen Zeit gängigen Konstruktion aufgenötigt haben; was übrigens der Praxis der jeweils herrschenden Klassen recht genau entspricht, denn diese haben ja auch nicht die Sache selbst, ihre Herrschaft, im Bau dargestellt, sondern die göttliche Ordnung, welche diese Herrschaft garantierte und legitimierte und der sie selbst sich – und zwar nicht nur zum Schein – unterwarfen. Die Baumeister haben, durchaus in diesem Sinne, sogar die eigene Überlieferung konstruktiv verwandelt, etwa indem sie, wie sattsam bekannt, Formen des Holzbaues in Stein übertragen haben (im dorischen Tempel). Diese Lücke im System der materialistischen Theorie mag unbequem sein, die materialistische Theorie schließt indessen solche Unebenheiten nicht aus, wie denn beide, Marx und Engels, wiederholt darauf hingewiesen haben, daß der Überbau neben den durch die Basis vorgegebenen seine eigenen Gestaltkräfte besitzt, und daß diese gelegentlich auf die Basis zurückwirken. Nehmen wir also an, es sei aus den Bedingungen der Konstruktion und des Gebrauches und den nur bedingt an diese gebundenen Tendenzen der herrschenden Klasse eine bindende Gestalt der Architektur entstanden, eben das, was man einen Stil nennt: wir behaupten, daß auch die Hervorbringung einer derart gebundenen Architektur die Bedingungen überschreitet, deren Geschöpf sie zu sein scheint. Dabei muß man wieder zwischen den beiden Arten der Bedingungen unterscheiden: die pragmatischen Bedingungen Konstruktion und Gebrauch können nur wenig überschritten werden, etwa durch eine Erfindung wie die Fächergewölbe der letzten englischen Gotik. Viel weiter aber können die Bedingungen überschritten werden, welche aus den Tendenzen der herrschenden Klasse stammen, weil sie, wie wir gesehen haben, weniger stark an die praktische Seite des Bauens gebunden sind. Das tritt bei jedem großen Werk der Architektur ein: Jedes große Werk überschreitet die Tendenzen der herrschenden Klasse schon dadurch, daß es ihnen Form verleiht; aber diese Überschreitung bleibt der Tendenz nahe. Es kann aber geschehen, es ist geschehen, daß diese Tendenzen im Bau auf eine Art überschritten werden, welche die Auftraggeber selbst überrascht. Ein ergreifendes Dokument dieser Überraschung ist des Abtes von St. Denis, Suger, Baubericht. Liest man ihn, so gewinnt man den Eindruck, Suger habe vorwiegend an Dimensionen gedacht, und der Chor, als er vollendet dastand, habe ihn selbst mit dem ganzen Impakt des Neuen getroffen. Er bemühte sich aber, dieses Neue sich zueigen zu machen, es mit den eigenen, auf Neues gerichteten Tendenzen, mit der Feier des Lichtes im besonderen, in Einklang zu bringen: jener Entwicklung von Gedanken, die er selbst dem Dionysos Pseudo-Areopagites verdankte. Er hat das Werk der Architektur, das in seinem Auftrage entstanden war, zweifellos verstanden. Wir wissen nicht, ob und, in diesem Falle, in welchem Maße er auf dasselbe eingewirkt hat. Auf keinen Fall hat er es erfunden. Die neue Architektur von St. Denis war ohne Zweifel auch ihm neu. Frankl weist auf diesen Unterschied zwischen Auftrag und Form der Erfüllung hin, indem er sagt, die gotische Architektur könne nicht als eine spezifisch christliche Form der Architektur verstanden werden: Die Männer der Kirche haben diese Architektur nicht verlangt, sie haben sie gebilligt. Es gibt aus jüngster Zeit ein Beispiel dieser formneutralen Billigung von Seiten der Kirche: Der Vorsteher des Priesterseminars La Tourette berichtet, daß er — und das Kapitel — die Pläne des beauftragten Architekten Le Corbusier lediglich auf das Bauprogramm hin überprüft hätten: Man habe die Items, eines nach dem anderen, man muß schon sagen, abgehakt, nichts habe gefehlt, die Dimensionen waren ausreichend, und so gab der Pater den Auftrag zum Baubeginn.

Dies ist ein extremes Beispiel der Formneutralität, von der wir sprachen. Die Kirchenmänner des Mittelalters wußten erheblich genauer, was sie erwarten durften, was sie erwarten wollten. Wir haben jedoch gesehen, daß in St. Denis das Werk der Architektur die Erwartungen des Abtes überschritt. Geben wir für das Erstaunen des Bauherrn beim Anblick des fertigen Gebäudes noch ein Beispiel aus einer früheren Zeit: Es ist bekannt, daß Justinian beim Betreten der Hagia Sophia ausgerufen hat: „Ich habe Dich besiegt, Salomo!" Genauer hätte er sich ausgedrückt, wenn er gerufen hätte: „Anthemios hat Deinen Architekten besiegt, Salomo!" Denn er konnte unmöglich erwarten, was ihn in der Kirche erwartete. Sein Erstaunen aber spiegelt sich genügsam in seinem Ausruf wieder.

Wir kommen endlich der Antwort auf die Frage näher, in welchem Maße ein Bauwerk die Bedingungen, denen es seine Entstehung verdankt, überschreiten könne. Es kann sie so weit überschreiten, daß es der Gesellschaft, aus der es stammt und für die es bestimmt ist, das Bild einer Gesellschaft vorhält, in dem die gegenwärtige sich noch nicht völlig erkennt: Sie hat sich das Bauwerk anzueignen, wie Suger sich die Kirche von St. Denis angeeignet hat; *und sie kann das,* weil das Bauwerk den gesellschaftlichen Boden, der es trägt, in der Richtung der

Tendenzen der Gesellschaft überschreitet, und nur so weit, daß diese Tendenzen immerhin erkennbar bleiben. Fände die Überschreitung in einer anderen Richtung statt oder entfernte sie sich zu weit von den Tendenzen der herrschenden Klasse, so könnte diese sich das Bauwerk nicht zueigen machen. Die Baugeschichte kennt solche Überschreitungen der „zulässigen" Grenze. Solche Gebäude bleiben fremd und wie in ihrem eigenen Raum isoliert. Die Entwicklung geht an ihnen vorbei.

Diese Entwicklung aber ist die Entwicklung zum Stil, besser gesagt: zur Stiländerung oder zur Stilgenese. Das Beispiel St. Denis macht das deutlich, übrigens auch das Beispiel Hagia Sophia. Beide waren Nova, beide waren, was die englische Baugeschichte *seminal buildings* nennt: Bauten der Stilgenese. Streng genommen war St. Denis nicht die erste gotische Kirche, noch die Hagia Sophia die erste byzantinische. Es hat Vorstufen gegeben. Beide Gebäude aber bezeichnen den Moment der Kristallisation: in diesem Augenblick tritt der Stil endgültig geformt in Erscheinung, von diesem Augenblick an wird er bindend. Daß man aber von Vorstufen sprechen kann, zeigt beides: daß die Kristallisation im Stil die von Tendenzen ist, welche bereits bestanden (als Latenzen); und daß das neue Gebäude sie nicht so weit überschritt, daß sie sich in ihm nicht mehr hätten erkennen können. Die Stilgenese ist die weitest „zulässige" Überschreitung, aber wir sagten schon: Überschreitung findet immer statt, wenn ein großes Werk verwirklicht wird, weil ein jedes großes Werk Latenzen aktualisiert, und zwar durch die Form. Wir haben von den Gebäuden der Stilgenese gesprochen, weil ihre Überschreitung die weiteste ist.

Der „zulässige" Raum der Überschreitung mag demnach recht weit sein. Das Thema der Überschreitung aber ist — ich stehe nicht an, diese Anleihe bei der idealistischen Philosophie zu machen — der Eidos: Die herrschenden Klasse wird durch das überschreitende Werk zu dem von ihr selbst verkündeten Ideal zurückgeführt; es wäre vielleicht richtiger zu sagen, daß sie durch dieses erst an ein Ideal herangeführt wird, da es sich ja um Erneuerung handelt. Das lateinische Wort *renovatio* gibt besser als das deutsche Erneuerung das wieder, was geschieht. Denn durch diese renovatio wird die herrschende Klasse in ihren Tendenzen bestätigt und gleichzeitig weitergeführt. Ihrer utopischen Hoffnung wird der Weg gewiesen. Wir sagen aber, daß *ihrer* Hoffnung der Weg gewiesen wird, nicht der utopischen Hoffnung schlechthin, der Hoffnung auf eine allein gültige, weil endgültige Zukunft. Dies behauptet Bloch, und so weit vermögen wir ihm nicht zu folgen.

Hier aber wird die Brücke deutlicher sichtbar, von der wir sagten, daß sie imstande sei, den Widerspruch zu überspannen zwischen Marxens These, daß die Werke der Vergangenheit gänzlich den Bedingungen der Gesellschaft unterworfen seien, die sie hervorgebracht hat, und seiner Forderung, spätere Geschlechter müßten die „Wahrheit" solcher Werke auf einer höheren Stufe reproduzieren. Wir wagen nicht zu behaupten, daß Marx diese Vermittlung gesehen hat; er hätte sich dann wohl genauer über die Möglichkeit ausgesprochen, den Widerspruch zu überwinden. Bei ihm bleibt er unvermittelt, und man darf fragen, ob er ihm als Widerspruch überhaupt bewußt geworden sei. Wir allerdings dürfen eben in diesem Widerspruch das Bedeutende seiner Aussage erblicken.

Der Frage, warum der Mann nicht auf einer höheren Stufe streben müsse, die Wahrheit des Kindes zu reproduzieren, folgt in Marxens Text eine weitere Frage, welche die Art dieser Wahrheit umschreibt: „Lebt in der Kindernatur nicht in jeder Epoche ihr eigener Charakter in seiner Naturwahrheit auf?" Die „Naturwahrheit" der Kindernatur ist ein Allgemeines. Da aber die Kindernatur in jeder Epoche die Farbe eben dieser Epoche hat, da sie, im materialistischen Sinne, in jeder Epoche eine andere sein müßte, so muß man hier allerdings die paradox klingende Interpretation wagen, daß das, was Marx die Naturwahrheit der Kindernatur nennt, ein Allgemeines und gleichzeitig ein Besonderes sei, ein Allgemeines, das sich auf jeden Fall nur in der Form des Besonderen manifestieren könne. Was aber daran reproduzierbar ist, kann nur das Allgemeine sein, welches dem Manne, obzwar in der Form des Besonderen, als ein Allgemeines, eine „Naturwahrheit", erinnerlich ist. Aus diesem Grunde beinhaltet jede Konkretisierung (die die Farbe ihrer eigenen Epoche trägt, obwohl oder auch indem sie sie überschreitet) eine Interpretation der Welt.

Dieser Ausdruck muß erläutert werden; denn es handelt sich ja auch bei der weitest möglichen Überschreitung um ein Vordringen in *die* Welt, deren Vorstellung den Mitlebenden eben noch möglich ist. Spricht aber Marx von der Naturwahrheit des Kindes, also des Menschen einer zurückliegenden (und primitiveren) Entwicklungsstufe, als von einer Wahrheit, welche gleichwohl etwas Bleibendes darstellt (sonst wäre sie nicht reproduzierbar), so deutet er damit an, daß der Mensch einer jeden Epoche, wenn er in der Kunst ihre letzte Möglichkeit zurückschauend-vorwegnehmend verwirklicht (renovatio), in eine Zone eindringt, welche noch weiter reicht, welche, um es einmal so auszudrücken, jede mögliche Interpretation der Welt enthält. Will man sich das graphisch verdeutlichen, so mag man sich konzentrische Kreise vorstellen, in denen die verschiedenen Zeitalter — oder Kulturen — angesiedelt sind. Es wäre, wenn unsere Annahme richtig ist, einer jeden dieser Kulturen möglich, in der letzten, überschreitenden Erfüllung eigener Ideale in eine zentrale Zone vorzudringen, in der jede von ihnen die Welt zu erkennen imstande ist; nicht aber so, daß dies eine allen gemeinsame Welt sei, vielmehr kann das Bild der Welt jedesmal nur in der Form des Besonderen konkretisiert werden. So werden auch die fortzeugenden Mythen, von denen die Rede war, immer wieder auf neue Art konkretisiert (wie denn Hamlet Orest ist und nicht ist).

Hier trifft Blochs Wort *allerdings* zu, daß die großen Werke der Kunst (und der Philosophie und der Wissenschaft) etwas enthalten, das noch nicht aufgearbeitet ist, in eine Zone vordringen, die der Aufarbeitung noch harrt, mithin gültig bleibt. So weit dürfen wir ihm folgen; ob aber dieses Gültigbleiben daher rührt, daß das Unaufgearbeitete auf eine allen Zeiten gemeinsame Welt hindeutet, die uns darum betrifft, weil sie die von allem Anfang an ersehnte gemeinsame, gültige und endgültige Zukunft der Menschheit ist, das wagen wir nicht zu affirmieren. Bloch räumt zwar an einer anderen Stelle seines Buches ein, daß sogar die Utopien, welche die Geschichte gezeitigt habe, jedesmal zunächst in eine unmittelbar bevorstehende, eine in Umrissen bereits sich andeutende Gesellschaftsordnung hineinschauen, er entdeckt gleichwohl in ihnen wie in den Werken der Kunst auch den Klang der letzten Zukunft. Marx dagegen sagt an der Stelle, von der wir handeln, verstehe ich sie richtig, daß die Wahrheit, welche sich auf jeder Stufe der Menschheitsentwicklung in neuer Form darstellt, gleichwohl eine „Naturwahrheit" des Menschen sei, welche nie aufgearbeitet wurde und darum Aufgabe bleibt, weil sie in keiner der jemals vorgegebenen Formen aufgearbeitet werden konnte und darum immer wieder aufgearbeitet werden muß. In einem Punkte allerdings ist Marxens Auffassung dieselbe wie die Blochs: Beide sagen — vielmehr Marx hat gesagt und Bloch affirmiert —, daß das gegenwärtige Kapitel der Geschichte der Welt das vorletzte sei: die bisherige Geschichte ist ja, nach dieser Auffassung, Vorgeschichte, wir befinden uns auf der Schwelle zur Geschichte, und das letzte Kapitel der Vorgeschichte wird das erste der Geschichte der Menschheit sein. Wir also sind imstande, die endgültige Utopie zu sehen und zu formulieren, und das nächste Kapitel (das letzte-erste) wird imstande sein, sie zu verwirklichen. (Womit übrigens nicht gemeint ist, daß dann Ruhe eingetreten sein wird, die stability der Utopie Aldous Huxleys: Es ist ja weiter von der Geschichte die Rede; und obwohl die Geschichte einer klassenlosen Gesellschaft essentiell von aller bisherigen verschieden sein wird, so wird [so darf] die dialektische Entfaltung, der Prozeß, in ihr nicht zum Stillstand kommen.)

Fassen wir kurz zusammen, was wir zu der Frage gesagt haben, warum die Interpretationen der Welt, die vergangene Epochen im Kunstwerk gegeben haben, uns betreffen. Sie betreffen uns, weil in ihnen ein noch nicht aufgearbeitetes Element zurückbleibt, weil in ihnen ein konsistentes Bild der Welt in Erscheinung tritt, welche gleichwohl noch nicht unsere Welt ist. Klingt dies ein wenig paradox, so sei mir erlaubt, in einem Beispiel zu umschreiben, was gemeint ist: Jeder, der sich intensiv mit dem Studium der Göttlichen Komödie beschäftigt, wird Christ. Er mag dieses Studium aus ästhetischen Antrieben begonnen haben; aber er wird bald finden, daß dieser Zugang zu eng ist. Wenn er nicht glauben kann, was Dante in seinem Weltgedicht entfaltet, so wird er das Buch nach einer Zeit mit einem Seufzer beiseite legen, daß es zwar große Schönheiten enthalte, daß es aber schlechthin nicht verdaulich sei: dem Seufzer, mit dem Goethe zur Zeit der italienischen Reise das Buch aus der Hand gelegt *hat*. Man kann und muß sich also Dantes Interpretation der Welt zueigen machen, während man sich mit dem Werk beschäftigt, man kann und darf gleichwohl hierbei nicht stehen bleiben, denn „ein Mann kann nicht wieder zum Kinde werden, oder er wird kindisch". Aber man darf und muß Dantes Interpretation in die eigene Interpretation der Welt hineinnehmen (sonst wäre das Studium sinnlos gewesen) und in ihr verwandeln. Der Moment des Erkennens aber, daß hier die Welt sichtbar wird, und des Anerkennens dieser Welt ist das Ja, ohne welches ein Kunstwerk an uns vorüber geht, das Ja des plötzlichen Erkennens seiner uns betreffenden Wahrheit, das Ja, das uns beim Eintritt in den Raum einer Kathedrale auf den Lippen schwebt, so nahe der Äußerung, daß man es zuweilen wirklich spricht.

Diese Überlegungen mögen einen Teil der Wirkung umschreiben, welche Werke der Vergangenheit auf uns ausüben. Die ganze Wirkung umschreiben sie nicht; denn wenn in diesem Ja, das zu denken, das sogar zu sprechen wir uns im Augenblick des Impakts unmittelbar gedrungen fühlen, zusammengepreßt die Reflektion enthalten sein mag, die wir hier angestellt haben, so ist in ihm gleichzeitig noch eine andere Art des Anerkennens enthalten: das spontane Erkennen und Anerkennung des Gelingens, der Stimmigkeit dieses Bildes der Welt. Es ist mir unterlaufen, nach dem ersten Anhören des Figaro zu sagen: ,,Wer das gehört hat, kann nie wieder unglücklich werden". Ich meinte damit (vage: ich war sehr jung), daß eine Welt, in der diese Stimmigkeit einmal möglich gewesen ist, das Verpsrechen der Stimmigkeit, also des Glückes, immerwährend enthalten müsse. Insofern macht die Stimmigkeit des Kunstwerks die Welt, die es vorstellt, zwar nicht zu unserer Welt, wohl aber zu dem Versprechen einer Welt, die unser sein wird; denn daß die im Kunstwerk vorgestellte Welt unsere Welt nicht ist, bleibt sogar im Augenblick der unmittelbaren Wirkung evident: Marx hat recht, wenn er sagt, daß der Reiz solcher Werke unzertrennlich damit zusammenhängt, daß sie vergangen sind und bleiben. Aber ich spreche ebenfalls in seinem Sinne — und in dem von Bloch —, wenn ich sage, daß der Genuß eines solchen Werkes im Augenblick selbst des Genießens, im Augenblick des Ja, im Augenblick des Erkennens und Anerkennens einer Stimmigkeit, die nicht unsere ist, in die Aufforderung umschlägt, Stimmigkeit — Glück — in der Welt zu verwirklichen.

Unveröffentlicht

37 Gebaute Umwelt (1976)

Vor einigen Monaten sagte der Bundespräsident gelegentlich einer Veranstaltung des Europarates in Berlin, es komme darauf an, für wen man baut: für die Bewohner oder für die Bauindustrie. Der Bundespräsident ist kein Marxist. Kein Vorurteil gegen das Wirken des Kapitalismus hat seine Worte inspiriert. Er ist ein liberaler Mann und will sich als ein solcher der Einsicht nicht verschließen, daß zwischen denen, die bauen, und denen, für die gebaut wird, keine andere Beziehung mehr besteht als die, die auch die anderen Zweige unserer Produktion bestimmt: die Beziehung zwischen denen, die ihr Kapital verwerten, und denen, die konsumieren.

Nun hat es zwischen denen, die bauen, und der Mehrzahl derer, die wohnen, schon lange keine andere Beziehung mehr gegeben; und man kann sagen, daß zwischen den Erbauern von Mietskasernen und deren Bewohnern eine viel schlechtere Beziehung obgewaltet hat. In den Unterkünften, die da zur Verfügung gestellt wurden, hat es nichts gegeben, was man ein Angebot nennen könnte: Es bedurfte dessen nicht. Die Arbeiter hatten keine Wahl. Auch die immerhin noch anständigen Fassaden dieser Häuser waren nicht als Attraktion gemeint, sie entsprachen vielmehr einer Konvention, der man sich nicht entziehen konnte. Sie war de rigueur, der Hausbesitzer mußte sich einem Verhaltenskodex unterwerfen, den man etwa mit den Worten umschreiben kann: Richesse oblige. Man muß allerdings hinzufügen, daß diese Obligation nur unter den Reichen bestand und für die Reichen gegenüber denen, die vorübergehen, also in gewissem Maße doch gegenüber der Öffentlichkeit. Man glaube nicht, daß ich den Wert einer solchen Verpflichtung gering schätze. Die Straße muß anständig aussehen: Das war immerhin noch etwas. Es ist schlecht um eine Zeit bestellt, in der diese Anstandspflicht für den Bauenden nicht mehr gilt.

Der Hausbesitzer war da ganz anonym. Das persönliche Prestige — und die Konkurrenz — spielte um 1900 erst bei Häusern in guter Wohngegend eine Rolle: Dort entstanden so herrliche Ecktürme wie die des Iduna-Hauses am Kurfürstendamm in Berlin. Natürlich war das Motiv zur Errichtung solcher Häuser ebenfalls kein anderes als die Kapitalverwertung. Nur glaubten ihre Erbauer, dafür auch etwas Ansehnliches hinstellen zu müssen; und das betraf in diesen guten Wohngegenden nicht nur das Äußere des Hauses, sondern auch die mit echtem Marmor verkleidete Eingangshalle und Größe, Zuschnitt und Comfort der Wohnungen selbst.

Hier hatte der Architekt bereits ein wenig mehr persönlichen Wünschen zu genügen als bei der Mietskaserne. Aber eine wirkliche Beziehung zwischen einem Bauherrn und *seinem* Architekten bestand doch nur draußen in den Villenvierteln. Dort gab es sie allerdings; und ich bin alt genug, mich an die langen Sitzungen zu erinnern, in denen der Architekt sich mit den Wünschen des Bauherrn auseinander zu setzen hatte oder auch — denn dies war weit häufiger der Fall — in denen er, der Architekt, dem Bauherrn besondere Wünsche einredete: Wie Lucius Burckhardt einmal gesagt hat: „Er regt den Klienten an, Gemälde zu sammeln; denn er möchte ja ‚Das Haus des Sammlers' bauen". Meist handelte es sich allerdings nicht um so extravagante Wünsche wie das Sammeln von Bildern; vielmehr bemühte sich der Architekt der Jahre vor 1914, seinem Bauherrn klarzumachen, was er von einem bequemen Hause verlangen durfte. Der Bauherr wußte das nämlich nicht. Er wußte nicht, daß Wandschränke in den Schlafräumen praktischer und auch schöner waren als die hölzernen Gebäude, mit denen er gewohnt war, seine Räume voll zu stellen, er wußte nicht einmal, daß es sich für eine gutbürgerliche Familie nicht gehört, sich an dem Ort zu entleeren, wo man sich wäscht; er hatte es zu lernen: dies und die vielen anderen Rücksichten, welche er von einem bequemen Hause erwarten durfte, die Annehmlichkeiten und Freuden, welche ihm der damals neu entdeckte Staudengarten bieten würde, die Helligkeit, die von breiten Fenstern in seine Räume strömte, den diskreten und reibungslosen Dienst der Dienstboten und die angemessene Bequemlichkeit auch für diese Dienstboten, welche ganz davon abgesehen, daß sie „sozial" geboten war, letztenendes ihm, dem Hausherrn, zugute kommen würde: Alle Einzelheiten der Pflege, die ein gut geplantes Haus einer Familie angedeihen lassen kann, alle Freuden auch, die dieser in einem sorgfältig und schön geplanten Hause beschert wurden, hatte der Bauherr — und seine Frau — erst zu lernen; und sie lernten sie mit Begeisterung. Auch diese Beziehung war also nicht mehr die, welche zwischen einem fürstlichen Bauherrn und seinem Architekten im 18. Jahrhundert bestand, nicht, um es mit einem Beispiel zu sagen, die Beziehung zwischen Friedrich und Knobelsdorff beim Bau von Sans Souci. Da wußte Friedrich bis ins Einzelne genau, was er wollte, und Knobelsdorff mußte es ausführen; sei es auch, wie er meinte, gegen besseres Wissen. Die bürgerlichen Bauherren vor 1914 dagegen wußten nicht, was sie wollten, sie mußten erst, mit Mephisto zu sprechen, „den Cursum durchschmarutzen."

Eben darum war die Sache ja so wichtig: Bauherren waren nicht nur Schüler, sie waren auch Probierkaninchen. Dieses bürgerliche Bauen war experimentell. Die Architekten wollten an ihm Begriffe vom Wohnen klären, welche sie für eine viel weitere Anwendung intendierten. Und immerhin entstanden in jenen Jahren einige Reformsiedlungen, welche man Arbeitersiedlungen nannte, obwohl sie das nicht gewesen sind. Ich denke an die Gartenstadt Staaken bei Spandau und die berühmtere Gartenstadt Hellerau bei Dresden. Sie waren noch keine Arbeitersiedlungen, sie waren Kleinstädte für Werkmeister: Ein Mann, wie der tschechisch-deutsche Handarbeiter Wenzel Hollek, der nach Hellerau gezogen war, merkte recht bald, daß er sich übernommen hatte — und zog wieder fort. Immerhin wollten diese Siedlungen als Vorstudien für echte Arbeitersiedlungen verstanden sein. Man hat auch die zukünftigen Bewohner Helleraus nach ihren Wünschen gefragt — und bei der Planung von diesen Wünschen Notiz genommen: Intention und erste kleine Schritte zur Verwirklichung. Die Wissenschaft vom Planen aber und auch die Praxis des Planens hatten die Architekten am bürgerlichen Hause gelernt. Weitere Intentionen also zugegeben, müssen wir doch auf der Enge des Kreises bestehen, in dem eine Beziehung zwischen Bauherren und Architekten überhaupt bestand. Er war *sehr* eng. Bei allen anderen Aufgaben des Wohnbaues herrschte bereits die Anonymität, die gegenwärtig herrscht. Und im Falle der Arbeiterwohnung wurde ein Minimum an Comfort angeboten — wenn man dieses Wort überhaupt auf diese grimmen Unterkünfte anwenden darf —, welches weit unter dem lag, was dann in den zwanziger Jahren unter dem Titel „Die Wohnung für das Existenzminimum" erarbeitet wurde. Das sind Tatsachen, man hat sie bewiesen, und keine Hinterhofromantik kann sie aus der Welt schaffen.

Die heutige Sozialwohnung bietet ganz entschieden mehr. Und wieder muß man sagen: bei aller Altbauromantik wird das von den Inhabern solcher Wohnungen auch anerkannt. Ich will an dieser Stelle die schwierige Frage nicht aufwerfen, wie man bei angemessener Modernisierung Altbauwohnungen herstellen kann, welche den heute für unumgänglich erachteten Comfort des Bades und der gut eingerichteten Küche besitzen und dabei erschwinglich bleiben. Ich brauche diese Frage nicht zu behandeln, weil eine Altbauwohnung heute nicht mehr das ist, was die gleiche Wohnung um 1900 gewesen war. Das liegt nicht an der baulichen Anordnung, die sich ja nicht verändert hat, sondern an der Belegung. Ich will nicht so tun, als gebe es in unseren Städten Zustände der Art nicht mehr, wie sie um 1900 gang und gäbe waren. Besonders ist uns allen wohl das düstere Beispiel der Fremdarbeiterwohnung bekannt — ich mag sie nicht Gäste nennen —. Daß aber im großen und ganzen Arbeiter und Angestellte Ansprüche an ihre Wohnung zu stellen gelernt haben, an die die gleichen Kreise um 1900 nicht zu denken wagten, und daß besonders in Dingen des mechanischen Comforts solche Ansprüche gegenwärtig weitgehend erfüllt werden, das darf man sagen, ohne zu beschönigen.

Hält also die Stadtverwaltung oder die Wohnungsgesellschaft nach Fertigstellung eines „Märkischen Viertels" — um diese vielgescholtene Wohnsiedlung als Begriff zu nehmen —, hält man, sage ich, in solchen neuen Wohnquartieren eine Mieterbefragung ab, so erhält man in der überwältigenden Mehrzahl positive Antworten. Freilich muß man bedenken, daß die Befragungen zu früh gemacht werden: Wenige Leute, die eben eine neue Wohnung bezogen haben, beklagen sich über sie. Man sollte auf jeden Fall nach drei Jahren noch einmal fragen. Aber ich bin ziemlich sicher, daß man auch dann noch viele positive Antworten erhalten wird. Es ist wahr, daß die Bewohner des Märkischen Viertels sich über einiges beklagen; und mit Grund. Würde man sie aber fragen, ob sie lieber auf ihr Bad und ihre gekachelte Küche verzichten würden, so würden sie das verneinen: Sie wollen keinesfalls auf diese Annehmlichkeiten verzichten. Würde man sie nun auch fragen, ob ihnen die Form der Wohnstadt gefällt, in der sie leben, so würden die meisten wohl auch heute noch die Achseln zucken. Ich sage „auch heute noch"; denn man hat sich ja seit einigen Jahren Mühe gegeben, die Bewohner ganz besonders des Märkischen Viertels auf alles das hinzuweisen, was ihnen fehlt. Man hat sie auch gelehrt, mit kritischen Augen diese ihre neue Umwelt anzusehen; denn bevor diese Arbeit der Aufklärung unternommen wurde, meinten die meisten der Bewohner *allerdings*, das müsse eben so aussehen, wie es aussieht, es sei die unvermeidliche Kehrseite der Medaille, auf deren Schauseite die gekachelte Küche zu sehen ist. Sicher haben sie diese Form des Wohnbaues nie geliebt. Hätten sie sie bejaht, so wäre die Aufklärung ja auf taube Ohren gefallen. Aber auch gegenwärtig sehen viele die Sache so: sie wollen die gut ausgestattete Küche, und sie nehmen die erschreckend lieblose, die menschenfeindliche Form der Wohnstadt als unvermeidlich hin.

Das ist natürlich in viel stärkerem Maße da der Fall, wo es sich nicht um die Wohnung für das Existenzminimum handelt, sondern um das kleine Einfamilienhaus. Sie werden mir zustimmen, wenn ich sage, daß die Form dieser massenproduzierten „Traumhäuser" ebenso wie die der aus ihnen zusammengesetzten Wohnquartiere viel schlechter ist als die des Märkischen Viertels. Fragen Sie aber einen Bewohner der Häuschenstadt, welche sich von Darmstadt bis weit hinter Heidelberg am Fuße der Berge hinzieht, ob er dort zufrieden ist, so werden Sie erfahren, daß er *sehr* zufrieden ist. Er hat sein Haus und seinen Garten, die Räume sind hinreichend groß und haben weite Aussichtsfenster − auf das Haus des Nachbarn −, er hat seine Garage, seinen elektrischen Herd und Kühlschrank, seine Geschirrwaschmaschine und seinen Fernseher; und er meint, es bleibe ihm nicht viel zu wünschen übrig.

Vor einigen Jahren bin ich zum erstenmale mit der Bahn von Hannover nach Kassel gefahren. Das ist eine der schönsten Reisen, die man gegenwärtig in der Bundesrepublik machen kann: Felder und Wiesen, bewaldete Hügel und klare Flüßchen. Nur im unmittelbaren Umkreis der Städte sieht man ein paar Wohnhochhäuser − übrigens bescheidener Höhe − und einige kleine Wohngebiete, wie die an der Bergstraße. Ich kam voll von diesem schönen und in der Bundesrepublik so seltenen Erlebnis in Kassel an und erzählte einem Freunde davon. „Ja", sagte er: „Grenzgebiet. Kein Teil Deutschlands hat so stark unter der Teilung gelitten. Hier verkommen die Äcker, und die Leute wandern ab. Kassel hat mit Mühe und Not wieder so viele Einwohner wie vor dem Kriege. Diese Grenzregion ist das Sorgenkind der Bundesrepublik." Das Sorgenkind. Will man da nun etwas tun, will man Industrien in der Grenzregion ansiedeln, um die kleinen Städte dort attraktiv zu machen, wie man das nennt, so wird das Idyll, das mich entzückte, bald verschwunden sein, und auch diese Gegend wird aussehen wie die Bergstraße: ein reiches, ein blühendes Land. Viele zufriedene Menschen werden dann dort wohnen: Sie haben gute Wohnungen im achten Geschoß mit weitem Blick auf die Landschaft − or what there remains of it −, oder, besser noch, sie haben ihr Häuschen mit Garten, Garage, Kühlschrank und Fernseher.

Dies ist unser Dilemma; und es ist so alt wie das Wirtschaftswunder. Seit damals sprechen die Geschmackvollen abschätzig von der Zivilisation der Kühlschränke, und jeder von ihnen besitzt einen Kühlschrank. Seit damals rümpfen sie − aber sagen wir doch lieber „wir" − die Nase über „das Blech" − und wir haben jeder unseren Wagen. Wir sind wie Hunde, die den eigenen Schwanz ankläffen. Und diejenigen unter uns, die ein Häuschen an der Bergstraße ihr Eigen nennen − als Zweitwohnung, vielleicht −, lassen sich auch dies gern gefallen. Sie wissen, daß das kein sehr schönes Haus ist; aber es hat, was man braucht; und es ist von dort nur 15 Minuten im Wagen nach Heidelberg, auch nach Alpirsbach, dem schönen Kloster im schönen Odenwald: Heim ist, von wo man gut wohin kommt.

Der Bundespräsident hat trotzdem recht: Die glücklichen Leute, die ein Häuschen an der Bergstraße haben, sind in Wahrheit die Betrogenen; denn ihr Haus wurde nicht für sie gebaut, sondern für die Kapitalverwertung. Aber das scheint sie wenig zu stören. Auf jeden Fall wissen sie nicht, daß sie ganz anders wohnen könnten. Sie fühlen wohl ein gewisses Unbehagen in der dicht gedrängten Einsamkeit, in der sie ihre Tage verbringen, aber es wird aufgewogen durch die Anerkennung, daß man da für verhältnismäßig wenig Geld immerhin dies, das und das andere erhalten hat: die Art der Anerkennung, die wir dem neuen Wagen oder dem neuen Fernseher gegenüber empfinden, obwohl wir sehr wohl wissen oder doch sehr wohl wissen könnten, daß wir auch dort die Betrogenen sind. Sie werden sagen, daß die Sache beim Haus viel ernster ist und viel ernster genommen zu werden verdient, und natürlich brauchen Sie *mir* das nicht zu sagen. Wenn Sie es aber denen sagen, die dort wohnen, so werden Sie finden, daß das Unbehagen, das sie immerhin fühlen, unterschwellig bleibt: Ihre Augen haben sich daran gewöhnt, das Häßliche als das Richtige hinzunehmen, als das unter den gegebenen Verhältnissen Gegebene. Und die Verhältnisse sind, das wissen wir doch alle, die denkbar besten: le meilleur des mondes possibles. Also ist wohl auch ihr Haus wirklich ein „Traumhaus", la meilleure des maisons possibles.

Und doch, indem ich dies sage, zögere ich: Denn so wahr, wie es zur Zeit des guten Ministers Lücke gewesen ist, der den Kleinhaus-Ausschlag, der die Haut der deutschen Landschaft entstellt, so kräftig gefördert hat, ganz so wahr ist das heute nicht mehr.
Wie sonst könnte man die Welle der Nostalgie erklären, die sich durch die Städte wälzt und durch das Land? Man will auf keinen technischen Fortschritt verzichten; aber man geht nun daran, ihn zu verbrämen. Die Holzküche ist wohl die am meisten typische Form dieser Verbrämung; aber sie ist nur ein Item unter vielen. Die Architekten der zwanziger Jahre, die man Funktionalisten nennt, haben die Befreiung des Menschen aus der geschlossenen Schachtel des Hauses eingeleitet, indem sie den Raum weit nach außen öffneten: Man sollte im Hause sitzend gleichsam im Freien wohnen. Die leichten Möbel, die hellen Farben trugen zu diesem Eindruck der Befreiung bei. Heute sind die großen Fenster geblieben; aber man will trotzdem wieder einen Schritt zurück in die Höhle tun. Man verstellt die Zimmer mit großen und schweren Möbeln, wahren Stubenkreuzern:

Schutz- und Haltmöbeln, die einen vor jenem Leben gleichzeitig draußen und drin bewahren sollen. Und am liebsten hat man diese Möbel „antik", wie man es nennt, oder „rustikal". Man will aus der Zivilisation, an der man teilnimmt, auf deren Errungenschaften man keineswegs verzichten will, in die Kultur entkommen, die man verloren hat: in die alte Zeit oder in die ländliche Rauheit. In jenen Feriendörfern an der Costa Brava, die Heinrich Klotz so treffend „die röhrenden Hirsche der Architektur genannt hat, geht man bereits so weit, die Häuser selbst spanisch-ländlich zu verfremden. Dort nimmt man Urlaub von der Zivilisation (die allein einen solchen Urlaub gestattet), einen begrenzten Urlaub, versteht sich, denn man hat ja seinen Wagen bei sich — oder deren zwei —, und einige haben sogar auf dem ländlichen Flugplatz ihre kleine Cessna stehen — vom Kühlschrank ganz zu schweigen —. Dort im Urlaub ist eine solche Maskerade, ich möchte sagen, legitim. Aber wie lange wird es dauern, bis man auch in der Bundesrepublik anfangen wird, das Einfamilienhaus romantisch zu verfremden? Was sage ich?: Man tut es bereits, wenn auch weniger entschieden und darum um so viel weniger reizvoll als an der Costa Brava: Um das Naturschutzgebiet Lüneburger Heide herum sieht man hunderte dieser lieben Häuser. Sie spielen Niedersachsen; aber ihre Dachfenster sind viel zu groß: Sie zerreißen das Dach, auf das man so großen Wert gelegt hatte. An solchen Kleinigkeiten — aber es *sind* keine Kleinigkeiten — kann man sehen, daß dies der Weg nicht ist: So geht's nicht.

Nun werden Sie mich fragen, was denn *ich* vorzuschlagen habe. Und da muß ich zunächst einmal die Achseln zucken. Ich habe Ihnen von der Erziehungsarbeit gesprochen, welche die Architekten der Jahre vor 1914 am bürgerlichen Hause zu leisten unternommen haben — und ich sollte die viel breiter basierten Erziehungsarbeit der Bauhausjahre nicht verschweigen. „Augen, die nicht sehen" heißt ein Kapitel in Le Corbusiers Buch «Vers une Architecture»; und Gropius wurde nicht müde, die Erziehung des Auges zu fordern „vom Kindergarten an". Das ist eine wichtige Arbeit, es ist die Arbeit des Deutschen Werkbundes, dessen Geschichte und Gegenwart jetzt in verschiedenen deutschen Staaten in einer. Ausstellung gezeigt wird. Auch hat der Werkbund nicht ganz ohne Erfolg gearbeitet, wie die Ausstellung zeigt: nicht ohne Erfolg in den ersten Jahrzehnten dieses Jahrhunderts. Ich würde dem Werkbund nicht angehören, wenn ich nicht diese Arbeit der Erziehung für notwendig hielte, wenn ich nicht täglich dem Meister Gropius nachsprechen würde „vom Kindergarten an!" Und Sie werden zugeben, daß hier alles noch zu leisten ist: denn die Schulen haben sich dieser wichtigen Sache bisher noch herzlich wenig angenommen. Fragen Sie mich aber: „Ist *dies* die Antwort, die Sie anzubieten haben?", so werde ich erwidern müssen: „Nein, das ist *nicht* die Antwort". (Auch für den Werkbund nicht). Wir werden durch eine solche Erziehungsarbeit vom Kindergarten an die Blicke schärfen. Wir werden sie empfindlich machen; und das ist nicht wenig. Wir werden den Nymbus ein wenig aushöhlen, der heute den Fachmann umgibt, jenes resignierte: „Ja, wenn die Architekten es so und nicht anders machen, so werden sie wohl wissen, warum sie das tun: Es wird wohl anders nicht gehen." Auch das, wenn es gelingt, wäre schon etwas: Man wird die „Verplanten" – ein unschönes Wort für eine unschöne Sache –: Man wird die „Verplanten" ermutigen, mit zu planen. Das geschieht ja auch bereits in gewissen Grenzen; aber eben diese Grenzen zeigen, wie wenig frei der Mitplanende ist; und wir müssen hier die Frage stellen, in welchem Maße denn der Planende selbst noch frei ist, der Fachmann: Städtebauer und Architekt.

Auf einer der Podiumsdiskussionen, welche im Zusammenhang mit der Werkbundausstellung veranstaltet werden, wurde der Werkbund hart angegriffen. „Was wollt ihr denn?" fragte die Journalistin Arianna Giacchi: „Seht euch doch an, was Architekten bauen, die dem Werkbund angehören!" Damit hat Frau Giacchi an eben diese Frage gerührt: Wie frei ist der Planer? – gehöre er nun dem Werkbund an oder nicht –. Lassen ihm die Bedingungen, unter denen er zu arbeiten genötigt ist, eine Wahl? Muß nicht er selbst das Unmenschliche planen? Die Frage, meine Damen und Herren, ist eine politische.

Letztenendes kann nur eine Gesellschaft sich in ihrem Bauen darstellen, welche andere Ziele verfolgt als das: zu verkaufen und zu verbrauchen. Sagen wir es lieber etwas anders: Nur eine Gesellschaft, die andere Ziele verfolgt als diese, kann ihr gesellschaftliches Leben in ihrem Bauen darstellen; denn wir leugnen ja nicht, daß auch unsere Gesellschaft sich in ihrem Bauen darstellt: Die Instrumente der Produktion: Hochöfen, Kühltürme, Hallen und die Hilfsmittel des Verkehrs: Hochstraßen, Brücken besitzen ganz gewiß eine Gestalt von großer Kraft der Aussage. Und, werden Sie fragen, ist nicht auch der bauliche Ausdruck unseres Wohnens adäquat? Er ist es – leider. Gottfried Semper hat im Jahre 1869 die Beziehung der Gesellschaft zur Baukunst klar beschrieben:

„Wo aber immer ein neuer Kulturgedanke Boden faßte und als solcher in das allgemeine Bewußtsein aufgenommen wurde, dort fand er die Baukunst in seinem Dienste, um den monumentalen Ausdruck dafür zu bestimmen. Ihr mächtiger zivilisatorischer Einfluß wurde stets erkannt und ihren Werken mit bewußtem Wollen der Stempel aufgedrückt, der sie zu Symbolen der herrschenden religiösen, sozialen und politischen Systeme erhob. *Aber nicht von den Architekten, sondern von den großen Regeneratoren der Gesellschaft ging dieser neue Impuls aus, wo die rechte Stunde dazu geschlagen hatte."*

Das ist eine Einsicht, und wir dürfen sie voll uns zueigen machen. Es ist aber auch eine Klage; denn Semper war sich des Zustandes der Gesellschaft, in der *er* lebte und wirkte, sehr wohl bewußt. Und es ist eine Hoffnung.

Der Hoffnung haben sich die Architekten in den zwanziger Jahren hingegeben, und zwar in einem Maße, daß sie die Einsicht Sempers vergessen haben. Männer wie Bruno Taut und Le Corbusier planten die Utopie, und sie meinten, es werde der architektonischen Utopie eine solche Kraft innewohnen, daß sie die Gesellschaft verändern könnte. Es ist wahr: Taut hat, ehe er der Meister der Berliner Großsiedlungen geworden ist, von einer Wasserscheide gesprochen, welche die reine Utopie von dem trenne, was verwirklicht werden kann. In den Jahren gleich nach dem Kriege, als sehr wenig gebaut wurde, überließ er sich bewußt der Utopie. Damals — und schon im Kriege — entstanden seine architektonischen Träume wie der Domstern, das Haus des Himmels, die Stadtkrone. Aber er wäre nicht Taut, er wäre kein wahrer Architekt gewesen, hätte er nicht versucht, etwas von der Utopie in die Verwirklichung hinein zu retten. Jeder Plan, der Ernstes intendiert, besitzt ein Element der Utopie, ist ein Element der Utopie. Sehen wir heute die Hufeisensiedlung an, so empfinden wir das sehr deutlich. Wir stehen dort inmitten einer Utopie, welche stark im Wirklichen, in der eigenen Gegenwart, verwurzelt war. Aber es ist auch Utopie, und insofern ist es ein Anlauf geblieben: Die Zeit hat das Versprechen des Tautschen Werkes nicht eingelöst.

Die architektonische Utopie kann nicht die Gesellschaft verändern; aber sie ist Vorwegnahme; sie schafft keine Gesellschaft, aber sie zeigt ihr die Richtung; und sie zeigt ihr, was sie beanspruchen darf. Dies ist ihre fruchtbarste Wirkung.

In dem Augenblick, in dem wir uns befinden, wird die Utopie nicht blinden Augen begegnen. Sie wird das Unbehagen, das in den Gemütern schwelt, ins Bewußtsein heben, indem sie die Substanz der Hoffnung — Dantes sustanzia di cose sperate — uns vor Augen stellt. „Wenn ihr wollt", rief der Verfasser einer politischen Utopie, Theodor Herzl, „wenn ihr wollt, wird es kein Märchen sein." Ein heiliger Schrecken beginnt sich der Menschen zu bemächtigen, seit sie sehen, daß die Übermacht einer Wirtschaft, deren Bedingung das Wachstum ist, die Grundlagen des Lebens antastet, und daß ihre im Erfolg wie in der Krise unablässig erhobene Forderung an uns, daß wir unseren Lebensstandard verbessern, eine Welt schafft, unwirklicher als jede Utopie.

Predigen wir also die Veränderung, arbeiten wir für die Veränderung — und bauen wir die Utopie!

Vortrag an der Philipps-Universität zu Marburg anläßlich der Verleihung der Ehrendoktorwürde am 28.6.1976

38 Raum (1976)

Im Jahre 1869 schrieb der Berliner Architekt Richard Lucae eine kleine Schrift über die Macht des Raumes in der Architektur. Er analysiert darin die Wirkungen verschiedener Raumformen und bespricht die Mittel, durch welche gewisse räumliche „Stimmungen" zu erzielen sind. Die historischen Stilformen sind ihm ebenfalls Mittel, bestimmte Raumwirkungen oder, um bei seinem Wort zu bleiben, Stimmungen zu erreichen. Sie stehen ihm zur Verfügung, er schaltet mit ihnen als Erbe alles dessen, was vorhergegangen ist. Er gesteht ihnen keinen eigenen Wert zu, vielmehr läßt er nur allgemeine Kriterien gelten, die aus den Erscheinungen der geschichtlichen Architektur abgezogen sind: das Architektonische in abstracto als etwas, das immer gegolten hat und immer gelten wird: Die Theoretiker der Ecole des Beaux Arts werden dies später les lois éternelles nennen. Damit erweist sich Lucae als Kind seiner Zeit: der Zeit des ersten großen Aufschwunges des Kapitalismus. Es besteht da eine schöne Stimmigkeit: Auch der Kapitalismus hat ja die gesellschaftlichen Bindungen aufgehoben und den Niederschlag dieser Bindungen (auch in der Architektur) dazu benutzt, eine neue Ordnung zu bekräftigen und zu verklären, die keine eigenen Formen besaß, noch besitzen konnte, weil in ihr die Beziehungen von Mensch zu Mensch von der Wirtschaft bestimmt wurden.

Gegen Schluß seiner Ausführungen aber nimmt Lucae zu Räumen ganz neuer Art Stellung, die aus jeder Ordnung herauszutreten scheinen: den großen Hallen für die Arbeit und den Verkehr. Er sagt, daß wir „in der mächtigen Eisenbahnhalle (...) das Gefühl (haben), daß sie im strengsten Sinne der Kunst noch kein Raum ist". Von einem anderen neuen Raum aber sagt er, „daß (er) — ich möchte sagen — schon wieder aufgehört hat, ein Raum zu sein". Dieser Nicht-Raum ist der Crystal Palace. „Wenn wir uns denken", fährt Lucae fort, „daß man die Luft gießen könnte wie eine Flüssigkeit, dann haben wir hier die Empfindung, als hätte die freie Luft eine feste Gestalt behalten, nachdem die Form, in die sie gegossen war, ihr wieder abgenommen wurde. Wir sind in einem Stück herausgeschnittener Atmosphäre." Lucae erkennt, daß er sich hier einem neuen räumlichen Phänomen gegenüber befindet, welches die Technik möglich gemacht hat. Er erkennt dieses Phänomen an, mehr, er ist von ihm hingerissen. Er nimmt sich jedoch zusammen, erinnert sich daran, daß er als Architekt spricht, und bemüht sich, die Kriterien, die für alle Räume gelten müssen, auch auf diesen „Nicht-Raum" anzuwenden: ein verzweifeltes Unterfangen:

„Außerordentlich schwer ist es nach meiner Meinung, sich hier bei der Körperlosigkeit des Raumes den Einfluß der Form und des Maßstabes zu klarem Bewußtsein zu bringen."

Allerdings! Aber da Lucae den Crystal Palace bejaht, so fühlt er sich gedrungen, ihn zu legitimieren.

Auch dies entspricht der geschichtlichen Situation. Schon 1851, im Jahre der großen Austellung, hatte Gottfried Semper von „diesem glasbedeckten Vacuum" geschrieben:

„Mit diesem Ausdruck verbinde ich keine katechisierende Nebenidee; ein glasbedecktes Vacuum herzustellen, war die Aufgabe des Architekten. Es ist dieser Bau sozusagen die Verkörperung der Tendenz, in der sich unsere Zeit vorerst bewegen wird und die in der Ausstellung (...) zur Sprache gekommen ist."

Aufhebung des Raumes, Auflösung seiner Grenzen: das ist das Neue, was die kapitalistisch gesteuerte Technik bewirkt hat. Aber selbst dieses Neue hat seine Geschichte, und Paxtons Glashaus verwirklicht Bestrebungen, welchen wir vorher, sogar lange vorher, begegnet sind, sei es in der Form literarischer, sei es in der gezeichneter, sogar gebauter Vorwegnahmen.

Hans Sedlmayr spricht in seinem Buch über den Ursprung der Kathedrale von der Vision des Gralstempels bei Gottfried von Straßburg: dem Raum, der auf einer Glasplatte steht, vielmehr schwebt, dem Raum ohne Schwere. Das scheint ihm dem gotischen Bemühen zu entsprechen, die Schwere zu leugnen. Er erwähnt die „taumelnden Arkaden" in der Fensterrose in Chartres und in den Strebebögen daselbst, er spricht auch von dem, was bereits Suger selbst, der Abt von Saint Denis, das „plötzliche Emporschießen" des Raumes oberhalb der Schiffsarkaden genannt hatte; und selbstverständlich spricht Sedlmayr von dem immateriellen Charakter der Glaswände in den Chören der hohen Gotik. Hier werden die Grenzen des Raumes nicht aufgehoben; aber der Raum selbst wird, wie er sich dem Auge darstellt, konstruktiv unbegreiflich, vielmehr, wie wieder Lucae vom Crystal Palace sagt, „wir geben uns unter seinem Einfluß einem Zauber hin, der sich wie im Märchen eigentlich von selbst versteht".

In der späten Gotik bereits werden die Grenzen des Raumes verunklärt. Schon Georg Dehio hat darauf hingewiesen, daß in der Hallenkirche die Schrägblicke besser als der axiale Blick zum Chor die Absicht der Baumeister enthüllen.

Der barocke Raum vollends erkennt die Grenzen nicht mehr an. Ernst Bloch sagt: „Die wirklichen Pilaster setzen sich als gemalte fort, ins Unendliche ragen gemalte Bauten, von unten gesehen, in krassester Verkürzung empor. Alle Mittel optischer Täuschung werden aufgeboten, um den Raum zu steigern, *die Decke vom Abschluß zu befreien* (Kursiv von mir); die Kuppel, ehemals so leidenschaftslos auf ihrem Steinring schwebend, wird zum saugenden Trichter. (...) Die konträren Aufgaben der Deckenfüllung und Deckenöffnung kreuzen sich, das wirkliche Licht, das durch die Fenster der Laterne hereinfällt, wird zum Clou des gemalten. (...) Dergleichen verkörpert, auf meisterhaft unsolide Weise, wieder nichts Geringeres als das Wunschbild, in einem anderen als dem vorhandenen, ja, in einem gewollt unmöglichen Raum zu leben."

Die Sprengung der Raumgrenzen wurde also im Barock bereits ersehnt, obwohl ich beileibe nicht behaupten möchte, daß die Menschen des Barock die Erfüllung ihres Wunsches in der Form akzeptiert haben würden, die Paxton im Crystal Palace gelungen ist.

Bloch spricht auch von Bühnenarchitekten des Barock, wie Galli-Bibbiena von der mehrfachen Perspektive ihrer szenischen Architekturen, von ihren endlosen Pfeilerhallen, welche, wenn wir Dehios Deutung der spätgotischen Pfeilerhalle annehmen, deren Tendenz optisch-illusionär verwirklichen.

Ein räumliches Continuum stellt schließlich Piranesi in den gezeichneten Labyrinthen dar, die er phantastische Gefängnisse nannte. Sie sind Gefängnisse nicht, weil ihre Enge den Menschen einschränkt: Aus dem engen Kerker kann man entkommen, weil draußen die Welt ist; aber aus Piranesis Verliesen ist kein Entkommen, da sie keine Außenwelt übrig lassen. Sie scheinen etwas zu sein wie der gekrümmte Weltraum nicht-euklidischer Auffassung; und nicht-euklidisch ist auch die Konstruktion dieser Räume, da ihr Schöpfer in ihnen die Gesetze der Perspektive außer Kraft setzt, so zwar, daß der gleiche Pfeiler in zwei verschiedenen Ebenen steht. Scharoun blieb es vorbehalten, einen piranesischen Raum zu *bauen* und seinen Gefängnischarakter ins Festliche zu wenden: Die Umhüllung der „Musik in der Mitte" durch den zweiten Raummantel der Foyers, aus dem es wieder kein Entkommen gibt: Die Welt bleibt ausgeschlossen, um es einmal so auszudrücken. Das Beispiel aber zeigt, daß die Geschichte des Anti-Raumes sich weit über den Crystal Palace hinaus in die Gegenwart – und gewiß auch in die Zukunft hinein – fortsetzt. Ein Charakteristikum dieser kontinuierlichen Räume – ich sage Räume, denn im Gefolge Scharouns sind schon einige andere entstanden – ist es, daß sie sich bei jedem Schritt verändern, den man in ihnen tut, es öffnen sich ständig neue Perspektiven, jedesmal scheint es, als könne man das Ende nicht absehen, immer wieder fließt dieses Raumcontinuum in sich selbst zurück. Ein großartiges Beispiel dieser Überwindung der Raumgrenzen im allseitig begrenzten Raum sind das Treppenhaus und die anschließenden Gänge im Max-Planck-Institut für Bildungsforschung in Berlin der Architekten Fehling und Gogel.

Ist aus diesen Räumen die Außenwelt ausgeschlossen, so geschieht das Gegenteil in Palladios Rotonda: Der Raum öffnet sich nach allen vier Seiten in die Welt hinaus; und auch dies ist im Grunde ein Anti-Raum.

Denn die Gegenposition, der Raum, der sich überschaubar um den Menschen schließt – sagen wir das römische Pantheon –, hebt den Gegensatz zwischen dem Raum und der Welt auf, braucht die Welt weder einzuladen, noch auszuschließen, da hier der Raum das ist, was Jean Paul, vom Pantheon sprechend, eine Welt in der Welt genannt hat. Der Raum *bedeutet* die Welt nicht jedoch, indem er den Menschen durch seine Weite überwältigt: man atmet ruhig im Pantheon, die Welt wird hier gleichsam zu einer Emanation des Menschen, der Mensch bleibt dem Raum gewachsen, und dieser vermittelt ihm die Illusion einer geordneten Welt, der er ebenfalls gewachsen sei. Die anderen gebauten und gezeichneten räumlichen Illusionen, die wir erwähnt haben, bewirken das Gegenteil: Sie setzen den Menschen der Erfahrung des Grenzenlosen aus, wie denn Leopold Ziegler vom Raume (bereits) der hohen Gotik sagt, daß er die Schwere, die er dem Stein nimmt, dem Menschen aufbürde; und daß dieser sich auch dann noch in ihm allein fühle, wenn eine Menge ihn umgibt.

Diese Wirkung intendierte auch der Raum, der dem Pantheon auf den ersten Blick so ähnlich sieht, der sphärische Nachtraum mit Sternen, Boullées Newton gewidmeter Weltbau, der die Außenwelt nicht mehr als geordnete Welt *darstellt*, der vielmehr die Welt *sein* will, ohne Gliederung, mithin ohne bestimmbare Dimension. Mag man ihn immerhin demokratisch nennen, da ja jede hierarchische Ordnung aus ihm ausgetilgt ist: er konfrontiert den Menschen unmittelbar mit dem Kosmos, und die Wissenschaft vom Kosmos (Newton) ist die einzige Autorität, die der frei gewordene Bürger anerkennt. Es ist kein Zufall, daß Kants dictum: „das moralische Gesetz in mir und der gestirnte Himmel über mir" der gleichen Zeit angehört, der Zeit der bürgerlichen Revolution.

Bürgerlich sind alle Räume, von denen wir gesprochen haben, mit Ausnahme allerdings der barocken Räume, die in hohem Maße autoritär sind: Bürgerlich war die Kathedrale als Kirche der Stadt im Gegensatz zur romanischen Klosterkirche, bürgerlicher noch die spätgotische Halle, die Pfarrkirche; und Piranesis Gefängnisse gehören bereits dem Zeitalter der Revoltuion an, deren räumliches Symbol Boullées im Newton-Kenotaph gegeben hat. Es regt immerhin zum Nachdenken an, daß der barocke Raum der Raum der Gegenreformation gewesen ist, einer Reaktion auf die bürgerliche Reformation und, im Gegensatz zu der romanischen Mönchskirche, für die öffentliche Wirkung bestimmt. Bloch nennt diese Architektur „die reißerisch-mitreißendste".

Diese Spekulation mag ein wenig weit hergeholt erscheinen. Daß aber die raumsprengenden Tendenzen so wie schließlich die Tendenz zur Abstraktion bürgerlich sind, leuchtet wohl ein. Sie begleiten den langen Kampf des Bürgertums gegen die Hierarchien bis in die Aufklärung hinein, bis in die Revolution — und sie begleiten das Bürgertum weiter als herrschende Klasse und manifestieren sich an jeder Wendung seiner Geschichte neu und auf neue Art. Nach 1918 ist es wieder das Glas, das den Raum entmaterialisieren soll, leuchtend farbig in Scheerbarts und Tauts Kristallvisionen, in denen viel von der Kunst die Rede ist, von der kleinen Stadt — und vom Volk: neugotische Visionen, wenn man will, die der Krieg und besonders sein Ende heraufgeführt hatten; transparent und die Raumgrenzen aufhebend bei Mies und später bei Gropius und bei Neutra. Diese Auflösung der Raumgrenzen ist weniger radikal als Paxtons „Stück herausgeschnittener Atmosphäre", aber sie geht insofern über den Crystal Palace hinaus, als sie auch das Wohnen betrifft: In seinem Innenraum selbst soll nun der Bürger draußen wohnen, man will das Gefängnis der Raumschachtel öffnen, und Le Corbusier vor allem öffnet die Raumschachteln auch im Hause gegeneinander, so zwar, daß auch die Ebenen der Geschosse ihren abschließenden Charatker verlieren. Die Durchdringung außen-innen wird ergänzt durch die Durchdringung der Räume im Hause selbst; ein leidenschaftlicher Protest gegen jede Abkapselung, Enge, Begrenzung, Festlegung manifestiert sich in den Häusern der Architekten, die man Funktionalisten genannt hat: ein irreführendes Wort, da es sich auf einen Rationalismus bezieht, der diesen Architekten nicht das Wesentliche gewesen ist: das Wesentliche war ihnen die Befreiung, von der wir sprachen.

Heute besitzt diese Utopie nicht mehr die gleiche Lockung: Man beginnt, ihre Schrecken zu empfinden. Sie vollendet die Befreiung, um die das Bürgertum sich so lange und so leidenschaftlich bemüht hat, aber sie hebt die Entfremdung nicht auf. Bloch nennt sie verfrüht, denn es sei schließlich keine Freude, durch die Glaswand in eine Welt zu blicken, in der sich Fascisten bewegen. Der Bürger will in der geschlossenen Sphäre des privaten Lebens wieder den Abschluß, er möchte sich verkriechen, er verkriecht sich. Zugleich aber will er es sich nicht nehmen lassen, durch raumbreite Fenster in den Garten zu blicken — soweit er eben einen Garten hat, oder in die Landschaft, wenn er das Privileg genießt, in der Landschaft zu wohnen. Aber keine Relation besteht zwischen der Raumhöhle und dem Blickfenster. Man besetzt die Räume nun wieder mit schweren Möbeln, den denkbar schwersten, mit Halt- und Schutzmöbeln, und die weite Öffnung wird inkongruent. Sie ist nun nichts anderes als ein technischer Komfort, wie die Apparate der Küche, die man jedoch als gemütliche Küche, als Holzküche verkleidet. Wir sind dem gegenüber, was die Industrie anbietet, passiv geworden, wir wollen alles zugleich, und wir wollen nichts Spezifisches. Und die Auswege, die wir suchen, wenn uns die Welt der Industrie zu nahe auf den Pelz rückt, sind Ausflüchte, wie die „antike" Einrichtung in der hochtechnisierten Wohnung, oder gar jene Ausflüchte auf Zeit, wie die künstlich-malerischen Feriendörfer in Spanien, welche Heinrich Klotz „die röhrenden Hirsche der Architektur" genannt hat.

In der Wohnsphäre also ist der Versuch der Befreiung aus räumlicher Umschlossenheit gescheitert, oder sagen wir lieber, die Bürger meinen, sie seien jetzt frei genug, ein wenig zu frei in der Tat; und ein paar Schritte zurück in die Höhle sind nun willkommen; allerdings nur ein paar Schritte; denn man will nicht — und man kann nicht — Errungenes aufgeben. Man will aber auf keinen Fall weitergehen. Semper hatte bereits aus dem Crystal Palace — wir kommen immer wieder auf ihn zurück — eine Folgerung für das Wohnen gezogen:

„Das Prinzip des glasbedeckten offenen Raumes (...) hat dadurch besondere architektonische Bedeutung, daß er gestattet, künftig mit angelsächsischer Hauseinrichtung den Hofbau zu verbinden. Vielleicht gelingt eine Durchbildung des so gegebenen Motivs und lassen sich vermittels desselben die angelsächsischen Einzelwohnungen um einen gemeinschaftlichen Herd gruppieren. Ähnlichen älteren Kombinationen verdanken wir ja alle bedeutenderen architektonischen Raumesformen."

Was Semper hier vorschwebt, ist also eine um einen glasbedeckten gemeinsamen Raum gruppierte Wohngenossenschaft, ein Konzept, das im zweiten Drittel des vorigen Jahrhunderts mehrfach aufgetaucht ist: man denke an Goddards Verwirklichungen einer fourieristischen Wohngemeinschaft in Guise. Gedanken dieser Art liegen dem Bürger der Gegenwart, dem Bewohner der Wohnung mit großen Fenstern und „antiken" Möbeln, fern. Damit ist aber nicht gesagt, daß sie auch uns fernliegen müßten.

Niemand kann sagen, wie die Wohngruppierungen beschaffen sein werden, welche eine Gesellschaft für sich baut, die die bürgerliche Vereinzelung überwunden hat. Dies aber kann man mit einiger Sicherheit voraussagen: *daß* es Wohngruppierungen sein werden. Die Gruppe aber wird sich räumlich darstellen wollen; und daß sie sich hierzu neuer Techniken der Raumüberdeckung bedienen wird, ist wahrscheinlich. In Sempers Tagen war der glasüberdeckte Raum das letzte Wort technischen Fortschrittes. Seitdem ist es gelungen, dem Zelte vorher ungeahnte Dimensionen zu geben. Behnischs ursprünglicher Entwurf für das Olympiagelände in München sah sehr große Zelte vor, unter denen verschiedene große Räume standen. In München ist das noch nicht verwirklicht worden: die Sporthalle und die Schwimmhalle stehen für sich. Es ist aber gewiß nicht undenkbar, daß leichte und lichte Dächer ganze Stadträume überspannen und daß dann das, was Semper aus Paxtons nicht mehr räumlichem Raum herausgelesen hat, als selbstverständlich empfunden werden wird: das große, transparente — oder translucente — Raumzelt, in das die großen und die kleinen Räume, deren man benötigen wird, hineingestellt sind und innerhalb dessen sie sich frei aufeinander beziehen.

Das ist *eine* technisch-räumliche Utopie, und ich gestehe, sie hat, wie alle solche Utopien, etwas Unbehagliches. Denn man widersetzt sich mit Grund dem Gedanken, daß man von Gottes freiem Himmel sollte getrennt sein. Ich begnüge mich darum damit, diese von Semper angedeutete und von Behnisch für einen sehr besonderen Zweck entwickelte Folgerung aus Paxtons Crystal Palace zu *erwähnen*: Großräume, welche die kleinen Nutzräume, deren man nach wie vor bedürfen wird, zusammenfassen. Wie immer aber solche Räume sich darstellen mögen, die der Gemeinschaft dienen, wenn sie die Abkapselung in Millionen Herdstellen wird überwunden haben: Die Überwindung der bürgerlichen Abkapselung muß vollzogen sein, ehe man an sie wird denken können. Semper spricht vom gemeinsamen Herd; und er macht dazu die erstaunliche Bemerkung, daß wir „ähnlichen älteren Kombinationen" wie der, die ihm beim Anblick des Crystal Palace glaubhaft wurde, „alle bedeutenderen architektonischen Raumesformen verdanken". Die Bemerkung ist erstaunlich, weil Semper, indem er sie ausspricht, so viel vergißt: alle Pantheon-Räume nämlich, alle Räume, die den Menschen gegliedert, rein, überschaubar, also wahrhaft räumlich umgeben, die ihn bestätigen, ihn und gleichzeitig die Ordnung, die er sich geschaffen hat. Semper, der Revolutionär, begreift als wichtig nur die Räume, welche diese Ordnung erweitern, notfalls sprengen, ebenso wie unsere Plauderei vor allem solche Räume bespricht. Der gleiche Semper hat gesagt: „Gebt uns eine Gesellschaft, und die Architektur wird ihr nichts schuldig bleiben". Nehmen wir beide Aussprüche zusammen, so können *wir* sie so fassen: „Schaffen wir eine Gesellschaft, und neue Räume, Räume für das gesellschaftliche Leben, werden erscheinen."

Vortrag auf dem Evangelischen Kirchentag in Kassel 1976

39 Ludwig Hoffmann (1977)

Ludwig Hoffman wurde vor 125 Jahren, 1852, in Darmstadt geboren. Hundertfünfundzwanzigste Geburtstag feiert man nicht oft: Ist einer Hundert, muß er fünfzig Jahre warten, bis die Nachwelt seiner wieder gedenkt. Die Akademie der Künste ergreift aber diese Gelegenheit, an Hoffmann zu erinnern, weil man eben jetzt wieder seiner gewahr wird. Man hatte ihn vergessen; und vergessen ist nicht einmal das richtige Wort: Man hatte begraben. Als Mies van der Rohe zum letzten Male in Berlin war, sagte er: „Dem Hoffmann haben wir alle Unrecht getan". Sie hatten ihn wirklich alle abgelehnt: Mies, Poelzig, Taut, Architekten, die sonst wenig verband: in diesem Punkte waren sie einig; denn nach Ludwig Hoffmann kam Martin Wagner, kam eine neue Auffassung von der Tätigkeit des Stadtbaurats, kam eine neue Architektur. So sah man es damals. Heute ist die neue Architektur der zwanziger Jahre Geschichte geworden, man sieht sie mit anderen Augen − und die Finsternis, die Hoffmanns Werk bedeckt hatte, beginnt sich zu lichten.

Eine gewisse unwillige Achtung hat man diesem Werke wohl niemals versagen können: Man ging am Virchow-Krankenhaus vorbei und sagte: „Immerhin …" Heute sagt man: „Ja". Ludwig Leo hat leidenschaftlich, zäh, verbissen dafür gekämpft, das Virchow-Krankenhaus zu retten; denn es ist ja aufs schwerste bedroht. Was ihn zum Kampf dafür dringend aufgefordert hat, ist seine eigenen Erfahrung als Patient. Das spricht für sich − und für den Architekten des Krankenhauses: Er hat eine Umgebung geschaffen, die zur Heilung beiträgt. Betrachtet man *Hoffmanns Gesicht*, so fällt es schwer, den Haß zu begreifen, den die großen Architekten der zwanziger Jahre ihm entgegengebracht haben: Es ist ein sensitives Gesicht, das Gesicht eines nachdenkenden, klugen, künstlerischen Menschen. Was ich von seinem Familienleben habe in Erfahrung bringen können, bestätigt diesen Eindruck.

Die Recherche war ja nicht schwer: Kinder des Architekten leben unter uns, und zwei von ihnen, Frau Annemarie Mommsen und Herr William Harvey, sind heute hier. Der Präsident hat sie begrüßt, und auch ich möchte ihnen sagen, wie sehr es mich freut, daß ich heute vor ihnen von dem Werk ihres Vaters sprechen darf. Annemarie Mommsen schildert ihn als heiter gelöst, umgänglich. Er war mit ganzer Seele Familienmann. Es kommt allerdings vor, daß einer zuhause entspannt ist, rücksichtsvoll, angenehm, und im Amte ein Tyrann. Hoffmann hat ganz bestimmt gewußt, seinen Willen durchzusetzen; und da er ein sehr klares Bild von dem in seinem Inneren trug, wie in „seinem" Berlin gebaut werden sollte und wie *nicht*, so ist es zu harten Auseinandersetzungen gekommen. Es heißt, er habe Martin Wagner, den Mann, der dann sein Nachfolger wurde, hart angegriffen, weil Wagner in einer Siedlung flache Dächer hatte bauen wollen. Es wird wohl so gewesen sein, wir wollen nichts beschönigen. Solche Hartnäckigkeit allein aber er-

klärt die Ablehnung nicht, der der Baurat Ludwig Hoffmann nach dem Kriege begegnet ist. Ich meine, man hat ihn recht eigentlich darum abgelehnt, weil er noch auf seinem Posten war. Er war da seit 1896: Beinahe drei Jahrzehnte; und was für Jahrzehnte! Als er antrat, entstand Messels Warenhaus Wertheim in der Leipziger Straße: ein revolutionärer Bau: Eine Pfeilerfront, welche bis unter das Dach verglast war, hatte es noch nicht gegeben. Trotzdem war das Architektur von 1896, historisierend in allen Einzelheiten; und Messels Freund und Landsmann Hoffmann hat den Bau gebührend hoch geschätzt. Als er 1924 abtrat, war eben ein anderer revolutionärer Bau entstanden: Max Tauts Buchdruckerhaus; aber das ist ein Gebäude, welches Hoffmann überhaupt nicht mehr als Architektur bezeichnet haben würde. Solcher Art waren die (beinahe) drei Jahrzehnte seiner Amtsführung. Es hatte in ihnen mehr als *eine* grundsätzliche Wandlung in der Architektur stattgefunden. Das begann mit Hoffmanns eigenem Auftreten, als Stadtbaurat zu Berlin. Viel später, 1912, gelegentlich des sechzigsten Geburtstages des Stadtbaurats, schrieb Max Osborn, der bekannte Kritiker:
„Die Zukunft wird von dem Tage an, da dieser Mann die Leitung des Hochbauamtes übernahm, eine neue Epoche in der Architekturgeschichte der deutschen Reichshauptstadt datieren. Er war der Erlöser aus einer kommunalen Misere, die Berlin in schlimmsten Ruf gebracht hatte, und ein Führer zu neuen Zielen."
1912: Peter Behrens hatte bereits seine Fabriken für die AEG gebaut, sogar Gropius' Faguswerk in Alfeld stand schon. Osborn hatte diese neue Architektur begrüßt. Und er nannte Hoffmanns Werk epochal: Es *war* epochal.
Aber Hoffmann, wollen Sie sagen, war doch ein Historizist. Auch davon hat Osborn in seiner Laudatio gesprochen:
„Das Wesentliche ist: (...) Bei aller Übernahme jener alten Formen ist doch aus seinem Atelier kein einziges Bauwerk entstanden, das nicht unverkennbar den Stempel der Gegenwart trägt."
Damit hat er recht; es gibt allerdings eine Ausnahme: das Märkische Museum. Das sollte ja stilecht sein, eine freundliche Kulisse, in welcher zudem zwei Stile, die märkische Backsteingotik und die märkische Werksteinrenaissance, so zusammenstehen, als handle es sich um ein Gebäude, das in verschiedenen Epochen entstanden ist. Dieses kulissenhaft Altertümelnde geht bis in die Innenräume, obwohl es unter ihnen einen Raum gibt, die gotische Kapelle, deren kühle, große Form nicht so ganz Kulisse sein konnte — oder sollte. Sie ist sehr hoffmannsch: Sie steht in der Tonart des Stils, aber sie ist ein Raum dieses Jahrhunderts. Ich will aber hier nicht Hoffmanns Werk mit einem Haarkamm durchkämmen, um aus den eklektischen Elementen jene anderen herauszulösen, die hier und da, wie im Märkischen Museum, nicht ganz, nicht nur eklektisch sind. Hoffmanns Eklektizismus selbst trägt, wie Osborn sagt, den Stempel der Gegenwart. Man kann seine Gebäude mit denen der Stile, in deren Tonart er sie gestellt hat, nicht verwechseln. Das liegt nicht daran, daß Hoffmann die Stilformen nicht beherrscht habe. Er hat sie beherrscht wie nur sehr wenige. Er wollte es so, die Zeit brachte es mit sich und das Amt.

Hoffmann hat die Formen vergangener Zeiten beherrscht, sagte ich, wie nur sehr wenige. Er hat studiert wie wenige. Für die Ausarbeitung des Reichsgerichtsgebäudes in Leipzig, des Bauwerks, das ihn berühmt gemacht hat, ist er gereist und wieder gereist. Siegfried Jaik, dessen Arbeit über Messel und Hoffmann ich viel mehr verdanke als nur Tatsachen, schreibt:

„Von großem Einfluß für die schließliche architektonische Gestaltung der Außenfassaden und der Höfe war eine Studienreise, welche Hoffmann im Herbst 1887 nach Italien führte. Die mächtigen Eindrücke, welche damals neben den Überresten der alten römischen Bauwerke insbesondere die Bauten der Michele Sanmicheli, Palladio, Vignola, Sangallo und Peruzzi auf ihn ausübten, veranlaßten ihn, in der ersten Zeit der Bauausführung, in welcher er besonders mit der Durcharbeitung der Ausführungszeichnungen für die Mauerarbeiten beschäftigt war, nicht nur die Bauten der vorgenannten Renaissancemeister, sondern auch deren Lehrbücher und die Lehrbücher, welche ihnen zum Studium gedient hatten, in eingehendster Weise zu studieren. In dieser Zeit fertigte Hoffman unter anderem schriftliche Übersetzungen und Bearbeitungen der Lehrbücher der Palladio, Vignola, Scamozzi und Serlio an, um sich so in den Geist jener Zeit zu vertiefen."

„Aber diese Reise blieb nicht die einzige. Im Herbst 1889 hielt sich Hoffmann in Süddeutschland auf, um die Wirkungen barocker Innenräume und ihrer Details zu studieren. (Residenz München, Schloß Schleißheim, Rathaus Augsburg, Residenz Nürnberg)."

„Im Winter desselben Jahres reiste er nach Brüssel und London. Im Frühjahr 1890 besuchte er nochmals die Residenz in Würzburg und die Schlösser Bruchsal und Aschaffenburg. Im Sommer 1890 bereist er Belgien und Holland. Hier geht es besonders um innere Holzarbeiten, Metallarbeiten und Glasmalereien. Er kommt nach Brüssel, Furnes, Ypern, Gent, Mecheln und Antwerpen. Auf der Rückreise besucht er wieder barocke Innenräume in den Schlössern Brühl und Wilhelmsthal. Zum gleichen Zweck reist er im Herbst noch nach Prag. Vor dem Abschluß der Detailentwürfe für die Außenfassade bereist er im Herbst 1891 nochmals Oberitalien zum Studium der in der Detailausführung der Bauten Palladios und Sanmichelis erreichten Wirkungen. (Verona, Venedig, Malcontenta, Maser, Fanzola, Piombino, Quinto, Lisiera, Cricoli und Rovigo)!"

„Im nächsten Herbst (1892) reist er zum Studium der Details der alten römischen Baureste für mehrere Wochen nach Rom, von dort aus zum Vignola'schen Schloß zu Caprarola, wo er Anregungen für die Details der großen Halle fand. Auf beiden Reisen besuchte Hoffmann außerdem Augsburg und München zum Studium von Holzdetails. 1893 waren es die Entwürfe von Schmiedearbeiten und der frei anzutragenden Stuckarbeiten, welche ihn nach Süddeutschland und Österreich reisen ließen. (Salzburg, Linz, die Klöster St. Florian und Melk, St. Pölten, Wien und Klosterneuburg). 1894 und 1895 führte ihn das Studium der alten Kronleuchter in romanische Kirchen (Goslar, Hildesheim)."

Natürlich hat er auf seinen Reisen unablässig gezeichnet, und es braucht gar nicht gesagt zu werden, daß er virtuos gezeichnet hat. Seine Skizzen sind Notizen. So enthält ein Blatt etwa Türbekrönungen aus verschiedenen Orten, und nur der Ort wird angegeben. Von solchen Notizen mag man dann gelegentlich etwas in seinen eigenen Bauten wiederfinden; das geschieht aber weniger oft, als man denken sollte. Er wollte offenbar zweierlei aus seinen Beobachtungen gewinnen: Authentzität – und Freiheit für die eigene Arbeit. Mit der gleichen Absicht hat er auf seinen Reisen gelesen: Aufzeichnungen der Meister, ihre Schriften, zeitgenössische Urteile. So sind die Architekten vor ihm nicht gereist. Die Studie ist meines Wissens noch nicht gemacht worden, was die Architekten der langen Epoche, die man Historismus nennt, von ihren Vorbildern lernen wollten. Sie scheint mir wichtig, damit man endlich diesen Historismus nicht als *eine* Strömung erkennen lernt, sondern als ein Bündel von Strömungen. In der Literaturgeschichte gibt es solche Bücher, ich erinnere an Gundolfs „Shakespeare und der Deutsche Geist". Gundolf stellt die Entwicklung der deutschen Literatur an den Stufen der Shakespeare-Rezeption dar. Schließlich ist auch das ein Historismus gewesen. Für den Historismus in der Architektur bleibt die Aufgabe noch zu leisten. Hoffmann, auf jeden Fall, hat studiert, um nachzuahmen und um nicht nachzuahmen: um die Vorbilder so gut zu kennen, daß er in jeder Einzelheit authentisch bauen konnte – und frei. Man betrachte einmal aufmerksam den prachtvollen Badeanstalt-Palazzo in der Baerwaldstraße. Das ist ein Palazzo, und es ist kein Palazzo. Klentzes Palazzo in München ist eine viel genauere Nachbildung, obwohl er in den Einzelheiten, im Relief besonders, viel weniger echt wirkt. Aber Hoffmanns Palazzo ist nur auf den ersten Blick echt. Die italienische Renaissance hätte allenfalls den Wechsel zwischen sehr großen und kleinen Öffnungen im Erdgeschoß geduldet: Palazzo Pitti; aber dort stehen die kleinen Fenster zwischen den Bögen der großen. Dort konnten sie bei Hoffmann nicht stehen, weil dicht über den Fenstern der Fries aus Luken steht, der den rustizierten Teil der Fassade abschließt: Hinter ihnen befinden sich Wannenbäder. Diesen Fries hätte die Renaissance nicht geduldet und ganz gewiß nicht den Eingang, der vor der Rustika-Fassade steht. Und es scheint mir zweifelhaft, ob sie die ein wenig harte Teilung der Front in ein rustiziertes und ein glattes Geschoß geduldet hätte, trotz Palladios Palazzo Tiene, an den übrigens die Fenster im glatten Geschoß anklingen. Ich könnte fortfahren und auf Einzelheiten hinweisen. Es würde dem Eindruck nichts hinzufügen, daß wir hier vor einer Fassade stehen, deren jede Einzelheit wahrscheinlich auf ein Vorbild zurückzuführen ist, in diesem Sinne also vor einer orthodoxen Fassade, nur daß die Zusammenstellung dieser authentischen Einzelheiten eben gar nicht orthodox ist. Daß die Fassade gleichwohl echter wirkt als die Klentzes in München, liegt daran, daß Hoffmann Relief und Material viel besser beobachtet hat als Klenze. Wieder genügt ein Blick auf die Rustica-Mauer in der Baerwaldstraße mit ihrem interessanten Verband und gelegentlichen Unregelmäßigkeiten – vorstehenden Steinen –, um das zu belegen. Mögen aber seine Gebäude mit dem Überkommenen frei schalten, in einem bleiben sie den Vorbildern verpflichtet: Sie sind in jeder Einzelheit schön. Sie sind handwerklich so gediegen, wie wenige Bauten um 1900 es zu sein vermochten. Jaik bemerkt, Hoffmann habe dem zeitgenössischen Handwerk vielleicht mehr als jeder andere zugemutet, was übrigens auch einer handwerkserzieherischen Absicht entsprochen habe; und im Gegensatz zu den Manieristen des 16. Jahrhunderts vermeidet Hoffman die Dissonanz: Auch das im Sinne der Renaissance nicht Korrekte wird liebenswürdig vorgetragen. Diese Verbindung von Verehrung und Freiheit dem Vorbild gegenüber, von orthodoxer und verfremdeter Form, vom Lächeln der Schönheit mit dem Lächeln der Freiheit, gibt Hoffmanns Bauten eine eigenartige Prägung; und wenn Hoffmann diese Auseinandersetzung mit den Vorbildern intensiver geführt hat als andere, so ist sie doch nicht eine Marotte Hoffmanns gewesen, vielmehr entspricht sie in dem Grade der Verpflichtung und gleichzeitigen Unabhängigkeit den Traditionen gegenüber durchaus den Anschauungen der Zeit.

Und noch etwas anderes entspricht diesen Zeitanschauungen. Wir haben es flüchtig bereits berührt: die Bemühung um die taktilen und malerischen Reize der Materialbehandlung. In seinen Lebenserinnerungen spricht Hoffmann von der Marienkirche in Prenzlau. Er sagt:
„Die alten Ziegelsteine sind in ihrer Tönung sehr ungleich, ihre Flächen sind rauh und unregelmäßig. Dies trägt zur Belebung der Fassaden bei und bringt sie zu schöner malerischer Wirkung.‟
Hoffmann fährt fort:
„Es ist eigentümlich, wie wenig Gefühl unsere Zeit für das Malerische in der Architektur hat. So entsinne ich mich, daß ich als junger Bauführer beim Bau der Kriegsakademie in Berlin jeden Ziegelstein für die Fassade mit dem Probestein vergleichen und, falls er diesem in Ton und Glätte nicht ganz genau entsprach, dem Fabrikanten in Lauban zurückschicken mußte. Dieses Verfahren verteuerte die Fassade, verödete ihre Wirkung und verärgerte den Fabrikanten. Es entsprach aber der damaligen Anschauung (...) und ist ein Zeichen der unkünstlerischen Bauweise jener Zeit.‟
Zweimal kommt in diesem Text das Wort „Wirkung‟ vor. Die Alten kannten und beherrschten die Wirkung, die Gründerzeit mochte wohl einigermaßen die historischen Formen beherrschen, aber um das, was ein Bauwerk dem Auge angenehm macht, hat sie sich nicht gekümmert. Man hat den Gründerzeitarchitekten vorgeworfen, daß sie schlecht detailliert haben. Das ist richtig, obwohl es Ausnahmen gibt. Aber unausstehlich hart und unsinnlich waren diese Gebäude, waren selbst so gute Bauten wie Wallots Reichtstag oder Wasemanns Rotes Rathaus. Hoffmann hat die Architektur der Meister studiert, um die Mittel kennen zu lernen, denen sie ihre Wirkung verdankte, alle Mittel, vom Entwurf bis zur Materialbehandlung. Erlauben Sie mir, Ihnen eine Stelle aus seiner Schinkelfestrede von 1898 vorzulesen. Sie hieß: „Über das Studium und die Arbeitsweise der Meister der italienischen Renaissance‟. Hoffmann schreibt über Palladios Palazzo Tiene in Vicenza:

„Über dem gleichmäßig roh gequaderten Geschosse sitzen die derb und unruhig erscheinenden Fensterarchitekturen des Hauptgeschosses auf.
Sie bilden das Hauptmotiv der Fassade.
Ihre Wirkung wird verstärkt durch die sehr weich behandelte Wandfläche dieses Geschosses, durch die zwischengesetzten sehr zarten Pilaster und durch die wohl übertrieben dünnen Balustres der Fensterbrüstungen. Bei diesen geht er so weit, die gute Wirkung einer Einzelheit der Gesamtwirkung zu opfern."
Der Eindruck, den der Palazzo auf Hoffmann macht, wird sehr fein registriert, man möchte von einem Mitschwingen sprechen: sehr fein und sehr bewußt. Ich lasse es dahingestellt sein, ob das, was Hoffmann sah, den wesentlichen Intentionen Palladios entspricht. Goethe hat sie anders gedeutet: auf die Antike bezogen; Wittkower wieder anders: er spricht vom Sinn der Proportionen. Hoffmann spricht von den Mitteln, die Palladio angewandt hat, um eine bestimmte Wirkung zu erzielen: die Wirkung, darauf kam es ihm an. Das ist aber eine Interpretation, die erst um 1900 möglich wurde. Messel, der Hoffmann so nahe gestanden hat, hat einen sehr langen Brief an Karl Scheffler geschrieben, dessen Thema der kleine Austritt an der Seitenfassade des Kopfbaues im Warenhaus Wertheim ist, weiter nichts. Er ist genauso beschrieben wie Hoffmanns Palladio-Interpretation. Hätte Palladio einen solchen Brief geschrieben, so hätte er wahrscheinlich den Nachweis erbracht, daß die Proportionen des Austrittes denen der Gesamtfassade entsprechen – Le Corbusier hätte das gleiche getan. Beiden kam es auf die Architektur in abstracto an, Messel – und Hoffmann – sprechen von optischen Effekten. Sie mögen das impressionistisch nennen, Sie haben recht. Es manifestiert sich aber in *diesem* Impressionismus der ästhetische Protest jener Zeit gegen die Härte, den Ungeschmack, die Überladenheit, die maschinenmäßig glatte Arbeit, das schlechte Handwerk, die trostlose Unsinnlichkeit der Architektur, die sich im letzten Drittel des 19. Jahrhunderts entwickelt hatte.
Der ästhetische Protest ist älter als die Zeit der Jahrhundertwende. Er beginnt in England mit Ruskin und Morris. In Deutschland setzt er später ein, wahrscheinlich weil dort die Industrialisierung später eingesetzt hat, gegen deren Folgen er sich ja richtet. Aber um 1900 nahmen in Deutschland alle Architekten an ihm teil; Muthesius' Landhausideologie, Schultze-Naumburgs Heimatschutz, Peter Behrens' industrielle Architektur, Mebes' Gedanke einer Rückkehr zur Zeit um 1800, der Deutsche Werkbund, der eine Anzahl dieser Bewegungen zusammenfaßte: so verschiedene Ziele sie verfolgen mochten, in diesem einen Punkte waren sie miteinander einig. Messel und Hoffmann aber haben die ästhetische Bewegung begonnen, indem sie die Architektur aus ihrer Starre lösten, indem sie ihr den *Reiz* wiedergaben.
Wir haben das Wort „impressionistisch" gebraucht. Hoffmann selbst hat von malerischer Architektur gesprochen, und er hat malerisch gebaut, nicht nur im Märkischen Museum. Das Wort „malerisch" war um diese Zeit beliebt, man suchte das Malerische in alten Städten und Dörfern, man entdeckte die malerischen Werte der handwerklichen Arbeit. Schon Ruskin hatte vom Wert des Unregelmä-

ßigen, Rauhen und besonders vom Wert der freien Variation gesprochen und alles Klassische verdammt, weil es nach Vollkommenheit strebe. Das Unvollkommene aber sei das Wesen der Kunst. Ruskin hat aus diesen Gedanken sehr weitgehende Folgerungen gezogen: Die Arbeit am völlig Gleichmäßigen, am griechischen Tempel also, sei die Arbeit von Sklaven, ihr Wesen sei in der Tat dem der Arbeit an der Maschine verwandt, welche den Menschen zum Maschinenteil herabdrücke. Hoffmann ist seiner Philosophie so weit gewiß nicht gefolgt; aber das Unregelmäßige, das Spontane der handwerklichen Arbeit war ihm wertvoll. Sehen wir aber noch einmal die Fassade des Volksbades in der Baerwaldstraße an, so finden wir, daß Hoffmann das Unregelmäßige, das Spontane sorgfältig geplant hat. Diesen Widerspruch hat er offenbar nicht gesehen. Der Handwerker wurde durch diese Art zu planen wohl wirklich angeregt, nicht aber aus dem Sklavenstande befreit, zu dem der bis ins Einzelne genaue Entwurf des Architekten ihn verdammt hatte. Tessenow hatte schon recht, als er sagte, der Handwerker müsse alles schön gerade machen, oder auch schön krumm, wie der Architekt es eben wolle. Hoffmann *war* Architekt, und wir haben ja gesehen, daß er keines der Mittel, orthodox oder nicht orthodox, welche die beabsichtigte Wirkung erzielen würden, aus der Hand gegeben hat. Zudem war er der Stadtbaurat. Er brauchte im Volksbad an der Baerwaldstraße jene Reihen von Luken, weil sich hinter ihnen ein niedriges Geschoß mit Wannenbädern befand. Der neuen Aufgabe ist die alte Form nicht adäquat, die Badeanstalt als Palazzo wird zum Problem. Hoffmann war der Stadtbaurat. Und er wurde es in dem Augenblick, in dem die Stadt Berlin daran ging, sehr große bauliche Organisationen zu verwirklichen: Krankenhäuser und Schulen von einer bis dahin unbekannten Ausdehnung. Wir nennen hier nur die wichtigsten dieser Gebäudekomplexe: Das Virchow-Krankenhaus und das Krankenhaus Moabit, das Auguste-Victoria-Säuglingsheim in West-Charlottenburg, eine Arbeit, übrigens, die er gemeinsam mit Messel durchgeführt hat, Lungenheilstätte, Altersheim, Irrenhaus und Friedhof in Buch, einem Ort in der Mark nördlich von Berlin, wo die Stadt erheblichen Grundbesitz hatte, eine große Anzahl von Schulen jeder Art. Das sind in erster Linie organisatorische Aufgaben. Mit der Planung großer baulicher Anlagen für das öffentliche Wohl — le salut public — hat sich die Architektur zum ersten Male nach der französischen Revolution beschäftigt. Durands Kurs an der Ecole Polytechnique, welcher 1805 gedruckt herausgegeben wurde, ist ein Versuch, die neuen Themen architektonisch zu bewältigen, und zwar wollte Durand, daß seine architecture civique bedeutend sei, der Würde des bürgerlichen Empire entsprechend, übersichtlich, typisch — und billig. Es handelte sich also um eine Arbeit der reductio ad elementa. Durands Buch gibt die Elemente: Treppen, Flure, Hallen, Reihen von Raumzellen werden alle fein säuberlich in den gleichen Quadratraster eingezeichnet. Durand entwarf auf kariertem Papier. Es folgt eine Reihe typischer Kombinationen, in denen diese Elemente zu vereinigen sind: Das Carré, das Kreuz, das Kreuz im Carré, mit Seitenflügeln, in einem, zwei, drei Geschossen, endlich die Reihung. Am Schluß zeigt Durand die Resultate als ein

„quod erat demonstrandum": Gerichtsgebäude, Bibliothek, Verwaltungsbau, Gefängnis, Irrenhaus, Krankenhaus. Hier besonders wird die Reihung das wichtigste Kompositionsprinzip, wie es das neueste war. Die Reihung ist so recht die Grundlage der neuen architecture civique. Durands Krankenhausentwurf ist beinahe eine Vorwegnahme des Hoffmannschen Pavillonsystems, und der Grundriß des Virchow-Krankenhaus mutet zunächst an, als handle es sich um eine Übung frei nach Durand: Alle Pavillons sind an einer Hauptachse aufgereiht, der großen Allee. Am Anfang liegt der Eingangshof: Bauten der Verwaltung, am Ende die Kapelle. Das ist Durandsch genug: wie wir sagten: frei nach Durand. Der Ton liegt aber auf dem Worte „frei": frei nach Durand, sehr frei nach Durand. Sieht man genauer hin, so bemerkt man, daß das Prinzip der Reihung allenthalben abgeschwächt wird: Eine Querachse kreuzt die Allee, sie ist jedoch großenteils überbaut. In der Allee wird sie durch eine platzartige Erweiterung mit einem Fontänebecken bezeichnet. Auch die Form der Pavillons ist weniger schematisch: jeder Pavillon hat in der Mitte einen zweigeschossigen Bau für den ärztlichen Dienst und eingeschossige Krankensäle an den Enden. Durands Schema wird aus zwei Gründen aufgelockert: einmal, weil die funktionalen Anforderungen der wilhelminischen Zeit erheblich differenzierter waren als die der napoleonischen Zeit; dann aber auch aus ästhetischen Gründen. Der strenge Rhythmus der Reihe wird nicht verschleiert, er setzt sich durch, bleibt das Hauptthema, aber er wird ins Liebenswürdige gewendet. Liebenswürdigkeit ist eine Eigenschaft der wilhelminischen Architektur. Wir werden noch davon zu sprechen haben. Der Wilhelminismus war nicht der Bonapartismus, und: Hoffmann war nicht Durand.

Wir haben uns ja recht eingehend darum bemüht, das Wesen der Hoffmannschen Architektur zu begreifen, und ich meine, wir würden erstaunt sein, wenn wir, da er sich mit großen Organisationen beschäftigt, den sensitiven Künstler als einen trockenen Systematiker wiederfänden. Er war es nicht. Er besaß weder die Starrheit Durands, noch dessen nach-revolutionäres Pathos. Aber auch er hatte, als er sich mit großen Gebäudekomplexen beschäftigte, eine Arbeit der Reduktion zu leisten. Dieser Arbeit kam der Barockstil entgegen, dessen er sich gewiß aus diesem Grunde so gern bedient hat. Wählt er einmal die flämische Renaissance wie im Irrenhause in Buch, so gelingt die Reduktion weniger gut: Die großen Baukörper sind zu kleinteilig aufgegliedert. In seinen barocken Kompositionen aber erreicht er die Klarheit und Knappheit der Form, die der großen Organisation angemessen ist. Hier ist nicht Raum für die Rustica mit Steinen, die aus der Fläche heraustreten. Die Baukörper sind klar geschnitten, das Relief ist flach, die Mansarddächer von großer Form und nur durch die weich aus der Fläche herausmodellierten Dachgauben unterbrochen. Das ist aber, obzwar im barocken Gewande, Architektur dieses Jahrhunderts.

Denn Reduktion war das Thema nicht nur der Hoffmannschen Arbeiten, es war das Thema der Zeit. Eben die Jahre, in denen er seine bekanntesten Bauwerke schuf – und sehr viele von ihnen waren 1907 bereits vollendet –, eben diese ersten Jahre des Jahrhunderts sind durch die Abkehr vom Jugendstil bezeichnet und durch die Hinwendung zu einem neuen Klassizismus als einem Mittel der Reduktion: 1904 hatte Peter Behrens sich endgültig vom Jugendstil gelöst. Er suchte nun nach den Elementen der Architektur, und er suchte sie in klassischen Formen. 1908 erschien Paul Mebens' Buch „Um 1800", vorher schon waren die ersten Bände der „Kulturarbeiten" von Paul Schultze-Naumburg erschienen; und Schultze-Naumburg empfahl als vorbildlich Häuser aus der gleichen Zeit um 1800. Wenig später veröffentlichte Friedrich Ostendorf seine „Sechs Bücher vom Bauen", in denen er sagte, es habe seit dem bürgerlichen Barock keine gute Wohnarchitektur mehr gegeben, und es gebe keinen Grund, warum man nicht zum bürgerlichen Barock zurückkehren könne. Ein Haus, sagt Ostendorf, sei kein Körper, sondern stets Teil eines Raumes. Es sei kein Individuum, es trete in die Reihe, und es werde typisch. Darum sei die Place Royale in Reims so viel besser als der alte Markt in Wien, wo ein jedes Haus seine Individualität wahrt. Das sei nicht mehr als ein Beieinanderstehen verschiedener Personen, nicht aber ein Raum, nicht Städtebau als Kunst. Für Hoffmann war diese Abwendung vom Individualismus ohnehin natürlich. Und der Jugendstil war an ihm wie an Messel vorübergegangen, ohne Spuren in ihrem Werk zu hinterlassen; für sie hatte er im Grunde nicht existiert.

Eben noch hatte Muthesius den englischen freien Plan empfohlen, dem die freie Form des Hauses entspricht, jenes Landhaus, welches, ein vielgliedriger Organismus, nach allen Seiten seine Ausbauten in den Garten hinausstreckt. Jetzt wird Einfachheit und Einhelligkeit auf die Tagesordnung gesetzt. Zwei Tendenzen können wir in diesem Streben nach Reduktion erkennen: einmal eine Besinnung auf die bürgerlichen Werte Schlichtheit, Zurückhaltung, Genügen, welche die Prunkarchitektur der Gründerjahre aus dem Bewußtsein verdrängt hatte, denen aber auch die volle Instrumentierung des großbürgerlichen Landhauses bei aller Zurückhaltung in den Formen nicht entsprach. Die andere Tendenz hängt mit der großen Organisation zusammen, welche in diesem Zeitalter der industriellen und finanziellen Zusammenschlüsse das Leben bestimmte. Die eine Tendenz war kleinbürgerlich, die andere monopol-kapitalistisch. Sie trafen sich aber in diesem Punkte. Hoffmanns Werk gehört der kapitalistischen Tendenz an, *seine* Reduktion ist bestimmt durch die große Organisation.

Wir haben Hoffmann als einen sensitiven Künstler vorgestellt, wir haben auf seiner Feinfühligkeit bestanden, eben weil er in die Geschichte als der Meister der großen Organisationen eingegangen ist. In Wahrheit war er beides, Künstler und Organisator; und eben diese Kombination machte ihn für sein Amt so hervorragend geeignet. Alle Versuche aber, die der Künstler Hoffmann unternahm, um die Härte der großen Organisation zu mildern, der plastische Schmuck etwa, an den Gebäuden des Virchow-Krankenhauses, konnten den Anstaltscharakter dieser baulichen Komplexe nicht vergessen machen: ein preußisches Element, wenn man will; ich allerdings ziehe es vor, hier von einem Element des wilhelminischen Deutschland zu sprechen. Ruskins ästhetischer Protest war auf das mittelalterliche Handwerk gegründet, er

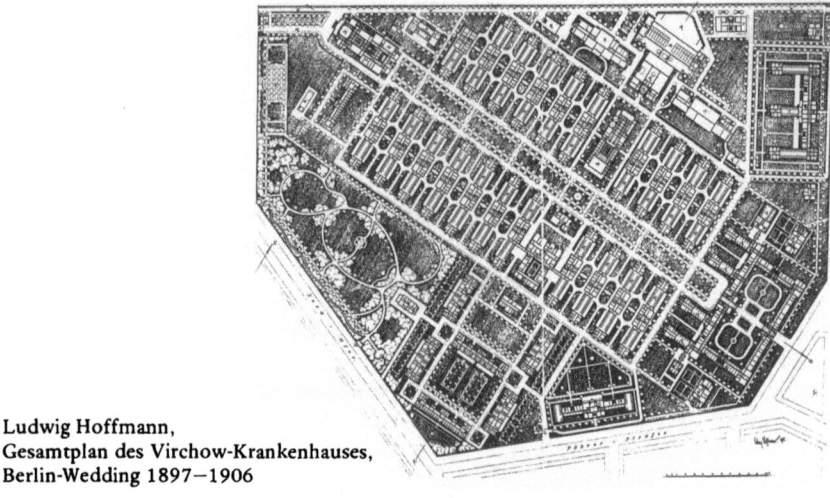

Ludwig Hoffmann,
Gesamtplan des Virchow-Krankenhauses,
Berlin-Wedding 1897–1906

war gegen die Industrie gerichtet und darum gesellschaftlich, sozial. Er hat ja
auch ein Buch geschrieben "Unto this last", was man übersetzen könnte „Für
die Ärmsten unter den Armen". Morris, der von den gleichen, von Ruskins Voraussetzungen ausging, forderte die soziale Revolution. Nichts lag Ludwig Hoffmann ferner als ein Verlangen nach der sozialen Revolution. Aber auch bei ihm
lief der ästhetische Protest nicht in sich selbst zurück, er war kein Mann des l'art
pour l'art. Die Schönheit seiner Schulen, Bäder, Krankenhäuser war Teil der sozialen Reform. Es gibt in Berlin kein Krankenhaus, welches den Kranken einen
so angenehmen Aufenthalt anbietet wie das Virchow-Krankenhaus. Schon aus
diesem Grunde, besonders darum, sollte man sich hüten, seine herrliche Allee zu
zerstören. Und wenn das Virchow-Krankenhaus das Prinzip der Reihung vorstellt, schon darum weil Hoffmann hier überhaupt ein neues Prinzip verwirklicht,
das Pavillon-System, so wird in den Gebäudekomplexen in Buch die Reihe gelok-
kert, in einigen Fällen aufgegeben. Die Gebäude sind um Höfe gruppiert. Hier gelingen Hoffmann Räume von großer Intimität, der bekannteste dieser Höfe ist
der im Altersheim. Man tut gut daran, den ganzen Grundriß der Anlage zu studieren. Man wird finden, daß die Höfe miteinander kommunizieren, so daß die
alten Leute abwechslungsreiche Spaziergänge machen können, von einem Raum
in den nächsten. Diese großen Anlagen des sozialen Bauens sind rücksichtsvoll
geplant. Der alte Mensch, der Kranke, der Geisteskranke, sie sollen spüren, daß
die Obrigkeit es gut mit ihnen meint. Die Obrigkeit hat sich sehr darum bemüht,
diese Gebäudegruppen für die Armen der Stadt so schnell wie möglich zu errichten. Ich weiß von keiner anderen Stadt, welche die gleiche Aufgabe mit ähnlicher
Energie in Angriff genommen hätte. Mit Ausnahme des Museums und des Stadthauses sind alle Planungen Hoffmanns Sozialbauten. Das ist im Zeitalter des Kai-

sers die Arbeit Berlins. Die Obrigkeit sollte wohltätig sein und sich wohltätig darstellen. Gleichwohl bleibt im Bilde dieser Bauten die Autorität gewahrt, man spürt ihre Gegenwart deutlich. Sie drückt sich auch in Einzelheiten aus. Man muß die „englischen Landhäuser" im Irrenhaus Buch in Anführungszeichen setzen. Sie sehen behaglich aus, gewiß, man sagt sich: „So gut haben es hier die Geisteskranken!" Aber das Institutionelle schlägt durch, man spürt auch in ihnen die Disziplin. „Hier wird pariert", scheinen sie zu sagen, nicht eben: „verdammt noch mal!" wie früher, aber doch „bitte gefälligst!" Wir sehen jetzt, meine ich, warum ich dieses Element der Disziplin nicht preußisch nenne, sondern wilhelminisch.

Das wilhelminische Zeitalter ist das Zeitalter der Reform, die ihre Grenzen kennt und auf ihnen besteht. Es ist die Zeit der großen Zusammenschlüsse, der Konsolidierung des Monopolkapitalismus. Damals haben so verschiedene Geister, wie Friedrich Naumann, der soziale Pfarrer, Politiker und Werkbundmann, Karl Scheffler, der Architekturkritiker, und Walter Rathenau, der Großindustrielle, davon gesprochen, daß die soziale Revolution unnötig geworden sei; denn mit wachsender Macht sei bei den Trustherren das Bewußtsein ihrer sozialen Verantwortung gewachsen; und es sah so aus, als haben sie recht, da man allerorten der Reform begegnete – der Reform in Grenzen. Die Gründe, die hinter diesem Streben nach Reform standen, mögen komplex gewesen sein, es mag sich in ihnen soziale Verpflichtung mit dem geschäftlichem Kalkül und mit dem Wunsch gemischt haben, der Umsturzpartei – so nannte man damals die SPD – den Wind aus den Segeln zu nehmen und die soziale Revolution ein für allemal zu begraben. Gleichviel, der Anblick so vieler sozial-freundlicher Bestrebungen und Einrichtungen wirkte ermutigend: Es ging voran in Deutschland und mit Deutschland. Schon der alte Fontane hatte 1897 geschrieben, er stehe zum Kaiser, es sei ihm auch recht, daß er England demütigen wollte; nur könne er dazu nicht die Ostelbier brauchen. „Die Ritterrüstung muß fort", schrieb er, „und ganz andere Kräfte müssen an die Stelle treten: Geld, Klugheit, Begeisterung". Geld und Klugheit: Damit meinte Fontane die Mächte, die wir meinen; und die Begeisterung mußte aus dem Bewußtsein des rapiden Fortschrittes, des sozialen Fortschrittes im besonderen und aus der Hoffnung auf die herrlichen Zeiten entstehen, denen der Kaiser Deutschland entgegenzuführen versprach. Der Kaiser reformierte durch seine Sozialgesetzgebung, die großen Unternehmen reformierten: es entstanden luftige, saubere und schöne Fabriken, auf die der Arbeiter stolz sein konnte; es entstanden auch Siedlungen: Haus und Garten für den Arbeiter; und, nicht zu vergessen, es entstanden die Krankenhäuser im Park, das Volksbad als Palazzo, die weiträumigen, imposanten Schulbauten in Berlin. Und das alles war schön. Dies ist die letzte Feinheit in dem Prozeß einer „Hebung" der Arbeiterklasse, wie man das nannte: der Einsatz der Kunst als agens einer Reform, die das Daseinsgefühl steigern sollte – und damit übrigens auch, wie Fritz Schumacher in der Gründungsrede des Deutschen Werkbundes sagte, die Qualität der Leistung –, und die um die Gestalt der Autorität einen schönen

Schleier wob. Das soziale Bauen der Stadt Berlin in der Ära Ludwig Hoffmann steht in diesem Zeichen.

Und hier begegnet sich Hoffmanns Wunsch nach ästhetischer Erneuerung, von dem wir eingangs gesprochen haben, mit der Reform, an der er durch seine Sozialbauten so aktiv teilgenommen hat. Wir dürfen das jetzt zusammenfassen und von einer Reform durch Schönheit sprechen, *auch* durch Schönheit: Schönheit als agens für das Wohlbefinden, Würde als signum der wohlwollenden Autorität. Denn es ging ja darum, daß das Volk die Autorität anerkennen sollte. Man sollte sehen, daß sie mehr für das Volk tut als je vorher getan wurde. Die Schulen, die Blankenhorn in Berlin gebaut hatte, sind gute Archtiektur. Einige sind gegenwärtig geneigt, sie über die hoffmannschen Schulen zu stellen; aber niemand kann sagen, daß sie einladend wirken, oder daß ihre Klassen und Gänge Räume sind, in denen man sich gern aufhält. Zudem sind sie alle vom gleichen Typ, was wieder eine Tugend sein mag, weil es dem Zeichen „Schule" entspricht. Das Zeichen Schule ist aber hier ein Zeichen für Zwang, Eintrichtern, Paukerei, Strafen. Das wenigstens empfinde ich bei ihrem Anblick; und da sie gute Architektur sind, adäquate Architektur, so drücken sie das in ihrer Gestalt auch aus; denn Erziehung durch Zwang, Pauken, Strafe wurde zur Zeit ihrer Erbauung nicht in Frage gestellt. Hoffmanns Schulen sprechen bereits von einer Schulreform, mögen ihre wilhelminischen Anfänge auch bescheiden gewesen sein. Jaik hat dafür ein schönes Wort, er nennt die Schulen „freundliche Komplexe, die dem preußischen Schulsystem seine unnahbare Strenge nehmen". Man hat ja damals in den Schulen schon gewisse Sprachregelungen befolgt, wie „Übungsarbeit" anstelle von „Strafarbeit"; es gab auch keine Prügelstrafe mehr. Auch Hoffmanns Schulen sind Zeichen, welche eine wohlwollende Autorität gesetzt hat, wobei ich wieder beide Worte betonen möchte: wohlwollend und Autorität; denn sie sprechen ja nicht von einer antiautoritären Erziehung.

In den Schulen hat sich Hoffmann große Freiheit in der Wahl des Stils gelassen. Neben dieser Freiheit in der Wahl der Formen fällt aber hier − und in Hoffmanns Werk überhaupt − noch etwas anderes auf. Die Stadt Berlin hat ihre Neubauten in Jahrgängen herausgegeben: 1898 bis 1911, ich glaube, danach ist kein weiterer Band erschienen. Der Band 1911 enthält das neue Stadthaus. Alle abgebildeten Gebäude sind, wie wir gesehen haben, Kompositionen von großem Können und Bauten von genauester und schönster Durcharbeitung jeder Einzelheit. Nur etwas fehlt: Es gibt keine Entwicklung. Das Stadthaus hätte auch recht bald nach dem Reichsgerichtsgebäude in Leipzig gebaut werden können, das Virchow-Krankenhaus zu jeder Zeit zwischen 1900 und 1910. Hoffmanns Bauten wirkten, als er antrat, außerordentlich modern, 1912 waren sie immer noch modern, aber sie hatten, davon haben wir ja eingangs gesprochen, an der Entwicklung, die in diesen Jahren stattfand, nicht teilgenommen. Nach dem Kriege mußten sie anachronistisch wirken. Vergessen wir nicht, daß Hoffmann neun Jahre älter war als Muthesius und achtzehn Jahre älter als Poelzig. Hoffmanns Generation machte einen Schritt und blieb stehen. Auch Messel ist im Grunde nur einmal aus der Architektur seiner Generation herausgetreten: bei der Wertheim-Front in der Leipziger Straße. Den zeitgenössischen Kritikern, Stahl, Scheffler, war nicht ganz wohl dabei. Sein letztes Werk, das Pergamon-Museum, welches Hoffmann nach Messels Tod vollendet hat, gehört der neuen Architektur nicht mehr an als Hoffmanns Schulen und Krankenhäuser.

Messel: Wir müssen dem Thema Messel und Hoffmann einige Worte widmen. Hoffmanns Statur als Architekt ist ja durch zwei Umstände beeinträchtigt worden. Von dem einen haben wir gleich zu Anfang gesprochen: Es ist die neue Architektur, die Architektur, die Berlin in den späten zwanziger Jahren geprägt hat, die Architektur, die wie eine Flutwelle hereinbrach, die zurückgestaut worden war: zurückgestaut durch den alten Stadtbaurat. Der andere Umstand war der, daß Hoffmann im Schatten eines Größeren gestanden hat; denn daß Messel, der Landsmann, Studienkollege und lebenslange Freund, der Größere gewesen ist, wollen wir nicht leugnen. Neben Messel aber Ludwig Hoffmann mit den Worten abzutun, die Scheffler für ihn gebraucht hat, er sei „alles in allem einer der freiesten und erfahrensten Baubeamten, die wir zur Zeit haben", das geht nicht an. Er war entschieden mehr als das. Um dieses Mehr kennen zu lernen, lade ich Sie nun am Schluß ein, zwei Bauten mit mir zu betrachten: eine Schule und einen Industriebau.

Die Schule ist das Friedrichs-Realgymnasium. Sie ist ein extremes Beispiel seines Manierismus. Der Bruch zwischen dem rustizierten Erdgeschoß und den glatten Geschossen darüber ist hier noch härter als der zwischen Rustica und glatter Mauer in der Baerwaldstraße. Die plastischen Aufsätze auf der der Wand anliegenden, also ganz manieristisch eingesetzten Balustrade über dem Erdgeschoß wirken nicht als Übergang zwischen den Geschossen; vielmehr sehen sie so aus, als stünden sie (über der Balustrade) vor dem freien Himmel. Im ersten Geschoß sind sie Fremdkörper. Die dreiteiligen Fenster der Obergeschosse vollends haben mit den Bögen des Erdgeschosses nichts zu tun: es ist interessant, daß ich die Obergeschosse als zu einem anderen Gebäude — (später dazugebaut) — gehörig angesehen habe: in der Erinnerung habe ich sogar ihr Vorhandensein verdrängt und nur an ein Erdgeschoß zurückgedacht.

Dieses Erdgeschoß besitzt keine rustizierten Flächen: bis auf die engen Zwickel zwischen Bogen und Pfeiler gehört die Rustica ganz den konstruktiven Baugliedern: Pfeiler preßt gegen Bogen, Bogen gegen Pfeiler; und nach oben preßt der Bogen mit übertrieben starken Wölbsteinen gegen das Geison des Gebälkes: Architrav und Fries werden von ihm überschritten und treten nur wenig in Erscheinung; obwohl diesem aus glattem Stein gefertigten Gebälk ein Pilasterkopf — oberste Halbschicht und Kapitell — aus glatten Steinen unterstellt ist. Zu ihm gehört auch die glatte Basis unter der Rustica, welche hier also den Pilaster umhüllt. Auch dieses Motiv hat Hoffmann nicht erfunden: es erscheint bereits in William Chambers' Somerset House in London (Ende 18. Jh.), welches Hoffmann gekannt hat; aber Hoffmann steigert die dort recht zahme, ja, etwas kauzige Wirkung zu dem Aufeinanderpressen aller Bauglieder, welches die Archi-

Ludwig Hoffmann,
Stadtbad Baerwaldtstraße,
Berlin 1897–1901, Fassade

Ludwig Hoffmann,
Friedrichs-Realgymnasium,
Berlin Mittenwalder Straße

tektur des Erdgeschosses bezeichnet. In stärkstem Gegensatz endlich zu den rauhen Pfeilern und Bögen steht die glatte Fensterumrahmung. Zwischen den glatten und den rustizierten Bogen schiebt sich ein zurückliegender ornamentierter Bogen: das Ornament liegt im Schatten, lediglich seine Anwesenheit wird registriert. Dieser ornamentierte Bogen ist der am meisten wilhelminische Teil der Komposition: er „lächelt". Wilhelminisch ist allerdings auch die bei aller Kraft im einzelnen über die ganze Fläche hin wirksame Zurückhaltung des Reliefs.

Der Industriebau ist das Gaswerk Tegel. Ich muß Ihnen gestehen, daß Hoffmanns Autorschaft hier nicht gesichert ist. Die Gaswerke hatten ihr eigenes Baubureau. Aber keine Nachfrage hat den Namen eines Architekten ergeben, und Kurt Pomplun, der sich, wie wir wissen, auskennt in Berlin, sagte: „Er wird schon seine Hand darin gehabt haben". Hoffmann hat übrigens auch einen Verwaltungsbau für die Städtischen Gaswerke gebaut.

In Tegel nun sehen Sie das Prinzip der Reihung in aller Strenge; und zwar ist es eine alternierende Reihe: Schornsteine wechseln mit halbrunden Treppenhäusern ab. Die Flächen dazwischen enthalten große, gotische Fenster, sehr einfach behandelt, und sind mit einem Fries kleiner Spitzbogenfenster abgeschlossen. Der Bau ist zwischen 1902 und 1905 entstanden, also einige Jahre vor Behrens' Turbinenfabrik von 1909. Er führt auch nicht, wie die Turbinenfabrik, neue Elemente ein; aber die Souveränität, mit der der Architekt hier mit den permanenten Elementen der industriellen Architektur umgeht, läßt bedauern, daß er nicht mehr Industriebauten geschaffen hat.

Meine Damen und Herren, ich schließe diesen viel zu langen Vortrag mit einer Bitte: Sie betrifft das Erbe. Max Osborn hat damals, in der Laudatio von 1912, gesagt, Hoffmann habe — zusammen mit Messel und seiner Schule — das Bild Berlins geprägt wie keiner nach Schinkel. Das bleibt wahr; und jeder Stein, der aus dieser wilhelminischen Krone Berlins herausgebrochen wird, ist unersetzbar. Das betrifft ganz besonders das Virchow-Krankenhaus. Ich habe davon gesprochen, daß es in Gefahr ist, und zwar ist es gerade die herrliche Allee mit den Pavillons, die man zerstören will. Das Pavillon-System, heißt es, sei überholt. Nun, die ärztliche Meinung über diesen Punkt ist nicht einhellig: Viele begrüßen es, daß sie zwischen Visiten ein paar Schritte in freier Luft gehen dürfen, viele weisen darauf hin, was es für die Kranken bedeutet: Ein Krankenhaus ist keine Heilfabrik. Damals kamen Ärzte aus vielen Ländern nach Berlin, um Hoffmanns Pavillon-System zu sehen und zu studieren. Es ist ein Dokument einer sehr menschlichen Phase im Krankenhausbau. Ich bitte Sie, meine Damen und Herren, erheben auch Sie ihre Stimme, helfen Sie, das Krankenhaus zu retten. Und lassen Sie sich nicht ins Boxhorn jagen, wenn der sogenannte Sachverstand Ihnen weismachen will, daß Sie davon nichts verstehen. Zu Kaisers Zeiten sprach man vom beschränkten Untertanenverstand. Es wird hohe Zeit, daß wir anfangen von dem beschränkten Sachverstande zu sprechen.

Vortrag in der Akademie der Künste, Berlin, 1977

Vielleicht ist Adolf Behne der erste gewesen, der versucht hat, der Architektur vor etwa hundert Jahren gerecht zu werden. Er schreibt:

Man betrachte eine ganz moderne künstlerische Großstadtstraße. Sie wirkt als dicke Sentimentalität mit ihren Intimmotiven fast unerträglich neben den alten, ganz zu Unrecht verpönten der sechziger Jahre.

Die „ganz moderne künstlerische Großstadtstraße mit ihren Intimmotiven" ist natürlich die Grolmannstraße von Albert Gessner mit ihrer – für uns wieder reizvollen – Landhausarchitektur mitten in der Stadt. Mit ihr vergleicht Behne die Straßen der sechziger Jahre, von denen heute nur noch einige im Bezirk Kreuzberg übrig geblieben sind; er hätte sogar von den Straßen der siebziger Jahre sprechen können, der eigentlichen Gründerjahre; denn der Gründerkrach geschah bereits 1873. Er findet sie, mit denen Gessners verglichen, noch anständig, preußisch, schinkelisch, könnte man sagen. Oder auch fontanisch; denn auch Fontanes Erscheinung ist in dieser Zeit ein Zeichen dafür, daß der Geist Preußens im Kaiserreich nicht so völlig untergegangen ist, wie Moeller van den Bruck in

Karl Friedrich Schinkel, Bauakademie, Berlin 1832–35

seinem Buch vom Preußischen Stil das darstellt. Auch Moellers Kritik gilt wohl mehr der Zeit Wilhelms des Zweiten als der des alten Kaisers. Fontane selbst fand sein Berlin noch schinkelisch. Es gelang Schinkel, sagt er,
unserer Residenz den Stempel aufzudrücken, den sie bis diese Stunde trägt. Denn auch was nach ihm gebaut worden ist, ist zum guten Teil Geist von seinem Geist.
Es ist der Geist der Berliner Schule; und wenn die Berliner Schule nicht mehr wie Schinkel „hellenisch" gebaut hat, so baute sie eben doch hellenisch im Sinne Franz Kuglers, für den das Wort ein Signum der Qualität ist: er hätte sagen dürfen „architektonisch". Eben das meinte Adolf Behne.

Die Formen waren die der Renaissance, wenigstens waren sie das in den meisten Fällen: Schinkels Museum ist im ionischen Stil gebaut, Martin Gropius' Museum ist ein Palazzo; aber vergleichen wir es mit den Werken der echten Renaissance des 19. Jahrhunderts, etwa mit Sempers Galerie in Dresden − 1847−54 −, von seinen späteren Arbeiten, wie dem zweiten Opernhaus für Dresden, gar nicht zu sprechen −, so erkennen wir in der Flächigkeit, dem zarten Relief und sogar in den Einzelformen unschwer Geist vom Geiste Schinkels. Und das zweite Opernhaus wurde etwa zur gleichen Zeit gebaut wie das Museum (1877/81).
1877−81.

Nun ist bei diesem Bau der Anklang an Schinkel auch in den Formen nicht eben verwunderlich; denn offenbar hat Schinkels Bauakademie − 1832−35 − dem

Martin Gropius, Kunstgewerbemuseum, Berlin 1877−81, Ansicht

Leon Battista Alberti, Palazzo Ruccellai, Florenz 1446—51

Museum als Vorbild gedient. Sogar das Material — Backstein und Terrakotten — ist das gleiche; ebenso entspricht die Fenstereinteilung im großen und ganzen der in der Bauakademie; wobei man freilich bemerken muß, daß das Erdgeschoß, das man in Schinkels Bau ein Pseudo-Sockelgeschoß nennen könnte, zum echten Sockelgeschoß herabgedrückt ist, daß die Fenster der beiden Hauptgeschosse eng zusammengeschlossen sind und daß die Fenster im Abschlußgeschoß in den Fries eingestellt sind; denn — hier kommen wir zum Wesen dieser Umwandlung — der nach der Konstruktion vertikal gegliederte Bau Schinkels wird bei Gropius gelagert, geschoßbetont, in der Tat renaissancistisch behandelt. Dem entspricht eine größere Entschiedenheit, ein stärkeres, wenn auch nicht viel stärkeres Relief, ein etwas größerer Reichtum in den Einzelformen und im Material: Werkstein für das Gebälk und die Fensterumrahmungen, Mosaik im Dachgeschoß. Das Museum *ist* ein Palazzo. Bewahrt wurde die schinkelische Zurückhaltung, die man auch preußisch nennen mag.

Sogar die acht Fensterachsen der Akademie kehren in den Seitenfronten des Museums wieder. An diese Fronten erinnert man sich, wenn man an das Gebäude denkt. Offenbar wollte sein Architekt einen reinen Kubus schaffen, ohne Betonung der Mitte; denn der Eingang in der Symmetrieachse fügt sich dem reinen Kubus nicht, höhlt ihn sozusagen aus. Darum wird er im Palazzo, wenn er einmal nicht zu vermeiden war, unauffällig behandelt wie im Palazzo Pitti; oder er *wird* vermieden, wie im Palazzo Ruccellai — 1446—51. Der Palazzo Ruccellai hat

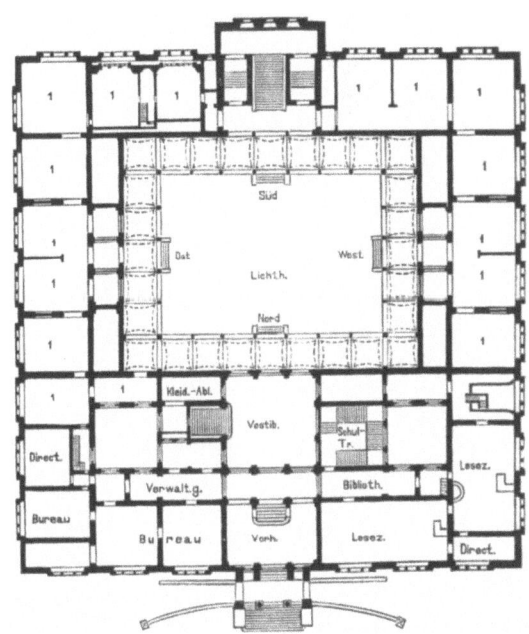

Martin Gropius,
Kunstgewerbemuseum,
Berlin 1877—81, Grundriß

acht Achsen und zwei Eingangstüren. Aber so bescheiden wie dort oder gar wie in der Bauakademie, wo zwei kleine Eingangstüren nebeneinander stehen, zu beiden Seiten der Gebäudemitte, durfte Martin Gropius seinen Eingang zum Museum offenbar nicht gestalten: er durfte dem Bau das Zentralmotiv nicht versagen; aber es fällt auf, wie gezwungen dieses Zentralmotiv wirkt. Geradezu ungeschickt wirkt das entsprechende Motiv auf der Rückseite des Gebäudes: der aus dem Kubus heraustretende Vorbau dort ist die schwache Stelle an diesem Bau; man möchte ihn in den Kubus zurückdrücken. Es erhellt aber aus dieser Betrachtung, wie gegenwärtig Schinkels Bauakademie dem Manne der Berliner Schule, Martin Gropius, gewesen ist.

Die Bemerkung sei gestattet, daß auch Mies van der Rohe in der Nationalgalerie — 1962—68 — das Gesetz der fehlenden Mittelachse im Kubus respektiert hat, obwohl doch *sein* Kubus transparent ist. Dort hat die Quadratseite vierzehn Joche, also ebenfalls eine gerade Zahl: in der Mitte jeder Seite steht ein Pfosten. Ob Mies dabei an die Bauakademie gedacht hat, ob er nur die eigene tiefe Weisheit zu Rate gezogen hat, dürfen wir dahingestellt sein lassen; aber bemerken möchte ich, daß er es bei Gebäuden mit quadratischem Grundriß immer so gehalten hat: beim Hause auf einer Grundfläche von 15 auf 15 Metern, beim Bürohaus für Bacardi in Santiago de Cuba, dem Vorgänger der Nationalgalerie, und bei der Convention Hall für Chicago, einem Bau von 220 Metern Seitenlänge: Immer steht in der Mitte jeder Seite eine Stütze.

Eine allgemeine Betrachtung drängt sich auf: der reine Kubus, sagten wir, werde durch den Mitteleingang quasi ausgehöhlt und dadurch in seinem Wesen beeinträchtigt. Sein Wesen ist Geschlossenheit. Will man den Eingang in der Mitte, so muß man den Kubus aufgeben: man fügt dem Bau Seitenflügel an, man schafft die Cour d'honneur, das heißt, man betont die Perspektive. Der Kubus ist a-perspektivisch. Ein Eingang in der Mitte impliziert bereits die Perspektive; und der Architekt, der ihn wählt, tut gut daran, den perspektivischen Charakter des Gebäudes zu betonen. Aus der Zeit des Barock ist Versailles — 1684 — von Jules Hardouin Mansard das überzeugendste Beispiel einer perspektivischen Architektur, da der Eingangshof sukzessive enger wird: der innerste Hof wirkt beinahe intim. Ein noch stärkeres Mittel, die Saugwirkung des Eingangs hervorzuheben, ist die diagonale Anordnung: man betritt das Haus im Schnittpunkt der beiden Flügel. Am konsequentesten hat Hermann Muthesius diese Anordnung im Hause Freudenberg in Berlin-Nikolassee — 1907—08 — gestaltet. Dem Besucher, welcher die Zugangsallee herabschreitet, scheinen die Flügel des Hauses entgegenzukommen, als wollten sie ihn umfangen; und wie in Versailles, aber auf subtilere Art, scheint der Maßstab des Hauses sich dem Ankommenden zu verringern. Aus einer Geste der Repräsentation wird eine Geste des Empfangens: es ist eine weibliche Architektur, während der Kubus der stärkste Ausdruck einer männlichen Architektur ist.

Wir haben nicht ohne Absicht Mies van der Rohe im Zusammenhang mit einem Gebäude der Berliner Schule erwähnt. Es ist schon ein Gemeinplatz geworden, auf die Filiation der neuen Architektur in Berlin von Schinkel über Behrens hinzuweisen: Schinkel—Behrens—Mies. In diese Reihe muß man den Namen des älteren Gropius einstellen; und ich meine, man sollte ihn betonen; denn die Wirkung der Berliner Schule, oder sagen wir, die Kontinuität des preußisch-schinkelischen Einflusses ist in der Berliner Architektur der zwanziger Jahre nicht zu übersehen.

Es hat aber in dieser Kontinuität eine Unterbrechung gegeben, das wilhelminische Barock. Cornelius Gurlitt, welcher so viel dazu beigetragen hat, das Barock wieder zu Ehren zu bringen, lehnte die Berliner Schule ab. Für ihn waren Schinkel und seine Nachfolger ein Glied in jener Kette, die von Palladio bis zu den Eklektizisten des 19. Jahrhunderts führt. Es herrsche in dieser Architektur, sagt Gurlitt,

ein gleiches Streben, ein gleicher Geist: die Unterordnung unter das Vorbild, jener Geist, den Michelangelo bekämpfte und dem das Barock und Rococo erlagen. Der Geist des Gesetzes, der Regel, des Wissens im Gegensatz zur rücksichtslosen Selbstdarstellung des eigenen Geschmackes. Schinkel half, die Sache Palladios gegen Michelangelo zum Siege zu bringen. Und wenn heute wieder der gewaltige Florentiner als Sieger in der Kunstauffassung erscheint, so sind doch die letzten Worte im Kampf zwischen den beiden großen Strömungen noch nicht gesprochen.

In der Tat, das waren sie nicht. Gurlitt war nicht lediglich der Historiker des Barock, er hatte eine sehr bestimmte Anschauung von *der* Architektur seiner Zeit, die er fortschrittlich, und von der, die er konservativ nannte: Konservativ war die Berliner Schule, welche selbst um 1900 noch so gegenwärtig war, daß Gurlitt es für angemessen hielt, immer wieder gegen sie Stellung zu nehmen; fortschrittlich waren die Männer der malerischen neugotischen Schule, wie Hase in Hannover; wahrhaft modern aber war in seinen Augen das Völkerschlachtdenkmal von Bruno Schmitz; denn hier, endlich, waren die alten Ordnungen und Gliederungen überwunden, und es entstand ein Werk aus einem Guß:

Bis weit in den Barockstil zurück fehlte der Architektur ein so starkes Gefühl für die Massen, für die Linie, ein so starkes Raumempfinden. Das architektonische Gerüst, die „Ordnungen", war stets die Hauptsache gewesen: „Der Pilaster ist die Hure der Architektur", sagte Rieth einmal zu mir.

Das Völkerschlachtdenkmal *besaß* die Qualitäten, von denen Gurlitt spricht. Der Bau aus einem Guß nimmt in gewissem Sinne Mendelsohns Skizzen voraus. Zwischen ihm aber und den Skizzen liegt in Berlin ein neuer Palladianismus, die Architektur Ludwig Hoffmanns, und ein neuer Schinkelismus, Peter Behrens' asketischer Klassizismus. Und *nach* Mendelsohn kommen in den späten zwanziger Jahren Mies und Walter Gropius; und wir haben ja davon gesprochen, daß zwischen der modernen Architektur jener Jahre und der Berliner Schule ein Zusammenhang besteht. In der Tat lösen die beiden großen Strömungen, von denen Gurlitt spricht, einander in der Baugeschichte Berlins periodisch ab; und man könnte diese Bewegung in Gegensätzen, diese Berliner Dialektik, über die zwanziger Jahre hinaus weiter verfolgen; denn um 1960 wächst wie ein Protest gegen die Trockenheit des zweiten Funktionalismus nach dem letzten Kriege der Bau der Philharmonie. Damals entdeckte man auch wieder die „Gläserne Kette" und Mendelsohn.

Diesmal aber erfolgt die Gegendemonstration fast gleichzeitig und an der gleichen Stelle: Mies' Nationalgalerie, die letzte Verwirklichung einer klassischen Architektur. Wir haben aber in dieser Studie auf die geheime Beziehung hingewiesen, welche zwischen der Nationalgalerie und dem Kunstgewerbemuseum des älteren Gropius besteht, dem bedeutendsten Bau der Berliner Schule.

Aus einem Vortrag im Kunstgeschichtlichen Institut der
Technischen Universität Berlin, 1978

41 Anonyme Architektur (1978)

Anonyme Architektur, also Architektur ohne Architekten, finden wir aus zwei Gründen interessant: Einmal haben die Erbauer der Bauernhäuser aller Zeiten und Zonen und auch der städtischen Häuser, soweit sie nicht zu repräsentieren brauchten, ohne Bindung an den Formenapparat arbeiten dürfen, der für die hohe Kunst der Architektur geschaffen wurde. Dabei sind ihnen Hausgestalten gelungen, die kein Architekt zu entwerfen gewagt haben würde. Zum anderen sind das Gehäuse, welche einem bestimmten Gebrauch aufs Genaueste dienen. Sie benutzen dabei die Materialien und Techniken, welche jeweils zur Verfügung standen. Sie entsprechen also genau den gesellschaftlichen Bedingungen Gebrauch, Material, Produktionsweise und noch einer anderen gesellschaftlichen Bedingung: der Stellung des Hausherrn in der Gesellschaft und dem Wunsch, den er hat — oder dem Zwang, der ihm gebietet — diese Stellung in der Gestalt seines Hauses zum Ausdruck zu bringen. Eine nicht-gesellschaftliche Bedingung kommt dazu: das Klima. Das Ergebnis sind Gebäude, welche einen bestimmten Dienst genau leisten und ihre Leistung gleichzeitig darstellen: Man kann das eine epische Art des Bauens nennen.

Man meint, man könne von solchen Gebäuden Anregungen für unsere eigene Arbeit gewinnen. Der Abt von Saint Denis, Suger (um 1140), hat dafür ein passendes Wort gefunden: Anagogie. Das ist eine Zusammenziehung von Analogie und Pädagogik: Lernen, indem man aus dem Ergebnis fremder Bedingungen für die Arbeit unter unseren Bedingungen Folgerungen zieht, als analog verfährt wie die Menschen anderer Zeiten und anderer Zonen verfahren sind.

Dazu gehört allerdings dies: daß man selbst ein ebenso genau festgelegtes Programm zu erfüllen hat wie die Bauleute, die so sprechende Lösungen gefunden haben. Es gehört dazu aber noch mehr: Man muß ähnliche Schwierigkeiten zu überwinden haben wie jene. Endlich — und das scheint dem eben Gesagten auf den ersten Blick zu widersprechen: Man muß in einer Tradition arbeiten können. Betrachten wir diese drei Voraussetzungen etwas genauer:

1. Das Programm. Denken wir einmal an das Lübecker Stadthaus: Es brauchte unten die große Deel für das Kontor und die Inspection der Waren, welche hereinkamen, und es brauchte in den Dachgeschossen die Lagerräume. Im Zwischengeschoß und in dem Flügel, der sich in den Garten erstreckte, fanden die Räume der Familie Platz. Schon das englische Stadthaus des 18. Jahrhunderts besaß ein Programm dieser Art nicht mehr, weil man in den "georgian" Häusern nur noch wohnte. Was ihnen Charakter gab, war der bürgerliche Lebensstil des 18. Jahrhunderts: Sie waren fein, aber monoton. Die Landhäuser der victorianischen Zeit besaßen dann wieder ein differenziertes Programm: Jeder Tätigkeit wurde ein besonderer Raum zugewiesen. Weil es ein genaues Programm zu erfüllen hatte, ist dieses Haus so interessant, darum ist noch das schwächere Abbild desselben, welches Muthesius für das deutsche Großbürgertum verwirklichte, interessant. Die Architekten, welche 1930 — und später — die berühmten Häuser für Madame Savoye und Mrs. Farnsworth gebaut haben, machten selbst das Programm; und diese Häuser wurden ja dann auch nicht bewohnt. Das waren Idealprogramme, welche den Bauherren aufgezwungen wurden, und diese ließen sich das gefallen, weil sie dafür einen echten Le Corbusier erhielten oder einen echten Mies, etwa so, wie man Bilder sammelt. Im sozialen Wohnungsbau war es noch schlimmer: Die Taut, Haesler, Wagner bauten so, wie sie meinten, daß Arbeiter und Angestellte wohnen sollten: Diese wurden nicht gefragt, hätten auch keine präzisen Antworten geben können. Tessenow ist vielleicht der einzige gewesen, der die Lage und die Wünsche der Leute, für die er baute, genau kannte. Das waren Leute aus dem Kleinbürgertum, und Tessenow bediente sie handwerklich. Die Schicht gibt es noch; aber sie bedeutet weniger, ihre Lebensumstände haben sich verändert, die Techniken des Bauens haben sich verändert.

Folgerung: Will man „anagogisch" verfahren, besitzt aber kein Programm mehr, das sich an Genauigkeit mit denen der „anonymen Architektur" vergleichen ließe, so befindet man sich in einer gewissen Verlegenheit.

2. Die materiellen Schwierigkeiten. Semper hat darauf hingewiesen, daß die ägyptischen Skulpturen auch darum so eindrucksvoll sind, weil in ihre Gestalt die Mühe eingegangen ist, die es machte, den härtesten Stein, Granit, mit ägyptischen Werkzeugen zu bearbeiten. Was aber geschieht, fragt er, seit wir den Granit schneiden können wie Seife? Auch an diesem Punkt bricht die „Anagogie" zusammen, oder, sagen wir, die Übersetzung wird erheblich schwieriger, da man vom handgemachten Bauteil: Mauer, Dachstuhl, Fachwerk, Fenster, Treppe, in die neue Sprache der industriell gefertigen Bauelemente übertragen müßte. Wir sprechen hier das Formproblem der Konstruktion an, die zuviel leistet, zuviel kann: Kann sie einmal alles, dann verschwindet die Form.

3. Die Tradition. Ich sagte, diese Bedingung widerspreche — auf den ersten Blick — den beiden anderen; man darf aber zweierlei nicht vergessen: 1. Anonyme Architektur ist typische Architektur, das Ergebnis war immer *das* niedersächsische Haus, *das* Lübecker Haus, *das* arabische, ägäische, malayische Haus: Es wurde in einer Arbeit, an welcher Generationen teilnahmen, ein Typ geschaffen, der so angemessen war, daß man von ihm nicht mehr abwich. Man konnte ihn nur noch variieren. 2. Es ist aber auch durchaus denkbar, daß bereits am Anfang dieser typenbildenden Arbeit eine Tradition gestanden hat. Es ist nämlich nicht immer möglich, die Formen eines „anonymen" Hauses aus der Aufgabe, also funktional, abzuleiten: Man hat lange geglaubt, daß die malayischen Häuser darum vom Boden abgehoben auf Stützen gebaut sind, weil man sie vor dem Wasser, vor Raubtieren, Schlangen, kriechenden Insekten schützen wollte. Man hat aber bei anderen Völkern, die unter praktisch den gleichen Umweltbedingungen leben, Häuser gefunden, welche *nicht* auf Stützen stehen. Es gibt also Traditionen des Bauens, welche man nicht, oder nicht mehr, funktional erklären kann: „nicht mehr", wenn man annimmt, daß der Tradition immer eine Funktion zugrunde liegt; wir kennen diese Funktionen nicht mehr. Ich brauche kaum zu betonen, daß wir gegenwärtig nur noch rudimentäre Traditionen besitzen; und einige dieser Traditionen — die bürgerliche Gute Stube zum Besipiel — sind so veraltet, daß wir sie nicht mehr brauchen können:

Traditionen müssen nämlich lebendig sein, damit man erwarten darf, daß sie zur Gestalt des Hauses einen Beitrag liefern. Wie kann man also aus Bauweisen, welche (unter anderem) von Traditionen bestimmt waren, "more anagogico" lernen?

Wenn man aber nicht übersetzen kann, so liegt die Gefahr immer nahe, daß man einfach überträgt. Das haben die Nazi-Architekten versucht, und damals hatte es (beinahe) eine gewisse Berechtigung; denn sie wollten ja mit den Häusern ein kerniges, wahres, bodenständiges deutsches Bürgertum schaffen — oder, wie sie meinten, wieder schaffen. Heute führt die Übertragung zur Holzküche.

Das ist eine merkwürdige Einleitung zu einer Aufsatzreihe, welche sich mit eben diesem Thema beschäftigen will: was man aus den anonymen Architekturen anderer Zeiten und anderer Zonen für die eigene Bautätigkeit lernen kann. Aber vielleicht ist ein Wort der Warnung am Anfange am rechten Platz. Und dann: Wir hatten ja schon bei der Erwähnung Tessenows zugeben müssen — oder dürfen —, daß es Leute der Art, wie die es waren, für die Tessenow gebaut hat, immerhin noch gibt. Es gibt auch andere Differenzierungen in einer Gesellschaft, welche diejenigen, die es lieben, in Bausch und Bogen zu verdammen, nicht wahrnehmen wollen. Olaf Schwencke sagte neulich in Loccum: „Man kann auch in der gegenwärtigen Gesellschaft viel mehr tun, als man gemeinhin glaubt". Das ist zu beherzigen. Viele unter uns sind der Meinung, daß die Interessen, welche den Baubetrieb beherrschen, es uns verbieten, die Differenzierungen wahrzunehmen, von denen ich sprach. Man sollte es immerhin versuchen. Jeder Erfolg in dieser Richtung ist eine Bresche in Richtung auf die Zukunft, für die wir arbeiten.

Unveröffentlicht

Ich lese ein berühmtes Gedicht aus dem Jahre 1908 und finde folgende Verse:
Gebräuche her! wir haben nicht genug
Gebräuche. Alles geht und wird verredet.
Das ist aus dem Requiem für Paula Becker-Modersohn. Wie immer nostalgisch
wir auf die Zeit vor dem ersten Weltkrieg zurückblicken, es war eine Zeit, in der
Künstler und Kulturbeflissene mit tiefem Erschrecken bemerkten, daß das Leben
ohne Form gelebt wurde; und auf Form legten sie darum sehr großen Wert. Rilke
war beileibe der einzige nicht, der nach Gebräuchen rief. Die Verse, die ich zitiere, scheinen mir darum so gut, weil sie nackt sind: so offen haben die anderen
das nicht gesagt; und: die anderen bieten schon neue Formen an, oder die neue
Form; Rilke verzichtet darauf; denn die Verse vor den zitierten sprechen von
einem sehr alten Brauchtum:
Ob man nicht dennoch hätte Klagefrauen
auftreiben müssen? Weiber welche weinen
für Geld, und die man so bezahlen kann,
daß sie die Nacht durch heulen, wenn es still wird.
Gebräuche her! wir haben nicht genug
Gebräuche. Alles geht und wird verredet.
„Ob man nicht dennoch hätte …", wegen dieses Konditional, dieses zweifelnden, verzweifelnden, sind die Verse mir lieb. Stefan George und alle Fidusse
jener Zeit haben neue Gebräuche als zwingend einführen wollen oder auch in ihrem Kreise eingeführt: Form, Ritual, Hierarchie. Dieses Betreiben kommt uns
im Rückblick recht fragwürdig vor, auch lächerlich. Ich erinnere aber an jene
Zeit, weil wir uns gegenwärtig wieder in einer Welle der Sehnsucht nach Bräu-
chen und Festen befinden und weil wir dazu am Ende noch stärkeren Anlaß
haben als unsere Großväter.
Vor einem Jahr habe ich so ein neues Fest erlebt. Der Pfarrer Duntze, der gleich
zu Ihnen sprechen wird, war auch ein Festteilnehmer. Das war im Rahmen eines
Colloquiums der Evangelischen Akademie in Loccum mit dem Thema Feste,
oder das Fest heute. Der Gedanke des Festes, welches da als ein exemplum zelebriert wurde, stammte von dem Architekten Werner Ruhnau und dem Publizisten Adam Seide. Wir gingen — aber ich sollte sagen, wir schritten — zum Fest-
mahl eine mit Blumen bestreute Treppe hinab, das Mahl wurde eingeleitet durch
einen Tanz. Der Tänzer, ein Farbiger, tanzte gut; aber wir hatten Hunger; denn
man hatte uns das Mittagessen versagt, damit wir auf das festliche Mahl auch
vom Magen her gestimmt sein möchten. Das waren wir, obwohl einige von uns zu
Mittag etwas gemogelt hatten. (Das Haus in Loccum ist kein Gefängnis). Wir
mußten aber peinlich lange warten, bis wir den ersten Bissen genießen durften,
denn das ganze Mahl und jeder Gang wurde durch einen symbolischen Tanz, ein

Vorkosten durch den Festvorsitzenden und ein zweites Vorkosten durch seinen Adlatus eingeleitet, wobei zwischen den beiden Kost-Zeremonien jedesmal eine Lesung stattfand, die auf den Gang (symbolisch) bezogen war. Als wir schließlich den ersten Bissen bekamen, fanden wir, daß er kalt war. Kalt oder nicht, die Speisen sollten uns körperlich wie seelisch füllen, ja, erfüllen; denn die Festleitung hatte festgelegt, daß wir schweigend genießen sollten. Das war einigen zu viel, ich erinnere mich, daß es wohl den meisten zu viel war. Wir brabbelten und schließlich sprachen wir frei von der Leber weg. Denn das Beste an diesen Colloquien der Evangelischen Akademie ist dies: daß man dort interessanten und liebenswerten Leuten begegnet. Und da sollte man einander anschweigen? Der arme Ruhnau lief schließlich an den Tisch, wo es am lautesten zuging und sagte: „Das ist kein Fest, das ist allenfalls eine Fête". Das Fest sollte ja die Probe aufs Exempel sein, daß wir Feste feiern können, neue Feste, eigene Feste. Um noch einen Vers aus jener, der unseren so ähnlichen Zeit um die Jahrhundertwende zu zitieren:

Zu neuer form und farbe soll gedeihn
Der kampf von mensch mit mensch und tier und erde,
Der knaben sprung, der mädchen ringelreihn
Und gang und tanz und zierliche gebärde.

Dies ist — natürlich — George.

In Loccum war die Probe aufs Exempel mißlungen. Ich benutze sie hier als ein Beispiel für die künstliche Verwirklichung eines tiefen Wunsches, des Wunsches nach Fest, nach Form, nach Gemeinschaft, weil sie mißlingen mußte; und weil sie — wieder — auf dem Boden von 1905 steht. Damals hat man sich ja sehr ernsthaft mit dem Phänomen Kultur beschäftigt als dem wahrhaft Wünschenswerten; und man fand, daß Kultur eine Sache der Form sei: Formen des Lebens, Formen der Kunst, die von niemandem in Frage gestellt werden. Und so meinte man denn damals — und so meinten Ruhnau und Seide vor einem Jahr —, man brauche nur die Formen zu schaffen, die Kultur würde folgen: Gebräuche her! wir haben nicht genug Gebräuche. Das heißt aber, das Pferd vom Schwanze her aufzuzäumen.

Man soll nicht glauben, daß ich mich lustig machen will. Die Sache ist nicht lustig, sie ist unheimlich. Ich erinnere mich, wie einige von uns am Morgen nach dem Fest verstört herumgeschlichen sind, weil wir gegen diese Veranstaltung nicht protestiert hatten, und ich meine, jeder, der die Geschichte der Zwanziger Jahre kennt, wird unsere Betroffenheit verstehen. Denn neue Formen, ein neuer Bund, ein neuer Adel, eine neue Hierarchie: das waren die Verlockungen, denen viele sehr ernsthafte bürgerliche junge Leute damals nicht widerstehen konnten. Merkwürdig eigentlich, daß wir dem Stefan George seine neuen Formen aufs Wort glaubten, da er doch selbst in solchen Worten wie „der knaben sprung, der mädchen ringelreihn" ganz alte, abgelebte Formen aufrief. Im Grunde störte uns dieses Alte nicht; wir waren Romantiker. Es störte uns wahrscheinlich auch wenig, daß eben dieses bündische Element, dieses Bewußtsein einer neuen Elite, im heraufkommenden deutschen Faschismus eine wichtige Rolle spielte. Es handelte sich da um den Widerstand gegen die Vermassung, gegen den allgemeinen Lebensbrei, gegen die Verdinglichung, gegen das Verblassen historischer Erinnerungen (die ja auch Anlaß zu Festen hätten werden können), um das Bedürfnis nach Form und Gemeinschaft, Form in der Gemeinschaft, ja, und nach bekräftigenden Festen. Eine dieser Stimmung verwandte, bemerkt man heute. Und mir scheint, in Hinblick auf unsere Erfahrungen sei ein Wort der Warnung am Platze. Wie also: Sollen wir den Willen zur Form verteufeln, weil er einmal mitgeholfen hat, uns in die Hölle zu führen? Sollen wir sagen: So ist es eben: Formlosigkeit ist unser Schicksal, und damit Vereinzelung, und das haben wir hinzunehmen? Ich lasse die Frage einstweilen im Raum stehen, will damit gegenwärtig nur andeuten, daß man einen so bedeutenden Willen wohl nicht einfach als unzeitgemäß abtun darf.

Damals nannte man den Inhalt dieses Willens Kultur. Wenn Kultur darin besteht, daß ein Kanon von Formen von niemandem in Frage gestellt wird, dann kann man es ganz einfach sagen: Kultur ist Identität. Bestimmte Dinge gelten für jeden. Die Geschichte des Mittelalters berichtet von vielen Ketzereien; aber auch die Ketzer haben niemals daran gezweifelt, daß Gott der Herr seinen Sohn auf die Erde geschickt hat, um uns zu erlösen. Das galt, von einem mittelalterlichen Atheismus ist nichts bekannt geworden. Identität also. Die Identität ist verloren gegangen; und nun spricht man davon, daß wir uns identifizieren sollen, mögen, können. Der Staat will, daß seine Bürger sich mit ihm identifizieren, Stadt, Quartier und Straße sollen so geplant werden, daß wir uns mit ihnen identifizieren können; die Unternehmer sprechen davon, der Arbeiter und der Angestellte müsse — und könne — sich mit dem Werk identifizieren: daher der Ausdruck „Mitarbeiter". Das Wort identifizieren erkennt an, daß die Identität verloren gegangen ist und wiedergewonnen werden muß. Ein handgreifliches Mittel dazu ist das Fest. Und da erhebt sich die Frage, wie der Staat, die Stadt, das Quartier, die Straße beschaffen sein muß, damit sie Feste feiern können. Da das Fest als Mittel zur Identifizierung eingesetzt ist, so mag man uns den Zweifel daran zugute halten, ob der Staat, die Stadt, das Quartier, wie wir sie kennen, überhaupt dazu imstande sind, Feste zu feiern. Fest werden vielmehr eingesetzt, sie werden arrangiert.

Sprechen wir zuerst vom Staat. Die Bundesrepublik scheint besonders wenig dazu geeignet, Feste zu feiern. Die Bundesrepublik löste nach einem verhältnismäßig kurzen Interregnum der Besatzung einen Staat ab, welcher die Identifizierung mit allem nur möglichen Pathos betrieben hat. Abwendung vom Pathos, vom Kult des Staates gehört darum zum Wesen der Bundesrepublik. Aber sie will ihre Feste haben — und diese Feste bleiben leer: sie enthalten ein „Immerhin"-Verfassungstag: Man wird darauf hingewiesen, daß unsere Verfassung, immerhin, die freieste ist, die auf deutschem Boden je existiert hat. Wahrscheinlich ist sie das. Ich muß gestehen, daß ich die Verfassung von Weimar nicht deutlich genug in Erinnerung habe, um schlüssig vergleichen zu können. Als ich jung war, stand im Kupfergraben ein Kahn, darin befand sich eine permanente Walfischausstellung. Das Schild über dem Eingang sagte: „Größte und einzige Walfischausstellung des Kontinents".

Größte und einzige ... Da sind wir mit der Verfassung besser dran. Wir können immerhin, sagen „freieste unter zweien". Die Wahl ist nicht sehr groß, aber es ist immerhin eine Wahl. Nur, unsere Emotionen spricht weder diese Wahl an, noch die Freiheit, die hier zelebriert wird. Es ist eine negative Freiheit. Ihr Wesen ist offenbar in dem zu suchen, was hierzulande *nicht* geschieht: man wird nicht aus dem Bett geholt und verhaftet, man darf seine Meinung sagen, ohne daß einem das schadet, man ist frei, ein Geschäft aufzumachen und andere für sich arbeiten zu lassen, und diese anderen sind frei, bei Müller zu arbeiten, oder bei Lehmann. Und das ist nicht in allen Ländern so. Ich will hier nicht fragen, ob unsere Freiheit, unsere negative Freiheit so vollkommen ist, wie man uns zu verstehen gibt, ob man, zum Beispiel, wirklich alles sagen darf, was man denkt, ohne sich zu schaden. Das ist ein anderes Thema. Aber gesetzt den Fall, unsere Freiheit wäre vollkommen, so bleibt sie immer noch eine negative Freiheit; und es geht niemand auf die Straße, um diese negative Freiheit festlich zu begehen. Sie ist ein Zustand, an den man sich gewöhnt hat, ebenso wie man sich daran gewöhnt hat, daß in der Bundesrepublik niemand verhungert. Man könnte darauf hinweisen, daß auch dies beileibe kein selbstverständlicher Zustand ist; aber auch das wird uns nicht veranlassen, auf die Straße zu gehen und ein Fest der Sattheit zu veranstalten. Das Bundesfest der Französischen Revolution am 14. Juli 1790 war etwas anderes. Wenn damals die Bürger von Paris zu hunderten auf dem Marsfeld Erdarbeiten gemacht haben, um die Tribüne für das erste Nationalfest zu bauen, dann wußten sie, warum sie das taten. Das Volk hatte sich befreit. Das Unglück hat es gewollt, daß das deutsche Volk im Jahre 1945 befreit wurde, und zwar vom Feinde, als das Volk ihm nicht länger Widerstand leisten konnte. Das ist eine sehr andere Grundbedingung.

Dabei gibt es in Europa Staatsfeste, die einen Inhalt haben. Ich spreche nicht von dem jährlichen Bundesfest des 14. Juli, dessen Inhalt mittlerweile historisch geworden ist. Aber ich habe in London die Krönung der Königin gesehen; und, glaubt es oder nicht: das war ein Volksfest, weil in England, auf jeden Fall damals noch, die Monarchie etwas war, das von keinem ernsthaft bezweifelt wurde: ein Rest von Form, der geblieben war, der noch festlich begangen werden konnte.

Reste von Formen: Bloch spricht von Volksfesten, jedoch, daß sie sich an kirchliche Fest anschließen: Der Karneval zum Beispiel. Auch solche Feste sind, seit Bloch schrieb, immer inhaltloser geworden, immer künstlicher, weil die Anlässe immer schemenhafter geworden sind.

Was ist eigentlich Anlaß zu einem Fest? Der Staat ist bemüht, neue Anlässe zu dekretieren, den 20. Juli etwa oder den 17. Juni. Wurden diese Anlässe jemals gefühlt? Kommt es vollends zu Stadtfesten, so sind die Anlässe selten. Die Gründung der Stadt kann man nur alle fünfzig Jahre feiern. Die Quartierfeste endlich, oder die Straßenfeste haben gar keinen Anlaß. Das Quartier ist da, die Straße ist da, und die Bürger werden aufgefordert, so zu tun, als ob sie das nahe angehe. Das sind Feste des Als Ob. „Und nun macht mal schön alle mit!"

Ein Fest muß aber einen Anlaß haben, es muß sich auf ein Ereignis beziehen, das sehr wichtig ist. Klaus Duntze hat auf jenem Treffen in Loccum eine Geschichte erzählt. aus der hervorgeht, welcher Art der Anlaß zu einem Fest ist. Es ist die Legende von dem Tischlermeister, dem der König befohlen hat, einen ganz unmöglich großen Auftrag auszuführen, und zwar in einer Nacht. Würde er ihn am nächsten Morgen nicht abliefern, so müsse er sterben. Der Mann hatte Gottvertrauen. Statt die Nacht durch zu jammern, lud er seine Freunde ein, und sie aßen und tranken fröhlich bis zum Morgen. Früh um Fünf klopfte es dreimal an die Türe, der Meister empfahl Gott seine Seele und öffnete. Draußen stand, wie erwartet, der Bote des Königs. Er sagte: „Meister, der König ist tot. Mach ihm einen Sarg!"

Was der Meister in dieser Nacht mit seinen Freunden getrieben hat, ist noch kein Fest; aber es kann daraus eins werden. Denn sicher werden die gleichen Freunde im Jahre darauf wieder zusammenkommen, und im nächsten Jahr wieder; und da werden dann vielleicht schon allen Teilnehmern Hobelspäne zur Erinnerung gereicht werden. Nehmen nun die Kinder diese Gedenkfeier auf, so werden sich die Hobelspäne in Marzipanflocken verwandelt haben, und der Sarg des Königs — ein Schmuckkästlein — wird eine Rolle zu spielen beginnen in einem Ritus, der sich festigt. Anlaß aber für das Fest ist eine Errettung aus höchster Not, also ein existenzieller Anlaß, und das, was dieser Rettung vorangeht, was sie sozusagen garantiert: das Gottvertrauen des Meisters, seine Hoffnung.

Sind aber diese beiden, die tödliche Bedrohung und die Hoffnung, die sie hat vorübergehen lassen, sind diese beiden nicht oft, vielleicht immer Anlaß zum Fest? Ist das Weihnachtsfest etwas anderes? Es heißt ja nicht ohne Grund: Welt lag in Banden, Christ ist erstanden. Eine tödliche Bedrohung, durch die prophetische Hoffnung überwunden, liegt diesem Fest zugrunde. Und ist es mit dem 14. Juli anders? Nicht nur standen die Truppen des Königs bereit, die Revolution in Paris zu ersticken; der Vorgang selbst, symbolisch wie er ist — denn die Bastille hatte keinerlei strategische Bedeutung — bezeichnet das Heraustreten des Volkes aus der tödlichen Umklammerung der Despotie. So jedenfalls fühlte man das, damals und weiter, die Kette der Generationen herab. Man tanzt immer noch am 14. Juli in den Straßen von Paris, obwohl der Anlaß zu diesem Fest nachgerade historisch geworden ist.

In Paris. Im vorigen Oktober war ich erstaunt, allenthalben in der alten Stadt Gruppen zu finden, die musizierten. Besonders das Centre Georges Pompidou, jene sehr fragwürdige permanente Kunstausstellung, hatte das Volk sich angeeignet. Auf dem abschüssigen Platz, vor dem Centre, promenierte man, musizierte man, da gab es Feuerfresser und andere Gaukler. Das Volk von Paris hatte sich spontan des Platzes und der umgebenden Gassen bemächtigt. Die Stadt hat das nicht angeordnet, allenfalls hat sie die Gelegenheit zum Feiern bereitgestellt mit all den kauzigen Plastiken, die da herumstehen, besonders aber durch die große Glaswand des Centre selbst, durch die man von außen die Menschen im Hause sieht und von innen die vielen, die sich da draußen, vor dem Hause, herumtreiben. Wir können mit Gewißheit sagen, daß das Volk von Berlin sich des Kongreßzentrums nicht bemächtigen wird. Es wird es — bestenfalls — anstaunen. Vielleicht ist es ein wenig weit hergeholt, wenn man das Lebensgefühl der Pariser mit der latenten Bedrohung in Verbindung bringen will, der Paris ausgesetzt ist. Sie spricht sich im Wappen der Stadt aus, ein Schiff, das auf stürmischen Wogen segelt. Die Unterschrift heißt: Fluctuat nec mergitur: Das Schiff der Stadt wird auf den Wogen umhergetrieben, aber es wird nicht sinken. Ein seltsames Stadtwappen. Andere Städte zeigen in ihrem Wappen Sicherheit: das feste Tor, den starken Turm. Das Pariser Wappen spricht von der permanenten Bedrohung.

Ein Fest ist also auch dies: Abrechnung mit der Welt, wie sie ist; und sie ist tödlich; ihre Überwindung durch die Hoffnung und, endlich, ihre Überwindung in der Tat. Darum kann der Staat, die Stadt, das Quartier bei allem guten Willen keinen Anlaß zum Fest bieten. Mehr und mehr Menschen, junge Menschen besonders, kehren solchen vorgegebenen Anlässen den Rücken, suchen Gegenanlässe, Gegenformen. Gibt es dann ein Gelingen, so wird es ein Fest geben. Heute kennen wir davon allenfalls den Vorgeschmack.

Einleitung zu einem Colloquium über Feste in der Hochschule der Künste
Berlin, 1979

43 Absoluter Raum (1979)

Fragen zur Berliner Staatsbibliothek

Im Augenblick, da man das Gebäude betritt, fühlt man sich entspannt, entlastet, man atmet ruhiger, man geht langsamer. Zur Rechten öffnet sich unabsehbarer Raum; man schreitet über Reuters wunderbaren dunklen Steinfußbodenn auf die schöne, sanfte, zum Aufsteigen einladende Treppe im Hintergrund des Eingangsraumes zu. Die Steigungen sind sehr bequem, und während man auf dem grauen Teppich die Stufen emporsteigt, öffnen sich dem Blick neue Räume. Im ersten Geschoß angekommen, wird man von zwei Impulsen gleichzeitig weitergetrieben: man möchte, die Richtung wechselnd, die Treppe weiter hinansteigen, ins Lichte; aber man befindet sich hier am Anfange eines drei Geschosse hohen Ganges, welcher in sanftem Bogen irgendwohin führt, man weiß nicht recht wohin. Man folgt dem Impuls zu einer Entdeckungsreise in diese große Galerie. Man erblickt dort einige Fenster nach Osten, zwei in den Raum gehängte Galerien darüber, auf der eigenen Seite ein riesiges Wandgemälde und weiter hinten ein kleines Fenster, durch das man ein bekanntes Porträt des alten Goethe erblickt: ein kleines Heiligtum, offenbar, das sich zwischen der Galerie und den Lesesälen befindet, als Hinweis auf die Kultur, in deren Dienst dieses Haus steht. Zwischen dem Wandbild und dem Fenster liegt eine Stiege, welche geraden Weges — nein, krummen Weges — zum mittleren, dem großen Lesesaal führt. Man erfährt, daß dies im ursprünglichen Plan der große, gerade Zugang zum großen Lesesaal gewesen ist. Man kehrt zu der Treppe zurück, über die man den Aufstieg begonnen hat und setzt ihn fort, eine Frage im Herzen: Was bedeutet dieser große Gang, in dem nur wenige Menschen sich bewegen, was soll an dieser Stelle das übergroße Wandbild, was, dort oben nur halb sichtbar, das Kulturheiligtum? Übrigens ist das Wandgemälde das einzig Überlebensgroße in diesem Raum. Selbst in ihm, obwohl er gewaltig ist, fühlt man sich nicht klein. Nichts, was man gesehen hat und — ich darf vorausnehmen — nichts, was man sehen wird, beeinträchtigt die Freiheit, mit der man sich in diesen Räumen bewegt.
Den Fragen, die man sich gestellt hat, geht man nicht nach. Man kommt nicht dazu: zu mächtig ist der Eindruck des mit jedem Schritte aufwärts sich entfaltenden Raumes der Lesesäle. Man bewegt sich auf eine lichte Weite zu von schier unabsehbaren Dimensionen. Diese Weite, dieser Raumzusammenhang, den man als Oberlichte, Galerien, Stützen mehr ahnt als begreift, tritt links oben in Erscheinung. Geradezu führt die Treppe einem riesigen Fenster entgegen, der Außenwand des nördlichen Lesesaales. Hat man die oberste Stufe erstiegen, bemerkt man jedoch, daß der Raum vor einem kein Lesesaal ist, sondern ein Büchermagazin. Bücherregale verstellen die ganze Fläche des großen Raumes, Bücherregale stehen auch auf den Galerien, die über einem Teil des Saales errichtet

sind: Bücherschränke, wohin man schaut. Man hatte erwartet, in einen Lesesaal einzutreten, man blickt in die Arbeit der Bibliothek hinein: eine Antiklimax. Man läßt also den Saal rechts liegen und wendet sich nach links, wo man den größten, den mittleren Lesesaal vermutet. Ehe man aber einen Einblick in diesen majestätischen Raum erhält, setzt man den Weg noch an die fünfzig Meter hinter Bücherschränken fort; und wenn man schließlich – Ah! – in den Hauptsaal blickt, sieht man nur dessen südlichen Teil. Man muß auf die Galerie über dem südlichen Lesesaal steigen und sich umwenden. Erst dann erblickt man die ganze Ausdehnung des Saales – und in ihm eine verhältnismäßig kleine Gruppe von Leseplätzen: eine neue Enttäuschung.

Aber halt! Man erinnert sich: die Mitteltreppe, welche diesen Saal erschließen sollte, ist ja halb zugebaut. Nach dem ursprünglichen Plan war der Zugang direkt, frontal auf das Fenster gerichtet. Drei große Treppen sollten von der Galerie zu den Lesesälen führen. Die südliche, welche wie die im Norden, die wir erstiegen haben, im Erdgeschoß beginnt, haben wir noch nicht erwähnt. Erst jetzt, rückblickend, entdeckt man die Funktion der großen Galerie im Rücken der Lesesäle: sie war als Verteilergalerie gedacht. Der Leser gelangt von Norden oder von Süden her in diese Galerie, in der sich eine Art allgemeiner Abfertigung befinden sollte (Ausgabe von Lesekarten etc.). Auch ein Laden für Schreibmaterial sollte sich dort befinden. Von der Galerie – sie wird im Plan – ‚Foyer' genannt – stieg dann der Leser auf einer der drei Treppen in denjenigen Lesesaal hinauf, in dem er arbeiten wollte. Wo die Abfertigung sein sollte – um sie einmal so zu nennen –, befinden sich jetzt Büros, durch eine Wand vom Foyer getrennt; der Laden wurde nicht eingebaut. Der Hauptzugang, der mittlere, wurde beinahe zugebaut: er beginnt jetzt als ziemlich enge Stiege, die an der Wand entlang läuft, ehe sie sich zum Lesesaal wendet. Der Gedanke des Foyers ist während der Bauausführung ad acta gelegt worden; das Foyer wurde aber gebaut. Wie es nun ist, weiß man in der Tat nicht recht, was damit anfangen: ein großartiger Raum, aber ohne Inhalt.

Man kennt die Veränderungen, welche im Management des Baues vorgenommen wurden. 1969 bereits – drei Jahre vor Scharouns Tode – wurde die technisch-geschäftliche Oberleitung von der Bundes-Baudirektion übernommen, welche zwischen September 69 und Januar 71 durch das „Quickborner Team" eine Untersuchung der gesamten Organisation des Hauses vornehmen ließ. Die Einwirkung des Architekten wurde auf die „künstlerische Oberleitung" beschränkt. Nach dem Tode Scharouns im November 1972 wurde seinem engsten Mitarbeiter, Edgar Wisniewski, nur noch gestattet, Skizzen zu liefern. Die Ausführungszeichnungen wurden im Büro der Bundes-Baudirektion fertiggestellt, viele, ohne daß Wisniewski auf sie Einfluß nehmen konnte. Nicht wenige Details wirken falsch, falsch im Sinne Scharouns: ein schwerer Eingriff in die Arbeit des Architekten. Ein größerer Eingriff jedoch ist durch die Untersuchung der Organisation entstanden. Offenbar wurde das gesamte Programm unter die Lupe genommen; und, es scheint, nicht ganz ohne Grund.

Der Entwurf war davon ausgegangen, daß 1200 Leser die Staatsbibliothek benutzen würden; 450 Angestellte würden die Geschäfte der Bibliothek wahrnehmen. Gebaut wurde für 600 Leser — also die Hälfte — und 600 Angestellte. Die 600 Angestellten sind da, nicht aber die 600 Leser. Es sind ihrer erheblich weniger: 200? 300? Etwa. Die Konzeption wurde jedoch nicht geändert. Scharoun hat eine Leser-Bibliothek geplant. Den Lesern wurde der denkbar größte Raum gewährt. Die große Galerie, welche Foyer genannt wird — wohl in Erinnerung an die Philharmonie —, und eine Gruppe von Lesesälen, deren Ausdehnung von Norden nach Süden etwa 230 Meter beträgt. Es ist nicht ganz leicht, sich vorzu stellen, daß selbst 1200 Leser vermocht hätten, diese Räume zu füllen. Es läßt sich nicht leugnen, daß die Bezeichnung Foyer für jene große Galerie im Grunde nicht stimmt. In den Foyers der Philharmonie sind in der Konzertpause 2000 Zuhörer versammelt. Es müßten alle 1200 (vorgesehenen) Leser gleichzeitig die Galerie passieren und sich in die Lesesäle ergießen, um den Namen Foyer zu rechtfertigen: aber nicht nur den Namen: Im Foyer und in den drei großen Sälen wurde der maximalen Leserzahl (die sich offenbar bereits 1969 als imaginär erwies) ein gerade noch vertretbares Maximum an Raum zugemessen, während die Raumzuteilung an die der Bibliothek Dienenden vielleicht nicht ganz genügt; auf jeden Fall entspricht sie einem gerade noch vertretbaren Minimum. Darum meine ich, daß die Untersuchung der gesamten Organisation des Hauses (durch das Quickborner Team, vielleicht auch durch die Fachleute der Biliothek) am Ende nicht ganz ohne Grund unternommen wurde.

Solche Gedanken stellen sich ein, während man beglückt immer wieder das Foyer und die Gruppe der drei Säle durchwandelt, auf alle Galerien steigt, jeden Blick genießt und in jedem Blicke die Freude, daß man sich in einem räumlichen Zusammenhang bewegt, desgleichen noch nicht dagewesen ist. Damit meine ich nicht die Dimension, vielmehr jene Gewißheit, die den Wandelnden vom Eintritt an begleitet: daß die Dimension gemeistert wurde, daß sie den Menschen befreit, nicht verkleinert. Aber die Fragen stellen sich ein, sie sind unabweisbar; und es sind kritische Fragen, wenn sich auch diese Kritik nicht auf die Arbeit des Architekten bezieht, oder der Architekten; denn es handelt sich bei diesem Bau doch wohl um eine sehr enge Zusammenarbeit zwischen Scharoun und Edgar Wisniewski.

Wie diese Zusammenarbeit vonstatten gegangen ist, wissen wir nicht. Wiesniewski macht darüber nur Andeutungen. Aus ihnen lernen wir immerhin, daß vieles — man weiß, wie gesagt nicht, wie vieles — der Arbeit Wisniewskis zu verdanken ist, obwohl Wisniewski der Letzte wäre, der sagen würde, daß er ohne Scharouns Gegenwart die Bibliothek hätte gestalten können. Man erinnert sich an Riemers, des Adlatus Bemerkung in Thomas Manns „Lotte in Weimar", daß er sich schließlich in der Lage befunden habe, Goethes Briefe zu schreiben und an seine Verwirrung diesem Phänomen gegenüber: seine Person habe dadurch eine unerhörte Ausweitung erfahren, zugleich aber habe er seine Persönlichkeit dabei verloren. (Man erinnert sich an Riemers ewig „maulenden" Ausdruck). Nun, bei Edgar Wisniewski habe ich keinen Widerstand dagegen bemerkt, daß er sich am Ende in der Lage befunden hat, Scharouns Architektur zu machen. Das liegt, meine ich, nicht so sehr an dem Unterschied zwischen den Personen Riemer und Wisniewski, es liegt vielmehr daran, daß der Dienst an Goethes Werk in viel stärkerem Maße eine persönliche Dienstleistung gewesen ist als der an dem Werke Scharouns. Goethes Produktion muß selbst den nächsten Mitarbeitern geheimnisvoll geblieben sein, immer wieder trat in ihr das hervor, was mit den bisherigen Werken des Meisters schlechthin unvereinbar schien. Zu Riemers Zeit war das (zum Beispiel) der Diwan. Scharouns Produktion verkörpert eine Idee, welche er selbst als allgemein gültig aufgefaßt hat und die seinen Mitarbeitern gültig geblieben ist, für heute und für morgen. Die Staatsbibliothek ist ohne jeden Zweifel ein Scharoun-Bau, gesetzt selbst den Fall − und er ist akademisch −, daß hier sehr viel, fast alles von Wisniewski getan worden wäre.

Unsere Kritik, sagten wir, betreffe nicht die Arbeit der Architekten − oder des Architekten. Sie betrifft das Programm. der Ansatz war, sprechen wir es aus: der Ansatz war falsch. Die Leser-Bibliothek, ich meine die Leser-Bibliothek von so gewaltigen Dimensionen, entsprach einer irrealen Vorstellung. Daß er gleichwohl gemacht wurde, hatte − auch − politische Gründe. Als ich Wisniewski gegenüber dem Bedauern Ausdruck gab, daß so wenige Leser die großen Hallen bevölkern, sagte er: „Ja, wenn erst die Leser aus dem anderen Teil Berlins herkommen …" Das war natürlich der Ansatz für den Bau der Bibliothek wie für den der Philharmonie, der Nationalgalerie, des Museums an just dieser Stelle, im Angesicht der Mauer: des Kulturzentrums, mit einem Wort. Das Kulturzentrum ist die bauliche Verwirklichung des Alleinvertretungsanspruches. Ich bin nicht in der Lage zu beurteilen, wieviel Realität dem Allgemeinvertretungsanspruch in den fünfziger Jahren zukam, als das Kulturzentrum geplant wurde. Gegenwärtig − das läßt sich wohl nicht leugnen − ist er leer − wie die Bibliothek.

Leer … Die Staatsbibliothek ist nicht leer, im Gegenteil, sie wirkt überfüllt; überfüllt mit Bücherregalen. (Und man denkt daran, die Tiefgarage ebenfalls in einen Bücherspeicher umzuwandeln). Als man jene Generaluntersuchung vornahm, war es offenbar zu spät, an der baulichen Gestalt wesentliche Änderungen vorzunehmen. Der Nordflügel, der erste, der in Betrieb genommen wurde, ist stark vergrößert worden − nicht unbedingt zum Vorteil der baulichen Gestalt. Das ist keine grundsätzliche Änderung. Der Hauptteil des Hauses, der die Lesesäle, das Foyer, die Büchermagazine enthält, mußte nun wohl in der Gestalt ausgeführt werden, in der er geplant war. Vielleicht wollte man an diesem großartigen Plan nichts ändern (und zwar, zum Teil, aus politischen Gründen). Man hat also aus dem nördlichen und dem südlichen Lesesaal und sogar aus einem Teil des Hauptsaales eine Stätte der Bibliotheksarbeit gemacht: der Bau wird anders benutzt, als er geplant wurde.

Nun gewinnt gegenwärtig in Architektenkreisen die Lehre ständig an Boden, daß ein jeder Bau auf verschiedene Art benutzt werden kann, ja soll. Diese Lehre ist ein wesentlicher Teil der Kritik am Funktionalismus. Der Funktionalismus

(Hugo Häring) hatte behauptet, daß ein Bau seine Gestalt den Bedingungen verdanke, denen er zu genügen hat. Die Gegentheorie sagt, daß es falsch sei, einen Bau allzu genau bestimmten Bedingungen anzupassen. Man könnte das die Lehre von der Neutralität des Gebauten nennen. Lucius Burckhardt wußte sehr spaßige Dinge gegen den zu genauen Funktionalismus zu sagen: „Als junger Mensch", so sagte er etwa, „habe ich mich an einem Waschtisch gewaschen, der mir bis zum Knie reichte. Er war nämlich für meine Schwester entworfen". Neutralität, gewiß: ich möchte dieser Forderung zustimmen, denn der zu genau geleistete Dienst ist immer vom Übel. Nun ist aber die Bibliothek ein funktionalistischer Bau, Scharoun hat ihn so gemeint, er hat sich immer auf Hugo Härings Lehre berufen. Darum ist es ein Unterschied, ob ein neutral entworfenes Gebäude anders benutzt wird, als es geplant wurde, oder ob das einem auf die Funktion hin entworfenen Gebäude passiert. In der Bibliothek stören die vielen der Bibliotheksarbeit gewidmeten Flächen, man fragt sich, warum sie in so hohe und weite Säle gestellt wurden, man begreift diese Anordnung nicht ganz, ebensowenig wie man das Foyer noch begreift, in dem so wenig geschieht. Wisniewski beschreibt Scharouns Reaktion auf die Entbindung seines Büros von der weiteren Ausbauplanung anderthalb Jahre vor seinem Tode:
„Scharoun hat im Laufe seines Lebens ähnliche Eingriffe in sein Werk und seine Arbeit mehrfach erlitten und gelassen hingenommen – auf diese ‚Lösung' war seine Reaktion Unverständnis und schmerzliches Resignieren." (Bauwelt, 5.1. 1979)
Das betrifft ganz gewiß nicht nur die Ausschaltung seines Büros vom weiteren Verlauf der Ausbauarbeiten, es betrifft auch die Art dieses Ausbaues: man hat ihm seine Bibliothek verdorben. Vielleicht hat man Scharoun von der Teilnahme an diesen Arbeiten entbunden, weil man wußte, daß man ihm seine Bibliothek verderben würde und wohl auch mußte. Dieses Verderben betrifft nicht so sehr die hundert Einzelheiten, deren unangemessene Gestaltung man hätte vermeiden können, wenn man dem Meister (und seinem alter ego Wisniewski) gestattet hätte, sie in seinem Sinne zu gestalten. Es betrifft die Änderungen in der Funktion der Bibliothek.
Oder hätten diese Änderungen Scharoun am Ende gar nicht so sehr gestört, wie wir meinen? Hätte er sich befriedigt erklärt, daß er einen Raumzusammenhang verwirklichen durfte, desgleichen kein zweiter je gebaut wurde? Er hätte Grund gehabt, zufrieden zu sein. Denn der Raum ist zwar durch viele kleine und einige nicht so kleine Änderungen in seiner Wirkung beeinträchtigt; aber diese Wirkung setzt sich gleichwohl durch, wir empfinden den Triumph dieses Raumes bei jedem Schritt. Uns, gestehen wir es denn, uns stört die falsche Benutzung, wir können den auf die Funktion hin geplanten Raum nicht von der Benutzung gegen die Funktion trennen, welche uns allenthalben entgegentritt. An dieser Stelle muß die Frage erlaubt sein, in welchem Maße Scharouns Raumschöpfung selbst bereits über die Funktion hinausgegangen ist. Wir hatten Gelegenheit, das bei der Betrachtung des Foyers zu bemerken. So wie Scharoun es geplant hat,

als einen ständig von vielen Menschen durchwanderten Raum, war es selbst unter den angenommenen optimalen Bedingungen (1200 Leser) nicht zu verwirklichen. Und gilt nicht — mutatis mutandis — das gleiche für die Lesesäle, für den weiten Raum des Katalogs im Erdgeschoß, für die Areale zu ebener Erde und auf Galerien, die offenbar nur den Zweck haben, daß sich auf ihnen Menschen bewegen? Öffentlichkeit im Raum, der Raum für das Leben der Öffentlichkeit, riesige Hallen, Gänge, Treppen, die recht eigentlich keinen anderen Sinn haben als den, daß sich das Volk auf ihnen bewege, sich im Raum darstelle, im Raum und durch den Raum. Scharoun hat während des Krieges eine Anzahl von Skizzen gemacht, in denen eben dies dargestellt wird. Es sind sehr große öffentliche Gebäude, auf deren Galerien, Rampen, Treppen, Terrassen sich eine Menge Volkes bewegt: das Projekt einer öffentlichen Architektur, das Gegenprojekt, vielleicht, zu Albert Speers steriler Staatsarchitektur. Man hat das Gefühl, der Meister habe Speer zugerufen: ,,Dimension? Ja! ... Aber ...!'' In der Bibliothek fand er einmal im Leben die Dimension, in der sich seine öffentliche Architektur verwirklichen ließ, und zwar innen, im Raum. Man möchte von idealen Bedingungen für eine Architektur einer idealen Gesellschaft sprechen. Ist es so, dann kommt es am Ende nicht darauf an, wie man diese Räume benutzt. Sie sind da, wir besitzen sie. Das sollte genügen.

Natürlich führt diese Architektur weit über Härings Funktionalismus, über seine ,,Leistungsform'' hinaus. Weit darüber hinaus ... aber wo führt sie hin? Die ideale Gesellschaft, der Scharouns Skizzen aus dem Kriege und der wohl auch seine Bibliothek gewidmet ist, wir sind sie nicht. Ist es möglich, daß der Raum uns in diese Sphäre emporhebt? Er verwandelt uns, das haben wir vom ersten Schritt an in diesem Hause erfahren. Dann würde es sich hier also letzten Endes um eine Architektur handeln, die von alltäglichen Zwecken entbunden ist.

Solcher Art war die Architektur der Skizzen aus den Kriegsjahren. Man kann Zwecke dieser großen Strukturen nur ahnen, besser gesagt, man kann ihnen Zwecke unterlegen. Es sind immer die Zwecke der öffentlichen Versammlung, anders vermag ich jedenfalls diese Visionen nicht zu deuten. Aber eine Bibliothek bleibt eine Bibliothek: kein Haus der Versammlung, ein Haus des Studiums. Und so bleibt am Ende die Frage unabweisbar, ob dieser große Bau eigentlich stimmt. Die Philharmonie stimmt. Sie ist der Bau für eine festliche Menge, die dem Musikgeschehen hingegeben ist. Raum und Inhalt sind kongruent. Vielleicht werden wir gut tun, die Beantwortung der Frage, ob sie es in der Bibliothek ebenfalls sind, der Zukunft zu überlassen. Aber ein Zweifel bleibt.

Die Neue Rundschau, Berlin 1979

Es fällt mir nicht leicht, über das Internationale Congress Center etwas zu sagen. Ich bin voreingenommen. Die Architekten hätten recht, wenn sie sagen würden: „Wäre hier eine Hagia Sophia entstanden, dieser Kritiker würde trotzdem seine Galle darüber ausgießen." Sie hätten recht, wobei immerhin zu fragen wäre, ob mit dem gegebenen Programm ein Bauwerk von hoher Qualität hätte entstehen können. Das ICC ist dem Programm vollkommen adäquat; also müßte ich es loben. Aber da mir das Programm so wenig gefällt, und die hinter ihm stehende Berlin-Politik ebenso wenig, so fällt mir das schwer.

Im Heft 10/1977 hat die „db" die Entwicklung des Entwurfs besprochen. Aus dieser ausgezeichneten Studie geht hervor, daß das Programm zunächst, in dem Wettbewerb von 1966, verhältnismäßig bescheiden war: ein Mehrzwecksaal für 4200 Personen mit Zubehör. Die Preisträger Schüler-Witte haben einen sechseckigen Saal mit vorgelagertem Foyer vorgeschlagen. Für diesen Saalbau wurden verschiedene Standorte rund um das Messegelände in Betracht gezogen, und schließlich wurde der Platz zwischen Stadtautobahn und Messedamm gewählt, auf dem dann das ICC gebaut wurde. Auch die Brückenverbindung mit dem Messegelände über den Messedamm hinweg wurde damals bereits geplant.

Dieses erste Projekt war zu groß und zu klein. Wer es zu groß fand, konnte sagen, daß Berlin sich doch ruhig mit der bestehenden Kongreßhalle im Tiergarten begnügen könne. Aber dieser Kongreßhalle fehlt der Anschluß an das Messegelände, und der ist offenbar wichtig. Er ist auch historisch begründet, da bereits Hans Poelzig und Martin Wagner in ihrem großem Messe-„Ei" von 1928 ein Kongreßgebäude geplant hatten. Also darf man dem Gedanken zustimmen: ein größerer Saal im Anschluß an das Messegelände. Nun aber hat ein solches Gebäude eine Eigendynamik. Ich sagte, es sei, so wie es geplant war, zu klein gewesen. Ein internationaler Kongreßfachmann wurde zugezogen und fand, daß für einen internationalen Großkongreß die Kapazität des Saales noch einmal in kleineren und kleinen Sälen benötigt werde. Das Projekt begann also zu wachsen. Neben den Sälen mußten Restaurants vorgesehen werden, ein Ballsaal; in einigen Stufen der Vorprojektierung wurde sogar der Versuch gemacht, ein großes Kongreßhotel einzuplanen.

Die Architekten Schüler-Witte haben im Laufe dieses Wettrennens mit stets sich verändernden Bedingungen eine schier übermenschliche Arbeit geleistet. Ihre Flexibilität und ihre Phantasie bei dieser Arbeit muß man bewundern. Das Ergebnis ist das ICC: Zwei sehr große Säle zu beiden Seiten einer Bühne, die von beiden gemeinsam benutzt werden kann; der eine Saal mit einer Kapazität von nahezu 5000, der andere für mehr als 2000 Teilnehmer und daneben an die achtzig kleinere und kleine Säle, um das Zubehör, Restaurants, Dachgarten usw. nicht zu erwähnen. Die Architekten haben durch einen technischen Kunstgriff den Ballsaal gespart, da das ganze Amphitheater des kleineren Saales an die Decke gehoben werden kann, so daß nun der Saal als Ballsaal zur Verfügung steht. Daß der Raum als Kongreßsaal wie auch als Ballsaal einen provisorischen Eindruck macht, war dabei wohl nicht zu vermeiden.

Natürlich dienen nicht alle diese Räume *einem* Kongreß. Flexibilität ist das Motto dieser Veranstaltung. Man kann die beiden großen Säle gemeinsam benutzen und getrennt, man kann eine ganze Anzahl von Kongressen gleichzeitig im ICC abhalten; aber auch dann noch stehen für sie alle genügend Räume für die Sitzungen von Sub-Komitees, Teilversammlungen usw. zur Verfügung. Man stelle sich einen Großkongreß für beinahe 8000 Teilnehmer einmal vor in seinen Plenarsitzungen, in denen die Wortmeldungen durch Eingabe eines Meldezettels in eine besondere Vorrichtung am Sitz getätigt werden, mit ihren Neben- und Untersitzungen, Vorstandsberatungen usw. Ich sage, man solle sich das vorstellen, aber ich gestehe, daß ich es mir nicht vorstellen kann und daß selbst die geringe Erfahrung, welche ich mit Sitzungen, Untersitzungen, Nebensitzungen habe, mich dahin „vorprogrammiert" hat, daß ich mir das nur mit Grauen (annähernd) vorstellen kann. Das kann nichts anderes sein als ein monumentaler Verschleiß von Energie des Redens und Zuhörens, und je besser eine solche Monsterveranstaltung organisiert ist − und hier ist sie ohne Zweifel ausgezeichnete organisiert −, um so unmöglicher wird sie. Die Sache kann nicht ernst gemeint sein. Wir werden da solche Kongresse erleben wie die „Eckrohr-Kesseltage", bei denen sicher geschäftlich wichtige Entschlüsse gefaßt werden; diese allerdings im kleinen Kreis. Das andere ist Dekor, Aufplusterung, Bedeutungsmeierei, Gelegenheit für viele Menschen, zusammenzukommen (aber das ist kein echtes Zusammenkommen) und den Komfort der gewaltigen Organisation zu genießen (wenn man das Genießen nennen kann), der ihnen in diesem Gebäude geboten wird. „Quasseldampfer" nennt der Berliner Volksmund das ICC; und das wird es wohl sein.

Hinter diesem Großbau steht eine Berlin-Politik, welche will, daß Berlin etwas hermacht. Bereits das Kulturzentrum an der Mauer war ein Ausdruck dieser Politik. Es soll nach drüben strahlen. Jetzt hat man die Ausstrahlung umgekehrt, sie weist nach außen. Denen, die auf der Avus in Berlin einfahren, soll gezeigt werden, „was eine Harke ist": keine Kulturharke, diesmal, eine Geschäftsharke − Wirtschaft, Horatio! Das ICC ist so plaziert, daß man es nicht übersehen kann, und seine Größe sorgt dafür, daß man es ganz gewiß nicht übersehen wird.

In seiner Festansprache zur Eröffnung bemerkte der Bundespräsident, daß neben diesem Bau der Funkturm zur Größe einer brauchbaren Antenne zusammengeschnurrt sei. Überhaupt hat er in dieser überlegenen Ansprache seine Bedenken gegen die Dimension des ICC geäußert. Er nannte den Bau monumental. Ob er monumental ist, wird zu untersuchen sein. Er ist groß. Zum dritten Male in diesem Jahrhundert wird Berlin aufgeblasen. Das ICC ist die Fortsetzung des Wilhelminismus mit „speerlichen" Mitteln. Darum wurde es nach außen wirksam, aber de facto schlecht plaziert.

Für den Fußgänger ist es beinahe unzugänglich. Der Vorplatz an der neuen Kantstraße ist aufgeschlitzt durch die Öffnungen über den Einfahrten für Kraftfahrzeuge auf dem Niveau minus 1. (Auch diese Zufahrt im Keller hat mit der Placierung des ICC zwischen zwei Großverkehrswegen zu tun, der Stadtautobahn und dem Messedamm). Der gewaltige Klotz der Skulptur von Ipoustéguy wird den Vorplatz noch mehr einschränken. Das Konkurrenzprojekt Matschinsky-Denninghoff, welches den (aufgeschlitzten) Platz durch künstliche Lichtbäume zu beiden Seiten zu einem Platz machen sollte, war eine fromme Lüge, oder sagen wir, ein Versuch am falschen Objekt. Also ist es gut, daß man den Ipoustéguy gewählt hat: Das Unzulängliche, hier wirds Ereignis. Der Fußgänger schleicht in das bedrohliche Gebäude hinein. Wer im Taxi ankommt, sieht den Vorplatz gar nicht: Er wird auf eine Rolltreppe gestellt und ist drin, er weiß nicht wie.

Wer im eigenen Wagen kommt, parkt ihn im Parkhaus am anderen Ende des Gebäudes und ist ebenfalls drin, er weiß nicht wie.

Auch der Brückenbau, der den Messedamm überquert, ist kein angemessener Zugang.

Man hat gegen das Centre George Pompidou eingewandt, daß es die alte Stadt zerstöre. Aber das Centre Pompidou ist durch eine riesige Glaswand nach der Stadt geöffnet, der abschüssige Platz zwischen der Rue St. Martin und dem Centre ist bis tief in die Nacht voller Menschen, und durch die Glaswand sieht man das Gewimmel im Innneren. Auf den Straßen und kleinen Plätzen rings um das Centre erblickt man musizierende Gruppen junger Leute. Jahrmarkt-Artisten bieten ihre Künste dar, man sitzt vor den kleinen Restaurants: Das Volk von Paris hat sich des Centre Pompidou bemächtigt.

Das Volk von Berlin wird sich niemals des ICC bemächtigen. Es ist nicht für das Volk von Berlin gebaut, sondern für geschlossene Veranstaltungen. Das Volk ist nicht einmal imstande, die Anfahrt der Kongreßteilnehmer zu sehen. Das ICC gehört nicht zur Stadt.

Die Festredner haben davon gesprochen, das ICC werde Gäste aus aller Welt nach Berlin ziehen. Nach Berlin? Die Kongreßteilnehmer kommen von der Luft in den Bus, vom Bus ins ICC, wo sie alles finden, was sie brauchen. Sie werden gewiß einmal am Ku-Damm einkaufen. Dann zurück ins ICC, in den Bus, in die Luft. Von Berlin werden sie wenig erfahren. Sie werden Geld hierlassen. Das ist der Sinn des ICC: Es soll imponieren, und es soll Geld nach Berlin bringen. Darum ist der Standort auf der Verkehrsinsel richtig gewählt. Er entspricht beiden Bedingungen.

Das ICC ist ein aus sich selbst rollendes Rad des Wirtschaftswachstums, eines Wachstums ohne Inhalt, eines Wachstums um des Wachstums willen. Es ist eine riesige Verteilermaschine für Veranstaltungen, denn der Eintretende befindet sich nach dem Durchschreiten der niedrigen Vorhalle (deren Eingang unter dem lastenden Kragträger wirkt wie ein Schlitz) in einer inneren Straße, von der zu beiden Seiten Treppen und Rolltreppen zu den verschiedenen Sälen führen. Es wäre mehr im Stil der Sache gewesen, wenn man die Straße als Fahrband konstruiert hätte. Man fühlt sich dort wir auf einem Fahrband. Hier fehlt jeder

Vorhalt, jede Einführung. Man ist in das Gebäude hineingeschlichen, man bewegt sich auf dem „Band", man wählt seine Treppe, man ist am Ort. Der Kongreßteilnehmer wird hier sozusagen prozessiert.

Man hat davon gesprochen, das ICC werde Berlin attraktiver machen. Außerhalb der Stadt gelegen, auf der Verkehrsinsel, geschlossen, abweisend, kann das ICC zur Attraktivität Berlins nicht beitragen. Es soll das auf indirekte Art tun: durch das Geld, das es für Berlin abwirft. Wird diese Rechnung aufgehen? Der Erfolg der Buchungen bislang gilt als Indiz dafür, daß sie aufgeht. Man kann nicht wissen, ob sie auf lange Sicht aufgehen wird. Und hier möchte ich mitteilen, was mir ein kluger Mann gesagt hat, einer, der sich für den Bauherrn, den Senator für Bau- und Wohnungswesen, um die Fertigstellung des ICC sehr stark bemüht hat. „Das ICC", sagte dieser Herr, „ist kein Anfang, es ist ein Ende. Die gegenwärtige Tendenz läuft in einer anderen Richtung". Sollte diese Tendenz anhalten — und es gibt Anzeichen dafür, daß sie sich verstärkt —, so wird das ICC für Berlin eine Belastung sein.

Das ICC hat 850 Millionen Mark gekostet.* Der jährliche Unterhalt wird auf über 20 Millionen geschätzt. Das ist ein großer Aufwand; und es fällt mir dabei die Geschichte ein, wie Napoleon den Préfèt de la Seine fragte, was Paris brauche. „Sagen Sie mir ehrlich", sagte der Kaiser, „was Paris nötig hat!" Und er entwickelte ihm seine eigenen Pläne für die Verschönerung der imperialen Stadt: große öffentliche Gebäude, welche der Welt zeigen sollten, daß Paris ihre Hauptstadt ist. Man werde von allen Seiten nach Paris kommen, um seine neue Größe zu bewundern. „Sire", sagte der Präfekt, „Paris braucht Wasser." Die Antwort für Berlin würde ähnlich lauten: Unsere Schulklassen sind zu groß — und man spricht von einem „Lehrerüberhang". Unsere Lehrlingsfortbildung liegt im argen. Unser öffentlicher Verkehr läßt zu wünschen übrig. Und wenn einer seit fünfzehn Jahren die Verwaltung der Stadt darum bittet, sie möge sich ihres baulichen Erbes annehmen, und stets eine Antwort erhält wie diese: „Zwei und eine halbe Million! Wo denken Sie hin? Berlin ist arm", dann klingen die eben erwähnten Zahlen nicht gut in seinen Ohren. Aber die Erhaltung und sinnvolle Entwicklung des baulichen Erbes der Stadt scheint mir unmittelbarer zur Attraktivität Berlins beizutragen als die Kongreßmaschine.

Es ist ein schwacher Trost — und ein falscher —, daß nicht Berlin in erster Linie sich in diesem kostspieligen Unternehmen engagiert hat, sondern der Bund. Wir wissen, daß die Berlin-Politik nicht allein die Politik Berlins ist, daß nicht Berlin allein jenes fatale Image geschaffen hat, dem die echten Bedürfnisse Berlins geopfert werden. Macht das die Sache besser?

Dies sind die Gründe für mein Vorurteil. Es richtet sich mehr gegen die Politik, die dahinter ihm steht, als gegen den Bau. Da aber der Bau dieser Politik so genau entspricht, so richtet es sich eben auch gegen den Bau. Die letzte Schwierig-

---

* Zu der Zeit, als die Kritik geschrieben wurde. Inzwischen — Januar 1981 — sind es bereits 950 Millionen.

keit, welche die Architekten in dem erwähnten Wettrennen mit den Bedingungen zu überwinden hatte, war der Termindruck: Das ICC sollte bereits 1974 fertiggestellt sein. Der innere Ausbau konnte so schnell nicht geplant werden. Die Architekten haben also einen Hohlkörper errichtet, von dem aus mittels Kranbahnen der innere Ausbau eingebracht werden sollte. Dies mag ein Grund dafür sein, daß die Konstruktion so außerordentlich schwer ist. Ein anderer Grund war die Notwendigkeit, das ICC gegen Lärm und Erschütterungen durch den Verkehr abzuschirmen. Man hat einen Bau mit zwei Schalen errichtet, „ein Haus im Haus". Das Ergebnis entspricht kaum der konstruktiven Phantasie, welche die Architekten in den Vorprojekten bewiesen haben: Und es ist ein schwacher Trost, daß sie diese Phantasie durch die ingeniöse Art vindiziert haben, mit der sie die Schwierigkeiten der Bauausführung gemeistert haben. (Diese Schwierigkeiten hängen wieder mit der beengten Lage des Gebäudes auf der Verkehrsinsel zusammen). Immerhin: die gewichtige Konstruktion besaß Spannung, sie hatte Charakter. Die Umhüllung der Konstruktion mit Aluminium hat den Charakter verwischt und die Spannung eingeebnet. Jedes sichtbare Glied der Konstruktion hat sein Volumen erheblich vergrößert, die Konstruktion wirkt jetzt plump. Und das Ganze ist seifig-glatt geworden. Was als konstruktive Architektur begonnen hat, wurde zum Design; und als Design ist der Bau nicht recht geglückt. Um hier nur einige Punkte herauszugreifen: Der Eingangsteil des Gebäudes an der Neuen Kantstraße macht den Eindruck, als sei er bis zu seiner gegenwärtigen Länge aus dem großen Rahmenbau herausgezogen worden, als sei er verschiebbar. Ich nehme an, daß dieser Effekt beabsichtigt war; aber nicht jede Absicht ist gut. Dieser Bauteil ist „designed" — auf eine irgendwie erschreckende Art. Aber diese Tendenz, die Konstruktion durch Design zu verkleistern, bemerkt man überall: in den „grinsenden" Fenstern der Treppenhäuser, in den abgerundeten Ecken der Fenster, in den Aluminiumstreifen, welche die Fassaden des hallenartigen Rahmenbaues verkleiden. Man gestatte, daß ich hier noch einmal das Centre Georges Pompidou in Erinnerung rufe, einen Bau, der gewiß nicht ohne Fehler ist. Aber dort spricht die Konstruktion ihre eigene Sprache, sie wird durch das Detail allenthalben ablesbar gemacht. Ich verkenne nicht, daß die Konstruktion des Centre Pompidou eine geringere Spannweite zu überbrücken hatte und daß eine Absicherung gegen den Lärm und die Erschütterungen durch den Verkehr dort nicht notwendig war. Eine Konstruktion von vergleichbarer Leichtigkeit und Durchsichtigkeit wäre am Messedamm nicht möglich gewesen. Aber wir haben die Frage ja schon berührt, warum das ICC so gewaltig groß sein mußte und warum es an dieser Stelle gebaut wurde. Selbst in dieser Größenordnung aber — und an dieser Stelle — wäre eine konstruktive Architektur vorstellbar anstelle des nicht ganz geglückten Design-Gegenstandes, den man verwirklicht hat. In seinem Bericht in der „Zeit" spricht Manfred Sack im Zusammenhang mit dem ICC von einem Staubsauger, einen durch Design gestalteten Apparat. Vielleicht wollte er damit andeuten, daß das, was wir bislang Architektur genannt haben, in Zukunft durch Design ersetzt werden wird. Ich halte es für nicht unmöglich, daß die Architekten Ralf Schüler und Ursulina Schüler-Witte selbst dieser Auffassung sind. Es würde zu weit führen, auf diese Frage einzugehen, und es mag lediglich altmodisch anmuten, wenn ich ohne Begründung sagen wollte, daß ich diese Auffassung nicht teile. Aber die hervorstechendste Eigenschaft des guten Design ist knappe, elegante, dem Gegenstand angemessene Form – und eben die vermisse ich hier.

Vom Inneren des Gebäudes haben wir bisher nur den Apparat-Teil besprochen, den Verteiler. In den vielen kleinen Sälen, die man vom Verteiler erreicht, ist die Technik der Kommunikation zur Dekoration geworden. Diese Räume sind zwischen drei Stühle gefallen: Raumkunst (Architektur), Apparatgestaltung (Design) und Dekoration. Kommen wir endlich zur Pièce de Résistance, zu den beiden Hauptsälen. Der große Saal hat mich wider Willen beeindruckt. Ich will nicht leugnen, daß man sich in ihm mit einem gewissen Behagen niederläßt und daß zu diesem Behagen die sichtbare Anwesenheit so vieler Menschen beiträgt. Das Amphitheater der Sitze in der sanft geschwungenen Muschel des Parketts und auf der Galerie ist der schönste Teil des Gebäudes. Die stark zerklüftete Saaldecke und die durchgehenden Glasstreifen, hinter denen sich die „technischen Zellen" befinden, wollen zu diesem beruhigenden Eindruck nicht recht passen. Man muß überhaupt feststellen, daß auch im großen Saal die Technik der Übertragung überbetont ist, wie überall im Hause. Man fühlt sich in einen Science-Fiction-Film versetzt, und die mit farbigen Leuchtröhren dekorierte hängende Skulptur am Anfang des Verteilers entspricht vollkommen diesem Eindruck: Hier kann man geradezu vom Kitsch der Technik sprechen. Irre ich nicht, so war auch dieser Science-Fiction-Effekt von den Architekten beabsichtigt.

Auch das große Foyer des Saales der 5000, welches man am Ende der Verteilergalerie über eine gerade (ein wenig steile) Treppe betritt, die von Rolltreppen flankiert ist, besitzt räumliche Qualitäten, besonders in den Zonen zwischen dem Foyer-Raum und den Fenstern, in denen durch mannigfach gegeneinander verschobene Treppen, Rolltreppen und Stützen Raumeindrücke entstehen, welche – von fern – an den Meister Scharoun erinnern. Das Foyer ist auch der einzige Raum, welcher bei der „swinging party" im Anschluß an den Festakt der Eröffnung als Raum zur Geltung kam. In den anderen Verkehrsräumen wollte die swinging party sich nicht recht entwickeln. Kapellen spielten in mehreren dieser Bereiche, aber es wurde wenig getanzt. Die hungrigen Tausende waren zu lange damit beschäftigt, schrittweise zu den kulinarischen Genüssen vorzurücken, die man ihnen an den Buffets bot.

Diese Räume laden nicht zum Tanzen ein. Sie sind zu sehr auf einen Zweck abgestellt und zu wenig räumlich: alle „unnötigen" Ruhepunkte fehlen.

Das ICC ist eine genau und gut konstruierte Maschine für einen Zweck, den ich nur als politischen Zweck begreifen kann: Symbol einer Berlin-Politik, welche sich, dessen bin ich sicher, auf dem falschen Wege befindet; einer Hilfe für Berlich, die an den Bedürfnissen der Stadt vorbeihilft. Es ist ein aufwendiger Apparat ohne Sinn, in der Tat, ein aus sich selbst rollendes Rad. Es ist der beste Ort für Jacques Tatis technische Angstträume, der mir je begegnet ist. Es ist so gut konstruiert, daß der Eintretende das Gefühl hat, er werde von den Rollen einer Walze ergriffen und „prozessiert". Man denkt — um noch einen Film zu erwähnen — an Charlie Chaplins "Modern Times". Die Architektur ist hier zum Design geworden — und das Design ist nicht gut, weil es Architektur sein will; und das Räumliche ist durch die Organisation ersetzt, wobei ich betonen möchte, daß es da eine bedeutende Ausnahme gibt: den Saal der Fünftausend.

Das ICC, isoliert auf einer Insel im brausenden Verkehr, hat mit der Stadt Berlin so gut wie nichts zu tun. Es ist am Eingang der Stadt ein Wahrzeichen: man muß fragen, wofür? — für "Modern Times", die bereits Charlie Chaplins großer Film als eine Bedrohung darstellt, von der wir uns mit allen Kräften befreien wollen, die uns an Harrisburg gemahnt — und damit zu tun hat. Besonders die Jugend kehrt dieser Modernität den Rücken. Darum kann das ICC eine sehr bedeutende Wirkung zum Guten haben. Es vertritt so konsequent, so extrem eben das, was wir nicht mehr wollen, daß es dazu beitragen kann, uns deutlich zu machen, was wir nicht mehr wollen. Jener Herr aus dem Hause des Senators wird recht behalten: Das ICC ist kein Anfang, es ist ein Ende.

Deutsche Bauzeitung, Stuttgart, Nr. 7/1979

45 Zwei Lehrer: Hans Poelzig und Heinrich Tessenow (1979)

Die zwanziger Jahre waren Jahre der Reform und der Erneuerung auch im Studium der Architektur. Es bedurfte ihrer. Die Architektur war im Wandel. Zur Zeit meines Studiums entstanden so erstaunliche Gebäude wie das Warenhaus Herpich von Erich Mendelsohn, das Buchdruckerhaus von Max Taut, das Bauhaus von Walter Gropius. Die Entwurfsseminare der Technischen Hochschule Berlin nahmen von diesen Neuerungen nur wenig Notiz. Sie konnten davon nicht Notiz nehmen, denn diese Architektur wirkte auf die Professoren, die ihren Studenten die Grundlagen des Entwerfens beibringen wollten, erschreckend. Die neue Architektur der Jahre vor dem Kriege hatte bereits von ihnen eine erhebliche Umstellung im Denken verlangt. Die Fabrikbauten, die Peter Behrens für die AEG gebaut hatte, Hans Poelzigs erstaunliche Bauten in Breslau und Posen, die Fagus-Fabrik des jungen Gropius in Alfeld an der Leine waren mehr gewesen als Vorboten einer neuen Architekten: sie waren eine Architektur ohne Präzedenz. Aber in Behrens' Werk konnte man noch eine gewisse Abhängigkeit von klassischen Vorbildern entdecken – man sprach von Schinkel –, Poelzig baute oft mit Backstein und Werkstein, obwohl sein Geschäftshaus in der Junkernstraße in Breslau ein reiner Betonbau ist; und Gropius' Fabrik und seine Gebäude auf der Werkbundausstellung in Köln 1914 durfte man Ausnahmen nennen. Übrigens hat man sie ja bewundert. Man war vor dem Ersten Weltkrieg bereit, vieles Neue zu bewundern, eben weil es als Andeutung auftrat, hier und da, vereinzelt. Nun aber waren die Dämme gebrochen, und Gebäude erschienen von so kompromißlos neuer Form, Gebäude, welche die ganze bis dahin geltende Lehre auf den Kopf zu stellen schienen, daß auch die fortschrittlichsten unter den Professoren, Friedrich Seesselberg zum Beispiel, glaubten, sehr modern zu lehren, wenn sie ihre Schüler Fabrikhallen in Eisenbeton entwerfen ließen.

Etwa 1925 entdeckte ich im Zimmer unseres Baugeschichts-Professors, des großartigen Daniel Krencker, Muthesius' Buch „Das Englische Haus". Es stand in einem verschlossenen Schrank, und Krencker nannte ihn den Giftschrank; denn die englischen Landhäuser sollten noch 1925 für uns keine Vorbilder sein: nicht einmal die englischen Landhäuser.

Darum war es ein entscheidender Schritt, als die Technische Hochschule Ende 1923 Hans Poelzig berief und 1926 Heinrich Tessenow. Übrigens zeigte sich auch in diesen Berufungen eine gewisse Vorsicht. Beide, Tessenow und Poelzig, waren bereits vor dem Kriege berühmte Architekten gewesen, und beide waren bewährte Lehrer. Poelzig hatte von 1900 bis 1916 die Kunstgewerbeschule – seit 1911 Akademie – in Breslau geleitet, Tessenow hatte seit 1901 in verschiedenen Städten, darunter Wien und Dresden, als Lehrer gewirkt. Daß der Einzug dieser beiden bewährten Meister in die Technische Hochschule uns wie eine Befreiung erschien, zeigt allerdings, wie dringend notwendig ein Hauch frischer Luft in diesen heiligen Hallen war. Wer immer unter den Studenten Neues lernen wollte, ging zu einem der beiden Professoren, wobei sich bald eine Gruppe Poelzig und eine Gruppe Tessenow hervortat, die voneinander nichts wissen wollten.

Denn die beiden Lehrer, obwohl miteinander befreundet, waren in ihrer Art zu denken, zu lehren — und zu sein — sehr stark voneinander verschieden. Es hat wohl immer diese beiden Arten von Lehrern gegeben: den Lehrer, welcher seine Schüler auf einem sicheren Wege zur Wahrheit führt, zu der einen Wahrheit nämlich, die unumstößlich ist, und den anderen, der versucht, jedem seiner Studenten auf seinem eigenen Wege weiterzuhelfen, ja, ihn diesen Weg erst finden zu lassen. Tessenow war der Mann der unbedingten Wahrheit, Poelzig hätte mit Mao sagen können: „Laßt tausend Blumen blühen!". Es gibt einen Vers von Stefan George an seine Jünger:

Sind auch der dinge formen abertausend,
Ist dir nur eine, meine, sie zu künden.

So dachte im Grunde auch Tessenow. So dachte Mies van der Rohe, so Auguste Perret, der große französische Beton-Architekt. Man macht sich aber eine falsche Vorstellung von Lehrern dieser Art, wenn man meint, sie seien so etwas gewesen wie Diktatoren. Sie legten den größten Wert darauf, ihre Schüler zu überzeugen; und es gelang ihnen, weil sie selbst von der Gültigkeit ihrer Lehre überzeugt waren.

Tessenow ist 1876 in Rostock geboren. Rostock war damals eine kleine Stadt in Mecklenburg; und Tessenow, der in Wien gelebt hat, in Dresden, München, Berlin, ist immer wieder zeitweise in die kleine Stadt zurückgekehrt. Ja, er hatte seine Zweifel am Beruf des Architekten, weil das ein großstädtischer Beruf sei, und Tessenow hatte starke Zweifel an der Großstadt. Der Architekt, wie er ihn sich vorstellte, sollte also weniger großstädtisch sein.

Tessenow ist selbst Handwerker gewesen. Er war der Sohn eines Zimmermanns und hat die Volksschule besucht. Er wollte Volksschullehrer werden; aber eine schwere Krankheit unterbrach seine Ausbildung, und er erlernte bei seinem Vater das Zimmermannshandwerk. Handwerker und Lehrer: das ist seine Grundlage. Und sie ist es geblieben. Aber er will sich mit dem Beruf des Zimmermanns nicht begnügen. Er studiert an der Baugewerkschule in Leipzig und endlich an der Technischen Hochschule in München „auf besondere Empfehlung"[1], denn er hatte ja nicht das Gymnasium besucht. In dieser Hinsicht sind seine Anfänge denen Mies van der Rohes ähnlich, der bei seinem Vater in Aachen das Handwerk des Steinmetzen gelernt hat. Während aber Mies eine Stahlarchitektur geschaffen hat, blieb Tessenow dem Gedanken des handwerklichen Bauens treu. Er hat neue Konstruktionen nicht abgelehnt: um die 26 m breite Halle des Stadtbades Berlin-Mitte (1927—30) zu überdecken, bot sich ein Dachstuhl aus Stahl als die gegebene Konstruktion an, aber auch dieser Bau ist zum größten Teil aus Backstein erbaut; und das Stadtbad ist in seinem Werk eine Ausnahme.

1   Gerda Wangerin und Gerhard Weiss, Heinrich Tessenow, Essen 1976, S. 14.

Im Mittelpunkt dieses Werkes steht das Haus und die Schule. Die Arbeit, die zur Zeit seiner Berufung an die Technische Hochschule seine berühmteste war, die Bauten in der Gartenstadt Hellerau bei Dresden (1910–1912), umfaßt beides: Kleinhäuser und eine Schule für rhythmische Gymnastik. Hellerau hat seinen Ruhm als Architekt begründet. Karl Scheffler sieht in ihm den einzigen deutschen Architekten, der eine neue Architektur bereits verwirklicht habe[2].

Die Grundlage dieser Architektur ist die Einfachheit. Viele seiner Zeitgenossen haben diese Einfachheit mit Nüchternheit verwechselt, ja, man sprach von dem Arme-Leute-Geruch seiner Häuser. Tessenow selbst schrieb: „Künstler ist der Hausbauer erst dann, wenn er das Wesentliche, das Große des gegebenen Ausdrucks zu stärken weiß, zur Geltung bringt"[3].

Er hat auch davon gesprochen, daß man gar nicht wenig genug tun könne, daß aber der Inhalt stets deutlich zur Darstellung gebracht werden müsse. Der Inhalt – man hat auch von der Poesie seiner Architektur gesprochen. Sie zeigt sich bereits in der Art, wie er zeichnet, sie zeigt sich besonders stark in seinen Räumen. Das Treppenhaus der Schule für rhythmische Gymnastik gilt zu Recht als ein Wunder an Raumgestaltung mit einfachsten, man ist versucht zu sagen, mit spießbürgerlichen Mitteln. In Tessenows Architektur wird ein Leben der Arbeit und des Genügens in die Sphäre der hohen Kunst erhoben.

Tessenow hat im letzten Jahr des Ersten Weltkrieges ein Buch geschrieben mit dem Titel „Handwerk und Kleinstadt", in dem er die Meinung vertrat, daß nur der Mensch sich in seiner Arbeit verwirklichen könne, der mit dem Kopf und mit der Hand arbeitet, der Handwerker also. Der Ort des Handwerkers aber sei die Kleinstadt, weil man in der Großstadt vorwiegend intellektuell arbeite, also nur mit dem Kopf, und weil man auf dem Dorfe arbeite, ohne viel dabei zu denken. (Das hätte er allerdings auch vom Arbeiter in der Großstadt sagen können). In der Kleinstadt aber, der Handwerkerstadt, gedeiht noch jene Arbeit, die den ganzen Menschen fordert. Ich sagte „noch", und Tessenow mag gelegentlich auch „noch" gesagt haben; aber er meinte, der kleinen Stadt gehöre die Zukunft.

Tessenow ist nicht der erste gewesen, der solche Gedanken ausgesprochen hat. Fünfzig Jahre vor Tessenow sprach William Morris in dem gleichen Sinne vom Handwerk; und in seinem utopischen Roman "News from Nowhere" – Neuigkeiten von Nirgendwo – erscheint die größte Stadt der Welt, London, in viele Kleinstädte zerlegt, zwischen denen sich Felder und Viehweiden befinden. Man kann sogar noch weiter zurückgehen, bis zu Schiller (oder mindestens bis zu Schiller, denn man darf ja Rousseau nicht vergessen). Schiller hatte vom vollständigen Menschen gesprochen und vom zerstückten, vom Spezialisten. Man kann sagen, daß die These, welche Schiller vertrat, und dann Morris und Tessenow, gegen die Arbeitsteilung gerichtet war, auf jeden Fall gegen die extreme

2 Karl Scheffler, Die Architektur der Großstadt, Berlin 1913, S. 166–173.
3 Heinrich Tessenow, Der Wohnungsbau (1909), Gerda Wangerin und Gerhard Weiss, Heinrich Tessenow, Essen 1976, S. 16.

Arbeitsteilung, welche die Industrie fordert. Auch der Handwerker kennt die Arbeitsteilung, aber, meinte Tessenow, sie geht noch nicht so weit, den Menschen zu zerstören. Tessenow hat aus seinem Standpunkt eine konsistente Philosophie gemacht, und ich glaube, es ist am besten, an dieser Stelle einiges aus seinem Buch „Handwerk und Kleinstadt" zu zitieren. Das Buch endet mit einer Reihe von Fragen: Vielleicht sei es zu früh, fragt Tessenow, heute bereits Handwerk und Kleinstadt zu wollen, vielleicht sei der gegenwärtige Krieg nur „der deutliche Anfang von einem mörderischen Durcheinander", vielleicht müssen Dorf und Großstadt erst „viel klarer und peitschender herausgebildet werden, als es bisher schon geschehen ist", ja, die nächste Blüte von Handwerk und Kleinstadt sei „vielleicht nur möglich in einer Pracht, die wir heute vielleicht kaum schattenhaft verstehen können", bei „Völkern, die durch die Hölle gegangen sind"[4].

Dies sind bei Tessenow extreme Fragen. Wir erwähnen sie, weil diese apokalyptische Vision und die (beinahe) Verzweiflung, welche aus ihr spricht, der Untergrund sind, auf dem sein gelassenes mecklenburgisches Handwerkertum beruht. Extrem ist hier auch Tessenows Sprache. Im allgemeinen ist sie klar, populär, ein wenig umständlich: eine gesprochene Sprache, die jeder verstehen soll und verstehen kann. Auch spricht er gemeinhin nicht von den letzten Dingen, sondern von den ersten: von dem Schaden, den wir unseren Kindern zufügen, indem wir sie auf die Lernschule schicken, in der bereits alles verkümmert außer dem rein Verstandesmäßigen; darum schlägt er vor, einmal die Hälfte der Schulbänke aus der Klasse zu entfernen und Hobelbänke an ihre Stelle zu setzen und zuzusehen, wie das den Kindern gefallen wird. Er spricht von dem Nutzen der Uniform, der gemeinsamen Form also, von der das Besondere sich abhebt; er spricht von jeder Einzelheit des täglichen Lebens in einem handwerksbürgerlichen Haushalt; er spricht auch von Fragen des Entwurfs und der Gestaltung.

So hat er gelehrt: geduldig, aber insistent. Er hat seinen Schülern eine sehr gediegene Grundlage gegeben. Da er aber von seiner Lehre einer Rückführung jeder Arbeit auf das Wesentliche so tief durchdrungen war, konnte es nicht ausbleiben, daß er seine Schüler auf diese Lehre festlegte, und zwar bis in die Art der Darstellung hinein. Wenn man Tessenows Klasse betrat, so sah man an den Wänden und auf den Zeichentischen lauter kleine Tessenows.

Sie waren entworfen, wie der Meister sie entwarf, sie waren gezeichnet, wie der Meister zu zeichnen pflegte. Und er sah jede Abweichung mit Skepsis. Bekannt ist das Wort, das er einem seiner liebsten Schüler und späteren Assistenten sagte, Albert Speer. Speer hatte dem Meister seine Festdekoration für den Ersten Mai 1933 gezeigt, jene ungeheuer großen drei Hakenkreuzfahnen, welche eine bedeutende Stahlkonstruktion notwendig machten, da der Winddruck auf die gewaltigen Fahnentücher außerordentlich groß war. Tessenow hörte sich Speers Erklä-

4 Heinrich Tessenow, Handwerk und Kleinstadt, Berlin 1919, S. 89.

rungen geduldig an und betrachtete die Bilder genau. Dann sagte er: „Und nun meinen Sie, Sie haben etwas getan". Es muß für Speer vernichtend gewesen sein. Aber es war so eindrucksvoll, daß Speer selbst nicht umhin konnte, die Szene in seinen Erinnerungen zu erwähnen.

Es gibt noch eine andere Geschichte von Tessenows Haltung dem „Dritten Reich" gegenüber. Er wurde — ich nehme an, von Speer — eingeladen, die neue Reichskanzlei zu besichtigen, und es wurde ihm erlaubt, mit einer kleinen Schar von Getreuen in diesen Räumen spazieren zu gehen. Dabei öffnete er auch die Tür des Raumes, in dem die sogenannte Blutfahne verwahrt wurde, die Fahne des Münchener Putsches vom 9. November 1923. Sie stand in dem Raum, bewacht von zwei Posten, die stumm vor der Fahne in Habacht-Stellung standen. Tessenow blieb ebenfalls stumm, sagte auch bei der weiteren Visite kein Wort mehr. Als man aber die Reichskanzlei verließ, dreht er sich um und bemerkte: „Und die Sonne scheint noch!"

Solche Epigramme wirkten sehr stark, auch in seiner Lehre. Er hat nicht etwa mit seinem Epigramm eine Diskussion abgeschlossen. Das hat Auguste Perret getan: sein Wort galt. Tessenow schloß ein Gespräch nicht ab, er wollte nur, daß der Lernende sich die Sache noch einmal überlegte; er war sicher, daß dieser dann den Weg zur Wahrheit finden werde. Die Wahrheit allerdings stand fest. Tessenow war nicht jemand, der keinen Widerspruch duldete; es war vielmehr so, daß man ihm nicht widersprach. Das lag freilich sehr stark an seiner Persönlichkeit. Als wir von den Fragen sprachen, mit denen das Buch „Handwerk und Kleinstadt" schließt, sagten wir, daß diese apokalyptische Vision der Urgrund sei, auf dem sein gelassen-mecklenburgisches Handwerkertum ruhe.

Wäre er lediglich Handwerker gewesen, Kleinbürger, er hätte nicht zu Studenten sprechen können, die das nicht waren. In seinem Werk wie in seinem Wesen durchdringen einander Handwerk, Kunst und Philosophie. Wer ihn einfach nennen wollte, schlicht, anspruchslos, hätte recht, und er hätte unrecht. Seine Einfachheit ist untergründig. Man betrachte sein Gesicht: es wirkt nachdenklich, feinsinnig, die Augen haben einen eigenen Glanz, es ist nicht ohne eine gewisse Melancholie. Es ist das Gesicht eines Menschen, der dem Nächsten und dem Fernsten zugewandt ist, das Nächste im Fernsten suchend, in einem Jenseits, zu dem der Weg durch Höllen führt. Jean Paul Sartre spricht von einem Frieden au delà du désespoir: man müsse durch die Verzweiflung hindurch. Damit umschreibt er, meine ich, Tessenows Wesen.

Wenn man in Tessenows Seminar an den Wänden und auf den Tischen lauter kleine Tessenows erblickte, so sah man in Poelzigs Seminar an Kritiktagen — das waren der Donnerstag und der Freitag — ein unbeschreibliches Gewimmel der verschiedensten Entwürfe an der Wand: klassische, romantische, bauhäuslerische, von Mendelsohn beeinflußte: es war alles da. Vor einem dieser Entwurfe erblickte der Eintretende eine dichte Schar von Studenten, aus deren Mitte ein Faden blauen Zigarrenrauches aufstieg. Von dort hörte man eine Stimme: klar, lebhaft, laut — und durchaus berlinisch. Stand der Mann dann auf, so erblickte man seinen merkwürdigen Kopf. Er hatte einen Turmschädel, der unter der „Poelzig-Tolle", der in die Stirn gekämmten Franse von Haaren, deutlich sichtbar blieb. Dieser Stirnturm fiel ab zum Hinterkopf, der stark hervortrat. Dazwischen lag die Glatze beinahe in einer Delle. An seinem Gesicht war alles groß und zugleich beweglich. Man merkte sofort, daß der Besitzer dieses Gesichts und dieser Stimme sehr wohl wußte, was er als Lehrer an ihnen besaß und daß er seine Persönlichkeit bewußt einsetzte wie ein Schauspieler. Theodor Heuss, der lebenslange Freund, der sein Biograph werden sollte, spricht davon: „Da konnte er auch die Rolle des Poelzig spielen, die er gut beherrschte"[5].

Poelzig pflegte ständig kurze Entwurfsskizzen zu geben, Wettbewerbe im Seminar. Sie dauerten, je nach Größe des Objektes, eine oder drei Wochen, und es gab nur zwei Urteile: Weitermachen oder verwerfen. Der Student, dessen Projekt verworfen war, mußte am nächsten Wettbewerb teilnehmen. Auf diese Weise hatten wir dann am Ende alle die drei Entwürfe, die wir zum Abschlußexamen brauchten. Poelzig wählte seine Entwurfsaufgaben aus allen Gebieten der Baukunst, und die Kritik am Donnerstag und Freitag wurde so geführt, daß jeder am Ende der beiden Tage über den betreffenden Gegenstand recht gut Bescheid wußte. Mit Vorliebe wählte er einen Teil aus einem Entwurf, mit dem er selbst sich gerade beschäftigte. „Denn", sagte er, „hätte ich mir nicht selbst daran die Hörner abgestoßen, so wüßte ich ja nicht, wie schwer das ist". So lernten wir das Einfamilienhaus kennen, den Industriebau, das Warenhaus, das Bürohaus, die Kirche, das Café. Überzeugte ihn ein Entwurf, so sagte er: „Das nehme ich mir". Und er nahm es. Eine größere Ehre konnte er ja einem Studenten nicht erweisen.

Die Kritik ging so vonstatten. Er fing an der linken Ecke des Zeichensaales an und forderte den Verfasser des Entwurfs auf, ihn zu erklären. Der, dessen Entwurf daneben hing, mußte dann kritisieren. Daran schloß sich eine allgemeine Diskussion, welche der Meister — wir zogen es vor, ihn den Meester zu nennen — abschloß. Die Kritiken boten Poelzig Gelegenheit, von Gott und der Welt zu sprechen: von der Notwendigkeit, zu plagiieren: „Händel hat es getan, Mozart, Shakespeare. Denkt Ihr denn, ich tue es nicht?", von der Schönheit der alten französischen Uniform: „Nun ja, man hätte ja auch den Rock rot machen können und die Hosen blau; aber diese roten Beene sind doch interessant". Vom Städtebau „mit der Camera", wie er das nannte, wenn jemand ihm sagte, er habe einen Turm an diese Seite gestellt, weil gegenüber eine Straße einmündet: „Aha", sagte Poelzig, „der Straßenabschluß. Ja, entwirfst Du denn mit der Camera in der Hand?" Und in wenigen Minuten war der ganze malerische Städtebau der Nachfolge des großen österreichischen Städteplaners Camillo Sitte am Boden zerstört. So kam er scheinbar vom Hundertsten ins Tausendste, und blieb doch immer beim Ersten, beim Thema des Entwurfes. Diese Exkurse dienten dazu, unseren Horizont zu erweitern.

5   Theodor Heuss, Hans Poelzig, Bauten und Entwürfe, Berlin 1939, S. 66.

Poelzig behandelte den einzelnen Studenten mit großer Vorsicht. Ich habe ja gesagt, daß er versuchen wollte, einem jeden die eigene Richtung deutlich zu machen, die besondere Gabe zu entwickeln, die er besaß. Und er fand das nicht leicht; denn selbstverständlich befanden sich in dem Haufen von Studenten, die zu ihm kamen, nicht wenige, deren Richtung ihm nicht lag. Da gab es die Draufgänger, die er zu bremsen hatte, da gab es die Zögernden, die er erst zu entdecken hatte, für sich und für sie selbst. Spielte einer den Poelzig, so war er unangenehm berührt. Auch schloß er jede Erwähnung seiner eigenen Arbeiten im Seminar aus: ,,Aber wir sprechen doch jetzt nicht vom Kapitol!" Dagegen war er durchaus geneigt, sich Leute gefallen zu lassen, die das besaßen, was er ,,eine charaktervolle Trockenheit" nannte. Wenn ein Student das Urteil bekommen hatte ,,weitermachen", wurde er zunächst in die Tonkammer geschickt, um seinen Entwurf zu modellieren. In diesem Stadium begann die persönliche Kritik. Sie war sehr streng. Ich habe es erlebt, daß er ein Projekt, das er in der Wettbewerbskritik sehr gelobt hatte, als Modell vernichtend kritisierte: es blieb nichts übrig von dem schönen Projekt. ,,Geh zwei Tage spazieren", sagte der Meester, ,,und fange dann ganz von vorne an!" Das war sehr nützlich: man hatte gelernt, daß man nicht ganz hoffnungslos war, und man hatte gelernt, daß man noch nichts konnte. Es gab andere Fälle: Egon Eiermann erzählt davon, wann ihn zum erstenmale aufgegangen sei, daß er wohl doch ein guter Architekt werden könne: ,,Der Meester saß da und sah mir eine ganze Weile zu, während ich zeichnete. Dann sagte er: ,Mach nur so weiter, mein Junge!' " Ja, wenn der Meester einem das sagte, dann durfte man allerdings einiges von sich selbst erwarten.

Das lag natürlich nicht nur an Poelzigs Persönlichkeit, es lag auch an dem Prestige, das hinter der Persönlichkeit stand. Hans Poelzig ist 1869 in Berlin geboren. Seine Mutter war die Gräfin Poelzig, von seinem Vater weiß man eigentlich nur, daß er ein Engländer war und Eames hieß. Als sich Eames von der Gräfin trennte, stellte er die Bedingung, daß das Kind, das sie erwartete, nicht seinen Namen tragen sollte. Darum hieß der Architekt Hans Poelzig. Als Kind hatte er allerdings Hans Liese geheißen, nach seinem Pflegevater, dem Dorfkantor Liese in Stolpe. Mit zehn Jahren war Hans Poelzig verwaist.
Poelzig hat an der Technischen Hochschule Berlin Architektur studiert. Seine Tätigkeit als selbständiger Architekt beginnt zur gleichen Zeit wie seine Tätigkeit als Lehrer, 1900, als er die Leitung der Kunstgewerbeschule in Breslau übernahm. Er war Lehrer und Architekt in ständiger Wechselwirkung; denn auch im Büro hat er als Pädagoge gearbeitet; Hochschullehrer und Architekt, nicht, wie Tessenow, Volksschullehrer und Handwerker. Poelzig war nicht Handwerker; aber er ist einer der ersten gewesen, die Lehrwerkstätten in das Studium des Architekten eingeführt haben. Als er 1916 Breslau verließ, dachte er an Tessenow als seinen Nachfolger, er dachte auch an Walter Gropius; und Gropius hat ja dann, in seinem ersten Bauhaus, in Weimar (1919), die Werkstatt als Grundlage einer jeden Tätigkeit als Künstler etabliert.

Als Architekt war Poelzig eigentlich vom ersten Tage an erfolgreich, bereits seine frühen Arbeiten, das Projekt für den Fabrikbau „Werdermühle" auf der Breslauer Oderinsel, die Dorfkirche in Maltsch (beide 1906), begründeten seinen Ruhm. Es war, als habe die Architektur in Deutschland auf Hans Poelzig gewartet und als habe er selbst das gewußt. Die großen Arbeiten der Jahre 1911/1912, die chemische Fabrik in Luban bei Posen, der Wasserturm in Posen, das Geschäftshaus in der Junkernstraße in Breslau, fanden als Meisterwerke der neuen Architektur allgemeine Anerkennung.

1916 bis 1920 war Poelzig Stadtbaurat in Dresden, ein Posten, der ihm wenig lag. „Ich habe der Stadt Dresden meinen Kopf vermietet, nicht meinen Hintern", rief der sitzungsmüde Stadtbaurat. In dieser Zeit, der Zeit des Krieges, entstanden seine expressionistischen Projekte, das „Haus der Freundschaft" für Konstantinopel, die Dresdner Feuerwache und der Konzertsaal, der den Raum des Salzburger Festspielhauses von 1920 vorwegnimmt. Keines dieser Projekte wurde gebaut. Es gibt in diesen Jahren nur eine große Verwirklichung, das Große Schauspielhaus in Berlin, den Umbau des Zirkus Schumann in ein Massentheater für Max Reinhardt. Aber jeder dieser Entwürfe ist ein Markstein auf dem Wege des Expressionismus in der Architektur. Poelzig war der Meister dieser neuen Architektur, als die anderen gerade anfingen. 1920 war er wieder in Berlin − und blieb in Berlin bis zum Tode (1936). Er leitete seit 1920 eine Meisterklasse in der Akademie − jetzt Hochschule der Künste.

Seine Architektur dieser Jahre hat das eine mit der Tessenows gemeinsam: sie war groß, sie war wesentlich. In jeder anderen Hinsicht war sie das Gegenteil dessen, was Tessenow machte: ihre Formen waren keineswegs zurückhaltend, sie waren von einem barocken Reichtum der Phantasie. Gelegentlich des Salzburger Festspielhauses sagte er: „Alle deutsche Kunst ist mehr oder weniger barock, kraus, ungerad, unakademisch, von der romanischen Zeit über die deutsche Gotik bis zum Rococo"[6].

Er sprach damals von der Kunst des Raumes, die verloren gegangen sei, er sprach auch von der Vereinigung der Künste im Bau. Immer aber spricht er von der Kunst. Er haßte die Technik, er verabscheute den Zweck als Ziel der Architektur; und das Handwerk liebte er nicht als Handwerker: er liebte es, weil er in ihm die Grundlage jeder Kunst erblickte. Poelzig hat unablässig skizziert: Skizzen von einer unheimlichen Kraft der Raumverwirklichung; er hat auch Bilder gemalt, was Tessenow wohl niemals getan hat.

Solcher Art war der Lehrer, dessen Persönlichkeit wir, die Schüler, uns willig unterwarfen. Und was hat er uns gelehrt? Nicht die Kunst! Er begrüßte die Kunst, wenn sie in einem unserer Entwürfe sichtbar wurde: „Da ist Musike drin". Aber die Kunst kann man nicht lehren. Er lehrte die Brot- und Butterfra-

6 Hans Poelzig, Rede bei der Generalversammlung der Salzburger Festspielhaus-Gemeinde, 1921. Veröffentlicht in: Das Kunstblatt, Hrsg. Paul Westheim, Potsdam-Berlin, 5. Jg. (1921), Heft 3, S. 77−88.

gen des Entwerfens: Wie man im Hause von hier nach dort kommt; was passiert, wenn man die Treppe hinaufgestiegen ist und findet sich drei Türen gegenüber; wie der Kellner stolpert, wenn er auf seinem Wege drei Stufen heraufsteigen muß; wie diese Anordnung stört und jene beruhigt; daß dieses Fenster sehr schön ist, nur, leider, man kann es so nicht konstruieren. Das lehrte er. „Es gibt zwei sehr schwere Aufgaben", pflegte er zu sagen, „ein sehr großes Theater und ein ganz kleines Haus. Aber das Haus ist von den beiden die schwerere Aufgabe".

Er lehrte uns, jede Aufgabe als etwas ganz Neues anzusehen: die Erfahrungen, die wir mit einem Restaurant gemacht hatten, nützten nichts, wenn wir ein Haus entwerfen sollten. Er haßte die Routine. Ein Student brachte ihm einmal eine Mappe mit sehr virtuosen Zeichnungen. Poelzig sah sich jedes Blatt lange an, schob alle sorgfältig in die Mappe zurück, wog die Mappe in den Händen und sagte: „Warum machste denn das? Das kannste doch!" Er wollte, daß wir uns rechtschaffen quälten, weil man nur so weiterkommt. Darum lehnte er es ab, wenn ihn jemand fragte: „Wie macht man es?" „Soll ich", fragte ein Student, „das Krankenhaus in einem Baukörper entwerfen oder in Pavillons?" „Weiß ich doch nicht", erwiderte Poelzig unwirsch. „Wenn ich das wüßte, wäre ich kein Lehrer".

Er war ein Lehrer von Lehrern. Enkelschüler von Poelzig gibt es in Shanghai und Kuala Lumpur; und sie wissen es. Aber unsere Bemühungen, den Poelzig zu spielen, blieben stümperhaft. Uns fehlte die Persönlichkeit.

Große Persönlichkeiten waren beide Lehrer, Poelzig und Tessenow. Es bleibt übrig, die Wirkung zu untersuchen, die von dem einen und dem anderen ausging. Als ich neulich eine Ansprache zum fünfzigjährigen Jubiläum des Funkhauses in Berlin hielt, das Poelzig 1929 gebaut hatte, kam nachher der Chef der polnischen Militärmission zu mir und sagte: „Sie haben von Poelzig gesprochen, als ob er ein Pole gewesen sei. In Polen ist der Architekt noch Künstler. Hier …?" *Ist* der Architekt noch Künstler? Kann er es noch sein? Poelzigs Schüler durften noch Künstler sein. Sie haben in einem anderen Idiom entworfen als Poelzig; aber sie waren wie Poelzig Künstler-Architekten, jeder Entwurf war ein Werk, in sich abgeschlossen und gerundet. Kann man so noch entwerfen? Ist der Architekt gegenwärtig nicht der Handlanger der Bauindustrie geworden, in vielen Fällen sogar der Angestellte eines der großen „Bauträger"? Und wird da nicht die Gestaltung zuweilen zur Kosmetik? Die Aufgaben haben sich in den vergangenen fünfzig Jahren stark verändert. Das große einzelne Gebäude, sagen wir einmal Scharouns Philharmonie oder Mies' Nationalgalerie, ist die Ausnahme geworden. Architektur hat eine Stellung eingenommen zwischen dem Entwurf von Bauelementen und dem Städtebau. Eine neue Wandlung der Lehre steht vor der Türe.

So ist Poelzigs Lehre, wir müssen es zugeben, geschichtlich geworden. Und wie steht es in dieser Hinsicht mit der Lehre Tessenows? Es scheint, daß wir uns Tessenows Gedanken wieder nähern. Man spricht von einer Alternative zu den Lebensformen der Industriegesellschaft. Ich glaube nicht, daß wir uns auf dem

Wege zu einer neuen Blüte des Handwerks befinden, deren Pracht, wir, wie Tessenow sagte, nur schattenhaft verstehen können. Aber wir lehnen das ab, was Tessenow abgelehnt hat, was in seiner jetzigen Form allerdings Tessenow selbst nur schattenhaft hätte verstehen können; und wir beginnen, die Freuden des Alltäglichen wieder zu schätzen, die ja wohl die wesentlichen Freuden sind. Le Corbusier hat diesen Ausdruck geprägt: les joies essentielles. Wir verstehen aber darunter etwas anderes als er: nicht air, son, lumière, sondern die Arbeit, die man macht, und wie man sie macht, und den Umgang mit den Dingen, die uns nah umgeben.

Tessenow haben gerade die kleinen Dinge des häuslichen Lebens interessiert; und ich meine, daß wir uns als Architekten dieses Interesse wieder zueigen machen müssen. Eine große Kluft hat sich zwischen denen aufgetan, die entwerfen, und denen, für die sie entwerfen. Sind die Leute zufrieden mit den Wohnungen und den großen Wohngebäuden oder Wohngebirgen, die wir für sie bauen? Alle Anzeichen sprechen dafür, daß sie es nicht sind. Schon der alte Muthesius sagte von den Arbeiterhäusern, die man vor dem Ersten Weltkriege zu bauen begann, sie seien das Werk von Versorgern, man habe nicht genügend darauf geachtet, wie der Arbeiter wohnen will, man habe seinen eigenen Beitrag ignoriert. Tessenow hat das nicht getan. Da er selbst ein kleiner Mann war nach Herkunft und Kultur, so wußte er besser als irgendein anderer, wo den kleinen Mann der Schuh drückt. Wir müssen es erst wieder lernen. Tessenow hat von der Kleinstadt gesprochen. Es ist durchaus nicht so unmöglich, wie man denken möchte, daß die Kleinstadt wieder aktuell wird. Die Großstadt hat sich selbst ad absurdum geführt – und das Dorf existiert kaum mehr in den Industrieländern. Bis gestern konnten sich die großen Städte der Zuwanderung vom Lande kaum erwehren, jetzt verlassen die Menschen die Stadt.

Wir werden also wieder umlernen müssen, als Lehrer umlernen. Ich glaube nicht, daß wir die Lehrwerkstatt wieder in die Architekturlehre einbauen sollten, wie Poelzig das in Breslau getan hat, und Gropius in Weimar. Vielmehr werden wir wohl gut daran tun, uns Gropius' zweites Bauhaus zum Muster zu nehmen, das Bauhaus in Dessau: dort wurden aus den Lehrwerkstätten Versuchslaboratorien für die Gestaltung des Serienproduktes. (Ich weiß, das ist etwas verkürzt ausgedrückt.) Das Serienprodukt, welches uns angeht, ist das Bauelement. Wir werden Werkstätten zur Gestaltung von Bauelementen in die Lehre einführen müssen. Besonders aber werden wir endlich wieder das lernen müssen, was Tessenow gewußt und gelehrt hat: wir werden lernen müssen, wie die Leute leben.

Wir haben gesehen, daß dies auch Poelzig wichtig war, daß auch er versucht hat, auf seine Weise, uns eben diesen Aspekt unserer Tätigkeit nahe zu bringen. In ihren Methoden waren die beiden Meister der zwanziger Jahre an der Technischen Hochschule sehr wesentlich voneinander verschieden, nicht jedoch im Inhalt ihrer Lehre. Gewiß, Tessenow stellte das kleine Haus in den Mittelpunkt seiner Lehre, und Poelzig hat das nicht getan; denn er war kein Kleinbürger. Aber als er von den wahrhaft schweren Aufgaben sprach, sagte auch er, daß das kleine

Haus die allerschwerste sei. Auch vom Handwerk haben beide gesprochen; aber das ist historisch geworden, es gehört zum vergänglichen Teil ihrer Lehre; und wenn wir wieder lernen müssen, genau zu beobachten, wie die Menschen leben (wie Tessenow das getan und gelehrt hat), so wird doch das Resultat unserer Bemühungen nicht wieder das kleinbürgerliche Haus Tessenows sein können: wir haben für Menschen anderer Art zu planen.

Besonders aber wird dies verschieden sein: der Lehrer ist nicht mehr der große Meister, der Mann, der einen überwältigenden Einfluß ausübt: er ist primus inter pares geworden, erster Mitarbeiter in der Gruppe. Wir, die wir von Tessenow herkommen und von Poelzig, wir durften noch versuchen zu lehren, wie sie gelehrt haben, obwohl das wohl keinem von uns ganz gelungen ist. Und wenn wir uns an die beiden Meister erinnern, die uns geprägt haben, können wir uns eines Bedauerns nicht ganz erwehren, daß es solche Gestalten nicht wieder geben wird.

Festschrift zum Jubiläum der Technischen Universität Berlin, Herbst 1979

46 Bruno Taut (1980)

In diesem Jahr begehen wir den hundertsten Geburtstag Bruno Tauts, im nächsten Jahr Schinkels zweihundertsten. Die Vorstellung berührt merkwürdig, daß Bruno Tauts Geburtstag die Mitte hält zwischen der Geburt Schinkels und unserer Gegenwart. Taut erscheint uns viel näher. Man könnte sagen, daß das nur natürlich ist; denn hundert Jahre alt kann man werden: Bruno Taut könnte als ein sehr betagter Herr heute unter uns sein; ein Zweihundertjähriger aber gehört der Geschichte an. Das ist richtig; aber es reicht zur Erklärung der Nähe hier, der Ferne dort nicht aus. Es gibt andere Künstler, Hundert- und Zweihundertjährige, bei denen wir dieses Erstaunen nicht empfinden. Taut steht uns offenbar sehr nah; und dieses Gefühl der Nähe hat sich in den letzten Jahren verstärkt. Man begann Bruno Taut zu entdecken; seine Architekturvisionen aus den Kriegsjahren, seinen Freundesbund „Die gläserne Kette", später, viel später seine Siedlungsarchitektur, die mit jenen Visionen und Manifesten so wenig zu tun zu haben scheint. Kurt Junghanns von der Deutschen Bauakademie Berlin hat bereits vor zehn Jahren die erste umfassende Biographie und Würdigung geschrieben, und wir alle im Westen haben sein Buch studiert: Junghanns war derjenige, an dessen Hand wir dieses Leben und dieses Werk wieder besichtigen konnten. Dann begann der Werkbund, sich für Tauts Siedlungen zu interessieren, es gab ein Heft von „Werk und Zeit" über die Siedlung „Onkel Tom" mit Umfragen, Dokumentationen, es gab sogar einen Film. Vor wenigen Wochen erst erschien die genaue Dokumentation dieser Siedlung von Helge Pitz und Winfried Brenne. Und nun eröffnen wir eine Ausstellung, die selbst in diesem Hause ein Ereignis genannt werden kann. Ich habe schon einige Ausstellungen der Abteilung Baukunst miterlebt; aber was sich in den letzten Monaten in Achim Wendschuhs Büro abgespielt hat, das habe ich noch nicht erlebt; und einen Katalog wie den, den wir heute erhalten werden, auch nicht. Man müßte die Namen aller derer nennen, die im Katalog ein vollständigeres Bild Tauts hergestellt haben, ein besser abgewogenes, beziehungsreicheres, als wir bisher besessen haben. Ich kann mir nicht versagen, wenigstens die beiden zu erwähnen, Franziska Bollerey und Kristiana Hartmann, die das Hauptstück geliefert haben: Bruno Taut in Deutschland. Damit dürfte er zufrieden sein. Es haben also eine Anzahl von Personen, meistens jüngere Leute, aber auch Schüler aus Japan, sogar ein Schüler aus dem Berlin der frühen Dreißiger Jahre, mit seltenem Eifer, mit wahrer Hingabe an das Thema „Bruno Taut", von dieser Persönlichkeit und von diesem Werk Besitz ergriffen, um sie uns darzustellen; und sie haben das mit der eifersüchtigen Liebe getan, mit der man an dem Neuen hängt, das man sich zum Besitz gemacht hat, mit der man diesen Besitz gegen das Unverständnis verteidigt, das ihm so lange Zeit entgegengebracht wurde; nicht gegen Kritik: Taut selbst hat mit der Kritik seiner Arbeit den Anfang gemacht; aber gegen den Schatten, der über seinem

Werk gelegen hat. Und ich meine, wenn heute ich, der ich Taut gegenüber immer sehr viel Kritik auf dem Herzen gehabt habe, obwohl ich ihn gekannt habe, und, wie das nicht anders sein kann, geliebt: wenn heute ich zur Eröffnung dieser Ausstellung etwas sagen soll, so kann es nur so sein, daß ich hier, in dieser Öffentlichkeit, versuche zu verstehen, was es ist, das junge Leute – und nicht nur ganz junge – gerade jetzt zu Taut zurückführt: zu dem ältesten unter den Meistern der Zwanziger Jahre und dem am wenigsten gut gekannten.

Denn er war der Älteste: ein Architekt, der vor dem ersten Weltkrieg bereits einige bemerkenswerte Gebäude verwirklicht hatte, unter den Jüngeren zusammen mit Walter Gropius der bekannteste jener Zeit; Mitarbeiter von Bruno Möhring und Schüler von Theodor Fischer und, mochte man damals wohl meinen, berufen, ein zweiter Möhring zu werden; wenngleich man auch damals hätte sehen können, daß er kein Zweiter werden würde; denn er war eigenwillig. Gropius hat ihn 1919 einen Einzelgänger genannt: der werde er bleiben, das sei sein Schicksal. Einer jener Maler, die zwischen Malerei und Architektur schwankten und sich, wie es damals nicht ganz selten geschah, für die Architektur entschieden; aber die Farbe behielt er zurück, ganz früh sprach er von einer farbigen Architektur; einer jener Architekten der Zeit vor 1914, die von der Gotik träumten – und von der Natur, und die meinten, die Gotik sei etwas wie die Natur: wie der Hochwald; ein leidenschaftlicher Künstler, der seine künstlerische Leidenschaft auf die Zukunft richtete, eine Zeit, in der wir wieder eine Kultur haben werden, und das hieß für ihn, wie für nicht wenige damals, eine bindende Idee, so stark, daß sie die Religion zu ersetzen imstande sein werde, welche die Wunder der Gotik bewirkt hatte. Denn er hatte sich – wie es damals nicht selten geschah – für die Architektur entschieden, weil die Sehnsucht jener Zeit die Architektur wollte, die Urkunst, die Mutterkunst, welche allein imstande sei, die gemeinsame Idee auszudrücken, die man ersehnte. Diese Idee aber konnte damals nur das sein, was man den Sozialen Gedanken nannte.

Der Soziale Gedanke, das heißt für den Architekten zweierlei: Es heißt die gute Wohnung für jedermann, und es heißt das gebaute Symbol einer künftigen Welt, in welcher Menschen endlich ihre Heimat finden – wie Ernst Bloch gesagt hat; Taut, noch spezifischer (als Architekt), schrieb unter eine seiner visionären Zeichnungen den Satz: „Die Erde eine gute Wohnung". Die Gartenstadtbewegung, mit der er um 1912 in Verbindung trat, versprach beides, wenigstens versprach sie ihm das, der die Gartenstadt gekrönt sah mit einem Kreuz großer Gemeinschaftsbauten mit Gärten, Laubengängen, Pavillons, das Kreuz selbst aber überhöht von einem Tempel der Gemeinschaft, in dessen farbiges Licht und immerwährende Musik emposteigend der Einzelne sich ganz tief – oder ganz hoch – mit dem Geist der Gemeinschaft durchdringen würde; so dargestellt in Tauts Buch „Die Stadtkrone", an das er seit 1915 gedacht hat.

Das war bereits im Kriege. Denn nicht die Welt kam näher, in der der Mensch eine Heimat finden würde, es kam der Krieg; und einer wie Bruno Taut, einer, der Kropotkin gelesen hatte – er wird später viele Seiten aus den Schriften des

Anarchisten in einem seiner visionären Bücher zitieren —, ein Mann, der an den Sozialen Gedanken und an die Verheißung „Friede auf Erden" wirklich glaubte, konnte im Kriege nichts anderes sehen als kollektiven Wahnsinn, genauer, einen Völkerwahnsinn, den die Mächtigen dieser Erde veranstaltet haben. Er entzog sich dem aktiven Kriegsdienst und begann, jene Visionen zu zeichnen und zu schreiben, welche im Kriege entstanden und in den Jahren unmittelbar danach: die „Alpine Architektur", die „Stadtkrone", die „Auflösung der Städte" und den „Weltbaumeister". Sie werden in der Ausstellung eine Anzahl dieser wunderbaren Zeichnungen sehen. Man kann aber die „Alpine Architektur", das Grundbuch, nicht nur, weil es das erste war, nur verstehen, wenn man von der Begegnung mit einem Dichter weiß, welche in die Zeit kurz vor dem Kriege fällt. Paul Scheerbart hat einen stärkeren Einfluß auf Taut ausgeübt als irgendein anderer Mensch. Scheerbart verfolgte in romanhafter Form den Gedanken einer Glasarchitektur. Glasarchitektur, werden Sie meinen, lag ohnehin in der Luft. Aber Scheerbarts Glasarchitektur verfolgt nicht so sehr das Ziel der größtmöglichen Transparenz, und ganz gewiß kam es ihm nicht auf hygienische Eigenschaften des Glases an, wie die Durchlichtung der Innenräume; Glas war, mit Taut zu sprechen, „das Fließende, Grazile, Kantige, Funkelnde, Leichte", Glas konnte der Kristall sein, das höchste Symbol der Reinheit — allerdings auch des Todes. In Scheerbarts Glasarchitektur vollends war das Glas durchscheinend, aber nicht durchsichtig, die Häuser waren mit einer Hülle farbigen Glases umgeben, durch die buntes Licht in das Innere strahlt und die nachts nach außen strahlt. Für Scheerbart und Taut war Glas nicht ein Nicht-Material, sondern das feinste Material; aber Material. Der Kristall aber ist das Thema der „Alpinen Architektur". Die Bergriesen selbst sollen kristallin behauen werden, diese Kristallberge werden mit funkelnden Kristallen bestreut, Kristallnadeln brechen aus ihnen hervor. Ich weiß, man sieht dort auch Bögen aus Glas, man sieht ganze gotische Dome aus Glas und sogar gläserne Blüten, welche die Täler umblühen; aber auch diese strahlen nachts in die Weite als glaskristallene Wunderblumen. Und es bleibt nicht bei den Alpen: alle Bergketten des Globus sollen so verwandelt werden, so geschmückt; und endlich die Sterne ... Zum Alpenprojekt schreibt Taut, die Kosten werden unvorstellbar sein, und die Opfer, die gebracht werden müssen, unsagbar; aber sie werden nicht der Zerstörung gebracht, wie die unvorstellbaren Kosten und die unsagbaren Opfer des gegenwärtigen Krieges.
Nicht der Zerstörung; aber die Frage bleibe uns erlaubt: wofür? Kann ein Mensch, der leidenschaftlich sich gedrungen fühlt, der Menschheit in ihrer Not zu helfen, gar nichts anderes für sie tun, als die Gebirge schmücken? Fielen nicht einem jeden von uns, auf Anhieb, hundert dringend notwendige Dinge ein, die wir tun müßten, anstatt den Reichtum und die Kraft der Welt an die Zerstörung zu wenden? Jedem von uns; aber wir sind nicht Bruno Taut. Wo wir Hütten bauen, weil wir meinen, die Leute brauchen sie, schmückt er Berge. Denn es handelt sich für ihn darum, das Symbol zu schaffen, das Symbol von verändernder, später, nach dem Siege, von erhaltender Kraft; wie jenen Glastempel über dem Kreuz

der Gemeinschaftsbauten, Krönung der Stadtkrone: denn natürlich ist auch dieser Tempel der einsamen Feier ein Glaskristall. Wir erblicken aber in diesen Visionen das Problem des Künstlers, der die Welt erlösen will: er kann es nur als Künstler tun, will sagen, seine Sache ist es nicht, die politische Umwandlung herbeizuführen, seine Sache ist es, die große Idee sichtbar zu machen, einen Ideenbau aufzurichten, der die Kraft der gotischen Dome wieder besitzen wird, ja, er soll sie übertreffen.

Und doch kommt der Augenblick der politischen Aktion für den Künstler, er kommt im November 1918. Die Gruppe junger Künstler, die sich da hervortut, nimmt die Revolution so ernst, wie man sie in den zwei Monaten zwischen dem 9. November 1918 und dem 15. Januar 1919, dem Zusammenbruch des Spartakus-Aufstandes, nehmen durfte, und es entstanden sofort Gruppierungen: die Novembergruppe, der Arbeitsrat für Kunst. „Arbeitsrat für Kunst", so heißt die Gruppe „Kunst" in der Räterepublik, die man als existierend auffassen wollte. Hier entlädt sich der künstlerische Impuls der jungen Architekten. Finsterlin, die Luckhardts, Scharoun. Manfred Schlössers Ausstellung über den Arbeitsrat gehört zur Taut-Ausstellung. Hier entstehen die Programme für die Aktion des Künstlers im Volk, mit dem Volk, wie Tauts Programm, in welchem bei allen Wettbewerben den Nicht-Künstlern die Entscheidung bleibt, in dem mit jeder Akademie, jedem Anspruch des Fachverstandes aufgeräumt wird. Taut ist der führende Mann im Arbeitsrat für Kunst, so wie er es dann später in seiner eigenen Gruppe sein wird, der „Gläsernen Kette". Aber die „Gläserne Kette" ist bereits der Rückzug aus der kunst-politischen in die rein künstlerische Utopie.

Die „Gläserne Kette" ist eine Art utopischer Zeitvertreib in einer ungewissen Zeit, in der nur eines gewiß ist: daß es für den Architekten fast nichts zu bauen gibt. Taut spricht damals auch von der Wasserscheide zwischen der Utopie und dem Bauen, das ja einmal wieder einsetzen muß, und in nicht allzu ferner Zeit: das Bedürfnis ist da, die Wohnungsnot ist furchtbar; die Mittel werden eines Tages zur Verfügung stehen. Was, fragt Taut, wird man dann aus der Utopie über die Wasserscheide hinüberretten?

Seine erste Aktion als Bauender nach dem Kriege, in Magdeburg, wo er von 1921 bis Anfang 1924 Stadtbaurat war, macht die Wasserscheide deutlich, überwindet sie aber noch nicht; denn die Siedlung „Reform", die er fortsetzt – er hatte den ersten Bauteil bereits 1913 gebaut –, ist von einer Einfachheit der Formen, welche unsere an die Gefälligkeit und Üppigkeit der Vorkriegsarchitektur gewöhnten Augen verletzte; und seine farbige Architektur in Magdeburg ist so unbedingt und, sagen wir es nur, undiszipliniert, daß sie ebenfalls unsere Augen verletzte. In Magdeburg steht ein etwas krampfhafter Versuch der Utopie – und sei es nur die der Farbe – unvermittelt neben einer sehr vernünftigen praktischen Bemühung um das Kleinhaus und die Kleinhaussiedlung. Das betrifft nicht das Ganze seiner Magdeburger Tätigkeit; es gab da auch städtebauliche Projekte, es gab die schöne Halle für Stadt und Land; aber wir müssen uns kurz fassen, und so sei es uns erlaubt zu vereinfachen. Die – vereinfachte – Bilanz der Magdeburger Tätigkeit ist aber die: sie löste nicht die Versprechen ein, welche Taut, der Utopist, gegeben hatte; und sie ist ein schwacher Beginn der Tätigkeit des anderen Taut: des Planers und Baumeisters.

An dieser Stelle, bevor wir uns mit dem Hauptwerk seines Lebens beschäftigen, den Siedlungen in Berlin, möchte ich Sie bitten, mich einen Augenblick zurück zu begleiten, zu der Zeit unmittelbar vor Ausbruch des Krieges. Damals hat Taut zwei Dinge gebaut, welche die beiden Seiten seines Tuns bezeichnen: die Gartenstadt Falkenberg bei Grünau — von der leider nur wenig verwirklicht wurde — und den Glaspavillon auf der Kölner Werkbundausstellung im Juli 1914. Sprechen wir von diesem zuerst: als Aufgabe war das ein Gebäude der Werbung für die Glasarchitektur, für Luxfer-Prismen im besonderen; technisch war es eine keineswegs leichte Aufgabe für die Betonindustrie; eine Lamellenkuppel, deren Felder mit farbigem Glas geschlossen wurden. Für Taut war es die Verwirklichung, die erste, der Glasarchitektur; und Scheerbarts Verse sind in den Fries des Gebäudes eingeschrieben, etwa:

Das Glas bringt uns die Neue Zeit.
Backsteinkultur tut uns nur leid.

und:

Ohne einen Glaspalast
ist das Leben eine Last.

Auch vom Kristall ist in einem der Sprüche die Rede (er reimt sich auf All). Hier haben wir in nuce bereits die Alpine Architektur vor Augen: die Architektur, für deren erstaunliche, für deren prinzipielle Wirkungen Industrie, Technik und, nicht zu vergessen, das Ingenium des Architekten ihr Bestes hergeben. Hier steht das Haus, welches, wie Taut bemerkt, keinen anderen Zweck hat als den: schön zu sein. Inmitten des müden Klassizismus, wie er auf dieser Ausstellung von dem großen Peter Behrens praktiziert wurde, dem berühmten Hermann Muthesius und auch von Tauts Lehrer Theodor Fischer, leuchtet Tauts kristallenes Kunstwerk wie ein Juwel: es war das Juwel der Ausstellung.

Blicken wir vom Glaspavillon auf Falkenberg und sagen wir zunächst, was wir dort nicht sehen: keine Großtaten der Technik: hier ist alles reines Handwerk; und keine Sensation der Form, allenfalls, auch hier, Sensation der Farbe: Falkenberg war einer der ersten Versuche mit farbiger Architektur. (Man nannte sie die Siedlung Tuschkasten). Das Wesentliche an Falkenberg jedoch ist nicht die Farbe — die damals einigen Staub aufwirbelte —, sondern die Planung, und die Planung muß man genau ansehen, um den Unterschied zwischen den damals üblichen neu-mittelalterlichen oder auch neu-barocken Anlagen und Falkenberg zu erkennen. An dem „barock" mit zwei Achsen geplanten Akazienplatz wird man dann so viele Verschiebungen wahrnehmen, daß wenig von der Komposition übrigbleibt. Natürlich sind diese „Störungen" beabsichtigt. Taut hat auf ein anderes

lungen, die um 1930 entstehen, gänzlich abgetan hat. In den Straßen und Gärten des nördlichen Teils der Siedlung „Onkel Tom" in Zehlendorf wird erfüllt, was in Falkenberg angedeutet war: aus dem Schema, der Komposition, wird die Siedlung durch jene kleinen Verschiebungen, die wir zuerst am Akazienplatz wahrgenommen haben, befreit und dem Leben geöffnet. Taut hat einmal von der Symmetrie gesagt, er erkenne wohl an, daß die Natur selbst sich ihrer bedient; aber er findet, „daß erst durch kleine Abweichungen innerhalb des allgemeinen symmetrischen Prinzips alle Dinge zur Realität werden". Man kann in dieser Beobachtung so etwas sehen wie eine Generalanweisung für den Künstler, man begegnet den „Kleinen Abweichungen" seit Falkenberg wieder und wieder in Tauts Siedlungswerk. Er widmet in der „Architekturlehre", die er in den letzten Jahren seines Lebens geschrieben hat, seiner Art zu arbeiten sehr aufschlußreiche Seiten, in denen er betont, daß diese Abweichungen nicht willkürlich sind, sondern, nach genauer innerer Besitznahme aller örtlichen Bedingungen, unwillkürlich geschehen:

„Das Gefühl ist wie ein Filter; er hält nur die Erfahrungen und das Wissen fest, das für diese neue Aufgabe zu gebrauchen ist. Dann beginnt schließlich die Hand zu zeichnen, beinahe automatisch oder bewußtlos. Der Kopf ist abgeschaltet."
Und das Resultat dieser Art zu arbeiten? Taut sagt davon, daß die Leute, die dort wohnen oder umhergehen, es nicht unmittelbar wahrnehmen können; aber, fährt er fort, sie „fühlen bewußt", daß das Ganze harmonisch ist. Sie fühlen bewußt … das ist ein merkwürdiger Ausdruck; aber wie anders hätte Taut das Phänomen ausdrücken können, daß die Leute hier nicht etwas vor Augen haben wie das „Hufeisen", nicht eine mit einem Blick zu fassende Gestalt, sondern etwas, das sich dem Blicke zu entziehen scheint, während es gleichwohl wahrgenommen wird und ins Bewußtsein dringt? Taut geht aber dem Erwarteten, dem geraden Schluß: Dominant – Septimakkord – Tonica darum aus dem Wege, weil dieser Schluß zu gebunden ist, zu eindeutig, zu arm an Obertönen; (vielleicht auch, weil er zu utopisch ist – um an das eben Gesagte anzuknüpfen). Es sind nicht ästhetische Gründe, die ihn zu diesem Ausweichen veranlassen, vielmehr, er tut es aus dem untrüglichen Gefühl für das, was den Menschen frei atmen läßt. Es ist aber dies, was Taut aus der Utopie der revolutionären Jahre über die Wasserscheide gerettet hat; und das ist nichts Geringes, ist, vielmehr, der denkbar größte Anspruch, der für die Kunst und an die Kunst gestellt werden kann. Taut nannte das „die Proportion", und er setzt die Beschreibung seiner Art zu arbeiten an den Anfang des Kapitels der „Architekturlehre", das den Namen „Proportion" trägt, weil er über das, was er unter Proportion versteht, keinen Zweifel aufkommen lassen will: die graphischen Künste der Proportionierung, Le Corbusiers tracés régulateurs und alle Goldenen Schnitte der Kunstgeschichte hat er abgelehnt.
Nun darf man sich allerdings Tauts Arbeit nicht so vorstellen, als habe er weiter nichts getan, als die schematischen Zeichnungen, die im Büro der Gehag entstanden waren, nach Hause zu nehmen und auf die nächtliche Vision zu warten, die sie in Proportion bringt. Er hat in diesen Jahren an allen Verhandlungen, an allen

Ergebnis hin geplant als das „barocke". Anstelle einer Komposition, welche die Menschen ja immer zu Nummern erniedrigt, wenn nicht gar zu Knoten in eines Meisters Teppich, ist hier ein freies Miteinander-Wohnen verwirklicht. Der Akazienplatz ist beinahe komponiert, das macht ihn so angenehm. Wäre er streng komponiert, er wäre ein Zwang; wäre er chaotisch, er wäre ein Nichts. Wie er ist, stellt er eine Verbindung dar von Freiheit und Ordnung. Dadurch aber wird dieser kleine Platz mehr als ein städtebauliches Phänomen: er wird ein gesellschaftliches Versprechen.

Meine Damen und Herren, ich habe Sie so lange mit diesen beiden Werken von 1914 aufgehalten, weil in ihnen ein Gutteil der Entwicklung seines Werkes in den Kriegsjahren und nachher, ja, bis zu seiner Emigration wie in einer Knospe enthalten ist. Die Kriegsjahre, das haben wir gesehen, standen im Zeichen des Glaspavillons: der Künstler versucht, die große Idee, das bindende Symbol, den Menschen vor Augen zu stellen. Der revolutionäre Augenblick mit seiner etwas fieberhaften Aktivität war, bei allen Anregungen, die er gezeitigt hat und die uns heute noch bedeutend sind — warum sonst hätte man die Ausstellung „Bruno Taut" mit einer Ausstellung „Arbeitsrat für Kunst" begleitet? —, die revolutionäre Aktion war trotzdem ein Stoß ins Leere. Es folgt der Rückzug in die Utopie — „Gläserne Kette" — und die zwiespältige erste Periode des Bauens nach dem Kriege, die Magdeburger Episode. Nun aber, seit 1924, begann für Taut eine Zeit sehr großer, gewaltig großer Bautätigkeit: In enger Verbindung mit Martin Wagner — übrigens auch einem Königsberger —, der seit 1926 Stadtbaurat von Berlin ist, plant Bruno Taut für die Gehag, die Baugesellschaft der Gewerkschaften, und für die Stadt die umfangreichen Siedlungen am Stadtrand, an die man zuerst denkt, wenn von Taut die Rede ist. Und nun hatte er sich sozusagen zu entscheiden zwischen dem Glaspavillon und Falkenberg. Das ist überspitzt ausgedrückt: einen Glaspavillon konnte er in einer Großsiedlung nicht bauen, aber er konnte streng formale Gebilde in sie einführen, die den symbolischen Bau in gewisser Weise vertreten konnten, wie das Hufeisen in der Mitte der Siedlung in Britz und die anschließenden Mauern aus Reihenhäusern, die man die „Rote Front" genannt hat. Die strenge Form, die Kunstform und die Utopie liegen ja nahe beieinander.
Ist nicht Versailles eine Utopie größten Maßstabes? Ist es nicht Ausdruck der Macht, die sich absolut wollte und die es schon darum nicht war, weil ein unverhältnismäßig großer Teil der Aktion des Herrschers an die Darstellung der absoluten Macht gewendet werden mußte? Man hat die Sparsamkeit der Mittel gelobt, mit denen es Taut gelungen ist, den Aufriß des Hufeisens zu gestalten; und mit vollem Recht. Gleichwohl habe ich mich nie ganz von dem Gefühl befreien können, daß im Hufeisen und in der Roten Mauer immer noch ein Hauch des Absoluten bemerkbar ist, der „Alpinen Architektur", wenn ich es einmal so sagen darf. Taut hat sich im Laufe seiner Arbeit für Berlin — sie spielte sich in acht Jahren ab! — immer mehr von der strengen Form befreit, bis er sie in den Sied-

Baustellenbesuchen, allen Mietberechnungen teilgenommen, hat Überlegungen darüber angestellt, wie klein eine Wohnung werden darf, ohne ihren Wert als Wohnung zu verlieren, er hat über neue Wohnformen nachgedacht, in denen immer mehr der Funktionen, welchen nach bürgerlicher Anschauung die einzelne Wohnung genügen mußte, auf kommunale Einrichtungen übertragen wurden, wie das in den experimentellen Projekten für russische Kommunewohnungen geschah. Damals hat er auch gelehrtt, und zwar hat er zu seinem Seminar Studenten anderer Disziplinen hinzugezogen: hat also 1931 bereits das Prinzip der interdisziplinären Arbeit pädagogisch vorweggenommen, das erst wir entdeckt zu haben glauben. Das alles aber heißt, daß der Künstler sich in die harte Schule der Realität begeben hat, nicht nur, weil er das als Architekt der Großsiedlungen nicht vermeiden konnte — Pegasus im Joche, könnte man sagen —, sondern im Gegenteil, weil er wußte, daß alles das zu dem gehört, was er die Proportion nennt. Und wenn Architektur die Kunst der Proportion ist — und das ist Tauts These —, so sind alle diese Alltagssorgen, Geldsorgen, Sorgen der kleinen Politik unabdingliche Bestandteile der Kunst. So weit war der Mann der Visionen gekommen, der Revolutionär, der Utopist der ,,Gläsernen Kette'', der Bürgerschreck von Magdeburg, als er die Stadt verlassen mußte, der er so viel hinterließ, und sein Vaterland.·

Ich will über seine Emigration so wenig sagen wie möglich. Der Katalog gibt darüber genaue Auskunft, besonders über Japan. Als er, nach mehreren kürzeren Besuchen als Berater, 1932 etwa, ein Jahr in Moskau lebte, hat er das noch nicht als Emigration aufgefaßt. Im Februar 1933 jedenfalls ist er wieder in Berlin, und er scheint so wenig zu begreifen, was die Hitlerei für ihn bedeutet, für ihn, der als Sozialist belastet ist und als ,,entarteter Künstler'', daß seine Freunde ihn zur Abreise beinahe zwingen müssen. Taut begibt sich nach Japan, wo er länger bleibt, als er anfangs vorhatte, bis 1936, als er nach Istanbul abreist, dem letzten Ort seines Wanderlebens.

Taut hat es vermocht, seine Aufenthalte in verschiedenen Ländern dieser Erde jedesmal mit großen Hoffnungen zu verbinden. In der Sowjetunion hoffte er auf das Enstehen einer Kunst aus dem Volke und mußte erleben, daß man ein unzulängliches Experiment, den revolutionären Konstruktivismus, fallen ließ, um ein anderes unzulängliches Experiment zu beginnen: Stalins neue Renaissance. Über diese sagte Taut: ,,Eine Trajanssäule ist imperialistisch, auch wenn man den Kaiser herunternimmt und durch einen Proletarier ersetzt''. In etwa ist es ja wohl dies, was man um 1933 in Rußland getan hat. Der Künstler ist konfrontiert mit der Staatsraison, und zwar mit einer fremden, in die er sich nicht, wie in der Weimarer Republik, schicken konnte. Keines der Projekte, die er bearbeitet hat, ist gebaut worden.

In Japan handelt es sich gar nicht mehr darum, zu projektieren und zu bauen. Er entdeckte am Tage nach seiner Ankunft — es war sein dreiundfünfzigster Geburtstag — für sich die sogenannte kaiserliche Villa in Katsura-Kioto; und man kann sagen, daß er sie auch für die japanische Kunstwelt entdeckt hat, die sich ihrer Bedeutung nicht so tief bewußt war wie der von weither Gekommene. In Rußland hatte er gehofft, daß eine Volkskunst aus dem noch Ungeformten entstehen würde, hier fand er eine Traditon des Wohnens, mit der sich wohl keine andere vergleichen läßt; und sie war aus dem Volke gewachsen: denn Katsura ist kein Palast, auch der Name „kaiserliche Villa" ist irreführend: Katsura ist fast ein Bauernhaus. Hier, schrieb Taut in der „Architekturlehre", sei die Funktion zur Proportion geworden, zur Architektur: „Es ist gewissermaßen die gebaute Definition für den Begriff der architektonischen Funktion". Taut hat in diesem beinahe bäuerlich — also volksmäßig — bescheidenen, doch zugleich höchst anspruchsvollen Hause sein Ideal gefunden.

Er interpretiert einem fremden Volke seine Tradition, und er sieht in dieser Tradition etwas, das uns alle angeht. Das ist die Situation des Emigranten, von der auch ich einige Erfahrung habe. Der Augenblick kam, in dem er, wie einer seiner Schüler im Katalog sagt, „es einfach nicht mehr aushielt". Das scheint mir sehr exakt beobachtet; denn Taut war so, er erreichte mehr als einmal den Punkt, wo er es „einfach nicht mehr aushielt".

Istanbul bot ihm nicht nur eine Tätigkeit als akademischer Lehrer — Martin Wagner hatte sie ihm vermittelt —, er erhielt dort auch endlich wieder Aufträge als Architekt; so viele, daß er kaum mit ihnen fertig werden konnte. Er hat sogar für sich selbst am Steilhang des Bosporus ein Haus auf Stützen gebaut, ein Aussichtshaus mit weitem Blick nach Asien hinüber. Wieder sucht er, aus einer fremden Tradition die Nutzwanwendung zu ziehen; in Istanbul durfte — oder mußte — er sie unmittelbar ziehen, will sagen, für die Bedingungen bauen, aus denen sie entstanden war. Wieder wollte er den Zeitgenossen in einem anderen Lande ihre eigene Tradition ans Herz legen, diesmal als Lehrender und als Bauender; und es will mir scheinen, daß das eine unlösbare Aufgabe ist. Keiner kann ihr genügen, auch Taut konnte es nicht. Dies aber ist das Schwere der Emigration: die zwingende Aufgabe, die nicht zu lösen ist. Darum ist das gültige Werk dieser wenigen, sehr ausgefüllten Jahre die „Architekturlehre".

In Istanbul erhält die „Architekturlehre" ihre endgültige Form, sie ist dort im Jahre seines Todes, 1938, in türkischer Sprache veröffentlicht worden, zehn Jahre später erschien sie in Japan. Erst vor wenigen Jahren haben Goerd Peschken und Tilman Heinisch das Buch in deutscher Sprache herausgegeben und einfühlend kommentiert. In der Architekturlehre rechnet Taut endgültig mit den Erscheinungen der Zeit ab, der ungenannte Widerpart heißt Le Corbusier. Die neue Architektur scheint ihm der Weisheit zu ermangeln: wer — wie Le Corbusier — das Gebäude auf die geometrischen Körper reduziert, bedenkt nicht, schrieb er, daß diese Architektur sich dem Auge verzerrt darbietet, wenn sie vom Zeichenbrett hinaustritt in die dritte Dimension und ins Licht. Wer eine Stadt in einem Stück plant, vergißt die Zeit, deren jedes Ding bedarf, in dem das Leben sich einnisten will. Architektur ist, sagt der alternde Taut, nichts für junge Leute; denn es gehört dazu die Einsicht in das, was Taut die Proportion nennt: ein aus Geschichte, Sitten und Bedürfnissen Gewachsenes.

Man schrieb 1937, als Bruno Taut in der „Architekturlehre" feststellte, daß es sogar auf die wenigen guten Werke, die noch entstehen, gar nicht mehr ankomme, da sie in einem Meer des Gleichgültigen, Groben, Plumpen versinken. Man fragt sich nicht ohne Beklemmung, was er heute sagen würde.

Heute … in diesem Augenblick, an diesem Ort, meine Damen und Herren, dürfte Taut eine Erfahrung machen, wie er sie in den langen Jahren nie hätte machen können, in denen sein Werk im Schatten stand. Davon sind wir ausgegangen: die Ausstellung ist ein Ereignis, sie ist eine Wiederherstellung des Taut-Bildes, von dem wir, trotz Kurt Junghanns' großartiger Arbeit, lange nicht genug gewußt haben; sie ist im Bild und Wort ein eindringlicher Hinweis auf Bruno Taut, fast möchte ich sagen: eine Mahnung. Hiervon sind wir heute morgen ausgegangen: von der großen Nähe Tauts zu unserer Gegenwart, von der Verpflichtung, welche in diesem Augenblick viele empfinden, nicht nur sein Erbe zu kennen, zu achten und zu pflegen, sondern Taut nachzueifern: und ich habe versprochen, hier in dieser Öffentlichkeit mir Mühe zu geben, diese Hinwendung zu Bruno Taut zu verstehen und, womöglich, zu würdigen. Vorerst habe ich eine Skizze seines Lebens und seines Werkes zu zeichnen versucht; und da fanden wir des Anziehenden genug, und genug des Beispielhaften: wir fanden den freien Künstler, der sich bindet und seine Kunst eben dadurch verwirklicht. Seine Kunst beweist und bewährt sich in jenen kleinen Abweichungen vom Prinzip der Ordnung, die, wie er selbst das ausgedrückt hat, „jedes Ding erst zur Realität werden lassen". Wir fanden bei ihm eine konstante Feindschaft gegen den Anspruch einiger seiner Zeitgenossen, daß sie die Form und die Formel in Händen hielten, die für eine kommende Baukunst bindend sein werden. Taut hat sich von dieser Mischung von Form und Doktrin immer frei gehalten, sie lag ihm nicht, und er fühlte seine Abneigung mit jedem Blick auf das bestätigt, was um ihn herum geschah. Inzwischen haben wir gefunden, daß jene absoluten Ansprüche sich wirklich als unhaltbar erwiesen haben; und daß das Meer des Gleichgültigen, Groben und Plumpen, von dem Bruno Taut gesprochen hat, uns von allen Seiten her zu überfluten droht. Und noch eines: viele von uns können sich mit den Heilmitteln gegen das allgemeine Übel nicht befreunden, die gegenwärtig empfohlen werden: nicht mit dem neuen Klassizismus in Italien und auch nicht mit der hoch künstlerischen und hoch künstlichen Einführung von Alltagsformen in eine Baukunst, die der Le Corbusiers an sophistication nicht nachsteht: Venturis Formel. Auch denen wollen viele nicht folgen, die die ganze neue Architektur des Jahrhunderts ablehnen: sie wollen nicht wieder Pilaster machen und Gesimse.

Alle diese Zweifelnden glauben, in Bruno Taut einen Helfer in der Not gefunden zu haben, ein Vorbild, vielleicht eine Anweisung; und dies scheint mir gefährlich. Wollen wir eine Taut-Renaissance? Jede Renaissance ist vom Übel. Wir müssen die Figuren der Geschichte, auch der jüngst vergangenen, historisch sehen.

Tauts Geschichte, das war „Künstlers Erdenwallen". Künster ist er geblieben, bis zum letzten Atemzug. Er hat darauf bestanden, daß die Architektur eine Kunst ist, wenn auch nicht eine Bildende Kunst, sondern eine Kunst der gesellschaftlichen Formung: das meinte er mit dem Ausdruck Proportion. Seine Vision bei jener nächtlichen Entwurfsarbeit war so genau, daß sie jede Einzelheit festlegte: er wollte die Freiheit; und er hat — erlauben Sie mir das Paradox — als Künstler die Freiheit festgelegt. Das war sein Problem: das Problem des Architekten als Künstler; des einen, der das Ganze schafft und festlegt, als ein Endgültiges, als ein Werk. Dieses Problem besteht für uns nicht mehr; der Architekt als Künstler, der das Werk schafft — gibt es ihn eigentlich noch? Soll es ihn weiterhin geben? Wir werden anders arbeiten müssen als Bruno Taut. Wir können nur hoffen, daß unsere Ergebnisse den seinen von fern vergleichbar sein werden.

Vortrag zur Eröffung der Ausstellungen „Bruno Taut" und „Arbeitsrat für Kunst"
in der Akademie der Künste, Berlin am 29.6.1980

Personenregister

Bauwelt Fundamente

Dokumente zu Architektur und Städtebau –
Bausteine für die Stadt von morgen

Band 59

Gert Kähler

Architektur als Symbolverfall

Das Dampfermotiv in der Baukunst

Mit 98 Abb. 1981. 244 S. 14 X 19 cm. Kart.

Den Architekten der Avantgarde der zwanziger Jahre schien der Dampfer — besser vielleicht: das Bild des Ozeandampfers — die Bedingungen zu erfüllen, die sie an ein Zeichen stellen mußten, um ihren gesellschaftspolitischen Vorstellungen gerecht zu werden. Er bot sich als Sinnbild der Utopie einer Gesellschaft von Freien und Gleichen an. Allein, die steingewordenen Schiffe machten nicht vom Ufer los. Trotz bitterster historischer Erfahrungen, mit der die Idee der sozialen und politischen Emanzipation belastet ist, taucht das Dampfermotiv in den sechziger Jahren wieder auf, in einem Kontext aber, aus dem eine gebrochene und ratlose Haltung gegenüber der Möglichkeit ablesbar ist, mit Architektur überhaupt gesellschaftliche Vorstellungen vermitteln zu können.
Am Beispiel des Motivs des Passagierdampfers wird der Verfall einer Architektursprache deutlich, in der sich die Gesellschaft nach dem Willen der Baumeister erkennen sollte — eine Entwicklung, die für die moderne Architektur paradigmatische Bedeutung hat.

Friedr. Vieweg & Sohn Verlagsgesellschaft mbH · Braunschweig/Wiesbaden

Bei Fragen zur Produktsicherheit wenden Sie sich bitte an:
If you have any questions regarding product safety,
please contact:

Birkhäuser Verlag GmbH
Im Westfeld 8
4055 Basel, Schweiz
productsafety@degruyterbrill.com